中国社会科学院近代史研究所

民国文献丛刊

黄季陆 著

黄季陆先生怀往文集

（上）

中华书局

图书在版编目(CIP)数据

黄季陆先生怀往文集/黄季陆著. —北京:中华书局,2016.9
(中国社会科学院近代史研究所民国文献丛刊)
ISBN 978-7-101-11137-8

Ⅰ.黄… Ⅱ.黄… Ⅲ.黄季陆(1899~1985)-文集
Ⅳ.C539

中国版本图书馆 CIP 数据核字(2015)第 174946 号

书 名	黄季陆先生怀往文集(全二册)
著 者	黄季陆
丛 书 名	中国社会科学院近代史研究所民国文献丛刊
责任编辑	张荣国
出版发行	中华书局
	(北京市丰台区太平桥西里 38 号　100073)
	http://www.zhbc.com.cn
	E-mail:zhbc@zhbc.com.cn
印 刷	北京市白帆印务有限公司
版 次	2016 年 9 月北京第 1 版
	2016 年 9 月北京第 1 次印刷
规 格	开本/920×1250 毫米　1/32
	印张 30⅝　插页 4　字数 600 千字
印 数	1-2000 册
国际书号	ISBN 978-7-101-11137-8
定 价	98.00 元

出版说明

　　文献史料是认识和研究历史的基础，民国史研究自不例外。为了给民国史研究者和爱好者提供史料利用上的便利，我局与中国社会科学院近代史研究所等学术机构合作，推出"民国文献丛刊"。

　　"民国文献丛刊"首批图书中，经台北传记文学出版社授权，列入了原属"传记文学丛书"和"传记文学丛刊"的一些作品，包括《刘汝明回忆录》、《银河忆往》、《逝者如斯集》、《颜惠庆自传》等十九种。

　　由于作品产生的时代背景和作者个人的政治立场的影响，一些作品中存在着比较明显的时代局限和政治色彩，一些个人视角的描述与评论，难免有不符合事实之处，反映了特定历史时期各派政治势力和社会组织之间错综复杂的关系。我们除了作必要的技术处理外，基本保留了作品原貌。希望各位读者在阅读和研究的过程中,着眼于其文献价值,辨析真伪,而获得本真的历史事实。

中华书局编辑部

二〇一四年七月

目录

黄季陆先生遗像

叙　言

黄季陆先生生前时常提到一件事，当他"教育部长"交卸时，新闻记者纷纷以他未来的出处相询，他很轻松也很严肃地说：到传记文学社去做专栏作家。听者以为是一句笑谈，传记文学社也没有正式致送黄先生专栏作家的聘书，但黄先生此后的确在《传记文学》杂志上发表了不少篇文章——《传记文学》一至四十四卷总目录中，黄先生所写的文字共有七十余篇之多，应当算是在该刊发表作品最多的前数名作者之一。黄先生一生中发表文字最多的期刊，当然也是《传记文学》无疑。

黄先生喜欢《传记文学》杂志，更器重刘社长绍唐兄这个不平凡的人。论年龄、地位和德望，黄先生都是前辈长者，但对于绍唐兄，一向不以前辈长者自居，视之为意气相投的知己好友；兴之所至，无所不谈。黄先生特别赞许刘社长的创业毅力和敬业精神，认为以一人之力独撑局面二十多年，而且不断推陈出新，蒸蒸日上，真是不容易。刘社长对黄先生虽尊称为季老，然谊属莫逆，品东论西，了无顾忌。黄先生谢世后，绍唐兄主动而且迅速的把黄先生在《传记文学》发表的自述文字编印出来，实也代表了两人间不寻常的友谊和心灵上出于自然的契合。

这册《怀往文集》所收黄先生的文字，性质上可分为四类：一类是黄先生家世及早年求学时代的自述；一类是追随国父孙中山先生，从事革命活动的追忆；一类是对故旧好友的怀思；第四类则是少数几篇关于从政和治史的实记。本书各篇撰写的时间，长达二十余年，各篇的排列，并未根据内容性质按照上述分类，而是维持在《传记文学》上发表的时间为前后顺序，一方面为了避免对原文有所更动，再方面也为了避免勉强分类的不尽相宜。

这册书，可以看作是黄先生的自传，也可以视之为一册革命史的叙述。读者从这册书中，可以体会出黄先生的品格、学养、胸襟和见解，也可以感触到黄先生所经历的这个时代的气息、情态、事件和若干名流政要较为真确的形貌。

选、编以及史实的校订工作，都是刘社长绍唐兄亲手完成的，他的工作精神和绩效，朋友们无不佩服。史事的校订，黄先生哲嗣黄乃兴博士也全力相助。我谊属绍唐兄老友，遵绍唐兄之命写几句叙言，更深以为荣。

这是纪念黄先生的第一册书，是黄先生所写唯一的怀往忆旧类似自述的一本书，也可能是最具历史价值与最有可读性的一种。黄乃兴兄最近也编印了一册《黄季陆先生纪念文集》，包括六十余位黄先生老友与门生亲故所撰写的纪念文字。此外，"中华民国"史料研究中心也正在编辑一册《黄季陆先生与中国现代史研究》，是史学界诸友好的集体著作，可望于近期内出版。"国史馆"方面也计画编辑一册《黄季陆先生论学论政文集》，搜集本书以外黄先生的著述文字和讲词，辑为专编，以垂久远。

遗作传世，典范长存，风义永在，精神长昭，相信朋友们都会为黄先生精神志业的不朽，而为之奋兴。

李云汉　谨识
一九八六年元月二十日台北怀元庐

匆匆四十年
——追忆中山先生的音容

一　从民国十三年到一九六四年

我于民国十二年的冬天，当选国民党加拿大总支部的代表，回国参加民国十三年一月二十日在广州召开的第一次全国代表大会。那时我尚是二十余岁的青年，转瞬间我已是六十多岁的人了，时间过得多么快呀！

从民国十三年一月二十日第一次全国代表大会开幕的一天算起，到一九六四年的元月二十日恰好是四十个年头，当时和我一同参加第一次全国代表大会的代表们，今天同在台湾的仅有十人。年长的如像于右任、张知本、张善与诸先生已是八十五六岁以上的人；白云梯、李宗黄、李肖庭、宋垣忠、苗培成诸先生年龄是七十以上或已接近八十，其中最年少的要算我和延国符先生，然亦已年逾六旬了。

咦！匆匆四十年！怎能不兴起许多感慨呢？

我从民国十三年参加第一次全国代表大会，到一九六三年参加第九次"全国"代表大会，时间、地点自然变易，参加的人亦年有不同。但在每一次的大会期中，每当会前会后我坐在大会场里，向主席台注目凝视，总理的笑貌声音却仍时时重现在我眼前耳际，仿佛我又重回到民国十三年的第一次全国代表大会会场，仿佛我又回到我二十余岁的青年时代。可惜，这景象不是梦境，因它不如梦境般长，而只是一时的幻象，是那么短暂，待我稍一清醒，我所仰望着的仍是主席台上高悬着的总理庄肃的遗容。

总理中山先生是民国十四年离我们而去的，到今天亦快四十年了！

咦！匆匆四十年！怎能不兴起无限的追思呢？

二　乡下娃娃所见到的大英雄

总理中山先生离我们一天天的遥远，曾经追随他为革命奔走的人已经不多，曾经亲聆他训诲的人亦日益稀少，虽然说"哲人已远，典型犹在"，可是，我们向何处去寻觅他活生生的影子呢？

我第一次看见总理是在民国二年春天，我初次由四川到达上海，是由黄复生大哥引我去瞻仰他的，那时他辞去临时大总统后访问日本回国没有多久，我是由四川出来的乡下娃娃。在未见到总理以前，我总以为这位推翻满清、创建民国的大英雄，必定是像我在小说中所熟悉的那种"八面威风"的人物。听复生大哥说要带我去见他，虽然感觉十分欣幸，但总不免有些胆怯。及至见面以后，第一是觉得他穿的是洋服，很神气；因为在民国二年时的四川，是很少看见人穿洋服的。第二是觉得他十分和气，使我不感到拘束和畏惧。第三是当复生大哥为我介绍，称赞我十二岁就参加革命，是辛亥革命四川保路运动小学生保路同志会会长时，总理笑了。他用手在我的头上轻轻的拍了两下，并说：你从此要好好用功求学，学成之后再来革命；没有学问不能对革命有大的贡献的。我当时对总理的话似乎不甚了解，迄至五十年后的今日，才知道他这段话的重要，才知道今日我在作事为人方面偶一遇到困难时，便感觉到不能忍受；不是"怨天"，便是"尤人"；不是愤怨，便是悲观的缘故；实则这些都是缘于学养不够所致。总之，总理那时不是乡下娃娃所想像中的大英雄的样子。毕竟那时我才是一个十三四岁的孩子，怎样能够了解总理的伟大呢？

复生大哥事后问我见到总理后的感想如何？我说："总理嘴唇上的八字胡子最神气！"复生时时引此为一笑谈，到我成人作事时仍常常提及。在没有和总理见面以前，就凭自我的想像推想总理仪容的人一定很多，据我知道的，吴稚晖先生就是其中的一人。在吴先生写的《总理行谊》一文中就曾有过一段极为有趣的话；吴先生说：

> ……是一九〇一年，总理三十六岁，我是三十七岁，在南洋公学做教习做腻了，也愿意到日本去留学，钮惕生先生是我南菁书院的老同门，他在湖北陆军学校，自费到日本想进士官学校，同住在东京神田区的明凌馆……一天有一位学农科的安徽程家柽（一个最大胆粗莽的革命党，民国三年被袁世凯骗了，杀在北京彰仪门），又有一位成城学校的吴禄贞，来寻钮先生，要邀我同到横滨去看孙文。我虽不曾骇了一跳，暗地里吃惊不小。其时听见孙文与梁启超，都在横滨上下其议论。我说，梁启超我还不想去看他，何况孙文。充其量，一个草泽英雄，有什么看头呢？他们三人微笑而去，约我下午在浅草上野公园精养轩候他们回来同吃晚餐。他们傍晚果然回来了，我马上就问孙文的状貌，是否像八蜡庙里的大王爷爷，魁梧奇伟么？

就连早年的吴稚晖先生，对中山先生的状貌也曾有过如此不伦的假想，其他的人就不用说了。可是，从吴先生下面的一段话中，我们就可知道见过总理的人又是怎样的看法：

> 钮先生说，你大大的错了，一个温文尔雅、气象伟大的绅士。程（指程家柽）是已经来往得好久的，说道：你不相信他

是革命的领袖么？我说与梁启超比如何？程摇头道：梁是书生，没有特别之处。钮屠说道：你没有看见，看见了一定出于你的意料之外。其时，钮先生以书院有名的学者，被梁鼎芬所赏识，介入湖北陆军学校，与后来《申报》主笔陈冷血，梁所称为"二难"，亦受到张之洞看重。我就问他，梁鼎芬是顽固人物不必论，难道孙文就有张之洞的气概么？他说，张之洞是大官而已，你不要问，孙文的气概，我没有见过第二个。

吴稚晖先生直到一九〇五年才与总理在伦敦见面，那时总理四十岁，是从法、比、德到英国，打听到吴先生在伦敦的寓所后去拜访吴先生的。总理给吴先生的印象是："一个很诚恳、平易近情的绅士。然而只觉是伟大。不能形容的伟大称为自然伟大，最为适当。"

吴先生见过总理以后所说的话，我后来和他有同样的感觉，清儒章实斋曾经说过这样的几句话："学于圣人者斯为贤人，学于贤人者斯为君子，学于众人者斯为圣人。"那就是说：贤人是从圣人那里学来，君子是从贤人那里学得，至于圣人便是从众人中学会。如果说圣人是人格最伟大的典型，总理便是最伟大的当今圣人，他的最伟大处便是在于平凡，也正是吴稚晖先生所说的"自然伟大"。

三 可笑的军事特派员

我从辛亥年，以一十二岁的小学生参加四川保路运动后，黄学典三字（我早年的学名）在社会上已渐为人知，于是使我一味地爱慕虚荣以奔走为乐，根本不知道学问的重要。一些关心的同志们却很为我因此失学而忧虑，并常常引古人"小时了了，大未必佳"的话来激励我。由于我的领悟和他们的帮助，才得离开四川到南京、上海去求学。在上海先是进南洋中学，后又转入复旦公学的中学，好不容易到民国六年才毕业于复旦，完成了中学的学业。时值督军团叛变，张勋拥清帝溥仪复辟，民国的前途又步入一个更艰险恶劣的境地，于是我又静极思动，去到广州。由谢慧生先生（谢先生名持，后来在总理任非常总统时期担任总理的秘书长）引我去晋见总理，当时总理已就任护法军大元帅职。在见总理之前，模糊中我不禁想起民国二年总理训勉我要好好用功读书的话来，恐怕他不同意我去参加实际工作。所以我见到总理时，便先向他报告我已在复旦中学毕业，正准备要到国外去继续深造，在未出国前，希望能有机会在工作中讨些经验。总理听到我的话后，没有再谈到读书的事。因为那时川、滇两省的护法军事正积极进展，要派几位军事方面的人才前去协助，同时因张午岚在川边的宁远（即后来的西昌）独立，被委派为靖国军第七军军长，亦正须给他送委任令去。因为我和在四川主持军事的熊克武暨复生兄都很熟，所以总理要我带着几位军事人员前往四川。于是我亦和几位军事方面的同志一样被派为军事特派员。临行时，总理对我说："你把他们带到四川以后，再出来继续念书，你们四川人中有位任鸿隽同志在科学上已经很有成就，他也是参加辛亥革命以后才到美国去求学的。"

我们一行到了云南边境，始获知张午岚已被叛军所杀，宁远方面情况不明，其残余部队由黄斗寅兄率领，现驻扎滇边的永北县境。斗寅兄亦为我所熟识，我们就赶到永北和他见面，然后由永北折回昆明。在昆明得唐继尧之弟唐继虞的协助，才辗转到达成都。我的五哥当时正服务成都官印刷局，见我回到四川，当然十分高兴，尤其觉得我是总理委派的军事特派员，引为家门的一种荣耀，就在他所服务的印刷局里自动为我印了一盒名片，上面的官衔是"大元帅府军事特派员"，碰巧当时担任四川督军的熊克武到官印刷局去参观时看见了这一名片，便大发牢骚攻击总理道："中山作事太轻率，季陆这样年纪轻轻的人也配作军事特派员？"此外还说了许多不堪入耳的话，对总理非常不敬，我听到后十分愤怒，便不辞而离开成都去到重庆。本来熊克武早已允诺资助我一笔钱出外留学，我此时亦在所不顾了。时复生大哥在重庆担任四川靖国军总司令，我到重庆后就把熊克武的话告诉他，他很温和地安慰我、鼓励我并替我筹划到上海或日本去继续深造。

民国六年到川、滇的一段经过，我从未向人提起过，当时同行的几位同志的姓名亦不复记忆。最近我偶然翻阅张其昀先生编订的《国父全书》，在该书的文电一类中发现一封总理拍给云南唐卫戌司令的电报；电报内容如下：

> 云南唐卫戌司令鉴：前派委员邓天翔、陈得尊、黄季陆、温宗铠赴川，现留滇境，请由尊处加给护照，俾早成行。孙文。鱼。请转张左丞君，冯君到，函悉。请仍留滇，所需款，稍缓当汇。文。

这封电报的日期为民国七年一月六日，应是我们一行由永北回到昆明的时候。同行的几位同志的姓名亦赫然在目，使我又重新忆起这一往事（在《国父全书》中的这一电文的标题为：《致唐继尧嘱给邓天翔等赴川护照并转嘱张左丞仍留滇电》。据我所知，当时在昆明的唐卫戌司令为继尧之弟唐继虞，时继尧督师远离昆明驻在贵州的毕节，在此代为更正）。

我在前文中提到的黄斗寅、黄复生两兄，斗寅是辛亥前京津同盟会的主干。复生则是同汪精卫于民元前二年，在北京甘水桥谋炸摄政王载沣的人物。他们在革命党中的历史较我为久，年龄亦比我大，在党内同志中，我们三人被称为"四川三黄"，斗寅为老黄，复生为大黄，我为小黄，因为我们之间亲密有逾手足，别人常常误会我们是一家的兄弟，其实斗寅是四川长宁县人，复生是隆昌人，我是叙永县人，虽然同姓，却不是同胞弟兄。

　　这是我第二次晋见总理的经过,对他的伟大人格也才开始有了较为深刻的认识;这次我对他的认识是:第一,是他慈祥恺悌的仪容,和待人的亲切诚恳,使你感觉到和他之间没有什么距离,使你能畅所欲言。第二,是他对革命满怀的乐观和希望,虽然当时他的处境非常恶劣。第三,他对青年人是那么的看重。第四,他谈话的语调,虽然平淡而清晰,但在问题的关键所在,总是那样的刚毅果决富有信心。总结一句,我当时所意味到总理的伟大,是在于平凡,是富有人情味,并不如一般人所想像中的伟大人物是如何的威严、崇高和特殊。就是这些平凡的地方已够使青年人感动了。

　　我后来入世愈深,接触面愈广,会晤的当今人物愈多,愈使我回忆到他的伟大。本来一个伟大的人物,并不是一定与常人有甚么特别差异的地方,差异的发生是在于他能身体力行的做得到,而常人则不身体力行的去做。所以我说总理的伟大在于平凡。

四　令人难忘的风仪

　　在上文中我已说过,我第一次见总理是在民国二年,总理那时已是四十八岁,第二次见总理是在民国六年,总理已是五十许人了。那么,在民国成立以前,他号召海内外同志,为革命而奔走呼号的壮盛之年，他的风仪又是如何呢？

我们知道在追随总理的许多外国志士中，有日本志士宫崎滔天其人，他远在民国纪元前十年的一九〇二年，就曾把他追随总理参加中国革命的经过写出来，这书名叫《三十三年落花梦》，由于宫崎先生是一位外国人，又由于他对总理十分的倾慕，更由于他与总理久共晨夕，我想，他对总理风仪的描述必甚为真切。

时为民国纪元前十五年一八九七年，中山先生三十二岁。以下是宫崎的话：

> 发香港七日，至横滨，欲迹孙氏（指总理），先访陈白（即陈少白），不值而返。翌晨，再驰往，则尚未起（指陈少白），划然一声，双扉洞开，首肯而出迓者，即曾见写真的支那兴中会首领革命党孙逸仙其人也。坐定，余出名刺，述初交之酬应。彼云由陈白而知余，且知余亡二兄之事（按其兄宫崎弥藏亦为同情中国革命之日本志士），今日得相见，殆天假之缘；呜呼！"满堂是美人，独与余是目成"，今日何日，心中之喜可知也。惟其举止动作，飘忽不重，使人稍生失望之心。既而入洗颜漱口，余于斯时脑中之旋涡乱起，以为此人能负四百州而立乎？能挥政权于四亿万众之上，而有民主之资格乎？能逐夫华盛顿之后，而与布鲁东、巴克宁辈相齐足乎？余助其人，而足以遂我志乎？余依外貌而试判鼎之轻重，窃不自

量也。

从上面的记述，我们知道总理给宫崎的第一印象并不甚佳，所谓"举止动作，飘忽不重"，宫崎发生此一错觉的原因，最主要的恐怕是作者宫崎，其人本为一豪侠之士，其心目中之总理中山先生可能是隆准重瞳、龙行虎步的传奇人物，哪知道总理是一温文儒雅的书生呢？

究竟中山先生给宫崎的印象如何？宫崎说：

英雄不与人以易测。英雄者，不可以名求，不可以威仪、容貌求，余自恨陷于东洋之皮相学。而顷所谓飘忽不重，使人失望之孙逸仙，一变而眉宇丰采，咄咄逼人。

这一次的会见，中山先生给宫崎总括的印象是：

彼何其简而能尽乎？言贯理义之精，语挟风霜之气，若不胜如醉之热情，燃而向上；又不胜如花之辩舌，灿以发舒。此实自然之音乐也；革命之律吕也；此真布鲁东、巴克宁之流亚矣。

于是宫崎于赞叹之余，不禁感到自惭，他说："余首肯，余心折，余私自忏悔。彼其胸中，具数万甲兵；彼其度量，可容卿百辈；彼其手腕，可以挥斥八极而无忤；彼其容貌，可以备具四时而有余；余无以尽之矣！”最后他自承：“我国岛民，所谓侠，所谓武士道、大和魂者，皆不足当一笑。呜呼！不愧死，其亦当羞死！”

宫崎先生这一段记述，使我们知道中山先生壮年时期的风仪和他对第一次见面的人所发射的吸引力。这种力量的来源并非是由于他出众的外表，而是发乎一种至诚、一种智慧、一种博大无际的怀抱。

除了宫崎先生以外，还有一位总理的美国友人林百克先生，在民国七、八年间，与总理常有接触。他所著的《孙逸仙传》中对总理的风仪有过很生动的描绘。他说：

中山状貌魁梧，英武如军人，额耸而阔，鼻准丰隆，颧平，眼陷，肩膀敏活，四肢灵便，幼时在田间习于操作，故肌肉强健有力。他的容貌英伟，而望之蔼若春风。他的眼光清澈照人，无微不烛，凝眸注视时最有吸引力，火灼灼地慑人如狮。见他的人都觉他眉宇间威棱逼人，就要说：这里是一个你可以信托的人。

以上是林百克先生对总理的一个综合印象，他说总理是一个敏捷的人，实已道出总理风仪的一个特点。但，据我所知他的敏捷的来源，不是如林百克先生所说的“幼时在田间习于操作"，而是总理幼时是一个极为活泼的少年，亦是一个顽皮的孩子。他很喜爱户外的活动。

中山先生曾说到他少年时代的故事。他说："少年时候我喜欢游水，我的游泳技术不算好，但我敢于游到很深很远的地方去。"他说："有一次游到半途，感到疲累，游不动了，怎么办呢？泳术不精，不能停止划动，否则就会沉下去。于是仍然拼命地向岸边游去。终于上岸了。但是上岸后几乎站立不稳。"他说："站立不稳不要紧，一会儿就恢复过来了。但是，重要的是我已上了岸。"

他又谈到另一个故事，他说："小时候在檀香山时，家兄的农庄养有很多马，一天我选了一匹很雄壮的无鞍的马来骑，马性欺生，骑上去时，它不断的一路纵跃，我在没有办法中，只好抓紧它的鬃毛，口里默念着一、二、三、四、五……。"

我认为总理所说的是一个学骑马的好方法，我忙问道：

"以后呢？"

"以后就不知道了！"他回答我说。

"为什么不知道呢？"我又追问；

"等我知道的时候，我已经是在医院中躺着了。"

总理的谈话很能引人入胜，说到精彩处立即悬宕一下，然后再继续说下去。

林百克的书中有一段写中山先生的演讲，他说：

有一次中山演说，环聚而听者无数，中国人外国人都有，由于在一个大厅里面，声音恐怕很不容易传达到四处。

中山说了几句开场话之后，向前面走几步，听众掌声雷动。他静默移时，再前进一步，掌声又起，夹杂一片欢呼声。他等了一等，将手举起，听众肃然，寂静无声。中山仍举手静默，屹立不动，乃开始演说。

他演说时差不多换了一个样子，骤然响朗的声音，中人如有电力。他的话句句是真实的，个个字是迅疾、准确、锋利，像一支机关枪，只听得，嗒嗒嗒的声音；高、下、疾、徐，如合音节；演词平稳如流水，煞尾清楚，戛然而止，他依旧静立在讲厅回声的中间，而他的话已深入听众脑筋里了。

欢呼和鼓掌声又起，但是中山如立在海岸上看海里的波浪。他再举手，喧闹的大众又静下来；他又雄辩滔滔讲了一回；于是一停顿，呼声又起。此时中山一口气差不多说五百个字。

中山在讲坛上受人欢迎，演说词很快的传到各处，各处都有同样的欢声。他到一处就有他的演说，在危险的时机是唤醒人们的清响的钟声，在困难的境遇是指示人们正路的导灯，长时期同恶势力奋斗，热烈的欢呼之回声传遍大地，多么可惊，多么伟大呵！

我们读了上面的一段文字以后，一定有一个感想，如果能聆听到一次总理的演讲，该是何等幸运呢？就我所知，总理讲话的声音并不大，却很清晰明朗，坐在讲堂较远的人，也能听得十分清楚。他好似一个极有素养的音乐家，咬字和发音好似从丹田发出，声浪异乎寻常的均匀悦耳。他的态度雍容，时露微笑；姿势在活泼中显出庄严；演说到重要的地方特别加重语调，把字句重复一番，显出非常有力，使听讲的人随着他所讲的重点，进入更深的境界。他的讲话亲切而诚恳，使你并无一点受他煽动的感觉，一切诉之于理智，使你从理智中不能不为他所感动。他讲演时，有时直立在讲桌中间，身体笔直，足跟站得很稳；有时移立在讲桌的两侧，用手势来辅助他的说明，又使你感觉到轻松；听众的视线，随着他身体的移动而转动着。有时他用一浅近而平凡的譬喻或故事来说出一番高深的道理，使每一个听讲的人留下很深的回味！他的讲辞是一篇有感情、有理智、有内容、有条理和有结论的美丽文章。他的国语发音虽然仍带有一些广东话的鼻音，却是可以使你清清楚楚的明白他所讲的内容是无比的动人。

我一生所亲聆中外名人的演讲，再没有比总理更完美更动人的了。我学生时代在美国加里佛尼亚大学听季特尔教授讲政治学，他的声音姿态我叹为空前，迄至听了总理的演讲之后，季特尔教授的一切优点又瞠乎其后了；汪精卫是很能讲演的人，汪的讲演极富感情和煽动性，我曾亲见一些青年被他激动得类似发狂，但是事后你问听过他讲演的人，他究竟说的是些什么？便不会有人说得出一些究竟来。他可以使八九岁的小孩看见他演讲，受他演讲的表情和姿势的暗示跳起来，不断的鼓掌，即使他们并不知道汪所讲的究竟是些什么。有曾经听过汪精卫的演讲，而没有听过总理演讲的人问我：总理的演讲与汪的演讲哪一个好？我的意思是：汪的演讲确实富于感情，有很大的煽动力量，可是他给你的印象，就像他的为人，和他的演讲终了而逐渐消逝，时间隔得稍久，你竟会连他所说的是些什么都不复记忆了！凡是听过总理演讲的人你将永不会忘，永久的受他的感动。他所给予你的亲切的言辞，是理智的启发，你一时虽然容或有不了解他的地方，时间久了，经历增多，你终会领悟到他所言之不虚与见识之远大。

五　第一次全国代表大会的一幕

在我的记忆中，总理在第一次全国代表大会开幕典礼的训词，就是一次令人难忘的讲演。他说：

这次大会是本党民国以来的第一次，是我们几十年来革命党人流了许多热血和心血、牺牲了无数的聪明才力换来的日子。

大会是民国十三年一月二十日开幕，所以他说：

> 革命党推翻满清第一次成功是在湖北武昌，那天的日期是阳历十月十日，是一个双十日。今天是民国十三年的一月二十日，又是一个巧合的双十日，所以这个会期与武昌起义的日期有同样的历史意义。

大会代表听了这段话之后，顿觉心情开朗而愉快。说到此地，他的语音忽又转得很沉重的说道：

> 过去革命失败的最大原因，是当时革命党人外面见到外国的富强，中国衰弱，被人凌辱；内面受到满清的专制，做人奴隶，几几乎有亡国灭种的危险。革命党人发于天良，要想救国救种，便非革命不可。但革命何时成功？成功以后究用何项具体计划去建设国家，大家都不加注意，只凭各人良心的驱使，不计成败，不惜牺牲去奋斗，所以造成各自为战，没有严密的组织和纪律的局面。辛亥虽推翻了满清专制政体，然到今日民国成立了十三年，革命仍无结果，仍然是失败！所幸我们现在还有广州一片干净土，有机会来集合海内外同志聚集一堂，共商今后革命的大计。我们从前没有想到召开这种全国代表大会来研讨革命和党务进行的重要，是因为我们受了满清官僚余孽的欺骗。辛亥武昌起义因为革命成功得太

快，从前反革命的官僚，也伪装成革命党，渗透到我们党里来，一部分同志受了官僚的包围，中了官僚的毒素，便种下了我们革命失败的总因！

总理说到此时，态度显露出十分的严正。他一再的反复重述：

这是我们过去失败的总因！这是我们过去失败的总因！

总理的声调顿然宏大起来。然后他又从容的继续说道：

官僚拿什么来欺骗我们呢？他们说："革命军起，革命党消。"既然革命党消，便只有官僚和军阀的世界，没有革命党人的立足点了！到了今天我们才觉悟了，我们才知道这句话的危险，所以我们今天要说："革命军起，革命党成"，来恢复我们革命党的精神、来挽救从前的失败。我们要改造国家：第一要有一个坚强的革命党；第二要有很正确的共同目标。从前我主张以党治国，现在想起来实行这句话为时尚早。我们的国家现在还是纷乱，社会还是退步，所以我们国民党今天的责任还是要先以党建国，才能说得上以党治国，国都建不起来，何能求治？现在中华民国的国基尚未巩固，我们必须要另下一番功夫，把国家再造一次。这个把国家再造一次，使国基巩固起来,便是我们今天的任务!

他又说:

我们这次的大会不是寻常的恳亲大会来联络感情,不是寻常的讨论会来议决例行事件,而是把我们几十年来所得的经验和发明的种种方法,在此国内外情势大有可为的时候集海内外同志代表,把这些经验和方法提出来供大家采纳。我们在大会之前已经组织了一个临时中央执行委员会,做了一番准备的工作,自今天起要把筹备的各项方案计划,逐日提出来供大家讨论研究。要大家赞成这些方案带回去实行,那么,本党一定发展,革命一定可预卜成功!

总理说到这里,以很重的语调,总结此次大会改组的意义:

第一是把本党改组成一个有组织、有纪律、有力量的革命党;第二是要用本党的力量去改建中国。

除了上述两件事以外,另有一件大事要大家特别加以警惕,那就是本党从前不能成功的原因,不是敌人有什么大力量来打破我们,而完全是由于我们自己破坏自己……我们此后要团结一致,把自己的聪明才力贡献到党内来,不可归个人所用,要归党内所用。大家团结起来为党为国,为同一目标为同一步骤而奋斗！革命成功最要紧的条件是全党同志精诚团结，团结的要义是：第一要牺牲个人自由；第二是要贡献能力，然后全党才能有能力，等到全党有了自由有了能力，才能担负革命的大事业，才能改造国家，实现国家的自由。本党以前的失败是各个党员有自由，全党无自由，各个党员有能力，全党无能力，我们今日改组便要先除去这个毛病。我们应当反省，应当补过，为今后的革命成功而奋斗！

听众以感慨奋勉的心情，聆听总理的讲话。这时全个会场如严冬深夜那样静寂，而每个人的内心，则燃烧得像火一般的热烈，最后爆发了如雷的掌声，经久不歇。

一九六四年的一月二十日很快就会来到，从民国十三年一月二十日第一次全国代表大会开幕的一天起计算，至今又已四十年了，而总理当年讲话时的声音容貌，犹仿佛仍在眼前。咦！匆匆四十年。我们抚今追昔，当如何淬砺奋发以完成中山先生未竟之业呢！

（原载一九六四年一月《传记文学》第四卷第一期）

比例选举制案的争辩

——《匆匆四十年》之二

什么叫比例选举制

本文要记述的是民国十三年一月，我在国民党第一次全国代表大会中，提出《采用比例选举制为政纲之一案》，从提出到被搁置的经过。就个人来说，它是给我深刻教训的一次失败。而究其实质则是民主思想、极权思想相撞击而发生的一个巨浪，亦可说是民主、极权思想早期的分野。

在未说到本题之先，我想有先把比例选举制作一简要介绍的必要：

在第一次世界大战之后，比例代表制（Proportional Representation）的鼓吹曾经喧腾一时，为当时治政治学的人所向往，认为经由比例投票的选举方法，可以获得一项公平合理的解决，特别是在保障少数，容纳反对意见方面，可以充分实现民主政治的理想。大约是由于手续计算上的繁复，此一制度并未能如预期的普遍被民主国家所采用。我在留美期间是最醉心于此一制度的人，但返国以后由于民主制度的推行在国内要解决的问题太多，此一较为繁复的选举制度，迄至目前似尚难有付诸实施的可能。这不是一项纯理论的问题，而是一项与现实离得较远的应用问题。

在原则上讲，在代议政治之下议员的选举，如果把普遍通行的联记投票法来作一说明，譬如：一个选举区之内要选出五个议员，选民是一万人，假使有五千零一个选民集中来投同样的五个候选人，这五个议员便都会被这五千零一人的团体所包办，而只少了一票的四千九百九十九人竟一无所得，这哪能说得上公道？"多数决"是民主政治一项原则，而保障少数更是民主政治不可或缺的精神。在主张比例代表制的人，既不反对多数决制，而且十分尊重此一原则，不过多数只能获得他应有的议席，而不能把少数一概抹杀，竟以一票之差而一席不能得到，如上面所举的那一项简单的例子。因此主张比例代表制的学者便发明了甚多的投票方法来补救此一缺点，如：单一投票法，即是假如在五个议席选举的场合，每一选民只准投一个候选人，使选民很不自然的划分为若干小的集团，把多数党的优点予以冲淡，在政治上形成散漫与无重心，这是有违大党政治运用的好处的。另外一项简单的办法，便是"限制投票制"，这一办法限制选举人在五个议席的选举场合，只准投三人，其余的二名议席便任令少数党派去取得。在只有两党存在的情形之下，此一办法尚可勉强适用，但在两党之外选民如另有主张，便不易作有效的选择了。

我所主张的是"黑尔投票制"（Hare System），这一投票办法是把应选议席人数，除选民的总数，所得的商数确定为每一候选人的"当选额"（quota），如果应选名额为五人（候选人当然不止此数），选民可以就候选名单中用一、二、三、四、五来表示他对候选人的优先次序，在计算票的时候，依次推算，凡足当选额者便为当选。这一选举办法，倒与我们今日实行的大专入学联合考试照考生所填志愿之先后为录取的一项依据有其相似之处。譬如：一万选民的选举应选五名议员，以五除一万，商数为二千，这二千便是每一候选人的当选额，如果候选人得的票数超过了当选额，便以其超额的票数依次转移给他次一选择的人。假如一万的多数是六千人，结果可获得三个议席，少数为四千人，便可得两个议席，如另有少数各约为二千人，便可各得一议席。这一选举办法，既不违反民主多数决制的原则，而又使少数能够充分的代表出来，我至今仍坚持黑尔投票制是最公平合理的选举办法。可惜计算略嫌麻烦，推行起来困难在所不免，我相信在民主政治进步到了更高的阶段时，终可有被采用之一日。

虚怀若谷的总理

民国十三年，我由加拿大回到广州，出席第一次全国代表大会，在一次晋见总理的谈话中，总理问我道：

"你在国外研究政治学，近来在政治学的范畴内，有什么新的学术没有？它与从前的旧学术比较又有什么不同的地方呢？"

我当即以我研究比例选举制的心得报告总理。他很仔细地听过了我的报告，显出很欣然的样子说道：

"我近来也极注意此事，但手边还没有足够的材料。"

"我在美国俄州大学所写的论文，便是以比例选举制为题"，我说。总理便要我把这一论文送给他看看。

过了一天我把我的论文面呈总理，在以后几次的晤见中，他都以研讨比例选举制为题材，很有兴致的问了我许多的问题，其中有些问题实在是我当时的学识经验难于圆满答复的。在他给我的指示中，有一句话最使我感动，我一生都不会忘记，他说：

"你研究外国的知识，不仅要切切实实地弄清楚它的底蕴，还应当把研究的结果，注意到如何进一步运用到中国来，尤其是要配合到我们革命建国的需要上。"用现在的话来讲，那即是说理论要与实践配合，世界的新知识要与中国革命的需要配合。我听了总理的话之后，当即向他提出是否可以由我提一议案到大会，采用比例选举制为本党的政纲之一？总理点一点头微笑说："好。"

于是我把存在总理处的论文拿回来，漏夜赶写提案。提案的说明几乎是把论文的内容全部翻译过来，没有一点增添或改正，字数也在二万五千以上。大会开幕后已经多日，我才缮写清楚送到大会秘书处去。因为秘书处印刷不及，用油印困难很多，乃交由《广州民国日报》赶用铅印。一直到一月二十八日才印好，在一月二十九日那天才得列入议程，那时大会已快要闭幕了。起初因为对提案的名称总想不出一个适当的标题，我特请教于汪精卫，汪拿起笔来便写了一个《采用比例选举制为本党政纲之一案》，我觉得这一名称很妥当，便欣然接受了。

一个宝贵的教训

比例选举制案未获通过，我心中十分的过意不去。那一天又适逢总理没有到会，究竟总理对于本案被保留后的意见如何，我是极想知道的。在我准备提出本案之先，虽然曾经请示过总理，又经过他点头说"好"，但是我在大会发言一点也不曾把总理对本案的态度说出来。知道这事经过的同志，事后曾经责备我，说我如果当时把总理点头说好的经过向大家提一提，本案的通过是不成问题的。我为甚么不把总理对本案的重视向大家说出呢？其原因是：

第一，我生性不习惯假借比我更有权力、更有威望者的地位来便利我自己的主张而获得人家的赞同。我以为一个真正的道理，能够诉诸于大众的理智与判断所获得的支持，当更为宝贵。我这一见解是否正确我不敢说，因为我生性如此，我也就如此罢了！我一生受了这一习性所招致的困难，不止此一次为然，此后所面临同样不快的事还多呢！

第二，我始终认定一个好的主张，要经得起大家的批判和考验才算数，一个问题经过许多意见讨论后而获得的结论，它可以使此一问题被人更了解，更能使此一问题的解决趋于完整。古人所谓"集众思，广众益"便是这个道理。俗话所谓"三个臭皮匠，赛过一个诸葛亮"，也就是说群体的力量胜过任何强者，所以我不习惯假借别人的权威来蒙蔽众人，使众人不能自由运用他的理智结成一个"众智成城"的力量。尤其是我对敬佩的总理，我不愿意以他的名义，使大众对本案不是出于衷心的赞成，而是近于盲目的接受，损及群众对他的威望。本案虽没有通过，而我内心却无丝毫愧怍存在。

采用比例选举制为本党政纲之一的提案被搁置以后，我很气愤的去报告总理。我的话还没有出口，总理便说：

"事情的经过我已经知道了，这完全是由于你太没有经验，不了解会场的心理所招致的失败，好在只是搁置一年，在下次大会仍须提出讨论，还没有完全被否决。当前这一主张的采用并不十分要紧。"

总理说完后，很慈祥的带着微笑望着我。我跟即请问总理，何以本案是由于我自己招致的失败呢？他说：

"会场的人数那样的多，知识、年龄和兴趣都不同，听说你在大会说明案由的时候，从古到今说了一个多钟头，既不是讲课，又不是说教，何必费掉如此冗长的时间使人感觉厌倦？"

我说："如此复杂的一个问题，不详细的加以说明，如何能使人了解？既不能使人了解，又何能使人家衷心赞成？时间虽未免冗长，也是无可如何的事。"

总理笑了一笑，跟着说道：

"大会代表知识水准很不齐一，你必须抓着大家的兴趣，使人感觉你所主张的是无可反对，才容易使大家赞成你的主张。"

"那么，有什么诀窍呢？"我迫不及待的问。

"依我的意见，只要几句话，就可使大家无可反对。"总理深具信心的说。

"要用几句什么话，才可以使人家赞成呢？"我又问总理。

"你第一句话应当说：本党信奉的是三民主义。我想不会有人反对这句话。

你第二句话应当说：三民主义当中，有民权主义，是不是呢？我想也不会有人否认这句话。

你第三句话应当说：要实行民权主义，必定要举行选举，是不是呢? 我想也不会有人提出异议。

最后你再向大家说: 比例选举制是最新、最进步和最能表达民权的制度, 我想大家听了这番话之后, 便不会坚决反对了, 你说是不是呢?

因为你把话说得冗长噜苏, 使得大家厌烦, 本没有问题的事倒反而发生问题了。"

我听了总理这番教训, 不禁顿足失悔, 才知何以我在大会说明本案时的用力不讨好。如果照他这一指示作简要的说明, 我想比例选举制被大会通过是不成问题的。这真是一个最足宝贵的教训。我时时以总理这一教训来规律自己, 有时尚可勉强做到, 有时仍然脱不了书生习气, 而在面对群众的讲话时往往把话说得十分冗长, 难道说这真是俗话所谓"江山易改本性难移"吗?

戴先生谈笑说真理

戴季陶先生是极爱护我的一个人, 事后他也责怪我那天的话说得太噜苏, 不懂得群众心理, 他虽有意要帮助我, 因为我把局面弄得太僵, 他也爱莫能助, 所以他才提议把本案保留为下次全国代表大会必须提出之案, 以作补救。他告诉我一件很有趣的事, 是他亲自经历的。他说:

"据说: 一次同盟会的会员们在日本东京举行大会, 到会的人全是热血的革命青年，人数约一千余人，在这次的大会中，有两个故事非常有趣，足以作为向群众讲话时的重要参考。故事之一叫做'无言的演说'，故事之二叫做'革命在后头'。"

"甚么叫做'无言的演说'呢？"戴先生说：

"当会场的气氛到一高潮，群众热血沸腾的时候，有一位革命同志名叫田桐（即湖北的田梓琴先生），他由会场跳到演讲台上，一言不发，咬紧牙根，鼓着两眼，表情十分激昂，紧握着右拳用力在演讲台的桌子上，咚！咚！咚！的捶击了三下便走下台去，台下瞬即掌声如雷，好似在怒吼一般。他虽一言未发，而他的三个拳声，有如一篇激昂慷慨的演辞一样。仔细研究起来，这一段故事告诉我们向群众讲话的几个要点：

第一，一篇冗长的演讲词不一定是一个成功的演说，也许是最令人讨厌的。纵然不发一言，只要你能抓住群众的心理，用暗示来影响群众，也无异于演说的成功。

第二，一次演说的好坏不是主观的，而是客观的，你能道出群众要说的话，便是一篇最受欢迎的演说。

第三，群众的趣味和群众的知识水准是要加以注意的，你不要以为一个高深可贵的道理便定为群众所接受，你必须用平凡易晓的言辞，生动恰当的譬喻和富于幽默的词调才能引人入胜，不觉得疲劳，能够做到'谈笑说真理'便不致令人讨厌了。

第四，演说的姿态，可以帮助你的表情，吸引群众的注意，呆板的样子，是大有损于你的演说内容的。"

戴先生更很有趣的告诉我，他说：

"你不要以为你的演说受到了群众热烈的掌声，便以为是由于你自己的演说很成功，其实那是由于你讲出了群众自己所要说的话，群众鼓掌不是为的是你，而是为了他们心里要说的话，你把他说出来了，他们是为自己拍掌呢。"

这的确是至理名言！

戴先生接着又很有兴味的说第二个故事。

"另一个相反的故事，发生在同一时间同一会场。当田桐先生走下讲台之后，有一位学问很好的同志，他受了群众热情的暗示，随即登台讲演。他的本意是要阐扬革命的真理来博取会众的欢心，而他在说话的安排则拟从反面文章做起。打算最后才把他革命的真理衬托出来。所以他讲话的头一段便指出如何不该革命的一套假设，不料热血沸腾的革命群众，对他的话忍耐不住了，起初满场报之以'嘘'声，他尚不知停止；继则报之以'打'声，他仍然继续说下去，最后会场中忽然跳出几个好汉，走上台去，抓住他的衣领，拳打、脚踢、边打边骂，叫他滚下去。骂他是反革命、汉奸……他才知道自己蒙受了冤枉，在无可如何之中，大声呼喊道：

'革命在后头！革命在后头！'他这样大声的嘶叫，顿引起满场轰笑，才知道这是出于一种误会，然而他的革命真理尚未及说出，便已先饱受一顿毒打了！"

　　总理的教训告诉我们对人多的场合讲话，应如何扼要有重点。戴季陶先生所讲的故事，教我们要如何的了解群众心理，否则任你怎样的一篇大道理，任你用尽无数心机，如果表达的技术不适当，其结果是会招来相反的反应的。

（原载一九六四年二月《传记文学》第四卷第二期）

初生之犊不畏虎

——《匆匆四十年》之三

一 一个不被重视的年轻人

民国十三年一月二十日，国民党第一次全国代表大会开幕以后，当日下午继续举行大会，由中山先生提名胡汉民、汪精卫、林森、谢持、李大钊等五人为大会主席团主席，经大会通过后，旋即提出大会宣言审查委员会人选案交由大会讨论。中山先生主张宣言审查委员人数为九人，由大会选举。经过讨论之后多数代表均不赞同此议，仍授权总理，请他指定。很显然的当时会场中呈现出两种不同的心理：由于代表中有一部分是新近加入的共党分子，在他们来说，如果选举，恐怕他们是不易当选的；此外在老一辈的代表中，恐惧青年人不会选他们，而又自许追随总理多年党龄悠久，如果由总理指派，他们当然希望很浓。由于这两种恐惧心理，不期然而然的，都共同主张由大会授权总理指派。

　　中山先生在考虑审查委员九人的人选时，自然必须考虑到老同志和本党青年与共党加入本党的分子，以适应当时的事实。因此他提出了以下九人为宣言审查委员会委员：

　　胡汉民、戴季陶、叶楚伧、茅祖权、李大钊、恩克巴图、王恒、黄季陆、于树德。

　　胡、戴、叶、茅、王五人为本党老同志，李大钊、于树德为著名的共党分子，恩克巴图为蒙古人，亦似为共党分子之一员，或其同路人，我本人则总理似乎要我代表青年，或者因为我是加拿大选出的代表，要我代表海外的党部参加。可笑的是当总理把九人的姓名念出时，对其他的人大家都无异议，惟独念到我的名字黄季陆时，会场中竟有"不知道"或"不认识"之声数起。我细着这些说话的人多为年岁较长且都与我相识的同志，使我感到有些惊异和不安。我那时虽然年纪轻，但我的党龄却不后人，不知道的人似乎很少。这一反应大约是他们原都自以为有被总理指派的可能，而却没料到总理会指派出这样年轻的我的缘故。青年人初出茅庐，总难免要受些一般世俗的挫折的。最可感的是中山先生，他马上叫我站立起来，特地把我在党的历史和工作加以奖饰介绍，大家才默然无言。

二　主义、政纲与政策

大会宣言的初稿，是由总理事先准备经由大会前临时中央执行委员会提交大会讨论的。在起初的一般问题上，还不觉得九个审查委员之间有甚么特别不同的主张，分不出国民党和跨党分子之间，划有甚么鸿沟，却是到了后来讨论到宣言和政纲的重要问题上情形就两样了。国民党员与跨党分子之间顿然发生理论与政策上壁垒森严的现象。争论爆发点表面上是在民生主义的观点的差异，而实质的问题则完全在民族主义和民权主义方面，国民党员和跨党分子有根本不同的观点和立场。

胡汉民先生言辞锋利，戴季陶先生口若悬河，胡先生在讨论问题的时候，一点不让步不放松，只要你有一点伤及他的地方，他必以锋利的言辞报答你，使你非常难堪，而他自己也不免面红耳赤。戴先生在会场上话最多，态度却很和平，他滔滔不绝的议论，可以使你体会到很多的道理，可是有时说得离题太远，浪费掉许多的时间，使当主席的人不知如何结束。每次审查会的主席都是由胡先生充任，他每遇戴先生这种情形总感到尴尬不耐烦。他对付戴先生的办法，一是叫戴先生不要再摆龙门阵，一是对戴先生说："你的姐姐来了"，"姐姐"是戴先生呼他的夫人钮有恒的名称。戴先生最怕钮夫人，在钮夫人的意见认为戴先生喜欢讲话，是他身体不好的原因，所以常常不许戴先生多说话。当我讲话太多的时候，胡先生往往这样的说道："这个审查会是专为你和季陶两个讲四川话的人而有的，你俩真不愧是难兄难弟呀。"我追随戴先生的时间最久，一生受他的影响也最大，他的长处我一点都没有学到，但在说话的习惯上，我像戴先生的地方很多，也许真是受了他的影响所致吧。

李大钊、于树德二人在审查会中发言不算多，但是态度却一致而坚定，讨论问题的时候，很少有自发积极的主张，但却时时利用国民党同志间对某一问题正反两种意见尖锐化的时候，他们总是倒在一方，压倒另一方，这样常常使我们自己同志之间留下不快之感，而跨党分子反而争取到了友军。此种情形屡试不爽……李、于二人……有相当的学养，也有几分君子的品德。李大钊早在民国十六年被张作霖枪决于北京，于树德到后来转向从事合作运动，对社会颇有贡献。抗日战争期中，在成都附近的凤凰山飞机场我还见着他一次，翩翩儒雅的风度犹似当年。

我在九人的审查委员中，也许因为年纪太轻的关系，不免过于天真，每遇争论的发生，总是肆无忌惮一马当先，和李大钊、于树德二人弄到难分难解。现在回想起来，应当争的地方固然很多，不应当争的地方亦复不少，这类的事只有天真无邪的青年人才做得出，而青年人的可爱处也许就在这些地方。

宣言分三章，第一章为分析中国之现状，第二章为阐述国民党之主义，第三章为国民党之政纲。政纲分对外政策与对内政策两部分。对外政策共七条，对内政策共十五条，合为二十二条。宣言中把主义和政纲划分得太明显，实则在宣言所附的政纲，即对外与对内两项政策，在原意上此处所指之政纲即是政策。几十年来在国内外有一极模糊的观念，即为主义、政纲、政策三者，往往弄不清楚，其原因第一是因为宣言中的政纲实际就是政策，第二是宣言中所举本党的主义实质上就是政纲。但在一般的政党很少有拿主义来标榜以作号召的。我之所以说宣言中的本党的主义就是政纲是有所依据的：在第一次全国代表大会通过的《中国国民党总章》中，首言：

中国国民党第一次全国代表大会，为促进三民主义之实现，五权宪法之创立，特制定中国国民党总章如左：

第一章　党员

第一条　中国国民党，不分性别，凡志愿接受本党之党纲，实行本党决议，加入本党所辖之党部，依时缴纳党费者，均得为本党党员。

很明显的三民主义、五权宪法诚然是国民党之主义，而三民主义之实现，五权宪法之创立则为国民党的党纲，亦即是政纲，各时期所宣布和所实行的对外对内的主张，便是我们实现三民主义，创立五权宪法的政策。由于在第一次全国代表大会宣言中，没有把主义即是政纲，而政纲实际即是政策的话说明白，难怪大家会弄不清这一观念上的特点了。

三　反帝国主义纲领的争辩

在审查会中争执最大的是民生主义和对外政策。民生主义所发生的争议属于主观的组织的排他性而有的居多，属于理论上的争辩并不如我们想像之大。换句话说，当时很自然的发生一种感情作用和成见，那便是国民党和共产党根本是两个不同的政党，因此民生主义不是共党所信奉的那套共产主义。这一争议和成见，随即影响到大会的气氛，国民党和共产党之间的鸿沟顿然清清楚楚地划分出来。等到二十一日那天下午，第一次宣言审查报告提到大会之后，总理为平息会场中此一争议，特别对民生主义与共产主义的界说作一说明。

经过总理一番警辟的解释之后，大家的情绪和会场的气氛才从阴霾四布中趋向明霁。本来可以即刻把宣言审查报告提付表决顺利通过的，但总理为增加众人的理解起见，特又指定宣言审查委员，大会前的临时中央执行委员把全案重付审查，提请大会通过。从这些地方可以看出总理处置大事的慎重和对于群众的领导，重在真理的寻求和理性的发挥，并不以急于获得群众一时感情的冲动和盲目的附和拥护为满足。

宣言经过第二次扩大审查之后，在二十三日的下午便提交大会通过。

在宣言审查会中争辩最烈的是：

一、关于收回租界、收回海关、取消外国人在中国的特权的反帝国主义纲领部分。

二、关于民生主义中土地农有的部分。

这两项问题在宣言的原稿中都有明确的规定，都被我一一力争予以改变或删除弄得面目全非。这件事至今想起来真是幼稚得可笑。当时参加宣言审查委员会的九个人，如今只有我一个人还健在，其余的人除了于树德不知所终以外，余皆作了古人。这一段经过如果不由我忠实地把它叙述出来，以供研究近代史的一项参考，在我而言是会感到歉仄于心的。我时时鼓励青年人要天真坦率和勇敢，我现在虽然已不复是当年的样子，却是当年那种青年人的精神，我仍然觉得十分可贵。自己的错误可笑，由自己倾吐出来，作为后人的一个借鉴，总不能说它是一件无意义的事吧！

现在先谈我反对把反帝国主义纲领容纳在宣言和政纲中的理由和经过。关于收回租界与外人租借地，收回海关与废除不平等条约，我反对的理由不是因为我没有胆量，而是由于我立论的出发点是从常态的政治情况，而忽略那时是一个革命大时代的创始。在这一点上不仅我的认识不够，就是胡、戴诸先生和跨党分子李、于二人也看不清楚。不然他们不会那样轻易地被我的道理所压倒，一致同意把那些反帝国主义政纲的原意在审查会中冲淡或删除。我所持的最大理由是：

一、西洋的政治家有一个信条，就是宁可失败，而不可以失信。一个健全的政党也应遵守此一原则，如果一个政党把做不到的事作为对国民的一种诺言，来争取他们的同情，问题不发生在说话的时候，而是在不能实践诺言的场合，必定失去国民的信心，永久都不易收复回来。今天革命环境的艰苦和我们力量的薄弱，对于分明做不到的事情，又何必把它作为眼前的主张？所以我认为凡是做不到的事，最好不说，要说的我们必定要做到。这样我们才能建立起国民对我们的信赖。全国代表大会既然决定每年开会一次，把这一类的问题留到力量充实，必可做得到的时候再行提示出来岂不更为妥当？

二、假定我们现在一点凭借都没有，毫无责任地把这些主张提示出来为难反革命的北洋政府，倒不失为一种想法。问题是在我们现在治理的区域内，近在咫尺间的有沙面的租界和粤海关，再如香港九龙关和广州湾，不是英国的租借地便是法国的势力所在。对这些现实的问题，难道我们可以不采取有效的行动，我们能够使国民相信我们所说的不是谎言吗？

三、我们必须认识，政治问题离开了现实而仅是空言，便将招致后患，我们不得不在此加以考虑。我们检讨一下今日的革命环境，除了广州一地微弱的力量之外，华侨所在的地方，便是帝国主义的根据地。我们把反帝国主义纲领提出之后，首先受到摧残的必定是海外的党部，我们将未受其利而先蒙其害，聪明人岂是如此的作法？我是代表加拿大总支部来出席大会的，这样有关海外党务和同志利害的大事，我不能不严重的提请各位同志注意。假定各位不采纳我的意见，本席保留在大会的发言权。

我上面的话理直气壮好似把大家说动了，却是李大钊很生气的说：

"你既然要在大会去发言，我们何必要有这一个审查委员会？你应当有服从多数的精神。"

因为李大钊说话的态度不好，我很气愤的反击他道：

"审查会的决定不是最后的决定，他的性质是因为大会的人数过多，不易作精细的考虑，所以才成立审查会，由人数较少的审查委员作一精细的研究之后提供大会参考。为达到此一要求，所以在民主国家的议会对于审查报告采取两种办法：一是多数的报告（Majority Report），也就是审查委员会多数决定的意见；二是少数的报告（Minority Report），也即是在审查会中反对者的异见。为什么要如此呢？这就是说：大会要知道审查会中正反两方的意见，来作详密的讨论和决议的参考，你知道这是民主国家的一种良好的制度吗？"我说话的时候似乎显得十分得意。李大钊回答说：

"这是资本主义国家的办法，我们不屑于采取！"

我用很重的语气对他说道：

"你所说服从多数也是资本主义国家表达民主的方法，

那末你又何必要我服从？"

话说到这里，彼此的情绪已经很坏，而我的词锋仍然很尖锐的继续下去！

"《资本论》是共产主义的圣经，马克斯写这书的时候，最早是用德文、英文出版，研究共产主义的人是否因为德国、英国都是资本主义的国家，也就连资本主义的文字都不读了？这样的人还配得上称为马克斯主义的学者吗？无怪一些读了几本东抄西窃一知半解的中文小册子的人，也要冒充共产主义的专家！"

李大钊不甘示弱的说：

"你这种言论和一些外国崇拜教的中国知识分子一样的可笑，这些人的意见以为不懂洋文，就不能做一个学者，哼！哼！"我跟即答道：

"这是五四运动初期的北大校风，与我无关。"

李大钊此时的神情很难看，会议大有继续不下去的模样。我现在回想起这段事，何以李大钊对我所说的话那样感到愤怒，其原因是李是当时一般人所称颂的共产主义学者，同时他又曾任过北大图书馆的职务，我前面所说的一些话，在他自以为好似都在讽刺他。

最后胡汉民先生以主席地位发言，他说：

"你们的话说到题外去了，就此停止吧！我们仍然回到本题的讨论上。"跟着他提出了一个折衷意见，他认为大会海外党部的代表人数很多，海外党部自有他的困难，如果我们此时把收回租界、收回海关等反帝国主义的纲领太明显具体的拿出来，的确影响很大，而在目前本党的地位也不无顾虑之处，所以他主张：

一、把关于反帝国主义的政纲条款说得笼统抽象一点，不必太显明的提出。

二、大会代表意见很多，"少数报告"虽然是很好的办法，但是因为大家现在还没有这个习惯和了解，此时还是以暂不采用为佳，以免反而引起大会许多问题来。

大家一致赞成了胡先生的主张，于是收回租界、收回海关、废除不平等条约等反帝国主义的政纲，便被抽出而代以笼统抽象的词句。宣言审查报告于一月二十三日提到大会，没有经过多少讨论便由大会予以通过。

戴季陶先生在抗战胜利后的南京，一天谈到共产党的情形，忽然问我说道："你当年真是初生之犊不畏虎。"我问他此话何所指，他说："我想起你在第一次代表大会时，对跨党分子那样的有成见，现在看起来，你当时是没有错的。当时你那种蛮横的态度，正好似俗语所说的初生之犊不畏虎，不仅李大钊、于树德两个跨党分子受不了，就是展堂先生（指胡汉民先生）也把你无可如何。转瞬又是几十年，现在你都儿女成群了！"言下似乎不胜其感慨。

勿论如何，我至今对李大钊、于树德两位先生的学养，仍表示其怀念，因为我后来所见到的共党分子，多半是粗线条的作风，不似他二人那样的温雅！

四　翻案——我的忏悔

在一月三十日的早晨，大会还未正式开会，我因为有事须向大会秘书处接洽，秘书处地址在大会会场后面的楼上，当我正跳跳蹦蹦的走上楼梯中间时，廖仲恺先生正由楼上抱着一大包油印品由上向下走来，当他在楼梯上看见我的时候，他带着几分神秘的神情，很快的把那些油印品用手掩着，深恐被我看见似的。我为一时的好奇心所驱使，我问仲恺先生有什么了不起的事做得如此神秘？他说：

"这件东西此时不给你看，你也用不着看。"

他一面回答我一面向下走，我很顽皮似的用手把他拦住，我说：

"既然如此神秘，我就非看不可！"于是我从他的怀中顺手取过一张油印品，此时他的表情虽然不甚愿意，但也未十分拒绝，转变语气很和善的说：

"没有什么了不起的秘密，横竖等一阵你也会知道的，先看看也无妨。"

我把那张油印品张开一看，原来是一份临时提案，内容是要在已通过的政纲中加入下列三项：

一、收回租界。

二、在中国领土内之外人应服从中国法律。

三、庚子赔款当完全拨作教育经费之用。

我对这一内容，很觉得奇怪，对廖先生说：

"这有什么秘密，何必做得如此神秘？收回租界和废除领事裁判权，我们在宣言审查会时业经详细讨论把它取消，为什么刚刚通过的案，又要把它推翻？你真太不民主了！"我此时不得不把在宣言审查会中反对本案的理由重复向廖先生提出：

"反帝国主义纲领，不属于胆量的问题，而是我们说出了这些诺言，如果不能立即拿行动来表现，我们将失去国民对党的信赖，信赖失去后，此后再有什么新的号召就不会为国民所相信了。此次大会惟一的任务，是在建立国民对革命对本党的信赖。假定我们此时有决心有魄力，真把收回租界当做一回事，我们便得先从近在眼前的沙面下手，把英国人驱逐出去。如果这样做，我愿为前锋，作一个为收回租界而牺牲的英雄！"

仲恺先生对我所说的话，仍然没有一点理由来驳倒我，他在无可如何中只得说道：

"不管他的，我们把它通过了再说。"

我最后向廖先生说：

"你如果不提收回租界和废除领事裁判权的主张，专把第三项将庚子赔款全部移作教育经费，我倒非常赞成，此一主张拿出来之后，本党在青年和教育界，一定可以争取很大的同情，宣言政纲的原稿没有把这一主张提出来，倒是应当作一补救的。"

廖先生对我的话不置可否，匆匆的走往楼下。我很坚定的告诉他，如果我的主张不被采纳，在大会里我一定要提出反对。大会中的海外代表最多，由于他们在国语的运用上，颇难自如，我无形中作了他们的发言人，因之我很有把握使他的提案不能通过。廖先生听了我的话之后，似乎增加了他对此一问题的顾虑。

大会在十时开会，由总理主席，宣布开会后当即向大会报告道：

"本日有一临时动议，系廖仲恺代表所提，业经依法取得连署，依照会议规则应为议程之变更，赞成变更议事日程者请举手。"

当即多数通过，于是总理乃请原提案人登台说明。

廖先生把提案中所列的收回租界、外国人在中国领土内应服从中国法律及庚子赔款应全部拨作教育基金等三事一一加以说明之后，可能是由于我的谈话增加了他的顾虑，他的说明因此不够有劲，于是会场的反应显得很平淡。当时有代表刘咏闾、沈定一、李希莲、张秋白、李国瑞等人发言，起初仅在程序上对本案应否加入政纲或别为决议上讨论，还不曾对本案作实质上的赞成或反对的表示。到了后来，会场的情形急遽的转到对本案的反对论调，形势顿形紧张。恰在此时我看到仲恺先生递了一个字条到主席台上，总理当即向会众声明离开主席的地位对本案有所说明。事后由当时在主席台上的谢慧生先生告诉我，仲恺先生递给总理的字条写的是："会场情势不佳，本案请总理自行说明。"当我正要要求发言的时候，总理已经离开主席的地位发言了，总理说：

"本总理赞成把本案加入在政纲中，当宣言政纲起草之时，本总理即主张在对外政策中应把收回外人在中国的租界租借地、废除不平等条约、外人在中国领土内应服从中国法律三事，明明白白地列举出来。在前次通过的宣言审查报告，竟把这三件大事冲淡漏掉，实在是一件憾事。这件大事的补救是今后革命成败的重大关键所在。在通过的政纲中对此虽然有一种概括的规定，但是不够明显，不够具体，更不足以作我们今后革命的号召，一新海内外的耳目。本总理主张应当把这三件大事大书特书，然后本党此次的改组才有意义。本党革命的目的，第一步在求中国的自由独立以实现民族主义，我们笼统的说，革命的目的在求中国自由独立，大家尚不感觉有什么顾虑。一说到要收回租界、收回海关、废除不平等条约，大家深恐得罪了帝国主义，便战栗恐慌起来了。大家想想，中国民族不能自由，是由于什么原因？不能独立又是什么原因？难道说，帝国主义所加于中国民族的束缚不解除，中国还有什么希望可以自由？可以独立？外人在中国的租界不过是一件家喻户晓的事实，所以我们特别要把它提出来！……"

总理说到这里情绪显得很激昂，态度异常的严肃，语调也异常的沉重。他继续说道：

　　"我在辛亥革命以前，便提出了收回租界和废除不平等条约的主张，由于我们同志的认识不够、胆量太小，都不敢赞成我。大家企图在因应帝国主义的情况下，可以完成我们的革命，从民国建立以来，我们所得的教训，帝国主义不是像我们所想像的那样愚蠢，可以放心我们革命的成功，对他们是漠不相关的。结果他们用一切的方法来阻挠我们革命的成功，他们帮助中国的军阀来摧残我们的革命，他们利用买办商人来把持榨取中国的钱财，把中国造成今日次殖民地悲惨的境地！我们既不能讨好他们，而同时又失掉民众对于革命的敌人帝国主义有一明确的认识，这样无目的无意义的革命永不会获得成功的！

　　现在因应帝国主义来谋革命的成功的时代已经成为过去了，现在是拿出鲜明反帝国主义的革命纲领，来唤起民众为中国的自由独立而奋斗的时代了！不如此是一个无目的无意义的革命，将永久不会成功！"

　　总理继续说："在民国初年，就曾经两次公开主张收回租界：一次是在民国元年解职大总统职务以后到了上海，租界上的外国人和各国外交界的人士，在尚贤堂开会欢迎我，我便向他们提出了收回租界的主张。当时在场人士为之一惊，引起外国报纸的攻击和批评。一次是我曾经发表过中国革命成功后，必须收回租界的文章。"总理说："当我提出了收回租界的主张以后，外国人表示惊异批评不足为怪，而我们的同志和当时的中国上层人士且皆瞠目吐舌，认为将惹起无穷的后患。大家要认清，上海是我们中国的领土，中国如果是一个独立的国家，租界便不应当存在。外国人把中国的土地，当作他们的殖民地是反客为主，是我们中国人民的奇耻大辱！"总理最后总结说：

"因此，我们应趁大会将要闭幕的时候，赶紧把这一主张加入在政纲当中，本总理对此提案愿为附议。"

此时会场的气氛甚为严肃，有一二代表提出总理对本案是否应为附议的问题，经彭素民、沈定一两代表发言说明总理不仅有对本案之附议权，更有提议之权，不仅可以把此一提案内容加入在政纲之内，且可以提议不加入政纲之内。

总理在回复主席的地位之后，征求大会意见是否可以授权他修正文字将本案主张加入在政纲之内，会场顿即发生一片请付表决声浪，于是总理以主席地位向会众说：

"本案现付表决，赞成本案由本总理修正文字、加入政纲者请举手！"全体举手一致通过。

经总理修正后加入政纲内的文字，即为第一次代表大会宣言中对外政策项下的条文：

一、一切不平等条约，如外人租借地、领事裁判权、外人管理关税权以及外人在中国境内行使一切政治的权力，侵害中国主权者，皆当取消，重订双方平等、互尊主权之条约。

二、凡自愿放弃一切特权之国家，及愿废止破坏中国主权之条约者，中国皆将认为最惠国。

三、中国与列强所订其他条约有损中国之利益者，须重新审订，务以不害双方主权为原则。

四、中国所借外债，当在使中国政治上实业上不受损失之范围内，保证并偿还之。

五、庚子赔款，当完全划作教育经费。

六、中国境内不负责任之政府，如贿选、僭窃之北京政府，其所借外债，非以增进人民之幸福，乃为维持军阀之地位，俾得行使贿买，侵吞盗用，此等债款中国人不负偿还之责任。

七、召集各省职业团体（银行界、商会等）、社会团体（教育机关等）组织会议，筹备偿还外债之方法，以求脱离因困顿于债务而陷于国际的半殖民地之地位。

我现在回想当时会场的情形，如在迷梦中一般。我原始是坚决反对提出本案的，在讨论之初，我数次想发言，都无机会。迄今聆听总理一番议论之后，我胸中一切的疑虑，好似春天的白雪融化在阳光里，从此使我对于中国革命有了一个新的了解和新的认识，我在宣言审查会中把收回租界那些主张删去所持的理由，自此烟消云散，自觉对革命的理解不够，深自忏悔。回想我青年时代那种骄矜的恶习，真是幼稚得可笑。当听到总理把本案提付表决时所说"赞成者请举手"时，我的手不知是受了何等大的一种力量的支配，很自然的、自动的、轻轻的、高高的举起来，衷心的表示赞同，表示折服。

的确，当时此一重大的决策，是十三年国民党改组所造成中国革命的新页，我们从因应帝国主义时代，走向了与帝国主义斗争，抓住了真正革命的敌人的时代的开始！据我事后所知，当宣言政纲通过以后，总理发现收回租界等明显的革命纲领被删除之后，总理曾很愤慨的说道：

"本党此次改组，如果我们还不能把反帝国主义的纲领提出来，中国革命至少还要迟二十年才能成功，可叹！"

廖仲恺先生的临时提案，也是由于上述总理的指示而为之的。好在事后大会对于此一重大错误，获得补救，否则中国革命所遭受的影响不知是如何的重大！

这一段回忆是我的忏悔，也是我的自白。

（原载一九六四年四月《传记文学》第四卷第四期）

近四十年历史的新页

——《匆匆四十年》之四

我在《初生之犊不畏虎》(《匆匆四十年》之三)一文中,把中国国民党第一次全国代表大会宣言审查委员会,关于反帝国主义政纲的争辩情形及在大会中中山先生坚定的态度和深刻诚恳的说明,以及将已经通过的各款,由大会授权他重新整理文字,再交由大会通过的经过,加以叙明之后,我觉得这一伟大的决定,是国民革命的新的一页,是中国革命由因应妥协帝国主义进到反帝国主义的一个时代的大转变,更是中国近代史近四十年代国民革命发展的一个关键,它的背景、影响及其重要性是不容研究历史的人忽视的,因就我记忆所及作更深一步的追寻。

一　跟着他老人家后面拼命

当大会聆听了中山先生一篇诉诸理智与衷忱的说明之

后，大家一致举手通过，第一次代表大会宣言中有关对外政策的各款，就是经他整理后的文字[注一]。到了散会之后，多数人似乎又渐渐把理智消失，回复到我在宣言审查委员会中所呈的心情。这心情不是恐惧，而是惶惑。亦不纯粹是惶惑，而是理解得不够深透，于是缺乏决心与勇气，当时想到的问题如像：

一、在上海法租界环龙路四十四号的国民党本部，今后的活动恐怕要受到限制或遭遇困难。

二、海外的党务工作，或将因居留地的政府之敌视而不便活动。

三、截留广东海关余款以充财政的来源，将因此而无望。

四、近在眼前的香港，英帝国主义恐将不与我甘休。

五、一个多月前的列强二十多艘兵船在广州白鹅潭的示威恐怕又将重演[注二]。

上述这些顾虑，在大会之后一直存在于不少人的内心，虽然没有人公开的提出，但在私人交谈时，随时都流露出一种不安和彷徨的情绪。这一情形，在现在说起来似乎觉得可笑，但在当时的一般人因为生息在列强的高压之下已久，民族的自信心便不知不觉的陷于消失或麻痹。治历史的人，必须要明白一项重要的事实，那便是不能拿今人所处的环境来衡量历史事实发生时的情形。亦犹如不能拿前人的往事来衡量今人的一切行为一样。因为古今历史固有其共通之点，同时亦有其不同的背景，与支配那个时代的不同的力量。我们知道中国民族的自信心是自一九〇〇年（庚子）义和团事变之后而愈益委顿，而辛亥革命发生在距庚子之后仅仅十一年，民国十三年为西历一九二四年，距庚子年也仅是二十四年。而这二十四年的岁月中，一面是帝国主义对中国的侵略和对中国人民的压迫日益加重，使中国民族透不过气来；一面又是中国各级政府官员深恐人民与洋人发生冲突或是教案的重演。在这内外交迫的情势之下，惧外病便成了一种普遍的心理。改良派反对革命的大理由便是恐惧重蹈庚子义和团事变的覆辙，在一部分革命党人的心理又何尝不是存有这一顾虑。所以辛亥武昌起义和各次的革命运动最所顾虑的便是外交。要免于外人的干涉，便不得不首先容忍各帝国主义在满清或民国时代的军阀政府所获得的既得权利，来安抚帝国主义的国家。当民国十三年反帝国主义政纲在大会中断然通过以后，一部分人在心理上要感到惶惑，自属意料中事。我在此必须举出事实来加以说明：

赵铁桥兄是大会出席代表之一，也是当时的四川实力派熊克武的对外代表，他对革命忠诚而勇敢，远在丁未年就参加四川江安、泸州和成都的革命活动，那时他还只有十六七岁。到了辛亥年他已是京津同盟会的主干人员之一，在天津发行的革命党机关报民意日报便是由他主持。大会后他见到我就问我道：

"听说你在宣言审查会中，曾很激烈地反对把反帝国主义的条款明显列出来，为什么你在大会中不继续表示反对？而且，我分明看见你在表决时高举起手来表示赞成？"

"你有没有举手赞成呢？"我反问铁桥。

"我亦是举手赞成的。"他说。

"那末，你举手赞成，又为的是甚么理由呢？"

"由于当时听了总理一番大道理，确实使我折服，更加上老头子那种诚恳坚决的态度使我十分感动，便不知不觉的把手举起来表示赞成了！哈、哈……"铁桥说这话时既坦率而又热情。我回答他说：

"我又何尝不是和你一样呢！"

我更进一步问他道：

"难道说你恐惧帝国主义的威风，而要表示后悔吗？"

"那样还配做一个革命党人吗？事到如今，只有跟着他老人家的后面拼命了！"

铁桥兄真不愧为一个有风格的革命党人，一个革命党人中的勇士。他民国十八、十九年时担任招商局的总办，因为要本着革命党人拼命的精神，不避嫌怨、不惜牺牲去整理垂死的招商局的业务，因而得罪了从前把持招商局务的集团，雇人把他刺杀在上海招商局的大门外。他真是为了要整理国营的招商局，来对帝国主义垄断的航业作一竞争，以挽回国家的利益而牺牲了。至今招商局还有一只海船名叫"铁桥"，便是纪念他的。

上面所说与赵铁桥兄的对话，是反帝国主义政纲通过以后，代表一部分人的彷徨不安的心理状态。现在我更要提出一项资料来说明总理要廖仲恺先生向大会作临时动议把收回租界等反帝国主义政纲重列在大会政纲之中，当时总理对本案是如何的慎重和具有决心。

在邹海滨先生的《回顾录》中有如下的一段记载：

> 每日开会前后（指第一次全国代表大会），总理照例到校长室（当时的广东大学校长室）休息。有一天，总理问我："现在准备提出废除不平等条约，你有什么意见？"我答道："这是合乎本党的主旨，很应该的。"总理又问："固然如此，但你不怕各国压迫吗？"我答道："世界上一切事情，得其平然后才能安定。不平等条约固然不利于我，但有了这种不平等的事，大家都没有好处。所以目光远大的，不但不至于压迫，或者会有赞成的可能。"总理含笑说："你算有胆量！"我反问："难道有人不赞成吗？"总理说："他们有点看不到，因此不免有些顾虑。"这案在大会通过的时候，总理很郑重地说："假使不通过这点，那末大会就毫无意义[注三]。"

从海滨先生这一段回忆中，总理虽没有指出没有胆量、看不到、有顾虑的是些什么人，但就我的感觉而言，至少我是其中的一个。

二　热烘烘的群众意识

当大会闭幕以后，在各种集会的场合，"打倒帝国主义"！"打倒军阀"！"废除不平等条约"的口号喊得日益激烈。这样的标语亦随处可见。最初以冷静的头脑面对此一问题的人，也在转变中。群众的意识和情绪，似乎都在奔赴这一目标而日益热烘烘地激昂起来。的确象征着一个新的革命时代的开始——因应帝国主义的时代在结束中[注四]，反帝国主义的国民革命的新时代已经到来！我个人当时不知究竟为了什么缘故，心中好似有一块大石头悬挂着放不下来似的，我不知道我这种心理状态，是由于对帝国主义的胆怯，还是自己对于这一问题的了解不够？我现在回想起来，可能这两种成分都有。为了要更深一层的了解这一问题，于是时时向当时对中山先生思想主张都十分了解的几位先生请教，如像胡汉民先生、廖仲恺先生、戴季陶先生等，我所急切要想知道的，便是中山先生在大会说明反帝国主义政纲时曾经说过："我在辛亥革命以前，便提出了收回租界和废除不平等条约的主张，由于我们同志的认识不够、胆量太小，都不敢赞成我。"又说："在民国初年，就曾经两次公开主张收回租界：一次是在民国元年解职大总统职务以后到了上海，租界上的外国人和各国外交界的人士，在尚贤堂开会欢迎我，我便向他们提出了收回租界的主张……。一次是我曾经发表过中国革命成功后，必须收回租界的文章。"我问这些先生们总理在尚贤堂的讲话他们是否在场？说话的详细情形怎样？他发表过的文章原文是否可以找得出来？他们的答复不是说记不大清楚，便是要我去翻查民国元年的旧报纸。天呀！那时的广州情形可不那么方便，图书馆虽然有，哪家能存有十几年前的整套旧报呀！最奇特的是：那时竟无一部完整的中山先生文集。可是在十几年之后的民国三十年左右，在抗战最艰苦的时代，我在四川居然编了一部较为完整的《总理全集》出版[注五]，其中许多材料都是从旧报刊上抄写下来的。中山先生在辛亥以前和辛亥以后有关收回租界、取消领事裁判权的资料实在不少，但他在尚贤堂的讲词和那篇收回租界的文章却付阙如。不仅我所编的《总理全集》没有，就是在我以后出版的《总理全集》中也找不到，这实在是文献上的一大遗憾。

我要追寻出中山先生辛亥以前收回租界和废除不平等条约主张的文件的主要原因，是要纠正当时一般人对他反帝国主义主张的提出，认为是由于当时采取联俄政策所致的错误观念。我现在仍然要在此不厌其烦地叙述这一问题的原因，是由于直到今天仍然还有人存有这一错误的看法，如果不予以较为详细的说明，这一种错误的观念将会使研究近代史的人难于见到历史的真象而错认了历史的进程。

三　我愿意做第三流人物

有一次我随胡汉民、陈协之等几位先生到广州白云山的能仁寺去游玩，我又提出这一问题来请教胡先生，他马上给我一个不大不小的钉子碰。他说：

"你对这件事提出来问我已经无数次了，我能答复的都告诉你了；你为什么一定要打破沙锅问到底，强迫着牝牛生仔？现在要知道的和要做的事情很多，又何必单在这件事上动脑筋？总理把人类的进化分为三类人：一是不知而行，二是行而后知，三是知而后行。你就做一个不知而行的革命党人好了。"

胡先生的本意是在和我开开玩笑，但我却有点不能忍受。于是我很直率的回答他道：

"不知而行的第一流人物让你做好了，我实在只愿意做'知而后行'的第三流人物。因为现在是科学时代，是知而后行的时代，我不能不求知而盲从。"此时，我顿感觉到胡先生白皙的书生面孔上好似吃多了酒似的红起来，额角的青筋亦鼓胀起来了。他好像正想严厉地"回敬"我一句，但话到嘴边又止住了。我趁着这一瞬间又温和地向他说：

"现在一般人都误会了我们新近通过的反帝国主义的条款是赤化，是受了苏俄的影响，我们不把他原原本本的找出来是中山先生远在辛亥革命以前就有的主张，如何能使人了解呢？革命的宣传靠标语口号，而不从研究真理、启发人们的理智入手，又有何效果呢？我是刚刚离开学校的年青'毛子'，我愿代替你们多做点此类愚笨的工作。"胡先生最容易生气红脸，事情过了，也就算了，从不把不快的事记在心头。我看他此时的脸色，又回复白面书生的本来面目了。

四　中山先生和外国人谈大道理

为了要寻求原始资料来印证中山先生在大会的说明，经过了不少的努力，碰了不少的钉子，都无着落，最后只有直接去麻烦中山先生来求得解答之一途。事情很凑巧，大约是在民国十三年三月的一个早晨，我陪同由四川远道经由云南而到广州的石青阳兄的代表何德方君及四川军人刘成勋的代表林镜台君二人谒中山先生，报告四川的军事情形。这位何君满口的四川土话，言辞思想都凌乱无条理，而他的使命又不重要。至于那位刘成勋的代表林镜台却不失为"刘水公"的代表（四川人对只图说话好听而不兑现的人称为"水"功到家，刘成勋就以此得名）。他对总理说，刘成勋要以十万银元帮助总理作为北伐的经费，总理回答他说，那倒不必了，在各省为革命而奋斗的同志都很艰苦，我现在无力帮助他们已经感到不安，哪能接受他们的帮助呢？你替我打电报谢谢他，勉励他努力。

在短短时间的谈话之后，他们便先行离去。我趁这机会请示总理，我是否可以利用此一时间，请教几个疑难的问题。他说：

"今天早上正好没有别的事情，你就坐下来讲吧！"于是我得有较充裕的时间向总理请教，我发问道：

"在第一次代表大会中，先生曾说关于收回租界的主张，民元在上海法租界尚贤堂[注六]，上海外国人士的欢迎会上曾经讲过，并且曾引起外国报纸的严厉批评，不知先生的讲词原文是否有存稿或其他的记载？先生又说曾经发表过文章，不知这一文章现在尚能寻得出否？"

中山先生回答说：

"这些材料手边现在都没有，大约在当时旧报中可以寻得出。我对于此项主张不只发表过一次，当时外国人固然觉得不安，就是我们的同志，也颇以我的言论易引起外人的反感为虑。"

我听了中山先生的话后，心中又冷了半截，如果当时广州的图书馆存有此项旧报，我也不敢再麻烦他了。在一个研究设备欠缺的社会，研究问题寻找材料真是不易。而在欧美先进国家，他们有非常完备的图书馆供人利用，所以易于培养出专家学者，在国内却是难乎其难的。当时在国内出版物已经很少，而其所登载的文章几乎很少有值得一读的，不是"思而不学"，便是"面壁虚构"，不以事实为根据。原始资料在中山先生处也未能获得，于是我不得不请问他关于是项谈话及文章的内容了。于是我说：

"先生当日所持收回租界的理由和内容能不能告诉我一点？"他微笑着说：

"说起来很可笑，当日我曾经把日本、暹罗的前例告诉国内的人士，说明这在一个独立的国家是很平常的事，因为日本在明治维新以前就曾有过外国的租界，由于政治的进步，后来租界亦由和平的交涉而取消了。可能是因为中国在庚子年八国联军之役受创过深，中国人对于外人的恐惧也特别利害。民国元年距庚子义和团事变为时仅仅十一年，一提到易引起外国人误会的事便谈虎色变，这亦是无足怪的事。辛亥以前一般从事革命的同志，虽然热诚勇敢不惜生命的牺牲，但是最忌讳的事，便是怕被人把我们的革命误会为排外的义和团，引起国内同胞的恐惧和外人的干涉。当日康有为、梁启超那班君宪派，所持的反对革命的理由，便是认为'革命要召致瓜分'，我们驳斥他们的言论，亦只能从善意方面分析帝国主义的情势说明革命是绝不会召致瓜分的[注七]。其实在我内心的筹划，列强终将不会轻易听任我们革命的成功，甚至要予中国革命以阻挠与干涉，亦是我意料中的事。外交关系我们的成败很大，要免于这些困难，势不得不因应他们，不能不在他们之间利用其矛盾以求得友军，更不能不把革命被人误会为盲目排外的义和团那种观念洗刷干净[注八]。但是现在的情势与以前已经大不相同了，所以我们要谋国家的自由独立，便不得不把真正妨碍中国自由独立的帝国主义作为我们今后奋斗的目标。"

我听中山先生说到这里，就迫不及待地发问道：

"照先生的说法，当年在尚贤堂，听你讲演的那些外国人岂能甘休？这岂不是与虎谋皮、自讨麻烦吗？"

中山先生笑了一笑然后说：

"我当然在和他们讲话的时候，亦注意到这一点。我是和他们讲大道理：第一、告诉他们只有中国革命成功，他们的利益才得有保障。从前满清的排外是由于政治腐败，我们的目的是改革政治建立文明的政府。如果满清的腐败政府，继续存在，野蛮的、排外的、义和团事变一类的事，是不会终止的。第二、是因为鸦片战争以前满清采取闭关政策，不与外国通商交往，你们外国要到中国来做生意，便不得不用武力来打破中国关闭的门户，满清政府在一八四〇年鸦片战争战败之后才被迫开放广州、厦门、福州、宁波、上海五个口岸准许你们做生意，才划定地方给你们居住，这是租界的起源。当日的意思是：你们做生意只能限定在这租界以内的地方。现在中国革命已经成功，中国已成为世界文明国家之一，你们放弃了租界，全中国各地都可以给你们通商贸易，这不是你们的损失，相反的是你们外国在中国贸易范围的扩大。你们只要守中国的法律，全中国各地和各地的人民都会欢迎你们的。如此你们所失者小，而所得的却更大。第三、租界的存在，好似国中有国，侵害了中国的主权，你们在租界享受的种种特权，对中国是一种不平等，是中国人的奇耻大辱，中国人民对你们不会有好感的。你们不能得中国人民的好感，你们在中国的贸易是不会受到中国人民的欢迎的^[注九]。"

我问总理："先生的话在场的外国人听后作何感想？他们有无反应？"

总理继续说：

"明理的外国人是赞同的，多数的人当然感到不快，其后外国人在上海等地所办的报纸，对此都加以攻击，党内外的人听到外国人都反对这一主张，于是更瞻前顾后不敢有所作为了。不然的话，废除不平等条约和收回租界等等国民革命的中心问题，至少早在十几年以前便应大声疾呼的提出来了，何至于迟延到今天才明白标举出来作为宣言与政纲。这一不幸的延宕是十分可惜的事。当然，从此下定决心勇敢的向这一方向走还不为迟。今日国民的知识和国际的情形已比辛亥年时大大不同，进步得多了，做起来虽不无困难，但比以前不知容易了多少。十几年前之所以没有把反帝国主义的主张高喊出来，就是因为辛亥革命后同志们的心已经涣散，信仰也已动摇。现在本党改组，我们强化组织、坚定信仰，所以今后行之必易。"

五 两个近代史的重要问题

我趁这一机会，把两个闷在心中的有关中国近代史的问题向总理提出：

第一，辛亥革命南北统一之后，各国都纷纷承认我们，尤其美国是一个很早就承认中华民国的国家。为什么到了民国二年（癸丑）列强便帮助袁世凯来对付我们革命党，使我们二次革命竟很快的就失败了？

第二，这是不是由于当日先生主张收回租界等等不利于列强的主张所引起他们的反感而对我们不利呢？

中山先生把眼睛睁得大大的望着我，略为停了一下，好像说起来非片言所能说得明白，而又不能不趁此机会晓谕我一番。我此时亦感觉我的问话太坦率，修词也不甚妥当，然而话既已说出口，又无从加以收回，只得静候他老人家发落了。

中山先生说：

"你第一个问题是千真万确的。如果民国二年二次革命时，列强不右袒袁世凯而抑制我们，二次革命不会失败，即使失败也不会那样摧枯拉朽般的失败。列强帮助袁世凯二千五百万金镑的大借款。这一笔大款给了袁世凯，不仅是一项有力的物质援助，而且更是一项精神的援助。在'惧外病'患得很深的当时中国社会，那时大家把我们国家的成败休戚都寄托在外国人的喜怒与取舍之上，袁世凯一俟大借款到手之后，不仅财源有了依赖，士气也随之大为旺盛，这的确是袁世凯之胆敢反革命和我们之所以失败的主因。银行团起初为英、德、法、俄、美、日六国，后来美国政府宣言退出，便成了五国银行团了。"

中山先生说到此地，又略为停了一下，心情很沉重而又委婉的说道：

"至于说到帝国主义对我态度的转变，是由于我主张收回租界的主张所引起的反应，在当时很多人都如是说，这是很遗憾很可笑的。我当时，甚至在辛亥革命之前，不仅主张收回租界，而且主张改善外人在中国海关的特权，以及收回领事裁判权，也即是我们今日要提出的废除不平等条约等反帝国主义的主张。今日的时代是进步了，你看我们现在在南方高喊废除不平等条约，北方政府中也有人在进行想循外交途径来修改不平等条约了。在辛亥年的时候，我们何尝不想在因应帝国主义的原则之下，用和平的方法来和列强打交涉去修改不平等条约，但是如果做得到的话，就不用等到今天了。如果我们今天不高喊废除不平等条约，恐怕北方政府中人到现在还不敢提出修改不平等条约的主张，由于他们这一表示，可见大势所趋，废除帝国主义加于中国束缚的不平等条约，只要我们努力，必然是水到渠成，最后一定成功[注十]。"

我说：

"照第一次全国代表大会通过的对外政策第一条说：

'一切不平等条约，如外人租借地，领事裁判权，以及外人在中国境内行使一切政治的权力，侵害中国主权者皆当取消，重订双方平等互尊主权之条约。'北方政府用'修改'二字，如果在实质上能够把那些不平等的部分去掉，这与我们所主张的'取消'与'重订'又有什么分别？"

中山先生笑了笑，好似觉得我这一问题问得过于琐碎似的，不过他依然很有耐心的说下去：

"从前我们本是希望由双方谈判协议而达到修改不平等条约的目的，因为列强根本不赞成这一主张，不愿放弃他们在中国束缚我们国家发展的特权。同时中央政权一直由北方的旧势力所把持，列强又不把我们当作交涉的对象，所以我们只得大声叫喊，唤起国人的觉悟与了解，待我们统一全国之后再来实行。在一九一九年第一次世界大战之后的巴黎和会和一九二一年的华盛顿会议，我们都曾发动舆论，迫使北京政府在这两次有关中国的国际会议中，把修订不平等条约的事提出来。无奈北京政府缺乏勇气，虽然曾经以很温和的口气提出，但由于不敢在会议中坚决的争取，以致没有得到什么具体的结果[注一一]。当然列强不愿放弃其既得的权利亦是一个主要的原因。

距今一年多以前，民国十二年一月一日，本党发表的宣言中，曾提出一项主张云：'力图修改条约，恢复我国国际上自由平等之地位[注一二]。'根据这一条款，我们的态度仍是十分温和，仍然是主张修改，但是在民国十二年十二月里，我们为了要截留广州的关余，不要使在广东征收的关税由外人的税务司交给北京政府用来作打击我们的军费，不料列强竟派了兵舰二十余艘到广州珠江的白鹅潭示威，把炮口对着我们的大元帅府，要迫使我屈服。这二十余艘兵舰中竟有对我们革命较为友好的美国和法国在内，他们都各出了兵舰二艘，参加帝国主义的行列。这是我所最引为遗憾的，但我并不因此而屈服[注一三]。

因为修改不平等条约是要得到对方列强的同意的，我们既不被他们认为对手，而他们又根本不愿放弃他们在中国的既得权利，所以我们只好单独叫出取消和废除不平等条约的主张，等到他们感觉到有必要时，再来重订双方互尊主权的条约了。我们在南方高叫取消和废除不平等条约，所以北方才敢于主张修改不平等条约，不怕帝国主义的干涉和威胁了。"

中山先生此时的神情十分严肃，我听了他最后一段话，因而想起李晓生对我说过的与此相仿佛的一段话来[注一四]。李先生说：

"在辛亥革命以前，吴稚晖、张静江、李石曾诸先生在巴黎出版一种革命的刊物名叫《新世纪》，鼓吹无政府主义，言论非常激烈，要我为他们在各地多多推销，我以此事请示中山先生的意见，他说：'你尽管尽力为他们推销好了。'什么理由呢？中山先生说：'我们主张革命，大多数人说我们是激烈派，闻之恐怕得要掩耳而走，《新世纪》的主张比我们更激烈，让多数人知道了，会感觉到我们是很温和而不掩耳而走了。'"

由这一事例我们不难知道中山先生的器度和胸怀是如何的恢宏！

六 帝国主义不会轻轻放过我们的

中山先生最后很郑重地答复我前面所提的由于他在民国元年提出反帝国主义的主张，而引起列强对我不利的第二个问题，他说：

"处理问题应当把握住问题的关键，亦即是问题的根本的症结所在，政治技术上的因应和规避，固然在某一时期内或多或少可以减少若干阻力，但到了尽头，问题的根本症结仍然是存在而无可避免的。我们的革命是在谋中国民族的自由独立，中国民族的自由独立自鸦片战争以还便为帝国主义所摧残、所掌握，而日益加深。我们既不能希望腐败的满清政府，把中国民族从帝国主义的束缚中解放出来，所以我们才决心要革命推翻他。推翻满清是我们革命的第一步，从帝国主义的压迫束缚下解救出来，建设一个三民主义的国家才是我们最终的目的。当时诚然有不少人认为列强帮助袁世凯来对付我们，是由于我发表收回租界的主张所致。但是，这只是一种浅薄的看法，其实就是我在民国元年不如此主张，帝国主义亦不会轻轻放过我们。除非我们放弃革命的主义，依托在他们的卵翼之下，牺牲我们国家的独立自由，帮助他们加深中国的殖民主义化，也许他们才会在袁世凯和我们之间作一个选择。

要明白这一道理，我们对列强过去的对华政策，必须有以下的几项认识：

一、列强对华的基本方针，永不愿中国的强大而造成他们自己的威胁。中国的文化悠久，人民众多，资源丰富，一旦强大起来必将会无敌于天下，所以我们在满清腐败政府的统制下，中国不能振作的时候，他们犹说中国是一只睡觉的狮子，他们叫我们是'睡狮'，一旦这一睡狮醒过来，便会吃掉他们了！而革命正是唤醒睡狮的激烈行为。

二、他们企望于既得权利的保持，而不能寄望于一新兴的谋求国家自由独立的革命政权，是很自然的一件事。"

中山先生为我举出两个历史的事例，他说：

"太平天国的洪秀全是最早接受西洋的宗教思想，想在中国建立一个西方宗教式的帝国，但是当日的列强并不切实援助他，反而去援助相反的满清腐败政权。宗教上的接近并不能改变一个国家的自私政策。英国的戈登将军一班人并且组织长胜军来打击太平天国，造成他们的覆亡，这是一个明证。

一八六〇年英法联军之役及因此役而订立的北京条约，

是在英法联军攻占北之后，迫使满清政府作城下之盟，又何尝不是英法两国威迫满清政府如不屈服便要帮助太平天国而缔结的呢？满清政府这一次的屈服所要赢得的便是帮助他来对付太平天国。太平天国失败的原因虽多，这应当是其失败的原因之一个。为什么当日英法两国要如此呢？一是不愿中国的强大而威胁他们；二是要保持他们的既得权利于不坠。在新兴的太平天国与腐败的满清之间，他们选择了后者就不足怪了。

其次，是庚子义和团事变之后，列强并不追究惩办慈禧太后那位祸首，反而不惜多予保全使其回銮北京重掌政权，这说明一个国家的腐败政府的存在，在侵略国家看来是于他们最有利的。更何况当时的一班大臣们，亦不愿朝廷有一个更生的局面出现，革命固然是他们所痛绝的，就是改良派的康、梁之徒在利害上亦与他们相违背。

所以，在民国元年的时候，不是因为我把收回租界的主张提出得太早，以致引起列强的反感而不利于我们，而是那时我们革命组织松懈，人心涣散，信仰不够坚强，否则我们不会延误到今天还没有建立一个独立自由的国家。"

中山先生很感慨地说到辛亥革命时的情形：

"辛亥年满清既倒之后，我看到革命党人组织松懈信仰不坚，误以为革命已经成功，憧憬于民主宪政的实施时期已经到临，一切都不照革命方略来进行建设。军事时期还未完全结束，便想一跃而实行宪政了。我当时感觉到同志们的心已涣散不足与有为，所以决心暂时先结束中国几千年的专制政体，而把临时大总统的职位，让给袁世凯以暂谋南北的统一，一面专心修筑二十万里的铁路以解决交通问题，以谋经济之开发，实业之振兴；一面从事教育文化的发展以增进人民的知识水准，待时机成熟再及其他[注一五]。

我这一企图，在袁世凯方面表面表示赞成，内心则认为是一项空想不予重视。而在列强方面则已暗中蒙上一层阴影，觉得中国的进步和革命的成功终归是于他们不利的，而进行其‘扶袁倒孙’的大借款阴谋。自民国二年春天袁世凯雇人刺杀宋教仁于沪宁车站案发生，同志们感情极为冲动，主张再举革命讨伐袁世凯，我在初对此颇为踌躇，然以袁世凯背叛民国之罪行已显露其端，再举革命已势不可止，不得不对同志们的义愤予以同情。我当时的看法，如果要再举革命讨袁，必须在他大借款未成之前举事乃可操持胜算，不意我们行动迟缓，迄至袁世凯大借款成功之后，赣、宁、粤州各地才纷纷被迫起义，以致不旋踵而被袁世凯个个击破，二次革命便因未能掌握时机而遭致惨痛失败！这一次本党的改组便是要力矫过去革命之惨痛失败，重整我们革命的旗鼓！”

七　渊源与论证

我前面所述说民国十三年的一些回忆，是在说明当日中山先生强调提出收回租界，收回海关的主权及反帝国主义的种种主张，是远在辛亥革命时便已经提出，并不是因为民国十三年联俄的关系才有是项决策的。这是治近代史的人难于了解亦是易于错误的问题。这是近四十年代国民革命历史的转捩点，忽略了这一背景，便不易了解问题的关键所在了。

民国十三年时的联俄政策，是由于苏俄自一九一七年革命之后，暂时脱离了列强侵华的行列，此时的苏俄正是被资本主义的列强加紧围攻中。苏俄为了要解除他自身的危机，突破列强的包围，于是不得不采取援助弱小民族解放与无产阶级革命运动的策略，来困扰资本主义各国，以获得其政权的稳固。时值第一次世界大战之后，中国是帝国主义角逐最强烈最迂回而最脆弱的地区。因此苏俄要以"声东击西"的策略来对付包围他的敌人时，无疑的，中国是掀起反帝国主义高潮的最好的地带。因为这正是中国革命寻求已久的一项基本问题的解决。

苏俄为了要讨得中国人民的欢心，于是首先声明放弃帝俄时代在中国所获取的一切权利[注一六]。苏俄的代表越飞于民国十二年与中山先生的联合声明并更进一步的强调：

一、苏维埃制度不适合于中国。

二、中国需要的是中山先生所领导的国民革命。

三、苏俄对于中国革命寄予同情[注一七]。

从这一声明的要点可以看出苏俄是如何的在迎合中国革

命当时的需要。中国在此一时期当然以联合脱离了侵华列强阵营的苏俄为有利。苏俄承诺对中国革命的同情和援助，更为侵华列强历来所未曾有的一项表示。反帝国主义以求中国的自由与独立，这当然是于我最有利的机运，焉能轻轻放过？

这说明当时苏俄的对华政策，在反帝国主义这一目标上与中国国民革命的利害有了共同之点而一时结合起来，假使到了利害不同甚至发生了国家利益的基本冲突的时候，自然也会断然分解的。我们试检查一下自辛亥以至民国十三年这一时期的列强对中国革命的态度，可以大体说都是维护中国的旧势力而反对我们的革命。美国的政府和民间对中国虽然态度较好，除了民国元年首先承认中华民国与民国二年的不参加英、法、德、日、俄对袁世凯的大借款来打击中国革命以及一九二一年在华盛顿会议中，对于山东问题之解决予中国以同情之外，也一直仍未能摆脱英国和其他列强侵华的牵累而自拔。到了民国十二年冬，为了中山先生截留广东关余的问题，各国派了二十余艘兵舰到达广州白鹅潭，以炮口对着距离不及千米的中山先生驻节的大元帅府示威的时候，美国亦竟派了两艘兵舰参加了侵略的帝国主义的行列[注一八]。中山先生素来盼望美国对中国革命作一个援助当初美国独立的英雄，法国的拉法叶（Lafayette），但是到来的不是拉法叶，而是两艘示威的兵船，这在中美两国人民友好的关系上，构成了莫大的遗憾[注一九]。

中山先生素来认为可以为中国革命之友的一是美国，一是日本。美国是一个经过革命而建立近代民主政体的先进国家，在民主的基本的原则上与中国革命的目的正相同，而两国并无利害冲突之处，日本则是文化历史与中国最密切而利害亦至接近，没有日本的友善与同情，我们遭遇的困难当更大。事实上，美国在民国十二年对中国革命的态度既如上述，而日本方面除了民间志士同情我们，并曾有为中国革命而牺牲的志士，但是日本政府的对华政策，则始终与英国为首的列强侵华政策完全一致[注二〇]。在这一情形之下，在此一时间之内，可以为中国革命之友的便只有苏俄了。这是民国十三年中国国民党改组，重振革命旗鼓，对苏俄一时采取友好态度的一项重要的背景。亦是苏俄那时的对华的政策符合了中国要在帝国主义的羁绊之下摆脱，才能获得国家自由独立的要求，而偶然结合起来的因素。是先有了中国国民革命不能与帝国主义并存的因素，乃有苏俄乘机而助长之的事实。中山先生反帝国主义的主张在前，与苏俄的合作是在后。

现在我很有必要，把远在辛亥前后中山先生收回租界，收回海关利权，取消领事裁判权的重要谈话写在下面，作为一项具体的历史论证。

民国前一年十二月在巴黎，与《政治星期报》记者谈话：

"……新政府于各国通商一层，更当注意。当废除与外人种种不便之障碍物，将海关税则，重行编订，务使于中国有

益，不能听西商独受其利……。"［注二一］

民国前一年冬在沪与外报记者谈话：

"记者问：关于治外法权如何？

先生答：各种改革完成时，政府当立即取消领事裁判权。"［注二二］

民国元年五月与《士蔑西报》记者谈话：

"……言次，又谓：中国政府将取消各口岸之租界。

记者问：如此则沙面亦归中国政府管辖之内矣。

先生答：吾侪将扩张沙面，与共和国全境无异。

记者问：英人在中国之权限，将与中国人之在英国者同乎？

先生答：必然！此是数年后之问题，吾人将取法日本。日本所有之外国人，皆受日本管辖，而吾人之政见，又欲极力保存国体。"［注二三］

民国元年五月，在香港与《南华早报》访员威路臣谈话：

"记者问：先生言通商口岸之租界，定必裁去，此何故也？

先生答：此乃华人之意志，谓吾人必要独立者，更不愿在中国而归洋人统辖也。然吾人将必开放中国各地，以为酬偿。目下洋人，只可囿于通商口岸，若果裁去各口岸，则洋人将可到通国各地，由太平洋以至西陲，果尔，吾料欧洲诸国必甚欢迎，因洋人所得利益甚大也。虽然，此事非欲即行，吾人将必先行自立妥善，使欧洲诸国满意，然后请其裁去口岸之租界，时机一到，料各国无有抗拒者。因各国对于日本、暹罗，既不相拒，岂独拒于中国乎？洋人欲拓大上海租界，惟吾人不允，此乃当然之理也。譬如别国今居中国之地位，岂不亦如中国之所为乎？足下为英人，抑美人乎？若为英人，则必不欲有德人租界于伦敦也明甚。"[注二四]

民国元年八月，在北京与各报记者谈话：

"记者问：闻先生主张迁都，确否？

先生答：余极主张迁都，其地点或在南京，或在武昌，或在开封均可。北京乃民国首都，而东交民巷乃有大炮数尊，安置于各要隘，殊与国体大有损辱……。"[注二五]

民国元年八月在北京谈话：

"予不至北京已二十年，此次重来，未改旧观。惟国都有外兵驻扎，城头安置各国巨炮为可慨耳！试思举一国之首都，委之他国人代为守护，是可忍孰不可忍？所以余有迁都之建议也。"[注二六]

[注一] 详见作者所编，近芬书屋刊行之《总理全集》上册宣言类第五十二页，《国民党第一次全国代表大会宣言》。

[注二] 参看作者所编，近芬书屋刊行之《总理全集》上册宣言类第四十一页，《关于海关问题之宣言》及文星书店刊行之《梁燕孙先生年谱》下册第二七一页，《中山先生发表扣留粤关税宣言》条。

[注三] 详见独立出版社刊行之邹鲁《回顾录》。

[注四] 参看"国防研究院"刊行之《国父全书》第四九三页，《中国当废除

与外人种种不便之障碍物重订海关税则》谈话之后半段,暨近芬书
屋刊行之《总理全集》上册宣言类第十五页,民国元年八月二十五日
《国民党宣言》中主张运用外交一款,以及辛亥年武昌军政府照会
各国领事文。

[注五]作者于民国三十三年七月编订《总理全集》两巨册,由成都近芬书屋
出版,较从前出版之全集完备,当对日抗战艰苦之阶段,编、印均颇
不易。

[注六]参考第一次全国代表大会会议记录。

[注七]参看作者所编近芬书屋刊行之《总理全集》论著类第一〇四页,《论
惧革命召瓜分者乃不识时务者也》一文。

[注八]参看《总理全集·孙文学说》第八章《瑞澄闻炮立逃汉口,请某领事
如约开炮》一节。

[注九]参看《国父全书》第四九九页,中山先生民国元年五月,在香港与
《南清早报》访员威路臣谈话。

[注一〇]民国三十一年五月美国国务卿赫尔表示“一俟中国境内和平恢复
后,美国愿与中国政府协商取消美国在华治外法权”。同年六月英国
外次白特拉亦作同样声明。至十月九日美英两国不待战事终了,即放
弃在华特权。

[注一一]可参看刘彦著,上海太平书店印行之《最近三十年外交史》第十六
章《巴黎和会中国之失败》及同书第十八章《华盛顿会议与中国之
关系》。

[注一二]原文见作者所编《总理全集》宣言类第三七页,《中国国民党宣

言》。

[注一三]参看作者所编《总理全集》谈话类第二〇页,《截留关税之决心》的谈话。

[注一四]李晓生先生曾任中山先生之秘书。据闻现尚住居香港,不知确否?

[注一五]参看民国二年《国民党政见宣言》第八款。

[注一六]早在一九一八年七月二十五日暨一九一九年九月二十七日苏俄曾两次宣言废除与中国所订之一切不平等条约,其时北京政府未予理会,到了民国十三年(一九二四)始由加拉罕与北京政府订结中俄协定,可供参考。

[注一七]参看民国十二年一月二十六日中山先生与越飞在上海发表的联合宣言。

[注一八]参看《梁燕孙年谱》下册第二七一页,中山先生发表扣留粤关税宣言条。

[注一九]参看"国防研究院"印行之《国父全书》八七三页,《为争关余税收致美国国民书》。

[注二〇]民国十二年十二月为扣留粤关余,列强派兵舰二十余艘在白鹅潭示威,亦有日舰一艘在内,即是一项很好的证明。

[注二一]见《国父全书》第四九四页。

[注二二]见《国父全书》第四九五页。

[注二三]见《国父全书》第四九八页。

[注二四]见《国父全书》第四九九页。

［注二五］见《国父全书》第五六七页。

［注二六］见《国父全书》第五六七页。

（原载一九六四年五月《传记文学》第四卷第五期）

侠义长在人间

——《匆匆四十年》之五

一　一个识字不多的英雄

民国十八年春天的一个晚上，那时的广东省政府主席陈铭枢先生在广州东山的"退思园"大宴宾客，退思园类似一个俱乐部，在当时算是一所很够标准的洋房，管理也竭尽洋化，政府高级人员的宴会大半都借用这一个地方。正当宾客入座后觥筹交错的时候，忽然一种叫骂的声音自不远的地方传来，愈骂愈起劲，不听人劝阻似的。宾客中有位曾是陈炯明的重要人员之一，此时也正是陈铭枢先生身边最亲信得力一员的某君。大家已很分明的听到骂的人正指着此公的名字在骂，全座的客人均为之一惊。主人陈先生和某君本人当然显得十分尴尬不安，大家静下来只听得骂道：

"某某：你是甚么东西！

你是反革命,是谋害总理的叛徒陈炯明的走狗!

你哪配在此洋洋得意……"

主人陈铭枢先生发火了,某君本人则满面通红坐立不安。陈铭枢先生大声叫他的随从道:

"你们快去看谁在那里骂人?给我赶出去,关起来!"

不久,陈的随从回来报告道:

"是黄季陆先生的随从罗天民。"

此时把我急了,这如何下台!这不是大煞风景,令人难堪吗?我于是说:

"他是不是吃醉了,是在倚酒发疯吗?"

来人一点也不明白我的意思,为我转过弯来,仍然回答道:

"现在他们还不曾摆饭,哪来酒喝呢?"

我于是走到发出骂人声音的那边,很委婉而又严肃地向罗天民说道:

"天民同志!你今天有什么不得意的事,在这里发脾气?有话回头说好了,这样多的客人在此,太不成话了!"

罗天民看见我,听了我的话之后,才转变怒气为祥和,把脸附着我的耳低声说道:

"里面的那个人就是某人,就是和陈炯明在一起要谋害总理的,我看见了他,火就会往上冒!"

我用手摇摆了几下,暗示他不要再讲话,他才停止不骂了!

原来罗天民这个同志,曾担任过中山先生的卫士,是由当日广州公安局长欧阳驹兄派来保护我，跟随我服务的。中山先生逝世之后，把他安顿在公安局里担任一个闲差事，大概也是由于他的脾气不好，又因他曾跟随过总理，别人不便冒犯他，所以才派来跟我服务，想亦是调虎离山，免去许多麻烦的意思。欧阳驹兄有一次告诉我说：

"罗天民这位同志真难办，总是和人家合不来，说起来又是跟随过总理的老人，在机关里总得讲究些体制，而他老兄一点也不在乎，我看除了跟随你之外，别人一无办法。你的肚量大，一点也不在乎这些，你在党里的历史又久可以制服他，所以我派他跟随你。"

罗天民同志自民国十七年至民国二十六年我离开广东，他一直跟随我未曾间断过，我们真是如弟兄般的亲热，有困难患难来的时候，他那种真诚、负责、勇敢、义气的精神，真是令人佩服。他除了这次在退思园骂人这件事，几乎使我下不了台之外，从来给我的都是帮助而不是麻烦。

我回到退思园原来的座次之后，难为情的低声向陈铭枢先生说道：

"这位罗天民是跟随过总理的老人，脾气太坏，真难办，请你们原谅。"陈铭枢很知趣，他说：

"不管这位老家伙，我们大家吃酒吧。"他举杯一饮而尽，我就此亦举杯向某君干杯，表示歉意。这件事总算如是下场，但并不是"尽欢而散"！

罗天民同志读书并不多,写普通的信都不甚通顺,但他很留心时事,每天的报纸他是必读的,每天和我谈话的资料亦多半是他读报的心得。因为他喜欢谈话,每和我谈话都是随我出入的时候,坐在汽车的前座。我感觉到他谈话时要翻过身来滔滔不绝,妨碍了司机的驾驶,为安全起见,便干脆叫他到后座来和我并排而座。起初他不肯,坐惯了后座,他又永不移到前座。虽然有时有二三客人应该和我一起坐,他亦当仁不让了。一次有三个担任重要职务的人员搭我的车,加上我和他共五人,后座实在挤不下,他又不肯让,客人已经被我让入后座了,我只好坐在前面司机的旁边,请他坐在后面为我招待客人。他此时似乎感觉到有点不妥当,坚持请我坐回来,他自此便一直坐在前面,并且亦不弯过身来和我多讲话了。我疑心他对我生了气,后来他老实的向我感叹的说:

"那天搭车的三个人中,有一个和我在大本营共过事,从前称呼我是'大老',自从他善于钻营做了大官之后,当着人的面前,便作威作福,好像从来就不认识我姓罗的一样。我既不向他借钱,又不求他什么,那天我本想迫他坐到前面去,看看我同先生坐在一起的神气,使他知道我姓罗的并不比他差什么。到了您往前一坐,我又不能坐在后面,倒给那个'衰鬼'反觉得自己神气骄傲一番,我实在感到难堪!"经过一番委婉安慰之后,他又滔滔不绝地谈笑风生了。

罗天民同志是一位血性男儿,我疑心他是帮会中人,但却不曾问过他，只觉得他交游很广，时时被人称呼为"罗大哥"而已。我有时和他去理发或饮茶，多次被人把钱抢先付掉，人情究竟是出于他的朋友，或是我的朋友，我总不大分得清楚。他和我讲述中山先生故事的时候，有时声泪俱下，有时拍桌指说某人大骂一番，有时又叹息总理太仁厚，不该用某某人，不该把某某人宽恕，以致让这人后来背叛革命、为非作恶。除此之外他心目中的中山先生是伟大、仁慈、宽厚、爱护同志如家人一般。他一生引为最骄傲的、最光荣的事，便是他时时口中说的"出生入死"追随过总理的历史。他不自觉他的地位卑小，他衡量他自己的价值，是他追随中山先生参加革命的历史，并不在他官职的大小，地位的高低。

有一次罗天民同志随同我去参加一位和我有私谊而又为他一生最痛恨的一个人的葬礼，到了现场之后他竟拂袖而走，我乘车追上了他，他亦掉头不顾拒绝上车。后来我向他把原委叙说清楚，他竟称誉我"公私分明""义重如山"，有如他所崇拜的关圣帝君一样[注一]。他为人的可爱、可敬、可歌、可泣的地方太多了，使我至今永志不忘。

罗天民同志的性格有他忠义、豪迈、粗疏的一面，亦有他自负、细心、幽默的另一面。民国二十年四五月间，广州局面正酝酿变化的时候，汪精卫正拟由香港前赴广州，欢迎的专车已停在九龙火车站升火待发。我于前一日得到了此一消息，勿论在政治主张上或私人感情上均无与他共事的理由，于是决意秘密离开广州到香港去。此意一决，不知怎的顿觉四面都是敌人，即平素最有关系最亲密的朋友同志，对他们都存了一种戒备防范之心。心情栗六，坐卧难安，其时正值梅兰芳在广州海珠戏院演戏，我特约他和我同去观赏，以便混混时间，于翌晨搭早车前往香港。说也奇怪，由于心情沉重，梅兰芳当晚的献艺纵然如何精彩动人，观众对他如何的狂热、狂叫，在我则好似一无感觉一样。此时身虽在广州戏院里，心好像早已去了香港。第二天一早我和罗天民搭广九火车赴港，事前一点亦没有告诉他此行的原因，迄至火车过了深圳进入英界的时候，我才低声问他：

"你知不知道我这次到香港的原因？"

他笑了一笑，用钢笔在手心上写了"反对汪精卫那个开泰"给我看[注二]。我问他赞成我这一行动否？他把大拇指翘起表示赞成。我说：

"你是公安局的侦缉，薪饷一直都在那里领取，我走了你如何办？你如何免得了责任？"他爽直的答复道：

"有什么如何办，有什么责任？最大限度枪毙吧！"

我的家人已先我一日到了香港，由于不知他们的住址，遍寻了各家旅馆都未曾找到，我心里急了，一是由于我身边只有数十元港币，用费马上要发生问题；二是我的全家如果因为候我不至，又回到广州去岂不麻烦？关于前一问题的解决，他尽身边所有倾囊给了我，并用警告的口气对我说：

侠义长在人间　　**85**

"你平常甚么钱都不要，现在你才知道钱的重要呢！"

对于第二个问题的处理，他要我留在九龙饭店不要走开，由他一人出外寻找。在到港的第三天，他终于在大东酒店把我的家人寻到了，真是令人喜极若狂。

我和我的家人检查我们的所有，为数不到港币一千元，不足在港一月之用，这又如何是好？好在罗天民同志回到广州之后不久，黄麟书兄受陈济棠先生之托送来港币三千元，才免于日用的暂时焦虑。罗天民在港期间，有天外出回来之后很兴奋的说：

"你反对汪精卫因而离粤到港，汪精卫亦不敢到广州去了，欢迎他的专车仍停在广九火车站未动。你这次走得真好，使汪精卫没有脸面到广州去！"

的确，由于我离开广州到达香港，汪精卫因为不知广州对他真实的态度如何而改变了行期，只是他滞留香港不到十日，仍然去到广州。罗天民同志时时由广州来看我和我的家人，我们相处得真如兄弟手足。一次他来很得意的说到我这次离开广州，他可以用两句话来形容，他写出来的是：

"黄季陆悄然赴港，汪精卫踟蹰不前。"

我知道这不是他自出心裁的文字，因为他没有这样的程度。我要他读出来给我听，果然"悄"字和"踟蹰"二字他就念不出来？随后他坦率自承是从一张小报上抄写下来的，大家哈哈大笑一阵，他亦满不在乎。

罗天民同志亦深富幽默和风趣，一次我们全家乘车赴岭南大学游玩，车行郊外汽车忽然发生故障不能行走，我们举家大小一齐帮着推车助其发动。我家的大弟乃强，其时约两岁，他亦很自负得意地加入推车的行列，罗天民在先暗示大家不要用力，待大弟加入后才大家用力一推，于是车便开动了。于是他把乃强举得高高的，抛在空中向大家称赞大弟道：

"乃强真了不起，力气真大，没有他，今天的汽车就开不动，我们大家就只有步行回家了，大弟是位大力士、大英雄！"

两岁的大弟能不能懂得他说话的全部意义，我不敢说；但这是夸奖恭维他的意思是了解的。乃强高兴得跳起来，挺起胸膛，做一个得意的英雄模样走到他妈咪的怀里。从此以后，罗天民每遇着骄矜、夸大、居功、大言不惭的有我无人之辈，总暗中向我说：

"这人有如'大弟推车'，有谁不知道他的底细。"

"大弟推车"一词，无形中便成了罗天民专用的典故。

二　大时代即将来临的时候

一个时代到了剧变的时候，如果不是人才倍出、豪杰并起，便不易象征出这一时代的非常性，便不易显示出这一时代将经由革命而克底于成功！当然，客观的原因仍然在于社会各项制度的本身已经不能适应人群的需要，才会发生革命这一非常之变。而决定革命成败的人才的因素，在这样的情形之下便不可或少了。

人才盛极一时，而又能有信仰、有领导的重心，同时并能协调一致，则革命成功必易，反之革命所带来的则是长期的变乱和社会的动荡不安。知识分子在社会趋向于变的时候，是这一时期觉醒最早和最重要的阶层，无疑地他们是居于领导的地位，没有他们做积极的成分，革命便会缺少一个神经中枢，将如失舵的舟，没有合理前进的方向。相反的，没有豪杰并起便不会有广大的群众行动，汇成一股无可抗拒的力量以摧毁敌人。

所谓豪杰并起亦即是九流三教人物都奔赴到革命的旗帜下来，如醉如狂的参加革命的行动。他们具有的是热情，而不纯是理智，他们信仰的也许是一种伟大人格的崇拜，而不一定是主义或政纲。

在本文中我所记述的罗天民便是这一类典型的人物，他所崇拜的是他所认识的中山先生的伟大，他信仰的革命便纯然是以中山先生的人格为表征。在"书呆子"看来，这是一种盲目的偶像崇拜，不是以人类的理智为出发点。殊不知这正是人类潜在的侠义美德的发挥，这种潜在的侠义美德是由于对于一种"伟大人格的表征"，而发生崇拜；没有伟大人格的表征，作为人类社会信仰之所寄托，人类文化的创造进步是不会有如今日之辉煌成就的。

要明白中山先生的品格、风范及其影响；要明白中山先生所领导的中国革命的成功与挫折及其演变，在"人才倍出"、"豪杰并起"、九流三教来归的诸般人物中，选出一二人为代表加以叙述必然是有意义的一件事。特别是在中山先生的晚年，他迫切要把领导中国革命的中国国民党彻底加以改组的原因，不仅是要严密组织，以补救过去涣散的缺点，更要紧的还是在集中适合于这一时期所需要的各色各样的人才，来担负起大时代即将来临的大责与重任。我在此不愿提出读书破万卷的古典学者，不愿提出学贯中西的新人物，不愿提出谈道论政的政治家与政论家，不愿提出赴义惟恐不先，为革命而牺牲的殉道者。我只是先就罗天民这一类读书不多，忠义炳然的典型人物，举出几个例证来，证明这一类型的人物，在过去中山先生所领导的运动中仍是有其重要的，亦是从另一角度来了解中山先生的志业，使我们更为深刻的知道他的风格和影响。

三　厨子恩人的故事

一位赞助中山先生革命，并曾为他作传的美国人保罗林百克先生（Paul Linebarger），他在未和中山先生见面以前，对于中山先生的崇拜，是由于他在一九〇一年到一九〇七年间，任菲律宾巡回法官时雇用的一个中国厨子而起。这位厨子名叫阿普，他不仅在平时服务周到，令他满意，最使他感激的是一次轮船失事，阿普救了他的性命，成为他的救命恩人。在海上遇难救人，不是一件简单的事，要冒着自己生命的危险的人，才有这份勇气。救得了别人自然是一件好事，救不成功时，说不定会与被救者同归于尽。没有见义勇为，冒险牺牲精神的人，是不会有此义行的。林百克先生说：他后来决心赞助中国革命，毕生为中山先生服务的原因，是由于这一位厨子恩人阿普的精神感召，因为他发现阿普是中山先生所领导的革命党的敢死队队员，阿普后来离开了他回国参加革命，竟被满清政府杀了头，成为一个中山主义的殉道者。由于他与阿普的关系，他才知道中山先生革命的宗旨与计划，使他自己亦变成了一个孙逸仙的信徒。

林百克先生在他所著的《孙逸仙传记》的序文中曾这样写道：

在一九〇一至一九〇七年间，著者在菲律宾任巡回审判官的时候，雇了一个很好的中国厨子，名叫阿普，他侍候得真是不差。另外有一件事使这种感觉进而为真的对于他的感激，就是因为有一次轮船遇险，阿普曾经拯救了作者的生命。

被这个感激心所鼓励，阿普后来说出他是一个孙逸仙的敢死队中人，又要借一笔款子回国。这一个要求是允许了，忠心的阿普就走他的路。后来帝制者捉到了他，加以极刑。这一桩悲惨的事实同阿普直接告诉著者孙逸仙在中国建立一个共和国的计划的话，使著者变成一个孙逸仙的信徒。这个受戮刑的厨子尚且有为他的领袖牺牲的勇气，那么享受自由权利而有提倡民治责任的美国人难道反不应当表同情于敢死队而予以助力吗？所以著者就热心于孙逸仙的运动，虽是因为职业关系，不能直接参加。待辞去职务之后，就做帮助孙逸仙的一个活动分子。

林百克先生眼中的敢死队中人阿普，我想可能亦是读书不多，侠义型的罗天民同志一类的人物。

四　嚎啕大哭的"恶霸"

大约在民国二十一年春天，正当一·二八淞沪抗日战争爆发的时候，我在上海偶然的一个机会中，遇着一位性格粗暴的江湖人物王某，据闻他曾受人雇用从事暗杀，有"暗杀大王"的称号，我在前一篇文章中所述的招商局总办赵铁桥先生，据说便是此人受人利用，而把他暗杀的。王某对我说，他曾经参加过革命，亲自见过中山先生，因此我便问他对于中山先生的印象，在他最崇拜中山先生的是甚么？他很激动的说道：

"我有一次在法租界莫里爱路，总理的寓所去见他老人家，那时我实在太穷困了，我预备请总理发给我一点革命工作费，其实工作是名，救穷是实，他老人家大约亦是正在闹穷，一文亦不能给我。我迫不得已而出言不逊，冒犯了他老人家，我是一个粗人，因为穷不可耐，当时亦顾不到失敬了，但是他老人家依然是笑嘻嘻的对我说，缓些时日要为我设法。当时我认为他是在敷衍我，忿忿然走出客厅，离开他的住所。不料我刚刚离开寓所的大门，总理的侍卫黄惠龙、马湘两个家伙[注三]，追赶上来揍我，说我不该侮辱总理，要教训我一顿。我是懂拳术的，但他们二人亦是行家，一人敌二人终有点抵挡不住，正当我要败下阵来挨一顿饱打的时候，忽然总理在楼上用广东话大声叫道：'黄惠龙同志、马湘同志，自己的同志打不得，打不得！快停手！自己的同志打不得呀！'在我十分危难中，黄、马二人停了手，弄得我垂头丧气，羞惭得无地自容而回到家里，现在想起来真是不应该！真是不应该！"

王某说到这里更激动的说：

"不料过了不久，他老人家手中宽裕一点，仍叫人送了五百块大洋给我，我对不起总理的地方他老人家并没有介意。我这一生丢人的事虽然也有过，但是再没有这件事使我心里感到难受的了！"

他说到这里，竟掩面嚎淘大哭如丧考妣。王某是一个粗人，是一个不纯良的粗人，中山先生的宽厚仁慈毕竟感动了他，他竟如此其悲痛，好似婴儿之失去慈母一样。

五　中山先生说：“多几次就变真了”

上节所述的是中山先生没有钱，不被人谅解的小故事。中山先生有钱的时候又是如何呢？胡汉民先生曾告诉我一件事，他说：

“总理有钱的时候，往往转眼就两手空空。当日的同志九流三教都有，往往借名某某地方革命时机已成熟，某有力的人已表示赞助，只差少数的钱便可举事之类为由，向总理要钱，只要总理手边有钱，便一一付给他们。其实那时的钱，全靠海外同志零星的接济，并没有多大的数目。我实在看不惯了，一次我向总理说：

‘海外同志的钱，实在来得不易，总理为何随便把它花掉！’我说这话时难免有些愤激的情绪，总理当时并没有显出不高兴，他冷静而严肃的说：

‘为甚么你说是随便花掉，你讲革命，别人亦要革命，为甚么有钱不给他们去工作？’

‘他们是假的，是骗钱的！’我真有些忍耐不住。总理却很轻松坦然的答道：

‘就算他是假的吧，多几次，就变真了。’”

胡汉民先生说到这里，似乎不胜其后悔与感叹。

的确，就我所知的几位江湖人物和知识分子，在先对于革命本无认识，不过是投石问路，寻求个人的便利罢了。但经过中山先生一而再、再而三的推诚相与之后，终于真心服膺革命，为革命而捐弃一切，为革命而壮烈牺牲！

中山先生的胸襟是如何的宽厚豁达！他最能感召人的地方是他的真和他的诚。世界上的人免不了有虚伪和欺骗，但在他的心目中只笃守对人真诚的态度和坚定不移的信仰。他为甚么不怕被人欺骗呢？正如林肯所说：你能欺骗于一时，不能欺骗于永久；你能欺骗一人，不能欺骗大众！所以林肯又说：诚实是最好的做人的方针。在我看来，人与人间的欺骗大部分产生于对方的不信任。如果大家都如此，便不会有真诚，而只有虚伪和欺骗了。如果有一方坚定的真，假的自亦不难变成真的。这是一种大智的了悟，常人是不易做得到的。在革命的过程中，中山先生的同志和信徒，有的是贡献智慧、技能、钱财于革命，但是冒险犯难、抛头颅、洒热血、见利不先、赴义恐后、为革命而牺牲的仁人志士，英雄豪杰，多半是出于读书不多，侠义为怀的人物。他们之所以能如此，不是由于中山先生的政治手腕或政治技巧，而是由于被中山先生的真诚所感动，所谓精诚所至，金石为开。罗天民、阿普这一类侠义型的人物，与其说他们完全是为信奉主义而参加革命，毋宁说他们是为中山先生真诚的对人态度和伟大的人格所感召，而百折不易其衷！

就我个人而言，我受中山先生伟大的思想、学术和他百折不挠的革命精神所感召的地方很多，但受了罗天民一类侠义型人物的陶冶，使我由他而体认出中山先生平凡而伟大的地方亦复不少。

中山先生早期的革命志业，得力于这一类型的同志赴汤蹈火，无间死生者独多，这似乎与读书的多少，无太大的关系。

六　康有为渴求死士而不得

正因为如此，在当时代正酝酿剧变的时候，主张在旧基础上，用温和的改良手段来谋时代之适应的康有为、梁启超领导的君宪派，对于中山先生和革命党人最大的攻击和诟病，便是指出这一类读书不多，甚至于不识之无一类具有侠义性而敏于行动的人物为成事不足败事有余。但在他们的内心，又何尝不希望罗致这一类型的人物来补救他们的虚弱，扩大他们的影响？戊戌政变失败之后，康有为由英国兵舰保护从上海到了香港，当时传闻光绪皇帝在北京蒙难，在香港的保皇党人为了要救君父之难，报君父之仇，终日聚哭，要激励侠义之士赴北京刺杀那拉氏西太后，议论兼旬，竟无一人敢于赴义前往，为日本志士宫崎滔天所耻笑[注四]。戊戌政变死难的谭嗣同和庚子年在武汉发动"勤王"之役的唐才常，这两人都深通经史，忠义彪炳一世，死难亦极为壮烈，在君宪派中几为仅有人物，自他二人之后，便寥若晨星！其实唐才常领导的勤王运动，在主张上已把革命与改良糅合在一起，其所以要如此的原因，一是为了要靠康有为在海外筹集的巨款，一是为了要争取满清政权的有力人物如张之洞之流的赞助[注五]。在骨子里参与其事的主干人物如在大通举兵的秦力山等，都原是革命党。迄至失败以后，大部分参加是役的人物都转变为革命党了。就以谭嗣同而论，以他的思想、性格和风谊，亦应归属到革命党人的一派，可惜他与唐才常的机遇不尽相同：谭是只见过康有为、梁启超，未见过中山先生；唐是见过中山先生受了革命思想的熏陶，遂在各自的归趋上发生了极大的差异[注六]。

在士大夫与平民阶级有着显著划分的旧社会里，坐而论道的书生每每不适宜于激烈的行动，在教育发达进步的近代社会，此一顾虑自然不复存在。要改革一个积习深固的社会，勿论是改良抑或是革命，"坐言"的书生只能发生思想的力量，以造成广大的"起行"的人来实现理想。所以行动才是使思想实现的唯一手段。迄至知与行结合在一起的时候，此一新时代诞生的动力，便会成长为一股大的洪流而不可遏止了。根据过去中国革命与改良两者的历程，以及此两大势力的消长来看，几乎全是革命党人能不计成败，不惜牺牲的行，而改良派人则反是。所以终其极改良派人只得依附于满清旧势力及民国以后的旧势力的余存者，从他们那里去屈辱的讨生存。这些人不是不自求解脱，但结果仍是回到旧势力的巢臼里不能自拔。"从甚么地方来,回到甚么地方去",便是由于不能具有坚强的行动力量,来转移形势所致!

七　"尊侠"与"崇侠"的大文

康、梁所领导的改良主义的君宪派,不是没有看到侠义典型一类人物在行动上的重要,但是他们的努力并未获得成功。相反的,他们的努力,正激励了这一型的人物参加到革命的行列里来,增强了革命党抛头颅、洒热血的壮烈行为。改良派中一位健者麦孟华先生,曾有一篇论侠义的不朽之作,表示其重侠义,求侠义之亟迫,但他的文章在当时有助于革命党者多,为助于君宪派者少。有人谓改良的梁启超先生,他那支锋利的笔,和他富于感情的动人文字,是中山先生领导的革命,最有力的宣传者。以其影响所及的事实来说,确不失为见地透辟之论。麦孟华先生尊侠的大文又何能例外呢?

现在,我把麦孟华先生题名《尊侠篇》的大文摘录一段如下,以作参证:

古人有言曰:哀莫大于心死,伤哉,以吾国之大,四万万人之众,而竟不免于今日也!

往读太史公书游侠列传,窃怪朱家、郭解匹夫之勇而史公何以津津道之,心向往之如是?由今观之,而知侠也者,死其身以生其心，散其财以聚其力，忘其家以存其国。人而不侠，时曰不仁！国而无侠，时曰不国！

　　昔中国以侠立国者也，战国以前侠士淟萃鳞沓，布满天下，一挫于秦始皇，再挫于汉文景，三挫于汉武帝，四挫于十常侍，五挫于魏武帝，六挫于南北朝唐诸君臣，七挫于宋元祐，八挫于宋庆元，九挫于元，十挫于明太祖，十一挫于明东厂，十二挫于乾嘉士夫之论议。其为道也非一术，其为罪也非一人，而要之归于短人之气，涣人之力，死人之心，故侠者代少一代，至今而其种遂绝于天下，蓄尝上下古今而知侠士之多寡与战祸之多寡有反比例……。[注七]

麦孟华先生固有慨于当时侠士之陵替衰绝，思有以尊之励之。而在革命党人方面不仅尊之励之，且益以自勉自励，更持侠义而行之，而自为之，以牺牲博取众人同情，促成革命！

革命党的同盟会宣传刊物《民报》第二十三期，曾有署名撰郑所撰之《崇侠篇》，及第二十五期署名守约所撰之《革命之决心》两文，与麦文发表之时间孰前孰后，现在无暇考证，然当时勿论改良与革命，固无不以尊侠、崇侠为振作人心，激励志节以转移时势，显示其同感与共鸣者。

在《革命之决心》一文中，有如下之记述，特为摘出，以见革命党人正以侠义之精神从事牺牲，结合侠义与革命二者而为一崇高之行动，非仅如麦孟华先生之慨乎言之纯在鼓吹也。

是故不畏死之勇，德之烈者也。不惮烦之勇，德之贞者也。二者之用各有所宜。譬之炊米为饭，盛之以釜，爇之以薪，薪之始燃，其光熊熊，转瞬之间，即成煨烬。然体质虽灭，而热力涨发，成饭之要素也。

釜之为用，水不能蚀，火不能镕，水火交煎逼，曾不少变其质，以至于成饭，其熬煎之苦至矣！斯亦成饭之要素也。

呜呼！革命党人将以身为薪乎？抑以身为釜乎？亦各就其性之所近者，以各尽其所能而已！

革命之效果譬则饭也，待革命以苏其困之四万万人，譬则啼饥而待哺者也。革命党人以身为薪，或以身为釜，合而炊饭，俟饭之熟，请四万万人共飨之？

康、梁改良派之失败，我以为在于以"盛饭之釜"自命之人太多，以宁为煨烬之"薪"以爇之之人太少。且虽以盛饭之釜自命，而又不能忍耐"水火交相煎逼之苦"，一遇利禄的诱迫，便一改其初衷。在初是为目的不择手段，最后便以手段当着目的而不能自拔了。此诚中国改良主义与君宪派之一大悲剧矣！过去革命党人之能战胜康、梁，建立民国，全在这一宁为"煨烬"的牺牲精神，所谓"体质虽灭，而热力涨发"以促饭之熟是也。

革命必须牺牲，牺牲之精神发源于侠义，侠义是牺牲与行的动力，一个政党的成员和一个国家的国民，如果缺乏了侠义的精神，未有不萎缩腐烂而趋于衰亡的。

我怀念罗天民，我怀念他那种侠义的气质与风格，仍为今日最宝贵最需要的一项原素！由他我们可以间接知道中山先生所领导的革命运动，得力于这一因素，与这样读书不多的人物是如何的重要！

[注一] 我同罗天民那次所参加的是陈炯明的葬礼，陈自然是背叛中山先生的革命叛徒。但在我早年的学生时代，他是热诚支助和鼓励我上进的一人。在这一件事上，我对他由衷的感激，详情当另为文记之。

[注二] "开泰"，骂人的广东粗话。

[注三] 黄惠龙、马湘，原为加拿大回国参加革命的华侨，他们二人一直是中山先生最忠诚的侍从人员。一般人称他们为"黄、马二将"。

[注四] 戊戌政变后，康有为亡命至港，革命党日籍志士宫崎滔天与康晤见于香港警署楼上，在宫崎所著《三十三年落花梦》一书中有如下的记述："余之崇拜康君，而急欲一见其人也久矣。夫以康较孙逸仙之龙行虎步，则岭南无我，卿当独秀，今虽亡命之余，必犹不失支那人之风采。披帷入谒，则见彼敝衣垢面，愁眉深锁，直隐惹侠士之同情。余唯述：'为天下使君劳苦'之一言，彼亦含笑答谢谓今非说酬应语之时，宜直谈天下事。彼自北京改革之起源，至政变之结局详为叙述。滔滔数万言，辅以巧妙之舌，琳琅之声，实有一泻千里之概。而其议论之如何归结，则归罪于皇太后。以为上开罪十一世神圣祖宗之灵，下负四百兆苍生之望，除之不为罪而反为功。余反问其除之方

法，彼取例于日本维新之事，引津田三藏，说李鸿章之负伤事件，举朝鲜王妃事件，终漏欲借日本志士以除皇太后之意，且使余判其成否。余答曰：'余以为君有若大之难题，果若此，亦甚易易。但，此事告日本，直若代表君之无能者。君从事草堂，费几多忧国忧民之热泪，三千子弟以内，遂不能出一荆轲、聂政其人？其有之，无他求；其无之，则皇太后之身，虽在铜垣铁室之中，以阗玉裹其颈，仆视之犹探囊也。请挺身当之，一人而足。'彼闻言如甚惭汗，顾盼而言他事。"

[注五] 参看冯自由著《中华民国开国前革命史》第十一章《庚子唐才常汉口之役》。

[注六] 萧公权所著《中国政治思想史》第二十一章，曾引述谭嗣同富有革命思想之言论而作结语云："观谭氏此诸议论，知民族革命思想之种子，已沸腾于其血液之中。惜乎其所遇者非孙中山而为康有为，遂使维新党中多一冤魂，革命军中少一猛将。今日尚论，诚不胜其扼腕矣。"

[注七] 见《麦孟华集》。

（原载一九六四年六月《传记文学》第四卷第六期）

国父在艰危中的奋斗

——《匆匆四十年》之六

从仁慈见出伟大

一个艰危紊乱的政治和社会的局面，可以使政治领导人灰心丧志，迁就与屈服；亦可以使卓越的时代先驱者，从艰危紊乱中，开辟出新路，向前迈进，而改变成一个伟大的时代。孙中山先生无疑的是属于后者的一位最伟大人物。

民国十三年中国国民党第一次全国代表大会召开，重奠了革命的基础，其时国内与广东的局势，概括略述如下：

一、距曹锟贿选就任伪大总统三个月（按曹锟贿选就任总统为十二年十月）。

二、距滇、桂军讨伐陈炯明，中山先生由上海回到广州不到一年（十二年二月）。

三、陈炯明盘据广东东江，邓本殷、申保藩盘据南路，时时蠢动。

四、广州一隅之地军队复杂，开烟开赌，市内分作无数地盘、防区，各自为政。

五、军队不听指挥，财政不能统一。

在此，我必须指出一项特殊情形，以说明民国十二年十一月至十三年一月二十日第一次全国代表大会开幕前不到两个月时间内，中山先生在广州一隅之地的处境是如何的艰危，而在那样的艰危中，竟能为中国革命冲出一线生机，为此后中国革命写下新的一页。当时帝国主义的围攻和集体示威等等，我在此暂不细讲，东江陈炯明的数次迫近广州，南路邓本殷、申保藩的蠢动情形，使得广州一隅之地一再濒临失败的边缘，岌岌不可终日，我也不欲在此处加以叙述。我现在要特别叙述的是：在这样外患内忧交相煎迫的情形之下，站在中山先生一面当时军队的脆弱，和将领的蛮横、腐败与无能的可耻情形。如果没有中山先生在危疑震撼之中，坚定不移，奋勇无前的革命精神，近四十年来这一历史的新页是不能创作的。历史上的悲剧与喜剧，往往都是决定在俄顷之间与面临成败的边缘而创造、划分清楚出来的。

林百克先生所写的中山先生传记中，曾说中山先生一生最伟大的地方是仁爱，而中山先生不能亲见中国革命的成功亦可能是在仁爱。追随中山先生很久的加拿大人马坤，因为仰慕他的伟大，自民国十年来到中国，一直作他的侍卫，到他的逝世为止。马坤虽然是一位外籍的人士，知识学问并不太高，但他对于中山先生的崇拜，有如耶稣那样的人格崇高伟大，他说："如果中山先生要有任何缺点的话，那便是他过于仁慈，他竟不敢想像还有人对自己的国家犯罪。他曾经误把一些专事谋取私利的人，当作了为国为民的人而加以信任。"最显著的例子是：惹下了滔天大祸，甚至要谋害中山先生生命的陈炯明，只要肯悔罪，亦可以获得他的宽恕。的确，这一类的事，可以一面显示他的伟大，一面亦可以显示不肖之辈对于他的命令的玩忽而误了不少的事机。我从一位识字不多，曾担任中山先生卫士的罗天民的口中，亦听到同样的感叹。

罗天民同志有一天对我说："总理一生的失策是不杀人，有奖无罚，易受坏人欺骗。如果他能早日把那些坏人，如陈炯明及一些不肖之辈绳之以法，革命一定很早就成功了。"我答复他说："坏人是杀不尽的，只有用感化和教育的方法才能使坏人减少以至于没有。"罗天民对我这一说法很不赞成，他很认真的对我说，总理伟大的地方你不重视，失策的地方你反而如此感到兴趣。他举出一个例子告诉我，证明他的意见一点亦没有错误。

他说："在民国十二年十一月间，东江陈炯明的大举来犯，总理由广州亲赴石龙前线督师，那时控制惠州陈炯明的一处天险之地飞鹅岭已经失守，博罗县城正岌岌可危，而滇桂各军又迟迟不进。总理亲赴前线督战，于到达石龙后，即召集前线将领范石生、卢师谛等紧急会议。属于滇军的一个将领名叫蒋光亮的后到，总理命令他立即率军前进，他对总理说：

'今晚我要回广州去，明天再来。'

总理说：

'这是军令，汝若擅离职守、贻误军事回到广州去，我必依军法从事。'总理的话虽说得十分严厉，但蒋光亮竟不顾而去。总理亦莫如之何，后来亦没有把蒋光亮枪毙！"言下不胜其感慨。

这一故事，说明当时外有强敌，内无可用之将的情形。这不是说当时忠肝义胆的人一个也没有，而是说这样的人可能是不多，有亦没有力量；或者是不知，亦或是尚未显露头角。蒋光亮这一类的将领，不仅止一人，当日霸据广州最有力量的杨希闵为首的滇军和刘震寰为首的桂军，更是天下乌鸦一般黑，在行为上几乎如出一辙。在此种困扰情形之下，平素以乐观、积极和宽大为怀的中山先生，便亦不免陷于困顿烦恼之中了。他之所以决心要改组他所领导的革命党，和要从头做起建立真正革命的党军来担负起新的任务，都是由这些因素所促成。

中山先生有一次召集滇桂各军将领讲话，曾有如下的沉痛语句：

"滇桂军各军官！你们赶走了陈炯明，我是很感激你们的。当时我在上海没有一点实力，原本不想回到广州，只是想用心著书，把我的政见向广东父老宣传，后来你们都派人来到上海，欢迎我即时回到广东，自誓要实心拥护我，服从我的命令，实行我的主义，我更是感激你们。因此我才决意回来。谁知你们都是戴着我的帽子，来蹂躏我的家乡！我是革命党人，牺牲是不惜的。如果于国家有益，我就约同广东的父老兄弟一齐牺牲，也都是愿意的！可惜你们把我的家乡这样蹂躏，而于国是毫无益处，那我就不能再和各位一块办事，我不得不和你们离开，我要回香山去了！"

中山先生这番沉痛的话，可以看出他当时内心的烦恼，在场的将领杨希闵、刘震寰等都装着受感动的样子，表示说："大元帅何必生气，你要我们怎样，我们此后都服从你就是了！"于是中山先生便提出一项统一财政的主张来，当场大家都一致赞成。但是散会以后，依旧一点不能实行，各军依旧分割防区，把持税收，肥区的军队，饱得欲死，贫瘠区的饥得欲死，到底没有办法。

以上这些例子，可以看出中山先生当时在广州一隅的处境是：外有强敌压迫，而内部是军令不行，财政紊乱，政治失序，人民把这些责任自然都归结到革命政府的身上，自然会对革命政府日趋于失望与背离了。

人民固然不是怨恶孙先生个人，但在这一种情形之下造成的人民生计日蹙，社会秩序不安，敌人又有时时来攻招致毁灭的危险等等，假定长此继续下去而无法改善，怨怒虽在对当时的腐败颟顸的军队，责任则在中山先生所领导的革命政府，中山先生亦将无以自解，以对广东的父老兄弟。所以他警告当时的滇桂军将领说："你们都是戴着我的帽子来蹂躏我的家乡，我是革命党，牺牲是在所不惜的。如果于国家有益的，我就约同广东父老兄弟一齐牺牲，也都是愿意的……"他的话是如何的沉痛！他的处境又是如何的艰难！

大家对于此种困境的造成，往往归咎于中山先生过分宽大的性格；一是他太过于仁爱，因而使他领导的军人放纵以至无所不为；一是他不严厉约束军人，有奖无罚，不把那些违令犯法的人杀掉以整饬风纪。

以上两个论点，片面看来都不无理由，但是从当日实际情形来看，则又有可资慎思的地方。

第一，强敌压境，东江有陈炯明叛军，南路有邓本殷、申保藩蠢蠢欲动，北方军阀和外力所给予广州的压力尚且不计在内，在这一情势之下，既为时间所不许，亦为力量所不及，投鼠忌器，因应应付自亦有其必要。

第二，那时广州是一仅有的基础，亦是仅有的小小凭借，若并此而无之，亦是不合实际的。

第三，这些军队表面上都是一时赴义而来，他们对革命的了解既不够，对革命组织与训练更谈不到，当然对主义的信仰更无从说起了！

要挽救当时的局面，如果说杀人可以严申军令，即令做到，亦于事实无多大补益。其根本所在，正如中山先生民国十三年六月在黄埔军官学校开学典礼的讲话中所说：

"……现在民国的基础，一点都没有，原因很简单，就是由于我们过去的革命，只有革命党的奋斗，没有革命军的奋斗。因为没有革命军的奋斗，所以一般官僚军阀便把持民国，我们的革命便不能完全成功。今天开这个学校的希望，就是要从今天起，把革命的事业，从新创造，要这学校的学生来做根本，成立革命军，诸位学生就是将来革命军的骨干。"

历史告诉我们，当日广州微弱而紊乱的局面，能够终于打破的原因，一是建立真正的革命军，而把青年学生养成为革命军的骨干；一是建党，使之成为一个坚强而有纪律的革命团体，重造历史的新页。中山先生并没有采用杀人的办法去做这些事。相反的，蒋光亮这一类的将领，照理虽然该杀，但在当时的情形实亦有其不得已的必要，因为当时面对的敌人威胁太大，稍一不慎便将失去仅有的凭借——广州。不肖的军人如蒋光亮，究竟，至少在那一时期内，比敌人总有利害与程度之不同。当然，蒋光亮一类人，随时都可投向敌人，但是由于中山先生的宽容忍耐，他毕竟没有投向敌人。因而中山先生能够获一喘息机会，而把真正的革命军和革命的基础重建。中山先生一生，除了陈炯明不但要劫掠政权，而且要危害他的生命之外，叛变离异他的人毕竟很少，未始不是他这一宽大容忍的精神所造成。

革命是一种非常的历史改变，亦是一项不同常情的因应艺术。他的第一步工作是在"鼓动风潮，造成时势"，"传布福音"与"教育人群"，革命工作有如一种宗教的传布播种，他的力量是产生在影响与感化上，而不单在权力的制服与伸张。他有如创立宗教的教主，其任务在传播福音，扩大影响，不一定要及身看到他的宗教的成功。而一个宗教的成功，亦往往在教主的身后才能实现，中山先生的情形自亦不能例外。我们若拿常情的功利主义眼光来论断他的成败，更是不合适的。

我在此不是要为中山先生的过分宽容忍耐有所辩护，而是要说明他的伟大处亦正在此种地方。林百克先生说他伟大在于仁爱，不能及身而及革命的成功亦是由于他的仁爱。我只赞成他的前一种意见，而不赞成他以中山先生不能及身见到革命成功为遗憾的后一种意见。因为中山先生对于中国革命的最大贡献是在披荆斩棘，为后来的人开路，他不能及身见到革命的成功并不足引为遗憾。一条长远的路，要靠分段的走，要一个一个、一代一代的继续努力才能抵达目的地的。

中山先生恢宏的器度，仁爱诚厚的美德，在我看来，一是由于他的天赋使然，一是由于他对人对事的看法自有其哲理，很自然的支配了他的行为，不是勉为造作的。他之不赞成杀人为解决问题的手段，从以下的小事可以看出他所持哲理的一斑：

在民国八年一月左右，有一位革命同志王鼎，他写信给中山先生，要实行暗杀来锄奸救国，他在信中说："救国锄奸为吾党应有之事，请派妥人指示一切，倘得提携为最后之一篑功成，死当含笑，生当再接。"中山先生亲批云：

"代答以暗杀一举，先生向不赞成，则在清朝时代亦阻同志行此，以天下恶人杀不胜杀也，道在我有正大之主张，积极之进行，则恶人自然消灭，不待于暗杀也。"

在有权力时不肆杀人，在秘密时期不赞成暗杀为解决问题的方法，那么中山先生所持以解决国事和革命的进行方针又是甚么呢，在我看来，端在他所说"道在有正大之主张和积极之进行"一语。民国十二年春天，旧桂系军人沈鸿英，于会同滇桂各军赶走陈炯明出广州之后，曾派人携函向中山先生输诚，促先生返粤，并宣言竭诚服从命令，在沈鸿英来说，当时是一种缓兵之计，而中山先生明明知道他的用意不善，但仍然坦诚晓以大义，他回给沈鸿英的信上写道：

"国家之事，须正当办法，乃能得正当解决。绝非挟私任术，好逞阴谋与民治之道背驰者所能得胜。中间或能得一二胜利，结果亦终归失败，可以断言，此古今中外之成例俱在，可资考证者也。"这一段语重心长的话，是中山先生对人对事之道的又一说明。

洞烛机先的蒋先生

以上所述民国十三年改组以前，中山先生在广州的艰苦境遇，如将领颠顸，军队腐败，人民怨恶等等，似乎在这种情形之下断无生存之理由。陈炯明叛军与北洋势力之进入广州，应为当然不可避免之事。然而事实却并不是这样。反之，广州一隅之地竟终能保持，作为此后革命发展的根据地。何以能如此呢？实另有其光明一面的因素存在。

中山先生于民国十二年二月十五日，由上海启程南行，于同月二十一日抵达广州组设大元帅府，其时东江南路陈炯明军力仍强，而广州一隅之地杂牌军队云集，势力最大者，一为滇军杨希闵所部，一为桂军刘震寰所部，以及心怀异志，已受北方政府收买的沈鸿英所部。他们各自把持税收，争取地盘，纪律废弛，同床各梦，不知革命为何物犹在其次。兹将自民国十二年二月二十一日，中山先生抵广州后的军事形势摘要说明如次，以见其处境之艰危。

三月十日，沈鸿英部集中距广州数十里之新街及韶关等处，召开军事会议，将有异图，于同月十五日在新街通电就北方政府所委广东军督办伪职，并电请先生离粤。同时于拂晓分三路扑攻广州市，中山先生亲率滇军杨希闵等部击败之，广州市乃得转危为安。其时距中山先生抵广州未及一日！

五月十一日，陈炯明部下杨坤如部擅自称兵，进窥石龙。

六月二日，沈鸿英得吴佩孚、方本仁、岳兆麟、张克瑶等北军之援助，合力攻占重镇韶关。十八日沈军谢文炳部攻占英德。同月二十八日粤军第一师会同滇军大破沈部于北江。七月四日克服韶关。同月上旬黄大伟部又叛降陈炯明。

八月二十五日，陈炯明得直系军阀之助，以全力来犯，围攻博罗、增城。

八月二十七日，增城告急，令蒋光亮部应援，不赴！

九月二十日，飞机队长杨仙逸、长洲要塞司令苏重山、鱼雷局长谢铁良，在东江梅湖，因鱼雷失慎爆炸，三人死之，以致攻击惠州计划受挫。

十一月十二日，中山先生五十八岁诞辰，陈炯明陷石龙！广州危急，其时中山先生适在石滩车站督师。

十一月十八日，陈炯明叛军四路猛攻广州，深入广州市郊，情势危急，豫军总司令樊钟秀率部适时赶到，湘军谭延闿所部继至，击溃之，广州乃得转危为安。

以上是自民国十二年二月十五日到同年十一月十八日这半年时间当中，在广州一隅之地，受沈鸿英、陈炯明叛军及北方军阀军事环攻的危急情形，距十三年一月二十日，国民党第一次全国代表大会为时仅及两月。在这一情势之下，可资注意者约有数端：

其一，中山先生平素倚为左右手，晓畅军事，决定大计之蒋介石先生，于四月十五日始由上海赴粤，于十九日方到达广州，从此时起，"陈献决策，草檄批牍，筹战守，馈饷糈，出随车驾，入掌枢机"方获有人。

我在此要举出一件小事，以说明中山先生是如何的在军事上倚重蒋先生和如何的信赖他。

民国十二年六月三十日，陈炯明进犯广州，蒋先生随中山先生赴石滩督师。在这以前的两日（五月二十八日），陈炯明见刘震寰军围攻惠州急，乃令别部抄出后方，袭陷博罗、进窥石龙，广州震动，中山先生亲在石滩督战，时溃兵麇集，传闻石龙已失守，蒋先生不之信，自领卫队邓团二百余人前行，各部始不敢再退。俄顷得报石龙无恙。中山先生问其故何在？蒋先生答曰："料逆部占领一城，须留滞时日，我军昨日失博罗，离石龙九十余里，彼必不能迅速若此，是以知之。"

这是一件小事，其他决疑定策之大事，中山先生之信赖于蒋先生者类此者甚多，这并不是偶然，而是他信誉素孚，洞烛机先，中山先生对他产生了坚强信赖的缘故。

其二，蒋先生于同年七月十二日离粤，于八月十六日奉命率同沈定一、张太雷、王登云由上海启程赴俄访问。在此后数月间，中山先生在军事上倚为左右手的军事人才，则为李烈钧先生。李先生为辛亥革命江西独立时的都督，民国二年二次革命首先在江西湖口发难，任讨袁军总司令。民国四年袁世凯背叛民国帝制自为，云南起义出师讨伐，世称护国之役。当时护国军共二军由云南出发，蔡松坡先生任第一军军长道出四川，李先生任护国军第二军军长，经桂向粤。袁世凯暴毙，共和再造，李先生所率领的滇军即留在广东，民六护法之役，此一军队因逐渐受当时西南内争之分化，在民国十二年时已余存无几。由于李先生之威望及其与当时滇军之关系，因应各军以维现状，中山先生得力于李先生之助者不少。

在民国十二年这一阶段，除滇桂各军外，与革命历史较久，服膺中山先生始终不渝的，有粤军总司令许崇智及其所部。许军自民国十一年六月陈炯明叛变，由江西回师讨陈，因战事失利退至福建，会合北军王永泉攻入福州，驱走李厚基后，暂时获得一个喘息的机会。十二年春，滇桂各军由广西东下驱走陈炯明，中山先生回至广州组织大元帅府，许军复奉命回粤讨陈，因沿途备受陈军袭击，虽能绕道回至广州，然以残败之军，整理训练均未完成，在战力上顿呈薄弱，于当时的军事环境，亦无扭转之可能。中山先生在先所寄望于许军者甚大，终以残破之军不能有所作为，自不免感到失望。粤军之另一部为西江之梁鸿楷部之第一师，此军为邓仲元先生所手创，干部素质极强，在北伐时期将领中如李济琛、薛岳、张发奎、陈济棠、陈可钰、陈铭枢、邓演达均属此师。最近逝世的陈诚先生，其时充任此师连长，人才济济，盛极一时。自邓仲元先生被陈炯明刺杀后，即由梁鸿楷继任师长。十一年陈炯明叛变时由江西回师讨陈，因形势逆转，中途脱离。迄至滇桂军十二年会师由桂讨陈，第一师各将领乃起而响应。陈炯明之败退东江，得力于此军之响应者为多。惟因南路尚为邓本殷所盘据，此军之任务一直驻防西江以备南路之敌，对于广州与东江主战场之形势，未能发生重大影响。迄至中山先生逝世至十五年北伐时期，第一师改为第四军，于是便声威大振，所向无前，世称之为铁军。民国二十一年淞沪抗战之十九路军，即为第四军之一部演变而成。可惜在过去复杂之政治环境中，终未能保持令名，大部曾受革命薰陶之将领，浮沉于板荡时局中，竟未能有所成就！

综观民国十二年数个月间，中山先生在广州所处之军事环境，生存已属不易，何能在危急存亡之秋，能为中国革命开拓出新的生机！中山先生在民国十三年一月召开的第一次全国代表大会中，一再提醒同志谓："过去只有革命党的奋斗，而没有真正革命党军的奋斗"，便已深感如不能改弦易辙，实无以改变当日之环境了。其所以能开拓出革命的新机，一为改组革命的国民党，一为开办黄埔军官学校，培养真正革命的军事干部，以建立真正为革命而奋斗的革命军！此一历史大局的扭转，实具有旋乾转坤的力量和作用。

那一段时间，环境之恶劣，尚不止如上所述，可怕之事更有甚于上述者。当民国十二年十一月十八日，陈炯明叛军威胁广州解除之后，不到二十天的十二月五日，驻在北京的外交团，为了中山先生处理广州关余问题，竟令各国兵舰二十余艘集中广州的白鹅潭，以大炮对准距离不及千米的大元帅府示威。其动机或系与陈炯明之犯广州相呼应，其危险较陈炯明之进犯更为有力而可怕，但中山先生并未因此而屈服。此事之经过当于另文记之。

（原载一九六五年五月《传记文学》第六卷第五期）

赴义恐后的英雄

——《匆匆四十年》之七

出死入生的一幕

在此我要叙述一下民国十二年十一月十二日,陈炯明部攻陷石龙,及十八日四路进迫广州时的危急情形。

十一月十二日这一天,正是中山先生五十八岁的生日,他正在距广州不及百里的石滩前线督师,驻节在石滩车站的火车上面。由于石龙失守,败军纷纷向石滩涌溃,中山先生亲自在车站收容整理,不料有一批溃兵所乘之火车开到,冲向中山先生的座车,秩序大乱。中山先生不得已乃仓卒登车,向广州开行。随行之参谋长李烈钧先生与行营秘书长古应芬先生,均不及追随而相失。古应芬先生步行至新塘地方,才获登车回到广州。据中山先生的侍卫罗天民告诉我,是在危急万分之际,他和其他侍卫数人强迫中山先生登上一火车头(即火车的机车）匆匆开回广州，其狼狈危险之状可以想见。罗天民时时以此自夸，如果没有他，他认为中山先生那天不知如何的下场！

中山先生是坐着火车头离开石滩东站的，也就是坐着一辆没有挂着车厢的光溜溜的机车而行的。幸灾乐祸的人，有意借此讽刺中山先生，说他是"只身逃回广州"，是"兵不愿战，将不听命，仅以身免"。这些恶意的风凉话，当然亦可以说接近于事实，但这于中山先生的伟大人格又有何损伤呢？相反的，这正说明一个革命领袖，要在这样的危疑震撼、颠沛流离中才愈显示其经得起挫败与考验！当日在中山先生左右的罗天民说："大元帅在火车头上，一如平时，既不慌张，更不气馁，所经过之地，只要看见尚有军队守卫，便要停车嘱咐他们镇定，办理收容，待援军到来一致反攻以击溃敌人。"回到广州之后，便命粤军师长廖湘云、滇军师长杨廷培，率所部迅即办理收容增援前线，凡是由前线溃退到大沙头的士兵，均须缴械改编，不使进入市内。在这一危急之际，广州不受骚扰，安谧如恒，而后方因以得一喘息之机会，实在是后来转危为安，转守为攻的重大关键所在。兵家所谓："败不溃，退不乱。"中山先生当日的确能做到这点。

我在前文中，把滇、桂各军将领颟顸、腐化的情形，讲了不少，但那只是黑暗的一面。中山先生这次败退广州，如果不是滇军将领范石生所部的师长杨廷培临危受命，堵截败军，不但广州在敌人未至之前即已大乱，整个的局面恐已补救无及了。杨廷培亦是一个滇军将领，如果当日没有像他这样的人物出现，亦即是说除了黑暗面以外，没有光明的另一面，那么，中山先生的失败必然是已经注定了！中国有句老话："十步以内，必有芳草"，没有这种可能，天下事尚有可为吗？革命的成功是要在不同的现实事物中成长起来，有忠便有奸，有善便有恶，有易便有难，有使人颓丧的地方，自然亦有令人为之鼓舞的另一面。处理问题如果只看到好的一面而忽略了坏的一面，只看见恶的一面而抹杀了善的一面的存在，都会不切实际，使天下事变作一无可为！杨廷培这样的人物，在当日中山先生所领导的革命事业中为数亦复不在少数，这是要明白中山先生志业不可忽视的极其重要的一点！最可惜的是，在腐恶的环境中，忠义之士往往不能立足，好人时有被坏人淘汰的可能。杨廷培这样一个有功劳的血性男儿，但是后来竟被他的长官范石生借故谋害了，想到这一类事，不禁令人掷笔长叹！却是好人是否就此绝迹呢？我相信是不会的！

飞将军从天而降

陈炯明部于十二日攻陷石龙后，乘胜于十八日分四路猛扑广州，并占领市郊的瘦狗岭、石牌等地，距广州仅十余里，其前锋已迫近广九铁路火车站！正当危急万分之际，在江西起义来归的豫军樊钟秀部，适时由韶关搭火车抵达广州黄沙粤汉铁路车站，迅即跑步向广九火车站增援，中山先生闻之，当即赶赴广九车站向官兵演说，士气为之大振，立即亲命到达豫军随其本人前进杀敌，话犹未已即率先向敌方阵地前进。在场官兵于感奋之余，坚请中山先生回驾，樊钟秀将军声泪俱下，挽着中山先生的臂不让他前进，并恳切哀请道：

"大元帅！请即回驾，请以国家为重，冲锋陷阵是我们当部下、当党员应有的职责，不劳大元帅亲征。大元帅一身系国家的安危，不可冒此危险。大元帅接受我们的话，我们保证一定能摧毁当面的敌人，我们亦才能一心去杀敌，时间迫切了，务请大元帅回驾！"

中山先生接受了樊的劝阻，让义愤填膺的官兵，奋勇向敌人攻击前进。而他本人呢？虽仍留在广九车站，看着官兵们一批一批的冲向敌阵，迄至敌人败退的消息自前方传来，他才带着微笑，回到在河南士敏土厂的大本营。

罗天民同志在告诉我这件事的时候，很感叹的说："樊钟秀是北洋军队中新近起义，由韶关赶到的援军，他们这种赴义的精神真使人钦佩，假定我们这些自称为老革命的滇桂各军有了他们这种精神，陈炯明恐怕早已平定了。"我曾经就樊钟秀将军赴粤救援的经过，请教于曾出席第一次代表大会的河南省代表李肖庭先生，他所说的与罗天民同志的谈话大体相似。李肖庭先生是樊将军起义前派到广州的秘密代表，当日奉中山先生命，接洽樊将军起义来归的策动者，他一直都和樊工作在一起，他的话自属可靠。据我在广州时所闻，当樊部自广九车站向来扑的陈炯明叛军奋勇进攻的时候，实出陈军的意外，在他们以为广州已在掌握之中，万没有料到有这样坚强猛进的援军到来，故相遇后为之大惊失色，更加以所发现的援军都是身体魁梧的"北方大汉"，为一般陈军向所未见，几疑为飞将军从天而降，这是陈军失魂败走的心理因素。

中山先生对樊将军的英勇大为赏识，照樊部的兵力，不过一个师的编制，而中山先生却越级拔擢，任命他做讨贼军豫军总司令。党人中有持反对意见的，中山先生亦不为所动。其知遇之隆，可以想见。

樊将军在民国七年虽曾隶属过于右任先生领导的靖国军，但到了民国九年他又收编了河南巨匪老洋人所部。"老洋人"相传是纪律最坏，甚至于传说是一支吃人肉的军队，传说固不尽确实，然其所给人的观感就可以想见。故樊军初到广州时，一般社会对之颇存戒惧之心，不料其在当日各军中竟是纪律最好、作战最勇，既不争权，又不贪利的一支模范的部队！至于樊将军的为人，一般人总以为他是面目狰狞如妖怪，其实乃是清秀温雅的白面书生。据李肖庭先生告诉我：樊因为没有地盘，又不开烟开赌，军饷的维持十分艰苦，当在万分危难中，自然只有向中山先生请求，迨至见面之后，中山先生问他有何要事提出，而他又一事不提，只是说，特来向大元帅请安而已。事后他的部下问他，见了大元帅后问题解决了没有？他反说，见了大元帅之后，看了他老人家为国家受苦的情形，大元帅的困难比我们还要多，所以一字亦不忍提出！他的为人竟如是其诚厚！

中山先生民国十三年由韶关出师北伐，他是第一支服从命令，首先出发向江西进攻的军队。中山先生当樊由韶关出发时，特亲为送行，一直到了看不见他的背影时才回到驻所。在我看来，中山先生此时的感想与心情必然十分的沉重，因为当日那些追随他较久的滇、桂各军，都盘据地盘，不听命令。能服从他命令的竟是一支刚刚起义来归的北方军队！其后因为北方时局骤变，冯玉祥、胡景翼、孙岳的国民军在北京赶走了贿选总统的曹锟之后，欢迎中山先生北上，当时的局势似已微露出一线和平统一的希望，虽然北伐军在江西节节胜利，樊将军的部队已经挺进到江西的吉安，势又不能不暂行停止北伐进军的步趋。樊将军于闻悉中山先生北上消息后，从敌人的势力中冲出，偷渡长江，直抵河南的潢川县。此时中山先生正抵达北京，然已卧病不起，当他接到樊部进抵河南潢川的消息时，中山先生以电文示随行北上的卢师谛同志等，很感慨的说道：

"我们的武装同志都能像樊醒民（钟秀号醒民）同志的忠义、勇敢、服从，我们的革命何至到了今日还未成功！"

我于民国十四年六月，由广东赴北京，由北京再乘粤汉路车经河南郑州转开封谒国民二军及当时河南督军岳维峻先生，到郑州车站时，看见离站不远的一座军营，营外的旗杆上高悬着青天白日旗，临风飘扬，细细问来，乃知是樊将军部队的住地，不自觉地兴奋、愉快到落下泪来！他是第一个人、第一支革命队伍，把青天白日的革命旗帜由广东冲进到黄河南北岸高高悬起来！这是十分具有历史意义的事。因为那时的北方尚不曾有过这一革命的旗帜挂起过。

前在本刊发表的《匆匆四十年之五》一文中，我曾说明侠义精神在革命团体中的重要，樊将军的一生真可作为侠义人物的一个典型。据段剑岷先生（段先生现任"立法委员"，与樊将军相知甚深，民国十三年曾任豫军总司令部的宣传处处长）告诉我，有关他生平的侠义行为不一而足，实在令人仰慕：

他少年时代曾随少林寺的恒林和尚学武术，成年后喜交结四方豪侠的朋友。辛亥年武昌起义，他应蒋翊武、张振武之招赴汉，黎元洪委他做北伐左翼先遣军副司令，在豫西一带活动，于袁世凯军南下时，所部被瓦解。民国二年袁派张镇芳督豫，严缉异党，他容身无地便逃往陕西避祸。翌年土匪白狼在豫作乱，其父带同眷属迁居陕北的宜君县。时陈树藩督陕，横征暴敛，民不聊生。宜君县长为军阀的爪牙，肆虐更无忌惮，闻樊将军的妹妹有姿色，要强纳为妾，其父不允，竟被拘下狱。樊闻之大怒，约其兄弟与三五知交，夜入乡团队部，得枪十七支，杀队长郭山王，率余众混入宜君县城，直入县府毙县长，劫县狱将其父救出。其父大为恐惧，责备他道："一人被冤，尚不至于死，今天你杀官劫狱，是灭吾族矣！"樊将军则认为反正都是一死，不如揭义旗革命。遂尽散家财招兵买马，集合人枪八百余，自称司令，据黄龙山扼险而守，军阀对他亦无可如何。这是他不畏强暴与军阀相周旋的开始。

民国十年冬天，樊将军任豫军一个混成协的统领，奉吴佩孚令开往湘北、湘南一带受张福来的节制。当时南下部队，除了樊将军以外，还有属于毅军的林起鹏等旅。张福来为豫军的总指挥，驻在岳州，樊部与林旅则驻在附近的荣家湾。时有河南国会议员革命党人王杰，奉命前往游说豫军反正，先至林起鹏处，事为吴佩孚所闻，深恶痛绝，电令张福来立即将王杰解往岳州杀害。林起鹏与王杰本来有旧，奉到命令后十分的为难。这时樊将军接到革命党人田桐先生的信，托他营救王杰，他立即赶到林部问林起鹏道："你准备怎样处置王杰？"林答："若解岳州正法，又恐招豫人的怨恨，正不知如何是好。"樊说："就把他交给我办吧，电复张福来人在我处，与你无干便了。"林大喜，就把王杰交给樊将军，但是王杰不肯走，樊将军只得用车子强载王杰出来。到了驻地后才把吴佩孚的电令和田桐的信一并送给王看，王杰看后悲喜交集，感动得流下泪来。临行时他对樊将军道："我和你无一面之交，蒙你抢救我的生命，我走后你怎样好交代呢？"樊将军大笑道："大丈夫连这点担当都没有，还配谈革命吗？"王杰走后，樊将军去到张福来处，张问他："王杰何在？"樊答："我已把他放了。"张说："吴大帅要杀的犯人，你怎么敢违命呢？"樊将军说："王杰是河南省的名士，亦是我的好朋友，今以事急到我那里来，如果把他杀了，我樊钟秀就是不仁不义，不仁不义的人将何以事长官对父老呢？"张福来感于他的侠义干云，不但不再责备他，反和他结拜为金兰之交。

民国十七年他的部队被石友三、韩复榘等击溃以后，他只身到上海闲居，闭门谢客，足不出户，生活十分清苦，各方的馈赠他亦不肯接受。十八年中山先生奉安大典，他亲到南京执绋，事毕又立即回沪，不与外界接触。真是一位宁折不屈的铁铮铮的硬汉。

我于民国十三年由加拿大回到广州后，闻说樊钟秀将军慷慨赴难的精神，极其仰慕他的为人，很想找个机会和他深谈，并愿和他订交结为好友。在广州时虽曾有数度见面的机会，但均未得互倾肺腑。这可能是由于他把我看作"洋学生"，而以"老粗"自命，或者以我为少不更事，不便倾谈，结为知交的缘故。来到台湾后，从李肖庭、段剑岷两先生处，得悉他的侠义行为更多，深以当年未能与他订交为憾。

最痛苦的时代

豫军樊钟秀部于民国十二年十一月十八日，击退进犯广州的陈军后，赓即有湘军总司令谭延闿，率领大军由湘星夜回救广州，仅迟樊部一日赶到阵地（那时谭军正与北洋政府之赵恒惕部相持于湖南之衡州，广东军事形势逆转，中山先生乃急电谭军回师救援）。若非大部湘军赶到，则广州之形势仍处于力弱备多、内外交逼的境地，难以稳定下来。

谭延闿先生为湘省俊杰，其父谭钟麟为乙未年（民国纪元前十七年，清光绪二十一年）中山先生第一次广州起义时代之两广总督，当起义事泄，有人以中山先生造反事报告他，他大笑道："孙文一狂士耳！其创办农学会，李少帅（即李鸿章之弟李瀚章，为谭之前任的两广总督）且赞助之，焉敢造反？"后来发现事属不虚，悬重赏捉拿"匪首孙文"者，即为钟麟。孰料二十九年以后，由湘回师以解中山先生之危，挽大厦之将倾者为钟麟之子谭延闿！

谭部将领中不乏同盟会老党员，如鲁涤平、陈嘉佑等先生，对革命军事都曾有过贡献。中山先生所领导的革命运动之能屡仆屡起，愈到艰难时愈能振奋，全赖这一类的人物乘时兴起，不计利害生死，归依到革命的旗帜下来！

中山先生于民国十三年，国民党改组以前在广州的处境之艰危，内外之煎迫，真有不堪令人追忆者，然而他卒能坚忍不移，奋勇无前的为革命创造新页的原因，他的伟大人格表率群伦是其一，而一部分冒险犯难、坚苦卓绝、生死相从的同志，可歌可泣的行为尤值得敬佩！

谨将中山先生在这一时期中，冒死奔走于前线、与士卒同甘苦的情形，记述如左：

民国十二年

八月二十三日，率滇、粤各军讨伐东江叛逆，以大南洋轮为座舰。十二时开船，下午九时许才到石龙。那时天气异常燠热，中山先生在仅容一席的室内，泰然披图定计，夜以达旦。

八月二十四日，上午八时座舰由石龙开向博罗前线，下午抵达，许崇智等将领前来迎接，谓敌军正分三路来犯，李易标的第四军所部千余人十分凶悍，已抵距博罗二十多里的汤村。中山先生听后仍有条不紊地布置军事。是夜他的座舰就停泊在博罗城的南河岸。

八月二十五日，叛军林虎率部进攻石龙，博罗、增城被包围，飞鹅岭失守。凶悍的李易标叛军已过了汤村。上午一时许崇智特来密告大元帅行营秘书长古应芬，要他劝中山先生赶快离开前线，因为在预料中天明时河岸会被炮火侵扰。中山先生的座舰一直到上午四时才启碇下驶，船行四里又搁浅，等到船开动后，已经远远地听到博罗城传来密集的炮声了。十一时到达石龙，又继续调兵遣将以挽危局。

九月一日，先生由苏村乘船向博罗开驶，至夜泊第七碉，乃令福军、滇军各部登山警戒。更饬副官于山巅架设燎火，使博罗城遥知主帅所在地。次日由第七碉登土北岭察看形势。事后致胡汉民先生函云："吾今日兼尽一排长之职务，凡侦察敌情，考察地势，吾悉为之。"

九月六日，抵博罗前线督师，滇军禄国藩部罗旅不待命令，由第七碉阵地引回石龙，左翼福军不及知，犹严阵以待。是时先生以水势既退，敌若大举攻城，城必不守。船室之内，先生懊恨蹀躞，疾草命令，时复击脑奋兴，为状良苦！终决计亲往博罗前线视察，古应芬等阻之不及。

九月十三日，在梅湖重炮阵地，亲发炮五弹击敌。

九月二十日，先生亲赴飞鹅岭炮兵阵地，已为惠州城内敌兵窥见，未几，敌炮继续向先生射击，有距离甚近者。僚属多为先生危，先生泰然处之。

九月二十一日，下午，先生复至梅湖重炮阵地，向惠州城亲发六弹。

九月二十三日，凌晨，先生座舰从白沙堆复开梅湖，亲发七弹。

以上是中山先生在最危难的时期亲至前线，冒生命危险以激励士气的情景。中山先生这种身先士卒冒险犯难的精神，在初讨伐沈鸿英与击败来犯北军诸役，士气均赖以振奋而获胜利。惟独在大敌去后，陈炯明叛军盘据东江，惠州城久攻不下，各军养寇自重，互相倾轧，战力渐趋衰疲，虽有中山先生亲历险境多所激励，而所生影响仍极其微薄。中山先生这时的处境真所谓进退两难，希望濒绝。这恐怕是他一生中感受最为痛苦的时代了！寄希望于无革命之组织与训练的残弱军队，以谋革命的发展，既经绝望，惟有摆脱现状，打破沉闷，改组革命的党与建立真正为主义而奋斗的革命军之一途。这一新的希望，到了民国十三年以后方才开始实现。最不幸的是：中山先生于大局呈露转机之时，于民国十四年春逝世北京，竟不及亲见后期革命之发展与成就！

有人谓："中山先生当日既蹈于恶劣环境中，几乎不能有所为的时候，为何不毅然放弃广东另辟革命途径？"在我看来，这正是中山先生晚年坚苦卓绝，有崇高理想而又未忽略于现实的地方。他之能为革命创立新页，其关键亦即在于此种忍耐的地方。因为革命不能只凭理想，离开了现实，一切就都虚悬起来，理想要从现实中求具体的发扬才有其意义。因此，革命既不是空想，它必须要有现实的凭借，更要在艰危中能够坚定忍耐，乃能获得发展。中山先生之所以在失望痛苦中而不放弃广州，就是要获得此一现实的凭借以图发展。

（原载一九六五年六月《传记文学》第六卷第六期）

广州大本营法制委员会的回忆

——《匆匆四十年》之八

四十年前的一页会议记录

不久以前，在台中党史会的史库查阅资料，无意中发现民国十三年广州大本营法制委员会的一张油印会议记录，详细地记下了一次讨论考试条例会议的发言情形，从这一记录中，我固然得以重亲前辈同志们的謦欬，在研究近代考试制度的人，亦可以作为一项参考。现在我把它抄在下面：

大本营法制委员会第九次会议录

中华民国十三年五月二十三日下午二时会议

出席委员：

戴传贤　陈　融　杨宗炯　吕志伊　邵元冲　黄季
陆　陆钜恩　林云陔　陈国矩　刘芦隐　戴委员长主席报

告事项：

宣读第八次会议录。

古委员应芬、曹委员受坤、何委员启澧告假。

讨论事项：

第三、考试机关组织之大体：

甲、考试行政机关与考试机关在本案上之区别。

乙、机关之组织是否采用委员制，甲项两机关之系统及权限若何。

吕委员志伊说：考试行政应常设典试官，应为临时选任。

刘委员芦隐说：考试院既是独立机关，不应分考试行政机关与考试机关二种。

邵委员元冲说：考试前既须种种筹备，事后又须种种保存，考试行政官必须常设。

黄委员季陆说：考试行政官应用委员制，以三人之委员组织之，因考试院是独立机关，恐一人主持或有流弊。

邵委员元冲说：如院长一人，恐其才识未能博通，各科似应多设顾问数人。

刘委员芦隐说：现在的问题是院长制抑委员制的问题，就考试行政事务说，院长一人决不能完全办理他要办理（的事），唯有将行政事务全部分给秘书厅各种分别办理。但此等法于考试行政上甚不合宜。求其合宜应设委员制，庶全部行政事务可以各委员分任之。至于采委员制后，各委员之产生问题与采用院（长）制同，各就是由大元帅直接委任。此外与本题相关的问题，是院长制与委员制，以何者为好一点，此点之目的在于防弊，本席以为院长制有才识上单调之弊，委员制正可以补救之。

戴委员长说：现在关于第三条乙、丁二问题可统括为如下二点，各位究以何者为善？

一、考试行政机关，是否院长制抑委员制。

二、考试行政官之产生。

吕委员志伊说：考试行政的事权应统一，不应分散。如设一院长外多设一副院长，尚勉可推行一切职务，若设委员数人主持其事，则推诿之弊势所难免，故考试行政官不能多设。

议决：第三条甲、乙、丁三项应请示大元帅决定。

丙、考试机关是否中央与地方，其性质与权限若何？

吕委员志伊说：考试院应分为中央、省、县三级，因交通不便，各小学校校长、教员及县署科员之类，必难到省考试，所以应派人到各县巡回考试，只考委任文官及各小学校长、教员，其他则由中央及省考试举行。

陈委员钜恩说：考试院只可分二级，如每县设一考试机关未免太繁，既难觅相当各种人才，而且糜费，如巡回考试，恐考试的人员数年亦考不完，监察亦难，所以主张县不设考试机关，每次只由省考试机关派一人或二人带试题到各区将试卷带回省试机关详阅取舍。

议决：由起草员拟定再行讨论。

第四、考试之方法：

议决：由起草员拟定再行讨论。

第五、考试与任用罢免之分际。

吕委员志伊说：考试与任用罢免分为两途，考试是考试院之事，任用罢免是行政职务，二者界限清楚各不相侵。

黄委员季陆说：保障问题应于将来任用官吏条例内规定。

议决：照吕委员原议。

第六、各种考试应考者之资格，应定入本法案中抑应定入各种考试条例中。

议决：定入各种考试条例。

第七、本制度确定后，对于现在任职人员如何办法。

议决：请示大元帅决定。

第八、施行程序如何？何种考试应先举行等。

议决：先举行行政、司法、律师考试。

第二案　推定考试条例起草委员并确定起草期间。

议决：推定曹受坤、黄季陆、刘芦隐、陈国矩、何启澧五人为起草委员，起草时间为二星期。

议决：下次会议议案为大本营组织大纲。

五时散会。

这可能是一件罕有的"孤本"。对我真可说是弥足珍贵的一项发现。大本营法制委员会，是民国十三年中山先生在世时，鉴于革命经过长期的失败和破坏之后，已渐呈露新的曙光，而必须对国家建设从事策划，所设立的机构，它的任务是要研究草订革命建国各项重要的立法，以预备统一全国之后建立政治的体制与规模。委员有胡汉民、古应芬、吕志伊、戴季陶、林云陔、刘芦隐、曹受坤、陈融、陆嗣曾、陈国矩等先生，及现仍健在台湾的"最高法院院长"谢瀛洲先生和我。秘书则是不久在台逝世的陆匡文先生和现留居美国的陆幼刚先生。法制委员会的组织，除委员由大元帅孙先生特任之外，委员长及副委员长则由委员互相推任。我记得第一任的委员长是戴季陶先生，副委员长是邵元冲先生，戴先生赴上海则改推邵元冲先生继任，副委员长则改推刘芦隐先生。元冲离粤后以改推芦隐继任，副委员长则推我担任，一直到中山先生北上逝世此一机构裁并为止。

我是委员当中年纪最轻的一人，我之被推为副委员长，我并不觉得侥幸，这正说明在革命发展接近高潮的时候，年轻人比较被重视，有异于平时起用人员时偏重资历和年龄。当时如果论资历和年龄，委员长和副委员长的职务应当由胡汉民、古应芬、吕志伊诸先生担任，不但轮不到年纪最轻的我与芦隐，就是戴季陶、邵元冲诸先生，论资历年龄，亦不及他们了。由此可以看出当时资深望重的胡、古诸先生的风度是如何的谦和，他们对于年轻人是如何的爱护。

吕志伊先生的雅量

法制委员会已完成的法案有《大学条例》《考试条例》《广州市长选举条例》等，经由大本营公布施行。未完成的有大本营组织法及其他有关建国大纲的立法。关于各项立法的经过及特点，我留在以后再来记述，现在仅就记忆所及谈一谈当时会内有关人物比较有风趣的几件事情，以反映那一时代的同志和同事之间，是如何的坦诚相处、无所隔阂、亲切而热情的精神。我觉得最甜蜜的是这一类的回忆，最令人难忘的亦是这些前辈同志的风趣！

对法学有精深研究而又曾任国会议员多年的云南同志吕志伊先生，他最喜欢发言，发言时又口沫四溅，每次发言必占据很长的时间，偏偏遇到当主席的戴季陶先生喜欢讲话的程度不让于他，于是会议往往成了他二人在演对台戏，老是他们二人纠缠不清，不给我们发表意见的机会。胡汉民先生是个性急而亦喜说话的人，因为几次要讲话都没有得到机会，我看他面部表情红了一阵，又青了一阵，实在耐不过的时候，便独自拿起笔练习写《曹全碑》。我没有胡先生那种用写古碑来抑制自己情绪的修养，我有一次耐不住了，竟大声插嘴说道：

"主席！请注意会场秩序！"

"我们今天在此来开会，不是任由你们二人对谈！"我忿忿不平地说。

吕志伊先生把话停住怒目对我说道：

"我们不是在开会，是在做什么？既然在开会便应当有发表意见的自由，你年纪轻轻的为何要干涉我说话的自由？"

天民先生（吕的号）平时虽和我极为要好，但总是对我老气横秋，他和季陶先生一样，总不把我当作一个自负不凡的成年人着待。他们和我谈话时，不是叫我"黄老弟"便是直称"小弟弟"，在他们而言也许是表示亲切，在我却觉得他们对我多少带些不尊重的成分。而我此时正是自负很高，目空一切，自视比他们更进步、更革命，所以我便趁此机会，给他们一点颜色看。我说：

"这样的情形不能算是在开会，因为照总理民权初步的界说，一人谋求问题的解决，谓之'独思'；二人谋求问题的解决谓之'对谈'；三人以上循一定之规律秩序谋求问题的解决才是'会议'，今天名是开会，实际是你们二人在'对谈'。……"主席戴季陶先生微笑着对我说道：

"老弟，你在背书了！"

"我不是在背书，我是以出席委员的地位请吕委员天民维持会议的常规！"我说。

我那时的态度，多少有些维护季陶先生的意思，他听了我的话之后，便不讲话了。吕先生发觉我的对象是他，怒目对我说道：

"你那一套只能适用于大的会议，不能适用于此类委员会，我做过多年的国会议员，我敢自夸自信，对于此点颇有经验。"

他说完话之后，神气十足，全不理睬我的提议，仍继续向季陶先生纠缠。我于是再度高呼：

"主席！请注意会场秩序！"

吕先生很不耐烦的顺口对我挑战似的说道：

"你！脸皮厚！"

"脸皮厚"三字，在我们川、滇、黔人看来，是一句对人很不恭敬的话，我此时当然也动了气，于是含讥带讽的说道：

"我的脸皮倒不厚，你的脸皮才厚得可怕，连机关枪都打不穿，只能打出无数的窝窝！"

大家听了我的话后，哄堂大笑起来，许久不能停止。后来，连吕天民先生自己亦笑起来了，当然他的笑是带有几分苦笑的成分在内的。原因何在呢？

原来吕志伊先生是一位满面大麻的君子！

当大家大笑不已的时候，我反不好意思笑出来，强自把自己的笑抑在心头，正襟危坐地看着大家，因为我此时如果随着大家笑的话，对吕先生的尊严必大有损伤。我此时明知这个玩笑开得有些过分，万分的引为歉疚，然又不便收回自认过错，当我正想用几句话打开眼前的僵局的时候，吕先生说话了。他的话竟是那样地亲切而温和，使我惭愧到无以自容。他说：

"老弟！我认输了，我不该先骂你厚脸皮，不过你亦太顽皮了，为兄的今天请客，请大家作陪表示我的歉意。"

天民先生这种宽容有礼的态度，使我愈后悔自己的冒失，在无可如何之中，很诚恳的向他表示我的歉意。会议结束后，大家到著名的广州永汉路太平馆大吃一顿"烧乳鸽"。那天季陶先生和我都吃得一个大醉。我之大醉自然是在借酒来掩盖自己的歉疚。自此以后，我时时以在会议中发言不能随便开玩笑为戒。这是我初出学校到社会做事所受到的第一次教训。饭后胡汉民先生告诉我："天民这个人素不饶人的，今天这样对你是一种特殊，好在已经化戾气为祥和，你以后说话以小心为当。"在以后的几次会议中，天民先生发言的态度便较为审慎，不久他便离粤回到云南去了，我自此就很少有和他再见面的机会，至今我对他仍万分的想念。他于民国十七年国民政府时代，胡汉民先生任立法院长时开始做立法委员，一直做到民国二十六年对日抗战发生，才回到云南故乡去，因年老多病不久后就去世了。我在民国二十一年孙哲生先生任立法院长时，曾短期担任过立法院委员，因为出席会议仅几次，便因他事辞去立法委员职务，在此一时期我似乎不曾碰见过他。不过在老立法委员中当时戏谑形容立法院开会时最喜欢发言的人有两位构成两景：一是"蛟龙喷水，水溅四座"，弄到其他委员都不敢坐在他的左右和前面，或者竟不愿前来出席；一是说话如"猛虎出山，声震屋瓦"。所谓"蛟龙喷水，水溅四座"便是指的吕天民先生说话时的情形，由此便可知道他的言论风采是如何的老而弥笃。至于"猛虎出山，声震屋瓦"所指的是哪一个委员我现在已记不清楚了！天民先生旧学的基础很好，他在清朝时，十五岁便考取秀才，又是庚子辛丑并科的举人；一九〇五年同盟会在日本东京成立，他是云南同志最早参加的二人之一，另外一人便是杨振鸿同志。

民国纪元前五年，居觉生先生在仰光办宣传革命的《光华日报》，吕先生继居先生之后担任总主笔，居先生说，吕先生的文学优胜于他，爱读《光华报》的人日众。吕先生曾经参加辛亥三月二十九日广州黄花冈之役，失败后赴上海担任《民立报》的主笔，并为中部同盟会主干同志之一。关于他的生平，在台的窦子进、张维翰、李宗黄、裴存藩诸先生知道得比我更清楚，我想他们对我所说的可以大大的补充。

武昌起义前夕的一段史实

天民先生是革命同志中很有功劳的一人，辛亥年武昌起义的前夕，湖北同志推派居觉生先生赴上海、香港等地接洽，以便与中山先生、黄克强先生以及各省同志取得联系，居先生到了上海之后，又因事不能他往，于是乃派吕先生到香港，将湖北同志起义发动在即的消息报告在港的黄克强先

生和南方总部的同志。中山先生在《孙文学说·有志竟成》
一章中曾说：

"武昌起义之次夕，予适行抵美国哥罗拉多省之典华城，
十余日前在途中已接到黄克强在香港发来一电，因行李先运
送至此地，而密电码则置于其中，故途上无由译之。是夕抵
埠，乃由行李检出密码，而译克强之电。其文曰：'居正从武昌
到港，报告新军必动，请速汇款应急。'等语。"与事实似有出
入，或由于中山先生行文时简略所致，或由于克强先生发电时
为节省字数起见原文便是如此。因若照事实报告，则此一向中
山先生报告革命近情的电文似应为："居正从武昌到沪，派吕
志伊到港，报告新军必动，请速汇款应急。"

黄克强先生辛亥年十月五日（武昌起义前五日）写给冯自
由先生的信中，亦曾说："鄂代表居正由沪派人来云，新军自
广州之役预备起事，其运动之进步甚速……"信中所说居先生
所派之人，即为吕先生，而黄克强先生亦为行文方便计，没有
说出。此事当居先生在世时，我曾问过他，他说因为到上海后，
南方总部要他即刻回到武昌去积极推动起义的事，所以他不
能亲自到香港向黄克强先生报告，所以才委托吕志伊先生代
表他去香港见黄克强先生。在居先生所著的《辛亥札记》一书
中，对这件事有更详细的自述：

余偕杨（按为杨玉如）赴沪后，初访宋遁初于《民立报》，

次访陈英士于马霍路，再访谭石屏于北四川路，报告湖北近事，并请英士代购手枪，由湖北携来一千元交之，英士慨允办理。连日在英士寓所，召集上海机关部会议，决定南京、上海同时发动。由余详述武汉及长江一带事实，函报香港，托吕天民携往，请黄克强速来，宋遁初、谭石屏均准备同时赴汉。

关于天民先生辛亥赴港这一段史料与总理所述微有参差，特并录出以供治近代史人们的参考。吕先生是辛亥革命前夕的重要人物之一，辛亥年十一月十日，在南京选举临时大总统时，吕先生是十七省代表中的云南代表，总理得十六票，当选中华民国临时大总统。民元临时政府成立后，他曾一度担任司法部次长，对民国的催生工作，吕先生是其中有力的一员。居觉生先生生前，曾主张党史应为吕先生作传，以纪念他革命的功勋。

我把大本营法制委员会初之成立、开会时我与吕志伊先生之间的一次小小不愉快事件叙述出来的原因，仅在表示我少年时代那种天真可笑、不知天高地厚的青年人的本色，我当然至今仍是耿耿于怀，对吕先生表示万分的歉意，但是我却亦想仍然保持青年时代的那种纯真，愿它不因年长年老而衰减。

这段往事发生在四十二年以前，那时我才是二十四岁的青年，现在我已是六十六岁的人了，回想起当时的情形，除了我的态度值得检讨以外，我所持的道理亦并无不对之处。我当时唯一欠缺的只是发言时应有的礼貌。在过去匆匆四十多年的岁月中，我自信尚能俯仰无愧，亦全靠能保持一些青年人的纯真坦率，使我至今仍引此以为骄傲。如果说老年人与年轻人的分别，前者是老成持重、周到、圆滑，后者是纯真冒失、坦率幼稚，我宁采取后者而摒弃前者。我时时听见有人责骂青年人如何幼稚为可笑，在我看来，幼稚正是青年人纯真的一种表现，亦可说是年轻人的一种不可企及的活力。他们所需要的是成长与教育，是启发而不是压抑，是理性与人格的尊重。如果青年人都能免于幼稚，那么，年青活泼的一代，岂不尽都做了阅世过深的"油条""乡愿"了吗？一个民族继起的一代，如果都是未老先衰、过分持重圆滑，这一民族的前途将是十分可悲的！

（原载一九六五年七月《传记文学》第七卷第一期）

白屋诗人吴芳吉

　　白屋诗人吴芳吉先生是我幼时代的朋友，他的诗文早年对我的影响最深。他虽然死去已近三十年，早已被人遗忘，但在我的记忆中，依然时时在想念着他。

　　吴先生少年时代的经历是很曲折的：当他十岁的时候，曾步行一百多里的路程，到一个县城里去，长跪衙门的阶前，上书祈求官府释放他被囚的父亲；十六岁时，在北平清华大学预备班就读，被推选作学生代表，因干涉校政被学校当局开除学籍，虽然当时的教育总长范源濂居间疏解，许他填写悔过书后恢复学业，他竟以无过可悔为由不愿意回到清华去。爱惜吴先生的朋友尝以吴先生一生最遗憾的有两件事：一是太穷；二是因他不向学校悔过，失去了留学美国的机会，否则他的成就还要大得多哩。在我看来，如果他不是因为穷，便不会产生他一生与贫穷奋斗的光辉生涯；如果他向学校悔过了，也许他后来成为一位名博士和名学人，可是他不一定能够成就他后来在文章、诗歌中那种豪气和骨气。离开清华后他因为没有从北平回到四川的路费，后来只有徒步行乞回乡……。诸如此类的不平常的经历，都为他一人所遭遇，但他并未被恶劣的环境所压倒。他曾说："呜呼人生如朝露！百年行乐奚足数！安得读尽古今书，行遍天下路，受尽人间苦，使我猛觉悟！"他终于磨练出一番文章事业来。他一生的奋斗生涯是很值得今日遭遇不幸的青年借鉴的。

吴先生是四川江津县人，名芳吉，号碧柳，又自号白屋吴生，生于民国前十五年，卒于民国二十一年，死时只有三十六岁，自清华大学预备班退学后，就没有进过正式的学校，但凭一己的刻苦力学，成就了一位具有创造性的诗人。他短短的一生中，大部分时间都贡献给教育，二十五岁的时候主讲上海中国公学，以后相继担任过西北、东北、成都等大学教职，后来回到江津，担任中学校长，一直到他死去。

我和他是民国二年间在故都北平初次碰面的，正是他被清华开除出来彷徨不知所之的时候，当时他常是沉默寡言，常用水彩颜料画些兵船之类的图画自遣，看不出有什么特殊的地方来。那时，他寄居在他的一位族兄家里，族兄很看不起他，他说："我迫于穷困，不可无故吃人家的饭。"就每天做些仆役做的事情，他才不感到羞愧。北平的天气很冷，晚上他把一堆破报纸，盖在身上，睡在人家的阶下，早上起来积雪满身，他也不以为苦，北平居大不易，他只好离平归里，行到途中金钱就化完了,沿长江岸边徒步行乞而行,经五个月的时间,行三千多里路,有资助他的人,他还说:"你以为我就苦了吗?我还见到比我更苦的人哩!"又将别人施舍他的,转赠给他人。回到四川后,他将沿途的生活经验发为诗歌,寄给在清华读书的朋友吴雨僧,雨僧读后,大加赞赏,写信鼓励他向诗歌创作的方向努力,认为他一定会有成就。吴雨僧先生,就是后来在国内各大学任教的吴宓,他和碧柳的一段可歌可泣的交往,值得在此一提。雨僧知碧柳家境穷困,按月从北平汇钱和寄书籍给他,并托友人拨巨款数百金到江津,替碧柳打发在家坐讨的债主。雨僧民国六年赴美后,又在美国发起代他募款,募款时并同朋友们定了一份公约:一、数目多少,各方自由认定,二、定期缴纳,不容延缓,三、只尽自己之义,不问受者作何使用,四、永无酬报还答。从这份募款公约中,我们看出吴雨僧为朋友谋的挚忱,他的意思无非要碧柳安心专力于诗的创作,勿作他图,并经常由美检选西洋文学名著,供碧柳阅读,奠定他对西洋文学的根基,又怕他对英诗不能尽解,常为他把英诗的大意译成散文附在书里。他们两人的交情,纵与古时候的管、鲍相比,亦毫无逊色。

碧柳在友情的温润鼓舞下,在诗的创作上有了惊人的表现,传诵一时的作品《护国岩述》和《婉容词》都是那一时期的作品。《护国岩述》是记述云南起义时蔡松坡率领护国军讨袁,由云南转战四川,在永宁县大洲驿与北军苦战的经过,激昂慷慨，文词赡丽。《婉容词》是记述一位留美学生，在美移情别恋，抛弃了发妻婉容，婉容在乡间闻讯后投江殉情的故事。写得悱恻缠绵，回肠荡气。记得在那时的青年男女，读《婉容词》的无不声泪俱下。传说《婉容词》中的男主角就是后来研究黑格尔哲学的权威学者张真如先生。张先生是我的小同乡，曾任各大学教授及四川大学校长，我民国三十年出长四川大学时，我的前任是程天放先生，程先生的前任便是张真如先生。

碧柳以上的两首长诗，所产生的时代是五四运动的前一二年，所产生的地方正巧是我的故乡永宁（四川省叙永县）。记得在永宁城中有一座圆圆的小山，叫做"铁灌山"，为什么叫这一个奇怪的名字呢？据说在明朝的时候，那座山上是不生长草木的，后来有一位博学的知县来到那里，到任后少不得要巡视县城，当他见到这座小山时，他踌躇了，他觉得在遍地青葱的县城，竟有不生草木的山头，岂不是一件怪事，于是便从邻县请来一位看风水的先生，看风水的认为这座小山下面藏有千年以上的蛟龙，如果不尽速设法驱除，不久后会为患居民的，于是依照风水先生的指示，在山顶上挖掘了一个既深且广的洞穴，把全城的打铁匠人都集中起来，将大量的铁熔液灌到洞穴中去，以驱逐山下潜藏的蛟龙，说也奇怪，到了次年春天，这座小山果然由童山濯濯一变而为碧草芊芊，成了市区内的游览胜地之一，就在这座小山之麓的蔓草中，有一个无人祭扫的坟墓，墓前立有一块尺许的石碑，上刻"亡女婉容之墓"六个劲秀的字，相传墓中人就是投江殉情的婉容，游人每至其地，莫不凭吊唏嘘而归。那时碧柳正在永宁中学当教员，我那时还在美国留学，《护国岩述》和《婉容词》就是那一时期中他寄给我的很多诗文中的两篇。他在永宁中学教书，当然很受学生爱戴，据说某次因一细故与学校当局不洽，他愤而要离开学校，学生们坚决的要挽留他，当他把轿子都雇好了，正要起行时，学生们无可奈何，急得只好把轿顶给他取下来，放到厕所里去，他仍坚决的要走，结果他走了，乘着没有顶的轿子走了，好似押赴刑场行刑的犯人一样，他时常引此事为可笑！

如果说诗歌应以反映时代为重的话，我以为碧柳的作品是当之无愧的，前面说到的《护国岩述》，记述了当时护国之役中军民合作，以弱胜强，以寡敌众，驱除叛逆的事实，是一篇优美的史诗，《婉容词》则反映了西洋风习东渐以后，在古老的农村社会里所引起的反响，时至今日，西方风习几乎染遍宇内，而婉容的身世和志节，仍令人同情感叹。这也证明伦常道德，深植人心，是不易摧毁和泯灭的。

自民国八年五四运动新文化运动兴起后，新体白话诗，也随之发生。碧柳涵儒长育于旧诗之中，但他对于新体白话诗，并不如一般老师宿儒之深闭固拒，一概抹杀。他曾经这样说过："吾人固渴望新诗之能有成，以无负此民国，即吾人亦尝日夜孳孳,求吾诗常新之道。"又说:"我丁新运,我长新邦,我接触新事,我习尚新俗,我诗虽欲不新,其何可得?"他的诗中如《婉容词》《小车吟》《树成吾弟弟》等,均以白话俗语入诗。他对于诗的见解:第一主张文穷必变。其《还黑石山诗》第十章有云:"礼异则从宜,文穷必变体,天行健不息,我诗胡能已。哀彼妄庸人,新旧拘疆理,未识面与目,徒矜创与拟,新者疏不亲,旧有沉不起。安行须正途,首除积习靡。我爱英人言,旧坛盛新醴。"第二、主张力学,毋求速成。他在《四论吾人新旧文学观》一文中曾云:"吾儒之论文曰:毋望其速成,毋诱于势利,西哲之论文曰:为名利快乐而为文者,无善效。今人误于效率之用,进化之功,谓诗可轻快从事……其影响于诗,足以混淆优劣,颠倒是非。"其《还黑石山诗》云:"一等襟怀一等识,最难为恃天生资。"第三、他主张真、善、美,为诗体最优之表现。他对于真、善、美之解释曰:"何故甚真?曰不假繁饰,多任自然。无对仗之拘束,音律之杂凑,所以为真。何故甚美?曰忌小说,忌语录,忌诗话,忌时文,忌尺牍,至净至纯,所以为美。何故甚善?曰骈文重艺,每伤丰缛,白话重义,最患干燥。艺义两赅,所以为善。"

碧柳是一位热爱中国文化的人,从他诗集自叙中下面一段话,可以看出他的态度:"余既生于中国,凡与余之关系,以中国为最亲也。余之经验,悉中国所赋予也。余之于诗,欲以中国文章优美之工具,传述中国文化固有之精神。"

碧柳的诗，是当时的新诗，他主张以"旧文明种子，入新时代园地"。其理想的新诗为"依然中国之人，中国之语，中国之习惯，而处处合乎新社会者"。如果我们回溯到他所处的时代，从他勇于涤除旧诗中的典实，吸收西洋诗的表现方法，而熔铸出自己的风格几点去看他，以文学史家的观点去衡量碧柳，他的作品自然应有其地位的。

民国十五年，碧柳在陕西国立西北大学教书，适值吴佩孚的部将刘镇华围攻西安，被困围城达八个月之久，碧柳与学生们弦歌自若，后来饿死的人一天比一天多，碧柳只得冒险突围，为刘军洗劫，先后达八九次，风雪中只余单衣一件，最终还是没有突围出来，仅剩米一包维持性命，他竟把剩下的这包米也分送他人，友人责备他道："这是什么时候，你连死也忘记了吗？"又设法送些米粮给他，他又散给其他的人。由于他舍己为人的义行而全活的有二十余人，其后日死数十人，碧柳乃与学生们相约，到不得已时，就端正衣冠，坐礼堂以死。

还有值得一写的，是吴先生民国十二三年在长沙明德学校任教时，共党甚为猖獗，长沙各校大受感染，只有明德一校卓然不移，共党分子说："不去吴芳吉，主义难行。"当时，王凤喈兄正担任长沙省立师范学校校长，曾延请碧柳到校兼课，长沙师范的共党学生很多，听说他要来兼课，群起大哗，但等到碧柳来校上课时，则教室为之满座，而争先恐后去听他讲课的又多数为共党学生，不能不说是一件矛盾而有趣的事。民国十六年，我因"清党"运动回川，与他同时任教成都大学，共党对吴先生非常忌恨，但因他很受学生爱戴，共党分子对他无可如何，只好派人深夜去威胁他道："你的学行，我们是知道的，不杀你，必定会动摇我们的党，但是我不忍心杀你，请你赶快离开成大吧！"吴先生一点也不害怕，次年仍任教川大，他远在民国十三年致吴雨僧兄函中曾这样写道："今政治之纠纷未已，社会之杀机已伏，参预政治之人其数尚寡，而扰乱亘十三年未已，社会不平之人其众如此，他日扰乱，岂短时所能了结！届时如有不世之雄者出，则吾或往嫁之，若无其人，则自省力又不足，当为处士以终身矣！"就他这一段话来看，他似乎对于此后大陆之演变，早有预感。

民国二十一年，一·二八抗日战争发生，碧柳义愤填膺，奔走呼号，席不暇暖，以悲壮激越之词发为长诗《巴人歌》，叙述一·二八沪战中反日健儿以血肉作长城的英勇事迹，川中青年读之，同仇敌忾之心，油然而生，大有灭此朝食之概。诗歌力量之大，有出人意表以外如此者。

碧柳又曾计划用六言体，以大禹、中山先生、孔子复生为经，以古代、民国、未来为纬，仿但丁《神曲》体裁，写一部十万余字的中华史诗，可惜这首长诗还未动笔，他就与世长辞了。他死的时间是民国二十一年四月，抗日史诗《巴人歌》完成后不久，临死的时候向江津的县令谷君说："我受尽折磨，才得有区区的智慧，上天要我负起的责任，该应不止这一点吧。"一代诗人就这样带着他的深恸的遗憾离开了人世。

（原载一九六二年十月《传记文学》第一卷第五期）

忆傅孟真先生

　　十一月十五日是台湾大学的校庆日，我因出席执政党五中全会未能参加，次日从报纸的记载中知道今年的台大校庆比以往历次校庆都热闹，台大校友会亦在那天正式成立。校友会成立后全体校友曾到"傅园"向傅故校长献花表示哀悼。报上又说："几年来台大校园内虽增设了许多设备及建筑物，但傅园仍然是留下校友们足迹最多的地方。"读了这段新闻后又勾起我对台大傅故校长孟真先生的忆念。

　　一九五〇年的冬天，"行政院"陈院长辞修先生为明了三七五减租施行的情形，特由专家数人、"立法委员"及有关机关所派人员组织三七五考察团，分赴各县市考察，以便于情况明了之后，对施行中所发生的弊害迅予补救，对施行中所获致成效之经验予以检讨，以作进一步土地改革之参考。我被推为考察团团长。出发之前一日下午，在"内政部"集会商议出发后各项预备工作。因为"内政部"地点在罗斯福路四段，与台湾大学邻近，散会后我于路过台大时，忽然好似心血来潮，急切要一晤傅孟真先生，本来车已越过台大的校门十余公尺，我仍命司机折转至大学办公大楼，而此时适已过了办公时间，屋内已无职员，楼上有一二间室内电灯仍然开着，我急忙把手表一看，方知已是六点二十分，过时访友不遇，咎在自己，只得乘车回家，另图良晤。我在归途的车中独自凝想：为了筹备出发考察，竟开了半天的会，天色已晚，办公时间已过也不自知，今日参加会议的人必定会感觉不快。同时我又想，好在办公时间已过，不曾遇着孟真，否则他必定要说我是"顺带公文一角"，而不是"专诚拜访"了。

第二日的早晨，我依自己习惯，在未洗脸漱口之前照例必先阅读当日报纸，不料翻开报纸即发现孟真在省参议会中风逝世的消息，天呀！孟真就这样的死了！查阅报载孟真中风逝世的时间，正是昨日六点二十分钟，与我访他未遇时手表告诉我的时间一秒不差！天呀！竟有这样凑巧的事，冥冥中究竟在玩弄什么？人生聚会离散竟这样地不由人来把握，我至今仍感觉迷惘与悲伤。

我和孟真认识虽久，往来却不能算密切。在广东中山大学虽同事多年，因为他在文学院任院长，我在法学院任教授，各人所治的学问门路不同，兴趣方面自也不甚相合，接触的机会也就不多了。在抗战时期，他在重庆的时间多，我因职务的关系长住成都，偶然因事到重庆，而会面畅谈的时候也少。不知是何道理，在我的心目中他总是一个别具风格的人，值得人亲近和怀念。

记得民国十七年我同孟真在中山大学同事的时候，一次由我作东邀请校中一部分朋友餐聚，那天大家的兴致似乎都很好，校长朱骝先先生向在座的朋友鼓吹我的酒量大，而我亦不甘示弱，结果竟喝得酩酊大醉，醉后他们又强迫要我发表演说，等我演说完毕，环顾室内，我的"听众"们都早已离席而去，只剩下刘奇峰兄和孟真两人还留在那里。最后由他们二人把我护送回家。在车里我被冷风一吹，禁不住呕吐起来，弄得他们二人满身的肮脏，事后我非常过意不去。所以直到今天当我想起孟真时亦同时记起奇峰，想起奇峰时，同时也会记起孟真。虽然奇峰与我的交谊较之孟真与我的交谊要深厚得多。

说到刘奇峰先生的为人，在二十世纪的今天，要交到像他这样天真、纯洁和热忱的人做朋友，我到现在还不曾遇见第二个。他的书可以任朋友拿走，打字机任人携去，钱财可以与朋友共，患难时愈更显出他山东人那种义气。他的性情很温和，说话态度从容不迫，只要朋友交谊够，甚么都可以商量。如果交情不够，或为他所鄙视的人，那就又当别论了。奇峰的朋友中，他最喜欢的有几个人，我还想得起的有萧一山、伍叔傥、李济之和现任台大文学院长的沈刚伯兄，他每每谈及以上诸人，总是赞不绝口，好像天下人的才学和品德，这几个人就叹为观止了似的。我时时和奇峰开玩笑，我说："天下的好人，只有刘奇峰那几个朋友，而刘奇峰在他的朋友中最杰出，你说是不是？"事实上奇峰从来不曾夸大他自己。我本来是在和他开玩笑，而他却一本正经的说："我在他们的面前还不是一样的说你好吗！"他的为人竟是如此的天真可爱，很不幸的是这样的好人竟于抗战前不久在南京死去了。我因不知道他的死讯，当我一次到南京时还去他以前住的地方去寻他，据说已经搬走了。天地茫茫，我在何处可以寻得到这样的朋友呀！我每每想起他，总是心酸！

的确，奇峰和他的要好的朋友都是别具风格而与世俗不同的人物，孟真当然要算其中的一个。我和奇峰的好朋友间虽然交往不多，可是每逢相见，总是觉得热烘烘的，好似多年的老友，这大概都是由于奇峰的关系使然。

有一极富趣味的故事，可以拿来说明奇峰的天真可爱。奇峰的为人虽然是温厚多情，生活却是郁郁寡欢，毛病可能出在家庭婚姻的不甚美满。自我认识他的时候起，他一直是过的独身生活。他极想追求女性，但每遇机会到来，却又踟蹰不前，坐失良机。当他在南京中央大学任教时，一次到上海来见我，我和在上海的朋友为他物色有一位留美归来的小姐，学识、容貌和德性都很不错，因为她事业心很强，年已三十有余尚未出嫁。她对奇峰的学识为人均极称许，我们特在一个有名的酒家约集他们吃饭，借此为他们撮合，那天的气氛十分融洽，小姐似乎也很乐意，我们不觉为奇峰暗中高兴。很不巧的是这日正是星期天，而奇峰一定要赶搭夜车回南京，赶回去授礼拜一早上的课，我们劝他多留一日，他不肯；后来小姐也加入来很诚恳的留他，他仍然不肯。我乘机用脚在桌下踢他，暗示他不要再坚持，他却一本正经地当着众人向我说道："季陆，你不要老是用脚来踢我，把衣服给我弄脏了！"弄得满座都笑起来，那位小姐则啼笑皆非，十分尴尬的样子。这件事便因此作罢，他的为人真是如此的诚实可爱！

　　孟真和奇峰两个人，在表面上好似两个不同的典型，而在本性上则都是天真、纯洁和义侠一类的人物。不过奇峰所表现的是温和厚重，而孟真所表现的则是坦率、直言与嫉恶如仇而已。凡是这一类型的人，非有"真性情"是不能做到的。与这样的人订交，如像奇峰与孟真其人，前者不免太过老好，后者则言辞锋利使人有时感觉难堪，然而两者同属于一种真性情的流露则完全是一致的。历世过久的人，在举世普遍被重利轻义、虚伪和势利种种恶习笼罩着的今日社会，要是能够与孟真和奇峰这样的人订交，将使你知道在现实世界之外，尚有另外一个世界值得你宝爱和怀念，使你心坎上钉着一件东西，永久都不会忘却，凡俗的气息也就因而可以少得多了。

在抗战胜利初期，教育部在重庆召集各大学校长和教育界人士，会商战后大学教育若干重要问题。第一次大会开会时，孟真推我首先致辞，事后有朋友告诉我说："傅孟真今天特别对你好，他事事都是北大第一，今天可是特别例外了，好不容易！"我对于这位朋友所说的话虽然不感觉到有何意义，而在门户之见根深柢固的教育界情形来论，孟真此一举措是值得令人惊奇的，至少他个人不是如凡俗所想像那样的具有成见。事后我曾经问过他，为何事先不通知我，使我讲话有一点准备？他的答复很简单，他说："四川的人民在抗战中人力物力的贡献太大了，四川大学又是今日发展中最完整的大学，你是川大校长，又是我们的地主，当然以推你先讲话为最好。据我的经验，凡是有准备的讲话，往往讲起来不甚自然，所以我事先没有通知你。"我对于孟真这一举动并不觉得对于我是什么殊荣，而在当时四川人民一般的心理，孟真这一种想法是非常近情而得体的。常人往往认孟真性情偏狭，而不知他是十分公正而识大体的。在抗战时期孟真所主持的中央研究院历史语言研究所，偏处在宜宾县的李庄镇，交通与设备均不方便，工作人员生活得十分艰苦，我向他提议把历史语言研究所迁到成都四川大学校内，以充实川大研究，并为川大解决若干师资的问题，研究所也可借此解决了自身的困难，彼此两利。他当时满口承应，所困难的是房屋与工作人员住宅的问题，我答应为他修一座宫殿式的大建筑作所址，修若干美丽的住宅作学人们的宿舍。他忽然的问我道："你是不是想借此把历史语言研究所一口吞并？"我答复他说："岂敢，假使你愿意的话，我也乐于接受。"说罢我二人相对哈哈大笑了好久。当我正在进行计划这一工作时，抗战便胜利了，研究所随着迁出四川，最后迁到了台湾的杨梅镇。我到了台湾以后，一次曾向董作宾先生谈及此事，他说："你的野心太大了，傅孟真这个人岂是好惹的？"在我想来，假使我的计划能够完成，又假使胜利之后别的地方研究的环境没有四川好，孟真是可以把历史语言研究所留在四川的。所幸的是，我的计划没有成功，否则历史语言研究所丰富的资料文物，"必随大陆而沦陷"，我的幻梦将更加破灭而可哀！

孟真逝世，距今十二年了，其人其事已渐渐为人淡淡遗忘，他的全部遗著似尚未整理完竣，即使整理完竣，我怕能够一心一意去研究的人毕竟不多。现在使我们能联想到他的，一是在不断发展中的台湾大学，他的精神将随台湾大学而不朽。此外恐怕就要算"傅园"了，傅园有纪念他的碑亭还直立在那里，可供游人学子的凭吊。我过去每周上课时经过傅园，在孟真逝世未久的时候怅惘殊多，其后也就随日月的消逝而冲淡了。因为他生前的一切，我们所知的范围似已固定，对于他的怀念也就止于这个境界习为惯常，一成惯常，便经不起岁月的消磨、人事的纷忙而减少其注意。历史上许多伟大的人物，在这样的情况之下被我们遗忘的正不知多少，孟真又何能例外。

（原载一九六二年十二月《传记文学》第一卷第七期）

敬悼一个土地改革者: 蒋孟邻先生

一

六月十八日的晚间,我应亚洲电影制片人协会会长永田先生在圆山饭店的邀宴,因我是主客之一,虽心情不佳,亦未便辞谢。宴会进行中,气氛是那样的融洽、欢愉,在国际友人和影星们的觥筹交错、钗光鬓影中,不知为了什么,我的心情是那般沉重,好似一块千斤重的大石悬在心里摇晃不定。

九时半左右,乘着宾客们正欣赏余兴节目的时候,不及辞别主人,我便悄悄的和我的太太离开了那一盛会的场所。但我没有返回台北市区,我的车是向石牌的方向行驶。这时我才明确的觉察到,在宴会中的沉重心情,是由于挂念着卧病荣民医院的蒋孟邻先生。到达医院时还不到十点钟,病房四周的空气已显得有些紧张和愁闷,侍病的人相顾不语,移动足步时亦听不到声音。

我见孟邻先生躺在床上，查良钊、樊际昌、杨亮功诸先生与医师、看护和他的女婿、女儿围绕着他。此时他的呼吸已微觉迫促，但他的颜色依然是慈祥，态度依然是安静而无烦恼。他的女婿吴文辉先生在他的耳边轻轻地告诉我的到来。我见他微微地点头，又好似表示欣慰的微笑。他把右手频频的举起，又复重重地放下，他是否因为有许多话要讲，而又讲不出来，似乎还有些着急的模样。他几次把手举起放在额前，似乎要看看侍病的人们，但好像仍然看不见甚么，而又将手轻轻地放下。我想他此时纵有许多话要讲、有许多人想再看一看，可是他似乎已经力不从心了！我握着他的手，我已觉察到有些冷的感觉，有不少的话想要问他，而我一个字也讲不出来。只觉得他在用力握着我的手！

孟邻先生慈祥安静的神情，使我留下一个发生奇迹的希望，我预料他不会在短暂的时间中离去，甚至他还能渐渐的康复。我便带着希望与失望交织的心情离开了他的病室。此时已是十一点半钟的静夜，医院附近的山上和原野，依然闪烁着灯光，天上的星，亦正亮晶晶地照耀；但我一想到万一不幸的事发生时，山上原野的灯光和天上发亮的星，和我此时的心一样，都黯然惨淡了！

不料十九日的早晨看报，一代的学人、教育家、农村工作者、土地改革家，为我们衷心敬重的蒋孟邻先生，竟于我离开荣民医院后，不到两小时，便与世长辞了！

二

两个月以前，孟邻先生尚在石门水库静养，查良钊、樊际昌、杨亮功三位先生和我，到石门去作他的客人，我们在那里住宿了一晚，谈得十分欢洽，他的精神、意志都十分坚强。一个月以前，我到他台北的住所访问他，又畅谈数小时之久，他说：

"再过二十二个月，便要退休了。"

我不明白他为什么要作月数的计算。他解释说：

"再二十二个月，我便是中国说法的八十岁，八十岁的人应当退休，不应当再阻挡着后人的前路。"

我问他退休以后将作何打算，是否继续从事教书的生活？他回答说：

"我本从文化教育界来，自然应当回到文化教育工作去。不过，教书太吃力了，我打算专事写作。"他打趣的说，他有两句话，可以说明他当时的心境，这两句话是：

"有笔万事足，

无钱一身轻。"

我当时没有为他这两句打趣的话而发笑，我顿然感到一个学人的尊严，这样的胸怀是如何的令人肃然起敬！

现在，孟邻先生不幸逝世了，他留给我们无比的哀痛！更可哀的是他那一支饱和着经验、智慧的圆融的"笔"，亦随他而去了! 他要完成的是一部"中国近代思想史", 写这部书的学人, 以他为最适宜, 不幸这已经是无法弥补的缺憾了。

我最近一次在他的家里晚餐, 也可说是最后一次和他一起吃饭, 他兴趣十分的高, 精神亦十分健旺。他曾写了一首近人的诗赠我, 诗句的意味非常潇洒, 我们畅谈甚欢, 万没有料到这是他给我留下的纪念! 诗句的原文如下:

各占芳时一段长,
老长莫学少年狂。
老年亦有少年趣,
山似云鬟水淡妆。

孟邻先生的逝世, 是中国文化教育上一个极大的损失, 他与胡适之、梅贻琦、董作宾诸先生的去世, 同样的是艰危的国家一项极大的损失!

三

回忆一九四九年的秋天, 大陆已经岌岌可危, 孟邻先生和几位美国的土地专家到达四川的省会成都, 他此行的目的是想以四川为根据地, 推行三七五减租运动, 来挽救当时的危险。那时我正在四川大学推行农民之友运动, 以求安定农村,来抵抗共党，我们二人的想法和做法都很相似，所以我和孟邻先生真可说得上是志同道合。却是我们的努力都随着大陆的失掉而归于幻灭！四川省政府在当时虽然公布了减租的文告，但却没有来得及实行。一直到了台湾，这一减租运动才告实现和成功。

谈到台湾的三七五减租和耕者有其田政策的推行，孟邻先生是坚强、深入、贡献很大的一个，他对蒋公和当时的"行政院长"陈辞修先生的土地改革的决策，是一位忠诚而努力的推行者。一九五一年陈辞修先生为了要了解三七五减租推行的情形，特约集汤惠荪、杨家麟、李庆麟、鲍德澂、刘岫青、马保华等专家学者，组织三七五减租考察团，由我和董文琦先生分任正副团长，赴农村作实地的考察，我们此行获知了台湾土地改革成功的两项重要因素：一是孟邻先生领导的农村复兴委员会工作，由于服务的殷勤，取得了农民的信任，于推行减租政策产生了很大的助力；二是关于土地改革的许多基础工作，如编造地籍卡片，地籍总归户，以及各项统计工作等，大半皆由于农村复兴委员会的协助，而获顺利推展，为三七五减租之后，迅即进一步实施耕者有其田政策奠立了基础。三七五减租考察团的报告，建议进一步实施耕者有其田政策及普遍兴办水利与修建石门水库，可以说都由于农村复兴委员会及各级的地政人员所作的良好基本工作而生发出来。

我记得一九五二年，当我接任"内政部部长"时，当时的

"行政院院长"陈辞修先生决心要迅速推行耕者有其田政策，孟邻先生对我的帮助，十分的重要，我不仅时时要请教他，遇到困难时为我解决问题的亦离不了他。如像当时农会的改组及农会与合作社关系的改善，都是极感困难的事，而在他的支援之下均获得解决。在草拟《耕者有其田条例》，预备提到"立法院"完成"立法"程序前，我们每次开会都有很激烈的辩论，如像关于保留地的数额问题，老弱孤寡问题，等则问题，地价补偿问题等等。特别是有一次讨论《条例》第二十八条，关于佃农取得土地权后，能否转移的问题，争论最烈。参加会议的人，在"内政部"办公室内，从早上八时到深夜零时三十分，耗去了十数个钟头的反复辩论考量才取得协议。那天我们总共在"内政部"吃了四餐饭：早点、午饭、晚餐和消夜，孟邻先生以六十七岁的高龄，竟始终其事，毫无倦容。

我们争论的焦点是：一部分人主张，为了要保障耕者有其田的成果，应限制取得土地所有权的农人将其土地所有权移转，另一部分人则认为这是一项不合理的限制，因为取得土地所有权的农人，在现况之下可以依靠其土地的收入，维持较优的生活，如果时间久了，人口随岁月俱增，固定的土地收入何能维持与日俱增的人口消耗？事实上我们不能把农人固定的钉在不足养活他们的土地之上。因此，此一条文只能在地价偿清之后和继承者是否为耕者两个条件下应准其自由移转。我是属于后一部分人中坚持最烈的一个。大家争论得面红耳赤，几至不欢而散。最后乃由孟邻先生调和双方意见，于是日深夜获致协议。照条文的内容讲，他是维护我的主张的，尽管他一直维持不介入任何一方与冷眼旁观，不大发言的态度。我所谓他少发言，不是说他不表示意见，而是说他要在重要关头才表示他自己的意见。经热烈争论而获致协议的条文是：

> 第二十八条，耕地承领人依本条例承领之耕地，在地价未缴清前，不得移转。地价缴清以后，如有转移，其承领人以能自耕或供工业用，或供建筑者为限。

违反前项规定者，其耕地所有权之移转无效。

我在此一条款协议之后，大大的松了一口气，我向孟邻先生说："这一条款应当命名为蒋梦麟条款，来纪念你折冲调和之努力。"他客气的打趣我，他说："这要归功于你的肚子大，你有如一尊大肚包容的弥陀佛！"

古人说，做大事的人要忍人之所不能忍，如果肚皮大可以代表容忍的话，我将引孟邻先生打趣我的话以自慰了。

四

六月十五这一天，是石门水库的落成纪念日，在举行落成典礼的会场中，听人说起孟邻先生的病势很严重，甚而说"恐怕过不了今天"。我听到后十分的震惊,但仔细一想,孟邻先生确实是与石门水库的兴建有重大关系的一人。第一,石门水库是以耕者有其田出售的四大公营事业,水泥、纸业、农林、工矿四公司的股票来贷给农人以取得土地,农人缴还地价的款,以作修筑的原始经费。第二,石门水库最初的发起是由于执政党的第三小组的建议,公推陈辞修先生来领导此一大事的进行,孟邻先生、辞修先生和我都是这一小组的成员,他并且是我们这一小组的组长,连选连任一直到他的逝世。第三,自陈辞修先生辞去兼任石门水库兴建委员会主任委员之后,他便担任起这一重担。据说孟邻先生在临终前几日,口中仍喃喃说出"石门水库"四个字,可见他对石门水库是如何的关切了。勿论如何,有石门水库造福人群的一天,孟邻先生是永生的!

一九六一年三月一日,当我接任"教育部长"时,孟邻先生特来道贺。他很风趣地对我说:"我是国民政府的第一任教育部长,今天我来向你道贺是很有意义的,我要看看你这尊'弥陀佛'今后在教育上的作为。"似仍言犹在耳而却人天永隔。写到这里禁不住掷笔长叹!

(原载一九六四年七月《传记文学》第五卷第一期)

蒋孟邻先生与国父的关系

一　初次会见中山先生的印象

孟邻先生逝世次日的晚上,在哀念感叹的气氛中,我仓卒写成《敬悼一个土地改革者蒋孟邻先生》一文。此文发表后,我仍感到言有未尽,有许多要说的话,在那篇文章里都还没有提到,特别是我只说到他对台湾土地改革的一个小小段落中的贡献,而没有把他对这一工作的贡献所自来的思想背景和他所要完成的历史任务交代清楚。要知道早期的孟邻先生是一位革命党党员,是蔡元培先生教育文化工作的有力助手,直到他临终之前还担任党的评议委员。他不但是国父孙中山先生的忠实信徒,更是国父思想主义的实践者。于此,我将对孟邻先生早年与国父的关系作一概述。

国父孙先生早期所领导的革命团体,在一八九四至一九〇五以前是兴中会,一九〇五至一九一二是同盟会,兴中会时期是以会党为基础，同盟会时期则转变以青年知识分子为主力，而在多数华侨所在地的美洲各埠，如像旧金山、檀香山、温哥华等地，则仍以当地的会党组织致公堂为据点，致公堂分子因此亦很自然地变成了同盟会会员。同盟会会员而非致公堂分子的，亦加入致公堂为会员。旧金山致公堂有一宣传机关名《大同日报》，自一九〇三年孙先生由檀香山重到美洲，他为了争取海外致公堂的支持，在檀岛时便加入了当地的致公堂，且被封为"洪棍"，亦即是"大哥"的意思。他乘船到了旧金山，被保皇党人指控为假冒檀香山土生的身份，被移民局扣留在码头多日，此时救他和保证他登岸的便多赖旧金山致公堂的"大佬"黄三德和耶教牧师伍盘照。故自一九〇三年国父在旧金山登岸以后，他的革命活动，便以改组致公堂和整理《大同日报》为一革命宣传机关中心，以推进美洲革命势力的发展。孟邻先生是一九〇八年赴美国加州大学求学，加州大学在旧金山的对岸，仅是一河之隔，他在求学时期，便同时担任了《大同日报》社论的撰述，这是他早年参加革命实际工作的开始。

我在一九一九年，后于孟邻先生十年，亦在加州大学就学，我在此一时期，亦同样兼为旧金山的革命宣传机关《少年中国晨报》撰写评论，此时《大同日报》的态度，由于辛亥革命成功之后，未能满足致公堂分子的要求，他们赞助革命的热忱已逐渐为之减退。《少年中国晨报》曾经和《大同日报》

有过相持达数月之久的激烈辩论。那时加大所在地的柏克莱和旧金山隔着一条河，两面的交通全靠轮渡，三年前我重游美国，已有两座大桥联系起来，交通十分的方便，工程伟大壮丽，令人叹为奇观。

一九〇九年时，《大同日报》的主笔是湖北的刘成禺先生，孟邻先生在《大同日报》担任撰述，是由刘先生所邀请，抑或是出于孙先生的安排，现在没有资料可以考证，但是孟邻先生之与孙先生晤面，据孟邻先生自己所说是由刘成禺先生所引见则是事实。孟邻先生第一次晤见孙先生的情形，是在一九〇九年一个秋天的晚上，和刘成禺先生同去的，孙先生住在唐人街附近的史多克顿街的一家旅馆里，当他进门的时候，因为心情紧张，一颗心怦怦直跳，孙先生在他的房间里很客气地接见他们。房间很小，一张床，几张椅子，还有一张小书桌。靠窗的地方有个小小的洗脸盆，窗帘是拉上的。

他见了孙先生又是如何的印象呢？孟邻先生说：

"刘麻哥把我介绍给这位中国革命运动的领袖。孙先生似乎有一种不可抗拒的引力，任何人如果有机会和他谈话，马上会完全信赖他。他的天庭饱满，眉毛浓黑，一望而知是位智慧极高、意念坚强的人物。他的澄澈而和善的眼睛显示了他的坦率和热情。他的紧闭的嘴唇和坚定的下巴，则显示出他是个勇敢果断的人。他的肌肉坚实，身体强壮，予人以镇定沉着的印象。谈话时他的论据清楚而有力，即使你不同意他的看法，也会觉得他的观点无可批驳，除非你有意打断话头，他总是娓娓不倦地向你发挥他的理论。他说话很慢，但是句句清楚，使人觉得他的话无不出于至诚，他也能很安详地听别人讲话，但是很快就抓住人家的谈话要点。"

孟邻先生见了孙先生之后，除了上述一些印象之外，他更发现孙先生是一位博览群书、好学不倦、平易近人和对中西文化了解最为清晰的学者，这正如世俗的一般人，把初期革命时的革命党人认作"江洋大盗"、目不识丁、不事学问的莽夫一样，出乎他的想像之外。他说：

"后来我发现他对各种书都有浓厚的兴趣，不论中文书或者英文书。他把可能节省下来的钱全部用来买书。他读书不快，但是记忆力却非常惊人。孙先生博览群书，所以对中西文化的发展有清晰的了解。"

孙先生平易近人的态度，固然使人容易接近他，受他的感召；但是一遇到了大节、大义、革命利害所关的问题上，他那种坚定不移的态度，顿然又会十分严肃起来，使人敬畏而不可犯！但是在孟邻先生的印象中孙先生的生活也有他轻松的一面，孟邻先生说：

"他（指孙先生）喜欢听笑话，虽然他自己很少说，每次听到有趣的笑话时，总是大笑不止。孙先生对于中国菜特别感到兴趣，喜欢鱼类和蔬菜，很少吃肉类食物，亦不大喜欢西菜。孙先生常说'中国菜是世界上最好的菜'。"

除了上述的一些印象以外，孟邻先生更发现孙先生是一位真正的民主主义者和接近群众、了解群众、知道群众需要些甚么的天才大演说家。他说：

"孙先生是位真正的民主主义者，他曾在旧金山唐人街的街头演说。头顶飘扬着中国国民党的党旗，他就站在人行道上向围集他四周的人演说。孙先生非常了解一般人的心理，总是尽量选用通俗平易的词句来表达他的思想。他会故意地问：'什么叫革命？''革命就是打倒满洲佬'。听众很容易明白他的意思，因此就跟着喊打倒满洲佬。接着他就用极浅近的话解释，为什么必须打倒满洲佬，推翻满清建立共和以后他的计划怎样，老百姓在新政府下可以享受什么好处等等。

在开始讲话以前，他总先估量一下他的听众，然后选择适当的题目，临时决定适当的讲话方式，然后再滔滔不绝地发表他的意见。他能自始至终把握听众的注意力。他也随时愿意发表演说，因为他有惊人的演说天才。"

自一九〇九年孟邻先生第一次晋谒孙先生，使他对于孙先生的为人获得了一项明确的认识。那便是孙先生是一个"无可置辩的革命领袖"。他当时热诚为革命的机关报《大同日报》工作和他自此以后毕生成为孙先生革命志业的赞助者和实践者，从这一次的晤见畅谈便已种其因了。孟邻先生说：

"孙中山先生对人性有深切的了解，对于祖国和人民有热烈的爱，对于建立新中国所需要的东西有深邃的见解。这一切的一切，使他在新中国的发展过程中成为无可置辩的领袖。他常常到南部各州、东部各州去旅行。有时又到欧洲，但是经常要回到旧金山来，每次回到旧金山，我和刘麻哥就去看他。"自此以后，孟邻先生不仅和孙先生公私关系非常密切，就我所知，他毫无疑义的已参与中国革命的机密了。孟邻先生说：

"一九一一年十月八日，大概晚上八点钟左右，孙先生穿着一件深色的大衣和一顶常礼帽，到了《大同日报》的编辑部。他似乎很快乐，但是很镇静。他平静地告诉我们，据他从某方面得到的消息，一切似乎很顺利，计划在武汉起义的一群人已经完成部署，随时可以采取行动。两天以后，消息传至旧金山，武昌已经爆发革命了。这就是辛亥年十月十日的武汉革命，接着满清政府被推翻，这一天也成为中华民国的国庆日。"

二　参与校阅《实业计划》的工作

上述是孟邻先生于一九〇九年第一次晤见孙中山先生的印象。自此他为革命机关的《大同日报》撰写社论有三年之久。到了一九一二年，他在加州大学毕业转到纽约哥伦比亚大学继续求学才摆脱这项工作。在初他和刘成禺先生轮流隔日撰写社论，到了一九一一年武昌起义，他惯称的刘麻哥回国参加革命后，便只留他一人，几乎每日都要为《大同日报》撰写社论，据他自述，由于一面要赶着完成加大的学业，一面每日又要忙着为《大同日报》赶写社论，而加大的功课又很重，几至扼杀了他所有的写作兴趣。他能专心一意读书，大约是从加大毕业转到哥大读博士学位时的事了。

他于民国六年学成回国后，便在上海定居，一直到民国八年五四运动之后，蔡元培先生邀他去北京大学担任职务才离开。他在上海的一段时期，曾襄助中山先生校阅英文《实业计划》的原稿。所以孟邻先生对孙先生草拟《实业计划》时的情形知道得很清楚，他说：

"孙中山先生是中国第一位有过现代科学训练的政治家。他的科学知识和精确的计算，实在惊人。为了计划中国的工业发展，他亲自绘制地图和表格，并搜集资料详加核对。《实业计划》中所包括的河床和港湾的深度和层次等细节，他无不了如指掌。有一次我给他一张导淮委员会的淮河水利图，他马上把它在地板上展开，非常认真的加以研究。后来我发现这幅水利图在他书房的壁上挂着。"孟邻先生又说：

"中山先生在他仔细研究工业建设的有关问题和解决办法以后，他就用英文写下来。打字工作全部归孙夫人负责，校阅原稿的工作则由余日章和我负责。一切资料数字都详予核对，如果有甚么建议，孙先生无不乐予考虑，凡是孙先生所计划的工作，无论是政治的、哲学的、科学的或其他，他都以极大的热忱去进行。他虚怀若谷，对于任何建议和批评都乐于接受。"

当民国十二年的秋天，蔡元培先生赴欧考察，北大校务由孟邻先生代理，在这一时期他接到中山先生一封信，对北京大学各种运动大加奖誉，特别勉励他"率领三千子弟，参加革命"。孟邻先生最后引为遗憾的，是孙先生未能在其有生之年看到他希望的实现，不过他说统一中国的任务，在短短数年之后终于由蒋先生完成。

从孟邻先生这些话，便知他与中山先生之公私关系的异乎寻常了！

三 民权初步的故事

我和孟邻先生交往最密是在到台湾以后，特别是自一九五二年到一九五四年我担任"内政部长"的一段时期。我在"内政部"任内职掌推进的两件大事：一是执行决策，实施耕者有其田政策；一是依据中山先生《民权初步》，草订公布会议规范，以为开会议事实行民主的准则。关于前者，我在《敬悼一个土地改革者蒋孟邻先生》一文里已略为述及，他所给我的帮助和指教的地方最使我难以忘怀；关于后者，他虽然没有直接参与会议规范制订的工作，但他给我的鼓励却很大。大约是一九五二年的春天，在一个偶然的场合，我和孟邻先生谈到民主政治给中国带来的若干困扰问题，归结到这些问题的症结，是由于国民对民主的素养与训练不足所致，尤其是集会议事全无法则与程序，以寻求多数表达民主，有类乎一群乌合之众，这实在是一项亟须补救的要务。因此我们便谈到中山先生要在中国实行民权主义，为甚么他尽先地要完成《民权初步》著述的深意所在。《民权初步》是集会议事的程序和法则，没有这一套程序和法则便不能表达民主。民主给中国带来了困扰，不是民主在原则上是与非的问题，而是实行民主的基础工作我们未加理会所致。说到这里孟邻先生告诉我一件与《民权初步》一书有关的孙先生的故事，他说：

"大约在辛亥武昌起义前不久，总理正在美国旧金山作革命活动，那时我也正在当地的革命机关《大同日报》当主笔。一日总理、刘成禺和我三人在一起，总理忽然对我和刘先生说，有一件事关系今后革命建国成败甚为重要，这是西洋政治进步民权发达的一个重要因素，也即是民主政治的基础，我们必须建立这一基础，我们的革命建国才能成功。总理一面说一面从衣袋中取出一本书交给我，要我和刘成禺把他翻译成中文，以便印发推行，我接过来一看，原来是罗伯特（Robert）所写的《议事之法则与秩序》（Parliamentary Rules & Order）一书。当时总理的表情十分严肃，而我们却未感觉此一问题有如是的重要。总理既然要我们翻译此书，也就唯唯答应了。其后因为事情的牵累太多，终不曾把此书译成中文，这实在是一个遗憾，实则也并不知道此一工作的重要。”

孟邻先生继续又说：“大约在民国六年的秋天，我由美回国，在上海晋谒总理，他忽然又拿这件事问我。他说：‘我请你翻译那本罗伯特的《议事之法则与秩序》的书，已经译好没有？’我对他说：因为事忙，找不出时间，至今尚没有着手。总理忽又说道：‘我知你不重视此一工作，我早已自己编好了一本在此。’他一面说一面从书桌的抽屉内取出一本缮就的稿本，这便是总理手著的《民权初步》。此书出版之后，总理还送给我一本。当时名叫《会议规则》，《民权初步》和《社会建设》的名称大概是后来用的。”

我当时正打算把《民权初步》作成具体的条文，并拟加入联合国新近采行的若干议事的法则以期完善，但此事正在彷徨未决的构想阶段，听了孟邻先生上面所说的一段话后，我所得到的鼓励是可以想见的。因为《民权初步》是一阐明议事原理的书，而难于作具体条规的引用以解决问题。为使《民权初步》各项原则变作具体的条文，由“内政部”通令遵行，使其有法规之效力，则今后各种集会议事有了正确的准则程序遵循，便可变乌合之众而为有组织的众人，民主政治所带来的困扰便可减少了。这便是“内政部”草订会议规范的由来。“内政部”于一九五二年五月成立一个会议规范研究小组，由我主持，由专门委员张良珍先生任小组的秘书，负责策进起草整理的工作，经过两年长时间的研讨、演习和修订，到一九五四年五月才算大体定稿。当时"部"内曾有同仁主张，先行完成立法程序以便施行；又另有人主张送请"行政院"核定施行；我认为以上两种办法均属可行，但因为这是一项很专门的问题，也是数十年来，中山先生遗教中最被忽视的一部分，如果遭遇了反对，便会全案被打销，当年的心血又复付诸东流。会议制在民主的体制上有其优点，亦有其缺点；在会议制度之下，往往是不负责任的人与负责任的人共同一起来解决问题，而不负责任的一方，往往因对该一问题缺乏深透的研判，而把负责任的人的原案推翻，凭常识来解决专门的问题，专家主管的意见随时有被扼杀的可能。因此在民主先进的国家，坚强负责完整的行政权是不可缺少的，否则民主政治便流于庸俗、松懈而无效率可言了。一直到了一九五四年五月十九日，第二任"总统""副总统"经由"国民大会"选出，即将于翌日宣誓就职，"行政院"所属各"部""会"亦将随之改组，在这样的情形下，经过两年草订预备实验中的会议规范势必因"政府"改组而停搁下来。于是我决定利用我最后一天的"内政部部长"的权力，先把会议规范公布试行，试行的结果如有不妥的地方，再由后任来修改。我于一九五四年五月十八日的下午，请张良珍先生把准备就绪的公布文件，再作一番整理工作，即由我签字于十九日正式公布试行。试行十年的结果，尚无修改之处，这是值得安慰的。

天下事真有不可思议的地方，对草订会议规范始终其事有极大贡献的张良珍先生，不幸于一九五五年的五月十八日下午病逝，正与我签署公布会议规范的时间相隔整整一个周年。特在此顺为提及以示追念。

四　从实践中寻求补救

事后我把会议规范公布试行的经过向孟邻先生谈及，他对我十分的称许。他说："国家"到此地步，须要有几个硬汉苦撑，紧守岗位、坚持政策。因循畏缩是于"国事"无济的。他并表示将在基层的农村组织，为推行会议规范立下基础而努力。这是他对我草订会议规范更具体的鼓励。事隔几年之后，一天他忽然对我说：有一件事你应当值得高兴。我问他甚么事，他说：在嘉义等几个地方，他曾见到国民小学的学生和四健会的农村青年演习开会，一切都照着会议规范在实行，良好的民主的表达，恐怕我们许多高级的会议都对之有惭色。他又说：我有一套四健会演习开会的影片，请你看一看如何。原来孟邻先生把会议规范的实施，作为推行四健会运动的一项基本工作，印发了很多精致的会议规范作为教材，他说这是一项农村青年学习民主的典范。这一影片是以四健会员学习民主的活动为题材，摄制得很成功，我看后感到十分满意，孟邻先生则引为是他没有把总理交译的罗伯特《议事之法则与秩序》一书完成的一项遗憾的补救。

由此以后，我对四健会的活动特别感到有兴趣，当四健会第十周年年会开会时，孟邻先生特邀请我去致词，我自然欣然应命。开会的日期是一九六二年十二月七日上午，地点在台中教师会馆礼堂。我原本想在六日下午乘车前往，却因越南经济考察团来台访问，各机关订六日晚间举行公宴，我是中越文经协会的理事长，为主要的主人之一，自然不能缺席。乃于六时参加此一宴会，会后乘八时开往台中的观光号火车前往。车抵台中，教育厅厅长阎振兴兄到车站来接我，告我以孟邻先生在教师会馆跌伤折骨的消息，我正拟去看望他，但振兴兄说孟邻先生已坐车赴台北就医去了。据次日的台北各报记载，孟邻先生跌伤时我曾扶他起来，种种不同的传说，实则当他跌跤时，我尚在台北宾馆作主人招待外宾呢。但当我回到台北荣民医院看他，正值他施行手术以后，精神体力都感到无比痛苦的时候。他说，他有坚强的意志与痛苦挣扎，必定可以恢复健康从事工作，我亦默默为他的早日康复而祝祷。他有形的伤，终于被他坚强的意志克服，不料于跌伤接近恢复时，又被另一不治的癌症所侵袭，终至于不起，实在太可悲了！

五　与中山先生最后的一面

中山先生于民国十三年的冬天，由广州出发经上海、日本到达天津，到天津后就病倒了！孟邻先生特由北京赶到天津向中山先生报告北京的政情。在他回到北京后不久，中山先生抱病由天津到北京，他曾到车站去欢迎。在这一机会中，忽然又会见十数年前旧金山《大同日报》的老同志他惯称为刘麻哥的刘成禺先生。

刘成禺先生是一九〇九年在旧金山《大同日报》馆，引介孟邻先生第一次晋谒中山先生的人，这一次是不是他和刘先生最后一次的晤面我不得而知；但是这一次在北京却是孟邻先生与中山先生最后的永诀了。

当民国十四年三月十二日的早晨，孟邻先生接到马素先生的电话，得知中山先生已入弥留的状况。他连忙赶到孙先生的临时寓所。当他走进病室时，孙先生已经不能说话。孟邻先生对孙先生临终时的情形有很深刻沉痛的记述：

在我到达之前不久，孙先生曾经说过"和平、奋斗、救中国……"这就是他最后的遗嘱了。大家退到客厅里，面面相觑。"先生还有复原的希望吗？"一个国民党元老轻轻地问。大家都摇摇头，欲言又止。

沉默愈来愈使人感到窒息，几乎彼此的呼吸都清晰可闻。时间一分一秒无声地过去，有些人倚在墙上，茫然望着天花板。有些人躺在沙发上沉思。也有几个蹑手蹑足跑进孙先生的卧室，然后一声不响地回到客厅。

忽然客厅里的人都尖起耳朵，谛听卧室内的隐约的啜泣声，隐约的哭声接着转为号淘大哭——这位伟大的领袖，已经撒手逝世！我们进入卧室时，我发现孙先生容颜澄澈宁静，像在安睡。他的公子孙哲生坐在床旁的一张小桌上，呆呆地瞪着两只眼，像是一个石头人。孙夫人伏身床上，埋头在被盖里饮泣，哭声凄楚，使人心碎。汪精卫站在床头号淘痛哭，同时拿着一条手帕在擦眼泪。吴稚晖老先生背着双手，站在一边含泪而立。

以上是孟邻先生描述孙先生弥留当时所见的情形，他自己是怎样的悲痛就不言可喻了！他曾引用杜甫咏诸葛武侯的两句诗，来表示他对这一伟大革命领袖的哀悼：

"出师未捷身先死，长使英雄泪满襟。"

孟邻先生与国父的关系，与中国革命的关系的确很不寻常。在他的生前他虽然很少以革命党人自居，而揆其立身行事，却又无处不以服膺国父思想、实践国父主张为职志。他的一生确已铸造出一个国父信徒的良好典型，这一典型的特点是：

不把党人的特征刻在额上；

而把革命的思想刻在心上；

不把革命的口号挂在嘴上；

而默默地用知识、智慧、行动去贯彻革命的主张！

我写完这一篇悼念的文字，我深深地感觉到古人所说

"哲人已远,典型犹在"的怅惘!

做这一典型的人物,无论你对社会人群贡献是怎样的大,但往往不为流俗所知道、所谅解、所重视,这是值得敬仰,同时亦是很可悲的!

（原载一九六四年八月《传记文学》第五卷第二期）

蔡元培先生与国父的关系

为了悼念蒋孟邻先生，我连续在《传记文学》发表了两篇文字，一为《敬悼一个土地改革者》；一为《蒋孟邻先生与国父的关系》。我曾说孟邻先生是一位额上没有刻字的革命党人，是国父信徒中的良好典型。但这一典型的党人其来有自，并非孤峰突起，而是有脉络相连的。于是我很自然的就想到蔡元培先生。蔡先生在清朝时曾担任过浙江绍兴中西学堂的监督，那时孟邻先生正是这一学堂的学生，照中国的说法，他们二人有师生之谊，虽然孟邻先生自己很少对人提及过。民国以后蔡先生任北京大学校长时，孟邻先生又复为蔡先生所倚为左右手[注一]。我们不难从孟邻先生的立身行事中窥出一些蔡先生的风仪。这一风仪是令人敬慕向往而又为当前所急切需要树为楷模的。孟邻先生与国父的关系已见前文，至于蔡先生与中国革命的关系则尤为密切。蔡先生之所以器重孟邻先生，很显然的是因为他们的志业有相同之处。这一相同之处是与中国革命不可分的！是与国父中山先生的思想、主义不可分的！正因为他们二人都属于额上没有刻字的革命党人的类型，没有为一般人所注意罢了。

一　隐伏北方的革命耕耘者

据已知的若干资料显示，中山先生自民国二年二次革命惨痛失败以后，袁世凯在北方的局面已暂获稳固，于是革命党人为现实形势所迫，一部分远走海外，图谋再起；一部分隐伏四方，待机而动。这一时期中山先生在环境险恶的北方曾经隐伏了几个得力的党人，也可说是预置的革命的棋子。在政治方面是黄膺白、王宠惠等先生；军事方面是胡景翼、孙岳等先生。民国十三年冯玉祥策动推倒曹锟所谓的首都革命，居间策划的是黄膺白，把冯玉祥放进北京的是曹锟的城防司令孙岳，否则便不会那样顺利的进行。孙岳、胡景翼都是同盟会的会员，依托在北洋军阀的势力之下。这一次运动虽然不甚彻底，但是他改变了北方的局面，他们事后欢迎中山先生到北方去解决时局，如果中山先生那年不是在北京一病不起的话，中国当时的局面便又不同了！

蔡元培先生好似是预置隐伏在北方的文化教育界的极其重要的革命棋子，亦是北方革命的播种和耕耘者，在转移风气启迪民智上发挥了重大的革命功效。他的基本是北京大学，他爆炸出来的火花是新文化运动与民国八年五月四日的学生爱国运动。这是一次真正的文化的首都革命，影响及于此后的中国历史，是无与伦比的深远。他的力量是表现在文化、教育、思想的觉醒与群众运动的抬头，而不单纯属于革命的军事范畴。但此后一连串的革命军事行动却无不受其影响。因为自此以后的军事、政治和经济的革命活动，都无不以思想文化运动为先驱、为配合。辛亥以后以军事行动为主力的革命运动，至此时期已显著地走向以青年、知识分子、工人、农人、商人和觉醒的各阶层分子为中心，具有民众革命运动的色彩的革命运动了。群众革命运动至此已部分取代了纯军事的革命活动。

这是五四爱国运动所开辟的历史的新页，而五四运动的成因，实导源于中山先生领导的国民革命的发展与继续。这是一项争议不息的问题，不得不加以剖析。要对这一问题有充分的了解，蔡元培先生所领导的北京大学和他本人的历史、他与中国革命及其与中山先生个人间的关系的明白，是十分重要的。

二　做中国国民党候补中央监察委员的蔡先生

我在此要提出一项重要的事实，以供研究此一问题的人的参考。

在民国十三年一月三十日，中国国民党第一次全国代表大会正在进行中的时候，中山先生向大会提出国民党改组后的第一届中央执行委员和监察委员的名单，经由大会予以通过。

中央执行委员是：

胡汉民、汪精卫、张静江、廖仲恺、李烈钧、居正、戴传贤等二十四人。

候补中央执行委员是：

邵元冲、邓家彦、沈定一等十七人。

中央监察委员是：

邓泽如、吴敬恒、李煜瀛、张继、谢持等五人。

候补监察委员是：

蔡元培、许崇智、刘震寰、樊钟秀、杨庶堪等五人。

当中山先生念出蔡先生为中央候补监察委员时，会场中立时有两种不同的议论：一是说蔡先生是在北京政府的势力下任北京大学的校长，他有依附军阀的嫌疑；一是批评蔡先生放纵青年学生思想左倾，仇孝非孔。一位思想偏激守旧的安徽代表张秋白并当场提出询问，中山先生报之以微笑，并轻描淡写的说："你对蔡孑民同志有误会，此事非片言所能尽，我知道他最清楚，故我有此处置。"大会对于张秋白的意见并未予以重视，因此亦并未发生甚么影响。

我对于提名蔡先生为候补监察委员，内心感到十分的不安和怀疑，我的不安和怀疑倒并不是因为蔡先生任北京大学校长，误会他依附北方军阀和放纵青年左倾。我以为以蔡先生在革命的历史和他在学术思想上的贡献，要吗，不提他的名；要提他的名，就不应该提名他为候补中央监察委员。中央监察委员中的邓泽如、谢持两先生，在学术界和青年人的眼光中都不及蔡先生出任监察委员为恰当。我曾经以我的看法请教胡汉民、廖仲恺、戴传贤诸先生，他们的答复和我一样，对中山先生这一处置不甚明了。我和蔡先生并不熟识，他此时正在欧洲，并没有在广州出席大会，我之作如是的看法，动机是出于一个青年人纯真的好恶观念。有一次我很冒失的向中山先生提出我关于蔡先生出任候补中央监察委员的意见。

中山先生很委婉的说道：

"蔡孑民先生在北方的任务很重大，北方的政治环境与南方大不相同，他对革命的贡献是一般人不易了解的。本党此次改组不提他参加中央亦不好，使他在中央的地位太显著，对于他的工作反为不便，他不会计较这些的，我希望他由欧洲回国后仍能到北京去工作。"

中山先生上面一段话是民国十三年的春天讲的，由最近所得的其他有关的资料加以印证，我们才知道当民国五年的十二月二十六日，其时正值袁世凯暴毙，帝制取消，黎元洪复大总统职之后，蔡先生被任为北京大学的校长，他在考虑是否接受此一任命时，曾遭受同志间的反对，不赞成其前往北京。

关于此事，民国八年五四运动以后，廖仲恺先生曾对人说过，当时反对最烈的是马君武先生，而总理却赞成蔡先生去。证明中山先生真有眼光和器度，使蔡先生把革命的精神传播到北方去[注二]。若再加以蔡先生就任北京大学校长之后与中山先生信函的交往，更知中山先生所信赖于蔡先生的地方，是早有所安排和打算的。例如：黄克强先生民国五年逝世后安葬时之墓碑文字，中山先生即属意于蔡先生，尽管当时同志中与克强先生有交谊而能文之士甚多，皆不之顾。又如当时国史馆并入北京大学，由蔡先生主持其事，而蔡先生于革命史部分特函请中山先生撰拟之类[注三]。中山先生提名蔡先生为候补中央监察委员，在当时看来似乎不很恰当，而实则寓有深意，而蔡先生亦从未闻其对此一安排有过遗憾。这可以见出中山先生与蔡先生之间的往还交谊之一斑。

三　把北京沉闷的局势翻造过来

如果我们就蔡先生与中国革命之关系与历史而言，一九〇三年（光绪二十九年）轰动一时之鼓吹革命的上海苏报案，蔡先生为该报撰述人，亦为案发后，被满清政府通缉人犯之一。其时江浙同志组织之光复会革命团体，蔡先生曾被推为会长；一九〇五年同盟会在日本东京成立，兴中会、华兴会与光复会会员都参加同盟，并由总会指定蔡先生为东南支部长兼主盟人；辛亥革命成功，中山先生被推为临时大总统时，蔡先生为第一任之中华民国教育部部长。南北统一，政府北迁，蔡先生复被任为唐绍仪内阁之教育部部长，其后由于袁世凯之专横违法，整个内阁辞职，蔡先生亦与其他国民党同志共同进退。十五年国民革命军北伐……蔡先生均为主动人。国民政府建都南京，蔡先生任大学院长、中央研究院院长，以至于他民国二十九年病殁香港，他一生的政治立场无不与中山先生领导的中国革命相始终。他不仅是一代的学人导师，而且配得上称为一位革命的完人。

所以我说蔡先生在北京大学的工作，是革命党隐伏在北方文化教育方面的一着棋。民国八年的五四爱国运动，如果说北京大学是当时思想策动的中心，那末其中心人物无疑地就是蔡元培先生。五四运动的真实意义是国民革命的发展和继续，是固蔽的思想、文化的突破！亦即是另一形式的首都革命，把当日旧势力集中的北京沉闷的局势翻造过来，影响及于全国，使国民革命获得蓬勃便利的发展。当然，隐伏在北方的革命棋子不止蔡先生一人，其他的人和其他的因素很多，蔡先生不过是一显著的代表者，特别值得我们提出而已。

曾参加五四运动的罗志希先生曾经有过这样的几句话：

"蔡先生是同盟会的健者，始终是国民党党员，他有革命家的勇气，同时更有学人君子的器度与特立独行的精神。他是最不会宣传的人，他绝不做党的宣传人，但是他宣传的力量最大，因为他能励行'身教'。如胡适之诸先生都是蔡先生聘来的教授，但是他们后来都对蔡先生以师礼相事，'衷心悦而诚服，如七十二子之服孔子'。这不是偶然的事，国民党里面有这样一位哲人，发生这样大的影响，这段历史是很值得珍贵的。"[注四]

罗先生这段话说明了蔡先生之所以伟大的另一面，也正是我所说蔡先生是隐伏在北方的一着革命棋子的一项说明。可惜罗先生仅指出蔡先生所聘的教授中胡适之先生一人的名字。据我所知蔡先生在北大时期所聘请的教授中尚有陈独秀、石瑛、王雪艇、张颐、贺子才、马叙伦、朱家骅、李石曾、吴稚晖诸先生，都是中山先生领导的革命同盟会会员，他们各自到校的时间虽无暇考证，但他们当中有的是新文化运动、文学革命运动及影响五四运动的积极分子，有的是民国十五年北伐前在北京主持对军阀斗争的领导人物。陈独秀等人后来虽然变成了中国共产党的发起人，但是他到北京大学的时候，俄国还没有发生革命，中国还没有共产党。历史是历史，历史的事实不能因为一个人的思想行为的变动而随之抹杀。

四　甚么是革命运动的真实形态

罗志希先生又说：五四运动一个缺点，是没有公认的具体政治方案，更没有政治的组织来和这伟大的潮流相配合。当时五四的发动，完全出于青年纯洁的爱国热情，绝无任何政党、政团在后面发纵指使。我以为罗先生的话，只说出这一爱国运动的表现于外者，因为一个革命运动的爆发，十之八九属于偶发事件所造成，如果一定要有政党、政团明目张胆的出来发纵指使，那便例证太少，不够政治的微妙了。却是所谓偶发事件的爆发，亦自有他的成因的，成因是群众的意识已经集中于一项焦点，如罗先生所说的"纯洁爱国热情"，没有这一纯洁的热情，便不能一触即发。蔡先生是一位大教育家，同时也是一位革命党党员，他透过教育的潜移默化而促成革命的新形势，是在影响，而不是在直接的指导行动。罗志希先生说蔡先生是最不会宣传的人，他绝不做党的宣传人，但是他宣传的力量最大，便是这个道理。就以罗先生特别指出的蔡先生所聘北京大学教授胡适之先生而论，胡先生固然不是具名注册的正式的革命党人，但是他早年所就读的中国公学是一个革命的机关，他的朋友不是著名的革命党，便是为革命而牺牲的烈士，他早年是从革命的气氛中成长起来的。他十七岁时在上海中国公学主办的《竞业旬报》是当时的一个宣传革命的出版物，那时他在《竞业旬报》所发表的文章实有助于革命的发展，在后来竟有人把他列入革命报人之一[注五]。凡此种种，不能说于胡先生一生的学问志行没有重大的关系。他一生对于取得政权后的国民政府，在言论看法上在某一时期容或有多少的不满，但相反与超脱的言论却更有助于革命的发展。当面临国策上的大问题时，如像抗日、反共等，他又无不站在支持、效力的一边。他曾担任过国民政府的驻美大使、北京大学校长及死于"中央研究院"院长的任所，必有其渊源所自，他殁于台湾，葬于"中央研究院"门前的小山上，安息于自由的领土，我想他不会有所遗憾的！

一个人的思想和政治路线，虽然由于利害环境和冲动而发生一时的不同，但是从何处来，总得回到来处去，落叶总是要归根的。知识分子的烦恼，往往发生在树异鸣高上面，不鸣高树异呢，便不会被人重视而失去号召；树异鸣高太过呢，往往又不易为人谅解亲近……一个革命的成功，并不单单靠其党员的力量，而是在于争取同情结交朋友。俗话说，牡丹虽好，全靠绿叶扶持，同志不必求之于每一个人，同情则必须要建筑在广大的知识分子群中，因为知识分子是社会的神经中枢，你不能争取他影响他，事情便不易进行了。蔡先生对于革命的重大贡献在于不着痕迹中把进步的知识分子融合在一起，从文化运动中去改变社会的思想观念。由文化运动爆发而为五四爱国运动，由五四运动汇合成为后期国民革命的一项主流，以促成北伐统一及对日抗战的成功。我们检讨抗战胜利以后中国革命一时遭受的坎坷，无一不是由于对知识分子和学术文化的忽视。你可以把一切"共祸猖獗"的责任，归结到中国知识分子的身上，但是又何尝不可把责任归结到政府对知识分子和文化学术的忽视上？政府为什么不争取他们为反共的主力呢？我们怀念蔡元培先生，最感痛苦的地方是他以往的志行，我们真是望尘莫及。这是十分值得检讨的！我和蔡先生接触较多是在民国二十年冬天，他到广州来洽商共赴国难、团结御侮的时候，他发言不多，但态度恳切诚挚，句句话都出自肺腑，令人敬佩而感动。

任何的革命运动，在没有取得政权之先，革命思想主张的传播，无往而不是要使人知道了解。但是，从事革命工作的人，则又绝对深恐被人知道，而须秘密起来，除非在落入敌人手中时，在慷慨就义的俄顷，才把自己的真姓名说出来，有些人甚至临到就义成仁的俄顷仍隐密其真实姓名，以免株连其家族，遗害其同志与朋友。这是何等纯洁高超的革命人格！

在革命运动秘密时期，没有头上刻着字的革命党人，如果有之，则只有求之于革命成功之后。革命成功后习见的满街走的革命党人多半不是真正的革命党人，因为革命成功后"不是的"变为"是"了，本来是"是的"可能就隐藏起来了。这种冒牌的党人太多时，又一革命的危机便不远了！真革命又要起来革假革命的命了！世界上每一革命运动，全靠两种人的配合，配合得好，便是成功，配合得不好，便会造成失败。一种是组织的工作者，一种是主义的信仰者，前一种人是职业的革命家，追求胜利取得政权的狂热者；后一种人是专家学者，追求真理与理想的信道者。能够结合这两种人为一的是最了不起的革命组织，次一等的便是这两种人的联系配合得完美，最坏的，那便是两种人的各行其是，分道扬镳。再坏不过的便是这两种人的彼此对立，相互排拒，到了这种情形，革命的失败是注定的了！革命党的党员和革命主义的信仰者，本来是不可分的，但是这两种人有显著的分别时，便不是好现象了。如果只有党徒而没有信仰主义的狂热者，那就更不可问了。

蔡元培先生属于头上没有刻字的那种中国国民党党员，更是真正的三民主义的实践者。别人只知道他是学者，教育家和启发智慧的哲人、导师，没有注意他是党人，是三民主义的信仰者，这是他最伟大而为人所不可及的地方！可叹的是这种人目前太少了！

五 强烈党性的表现

蔡先生就任北京大学校长是在民国六年一月间，那时的北方仍是被整个的反革命势力所笼罩，而他所担任的又是教育工作，教育工作与一般的政治工作性质不同，他不能不采隐伏与潜移默化的态度来适应环境，来实践他的理想。至于说到他对党的态度，其党性之坚强实超出我们想像之外，即令是一个现在的偏激的年轻人，恐怕亦望尘莫及，不过他强烈党性的表现，不是在普通的场合可以见到，而是在义利是非不可不辨的时候，才充分的表现出来。当民国元年五月，南北统一之后，政府由南京迁到北京，其时蔡先生是唐绍仪内阁的教育部总长，大约当时有人诋毁同盟会争权夺利，只知活动做官，污蔑同盟会太甚。他于元年五月二十二日，正当黄花冈烈士殉国一周年纪念，留在北京的同盟会会员，在北京三河井大街织云公所举行纪念大会，各党及社会人士到会的有一千余人，他在会中作了一次慷慨激昂的演讲，充分表现出他党性的强烈。当时的北京名记者黄远生曾有如下的记述：

去年今日为黄花冈诸烈士就义之日，诸烈士所怀抱之目的今已圆满达到，想诸烈士在天之灵亦当慰藉。惟中华民国缔造伊始，我们后死之人，责任甚重，能否达到救国目的，尚不可知。故今日之追悼会，对于死义诸人，不应当感痛，应当羡慕，此在会同人当知者也。诸烈士皆同盟会中同志，同盟会之宗旨，专在牺牲性命以救国家。诸烈士既杀身成仁，死而无憾。我们后死者追悼之余，当以诸烈士为榜样，此后事业方多，我们同志，尤不可不具牺牲的性质，敢死的精神，则无事不可做矣！至于同盟会以外之党派甚多，对于本会时有诋毁之言，或谓同盟会争权夺利，或谓同盟会多运动做官者，种种言论，皆污蔑本会太甚。元培深信我们同盟会只知牺牲性命，不知争权攘利，黄花冈死义诸人，我们同盟会之代表也。

黄远生在他演说后加一按语说：

"蔡君演说至此，声色俱厉，口手俱震，似对于某君所发。"所谓某君，可能是梁启超或章太炎吧！我想蔡先生这种声色俱厉，口手俱震，为他所属的团体，所表现的强烈的党性，恐怕是谈论政治的书生们所想像不到的[注六]。

蔡先生为维护革命同盟会，而当众表现出的激烈态度，并不是偶然的，原因在他是一个十足的革命党人。远在他三十三岁当绍兴中西学堂校长的时候，其时正是戊戌政变之后，国内人士不仅不敢谈革命，就是康梁一派的改良主义，也被人认为是大逆不道，有杀身被囚的危险。有一天晚上他参加一个宴会，酒过数巡之后，他竟推杯而起，高声批评康有为、梁启超维新运动的不彻底，因为他们主张保存满清皇室来领导维新。说到激烈时，他高举右臂大喊道：我蔡元培可不这样，除非推翻满清任何改革都不可能！[注七]基于他这一性格，所以他后来在一九○三年的上海苏报案中为鼓吹革命而被通缉；组织革命团体光复会而被推为会长；一九○五年革命同盟会在东京成立，光复会合并于同盟会，而被推为上海的支部长兼主盟人。蔡先生和中山先生是在何时会见，没有资料可资讨论，但推测其时间可能是在欧洲，因为在清朝时代欧洲的革命宣传机关《新世纪》的主持人是吴稚晖先生，吴先生和蔡先生是在苏报案中同被清政府通缉的人物，而自一九○七（丁未年）到一九一一辛亥革命成功，他都在欧洲留学，这一时期他早已是同盟会的主要人物之一，与中山先生在欧洲晤见自属意料中事。中山先生于辛亥武昌起义后，由美经欧洲返国，被推为临时大总统，蔡先生被任为中华民国临时政府首任教育部部长，似乎他们二人之间不会是在组织政府时才见面的。

蒋孟邻先生在他所著的《西潮》一书中，曾提到孙、蔡两先生在思想上相同之处，他曾有过这样的说法：蔡先生对学问的看法，基本上是与中山先生的看法一致的，不过孙先生的见解来自自然科学，蔡先生的见解则导源于希腊哲学。我在此再为补充一句似乎更为明显，孙先生的基本学问是来自近代科学的医学，蔡先生的学问是来自哲学，学问的来源虽然不同，而见解则无不一致。孟邻先生在论到蔡先生主持北京大学时代一连串的改革曾有下列的论断：

> 自古以来，中国的知识领域，一直由文学独霸的，现在北京大学却使文学与科学分庭抗礼了。历史、哲学和四书五经，也要依据现代的科学方法来研究。为学问而学问的精神蓬勃一时。保守派、维新派和激进派都同样有机会争一日之长短。……这种情形很像中国先秦时代，或者古希腊的苏格拉底和亚里斯多德时代的重演。蔡先生就是中国的老哲人苏格拉底，同时如果不是全国有同情他的人，蔡先生也很可能遭遇苏格拉底同样的命运。在南方建有坚强根据地的国民党党员中，同情蔡先生的人尤多。

在我看来，蔡先生在当时北方的文化思想活动，完全是在执行一个国民党党员的任务，与中山先生在南方所号召的革命运动是一拍一和、遥相呼应的。所不同的一是自由地区的公开活动,一是在敌人地区的渗透作战,南方的国民党党员岂仅仅是寄予同情而已。

六 对三民主义的卓绝认识

蔡先生为人温和诚笃,不易为人了解其人格的深处,但是在重要的场合,他表示出一个革命党人的坚强的党性时,也往往被人不加以注意。我认为他坚强党性的流露,不完全出于一般所谓的同类意识使然,而是基于他对中山先生的革命主义与思想的信仰为出发。中山先生生前与死后,阐扬他的三民主义学术的人与著作者颇多,但在我看来几乎没有人更比蔡先生的意见的深刻持平了。他在民国十九年十一月在亚洲文会(Royal Asiatic Society)的一篇讲辞,题为《中华民族与中庸之道》,其中论及三民主义的地方有极精辟而平实的道理,提出:

> 现在国际交通,科学输入,有新学说继儒家而起,是为孙逸仙博士的三民主义。
>
> 三民主义虽多有新义,为往昔儒者所未见到,但是也是以中庸之道为标准。例如持国家主义的,往往反对大同,持世界主义的,又往往蔑视国界,这是多端的见解,而孙氏的民族主

义，既谋本民族的独立，又谋各民族的平等，是为国家主义与世界主义的折中。尊民权的，或不愿有强力的政府，强有力的政府又往往蹂躏民权，这又是两端的见解，而孙氏的民权主义，给人民以四权，专理关于用人制法的大计，谓之政权；给政府以五权，关于行政、立法、司法、监察、考试与庶政，谓之治权；人民有权而政府有能，是为人民与政府的折中。持资本主义的，不免压迫劳工；主张劳动阶级专政的，又不免虐待资本家，这又是两端的见解；而孙氏的民生主义，一方面平均地权，节制资本，防资本家的专权，又一方面行种种社会政策，以解除劳动者的困难。要社会上大多数经济利益相调和，而不相冲突，这是劳资问题的中庸之道。其他保守派反对欧化的输入，进取派又不注意于国粹的保存，孙氏一方面主张恢复固有的道德与智能，一方面学外国之长，是为国粹与欧化的折中。及如政治上或专主中央集权，或专主地方分权，而孙氏则主张中央与地方之权限，采均权制度，凡事有全国一致之性质者，划归中央；有因地制宜之性质者，划归地方，不偏于中央集权或地方分权，是为集权与分权之折中，其他率皆类此。

由此可见孙博士创设这种主义，成立中国国民党，实在适合于中华民族性，而与古代的儒家相当，与其他共产党的太过，国家派的不及大异。所以当宪政时期尚未达到以前，中国国民党不能不担负训政的责任。

以上这些蔡先生对于中山先生学术思想的意见，看起来很平淡，而在见解上则十分精辟！不是有真知灼见者不能有如此的认识，不是有充分信仰者，不能言之如是其透辟。而蔡先生这些话，都是在孙先生身后发出的，他既不如同一时代的学人鸣高自负，盲目批评，又不如浅薄者流之一味主观，排他自是而不事研究。蔡先生认为孙先生的主义无一非中和性的表现，他认为孙先生的伟大精神在此。他说："凡是孙先生的信徒都应当体会此种精神，才可以尽力于孙先生的主义。若口唱三民主义，而精神上不是法西斯，便是波尔雪维克，那就是孙先生的罪人了。"[注八]他当时之为是言，或因偶有所感而慨乎言之！

七 学人中的通人、通人中的学人

吴稚晖先生有言：自古通人而兼学人，其整个人格，存之于人人之心，而不复屑屑较其学问事业之迹象者，三代以上之代表人物则周公，三代以下则诸葛武侯。吴先生谓蔡先生乃以周公型之人物，处武侯型之时势，为近代少数人物之一。蔡先生尝自我批评云："长于推理而拙于记忆；性近于学术，而不宜于政治。"吴先生认为此乃蔡先生不自骄吝自谦之言，有人以此谓蔡先生有自知之明者实乃大错。因为周公型之人物，处今日之环境中，在政治上易为人忽视的缘故。蔡先生又尝言："读书不忘救国，救国不忘读书。"此乃学术与政治打成一片，蔡先生可称之为通人兼学人。"能推理"，通人也；性近于学术，亦无多让于学人；"拙于记忆"，即无异言不屑为饾饤章句之学人；学人中之通人，当仁固无多让者。吴先生于蔡先生逝世后，挽之曰："世界失完人"，确无过分溢美之处，蔡先生的志行确可当之。

陈独秀于蔡先生逝世后曾发表感想，他认为蔡先生有两种美德："一般说来，蔡先生乃是一个无可无不可的老好人，然有时有关大节的事或是他已下决心的事，却很倔强的坚持着，不肯通融，虽然态度很温和。这是他老先生可令人佩服的第一点。自戊戌政变以来，蔡先生常常倾向于新的进步的运动，然而在任北大校长时，对于守旧的陈汉章、黄侃，甚至主张清帝复辟的辜鸿铭，参与洪宪运动的刘师培，都因为他们学问可为人师而和胡适、钱玄同、陈独秀容纳在一校，这样容纳异己的雅量，尊重学术思想自由的卓见，在习于专制好同恶异的东方人中，实所罕有。这是他老先生可令人佩服的第二点。"[注九]

上面的话，由曾经是中国共产党的创始人之一的陈独秀说出来，确是难得的持平公允之论。这择善固执、兼容并包、容纳异己的雅量等各种精神，亦可以说正是中山先生的精神，所以我们要了解蔡先生与中山先生及其对于中国革命的关系，便可在此中得其大要了。

［注一］蔡先生在《我在教育界的经验》一文中说：他任绍兴中西学堂监督时，蒋孟邻先生是中西学堂第一斋的学生。

［注二］参见《国父年谱》及罗家伦先生《五四的真精神》一文。

［注三］见《国父批牍墨迹》。

［注四］见罗家伦先生《五四的真精神》一文。

［注五］见冯自由先生《革命逸史》。

［注六］见《远生遗著》。

［注七］见蒋梦麟先生《西潮》。

［注八］见广益书局出版的《蔡先生言行录》。

［注九］见陈独秀《蔡孑民先生逝世后感言》一文。

（原载一九六四年九月《传记文学》第五卷第三期）

怀胡适之先生谈留学政策

近三个月来，由于悼念蒋孟邻先生逝世，在百忙中竟为《传记文学》写了三篇文章：一是《悼念一个土地改革者蒋孟邻先生》，一是《蒋孟邻先生与国父的关系》，由于写了孟邻先生与国父关系一文，似乎非写一篇《蔡元培先生与国父的关系》不可。因为不如此，便不能充分说明我所采取的一项在国民革命的过程中，潜身在文化教育界的一群"头上不刻字的革命党人"的重要和贡献的论点。蔡、蒋二先生的志业有不可分的地方，于是写蒋先生，便不能不写蔡先生。

自我上述的两篇悼念孟邻先生的文章发表后，朋友们偶然向我打趣，指责我为何对于蒋先生如是的怀念，而对于哀荣震动一时的胡适之先生的逝世，却迄无一篇文章发表？

对此事的动机和理由很简单：

第一，我生性不喜欢"赶热闹"，凡是已经有人做的事，不需我再去"锦上添花"。

第二，凡是大家所不甚注意的事，我倒要加以考虑；如果有欠缺的地方，我倒要不顾一切，坦率地有所主张。这一动机不是基于雪中送炭以见好于人，而实则是求得心之所安。

现在大家对于胡适之先生，似乎有如中国俗话所说"亡人日远"的感觉，人们已渐渐不如过去之追念了。正于此时，曾经和蒋孟邻先生在农复会一起工作的李循和先生，把他所珍藏的一封胡适之先生致蒋孟邻先生商讨留学政策的亲笔信寄给我，使我对于他们的怀念又涌到心头，不能自已地要有所追述。

留学政策的更张，是我担任"教育部长"后的一项重要措施，这一措施的成败得失，我不愿在此有所论断，不过留学政策的修正与放宽，是经过一番艰辛的历程始获做到，确是一项事实。其中最主要的一项是留学规程第八条，有关免试"出国"留学条款的修正和放宽。胡先生致蒋先生的信中最主要的一部分，便是他们二人所要提出的有关"出国"留学案的内容精神。而这一内容精神不期正好与现行留学规程中的免试"出国"留学各款不谋而合。胡先生写这封信的时间是一九五九年六月十七日，那时的"教育部长"是梅贻琦先生，孟邻先生预备约同胡适之先生、钱思亮校长连名向当时的留学生考试委员会提出一项建议，他们三人当时同为这一委员会的委员。胡先生的信是对孟邻先生的原案提出他的意见。这一提案的内容，我在未见到这封信以前一无所知，而我所主张与所推行的留学政策，在精神上可以说与他们的意见大致符合。我之所以珍贵蒋、胡二先生这一提案的内容，不是在借死者的威望来加强我所主张的正确，或是借他们的大名显示出英雄所见略同来夸大我自己。如果说现行的留学政策是成功的，这只是人同此心，心同此理，并不是我有所创作，如果说是失败的，于"国家"没有甚么益处，一切的过失我应当完全负担，于蒋、胡二先生是毫无关系的。因为我坚决采行是项措施时并不知道他们二人先已有此意见，也可以说并未受到他们二人的影响。相反的，由于这一资料的发现，使我更加警惕地悟出一个道理来，现在有少数人既不研究又不读书，偶有一得之见，便以为是自己的创见与发明，其实前人先我而见到的道理不知有多少，只是自己无知与思而不学，便会闹出笑话来！就此一点使我对蒋、胡二先生不胜其怀念！

现在我把蒋孟邻先生原草案和现行留学规程第八条各款，一并摘要附录于后以供参考。

蒋孟邻先生的提案题名《留学考试与留学政策》，其中第一至六条为属于公费留学生者，从略。属于免试"出国"留学者如左：

七、凡专科以上学校毕业学生（或其家庭）自己备外汇志愿"出国"留学者，可径向"教育部"申请，不必经过"国家"考试，由"教育部"根据下列各点办理之。

1.审查申请人在校四年成绩，如其四年成绩平均在七十分以上，获有"国外"合格大学之入学准许，且已服完兵役者（其规定需实习或服务并经实习或服务期满者），由"教育部"发给留学护照，准其"出国"留学。

2．自费学生之一切留学手续，由学生自办之。

3．自费留学生于到达留学国后，应于半年内入学（适之先生主张将本款删除）。

4．自费留学生在求学期间或毕业以后，政府因兵役或建设需要得随时征召之（适之先生主张将本款删去）。

适之先生主张在本条内（不须经过考试者）增列下述两类：

（一）凡已获得"国外"有名大学聘用为助教或助理研究员，其年俸相当美金二千元以上者。

（二）凡已得有"国外"有名大学之奖学金，其数额足供一年之学费及生活费用者。

八、高中毕业学生，学术尚无基础，身心尚未完全成熟，不必急于"出国"，故今后对高中毕业生申请留学者应一律不准。

现行留学规程第八条：

"教育部"留学规程第八条：自费或奖学金留学生，具有左列情形之一者，得申请"教育部"免试"出国"留学。

一、"国内"大学或独立学院毕业学生，获有攻读博士或硕士学位之"国外"大学奖学金其金额足敷该校全年学费者；

二、"国内"专科学校毕业学生获有"国外"大学修读同性质科系一年之全部奖学金者；

三、在"国内"大学研究所研究期满，得有硕士证书者；

四、在"国内"大学或独立学院任助教职务二年以上，或在专科学校任助教职务三年以上者；

五、"国内"大学或独立学院或师范专科学校毕业或高考及格，在"国内"各级学校任专任教员三年以上，或专任学校行政职务四年以上成绩优良者；

六、"国内"大学或独立学院毕业，或高等考试及格，在行政机关或公立学术文化机构，或公营事业机构任职三年以上，或专科学校毕业在行政机关，或公立学术文化机构或公营事业机构任职五年以上成绩优良者；

七、"国内"大学、独立学院或专科学校毕业，服役期满，继续留营服役二年以上或在营于外岛受预备军官训练不克参加留学考试者；

八、"国内"大学或独立学院或专科学校毕业，参加"教育部"欧洲语文训练中心结业，成绩优良而有志赴所修语文之国家深造者；

九、"国内"大学或独立学院或专科学校毕业，成绩优良有志赴非洲近东各国或政府指定之学习科目深造者。

把孟邻先生《留学考试与留学政策》第七条与现行留学规程第八条两相对照来看，便发现二者之间确有其共同的精神存在。而胡适之先生提出的补充意见中增列的：助教或助理研究员奖学金及"国外"著名大学足供一年之学费及生活费用之奖学金两类，尤与规程第八条十分吻合。胡先生原函如左（按系部分原函，全文见本文附图）：

孟邻兄：

收到你的《留学考试与留学政策》大文，我曾细看过，大体我很赞同，有几点小意见，写出请你看看，如有可供补充的，请你修正采择。

（一）关于"不须经过国家考试"一类是否可增加一项，或两项：a、凡已得"国外"有名大学聘用为助教或研究助理员，其年俸在美金二千元以上者；b、凡已得有"国外"有名大学之奖学金，其数额足供一年之学费及生活费者。

（二）留学公费似宜明定年限，似宜明定如何可以请延长年限的办法？

（三）留学公费生似宜有考查成绩的办法？鄙意不必设留学生监督机构，但"教育部"似应与"驻外使馆"（或充分运用所谓"文化参事"）合作，试办一种有效而易行的公费生成绩报告及考查办法？

（四）兄原文第"六"条，鄙意以为可删。兄如有具体办法，似可详说。否则不如删去？

见到胡先生这一手迹，情不自禁地又引起我对他的追念。胡先生逝世至今已两年多了，但我还深刻地记着他逝世的那个日子——一九六二年二月二十四日。因为那一天照农历计算正是正月二十日，是我生日的前夕。午后七时，我的亲友子侄们备餐在家为我暖寿，酒未数巡，电话铃响了，说是钱思亮校长有急要的事情和我通话，我把电话筒握到手里，便听到：

"我是思亮，我在南港，胡先生已经过去了！"

"过去了甚么，听不大清楚。"我没听清思亮的话。

"胡先生方才在茶会完毕之后，心脏病复发，倒下去死了！"思亮的声音紧张得有些沙哑。

我急迫的对思亮说赶快设法急救，我即刻就来！

放下电话筒后，我立即乘车到南港去，举座亲友均为之失色，这可能不仅是为了胡先生的发生意外而悲戚，也因了在习惯上的一种忌讳而禁不住有些黯然。我当时一心要赶到南港，无暇悲伤胡先生之死，更无暇想念他的过去。我的哀痛直到抵达南港之后，见到胡夫人的哀号与在场朋友们愁惨的面容时，才爆发而不能抑制。

在胡先生去世的四天以前，一九六二年二月二十日，教育会议闭幕后的第四天，时间大约在五时左右，我到台大医院去看梅贻琦先生，方走到医院内的长廊里，巧遇胡先生偕同护士徐小姐迎面走来，相见至为欣快，胡先生对我说：

"这次的教育会议十分的圆满，令人高兴极了，不过大会期中你太辛苦了，应当好好休息，不要过劳，身体是我们的第一套本钱。"

我回答说：

"这次大会不设主席团是为了怕你当主席，而影响到你的健康。开幕那一天取消了来宾演说也是为了你，因为有了这两个项目，你都是避免不掉要作一番精彩表演的。如果你说我在大会中甚为辛苦，那都是为了你的健康的缘故。你看我这一次对你执行的警察任务如何？"

适之先生听了与我相顾大笑。因为他每每把别人对他健康上的忠告与关心戏谓是对他执行警察任务。他那天的精神很好，我问他来此何为，他说是检查牙齿，并说下月要赴美开中华教育基金会议，行前须把身体弄好。我对他说："我今晚要赴高雄，参加海军官校的毕业典礼，所以行前特来看看梅先生，之后便要来看你。"他说："不必了，我们就在此谈谈好了。"最后他满脸堆着笑容，紧握着我的手说：

"我们就此再见，就此Goodby。"

想不到从此就和他永别了。

在台大医院的长廊上我和胡先生所说的话，并非普通的客套，而是在教育会议开幕以前经过慎重考虑的。大会之所以不设主席团，乃基于下述的原因：如果当日由大会推选主席团，胡先生当然免不掉是其中之一人。为了他的健康的关系，他不宜担任大会主席的繁巨工作，万一有碍他的健康，将是一件十分遗憾的事。为了这一原因，所以在草拟大会议事规则时，关于主席一条便明白规定由"教育部部长"任之，没有采用由大会推选主席团的办法。在"教育部"部务会议决定此一条文时，大家都主张主席团制，我则坚持非采主席制由"教育部部长"主持会议不可。大家对此一问题相持不决了很久，最后我只得以主席的地位断然裁决不采主席团制。我当时曾戏向大家说："我从来不赞成独裁，今天你们让我独裁一次吧。"我之所以要如此坚持，除了为胡先生着想外，亦考虑到当时健康情形不算好的朱家骅先生，如采主席团制，他亦必定是主席团人选之一。我这一坚持不采主席团制的隐衷实无人知道，而部内同仁对此一问题之委决不下，可能亦是关心到我的体力能否负担得起大会主席的劳累。但在我则自信我仍然强健，且较胡、朱等先生们年纪轻些，所以竟当仁不让一身当之。

适之先生的大名给我深刻印象的一次，是民国二十二三年间，他到香港大学去讲学的时候，那时我在广州中山大学任教，一天听说适之先生要到中山大学来演讲，许多同人和同学都很表欢迎，可是教授中有一位中文系的老先生，却坚决的反对此事，反对不了时，最后竟在邹海滨校长的面前下跪请求。当时我对这种行为，禁不住发生一种厌恶之感。我的看法是，这位老先生是一位精通中国文学的饱学之士，难道竟忘记了我们中国先贤"万物相生而不相害，道并行而不相悖"的古训吗？一个研究学问的人，天天在追求知识与真理，为什么天地这么大，就不能容纳别人不相同的意见至于如此呢？在台湾的这几年中，我对胡先生的关切也与他"誉满天下谤亦随之"的际遇有关我与胡先生并没有深交，意见亦往往有不相同的地方，如像在对日抗战胜利之后的一二年间，他在北平提出了一个《学术独立十年计划》，具体的办法是集中人力、财力在国内办好五个大学，当然是以几所比较著名的大学为选择目标，当时我是四川大学的校长，而川大却不在这五个学校以内，所以我对他这一计划就颇不以为然。因为抗战期中的大学都在播迁之中，自然谈不到什么建设，只有四川大学，在战时或战后都没有播迁的打算，可以作永久的规划，在战时为国家建设一像样的学府，由于地方及各有关方面的协助，川大一直在较为安定的环境中继续发展，以当时的情形来说，无论以地区或规模而言，川大无论如何是值得考虑的学校之一。这不能说我是过于自私或偏于主观吧！

胡先生最后几年的心力，专注于"中央研究院"和长期发展科学委员会两机构，这是系国家学术前途关系至大的工作，在胡先生的策划领导下，这两个机构对我们的学术文化已发生了很大的作用，其影响亦是异常深远的。近年来文化学术界相继去世的除了胡先生外，还有朱家骅、梅贻琦、董作宾、蒋孟邻等先生。他们的形体虽然已与草木同朽，但他们对国家社会的贡献却永不磨灭。无论你赞同他也罢，反对他也罢，至今你都无法否定他们已有的成就和贡献。学人的珍贵就在这里，学术的尊严也就在这里！

（原载一九六四年十月《传记文学》第五卷第四期）

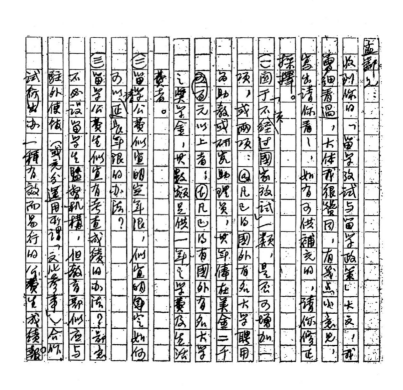

苓荪兄：

收到你的「留学改试与留学政策」大文，我曾细看过，大体都很赞同，有点小意见，写出请你看，如有可供补充的，请你修正探择。

(一)国于不经过国家放试一项，是否可增加一项，或两项：④凡已在国外有名大学聘用为助教或研究助资，或已受聘在美金二千元以上者；⑤凡已在国外有名大学

(二)奖学金，奖额是依一部之学费及生活费，似宜的办法如何

(三)留学公费似宜明定年限，似宜的办法如何？

留学公费似宜有考查成绩的办法？新定留学生似宜有监察机构，但考查事似应与驻外使馆（或另分运用私谊，反此参事）会同试行如何一类为敦而易行的，（学生成绩报

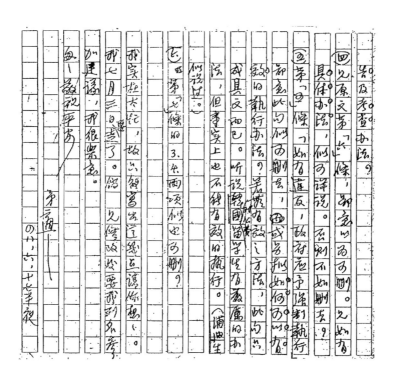

若及考查办法？

回见原文第「此条」，都实以为可删。

具体办法，似可详说。否则不如删去。之如有

回见「回第□条」如何为违反，政府应予监制执行」

却实此句而删去，羞慢省政之方法，如何为？

致的执行办法？美国省政府学生有裁廉的（请）

成具文而已。听说我有政的执行。（满典生）

院，但事实上也不许有致的执行。

又第「先条」的3，4两项似也可删？

故以智以笃总五谭你想，之修政改要寄到名参

我家难太论，

那七月三日青了。

加速达，都很紧室。

每一敬祝平安

弟适十六，七午夜

欧洲之行的一项收获

——纪念国父九九诞辰

少年时印象深刻的事物，往往令人难于忘记，不论此一事或物价值的巨细，亦不论其意义的大小，它往往能在若干年代以后，还能支配着一个人在某一时地的言行，这确实是不可思议的事。

去年九月下旬，我奉命率领代表团，前往奥京维也纳出席国际原子能大会，此行的任务有二，一是参加会议和在大会中争取理事席位，一是访问我留欧学人和学生，但除了这些分内的活动以外，却还有其他的几件事牵引着我。这就令我不知其所以然了。

因为幼年时听熟了一首名叫《蓝色的多瑙河》的名曲，对多瑙河畔的风光不自觉地异常向往，在维也纳的大会结束以后，于是就首先要去诗情画意的多瑙河一游。等到真的到了河边，却又使我怅然若有所失，原因是多瑙河的流水并不如想像中的蔚蓝澄澈，而是混合着泥沙的淡黄色。正巧有一位美丽的奥国女郎站立在我的旁边，我很天真的问她：为甚么名曲中所歌颂的多瑙河与现实的多瑙河迥不相同？女郎含笑而幽默地说道：多瑙河的水，在有情人的眼里原本蓝得醉人，我为你这一问题感到很抱歉！

的确，当我回想到离去未久的祖国和一些永不能忘怀的人们时，多瑙河的水波，却似乎看起来又是蓝色的了！

我以此一感觉告诉同游的年轻原子科学家冯彦雄、孙观汉及李熙谋、陈可忠、郦堃厚、郭子杰诸兄，并问他们的感觉又是如何？他们都异口同声的说：

"多瑙河的水波是蓝色的，蓝得十分的可爱！"

大家禁不住相顾大笑，好似我们已回复到青春时的情景！虽然，已失去的青春和欢乐是永远拾不回来的，但却留下一些甜蜜的回忆；时间愈久，愈令人感觉到甜蜜。欧游转瞬又已一年，若说到可资纪念的往事，这是其中的一件。

离开了维也纳，德国的柏林、比京布鲁塞尔、巴黎也吸引了我，因为这三个都市，是一九〇五年革命同盟会东京本部成立前在欧洲首先获得知识分子的赞成拥护，纷纷宣誓入盟的地方。去年十月二十日台北报纸的一篇巴黎通讯中记载"一九〇五年同盟会成立后，国父即来欧洲"，谅系笔误。

在比京，因来去匆匆，印象很浅。在柏林，我曾于西柏林边境的一处高台上眺望铁幕内的东柏林，铁幕内愁惨阴森的气息使人窒息，本年元月已另为文记述（发表于《自由谈》）。至于充满幻想和传奇色彩的巴黎，它是近代革命思想的摇篮，诱人的地方的确不少。昔年王亮畴先生，在巴黎就留下过轻松的趣闻。那是民国纪元前二年的事，中山先生那年冬天由槟榔屿启程赴欧，住在巴黎卢吾耳旅社，和王亮畴先生时有接触。一天中山先生要和他一同去访问一位印度的社会领袖，嘱张溥泉先生去找他，费了不少周折才把他寻到，寻着后又以衣服未穿整齐不能立刻到中山先生的寓所来，中山先生只好偕另一同志赴约。亮畴先生在世时，我曾问他当时藏到哪里去了？亮畴先生却笑而不答。

去年的十月十日，我在巴黎参加了"驻法大使馆"举行的"国庆庆典"，那时中法间的关系还很正常，没有觉察到短期内将有什么变化。在庆祝会中，与会的侨胞、学人和留学生相互举杯祝贺。情绪空前的热烈，因为他们知道我是新近才从祖国来的，于是我承受了他们对祖国的热爱，他们的盛情的确令人感动。我本预备在庆祝会中向他们报告一些国内的近情，但因走进使馆大厅时，我的目光就为厅内陈列的中山先生塑像所吸住，那是一座半身的石膏像，无论从正面侧面去看，都与中山先生晚年的神态逼肖。慈祥、恺悌、从容、诚挚诸种美德，似乎都从塑像的眉宇间汩汩的流泻出来。自从民国十三年冬天中山先生由广州北上逝世，至今已四十年。面对着神情逼肖的中山先生塑像，我心中涌起无穷的追思和感念。在庆祝会中我临时改变了说话的题材，向他们讲述了一段中山先生在欧洲的往事。

约在民国纪元前七年（一九〇四至一九〇五之间），正值革命势力走入低潮的时候，中山先生经旧金山《大同日报》刘禺生先生预为布置，由美国到了英伦，抵英后，应留比学生贺之才等之请，渡海到比京布鲁塞尔，与留比学生贺之才、史青、魏宸组、朱和中、胡秉柯等人谈论革命。在这一与海外知识青年的聚会中，对以往的革命历程曾作切实的检讨，讨论的中心集中在革命党员的素质成分上。在这一时期的革命活动是以会党起义为革命的主要手段。那时认为"秀才造反三年不成"的观念仍然很深，利用军队革命又难于着手。而庚子年（一九〇〇），唐才常利用会党举事的勤王运动失败的事例又正足以说明会党之不可尽恃。大家认为，革命的高深理论，恐非知识低浅者所能了解，若尽以他们为革命的骨干，必然是革命势力的一大缺陷。中山先生历次革命所以不能成功者，正以缺少多数知识分子参加革命组织的缘故。反复论辩了三天三夜，才决定了扩大革命基础的方案，一变以往以会党中人为革命主干而以争取知识青年为革命新血的策略。这是中国近代革命史上的一个转捩点，革命势力之能迅速扩大其影响，给予国际间同情中国革命者以新的认识，这一新的决策，是一主要的根源。当时在比京加盟的知识青年有三十余人，中山先生亲书誓词当众宣誓，誓词为："具愿书人×××当天发誓，驱除鞑虏，恢复中华，建立民国，平均地权，矢信矢忠，有始有卒，倘有食言，任众处罚。天运乙巳年月日押。"朱和中、胡秉柯二人于传观中山先生亲书誓词时不禁现出一种神秘的笑容。中山先生问他们为何发笑，朱和中回答道："康有为、梁启超辈说先生目不识丁，今见誓词文笔简练，始知康梁所言之妄。"中山先生说："我亦曾读破万卷书也。"后又应柏林留学生界之请至柏林开第二次会，加盟的有二十余人，随即由柏林到巴黎开第三次革命会议，加盟的有十多人。

中山先生寓巴黎利倭尼街瓦克拉旅馆的某日，在柏林加盟的留德学生王发科、王相楚与在巴黎加盟的汤芗铭、向国华等四人来谒先生，他们因头脑冬烘，意志不坚，深恐他们加盟革命的事被满清政府侦知，就想出盗窃盟书的计策来。中山先生不疑有他，很殷勤的招待他们，引入卧房谈话，过了一会儿，汤芗铭、向国华邀请先生外出餐叙，王发科、王相楚二人便乘机潜返旅社卧房割开先生的皮包，将德、法留学生的宣誓词及其他重要文件盗窃以去。得手后，他们四人又同赴满清政府驻法使馆，呈缴誓词文件，向公使孙宝琦表示痛悔，幸孙宝琦氏思想开明，态度豁达，颇不直他们这种卖友求荣的行为，命王发科等人立即将誓书送还各同学，其他重要文件亦派人送还中山先生。孙宝琦不一定是同情中山先生的革命，可能怕的是一八九六年中山先生伦敦蒙难事件之重演而惹出麻烦！参与这一盗窃文件的汤芗铭，在辛亥革命成功后，还被中山先生任命为第一任的海军部次长，从这件事上，可以看出中山先生的宽容大量不计旧恶。这一往事就发生在"驻法大使馆"前身的公使馆里，至今馆办公室里还陈列着一座孙宝琦公使的铜像。因之我去年在巴黎"大使馆"参加"国庆"庆典，感觉到意义特别深长。

我想"驻法大使馆"厅中陈列的中山先生半身石膏像必定大有来历，否则不会如此神情逼肖。我只知道南京中山陵园内的中山先生坐像出于法国名雕塑艺术家郎度斯基之手。"国庆"盛会后始探知此像亦为郎氏所作，不知此一伟大的艺术家尚健在否？十二日我见到中山先生的老友法国参议院年资最深的八八高龄的参议员摩特先生（Marins Moutet），始知郎氏已于一九六一年去世，其工作室现仍存巴黎郊外。中山先生在一九〇五年到巴黎时，就与摩氏订交，彼此意气甚为相投。一九〇七年中山先生在镇南关领导的革命运动失败后，当时统治越南的法国政府逼令中山先生离境，摩氏知道后大为愤慨，亲为法国人权会起草宣言，公开宣布谴责法国政府，他当时兼任人权会的秘书，年仅二十余岁。他谈到这一往事时，年青时的豪情犹流露于眉宇间。摩氏若干年来一直是最关心中国的法国友人，民国三十四年我政府胜利复员以后，摩氏还特派他的公子赶往南京，向蒋先生呈献佩剑致敬。为表示对中山先生的崇敬，他早年曾请郎度斯基复制中山先生石膏像二座，一座赠我驻法使馆，一座赠送巴黎大学陈列。与摩氏分手后，我即嘱郭子杰兄留意中山先生雕像原本的探寻，冀能在法翻制一座中山先生的铜像，运到国内来陈列。

雕塑艺术家郎度斯基是罗丹以后的最伟大雕塑家之一，他生于一八七五年，一九二六年当选为法国最高研究院美术院士，他的杰作，除了中山先生像外，还有巴西京城Corcovado山上的耶稣巨像、拿破仑墓园内的福煦元帅像、日内瓦的四位宗教改革家像、护卫巴黎的圣女贞德像等等。

"驻法大使馆"内的国父石膏像，是一九三〇年郎氏为南京中山陵园雕塑大理石座像时所完成的作品之一。中山陵园的大理石座像亦有一个铜制原本，现仍存放巴黎郊外郎氏的工作室内，不过高为二米，仅及陵园大理石雕像的一半，在郎氏工作室内与国父对邻陈列的是法国十六世纪大思想家孟特尼的雕像原本。孟氏的塑像现仍屹立在巴黎大学对面的公园门口，学生们在参加考试以前成群结队前往亲吻孟氏像脚部，以祈求智慧。因之孟像脚部已露吻的痕迹。很凑巧的，在法兰西研究院院士科尔罗曼所著以《郎度斯基之手与精神》为名的一册书内，中山先生的坐像图片，亦与孟特尼氏紧邻，各占一整页的篇幅，作为郎氏杰作的代表。编著者之作这样的安排，想必是两人同为大思想家，且均为郎氏精心杰作的缘故，东西方两大思想家在同一书中交相辉映，亦可传为美谈了。专家们认为中山陵园国父坐像的雕刻，除郎氏以外，恐怕没有第二个适当的人选，这不仅是因为他是一位伟大的雕塑艺术家，更因为他是中山先生的景仰者。郎氏在著作中论及法国艺术的辉煌成就时，即举曾完成中华民国国父中山先生陵园中的大理石巨像为骄傲，言下似感到此一工作，为法国艺术家带来了无限的光荣与自豪。事实上，他是在两年长时间精心谨慎地完成陵园的国父坐像的。从这种严肃的工作态度上，我们就知道他对中山先生是如何的敬仰了。郎氏曾说："艺术是信仰的行为，具有一种宗教与社会的功能。"他说，最高成就的希腊艺术乃孕育于宗教，密洛（Milo）与西冷（Cayrence）的维娜斯亦原是庙堂中的神像，又如像巴拉斯（Pallos）和德尔扶（Delphi）的阿波罗像，在我们看来只是神像而已，但就造像的艺术家而言，却真的相信他所雕塑的是天神而不是凡人！

我相信郎氏在为中山先生造像时，正具有这种心情，他是以宗教的虔诚，刻画一位心中的天神，如果我们能体会到郎氏这种虔敬的艺术心灵，我们就更清楚地知道他所雕塑的中山先生像之所以令人望而生敬有若面谒的奥妙所在了。

去年十月下旬我匆匆欧游返国，不久中法外交关系变化，我对"驻法大使馆"内陈列的中山先生石膏像不禁有无限的怀念，乃请驻法的"文化参事"郭子杰兄和高士铭代办暨"教育部"的张兆督学，会同办理将国父半身像运返国内，张兆督学在一九三〇年是在巴黎参与塑造国父像事务的驻法外交人员，这次又由他来完成运回国父半身石膏像的使命，实在非常巧合。今年夏天这一国父半身像很顺利地运到台北，先是陈列在"教育部"的会议室内，九月十八日起已移南海学苑历史博物馆楼上陈列，以供大众的瞻仰。陈列中的国父半身石膏像，经艺术家庞曾瀛的整理和包馆长遵彭的适当安置，愈增其美观。

月前程天放先生赴欧出席联教大会，临行时他告诉我说，他至法时将在巴黎进行寻求郎氏所雕国父铜像事，我想在不久以后，在国内必将有一座更庄严更肃穆的国父铜像供我们瞻仰，在此我预为读者报告这一喜讯。

我愿以这一收获纪念本年的国父诞辰，更望在明年国父百年诞辰时，这一塑像能被大众作为中山先生标准的塑像，向他表示崇敬！

（原载一九六四年十一月《传记文学》第五卷第五期）

高山流水

——敬悼于右任先生

于右任先生住进荣民医院后，我常去看望他，有天晚上，当我走到他病房附近时，听到房里传出悠扬的歌声，我以轻松的心情推门进去，坐在他的旁边，陪他欣赏电视的歌唱节目，我笑向他说：

"您喜欢黄梅调吗？您是不是凌波迷？"

"凌波很好，你的看法如何？"他带着可亲的笑容问我。

"您说好，我也说好，但其中另有原因。"

我这样的回答似已引起于先生的兴趣；我说：

"我认为凌波把黄梅调唱开了，黄梅调取代了为社会所诟病的黄色流行歌，这是我们早想设法取缔的，但又明明知道如果没有一种新的歌曲来代替和补充，依然是收效很微的。因为音乐为人们调剂心灵所需要，须不断的创新，不断的提高，才能使情操愈益高尚。当社会缺乏优良的歌曲时，低级的歌曲自然流行,只有较优的歌曲才能取代他,等到更佳的歌曲创作出现,所谓较优的歌曲又将被人厌弃了。凌波唱的黄梅调驱走了黄色流行歌曲,这可算是凌波的一项贡献。黄梅调虽然不一定好,但它发生了一种冲击腐朽的作用……"

于先生似乎同意我这一看法,他表情轻松而愉快。

拔牙的前一天,我到医院看他,坐定后他递给我一个很大的桃子,我接过来放在一边,侍病的副官说:

"老先生喜欢请客,你不吃,他会不高兴的。"

那天,于先生很欣然的看我把桃子吃完了。

此后,他的病情趋于复杂,缠绵日久,最初总希望他能慢慢好转起来,后来见他饮食困难等等痛苦的情景,又复改变了想法,如果他所患的已属不治之疾,拖延的办法是否算得正确?当然,也有从拖延中转危为安的。

最后一次去看他,我在病房外驻脚良久,室内传出断断续续的老人的呻吟,我感到十分难过,没有进病房去打扰他,谁知竟成永诀!

照我国的旧习俗讲,八十岁以上的人去世,在死者个人来说是得到解脱,在治丧的人来说称为"喜丧",在我的家乡,办"喜丧"的人家要大张筵席,悼念的人可送喜色的挽联挽幛。但于先生不同于一般的老人,他活着时给我们一种依靠、一种鼓舞,他的去世,在国家来说是很可悲的一件大事。

他对中国革命的贡献,对中国文化的贡献,他不平凡的生命的历程，必将有人来记述。他一生的事迹实已构成可歌可泣的瑰丽诗篇！

于先生平时并不因年高而减少参加活动的机会，遇有来自友邦的贵宾，在机场欢迎的人丛中就常常见到他，遇着这样的场合，我总设法招呼他，有时请他在室内坐坐，但他总是很倔强，一定要和大家一起到机场上去，不管天气多热风多大。

记得美国前副总统尼克森访华的一次，于先生亦在欢迎人员的行列中，阳光照映着银色长髯在风中飘拂，真令人有神仙中人的感觉。旁边有人问他胡子留了多少年了，于先生笑说：

"当我留胡子时，尼克森还未出生呢。"

大家都为于先生的风趣而莞尔。

于先生的长髯是他的一大特征，亦常常被人们作为谈话的材料。抗战初期，一群老朋友、老同志们在汉口有一次聚会，大家在高兴之余竟说起讥刺胡子的笑话来，接连着说了好几个，弄得宽宏大量的于先生亦微有愠意，见我在旁就要我替他解围，他对我说：

"老弟，他们都挖苦我，你的口才好，说一个故事替胡子出口气！"

在他的鼓励下，我只好勉力从命，我说：

三国时代刘备、关羽、张飞义气干云的故事早已家喻户晓，到今天似乎已经不新鲜了。至于有关他们的下一代的故事却知者甚少，我要说的就是刘备的儿子刘禅，关羽的儿子关兴，张飞的儿子张苞，他们三人之间所发生的故事。

时间是老一代的英雄谢世以后，刘禅、关兴、张苞来到他们的父亲当年结义的桃园。为了加强团结，他们亦效法先人结为兄弟，拜毕天地以后免不了坐下来闲谈，他们自然是不能忘记英雄一世的父亲的，于是刘禅首先发言；他说：

"想当年，我父在虎牢关三战吕布，飞舞双股剑，威风八面，天下无敌……。"

张苞很不服气，打断刘禅的谈话说：

"那不算好本领，俺老子张飞，只须大喊三声，就把当阳桥的八十三万曹兵吓退了。"

关兴不甘示弱，他说：

"别的且不说，我父美髯公谁个不知哪个不晓……。"

话还没说完，关公的英灵从天而降，啪！啪！啪！接连着给关兴三个耳光，厉声骂道：

"人家的儿子都记得他老子的丰功伟迹，你只记得老子的胡子！"

于先生听后掀髯大笑。那一情景，依稀犹在目前。

一九五四年，偶然同于先生谈起三十年以前在广州同谒黄花冈七十二烈士墓的往事，记得那次谒墓回来，他曾写了一首极其动人的吊黄花冈烈士的诗送给我，可惜在播迁中把它遗失了。因之，我烦他再给我写一张。我知道他是不会拒绝的，但他却先出个题目来考验我，他说：

"你如果还背得出那首诗来，我就给你写，背不出，我就不写了。"

幸好我还记得那首诗，但那张字我却隔了很久才得到。这幅字十年来一直挂在我的客厅里，见到的朋友们都说这是于先生的佳作。不知为了什么缘故于先生把原诗中的几个字变动了，记得原句是：

> 黄花冈下路，一步一沾巾。
>
> 恭谒先贤垄，难为后死身。
>
> 当年同作誓，今日羡成仁。
>
> 采得鸡冠子，殷勤寄故人。

这回于先生把"恭谒"写做"恭展"，把"殷勤寄故人"写做"多多寄故人"。

之后我见到于先生，我很感谢他给我写的那幅字，但我却故意对他说：

"我背得出黄花冈那首诗，你却把它写错了几个字，你应当重写一张给我。"

于先生笑道：

"我为了要给你一张好字，写坏了好几张纸，最后才选出那一张送给你，而且你替别人求的字我都写了，这回就免了吧。"

大约是民国三十年，于先生由陕西经川北返回陪都重庆，我在成都听得他的车子在广元、剑阁之间倾覆，很为他的安全着急，正想打电话询问详情，他已安抵成都。在成都小住，我和他同车赴重庆，在车上我们无所不谈，忘了旅途的辛苦，他取出又大又松的陕西锅魁飨我，我觉得比西洋人的面包还可口，他说：

"你还没吃过牛肉泡馍呢，以后我要好好请你吃一次。"

可惜我直到今天还没吃到牛肉泡馍。

从牛肉泡馍又谈到他甲辰年（民前八年）从开封逃亡的往事：

"你是满清政府密旨拿办的叛徒，怎么逃得出来呢？"

"我接到信息后，逃不脱也得逃啊。于是翌日凌晨就坐小车出开封城，临行前我撕下房东壁上的红色贺年大名片数十张放入荷包里，想不到这些不同姓名的名片，在逃亡中竟发生了大作用。每遇关卡盘问时，我就掏出一张名片递给他，对他说这就是我的姓名，这是隐姓埋名的一个办法，等到名片用完时，我已脱离危险的地区。"他说："亡命时期的行为是不可以常情常理来解释的。"

于先生逃亡经南京时曾谒明孝陵，赋诗一首云：

虎口余生亦自矜，天留铁汉卜将兴。

短衣散发三千里，亡命南来哭孝陵。

就是把那次亡命脱险归诸天意。

于先生不久就由南京到上海，住在法租界的小旅馆里，生活十分困苦，幸好在这时遇见一位任侠好义的陕西泾阳同乡吴仲祺先生，他就作了吴府的上宾，这是他逃亡生活的一个转捩点。同时住在吴府的还有革命党人汪允中和张溥泉先生的父亲张化臣老先生，因而接触到许多不平凡的人物。这正是龙归大海的日子。

吴仲祺先生就是后来名学人吴宓（雨僧）先生的父亲，于先生民国七年做陕西靖国军总司令时，吴仲祺先生就做他的参谋长。于先生曾有"泾阳吴老字仲祺，其子知名号陀曼（雨僧的别号）。父为大侠子学者，我亡命时蒙蔬饭……"的诗句记述这一往事。

在于先生早年亡命的生活中，最令人感动的是他纯孝的行为。丁未年（民前五年）于先生在上海创办《神州日报》，执笔为文的人有杨笃生、汪允中、王旡生诸先生，他们都是革命的志士。《神州日报》的言论激烈，像警钟一样唤醒了熟睡的民众，发挥了很大的革命宣传效果。在清政府来说，于先生的叛迹更为彰著，是随时都想加害于他的。正在这时他的父亲新三公在陕西故乡病笃，非常思念逃亡在外的儿子。新三公的亲友们都认为如果于先生回家省亲，就无异自投清吏的罗网，那是十分危险的事。可是，于先生得到信息后，竟冒死秘密回乡探望父病，但迫于当时的情势又不敢久留，只得匆匆匆泣别病中的父亲重回上海。他曾有一首诗描写这次的惨痛经过：

> 目断庭闱怆客魂，仓皇变姓出关门。
>
> 不为汤武非人子，付与河山是泪痕。
>
> 万里归家才几日，三年蹈海莫须论。
>
> 长途苦羡西飞鸟，日暮争投入故村。

以天下为己任的胸怀和有家归不得的悲哀交织，一字一泪，令人不忍卒读。

可是，命运仍继续在作弄他，第二年冬天，新三公就去世了。对至孝的于先生是深重的一次打击，这时正是他重整革命旗鼓创办《民呼报》的时候，于先生反清的声名日盛，他明知奔丧回乡很难逃脱满清的爪牙，但由于他纯挚的孝思，竟把死生置于度外，在新三公下葬的前夕，他间关万里，潜行返乡，跪倒在父亲的灵前，把父亲的灵柩送到葬地后，立即易服启程，在缇骑纵横中逃脱了。他有一首诗记述这件事，并感谢掩护他的亲友：

> 去岁省亲病，潜行入关内。
>
> 儿留亲不安，亲老儿不侍。
>
> 今岁复归来，徒洒孤儿泪。

牵车古所哀,守墓今非智。

麻衣殉墓中,匆匆避缇骑。

月明思子台,往来惭无地。

为念诸故人,纳亡多高义。

余生报无时,中夜不能寐。

我问于先生逃亡期中还有什么难忘的事吗?他说:

"在民国纪元前三年,《民吁报》被查封后,清吏蔡乃煌正四处捉拿我,我困守在一间小旅馆里,和孔子'在陈绝粮'一样无计可施,有一位同志很同情我,但是他和我一样的穷,真是爱莫能助。当他经过马路旁一间烧饼铺,乘主人不注意时,取了几个烧饼放入怀里,拔腿便跑,不幸被店主发觉,一面大喊捉贼,一面穷追不舍,终于把那位同志捉住,路人和邻居数人将他围着饱以老拳,打得他满面是血,后来看他相貌斯文,不像是作贼的模样,又怕打得太厉害,打出岔子来,因此问他为什么要作这种犯法的事。这位同志据实以告,是为了救济在旅馆饥饿的朋友才出此下策。这位主人倒很开明,不但不再追究,而且还自动送了几个烧饼给他。当我们二人在旅馆中享受这几个烧饼时,禁不住抱头痛哭起来。"

于先生说到这里,眼中已经润湿,对那位患难中的同志似有说不尽的怀念。

我比于先生小二十岁以上,多少年来他一直把我看作一个小老弟，因之我能毫无顾忌地同他谈话，不管我说些什么他亦不介意。

记得在成渝道上我曾问他：

"诗人总免不了浪漫，您年青时是否如此？"

"青年时代荒唐的事很多，但只是逢场作戏罢了。"

他反问我是否也有过荒唐的事，我说：

"绝对没有！"

他很幽默的说：

"你们是新人物，你们不讲荒唐，你们只讲恋爱。"

他曾谈到当年在上海办报的经过，我问他为什么《民呼》封闭后办《民吁》，《民吁》封闭后又办《民立》呢？他说：

"这还不简单，先是什么都不怕，大声疾呼地宣传革命，不许大声疾呼就只好叹息，叹息也不准许就迫得非挺立起来不可！"他说：

"挺立起来是对的，所以《民立报》能一直办到民国成立以后！"

这些发人深省的谈笑，从此不能听到了！

曾经参加过民国十三年国民党第一次全国代表大会的代表，在台的计有十人，于先生是其中最年长的一位，其余九人是张知本、张善与、李宗黄、白云梯、李肖庭、宋垣忠、苗培成、延国符诸先生和我。十数年来，每逢一月二十日，亦即是十三年第一次全国代表大会开幕的日子，我们都有一次聚会，于先生在今年一月的一次聚会中，依然步履雍容的同我们一起盘桓了两个小时，他称赞我在《传记文学》上所发表的《匆匆四十年》一文，对国父当年的声音笑貌写得很生动，他曾花了两小时的时间用放大镜去读，他还说："老弟，我现在写不赢你了！"那天张知本先生曾说："我们这十个人正是'十全十美'，来年要好好的庆祝一下。"现在已届年尾，距我们十人聚会的一月二十日不远了，于先生的去世给我们的悲痛是十分沉重的！

十月三十日，蒋公华诞的前夕，金门的金城中学举行揭幕典礼，金城中学是为实施延长义务教育至九年而新建的学校，订在那天举行揭幕典礼，是因为前线的军民要以居"全国"之先开始实施延长义务教育的这一成果，呈献给蒋公作为祝寿的礼物。这是一件很有意义的事，我很乐于参加这一盛会。

在那天的大会中，我曾向在场的师生们讲述提高国民基本教育的重要，很自然地就引吴稚晖先生以国民知识总和来判断"国力"强弱的话来勉励他们。吴先生是我国主张普及教育的先知，他早年尽力于国语注音符号的推广，就为了替普及教育打基础。我在说话时才想到吴先生一九五三年逝世后，他的骨灰就葬在金门的海水中，金门建有吴先生水葬纪念亭供我们凭吊。于是我向大众说："这真是一个巧合！"

会散后，我乘飞机由金门返台，在空中俯瞰着汪洋的大海，我心中暗想，吴先生的骨灰就葬在这茫茫的海水中，如果吴先生死而有知，他对金门已开始延长义务教育至九年的这件事必定感到高兴。同时我又想到吴先生去世至今恰好是十一周年，十月三十日，亦正好是他逝世的日子。这又是一个巧合！

天下事真有不可知的地方！

想不到我从金门回台后的第十一天于先生就去世了！

当于先生十一月十日中午，进入弥留状态的时候，亲友们打开了他的保险箱，但没有发现遗嘱，据说于先生生前曾试图写过遗嘱，但写了又撕掉，撕了又写，写了又撕，一直都没写成。今年八月于先生住进医院以后，也没有写过遗嘱，但他的亲友们却在先生一九六二年所作的日记中，找到了类似遗嘱的话：

一月十二日——我百年后，愿葬于玉山或阿里山树木多的高处，可以时时望大陆。（下署"右"字）旁注：山要最高者，树要最大者。

（又在本星期预定工作项目栏内）——远远是何乡，是我之故乡。我之故乡是中国大陆。不回大陆，不能回乡，大陆乎，何日光复。

一月二十四日——（天明作此歌）。

一、

葬我于高山之上兮，

望我大陆。

大陆不可见兮，

只有痛哭。

二、

葬我于高山之上兮，

望我故乡。

故乡不可见兮，

永不能忘。

三、

天苍苍，

野茫茫；

山之上，

有国殇！

吴稚晖先生遗命将骨灰葬于南海水中，他的意思是愿"以骨灰化为百千万亿之祖国精神，拯救百千万亿更苦难之同胞"。

于右任先生愿葬在最高的山上，他要望大陆！望故乡！

他们二人都是党国的元老，民族文化的巨人，一葬水之涯，一葬山之巅，正说明了他们对大陆故乡无限眷恋的情意和对大陆同胞无穷的怀念！

我们永不忘记高山，

我们永不忘记流水。

高山上望得见大陆，望得见故乡！

流水永远环绕着大陆的海岸激荡。

对于先生和吴先生的遗范，我们岂仅是怀着高山流水般的景仰！

（原载一九六四年十二月《传记文学》第五卷第六期）

蒋孟邻先生的一封亲笔信

　　蒋孟邻先生去世后，我曾在本刊的五卷一、二两期，相继发表《悼念一个土地改革者蒋孟邻先生》及《蒋孟邻先生与国父的关系》两文悼念他，而在本刊五卷三、四期发表的《蔡元培先生与国父的关系》及《怀胡适之先生谈留学政策》两文，亦是由于写悼念孟邻先生的文字而引发出来的。

　　在孟邻先生逝世后的最初几天，除了感觉到他的去世，是目前"国家"的一项大损失外，更戚戚于心的是他的丧礼不及胡适之、梅贻琦两先生的盛大。这也许是受了同一时期民航机失事，影业界人士惨死的影响所致，于是一个偶发的不幸，不期然的掩盖了一个深沉的悲哀。虽然丧礼之优隆或冷淡于死者无所增荣或贬损，我却仍未能免俗地感到歉然。

　　一件事情的发展，往往种因于极其微末的一念，我对孟邻先生丧礼情形感到的一点遗憾，想不到竟引发出这几篇文章，当时我想，这一类的文字就此告一段落了吧！没想到不久前的一次偶然机会中，又发现一封富有史料价值的信，这封信是民国十一年十二月三十日，孟邻先生写给中山先生的。

在《蒋孟邻先生与国父的关系》一文中，我曾指出：孟邻先生与国父的关系，与中国革命的关系的确很不寻常。在他的生前他虽然很少以革命党人自居，而揆其立身行事，却又无处不以服膺国父思想、实践国父主张为职志。他在大陆时期对于革命的贡献，和与国父的关系，我在前文中已举出其概要。自"政府"播迁来台，他对于台湾农村改进的工作与对台湾土地改革的贡献，是孟邻先生足以自豪的，因为这正是国父民生主义第三讲的具体实施而获得的成功。他认为在时局处于危疑震撼中，如果没有蒋公的决策和陈辞修在"省主席"和"行政院长"任内的义无反顾的决心，这一措施实难以实现。他时时引以为憾的是，在大陆时期我们没有机会和决心来实行国父的遗教，否则大陆不会"任由共产党猖狂"。

同样地在《蔡元培先生与国父的关系》一文中，我曾说：蔡元培先生好似预置隐伏在北方的文化教育界的极其重要的革命棋子，亦是北方革命的播种和耕耘者，在转移风气与启迪民智上发挥了重大的革命功效。他的基本是北京大学，他爆发出来的火花是新文化运动与民国八年五月四日的学生爱国运动。这是一次真正的文化的首都革命，影响及于此后国民革命的发展，是无与伦比的深远。因为后期国民革命的发展是结合五四运动青年思想的转变和新文化运动的影响而获得的成果。我们可以肯定的说，五四运动是国民革命的一部分，而蔡元培先生则是五四运动的主角。

以上这些论点的佐证，最近我更发现不少，孟邻先生写给中山先生的这一亲笔信就是其中的一项。这封信的原文如左：

中山先生：在沪畅谈为快。麟等被全国商会推举为裁兵劝告员，定新年元旦发一通电，其中要点，以先生所倡之兵工政策为根据。可否请先生赐以答复，引起国人注意。除由黄任之兄就近面请外，特此函达。北京教育景况如故，惟经费更形支绌。
专此敬请

道安，并祈

为国珍摄。

　　　　　　　　　　　　　　　　　　蒋梦麟　拜启

　　　　　　　　　　　　　　　　　　十二月三十日

展堂

精卫

复初　　诸位先生均此

仲凯

从孟邻先生这一亲笔信中，我们可以看出下列各点：

第一，从此信的时间来说，正是民国十一年六月十六日陈炯明叛变之后，中山先生在广州白鹅潭困守永丰舰上，以待北伐各军回师讨陈。迄至八月九日北伐各军全部失败,中山先生乃离粤赴上海,此时革命的根据地尽失,一无凭借,正陷于惨痛失败的境地,而孟邻先生特由北京赴上海慰问他,可能是为他策划重振革命的方策,所以有"在沪畅谈为快"之语,这说明孟邻先生是一位中山先生患难相随的革命同志。

第二,中山先生于到沪之后,发表宣言,针对当时的局面,继续与北方军阀斗争,为革命另拓发展的途径,兵工政策就是宣言中的一项重要的政治号召[注]。所以孟邻先生信中说,于被全国商会推举为裁兵劝告员之后,想把握此一机会,发一通电以扩大中山先生兵工政策的影响,而请示可否,以便进行。这是党员对党魁的一种真挚的态度,特别是在革命的逆境中,表现其党员的道义和真诚。

孟邻先生是国父的朋友和信徒,他又是蔡先生在北京大学的重要助手,这一类型的不把党人的特征刻在额上的革命党人,除了他们二人以外,自然还大有人在,他们的所作所为与中山先生领导的革命是一脉相承的。遗憾的是,在民国建立以后,以革命党人自居者多,像蔡先生和孟邻先生这样额上不刻字的党人反而不被人重视,以致不少人弄不清楚他们与近代中国革命的渊源,以致有人将他们对中国革命的贡献忽视。

[注]中山先生于民国十一年的八月十五日,亦即他抵沪的次日发表一篇宣言,主张合法国会自由行使职权,实施兵工计划,发展实业,尊重自

治，以和平方法促成统一。并决讨伐叛国祸首陈炯明。兵工计划的详情见于十一年六月六日的《工兵计划宣言》，这是当时中山先生以和平手段促成国家统一的要着。具体办法为将受非法武力驱使之兵士，以次悉改为工兵，统率编制如旧，惟收其武器，与以工具，每日工作六至八小时。先修治铁路，次及其他工事，月饷增加，工作所生产之纯利，半归国家，半归工兵。易战事为工事，使生产得以发达；然后吸收外资，投之实业，以达到社会趋于繁荣，国家转危为安的目的。

（原载一九六五年一月《传记文学》第六卷第一期）

怀念戴季陶先生

——一个伟大的思想家、国父的门徒、中山大学的校长

一 一段投江自尽的往事

今年二月十二日，是戴季陶先生逝世十六周年纪念，我于他逝世十周年纪念时，曾写了一篇文章纪念他，转瞬又已六年，更使我不胜其追念。

戴先生去世的日子，正是三十八年春大陆已接近失败的边缘，首都陷落之后，政府已迁到了广州。当他逝世的消息传到了成都，那时我仍留任国立四川大学的校长，我十分的感到悲哀与震惊，特别是正在这一危疑震撼、大陆将近陷落的时候。

当时盛传他之死，是出于自杀，后来经过了多方的查证是由于服过量的安眠药所造成，然而自杀的说法亦并不是完全没有理由的。据我所知在民国十年左右，中山先生派他到四川

去当代表，联系各方势力，对时局有所策动，船到了宜昌，他一时感情激动，竟乘人不备投江自尽，在长江中漂流了几十里，才被一只小船的渔夫把他救起。他并不是一个游泳健将，能漂流数十里而不沉没，原因是他身着一件丝棉袍子，当他跳入水中时，丝棉袍四面张开来托着他浮游水面，他此时正如不会游水的人，借着救生橡皮袋浮在水上，欣赏月白风清江流浩瀚的长江夜景。如果说他在广州之死是出于自杀，那么也不算是第一次了。他投江的那次是与向育仁兄同行，他投江后沿江奔跑数十里寻获他的，亦是这位大家通称为"向二哥"的义重如山的人物。当育仁兄寻获他的时候，他已被渔夫救起，全身缩做一团冷得牙齿格格作响，面无人色，稍迟顷刻，虽未被淹死亦将冻死了，因为这正是严冬寒冷的时候。

向育仁兄是戴先生和我多年患难相共的同志，他原本是军人，抗战时期被选为四川省参议会议长，当时张岳军先生任四川省主席及行辕主任，我任执政党四川省党部主任委员兼四川大学校长。我们党政军民合作无间的精神，虽然说不上是"古之所无，今之罕有"，但是八年艰苦抗战的国难时期得以渡过，不能说与这种合作无间的精神没有关系，特别是已死的向育仁兄和今日尚在台湾的张岳军先生的贤明领导。我们的向二哥据说当成都失陷之后，共产党对他施以的清算斗争之后，终于把他枪毙在成都西门外戴先生安息的坟园，说他俩是生前的好朋友，让他们死了在一起！共产党把向育仁兄枪毙在戴先生的坟园让他们长相厮守，却又表现了几分人性，如果他们的动机不是出于报仇雪恨的话。死并不是一件可怕可悲的事，因此死并不能阻止一个有思想、有抱负、要为人类开创新局面的人畏怯不前。我行文至此，不仅想念季陶先生，更万分想念向育仁先生！

二　俄共眼中的"戴季陶鬼"

戴先生是一个伟大的思想家、国父的门徒、中山大学的校长，他是我所敬畏的师友，也是共产党最恐惧的敌人。

当民国十四年中山先生逝世以后，在广州发现一项共产党内部传播的秘密文件，文件中有一项俄顾问鲍罗庭对共产党党员分析时局的报告。鲍罗庭认为当日共产党的敌人有五个，他名之为五个魔鬼。第一个鬼是帝国主义；第二个是军阀；第三个是买办资本家；第四个是国民党右派；第五个则是戴季陶鬼。甚么是戴季陶鬼？鲍罗庭说：自杀是怀疑的结果，而戴季陶这个人连自杀都怀疑，所以他是一个最大的魔鬼，也是共产党最大敌人之一。我曾经把这件事告诉季陶先生，他不但不生气，反而哈哈大笑，认为是知人之言，往往向人提起而引以自豪。季陶先生还断定共党分子在中山先生逝世之后，必然要自中国国民党手中夺取中国革命的领导权。他对此一认定采取的步骤：第一是如何团结中国国民党的同志，在思想信仰方面，以中山先生的思想为中心，而不为共党所动摇。在行动方面，能步趋一致，而不为共党所分化。他对于这项工作的进行在先并不采取攻势以对付共党，他的目的仅在力求巩固自己而已。民国十四年五月中国国民党一届三中全会在广州举行，季陶先生预先草定了一项《接受总理遗嘱》的宣言提请大会讨论，他费了九牛二虎之力，经过了激烈的辩论与修正之后，才勉强获得通过。国民党集会时恭读总理遗嘱亦始于此。当时不仅共党分子及所谓左派以全力来反对他，就是国民党的老同志中，对他不十分谅解的也大有人在，使他事后不胜其浩叹！他在这一运动中最引为安慰的一件事，便是中国共产党的发起人，当时也是国民党的候补中央委员的沈定一先生，能够倒向他的一面，脱离了共党分子的阵营，皈依到三民主义的旗帜下，而与他衷诚合作。共产党对戴先生最伤脑筋的也是这件事。后来的西山会议反共运动，及民国十六年的"清党"运动，沈定一先生都是始终其事的一人。

季陶先生对付共党的第二步骤，便是在阐扬中山先生伟大的思想和主义。他的目的是在从思想上首先巩固国民党内部的信仰，同时更要从共产党阵营中和广大的青年知识分子中，争取依附于共党理论教条而有志革命的人，放弃他们的一切，集中到三民主义的大纛下来。戴先生认为理论是革命行动的明灯，没有理论的行动好似盲人骑瞎马，不辨东西南北。建立正确的革命理论，便是对付共党的最大的武器。所以他在十四年六月便完成了《孙文主义之哲学的基础》一书，在同年七月又出版了《国民革命与中国国民党》一书，这两书的出版不仅成为当时三民主义的空前一项权威著作，也可以说是当时反共运动中有力的理论创作。迄至今天他的价值丝毫不曾被削减，虽然今昔的情势和事实已经发生了许多的不同了。

在民国十三四年间国民党联俄联共这一时期，虽则在十三年第一次全国代表大会时我和方瑞麟几位同志，曾经有不许跨党案的提出，来对付共产分子，实则当时我们的着眼点仅在组织的排拒性上，表现出一种对共产分子的不安，至于理论思想上的对立与不同，当时是很少有人顾虑到的。就是在组织的构成上感觉不安而排拒共党的人，当时都是一种善意的出发，持着所谓"分则两全，合则两伤"的见解，因为当日我们急于要对付的是帝国主义与军阀两大敌人。在这一前提之下，共产党当时的处境是和我们相同的，至少可作我们的朋友，而不是我们的敌人。犹如在民国二十六年抗战的初期，共产党宣言放弃一切，拥护政府共同抗日一样，虽然我们从经验中已感到不无怀疑，然而在大敌当前，舆论放言举国一致抗日之时，哪能不予以为善之机会呢？……当日共产党目一切反共的国民党同志为戴季陶派，咀咒他为戴季陶鬼，便是这个道理。

三 创作反共理论的先知

民国十四年六月二十三日，广州民众为响应上海五卅惨案示威游行，游行队伍行至沙面租界对面的沙基地方，英军开枪射击，民众死伤甚众，当时广州的情形顿现出一个反帝国主义的高潮。就形势而言最有利于共党的发展，事实上此一运动的高潮已为共产分子所掌握，共产党的声势和对我们的威胁，此时真是无比的严重。我携着胡汉民先生的信件赴各地联络同志，集中到广州去筹开第四次中全会，来决定限制共产党的办法。到了上海之后，第一个要会晤的便是戴季陶先生。那时他正在上海萨坡赛路慈安里设立季陶办事处，闭户从事反共理论的写作，这正是他著名的撕破脸来公开向共产党进攻的《国民革命与中国国民党》一书将近完稿的时候。他听了我关于广州情形的报告后，愤怒得来把屋里的书一齐翻倒在地下，继之以嚎淘大哭，他那时的激动与愤慨就可想而知了。

季陶先生在总理逝世之后所从事的重要反共著作，一是十四年五月起草的一届三中全会的《接受总理遗嘱宣言》，二是六月完成的《孙文主义之哲学的基础》，三是七月完成的《国民革命与中国国民党》。这三项重要文件发布后，党内外反共的视线开始集中，反共势力也就逐渐形成，由组织的排拒进而为主义思想争斗的开始。在国民党同志方面，这无异有如在黑暗中看见了光明。而在共产党和第三国际方面，这无异是一种无备中遭受的袭击，完全出于他们意料之外。自此以后，他们对于一切的事物须得重新估计，一切进攻中国国民党的策略必须要重新安排。

第三国际和中国共产党，对于此一事件感到手足无所措，在先他们想用沉默来代替正面的冲突，避免增加此一问题的重要性，其实他们内部的恐慌已达于极点。他们在沉默了三个月之后，才由第三国际通令共产党的宣传机构，全面予以批评与谩骂。我为什么说共产党对戴先生此一行动是出于他们意料之外呢？在共产党的了解：第一他们认为戴先生是中国研究劳工问题，提倡劳工运动最烈的人，对于马克斯主义的了解也是最深刻的一个。不仅第三国际和共产党是如此的看法，就连国民党的老同志中对他也不免有些误会。而这种误会又并不是毫无根据的。因为民国八年五四运动之后，中国思想界起了重大的动荡，戴先生和沈玄庐在上海出版的《星期评论》，对于劳工问题的研究和社会问题的鼓吹，实在是不遗余力。我们只要看看民国八年六月二十二日中山先生和戴先生关于社会问题的谈话，便可知其梗概。据周佛海告诉我，当民国九年陈独秀、沈玄庐及俄国代表魏金斯基等，在上海筹备发起中国共产党的时候，他们曾约请戴先生参加，戴先生推说他在中山先生在世一日，他不能参加任何政治团体而予以拒绝。虽然如此，因为他当时是一个鼓吹劳工运动、介绍社会主义思想最力者，所以在若干次筹商发起中国共产党的集会中，戴先生大都在座，大家都不曾有所芥蒂而规避他。正因为戴先生是一个鼓吹劳工运动、研究近代社会主义思想最力的人，所以他后来反对共产党的思想行动，便也愈积极。国际共产党是近代政治思潮、近代经济制度所激发出来而无可否认的一种事实。要反对共产党而没有一套完整的理论做基础，盲目的反共，正如俗话所说"背起磨子跳加官"，费力不讨好，甚至于所得的结果，正是相反的一面。

四　跪在一尊大佛的面前

关于戴先生在中国共产党发起时的一段经过，我不曾当面问过他，我所知道的这些片段事实，也只是从周佛海口中听来的。我记得戴先生在民国九年，曾经写过一首白话诗，题目是《跪在一尊大佛的面前》，原文我已不能记忆，诗的大意是说：他跪在一尊大佛的面前，忽然梦游到另外一个天国，他曾一时为此一天国的美丽所吸引，拉牵盘桓不忍离去，终又厌弃而离开，等他醒悟时，发现他自己依然跪在这一尊大佛的面前。照这首诗的寓意推测，大约与此段故事有若干关联，诗中那尊大佛所指的当是中山先生；所放弃的天国所指的是共产主义思想；醒悟后依然跪在大佛前的则是他自己。这可以说是他对中山先生的思想主义是经过若干磨炼后而得的最后体认。因为他经过的磨炼工夫愈大，所以他对于中山先生的思想主义之认识便愈更精确，发为论著便也愈能阐扬中山先生思想之精微奥妙了。

季陶先生的《孙文主义之哲学的基础》一书，阐扬中山先生的思想最为重要，然而引起人们的批评指责的地方也最多。他的立论着重在尧舜禹汤文武周公孔子一贯的中国正统思想，也即是一般人所谓的道统思想，有人甚至以"戴道统"讥讽他。中山先生曾经自己说过他的思想的源泉：一是中国所固有的，二是采自西洋的，三是他自己独创的。戴先生既然在这一书中偏重在第一项，而不免忽略了其他两项，自易引起人们的指责。……

五　前事不忘，后事之师

就我所知，戴先生对于中山先生思想的阐扬，何以要特列加重在中国伦理和中国文化这一点上面着力，其原因不外：一是中国民族有她几千年的优良的传统文化，自有其特点，故应加以保存；二是我们能够巩固我们固有的文化，便无异是排拒共产党思想传播的最大武器，使共产思想在中国无从生根。最重要亦影响最深，使戴先生不能不加重从中国伦理思想来阐扬中山先生思想的，是日本犬养毅氏在民国十三年致中山先生的一封信。戴先生曾一再向我提起，他说犬养的信中，曾请教于中山先生而深置怀疑于当日共产分子自我们国民党中喊出的"打倒土豪劣绅"的口号。犬养认为中国经济的基础在农村，政治的基础几千年来都是由一种绅权的政治在运行，今日一旦喊出打倒土豪劣绅的口号，在新的基础没有建立稳固以前，必然会造成社会经济政治基础的全盘动摇，以致横决到不可收拾。如此又将何以善其后呢？戴先生认为犬养这一段话，实在是至理名言，这大约和他着重从中国伦理文化来阐扬中山先生思想，至少在对付共产党的策略上，在当时有其必要。何以说有其必要呢？我在此愿举出两段我们所亲身经历的史实作为引证。

第一是民国十六年的"清党"运动，那时的共产党"猖獗"情形，不能说比我们现在面临的威胁更少，然而我们终于能够把他一时制压下来的原因，不一定完全是由于国民党和共产党两个势力的对比之下，我们的组织力量比共产党强。在我看来，那正是如犬养毅的看法，那时中国农村经济和绅权政治的基础还相当巩固，共产党要动摇这一基础，自然会遭受很大的反抗，我们以一新兴的力量，凭借中国社会固有的基础而反对共产党，所以共产党大规模的暴动便终于制止了。此其一。

第二个历史事实，是我们经过八年抗战之后，打胜了日本，却转瞬失掉了整个大陆，这又是甚么原因呢？在我看来此中最大的原因是中国社会的基础由于八年抗战的关系发生了动摇，已远不如十六七年间的巩固，社会固有的基础既然开始动摇，政府的力量也因八年抗战而疲乏了，所以大陆便"沦陷"了。这完全是由于先后社会基础有了变化所造成的不同的后果。此其二。

历史是我们最好的一面镜子，而每一时代有他的特殊情形或不同的条件，因此我们处理问题的办法，由于情况和条件的变迁便也应随之而变易。……

六　白刃可蹈也，中庸不可能也

现在距离戴先生逝世整整十六周年了，自他逝世之后国家失掉一个明智的先觉，个人失掉一个责善的师友，言之殊多悲感。回想他在中山先生逝世之后，在思想和行动上那种反共的奋斗精神，和他所处的境地，那时不仅是共产党要对付他、伤害他，就是一批不识事理的国民党同志对他也不能谅解。当他在十四年冬赴北京参加西山会议筹划反共的时候，曾被一批暴徒把他和沈玄庐二人绑架到北京城内一个地方痛加殴辱，这批人在当时也尚自称是反共的健者。戴先生事后常常为我提及古人的一句话：

"白刃可蹈也，中庸不可能也。"

今年二月十二日是戴先生逝世十六周年纪念，今日来回味这句话，我对于他当年的处境诚不胜其感慨！

七　迎头赶上，从根救起

记得戴先生任国立中山大学校长时，曾集国父的两句话写成一付对联，张挂在国父讲演三民主义的礼堂两侧，这两句话是：

把中华民族从根救起来，

对世界文化迎头赶上去！

四年前当我就任"教育部"部长的时候，记者先生们问我的教育方针是甚么？我就举这两句话相告，只是我把前一句移作后一句，把后一句移作前一句。因为我认为目前我们必须对世界文化迎头赶上去，才能把中华民族从根救起来，这也许是我与戴先生对中山先生遗教的看法，因时代的转移而有所不同的缘故。现在我已辞去"教育部"部长职务，我深深以在我四年任职期内，未能把中山大学重建的工作完成为憾事。好在重建委员会已经成立，而我又被推为主任委员，我卸任后将致全力于此一工作的完成，以补我内心的不安，并以纪念戴先生曾用过一番心血的中山大学，并以中山大学的重建来纪念本年十一月十二日即将到临的国父百年诞辰。我今后仍要坚强勇敢的来完成中山先生的两句伟大的遗训：

对世界文化迎头赶上去，

把中华民族从根救起来。

（原载一九六五年二月《传记文学》第六卷第二期）

国父逝世前后

——纪念国父逝世四十周年

今年十一月十二日，是国父孙先生的百年诞辰，而三月十二日又值他逝世四十周年纪念。在这整整四十年过去的岁月中，当日是幼年的人，变作了中年；当日是少年的人，变作了老年；经不起磨折或是已为国而牺牲，今日已经看不见的人更不知凡几。已经过去的人可不必说了，今日尚健在的人又将是怎样的心情呢？记得民国十七年执政党办理总登记时，胡汉民先生在登记表的经历栏内，写了两句话道：

> 余生犹在已堪悲，
>
> 说不尽从来积惨！

上面这两句话，正可为曾经参加革命，历尽艰辛，今日尚活着的人心情的一种写照。历史是最值得宝贵的，尤其是历尽艰辛的历史，回忆起来，一面可以使人们心酸，使人们感慨，但每当艰危之际，却又可激发人们为继往开来的奋斗与创造勇猛直前。回忆四十年前总理逝世的时候，每一革命同志心灵上所蒙上的阴暗与失望的情形，正赖此种宝爱历史的精神而把颓势扭转过来，创造出新的机运。至今思之，真是奇迹！

一　多事的十三年秋天

民国十三年的八九月，在革命政府所在地的广州正是多事之秋，内则广州商团事变正扩大中，扰乱了广州的安定；外则陈炯明、邓本殷叛军盘据东江和南路，正企图进犯广州，造成了革命根据地的心腹之患。当时我所担任的工作，除了在广东大学，亦即是后来的中山大学任教之外，还担任广州特别市党部的执行委员兼青年部长和大本营法制委员会的职务，参与各项立法的规划的工作。广州特别市党部，是第一次代表大会之后，依据党章，由选举而产生的正式党部，委员有孙科、吴铁城、马超俊、陈兴汉、伍智梅、赵景雯诸先生，一直被左派分子目为是当时的右派的大本营，亦即是反对共产党的一个策划的中心。党史记载中所称十三年六月一日，孙科先生和我所提出"揭破共党分子阴谋的纠举案"，便是由广州市党部所发动，其时间还早于张继、谢持、邓泽如诸先生所提的弹劾共党分子案十八天。委员中尚健在而留在台湾的有马超俊和我二人，在美国的有孙科先生。不知是因为过于疲劳还是饮食不慎，在民国十三年的九月下旬，我就染上了极为可怕的伤寒症，病情十分严重，只得移居珠江中一个小岛上的颐养院疗养，那时对伤寒病没有什么特效药，死亡率高得可怕，要凭一己的体力和细菌作生死的战斗。在持续的高烧下，我时常都陷入昏迷中，这样的日子过了约有十多天，体温才逐渐下降，神志亦才渐渐清醒，但因患伤寒病的人，除了流质的东西以外是禁食的，清醒后又觉得饥饿的袭击比发高烧还难受，全身软弱得不能站立起来。而同志们却为我十分庆幸，以为我已挣脱了死神的魔掌。殊不知到了十月十五日体温又复急遽升高，医师认为有肠穿孔的危险，若然就难望痊愈了！幸好不久体温又复下降，再经过短期的调养之后我便痊愈了。我为什么还记得翻病的日子是十月十五日，因为十五日正是广州商团事变弭平的一天，警卫军及黄埔军校的学生军与商团激战于西关一带，在枪炮声隆隆中，我度过了生死交关的一日，夜间同志们来告诉我商团叛军已完全缴械，谋叛的商团领袖，受英国人支持的汇丰银行买办陈廉伯逃还沙面，横行广州已久的商团叛逆终告解决。然而我的身体仍然十分软弱，不能立即出院，在静养期中，我注意时局的变化，得知十月二十三日冯玉祥、胡景翼、孙岳联合发动的北京政变把贿选总统曹锟囚禁起来，并通电欢迎国父北上解决时局。这是当时政治局势最大的一个转捩点，全国和平统一，由此曙光初显，中山先生北上的决心亦由此坚定。

二　总理给我上的"最后一课"

在中山先生十月三十日由韶关回到广州后十一月初旬的
一天，确切的日期我已不能记忆，被一种说不出的感觉所驱
使，使我必须去晋见中山先生，虽然我知道他当时十分忙碌，
而我又刚刚痊愈只能缓缓步行。那天我振作起精神从颐养院
乘电船到达位在广州河南的大本营码头，不期与吴铁城先生
相遇，于是就同他边走边谈地走向大本营，他好像忘了我是大
病初愈，步行甚快，使我很吃力的才能追上他的步伐，到达大
本营后他就和我分手，我在大本营楼下好不容易才喘息过来，
慢慢地扶着栏杆爬到楼上去，当我步入中山先生客厅门口，把
头越过屏风向内看时，看见中山先生和程潜正在那里谈话，我
马上把头往外缩，不愿意打扰他们。不料中山先生已经看见
我了，便叫我进去，以很惊讶的神气问我道："你的脸色为何
如此苍白？身体为何如此瘦弱？你害过大病吗？"我恭敬的答
道："是，我刚刚从医院里出来，害的是严重的伤寒症，经过了
一个多月病魔缠绕，近几天才能勉强走路，听说先生要北上，
特来请示大本营法制委员会的工作此后应当如何进行。"总理
道："你所说的伤寒症是不是英文的 Typhoid Fever? 这一病症
患了很严重，应好好当心，多多休养。"他慈祥恺悌地关心一

个青年人，真诚有如慈母，令人至今追思怀念。总理命我搬一把椅子，对着他和程潜所坐的沙发椅子的中间坐下，中断了他和程潜的谈话，而问我要问的是些什么。我看当时总理的神情好似程潜正向他要粮要饷而不得解决，我的到来好像是解救了他那时正摆脱不了的困扰似的。这是最稀有的一个机会，也是最后的一个机会亲聆他的训诲，自此以后虽仍看见过他几次，但已不能亲切面聆他的教训了！

总理说：

"这次北方的同志推翻了曹、吴军阀，国家又呈露出一个统一建设的机会，我这次北上要促进国民会议的召开来废除不平等条约，以谋国家的独立；要把本党第一次代表大会的宣言政纲提到国民大会予以通过，来重奠国民革命的基础。"

我忽然插嘴问道：

"为甚么把本党宣言政纲提交国民会议通过便叫重奠国民革命的基础呢？"

总理答道：

"宣言政纲现在只是本党所决定的，是我们一党的宣言政纲，实行的责任只在我们一个党，经国民会议通过之后，便成为全国国民的政纲了，全国国民便都有责任来实行，这就是重奠国民革命基础的意义，也可以说是扩大国民革命的基础的意义。"

我听了总理这一精辟的议论，忽然明白政治学上的由事实的政权通过到法律的政权的微妙之所在。

　　总理继续又问道：

　　"目前《建国大纲》已经公布，正广大征求各方的意见中，你有甚么疑问吗？现在我们要准备新国家的建设了，法制委员会最好根据《建国大纲》制定一套地方自治实行的计划和法规以备将来之用。"

　　说到总理手订的《建国大纲》，我至今真是感觉惭愧，《建国大纲》制定于民国十三年四月十二日，我当时并未加以重视，等到同年九月二十四日公布，我适在病院中，在寒热退后才有机会加以逐条略为研究，总理问我有甚么疑问时，我便一口气提出了十八个疑难之点。实则《建国大纲》全文只有二十五条，我竟有十八个疑难之点提出，真所谓少不更事了。如果不是总理宽大仁慈爱护青年，可能误会到我有意与他为难。我每一问题自信都不是泛泛的无的放矢，不是基于书本的知识，便是陈述个人独特的见解，虽然那时还年轻，知识学问尚未到成熟的地步。总理在答复我每一问题时都不厌其详地为我说得十分仔细，并好似鼓励我畅所欲言的样子。有时他抿着嘴，两只慈祥的眼睛总是盯着我微笑，好似今天非把我这顽皮的孩子说服不可的样子。这是我一生中上的最最有意义的一课，也是总理中山先生给我上的最后的最难忘的一课。至今我心里仍然存着一个疑问自己不能解答，我常常自己问自己,究竟那天我对《建国大纲》所提的十八个疑问是些什么,我竟连一点也想不起来了,我常把《建国大纲》二十五条逐条细读来回忆当日那些问题,但就连一点影子都找不着。我又常常清夜自己思量:我四十年前向总理所提出的十八点疑问,究竟是我那时的知识学问见解比现在高明呢?还是由于我现在的退步,以致再也寻找不出那些疑问来。我的答案是:那时我年轻幼稚没有把它完全消化,现在我自然比当时成熟多了,所以便追寻不出那时我对《建国大纲》二十五条所提那些幼稚的疑点。的确,我们要知道中山先生的学问思想,必须经时愈久,学养愈深才愈能发现其伟大的!

三　天道茫茫,真是难测呀

中山先生北上前的革命情势是非常恶劣的,他在民国十三年九月九日写给蒋先生的信中说:在粤有三死因:

一、英人之压迫:英舰威胁大本营永丰、黄埔之安全。

二、东江敌人之反攻。

三、客军(指滇、桂军)之贪横,造出种种罪孽。

中山先生认为:"有此三者,则广州不能一刻再居,故宜速舍去一切,另谋生路。现在之生路,即以北伐为最善。"既移大本营于韶关,并亲往督师之后的十月九日又函蒋先生,令放弃黄埔,率军校学生去韶关,参加北伐,为破釜沉舟之计。

他说："来韶之始，便有宁弃广州，为破釜沉舟之北伐；望即舍去黄埔一孤岛，将所有枪弹与学生，一齐速来韶关，为北伐之孤注。"所幸不久军校学生军终将商团叛军歼灭，革命一支劲旅亦于三数月中成长起来，为此后东征、北伐诸役的胜利奠定初基。及至十月二十三日北京政变成功，曹锟下野之后，国事虽已曙光渐露，但中山先生洞察深微，他虽为谋全国和平统一而北上，但却深知和平统一非一蹴可致。在北上之前的十一月三日在黄埔军校的告别训话中他说："未来结果如何，虽难逆料；然为前途之发展计，则势在必行。诸君不必期待过殷，以为余到北京后，可立即发起一中央革命；仅为借此机会，可作宣传工夫，联络各省同志，成立一国民党部，从党部之内，成立革命基础而已。"中山先生自己固然是抱着明知其不可而为之的精神毅然北上，为革命大业而奋斗，在本党同志中亦有为他北上的安全问题担心，而加以劝阻的，但总理对他们说："汝等以大元帅视我，则我此行诚险；若以革命党领袖视我，则此行实无危险可言。"同志们知总理北上的决心至为坚定，愈懔于其为革命不顾一切牺牲之精神的伟大，还能说什么呢！

从民国十三年一月二十日第一次全国代表大会揭幕开始，以至十一月十三日离粤启程北上，以迄其逝世，在这一时期中总理在艰难困苦中为革命谋、为国家谋的一切措施似乎都令人有迫不及待的感觉。尤其是他在这一期中曾有几次谈话似在有意无意间暗示同志们，他安息的日子已不远了。

一、民国十三年一月二十五日，总理在第一次全代会演讲中说："本党此次改组，就是本总理把个人负担的革命重大责任，分之众人，希望大家起来奋斗，使本党不要因为本总理个人而有所兴废……"以上这段话是依据《总理全集》的记载，据我的回忆，总理当时说话的表情比这要更为沉痛得多。戴季陶先生事后追述此事，说是孙先生好似以托孤的精神，把革命的大业交付给全党。

二、十三年十一月十三日，总理离粤乘永丰舰启程北上，是日下午三时，座舰始达黄埔军校，校长蒋先生率军校全体官生士兵，列队在校门外码头恭迎。总理到校巡视一周后并校阅第一、二期学生在鱼珠炮台一带之战术演习。对演习的情形甚表称许，很感慨地对在旁的蒋先生道："我这次到北京去，明知道是很危险的，然而我为的是去革命，是为要救国救民去奋斗，有什么危险可说呢？况今年我已五十九岁，也已到要死的时候了。"当时蒋先生十分惊骇，就问："总理为什么说这些话？"总理说："我是有所感而言的，我看见你黄埔这个学校的精神，一定能继我的革命事业，我死了，也可以安心瞑目了。如果前二三年，我就死不得，现在有这些学生，一定可以继承我未竟之志，能够奋斗下去的。"

三、总理北上经过上海的时候，曾对上海的同志们说："我老了！不知道命在今年，还是明年呢？……所以从今日起

把这重大责任交给你们去做了。"（据叶楚伧先生的记述）

从上面引述的三次谈话，总理似乎已有生命历程行将终结的预感，这究竟因为总理是一位极其高明的医生，他对自己身体的情形有很微妙的理解，抑或是因为总理是一位至诚的哲人，可以前知呢？天道茫茫，真是难测呀！

四　扭转历史的棉湖之战

总理于民国十四年三月十二日午前九时半逝世于北京，噩耗当日午后二时传到广州，由中央党部通告各党部党员。广州全市立即被愁云惨雾所笼罩，山颓木坏、栋折梁摧不足以形容当时的震惊和惶悚！我们将何所依归呢？残破的大局将如何收拾呢？我们将偃旗息鼓以举哀吗？我们将墨绖从戎以为革命军的后援吗？大家陷入无可言达的悲痛里，近乎木然的无表情的商议着奔走着治丧大典及巩固广东革命策源地的工作。

当时广州这一愁惨的气氛，直到三月十四日东征军棉湖前线的捷报传来时才趋于开朗，人心才从沉痛、无依中振奋起来。在国民革命军战史上，棉湖之捷是革命战略上一次空前的胜利，这一胜利直接影响到此后广东的稳定、北伐的成功与全国的统一。这次战争发生在总理北上，病重消息传布之后。总理虽在生命万分危殆之中，仍念念不忘东江之战况，即在其逝世的前两天药石罔效，群医束手的三月十日（他的脉搏有时每分钟达到一百五六十次，呼吸有时减少到十八次），总理已自知不起的时候，犹问侍病的同志道：

"粤军、校军进展到什么地方了？"

"滇军进展到什么地方了？"

同志们把粤军、校军已下潮汕，蒋校长、许总司令（崇智）已至汕头等东江前线的情形报告，总理听到后，神色疲惫的脸上，又泛起极为快慰的表情。棉湖一役决定性的胜利，则正值总理逝世之后的第二日，三月十三，谓为总理在天之灵暗中呵护乃克致此，岂仅是一种巧合？这是一次惨痛的战争，一次忍着眼泪去和反革命流血拼命的战争，值得景仰和追忆。

民国十三年冬天，总理北上以后，窃据东江的陈炯明叛军，以为有机可乘，外联军阀，内收土匪，结集近十万人，企图进犯广州，袭取革命的基地。当时革命政府乃决定先发制敌，出师东征。十四年二月一日东征开始，以粤军为右翼，进攻洪兆麟部，桂军为中路，围攻惠州，滇军为左翼，进攻林虎部，当时黄埔军校只有第二期学生、第三期入伍生，和由第一期毕业生为基干编成之教导第一、二两团，人数总计不过三千，在武器不精、粮弹不裕的情形下，人皆以为不堪一击，未列入战斗序列。蒋先生以东征军事，关系革命基地之安危至巨，乃毅然请命担任前驱。二月五日校军首战克复东莞，进逼常平，十五日克淡水，直薄平山。而左、中两路之滇军杨希闵，桂军刘震寰，却有按兵不动坐观成败的迹象，校军处于极为不利的形势下，不得不孤军苦斗，二十一日克平山，继续又克复海丰、陆丰。三月七日攻克潮安、汕头，将洪兆麟部完全击溃。正当此际，与滇桂军对峙之敌林虎部约二万余人，突然全师东进，企图出河婆经棉湖猛袭校军。蒋先生获悉上述敌情后，于三月十一日午后，令粤军第七旅任右翼，教导第一团任正面，第二团为左翼，于三月十二日晨向敌人攻击前进，准备与敌军遭遇于棉湖附近予以消灭。经两日之苦战，卒于十三日午后击溃敌军，并续克五华、兴宁等地，东江乃告底定。

参加这一战役的主力校军教导第一团和教导第二团，成立未满半年，为数不过三千，与十倍于我之敌人搏战，能够险胜，真是奇迹！当时任教导第一团团长的是何应钦先生，任教导第二团团长的是钱大钧先生，任营长的有顾祝同、蒋鼎文、刘峙、王俊诸先生，率领炮兵的则为陈辞修先生。还有陈继承先生时任学兵队队长，冷欣先生任第四连党代表，萧赞育、严武、梁华盛、邓文仪等先生任见习官或排长。以上诸先生仅就我所知道和认识现尚健存在台湾的而言，现仍留台健在者当不止此数，未能一一记忆。据何应钦先生告诉我，十四年三月十三日棉湖之战，由于我将士忠勇赴义，决命争先，以致牺牲惨重，伤亡枕藉，当战事告一段落后，集合整队，已零落难于成军，官长士兵不禁痛哭失声，胜利的喜悦，几被同志伤亡的悲痛所淹没，但以残敌待歼，又不容稍有懈怠，于是大家只得擦干眼泪，从悲伤中振奋起来继续进发，卒将五华、兴宁一带残敌肃清。

棉湖的胜利，十四日曾驰电总理告捷，因为前线军事紧张，中央恐怕恶耗影响军心，此时秘不与闻。总理逝世的恶耗，正式到达前方是三月二十一日，这实在是一件十分悲哀的事！蒋先生对棉湖的胜利曾说："棉湖一役，以教导第一团千余之众，御万余精悍之敌，其危实甚。万一惨败，不惟总理手创之党军尽歼，广州革命策源地亦将不可保。此战适当总理逝世之翌日，盖在天之灵，有以默相其成也。"蒋先生在军中，自闻总理去世，朝夕惘惘，他尝说："既带军队，自当以死自誓。在军日取手枪藏怀，恐为敌所乘，不如自杀，尚有生人乐趣耶？遁世葆真乎？抑负荷重托乎？皇然不能自决。"这是怎样深沉的悲痛啊！

人类的历史是不断的牺牲奋斗的纪录，个人的死亡固然能给历史以影响，但却不能决定历史的未来。决定历史未来的不是死者，而是活着的人。民国十四年三月十二日总理逝世之后，广州革命策源地的人心似乎岌岌不可终日，但当棉湖胜利的捷报传到后，人心又振奋起来。此后革命军的北伐诸役，能以少数的兵力，获得快速的成功，无非总理去世，人心益加振奋所致。因为革命的导师已逝，如果不奋起从事革命，不但对不起总理，国家的前途也将更为暗淡了！这一战是由一隅的胜利而影响了全局，把整个革命的颓势扭转过来，创造了历史的新页。历史是人写的，是由人奋斗创造出来的，这事例很值得我们借鉴。

五　四十年前台湾同胞举行的总理追悼会

在总理逝世后所掀起的哀伤的浪潮中，不知有多少震撼心魂的场面令人永远不忘：

一、黄埔军校的追悼会，因为校长蒋先生当总理逝世前后，一直在东江前线指挥作战，延迟到四月五日才在黄埔举行，大会由蒋先生和廖仲恺先生主持，参加的官、生、兵士有四千多人，当祭典开始时，蒋先生忍不住痛哭失声，全场都为之下泪。

二、撰述《孙逸仙传》的林百克先生，书方付印而总理已罹不治之症，书方出版而总理已不及见，他的悲哀是可以想见的。三月二十二日，留美学生和侨商在纽约举行追悼会时，林百克先生特从华盛顿赶去参加，他登上讲坛便全身战栗，好像要倒下去的样子，大声哀痛地说道：中山先生是全世界的大师傅，是人间的活上帝，是奋斗而成功的劳苦公仆，是未尝一日悲观的冒险领袖，是不自大不抱怨的道德家，是站在时代前面而缺少从者的超人，是生受嫉恶死被崇拜的英雄……。

三、总理的老师，伦敦蒙难时救护总理的英人康德黎先生，七十多岁，行动已很不方便，还参加伦敦旅英华侨举行的总理追悼会，在会中老泪纵横，引起全场欲哭。

从上述这些感人的场面，可知总理的逝世，是如何使薄海同悲的。尤其令人感动的，是台湾同胞对总理的哀悼台湾同胞听到总理逝世后，无不暗暗地洒泪，但他们在日人的统治之下，又不敢哭出声来。台湾的民众团体有志社筹备了一个追悼会，订于三月二十四日晚间七时在台北文化讲座举行，文化讲座的地点在今日台北市的贵德街，靠近第九、十号水门一带，是夜大雨倾盆，街道十分泥泞，到会的无比的踊跃，但会场只能容纳三千人，在开会半小时以前即告满座，迟到的人只得在场外敬礼默哀而去。大会从晚七时至夜深十时无一人中途退场者。台湾同胞举行的这一追悼会，真是得来匪易，因为当时日本人是反对台湾同胞追悼总理的，在开会的前一天，就传有志社的干事到警察署去讯问，命令他们把已经拟好的一份悼歌作废，不准在会场歌唱，又不准朗读吊词，亦不准演讲，控制刁难，无所不用其极。而台湾同胞却仍在日人的高压下，在暗夜的风雨中举行了一个盛大的壮烈的追悼会，是怎样的难能可贵啊！

这一份被日本警察禁读的吊词，是台湾同胞热爱祖国、向往自由、崇敬总理的心声，吊词的作者是在几年以前去世的张我军先生，亦即是最近由美返国的本省学人在台大任教的张光直博士的尊人。这一吊词虽然被日本警察署禁读了，但它却很快地就传到祖国同胞的耳朵里，凡是读到这一吊词的人，莫不为台湾同胞爱祖国、爱自由、崇敬总理的至诚而感动。谨将这一吊词录在下面，以结束本文：

    唉！

    大星一坠，东亚的天地忽然暗淡无光了！

    我们敬爱的大伟人呀！

    你在三月十二日上午九时三十分这时刻

    已和我们永别了么？

    四万万的国民此刻为了你的死日哭丧了脸了。

    消息传来我岛人五内俱崩，

    如失了魂魄一样。

    西望中原禁不住泪落滔滔了。

    先生！

    你在西纪一八六六年，带着你超群的天才，

    满身的爱国家爱人类的精神，

    革命思想和实行的毅力，

    深入我人类之伍以来，

    前后六十年了。

    你年才入冠，便委身于救国运动和革命事业，

    你在四十年的中间，

    始终用了你的万挠不屈的毅力，

你的表示始终一贯的精神，

来实行你千移不易的主义。

那专制横蛮的满清朝廷的迫害，

那无恶不为的军阀的压迫，

那野心勃勃的外国帝国主义的嫉视，

终不能奈何先生！

你的精神，你的理想，

虽未十分实现，

但是，你的毅力意气，

已推翻满清，建造了民国，

吓坏了无耻的军阀，

和残酷的外国帝国主义，

唤醒了四万万沉睡着的人们了。

可是啊！

三民主义还未实现，

中国的革命还未成功，

大亚细亚联盟还未实现，

前途正乏导师之时，

你残忍刻薄的死神，

你竟把这位千古不获的导师，

夺到死的国度去了! 唉!

中国的同胞哟!
你们要坚守这位已不在了的导师的遗训:
革命还未成功,
同志尚须努力哪!
先生的肉体虽和我们长别了,
然而先生的精神,
先生的主义,
是必永远留着在人类的心目中活现。
先生的事业,
是必永远留着在世界上灿烂!

执笔至此,我回忆到四十年前,中山先生逝世的消息到达广州时,广东大学,亦即是后来的中山大学的情形,我记得当时在北方的北京大学教授们出版了一个刊物名叫《现代评论》,广东大学的教授们出版了一个刊物叫《社会评论》,我们特为中山先生的逝世出版一个专号,内容极为丰富。专号中的《中山先生事略》是我执笔的,《中山先生思想概观》一文是周佛海写的,《民族主义》一文是曹四勿写的,《民权主义》一文是谢瀛洲先生写的,《民生主义》一文是曾济宽先生写的,其余的文章我已不能记忆了。当日执笔写文章的人现时尚健存而在台湾的有谢瀛洲先生和我两人。我当日写《中山先生事略》一文，便决心要好好为中山先生写一本传记，事隔四十年，我此一志愿迄未能获偿，真是惭愧之极。谢瀛洲先生现任"最高法院"的院长，他在写《民权主义》一文时曾谓将毕生为阐扬中山先生的政治思想而努力，他的确在过去的四十年中，在工作上和写作上实践了对中山先生继志述学的工作。第一部有关五权宪法的书是他写的，此外他写有《中国政府》《中华民国宪法》等书，风行一时，阐述中山先生的遗教，贡献很大。至于我呢，匆匆四十年，一无所成，每当肃立于中山先生遗像之前，百感交集，惭愧无似! 我今后果能摆脱俗务专心致力于中山先生思想之研究与阐扬，借以自拔并以补过吗?

（原载一九六五年三月《传记文学》第六卷第三期）

最后之一面

——哀悼陈辞修先生

一

二月二十八日晨，报载"陈副总统医疗小组"的公报，证实辞修先生所患的病为肝癌，已至最严重的阶段，现正设法使其于不受痛苦中，度过其仅有的生命历程。自阅读这一消息后，整日郁郁于心，不能自抑，夜晚就寝更辗转不能入睡，刚刚昏昏入睡一二小时，又复于黎明前的三点钟左右醒来，再也无法安静下来。依照我平时习惯，在入睡前阅读不太用注意力的轻松读物，不需太多时间，视觉略感疲倦，顺手关闭床头小灯，顷刻间便可入睡。除了一二次重病曾借助于安眠药以外，我平日极少有失眠现象发生。第二天（三月一日）下午四时，我从中央党部设考会往晤谷凤翔秘书长于其办公室，恰好郭外川副秘书长亦在座，据他们告诉我，辞修先生的病情确如医疗公报所说。我此时似乎有些忍耐不住，很郑重的向他们说道：

"辞公病情既然如此严重，在不妨害他安静的条件下，对他所要见的，或是要见他的亲友和同志，应给予一见的机会，俾大家心安，以免遗憾。以辞公在国在党的重要地位，对此点要作慎重的处理才好。"

谈话当中，郭外川先生先行离去，我与谷先生继续谈论其他的事务。当我于六时左右辞出谷先生的办公室，适外川先生由"副总统"官邸归来相遇于楼下，他匆匆告诉我道：

"希望你于明日午前十点钟去探望'副总统'。"

大约是我的意见已被采纳了。

二

在"副总统"官邸的客厅中，我先向辞公的长公子和女公子详询其病中情形，据告一周以来已很难进饮食，全赖注射葡萄糖维持营养，身体已日趋衰弱，惟尚无痛苦的感觉。我这时心情十分沉重，感情已有些克制不住，所引为安慰的，惟在"尚无痛苦感觉"一语。

未几，我进入病室，辞修先生正躺着闭目静养，其家人告以我已到来，他睁开眼睛，露出惊喜的表情，一会儿又把眼睛闭上，如是张合数次，我站在他的左侧，见他频频移动左手，好像是想同我握手，而神疲力弱难于举起来，我以手就之，初时还觉得有力，紧握不放，未几又趋松弛，旋又紧握，但已不如先前的有力了。他的嘴唇频频在动，似在对我说话，但声音十分微弱，辨不清楚他所说的是什么。在这样的情形下，我惟有以手势请他闭目静养，并为他默祷。我此时心里虽仍存有盼望他康复的念头，然而这时亦自知这一希望只是一希望而已！世间如有奇迹，我希望此一奇迹出现于辞修先生的病情。

这就是最后之一面，永别之一瞬吗？我抱着沉重抑郁的心情离开了病室。临行，我强忍着悲伤向其男女公子道：

"这段时间要加意侍候，自己亦须在无可如何中保重身体，请留心陈夫人的健康。"

三

三月五日下午一时左右，我得到王民先生的电话，要我即刻到"副总统"官邸，愈快愈好，似有迫不及待的情势，我知道这一定是病危的消息，压抑不住的悲伤涌上心头，其实在三天前我去探望时，已经感觉到他的生命已濒危了。不过在失望当中，仍然期待着奇迹的出现，现在已知奇迹是很难出现了！到了官邸门前，见所有先我而至的人都面向着屋内，肃穆、静寂、失望与悲伤笼罩着四周！我急切奔赴到病室的床前，无言的凝视着他，见他上半身靠在枕上，头向右侧倾斜，眼睛闭着，呼吸急促，已似有出无进临危的景象。环绕在他身边的亲人，已因不能抑制悲伤而噙着眼泪，微弱的哭声不知发自何处。除此之外只是一片死的静寂，酸泪一滴一滴地往心的深处坠落。我呆立凝视着他许久许久，有似失掉了知觉，直到在旁边的人提醒我，才噙着泪走到病室外的客厅。亲友们愈集愈多，大家都相对无言，忧戚之外，这客厅中已空无所有。失望虽到了最后，仍盼上苍有奇迹的降临！这沉寂的空气，一直到了五时三十分左右，忽然一个消息传自医务人员的口里，说辞公脉膊已回复正常，每分钟约七十跳左右。这岂是奇迹果将来临吗？抑或是俗称的回光返照呢？当时每一个人的心中都存着这样的希望和怀疑。

我于五时五十分暂离"副总统"官邸，回到家中用晚饭，大约七时左右，急迫的电话又来了，当我赶到官邸时，一代伟人的辞修先生已与世长辞了！

辞修先生的逝世，是当前"国家"一项无比的损失，尤其是在这艰危的时代，正有着许多艰巨的工作，需要他辅佐蒋公领导来完成。他的逝世，无疑的将在每一个人的心上蒙上悲哀，我们要怎样才能从这悲哀的气氛中挣脱出来呢？

四

辞修先生生前曾经对我谈过，民国十四年三月十二到十三棉湖之战时，他是校军教导第一团的炮兵连连长，团长是何应钦先生，他追述这一战役的往事道："当时以少数新成立的校军，当十倍于我之敌人，是从不可能中创造出可能的奇迹。这一战役发生在总理病危逝世的三月十二，胜利的决定则在总理逝世后的第二日、三月十三，真有似总理在天之灵的呵护有以致之！"辞修先生说：他的炮兵连那时只有几尊传统武器的七五大炮，子弹又少得可怜，然而每发必中，如有神助。我赞叹他的技术高明，瞄准正确，他谦虚地说当时并无把握，实在是出于偶然。说到他做炮兵连长时作战的经过，他时时引为骄傲，他说到民国十四年六月，回师广州计伐杨希闵、刘震寰的一段往事时尤为欣快，他说："当刘、杨被我革命军击溃，我军已进入广州，占领了全市，大家以为一切都无问题，不料滇军另有一支队伍由一位姓曾的将领所率领，从增城方面开来，大约是奉命援救广州，尚不知广州已为我军占领，当其抵达广州近郊白云山麓的时候才被发现，那时友我各军均未加戒备，官长中有的已离营访友，所幸者，我因驻扎北校场没有离营，于闻悉此一消息后，即刻将大炮拖出指向白云山方面发炮射击，敌人知我有备才停止前进，我军乃得有暇迅速整队，开赴前方将残敌缴械，否则这一意外的突袭，不知将构成如何的后果！"我问他这次是不是又是百发百中？他说："虽然不是百发百中，却是效果比百发百中还要大呢。"我问他为何不曾离营？他很自豪的答道："当军人的人，就要在这些地方见工夫。"从这些地方可见出他的负责和细密。我说："其时我在广东大学宿舍楼上，曾亲见大炮弹落在山麓后爆发出来的白烟，不料竟是您发射的。"

辞修先生很健谈，对人很亲切而有幽默感，唯一使人不耐的地方，可能是他自己说得比较多，给别人说话的机会比较少。可是他和我交谈的时候，他反说我在摆龙门阵，把话说得太长。我有时说话肆无忌惮，可能有损及他的威严的地方，而他并不以为忤，回想这些情景，如今真不可复见了！

五

犹忆我于一九四九年岁暮，由大陆撤退抵达香港，本打算埋头苦修一段时间，从事研究工作，策划反共革命之再起，以补我多年来为实际工作牵累鲜有时间在学问上多下功夫的缺憾。在十分困难之中，好不容易才定居下来。忽然有一天早晨，见报载"行政院"改组的消息，辞修先生任"院长"，在政务委员名单中发现了我的名字，读之令人惊喜。因为那时正值大陆失陷之初，情形十分混乱，各人的生死去向都不易明白，这次"行政院"改组，在事前我并无所知，而政务委员名单中竟有我的名字，这不能不说是由于平日在精神上彼此有深的默契和了解所致。这一善意是十分珍贵的，而在动乱的大时代中尤能显出其价值来！

不久后台北的电信也到了，我预计安静读书研究的计划又得放弃。当我移家来到台北、晋见辞修先生时，于握手寒暄之后，我第一句话便对他说：

"您好大的冒险！在我生死去向不明之际，竟荐举我为行政院政务委员，万一我在大陆走不出来，甚或守不住志节，你将如何办呢？"

辞修先生的豪情确实令人感动，他说："你到港的消息已有所知，至于说到你的志节去向的问题，假使连这一点我们都不能信赖，天下事尚可为耶？"他顺便询及香港目前的情形，我就我所知的向他报告，还说了下面的故事给他听：

在我离开香港之前，有一位关心我的友人来寓劝我，他说：

"台湾已经是死了没有埋，你为甚么还要前去？"

我说："你恰巧把话说颠倒了，台湾是埋了没有死，不是死了没有埋！我们一息尚存，必须奋斗到底，事在人为，谁能断定我们便没有复兴的机会？在这大风大雨危疑震撼之中，如果尚有人有勇气、有志节为理想而奋斗，纵然牺牲在一块，亦是心安理得，求仁得仁，又有何考虑之处？"

辞修先生对于我所说"埋了没有死"的比喻很感兴趣，此后在几次公开的会议中都曾听他引用我这句话。记得在台湾的局势稳定之后，他曾几次向我取笑，他说："现在我们不但没有死，我们坐起来了！"当各项建设大有进步、国际情势好转于我有利的时候，他又往往对我说："现在我们站起来了，从前是挨打，现在是我们要打敌人的时候了！"

的确，我们现在是站起来了！辞修先生却被病魔侵袭而过去了！他不及见到国家的中兴，是怎样大的不幸呢？

（原载一九六五年四月《传记文学》第六卷第四期）

忆邵元冲张默君伉俪

一　"邵元冲将军"的由来

在广州大本营法制委员会的同志中，如像胡汉民、古应芬、戴季陶、林云陔、邵元冲诸位先生，及现尚健在台湾的谢瀛洲先生，他们都各自有其独特的风格，令人仰慕而难于忘怀。关于法制委员会委员长戴季陶先生的故事，我曾在几篇已发表的文章中写过，现在我要记述的是副委员长邵元冲先生的故事。

邵元冲先生是清朝末年（宣统元年，己酉）最后一次科举的浙江省的拔贡，他的旧学基础深厚，文采灿然，曾随侍中山先生左右担任秘书，到了民国八年以后才立志赴美求学的。我和他的年龄虽然相差有十二岁之多，但我们之间却有如兄弟般的亲热，是世俗所说的忘年之交难于企及的。他的为人属于谨慎严肃的一型，而我在他人的心目中则是属于不羁任性一类的。元冲的夫人便是不久前逝世的"考试委员"张默君先生，他俩的婚姻经过相当曲折而有趣，我可以算得是他俩婚姻的一个偶然的撮合人。元冲和我从民国九年到十三年之间同在美国留学，不过没有在同一个地方；他在威斯康辛大学，我则在俄亥俄的威斯灵大学，毕业后又转入俄亥俄州立大学研究。我们在美时通信很密，有一天我在报上看见一段有关他的新闻，标题中竟赫然有"邵元冲将军"字样，使我非常惊异，心想为何他亦做起将军来了！报上还登了他一幅戎装的像片，更使我感到非常奇怪。在若干年后我才发现他的将军头衔原来与他同默君的婚姻有关。

元冲和默君都是同盟会的同志，都曾参加过辛亥革命运动，默君生前常以辛亥年光复苏州为她得意之作，苏州光复后她担任过革命机关报《大汉报》的主笔，得志成名的时间比元冲还要早。在当时的女子中，她的确是一位了不起的风云人物，她不独长于诗文书法，而且当年的的确确是一位窈窕淑女，元冲之为她而倾倒自非偶然。我曾见过默君一张梳着日本式头发的照片，风姿绰约而又英气逼人。

民国元年，同盟会在上海设了一个交通处，亦可说是当时中国革命同盟会事实上的总部，其时默君任文书部部长，元冲仅是一普通的干事，他对默君虽屡次输诚结交，不无有堂高帘远，而难于接近之感，经同志们多方的安排撮合，默君均报之以冷淡。据说，默君当时曾有非将军不嫁的暗示，于是元冲便醉心于如何取得一将军荣衔以见重于默君了。一直到了民国四年袁世凯背叛民国帝制自为，各省纷纷起兵讨伐，居觉生先生在山东潍县任中华革命军东北军总司令时，元冲才获有机会从军，被居总司令委以警备司令的名义。自民五袁世凯暴毙，民国重光，讨袁军事结束，元冲自以为将军的条件已具，自可赢得默君的青睐，不料事竟有大不然者。大约此时将军的荣衔已不如辛亥革命时之被尊崇，闻默君复有非留学生不嫁的新暗示；这可能即是邵元冲将军与留学的邵元冲将军的由来。我曾以此事当面问过元冲与默君是否真实？他俩皆只报我以微妙的微笑！

二 无话不谈的忘年交

爱情可以为人带来欢乐与幸福，亦可使人疯狂与颠倒；可以使强者衰，弱者兴；可以使明智者盲目，使懦弱者勇敢；可以使怕死者舍身，亦可以使刚强粗暴者驯服。元冲可能是陷于爱情的铁圈子里不能自拔，他亦不愿自拔，而心甘情愿作爱情的俘虏。他和默君的婚姻，的确是基于一种深厚的爱情，其微妙处自非局外人所能尽悉。

元冲于民国十二年冬天，由美赴欧洲各国及苏俄考察，在此一时间内，我则由加拿大回到广州参加第一次全国代表大会。这一大会他不及赶回参加，但他却被总理提名为候补中央执行委员，他之受知于中山先生由此可以想见。他回到广州大约是在十三年四五月间，正是革命怒潮高涨的时候。由于我们都是初由海外接受新知识返国的，党内同志对我们都格外的重视，我们亦正想乘此时会，把所学与所志贡献于革命。元冲虽然较我大十二岁，但我们不仅是忘年之交，亦是忘形之交，朝夕相聚，出入相随，无话不谈，一谈往往不知东方之既白！他严肃而少幽默感，我则脱不了顽皮的习性常常和他打趣，他亦能安之不以为怪，时时报我以微笑。人到年事日长，生活经验与治学作事诸端，自不无长进，但是要能结合几个知心友人，互倾肺腑，无所顾忌，具有纯厚的友谊与情趣的生活，则惟有在青年的时代乃能求之，此种情境在中年以至老年则绝无仅有。生命之绚烂平淡以及其可贵可哀，在这些细小而微妙的地方，才能深切地体会出来！

三　他们是怎样重修旧好的

有一次，我和元冲谈到恋爱和婚姻的问题，这类问题最能提起年轻人的兴趣，亦最为年轻人所乐道。我们讨论恋爱问题当然不止这一次，但以往所谈的皆是"通论"，而不及于特殊个人的关系。这一次的谈话却不同了，我乃采单刀直入的方式问他：

"你的婚姻大事如何？你是不是要实践'匈奴未灭，何以家为'那句话？"

他对我的话看似一无表情，但内心却又隐藏着甚么似的，我于是更直率的说道：

"你所倾慕的张默君小姐，岂不犹是云英未嫁，现正任南京第二女中的校长吗？有人说她抱独身主义，又有人说她是情有所钟，非其人不嫁，她之不嫁，是不是期待于老兄？"

元冲此时面部有表情了，一种沉郁而带感慨的表情。他低沉而吃力地说道：

"她与我音书断绝多年了！不必再提！"

我说：

"音书断绝，可以重修旧好，为了爱情，何必迟疑不前，误了终身大事？如果你还爱她倾慕她的话。"

元冲似已为我的话所动，于是他接着说道：

"事隔多年，又不知她的近情，修书问候，恐有所不便。"言下似乎百感俱集。

我于是为他策划，我知道他为人多少有些拘谨，要他冒失直接致书默君是有所顾虑的。我说：

"你的大作《美国劳工状况》一书，不是最近已经由民智书局出版了吗？何不用双挂号寄她一本，把你在广州的地址，明明白白、清清楚楚地写上，不必冒失给她写信，可以免于碰钉子之虞，她接到这本书之后，如果一无反应，就作罢论；如果幸有回音，则事尚可为，这样做，既无损于你的尊严，又可达到一通诚悃的作用；如果她有了反应，那么，便证明你们之间爱情的余烬未灭，大可重温旧好了！"

我一半说笑，一半认真的向他提供这一办法，他平素很少大笑，此时却禁不住大笑起来，一激情染红了他的脸。

元冲是否接受了我的意见，当时不得而知，不过大约在两星期以后的一天清早，那时我尚未起床，忽然他急急忙忙的走到我住所的楼上，一面用手敲击着我卧室的门，一面大声喊道：

"季陆！季陆！行了！行了！行了！"

我赶忙起床把卧室的门打开，让他进来，我问他有何紧急的事起身如是其早？他手中拿着一封信，满面春风似的递给我说道：

"默君的回信来了，回信来了。"

我接过默君的信一看，信首的称呼是"翼如先生"，信的内容，除表示暌违驰念之外，对于他的《美国劳工状况》一书大事颂扬一番，态度虽然仍带客气，而辞意却十分诚恳，绝不是一件应酬泛泛之交的书信。我此时才发现两件事：第一件当然是我为他献策，把他的《美国劳工状况》一书作为敲门砖寄给默君，当时他虽然当作笑谈，未表示可否，但他却暗中照办，居然发生了效力。第二，我平时不大注意朋友的号，只知道他的名和姓，此时我才知道元冲的号是翼如。可见他和默君以往的交情，实比朋友更进一层。自此以后，我们的谈话，便以默君为主要的题材，默君的生平及诗文亦才透过元冲给我以拜读的机会。

要知道元冲和默君八年音书断绝重修旧好后的情怀，从他们相互唱和的诗章中可以得到更美好的了解。默君的《白华草堂诗》中有六首绝句，我把他抄录在下面：

自丙辰别翼如八载，彼此音尘断绝，昨忽得自美归后一书，縢以近制，极道离怀别苦，感而有作，时甲子秋孟也。

一

放眼苍茫万劫余，八年一得故人书。

天荒地老伤心语，忍死须臾傥为予。

翼纽约寄怀诗中有忍死须臾为阿谁语。

二

海天哀思两茫茫，断雁零鸿各一方。

已分生离成死别，那堪重展十三行。

三

木叶萧萧袅袅风，玉蕖憔悴大江东。

碧天梦浸英伦月，漫道灵犀万里通。

翼附示英伦梦予诗。

四

奋剑挥波波复流，年年咽恨海西头。

无情更是春申月，照彻人天万古愁。

五

形在神亡祇自怜，翼书中有别来八载形在神亡语。女娲无术补情天。

唯君猛向空明觉，会到灵山证慧禅。

六

中年豪气总难收，尽有奇怀供百忧。

薄海尘劳须拾检，风云忍抚一天愁。时江浙战机已迫。

在元冲的遗著中，我亦发现他和默君原韵的绝句六首：

留欧美八载，苦不得默君书，民十三年归国，佐总理粤
东，致默长函及近著，获诗大喜，次韵六章。

一

危涕重携话劫余，梦魂时篆掌中书。

披衷朗月精贞见，万里来归傥起予。

二

殷勤青鸟事微茫，饮恨年年天一方。

最是赫森江畔路，寒空孤雁不成行。

三

娟娟骚怨郁毫端，宛转千回带泪看。

石烂海枯盟约在，更无古井起波澜。

四

情深似澥断还流，迢递秦淮咽石头。

千叠渤溟同载憾，莫愁谁说总无愁。

五

玉蕖照海绝纤尘，涌现庄严妙相身。

八载明珠凄夜月，临流遥礼碧衣人。

六

劲节孤风相互怜，誓凭彩石补钧天。

乾坤万古常新运，携手匡扶印慧禅。

从他俩的诗中，可知在八年的分离中，相互间的相思之苦和一经复交后的欢欣之甜；他们从此便盟山誓海，情意缠绵，非局外人所能想像了。不过元冲在和诗的题目中，致默君长函及近著联结在一起，据我记忆所及，寄近著《美国劳工状况》以为敲门砖在前，得到反应以后寄长函通款曲在后，也或许是他在寄近著的同时，就按捺不住奔放的感情附有长函，就非我所知了。

四　关于默君年龄的谜

元冲和默君自此音信常通，不久他便借故赴上海，到上海不久，我们便得着他和默君结婚的消息。我曾经以此事的经过，当面问过默君，问她当时接着《美国劳工状况》一书时的感想如何？她说，当她接得此书，拆阅的时候，全身发抖。我问她为何？她说：多年遗忘的情愫，一旦重温，不觉百感交集，有似触电一般。这便是我所知道的他们恋爱和结婚的经过。

事隔多年，有一次默君在台北过生日，大家为她在实践堂举行祝寿，朋友们要我演讲，我便把这一故事讲出来求证于她，当我的话头方说到这里，会众把视线都集中于她，她不断点首微笑，她年事虽老，衣着仍喜鲜艳如少女，这时她的表情亦如少女般的妩媚。

默君的年龄是一个谜，外间知道的人很少，每逢她的生日，她很喜欢热闹，友朋亦喜为她举行祝贺，但是究竟是做大寿或几十晋几，大家都弄不清楚，而又不便问她。因此对于默君高龄几何，存着许多的传说。当她和元冲结婚后，我曾问过元冲，据他说，默君较他大四岁，如果要考证的话，元冲大我十二岁，我今年是六十六，当一九五九年我担任"考试院考选部长"时，我是六十岁，默君担任考试委员，那时她的年龄应是六十加十二再加四，应是七十六岁。但当时"考试院"的同事们说她岁数是七十以下，她亦曾表示默认。在我为她估计她当时已是望八高龄的老人了。果然，在她今春逝世的讣文上，所载则为享年八十有二，得到了最后的证明。因此，亦证明元冲当年对我说她比他大四岁的话是毫无隐瞒的，元冲对朋友真是诚实不欺，这亦可以看出我和他交谊的深厚。

默君民国十三年和元冲在上海结婚时，年岁已在四十以外，因为独身的关系，可能面貌看起来不无苍老的情形，当时他们选定了上海静安寺路沧州饭店作为临时新房，事前一日，我们的好友向传义兄陪默君去看新房的布置陈设时,曾引起了小小的一场误会。饭店的工人看她年岁已大,没有想到她便是新娘,冲口问她道:

"老太太,小姐明天几时到?"

据传义兄告诉我,默君当时几乎气得要哭出来,的确她亦曾为此而一度暗中饮泣! 大有美人迟暮之感!

五 回念老友伤痛无已

我和元冲相聚,除了民国十三年和十七年在广州之外,以民国十四年到十五年夏天在上海的一段时间为最久。当时为了要培养革命的学术人才,于是便在上海法租界陶尔飞斯路筹设了一所研究革命理论的中山学院,元冲任院长,沈玄庐、张厉生、桂崇基诸先生和我则担任讲授,我们朝夕相聚,艰苦与共,最令人难忘。在当时同住鸿仁里的同志中,最先死的是沈玄庐先生,他是民国十七年被人暗杀在浙江衢前的;元冲是民国二十五年西安事变时殉难的;默君是今春在台逝世的,现仍健在台湾的有张厉生、桂崇基两先生和我,追怀往事,不禁泫然。

民国二十五年的冬天,其时我居香港,元冲由南京赴广东、广西两省视察的时候,曾路过香港,他到处寻找我而未获一见,他托朋友留交给我的一封信,我收到时他已离港。其后我赴广西，他已东返，又彼此错过了见面的机会。他于视察两广后，便回京转往西安，双十二之变，竟不幸而遇难！

　　人生的聚散，好似事有前定，回念老友，至今伤痛无已！他在港留给我的那封信，在大陆时我时时都放在衣袋里以作纪念，其后不知在何处失去！现在还存留我身边的一项纪念，是我和他民国十七年同游广州白云山的一张照片，特珍重检出与本文同时发表。默君生前曾数度要我为文纪念元冲，均因事忙而未报命，现在默君又已作古，随元冲于天上，我写此文，一在怀念元冲，一在怀念默君。文中所说的一切，不知他俩认为适当否……。

（原载一九六五年八月《传记文学》第七卷第二期）

难忘的卡罗尔老太太

——邵元冲先生一封信惹来的烦恼

一 "故人入我梦"

人们常把"光阴似箭，日月如梭"两句话来感叹时光过去的迅速和一去不返，其实，时光永远都存在在那里，丝毫没有移动；过去的不是时光而是一代一代的人！人们为时光的过去而感伤是一种错觉，实则人们应当感伤的是时光的虚度，有愧天地父母所生。因为生也有涯，而时光却永恒存在在那里。人是会衰老死亡的，一个人要免于衰老死亡，一是建功立业，泽及万民，与天地同光、与日月共垂不朽；一是紧紧抓住青年的时光，天真无邪勇往直前，为扩大生命的价值而创造，使生命的内容丰富而充实，迄至你到了老年，当你回忆起青春时代的一切，你仍可感觉到青春的永在，而不致颓丧。

在本刊上一期，我写就一篇《忆邵元冲张默君伉俪》的文章，把他俩婚姻的经过作了一番叙述，老朋友们阅读此文后，认我仍保留着二十岁时代的顽皮，我是很欣然地接受这一批评的。最近我应"国防部"军中讲习会邀赴南部各地演讲，在高雄的旅途中，梦见元冲、默君伉俪携手倚偎着向我微笑，见他们态度安详，竟忘其早已不在人间。我问他们是否正作蜜月旅行，他俩都笑而不答。问他们是否正作新婚联句，他们亦笑而不言。最有趣的是梦中的默君像貌，已不是过去习见的衣着鲜艳的老妪，而是她早年梳着日本式头发，年轻貌美的少女。我心中正有些纳罕，梦亦便至此醒了。我随即开灯取手表一看，时间正是凌晨三点钟，为甚么竟有这样的一个梦，是不是最近发表的那篇忆念他们的文章说得太顽皮了？抑或是他们还有未了之事要我为他俩办理？我记起当默君卧病空军医院时，她曾向我索取家制的糖醋大蒜佐餐，但初以为她所患的是肠胃病，没有得到医师许可而未便送去，不久默君的病便告不治了，如果她还留恋此一食物的话，下次我去她坟前致敬时，当为她携去供奉在她墓前，祝她"魂兮来享"！有关元冲和默君的琐琐碎碎的往事，不成片段地萦绕着我，黎明前的轻寒并未为我带来睡意，元冲留学美国时和我之间的一些往事，像条丝线般又环绕起来。我此时心中浮现出一项感想，对于一个要好朋友的逝去，不想念他吧，又不能自已，想念他太多吧，又感伤不能自抑，在想念与不想念之间，真是令人为难。有经验的人曾经这样说过：当你要想念一个人的时候，你万事都要从他的好处着想；当你要忘掉一个人的时候，你万事都要从他的坏处扩张，如此便可安适自如了。

二 基督教笼罩的小城

元冲的年龄虽然长我十多岁，民国十年他已三十余岁，我尚是二十二岁的青年，他曾经给我一次麻烦困扰，至今想来觉得好笑，亦表现他和我都不免天真幼稚。在我的生命中，这是一件最不愿做，而又不得不做，既做了之后，至今又感觉到是一件并无遗憾的事。这件事很曲折，须得从头说来。民国十年这一年我正在美国俄亥俄威斯灵大学读书，一天元冲忽然从威斯康辛大学所在的麦地孙寄给我一封信，要我联合中国同学组织一个反基督教的团体，以响应其时国内的反基督教运动。我把他的信交给我的同班同学李泰来先生看，就商于他究应如何着手。不料这一举动闹出了大麻烦！李先生是一位虔诚的基督教徒，而威斯灵正是一所纯粹的美以美教会（Methodist）办的大学，这所大学位于俄州德拉瓦（Delaware）一座五万左右人口的小城。全城的居民，可以说全是基督教徒，宗教的气氛十分浓厚，德拉瓦可说是一座美以美教会的城市！

更不巧的是我正寄居在一位美以美教会牧师的家庭，老牧师卡罗尔（Caroll）先生和他的夫人，对我十分诚挚而友好，他们具有很崇高的基督教人士的爱心，把我当着他自己的孩子一样地看待。住在这样的家庭中，真有如在自己的家里一样，忘记了是寄居国外。卡罗尔夫人时时给我安慰，要我不要想家，她说："这里就是你的家，你的母亲不在这里，我就是你在美国的母亲，我要你时时都觉得快乐，不要有想家病，这是我的责任。"她逢人便说我是她中国的儿子。德拉瓦地方很小，几乎满城的人都知道卡罗尔夫人有一个中国的孩子，她似乎以此为一种荣耀。我寄食在她的家里，她常常给我很大的方便，诸如让我在厨房做中国菜吃，她把做中国菜的方法暗暗记在心里，到我考试时，她竟特地仿制中国菜给我吃，她并不知中国烹调的妙处，只是在菜中加上许多红辣椒粉，味道虽不太可口，情意却是十分甜蜜的。我小时候的遭际说起来是很悲惨的，当我出生十八个月，慈母便已去世，我是从失去母爱的孤儿的生活中成长起来的。因此，无意识中我被卡罗尔夫人给我的一切温暖融化了，融化在一种宗教的爱和崇高的母爱之中。如像白雪融化在春天的阳光里一样的情形，一个失去母爱的青年人正如"饥者易为食"、"渴者易为饮"一样，一遇到他所最缺少的或是最需要的事物时，便很容易满足，疏远的可以变成亲近，即或不是真的，亦与真的无多差异。我的慈母究竟是甚么样子，至今连一点点印象都没有，因为那时我才一岁半。幼年时，很羡慕别人有母亲给予的温暖，亦很妒嫉别人享有伟大的母爱，所以我每一想念我逝去的母亲，总免不掉要暗中饮泣，虽然她的音容笑貌我一点都记忆不起来！当我想知道我慈母的音容笑貌时，我一亲炙卡罗尔老太太的温情，她便是我梦寐中想念的慈母了。四十四年前，卡罗尔老太太给我的诚挚周到的照料和抚慰，至今我回想起来犹有沐浴在春阳中的温暖。

三　顽皮，几乎跌断了腿！

使我最难忘记的是：一次隆冬结冰的时候，我看见一群美国小孩子们，利用结冰的马路陡坡，欢乐地作滑冰的游戏。我一时好玩，亦加入他们的行列，由马路上端往下滑去，不料一泻两足便不能控制，身体失去了平衡便四脚朝天，狠狠地跌倒在地上，引起了四周行人和孩子们的好笑。他们的笑声激刺我忍痛几番的挣扎，企图站立起来，表示一个勇士的态度，但却都没有成功。原来此时我感觉到痛不可忍，似乎把左腿骨折断了！大家看见我坐地忍痛挣扎的苦况，才易好笑为同情把我扶起，背荷着我回到卡罗尔老太太的家里。她这次对我伤腿的照护，几乎是无间日夜，为我扎伤、敷药、烹调饮食、坐在床前读祈祷文、唱圣诗、说故事，以减轻我调养期中的痛苦和寂寞。我虽然是一个不曾享受过慈母温情的孤儿，我想即使是我的慈母犹存在我身边，其情景恐亦不过是如卡罗尔老太太所赐予我的一样，不能再有增加了。

当我腿伤渐愈，必须练习走路的时候，她陪伴我到威斯灵大学校园中散步。在大学礼堂的走廊墙壁上，镶有一片大大的铜牌，铜牌上刻着许多字，标题的大字是《纪念我们的英雄们》，上面并把在第一次大战中战死的威斯灵大学毕业生的名字一一刊上，为数约有二百多人。她用战栗的手指指着其中的一个名字，哽咽着说道："这就是我亲爱的儿子！""我把我最亲爱的都献给国家了！上帝保佑他！"我此时才发现她心中的隐痛，她紧握着我的手，眼睛红红的，话亦不能继续说下去。至此我才知道她是失去了爱儿的母亲，正如我是幼年失去慈母的孤儿一样的不幸！寂寞、感伤和悲痛占据了她心灵的一切，在此时不禁都一一涌现出来！我更觉察到她对我一切的温情都是由于怀念她不幸为国战死的亲爱的儿子，把母爱转移寄托在我的身上，这是纯真的母爱，而不全是对异国旅居少年的一种泛泛的同情！

卡罗尔老太太非常富于感情，她虽然态度很慈祥，但有时感情亦易于激动。当我伤腿卧床疗养期间，她一次要我讲两件平生最难忘的往事给她听：一件是最高兴的，一件是最难过的事。我告诉她，我生十八个月，我的母亲便舍我而去了，我是一个孤儿，由祖母、大嫂和姐姐们抚育成长起来的。我自幼便失去真正的母爱，时时都以不能想像慈母的音容为痛苦，从祖母和大嫂口中讲述的一段我稚龄时代的故事，使我每一想起便非常悲哀。她们说：当我母亲去世举行葬礼的一天，照中国的旧习惯，辈分较低的家人、亲戚和朋友都要向死者跪拜，行最后的告别礼，本来这时的气氛已十分惨淡而哀戚，我那时还不能完全走路，须得由人抱持，但我看见家人都在行跪拜礼，我亦要参加去行礼，抱持我的人把我放在行礼的草席上，我亦随着大人们跪在灵前，他们起立，我便随之起立；他们跪下叩头，我亦随之跪下叩头。当我每一起立、跪下、叩头时，四围的人都哭了，特别是我亲爱的父亲。起初只是有呜咽饮泣的声音，其后便都号啕大哭起来了！说到这里，我不禁感伤起来，眼泪不停的流，卡罗尔老太太亦流泪了，她用手巾为我拭泪，而她却忘记拭去她自己面上的泪，一直待我递给她手巾，她才自己把眼泪拭去。在这悲哀的气氛中，高兴的故事亦讲不下去了。

我于一九一九年初到达美国，其时第一次世界大战结束未久，战争遗留下来的气氛还很浓厚，而最令我触目惊心的便是威斯灵大学把战死的同学作为英雄般的崇拜。美国自开国以来不曾经过大的战争，对于战争的经验技术都还落在他国之后，亦不为当时以军学优势见长的德国所重视。却是美国为了参加协约国方面以击败德国，虽然是仓卒成军，然而美国青年踊跃从军，忠义勇敢的精神终使敌人屈服，而使战争胜利属于协约国一面。我曾经在加州大学、密西根大学一段时间，这些大学无不以他们的学生参加卫国战争而壮烈牺牲的事迹为荣。威斯灵大学人数不过三千人，而战死者竟达二百余人之多，自然是一种大大的光荣了。一般人所谓的美国精神，在我看来，这种精神便是美国青年在战争中建造起来的。

四　至诚的力量比剑强

自从我把元冲希望我组织反基督教团体的信就商于李泰来先生之后，他毫不留情的大加指责，他自己固然是一个虔诚的基督教徒，并且是出生于一个山东著名的从事传教事业的家庭，他把这一恶劣的消息，正如教徒传播主的福音一样，瞬即从卡罗尔老牧师家传播到德拉瓦城的每一个角落，造成大家对我的"另眼相看"，有似一位"异端"的人物Pagan和他们生活在一起。平时友善的气氛似乎都已消失，至少我个人有这样的感觉。在这一突发的情势之下，我想即刻转学他校，又舍不得即将完成的大学学业；最舍不得的是要离开具有母爱的卡罗尔老太太的家庭。

在极度的矛盾和忍耐之下，不久我就发现我所感觉的全非事实，是一种自作的心理不安，类似一种庸人自扰。卡罗尔夫妇和他们两位天真活泼、美丽非凡的女儿媚姬与爱蒂，他们对我的态度不但不因我被人目为"异端"而改变，而且好似比在此以前对我还要更亲切更周到。当时我很诧异的想：这便是基督教的宽容精神吗？这种不用剑，而用至诚来感人的办法，比用剑来服人的力量强大多了！他们始终没有向我提及关于反基督教那件事，我亦倔强的不为此事向他们有所辩护，因为元冲虽然有这样一封信，我亦只是以这封信给李泰来先生看一看，试探他的意见如何而已，我并不一定赞成，纵或赞成，亦未采取任何行动，所以用不着要对他们有所说明。卡罗尔老太太和他的家人，常常想用他们的影响力，要我变成一个基督教徒，我虽然不表示反对，但亦还未予接受，可是不管怎样，我已经和他们一家星期天到礼拜堂做过好多次礼拜了。由于李泰来先生在有意无意间，以反基督教为口实，造成于我不利的局势，我便立意不为此而屈服，就一个大转弯而变成一个基督教徒来适应。道理虽如此，情意上仍不免是耿耿于怀的。

五　不知的事，不可盲从

有一天我正和卡罗尔老牧师在客厅里谈话，恰巧有几位教会中人来访他，他特地把我介绍给他们，并把我大大赞扬一番，这本来是西方人对客人的一种礼貌，不足为奇。使我最感惊异的是他们几位教会中人和卡罗尔老牧师竟一齐跪下闭着眼，口中念念有辞为我祷告祝福。这真使我坐跪为难，不知如何是好。我十分知道他们对我的善意，又恐怕由于他们这一幕便会感动得令我变作一个基督教徒。因为对李泰来先生的态度在先就有了反感，所以此时我竟倔强的坐着不动，任他们祈祷。我正尽力避免在他们软硬兼施的压力之下成为一个基督教徒。虽然我已感觉到此一态度有些不近情理而感到不安，但青年人偏强固执的天性，有时往往表现为一种自负与矜持过甚的恶癖，是不能完全以情理来衡量其是与非的。当老牧师和他们祷告完毕，睁眼起身，发现我坐着不动的神情，自然显出不快，我于无可如何之中只得向他们解说：我非常感谢他们的好意，最引为抱歉的是我不知他们这种宗教的仪节，我究竟应当如何才好，所以没有和他们一样跪着祈祷，我们中国古人有句格言："凡不知的事物，不可盲从。"为了遵守这一中国习俗，如果我对他们有失礼的地方，务请他们加以原谅。事情虽然这样混过去了，彼此心中不免仍存在着一段距离，心中总是感到歉然不安，人生最感难以为情的事，亦是这种地方。当卡罗尔一家人对我的态度愈是宽厚仁慈，愈不以我之无礼而稍存芥蒂时，使我愈感到难受！

六　难舍的离情

当我参加了威斯灵大学毕业典礼及午间校友聚餐之后，我准备在第二天搭早车离开德拉瓦，不愉快的事可以就此结束，虽则我当时对于这一可敬可感的家庭有依依难舍的离情。在这一天的下午，当我正在房中埋头赶写一项文件时，我忽然发觉有人站在我坐椅的后面，我回头一看，原来是卡罗尔老太太，见她眼睛红红地有点润湿，手中拿着枕头套子正在那里装置，她凝视着我很难过的说道：

"你明天早晨就要离开我了，以后不知何人为你铺床，为你换枕头套？我不知何时再能看见你？"言下流露出很感伤的情绪。

我听了她的话，引起一阵心酸，几乎淌下眼泪来，心中忽然涌现出中国唐诗中"慈母手中线，游子身上衣，临行密密缝，意恐迟迟归"的情调。我立即起身请她坐下，我向她保证，我可以随时有机会回来看她，不断的会写信问候她，我永久都会怀念她，如果我回到中国去的话，我亦必定如此。并且向她说，我离开她以后，如果感到寂寞时，我将时时去礼拜堂祈祷，为她祝福。她对我所说"去礼拜堂"这几个字，似乎感到十分的满意，情绪也便平静下来了！这是我对慈爱的卡罗尔老太太最难忘的一段回忆。让我在此再说一声，这是我对这位美国母亲Mother Caroll最难忘的一段回忆！

七 我不否认是一个基督徒

卡罗尔老太太家人为我安排，在我离去那天早晨，有一次丰富的早餐，在早餐以前特为我举行一次祷告。当我那天早晨起床后，刚刚梳洗完毕，可爱的媚姬小姐——卡罗尔老太太最宠爱的小女儿，跑上楼来，含情带羞地对我说："在你离开以前，切不要忘记吻我啊！"我正不知如何答复她时，她已以唇接近我的面颊深深的吻着我。这是我在二十二岁的时候所接受的唯一的一次外国少女的热吻，这一吻，有如兄妹般的亲热，好似留在心灵上深深的一颗印痕。到了四十多年后的今天，留不住的岁月，虽然已经逝去，在我的心灵上则仍永远存在着，不能抹去，亦不能忘掉！

媚姬和我一起走下楼去，卡罗尔老牧师夫妇和他的大女儿海蒂已经齐集在客厅里等我，他们一起跪在地板上，由老牧师领导为将离开的我祈祷祝福。我这时不自觉的亦屈着两膝、闭着眼睛跪在地板上。自此以后有人问我是不是一个基督教徒？我的答复是：我不否认我是一个基督教徒，虽然我不曾受过基督教的洗礼，亦不固定要到礼拜堂去敬礼上帝。当我有机会去礼拜堂去参加礼拜的时候，我把眼睛凝视着钉在十字架上救苦救难的耶稣，而在我的心灵上则不断的会浮现着卡罗尔家庭给我的温暖和母爱。留在我心灵上的那一印痕，亦便感到愈形显著了。

这段故事的发生和经过，都是由于元冲当日那封商量组织反基督教团体的信而来的，想念元冲不免又惹起这事的回忆。青年时代，亦可说是学生时代，是人的一生中最足珍贵的黄金时代，稍不留神，便会一去不复回了！古人谓"劝君莫惜金缕衣，劝君惜取少年时"，少年时代的可贵，要到了年岁日增时，才愈觉其珍贵和甜蜜！

（原载一九六五年九月《传记文学》第七卷第三期）

难忘的卡罗尔老太太　　307

酒杯边的琐忆

——兼记梅贻琦先生饮酒的风度

一

陈辞修先生已于八月三十日安葬台北县泰山乡，我在参加送殡行列悲戚的气氛中，百感交集，他生前的志节和功业，现正激荡于每一个人的心上，沉痛的表现于对他死后的追思。我自一九五○年春"行政院"改组，他由"台湾省政府主席"调任"行政院院长"到他五十三年因病去职，除了一九五九年到一九六一年这一段时间离开"行政院"改任"考试院考选部长"之外，可以说我在"行政院"追随他的时间，要算是自始至终，未曾间断。我曾担任"行政院不管部"的政务委员和"内政部""教育部"两任的"部长"，说到公私方面的关系，回忆起来真不知从何说起！往事不堪回首，为了避免胸中的郁闷，只有从以往轻松愉快的事上寻解脱，因而使我想起了几年前在他阳明山官邸一次吃酒的故事，而这一故事的主人翁并不是他，而是"为酒无量，不及乱"的梅贻琦先生。

辞修先生在三十八年在上海割治胃病以前，他自负是一个饮酒的强者，自此以后他因为遵照医生的警戒，便不敢多饮酒了。他说过许多他以前豪饮的故事，其中他最引为得意的一次是奉命到山西太原接洽公事，被山西的"饮者"围攻，这次真是吃酒无量，并未示弱，同时并曾圆满完成了他奉命前往的使命。我常以"好汉莫说当年勇""能者表现在今朝"来挑起他饮酒，可是到了他真正不服气拿起杯来要吃的时候，为了他的健康，我又自行退兵了。他时时作弄我，要我饮酒，我说，因为身体太胖，医生嘱咐我不能多饮酒，当我出外应酬时，我的太太亦曾一再以此相戒，当我兴致一来不能自抑端起酒杯要饮时，他向我取笑道："你不怕回家太太责骂？"我说："将在外君命有所不受。"当我拒绝不饮时，他又向我取笑："现在为何又怕呢？"我说："为人要忠实，不能因为太太不在而妄自饮起酒来。如果你一定要我饮，我并不敢辞，不过这只能说是你的命令，不是出于我自发自动的。"我在这种情形之下，有时吃得个酩酊大醉，而他亦时时以我假传命令，贪饮为笑谈，使此类聚会轻松而愉快。辞修先生对人亲切而富幽默感，对事负责而坚定，自到台十余年来我追随他作事，他那种信任之专，对人之尊重的风度，真使我永志不忘。当然，我们之间并不是件件事都融洽无间，有时在观念上亦会发生距离，在他的个性上这是一种很大的忍耐，迄至他逝世为止，在我的感觉上，他对我的信任与尊重并未有所改变。这也许就是他最伟大的地方，也是我今天最值得反省的地方。

我们每月有一次工作会谈的小组聚会，参加的人有辞修先生、蒋梦麟先生、梅贻琦先生、袁守谦先生和后来加入的傅秉常先生。每月每人轮流以便餐作主人一次，每次都有饮酒的机会，辞修、梦麟、秉常三先生都饮酒不多，梅贻琦先生则是我所仅见的能饮而最具酒德的一人。他从不向人求饮，可是谁向他敬酒，无不有求必应，数量的多少完全由对方决定，从来不予拒绝。他酒量之大，饮酒态度之雍容有度，安详而不任性，可以说得上是酒中的圣人！在无数次与他同席中，每次我总得以他为对象，向他挑衅，使他一醉为快，可是每次我几乎都遭遇了失败。当有时我吃得过量带着醉意时，他仍是那样雍容安详而看不出醉意。只有一次是例外，那便是在阳明山陈辞修先生的官邸，这次梅先生醉倒了，醉到几乎不可收拾的程度，使我事后感觉十分冒失！梅先生这一次的大醉，大约是起因于辞修先生有了两瓶友人送他的拿破仑白兰地酒，他视为是一种稀罕的珍品，在酒过数巡之后才特别拿出来招待我们，于是引起大家饮酒的兴趣趁此机会以一醉为快。

由于大家在先已吃了不少其他的酒，待到陈先生的拿破仑酒出现时，除了桌上每人略事品尝少许外，其余大约由梅先生、袁守谦先生和我三人共同分担，而梅先生一人饮得特别的多。他在饭后大家休息闲谈时，独坐一处，一声不响，闭目不动，待到大家要散席回家时，他竟不能站立向主人告辞，于是大家才发现他已醉不能行了。我很得意的向他取笑说："梅先生今晚如何？"他只是摇头不动，仍然不能起立同走。我以为这只是他一时醉了，并不会太为严重，于是我扶着他上车，并陪他回到金华街清华办事处的寓所。车在门前停下了，梅先生已醉到泥般的不醒，没有办法扶他走下车来，于是只得由办事处的工友，把他背到卧室，放置在床上，使他能安静的养息，并一面为他取来大量的饮料，使他能借此把酒的强度冲淡，清醒过来。不料他滴水不进，只是闭目不语，频频以足用力往下起伏不停的伸缩，似在表示他十分难过。此时我和与梅先生同住的查良钊先生都慌了，于是我们打电话请了一位执行医生业务的清华校友前来为他解酒。一直到了深夜十二点钟以后，他才安静地熟睡。我大约候至第二天早晨二时，才回家就寝，但是心中仍不禁悬悬不安，痛悔不应使一高龄的梅先生饮酒过多，万一真正影响他的健康那就太不幸了。我记得这大约是一九六〇年秋天一个星期三晚上的事，因为第二天是礼拜四，我其时任"考试院考选部长"，礼拜四上午是"考试院"的例会，我照例必须前往出席，由于放心不下，我在早晨八时左右前往出席院会之前，特顺道再往清华大学办事处一视梅先生醉后的状况，我看他安睡未醒，用手摩了他的脉搏，听听他的呼吸，似乎都很正常，我才放心离去。正午十二时"考试院"院会完毕回家用饭，我又顺道前去他的住所一看情形。当我进入住所的门内，我问一位照护梅先生的工友，梅先生的情形如何？这位工友立即对我说道：

"梅先生不在了！"

我听了这位工友先生的答话，真如晴天霹雳，心中十分惊慌起来了！我于是再追问一句：

"究竟情形如何？"

工友很从容的答道：

"梅先生到板桥国民小学教师研习会讲话去了。"

原来"不在了"这句话，在我们四川话的用法是"死去了"的意思，所以我听了不由得不惊慌起来。此时我知道，既然是梅先生已能去教师研习会讲话，当然酒是已经醒了，健康当然更没有问题，我才转忧为喜，心神才镇定下来。现在回想起这事，这位工友的说话究竟是由于各地方言的使用意义不同呢？还是有意和我开玩笑？抑或是怪我和梅先生闹酒，使他吃得一个大醉，几乎闹出事来，他因此不高兴而出此？由于这一次的经验，我自此便不敢和人闹酒了，对于上了年纪的人，更不能勉强他吃酒太多。就我个人而言，在壮年时代时时任性豪饮，取快一时，十杯是醉，百杯亦同样是一醉，又何必舍百杯不饮，以图一快呢？但在年岁渐渐增长之后，别的豪气还可勉为保持，只是对吃酒一项却有今昔不同之感了！

二

自从有了惹起梅先生这次可怕的饮酒过多的经验之后，我便抑制我自己不作挑战式的迫使人吃酒，与人闹酒和狂饮的习惯确实改变多了。当中自然亦难免有几次例外，那便是和王云五先生同席时，总不免要多喝几杯，却是和这位长者同饮，我完全居于被动的地位，我是应战而不是求战。由于云五先生，酒量大，兴致高，为人又极豪放，在没有人陪他饮酒时，我当然是他选择的对象，不能不勉强相陪，以表示我不是一个饮酒的弱者。因此，亦曾醉过几次。醉了之后回到家中所招致的后果，自然没有如饮酒时那样痛快而豪放了！云五先生饮酒和梅先生有点不同，梅先生是应战，而不是求战；王先生吃酒后话最多，梅先生则醉后一声不响。云五先生醉到不能再饮，同席的人亦不让他饮时，最好一项测验他醉的程度的象征，便是他用英文演说的时候，他的英语讲演之流利，要在大醉之后才听得到，平时很少有这样的机会。梅先生和王先生有一共同之点则是醉后不让人搀扶的那种不服老、不认醉的态度。云五先生在辞去"行政院副院长"之后，曾对新闻记者讲过几句话，表示他对饮酒的态度和哲学，他这几句话大概嗜酒的人都有同感。他说："吃酒伤胃，不吃伤心；要得不伤心，痛快喝一杯！"

我少年时代并不太嗜吃酒，虽然偶尔一醉，并不成为一种贪饮的习惯，因为前一辈人对青年子女的教训，都把吃酒认为是一种无益身心，而醉后又易于失性闯祸的不良嗜好。我喜欢吃酒是在中年以后才开始的，而且竟成为一个吃酒有名的"酒霸"。

在民国四年的时候，那时我还在上海南洋中学读书，我经常仍和住在租界内从事反对袁世凯帝制的同志保持联系，有一次，因为我年幼不易招人注意，他们要我作一件危险的工作，运送几支手枪和少数其他危险物品，由法租界到英租界的一个机关，交给一位从事实际行动的同志。当他们交给我一包扎好的东西之后，顺便给我一杯酒要我饮下。我问他们为甚么要饮这杯酒？他们说："饮了可以壮壮你的胆子。"我听了此话之后，把酒杯接过来狠狠的向地下一摔，酒洒得满地，酒杯亦打碎了。我很自负的说："一个有胆有识献身革命的党人，要靠饮酒来壮胆才能工作，那真是笑话，这是对我一种侮辱！"我于是掉头不顾悻悻而去执行任务，这是我拒绝饮酒的一次最有价值的回忆。

当我乘着"黄包车"到了英租界跑马厅与一品香旅馆之间马路上的时候，忽然有两位印度巡捕，上海人叫做"红头阿三"的印度人，命令拉车的立即停车"抄靶子"，亦即是突击检查的意思，由于当时上海租界经常发生盗案及绑票等事件，此类突击检查事常常都会遇到。照习惯，一遇到这类检查，被检查的人，应站起来将两臂伸起任由巡捕全身搜索。我当时很沉着，我把放在大腿上的那包危险物顺便放在两位巡捕站立的那一面的坐位上，亦即是车座的右面，任由他们作全身搜索，结果一无所得，我便得以安然通过，达成任务。我当时纯粹是一种很自然的下意识动作，态度安详，一点没有表示慌张，巡捕的注意似乎只在搜身，而没有注意另有危险物放在最接近他们的一面。我回到法租界宝康里八号的机关，大家知道了这一经过之后，大大的称赞我的机智勇敢，于是命人买了一些豆腐干、花生和烧鸭之类佐餐，举杯为我庆功。此时我却放肆大吃大喝起来，喝得一个大醉。因此一醉竟几乎闯出一场大祸来！

我酒后回到南洋中学的宿舍，南洋中学是在中国地界日晖桥，位于军事基地龙华与上海兵工厂之间，大约是在半夜的时候，忽然听见炮声隆隆，是由停在兵工厂附近河里的兵船，向着龙华北洋军队的基地轰击。南洋中学正是在大炮弹道的中间，其时但听见大炮的发射声，并没有听见炮弹爆炸的声音，大约发射的是些穿甲弹的缘故。在炮声不停之际，我很兴奋地知道是海军起义了，是反对袁世凯帝制第一次的炮声，亦即是著名的肇和兵舰起义之役。我深悔不能留在租界机关部亲身参加战斗为憾，不久，忽听见宿舍下面马路上的紧急行军的步伐声，原来是驻在龙华地区的北洋军队向兵工厂方向增援。此时宿舍和马路的电灯全熄，一片黑暗，紧张的战争气氛笼罩着一切。我住的一间房间的窗户正靠着马路，我此时酒意正浓，在兴奋、紧张和愤怒不能控制的情形下，便顺手拿着一张坐凳向着黑暗中在马路上前进的军队投掷，隐隐造成他们一度的惊慌，一部分军人惊散之后又复集合，奉命前进。南洋中学亦被军队的长官命人把大门把守监视。到了天明，在肇和兵船起义遭遇失败之后，军队派人向我们慈爱的校长王培荪先生交涉要查究捕人，经过王培荪先生的苦口求情，和指为年少无知，出于一种误会的解说之后，事情亦便不了了之。大约是有人报告王校长此事是我所作的，因此王校长便派人找我谈话。正巧我其时已走到租界的机关部打听消息，已数日不在校内。待我回到校内去见他，我并不否认是我做的，他很嘉勉我的坦白勇敢，不过他仍勉励我此时要用功读书，充实自己，报国之日正长，不可逞一时之忿而误了将来，因小而失大。最后的结论他劝我转学离校，最好选择一间设在租界上的学校，完成学业，比较安全妥善。于是我选择了在徐家汇李公祠的复旦公学，完成我的中学学业。王培荪先生真可以说得上是一位献身教育，以培植青年，蔚为国用，诚笃而仁厚的长者，我至今深以不能在南洋中学毕业多聆他的教诲为遗憾。

　　以上是我幼年时代拒绝吃酒以表示勇敢及达成任务之后得意忘形而大吃其庆功酒，几乎闯下大祸的一段可笑的追忆。这段故事是不是因为酒后才能做出来，在我的个性和自信上，恐怕即使我不吃醉酒，亦会做得出来的。那一次的庆功酒，我事后和机关部的曹叔实诸先生闲谈，追问他们为何不使我知道起义在即的原由，他们都说我年岁太小，要我安心读书，所以不让我参加。当日最真实的内情是他们并不是为我庆功而吃酒，而是他们在准备出发之前饮酒来"壮壮胆子"。因之，我骂他们是"懦夫"，一直到了多年之后我仍以懦夫二字来取笑他们！

三

我幼年时代对饮酒既无特别嗜好，为甚么我说到了中年反而因吃酒而有名呢？

民国十五年北伐的浪潮高涨，革命的势力已推进到了长江流域，我由上海经武汉、宜昌回到四川，我抵达重庆之日正是十五年的国庆纪念。自重庆由水路经泸州转富顺到达成都，则正是十六年元旦。自幼离开我的家乡四川，这次回乡虽然是为了公务，但对于我土生土长的四川的风土人情，我这次才有获得了解的机会，特别是对于吃酒，我由无名而变成有名，平时不感兴趣忽而变为兴致勃勃了。到达成都之后第一项遭遇便是应酬，应酬愈多，则饮酒的机会也愈多了。成都是著名的小北平，小吃之精巧，富有一种特别的风味，是成都最难忘的一项享受。可是为了政治原因而引起的应酬，多半是丰富的酒席，场面虽大，久之反觉得可厌而乏味。

邓锡侯是四川军人中最圆滑、好客而能饮酒的人，家藏的佳酿更不少，他被人称为"水晶猴子"，即是圆滑之至的意思，特别在诱人吃酒方面也算得是一位能手。由于他是以饮酒著名，他的高级幕僚人员亦大都是量大的饮者，俗话说"物以类聚"就是这个道理了。一次他设了一桌丰富的酒席，在南门外百花潭他精致的别墅康庄宴请我，陪客尽是他的高级幕僚人员。百花潭这个地方风景优美，花木争妍，离青羊宫、武侯祠和杜工部草堂都不远。百花潭这地方是很有来历的，相传唐时有位姓任的老妇梦神人授以大珠得孕，生了一个女儿，自幼虔诚礼佛，一次忽一僧过其家，满身疥疮，臭气四溢，见者趋避，独女敬事之。一日僧持衣求浣，女欣然接受，临溪洗濯，每一漂衣，就有莲花应手而出，一时五色莲花浮游溪上，蔚为奇观，其地遂名为百花潭。邓锡侯这次宴请我的原因，是颇有用意的，大约是他安排要把我灌醉之后，从我的口中得着一些他急切要知道的政治内幕消息，特别是关于日益恶化的容共问题。我此次回川的任务是准备清除共产分子，他当然是我要争取同情者之一，所以我事先亦有所警觉，有所准备，预备在吃酒的时候，从轻松愉快之中，用话来打动他，使他赞助我。由于彼此心中都各有打算，于是"饮酒"便成了相互利用的媒介，他的目的是要我"酒后道真言"，我的打算是"酒后要慎于说话，不要耽误了大事"。

　　入席之后先是大家举杯共饮，继之以个别敬酒，每饮必干一大杯，照理我亦得向每人一一的回敬，如此巡回互相敬酒，使我渐渐感觉面热、心躁、头脑昏昏的，但此时饮酒的兴致反而更为增加起来，起初只是一杯一杯地饮，如品铁观音茶样的饮，后来简直是一杯一杯不计数的往肚里倒了！

最后，这位能言善辩，饮酒无量的主人世称水晶猴子的邓锡侯先生亲自出马敬酒了，他的敬酒技术和诚意迫使你不能不饮，他不属于使对方吃亏，自己却滴酒不进的一类，为了使客人高兴畅饮，他自己饮两杯而劝使客人只饮一杯以作交换。这种待客的诚意，使客人认为是一种便宜，而感觉主人的隆情盛意不可却而大醉，以致上了他的圈套！他这种敬酒的方法并不常有，而是在预先安排之下，先利用陪酒的人把客人灌得一个半醉而后他才亲自出马敬酒，一击便把客人打入醉乡。任你有多大的酒量，在这种情形之下，无不变作他饮酒的俘虏，我此时当然亦不能例外了！他的这种策略，说句老实话，亦并不是一点酒量都没有的人所能办得到的。他固然会引人吃酒，同时亦很有安排，有计划，妙语动人，使人感觉愉快轻松，盛情难却而饮酒。他最大的本钱还是在自己酒量大，本钱厚，不是如一般专弄技巧诱人吃酒，使人家醉了难受引以为快，而自己却一点量都没有，妄想在黄鹤楼上看翻船的人可比。有人说他盛酒的酒壶是特制的一种机关，一面盛酒，一面盛水或茶，以酒的颜色为配合；敬客人的是酒，而自己吃的则是水或茶。因此，他可以使人醉倒，而自己则若无其事。此事经我一再查明，完全与事实不符，对他酒壶有机关的谎言，大约是那些饮酒胜不过他，而又不服气的人，引以为口舌聊以自宽、自慰，为自己解释而出此。

我在邓锡侯这位主人巧妙的安排之下，我醉了，我倾肠倒肚的吐了，把方才所吃的一切都即席奉还了他，所不同的：吃时在桌上，吐时则都掉在地上！他和他的高级幕僚，原来计划乘我酒醉，套我当时政治问题的口风，所以他们利用我酒醉，一再以当时共产党将如何办的话问我，我只是说：我回川预定的行程是六个月，现在已经满了三个月，再过三个月就有眉目了。到了三个月之后，民国十六年的三月底，一天的早晨，邓到我的住处看我，一进门便大声说："恭喜，恭喜，南昌的消息，全面的'清党'已经开始了，共党分子将被'肃清'了。"原来此时全面的排除共党分子的运动已经展开，他首先得到了消息，而这一时候，正是与我酒后所说的三个月之后的时间相合，他们对我的看法加重了其神秘的猜测，而更为对我尊重。其实那时他和四川其他将领虽然都改换了国民革命军的旗号，接受了名义，但他们对于时局的看法十分的观望审慎，不愿如四川的俗话"踩深水"，陷自己于运用不灵。在邓而言，此其所以为"水晶猴子"了。此时向育仁先生和我在四川立即发动了清除共党分子运动，邓和其他四川军人虽然没有积极的帮忙，但是亦没有消极的妨碍，因此才得以顺利进行。于此，饮酒似亦有其用处。

四

我自这次吃酒大醉的经验，我发现了饮酒的几项原理：

第一，醉了不过如此而已，并没有甚么了不起的痛苦。

第二，酒并不是毒药，不会发生吃得与吃不得的问题。因此，吃酒不是"能不能"的问题，而是"敢不敢"的问题。

我根据以上原理，我自此以后便放胆的吃酒，目中无人，自视几乎是无敌于天下的可笑。在前面我说过，我幼年的时候对于吃酒，并无特别嗜好，但是到了中年，其实那时才二十七八岁，却对酒负有能饮的盛名，很少有人敌得过我。这是由于"敢饮"，不一定是"能饮"！敢是勇气，能是量；有了酒量不一定敢饮，却是有了勇气的人，虽然量不大，亦能豪饮起来了。天下任何大小的事其成功的因素多半是勇者才能做得出来，能者如无勇敢的精神，便亦只有默默无闻，无所作为了。

在抗战发生前几年，我又回到了广州，在一次盛大的宴会中，遇见了以能饮酒闻名南北的罗文干和杨熙绩两先生，当主人请大家入座的时候，他二人独据一桌，声言："能吃酒的才请到这一桌来。"大家听了他二人的豪语，怕吃酒的都却步不前，此时我的好胜心和能饮的自负心忽然涌上心来，我走向那一桌和他们两人坐在一起，我向他二人挑衅，我说：我们吃酒便吃酒，不用纠缠，我们三人举杯共饮，相互不为增减，以示公平，吃到不能再饮为止，谁先倒下是谁输，否则不算饮酒的好汉。如果你俩同意，便请其余的朋友们作证。于是大家都鼓掌赞成，坐看我们三人吃酒决战。乃没有料到罗文干、杨熙绩两位先生，对于饮酒只有虚声，而无实力，不到席散，便已"烂醉如泥"。罗文干先生表现的是昏迷不醒，抬送回家；杨熙绩先生则倚酒骂坐，失去常态，使在座的人为之不安。我看见他二人如此情形我又乐了，因为此时我的神志，仍十分清楚，特别表示如平时的安详，我对能饮酒的自负心，亦更随之而增高，愈有目空一切之概！所有与会的客人都一致的称赞我是"海量"，认我居然能胜过以能饮闻名南北的罗、杨二人为奇迹！他们不耗费一点本钱，竟称我为"酒霸"！这一酒霸的荣衔，自此便不胫而走，每遇饮酒的场合都被人围攻，被人暗算，被人以打倒我为快，我为此不知吃尽多少苦头，醉了不知有多少次数，身体不知受了如何的损伤！大名之下不可久居，树大招风的成语，真是一项宝贵的人生教训！其实我的"酒霸"这一荣衔，细细研究起来，并没有甚么了不起的地方，因为罗文干、杨熙绩二位先生以往本是饮酒的能者，但是此时已上了年纪，我则仍是壮年，我把吃酒认为不是能不能的问题，而是敢不敢的问题的原则应用来对付他们，当然他们便不是我的敌手了，如果我当时与他们二人年岁相若，我未必能够取胜，这是他二人失算的地方！

五

　　吃酒是一种个人的兴趣或嗜好，但酒后亦可以看出一个人的个性、品德和风度，"观人于微"应用在吃酒方面可能更为有效。像梅贻琦先生那种雍容有礼，能饮而不放肆，不挑衅，不逞能，一声不响，有求必应的饮酒风度，真可说得上君子之风，值得我们学习。他不仅吃酒是如此，他作事的态度亦正如他饮酒一样。他在筹备清华大学原子研究所的时候，经过了很多困难，别人都要灰心生气的事，他却能处之泰然，不怨不尤，忍耐的去克服它。大约是在一九五六、五七年的时候，那时我还在"行政院"任政务委员，没有实际的主管责任，他为了清华由美运来的许多精巧细密的科学仪器，如像天秤之类，被度量衡检定机关，视为普通称煤炭一类的量器扣押起来了，使他的工作不能顺利进行，他来到我的家里，求我的援助。我把负责的朋友请来剀切的告诉他们，现在精密的科学仪器是用来研究科学的，有些物质元素，不但肉眼不能发现，就是普通的显微镜亦发现不出来，你们如何能把普通量称煤炭石头的眼光，来等量齐观的对付精密的科学仪器，予以留难！这样你们阻挠了中国的科学发展和国家的进步，将罪遗子孙！他们推说是受了法令的限制，不得不如此。其后此事虽获解决，但当时我已气不可抑，发为一种怒吼与感叹，然而梅先生却安详如平时，反而安慰我不必生气。他说："国家"如这样的事很多，我们终得忍耐努力去解决，何必如此着急自恼呢？本年海外学人"回国"暑期讲学会开幕时，数学家陈省身先生在致词中对胡适之和梅贻琦先生发展中国科学的贡献极为推重，他说："梅先生作事公平无私，不偏不倚，一声不响，口衔着纸烟，听人倾吐一切，他最后所提出的意见，无不切中肯要，公平合理，正直无私。"陈先生最后的结语是：

胡、梅的精神不死，中国的科学成功！

梅贻琦先生饮酒的态度和雍容安详，沉默寡言，作事公平认真的美德，固然很值得我们的敬仰学习，但是他的生活亦有他幽默而平易近情的一面。我记得在一九五六年我率领"中国代表团"出席在东京举行的国际文教组织亚洲区会议，他是团员之一，我们在东京同住在太子饭店，相处非常愉快。没有到过东京的团员同人，对于东京流行的现代歌舞非常的向往，企求一观，大家因为梅先生为一严肃的长者，想约他同往，又不便启齿；不约他，又有些过不去；于是我便以大家的意见转达梅先生；不料梅先生的答复轻松而令人不失望。他说：这算甚么！我已经看过两次了！后来我回到台北和蒋孟邻先生谈及此事，孟邻先生说：月涵的话是真的，他所说的看过两次的话，有一次还是我和他同去的。这两位老人在严肃的生活中，有其轻松平易近人，相同的一面，现在他们二人均已作古，令人不胜其怀念。当梅先生筹备清华原子研究所时期，几次约我前去参观，我都不克前往，有一次我不使他知道偷偷的前去；后来他知道了特别问我看后的感想如何？我说：我秘密的前去不让你知道是不怀好意的。他问我："如何你要不怀好意？"我说：我在先认为在中国科学如此落后，环境如是困难之下，你很难筹办一所合于标准的原子研究所。我看了回来，我认为这是一种奇迹，是你的成功，我不但满意，而且我更愿尽我一切的力量来帮助你，共同努力来使我们的"国家"在发展新兴科学方面突破现状，进入原子科学的时代。

这真是"国家"的不幸，在清华原子炉"临界"开始工作时，他已病倒在台大医院，而接任他"教育部部长"职务的又是我自己，当我一九六一年三月一日就任那一天，我对道贺的朋友说：我预备把清华原子研究所改名梅贻琦原子研究所，以纪念他的努力和贡献，由于后来有少数人士对此加以非难，未即实现，一直到他去世之后，我才商同陈可忠校长，把清华原子反应炉的建筑，改名为"梅贻琦纪念馆"，这样总算了却我一项心愿。

（原载一九六五年十月《传记文学》第七卷第四期）

国父在艰危中的外交奋斗

民国十二年这一年，是国父中山先生在内外交迫下处境最艰危的一年，亦是民国十三年创造历史新页前夕最阴暗的年代。我在本刊六卷五期《国父在艰危中的奋斗》一文中，曾把当日中山先生在军事的恶劣处境中奋斗的经过作了一项叙述，现在我要把当日中山先生在更为险恶的帝国主义攻迫下所作的外交方面的奋斗予以阐述，以纪念中山先生的百年诞辰。

一

当民国十二年十一月十八日，陈炯明叛军四面扑攻广州之围解除之后，中山先生特于十二月二日在大本营欢宴湘、豫、滇、桂、粤各军将领。在濒于绝望边缘而骤得转危为安之际，乐观与希望又令中山先生欢欣鼓舞起来。当然豫军樊钟秀部与谭延闿所部之湘军是两支生力军，有了这两大力量，不仅可以稳定当日广东的局面，解除陈炯明叛军的再度来犯，而且统一广东，再进一步出师北伐统一全国，亦似乎又呈露出一线曙光来。此时中山先生心情之愉快不言可知，所以他在欢宴各军将领时，很兴奋的说道：

"今天是一个胜利庆祝会，要大家高高兴兴，痛痛快快饮酒庆祝一番。这一庆祝会有两层重大的意义：一是庆祝各军通力合作，在广州把敌人击溃；二是欢迎豫军、湘军来粤参加，扭转了整个战局，保全了革命策源地的广州，继续为三民主义而奋斗。"他引用兵家"攻心为上，攻城为下"两句话，来鼓励大家今后战胜敌人之道，能够打击敌人的心，就是没有钱、没有子弹，也可以打胜仗，亦可以统一中国。愿大家逢此千载难逢的机会，做出千古有名，流芳百世的事业，成为千古有名的革命军人，让千万年以后的人都崇拜。

中山先生这一天晚上的欣快情绪，是从滇、桂、粤、豫、湘各军赶走陈炯明退出广州，他于民国十二年二月十五日，由沪启程回到广州之后，最兴高采烈的日子。正如他自己所说："今晚这个盛会，不是偶然的，广州自从今年春季沈鸿英作乱以来的第一次宴会，这个机会是很难得的，因为自沈鸿英作乱以来，北方军队多度自北方来攻，陈炯明数次由东江来攻，广州的局面总是风雨飘摇，大家无一天不是在恐慌当中，这次陈军来攻，可算最后一次，我们已经获得了胜利！"

当时自然没有料到不到三日之后，更大的威胁就相继到来，更大的危机又已迫在眉睫！中国俗话所说"好景不常"正可作为中山先生此时处境的一项说明。这一新的威胁不是来自东江的陈炯明，亦不是来自北方的吴佩孚，而是帝国主义的列强，为了截留广东关余问题，派了兵舰二十余艘来到广州珠江的白鹅潭，把炮口对着广州市及相距不及千米的大元帅府，要迫使当日的革命政府屈服。这二十余艘兵舰中，计有英舰四艘、日舰一艘，最使中山先生失望的，其中还有法国两艘、美国两艘。而美国与法国都是为争取自由独立而建造的国家，中山先生一直希望与他们为友的。孰料他们竟与列强联合在一起与我为敌，他们之来，无疑的是与陈炯明十一月十八日之大举进犯广州事前有相互呼应的作用。所幸的是，他们到来的时候，已是陈军被击溃后的第十七天，否则其所能造成的局面又难于逆料了。

在此有将截留关余问题的原委加以说明的必要，以明各国此次出动兵舰二十余艘到白鹅潭示威的借口所在。所谓"关余"，是指海关收入中特定支出以外的余款。在广东的海关有粤海关、九龙关以及设在广州湾的分关。自一八四二年鸦片战争失败，缔结《南京条约》以后，经过一八六〇的英法联军之役缔结的《北京条约》，一八八五年中法战争缔结的和约十条，一八九四年第一次中日战争，中国战败后缔结的《马关条约》，以及一九〇〇年义和团事变之后缔结的《辛丑条约》，由于每一次战争必举债，每一次战败必赔款偿付外债，赔款本息的财源，便是海关的收入。到了后来海关的监督权已无形中落于外人之手了。总税务司亦由外人担任了。由于海关的收入逐年增加，除了特定偿付外债赔款之外，各地海关的收入尚有盈余。在民国八年护法军政府时代，粤海关的关税余款，本已由外交团划出一部分交南方军政府支用，其数额为百分之十三点七，按月交付共有六次，其后因护法军政府于民国九年，因陈炯明由福建回师驱走盘据广州的旧桂系军阀莫荣新、七总裁制的军政府亦随之瓦解，于是关税余款亦便任由列强停止支付。自民国十二年一月驱走陈炯明之后，中山先生于是年二月回到广州重组政府，乃重申前议。于同年九月电北京公使团，饬将民国九年三月以后因停付而积存之关余一并交付西南政府，历经三月，公使团仍无切实答复。乃于同年十一月五日照会北京外交团，要求将粤海关关税余款，仍归广州政府支用。

关税余款必须由广州政府支用的理由很简单而正大，一是基于财政的理由，二是基于外交团以是项收入交付北京政府，北方便用以支持陈炯明不断进犯广州，三是北方军阀一日得恃列强供给粤海关关余为其财源，则其祸国祸粤之野心便一日不会停止。北京外交团于是年十二月二日忽然来电提出抗议，电文内容大致说："广州政府不俟外交团答复其照会，拟径行收管粤海关，此种干涉税关之举动，外交团断难承认，倘若竟然如此，当以强硬之手段对付"云。其势汹汹已见于辞色！

中山先生于收到外交团上项强硬抗议后，立即于是月五日予以答复，谓截留粤海关关余乃内政问题，不受列强干涉，但准再延两个星期，以待使团之解决。中山先生命大元帅府外交部，以义正辞严之态度答复北京外交团之抗议电云：

"中国海关，始终为中国国家机关，本政府辖境内各海关，自应遵守本政府命令。且关税之汇交北京政府，不啻资助其战费，以肆其侵略政策。本政府今欲令关税官吏，以后不得以此款交与北京，应截留为本政府之用，且声明并无干涉税关及迫胁收管海关行政之意。此乃完全中国内政问题，无与列强之事，然本政府为尊重使团之表示及证明本政府之谦让精神起见，仍复延期两星期，以再待使团之解决。"

上项复文态度不可谓不委婉，理由不可谓不正大，但是列强之目的是在企图摧毁中山先生所领导之政府，而并无道义之可言。果然北京外交团见到强硬抗议的无效，于是便立即命令各国军舰二十余艘，进入广州省河，以大炮对准大元帅府示威，暴露其帝国主义之狰狞面目了！中山先生是不是会因列强的暴力威胁而屈服呢？他的答复是斩钉截铁的否定！是广州市民的狂热的反帝国主义的集会讲演与民众的示威游行。

当这一列强军舰二十余艘威胁在广州的革命政府时，我尚在加拿大杜朗杜办《醒华日报》，每天翻阅国内来的消息，我的血不禁为之沸腾，恨不得马上回到国内来为革命而参加对帝国主义的奋斗。我那时虽然是在办理《醒华日报》，但一面仍在杜朗朴大学研究院研究，假定没有这一刺激，我回国的时间可能还要延迟一二年。我一生最受中山先生感动的地方，一是民国十一年陈炯明叛变后，他在永丰军舰上孤军奋斗的精神，一是这次对帝国主义所加于他的压迫，始终不为屈服的奋斗。而他在这一次的奋斗中，已启导了中国革命今后一项新的斗争方向，这一方向便是从军事的斗争发展而为民众革命的斗争，从对国内军阀的斗争，转变而为对帝国主义的斗争。他掌握了中国革命的生机是要从帝国主义所给予中国人民的枷锁的解放，才能获得成功。他这时对付帝国主义威胁的手段：一是沉毅不屈，一是唤醒民众，要人民一致起来反抗帝国主义的压迫。庚子义和团事变以来，招致的惧外病的时代已成为过去，由因应帝国主义的时期，已迈进到反抗帝国主义的时期了。我远在加拿大每日编排来自广州的消息，知道在广州的各工商人民团体，正如火如荼地开展着反帝国主义的示威游行，我感到十分的兴奋。

二

中山先生于同月七日，在广州大本营接见上海《字林西报》记者，记者问他："各国如从事阻止截留，是否将与各国抗？"中山先生率直的告诉那位记者道："予力不足与抗，然为四大强国压倒，虽败亦荣。如果这样的话，我将另有办法。"记者再三问他的办法是什么？中山先生隐示拟与苏俄联盟答之。从中山先生这项谈话，使我们可以了然他之所以终于采用联俄政策，实由当日列强侵华政策所迫使。假如当日列强的态度较为友好，而不勾结北方政府以摧毁革命政府，中国革命尚有一线生机，以谋中国之自由独立，我想苏俄便不易有机会乘虚而入了！

到了是年十二月二十一日，中山先生再向粤海关税务司提示三条件，如不服从，将予撤换。所谓三条件即是：广州政府辖境内各关税收，除按比例摊扣偿付以关税作抵押之外债及赔款外，其余应妥慎保管，听候广州政府命令交付。并将自民国九年三月以后所欠广州政府应得之积存关余，照数归还。如粤海关税务司不遵命令，将予撤换，另委能忠于职务之人。

同月二十四日，更对外发表对粤海关关余问题宣言，义正辞严，充分表达了革命政府不屈的决心。

列强各国鉴于武力恫吓之无效，卒于民国十三年一月二日趋于缓和，各国示威兵舰乃渐渐离去。其时距一月二十日中国国民党第一次全国代表大会开幕之日仅仅十八天。各国兵舰示威的威胁虽然暂时解除，但关余拨付的问题并未完全解决。因此在第一次全国代表大会中乃有如下之严正决议：

……北京政府，现为不法武人官僚所盘据，为我国人所否认。我西南政府辖境内之关余，若仍听北京支配，实无异赍盗以粮，应请我政府迅速收回，以供建设之用。至列强纷派兵舰来粤示威，直不啻助北廷压迫我政府、干涉我内政。此种举动，实为我国人所共愤。幸我当局不为所慑，始终坚持，公理所在，事当有济。兹本党一致议决，誓为政府后盾，务使目的达到，正义得伸。抑更有进者，外人管理海关，其结果不但使保护政策无由实行，且使我国实业，不能与外国实业在我国境内为同等之发展，其束缚我国实业之发展，以妨碍其生存，为害之大，不可胜言。本党尤当更进一步，主张收回海关，用种种和平正当之手段与准备方法，以求有济。此事于吾国民生前途，关系甚大，本党为代表国民利益计，当于此努力，务期贯彻主张。

关于此一事件，有两种不同的记载：一为《国父年谱》，一为《梁士诒年谱》。《国父年谱》所载此事之解决，系依英领事接洽所就之调停办法解决，似与事实不甚相符。因为英国为此一事件之祸首，谓其知难而退容或有之，谓出面调停，在情在理都有所不能。《梁士诒年谱》谓为系由美领事出面调停或较近情理。

除了以上二说之外，据当时担任警卫军司令兼广州公安局长的吴铁城先生回忆录的说法，是因北京使团知道示威恐吓已无济于事，乃托美国公使苏门，或译为舒尔曼（Jacob Schurman），出面调停。可见由美使出面调停之说是可以凭信的。驻广州美总领事曾秦斯（Duglas Jenkins）以及领事韩米顿（Maxwell M.Hamilton）自当为其中从事奔走之一员，证之在此事件解决之后十天，美国《芝加哥日报》记者胡特访中山先生于大元帅府的谈话，中山先生曾诚挚的向胡特表示其对美国的希望。中山先生希望美国利用其影响力与地位，于在华列强间倡导一项和平计划，选择上海或其他中立区召集一和平会议，由于中国人民对美国素有好感，全国必响应之，在华各国势必参加赞成。中山先生之意，认为中国军阀混战之局，多因后面各有野心强国操纵指使，不但徒苦人民，且将危及国际和平为虑，故盼美国能赞助他的和平计划，以弭中国之大难。照此一经过看来，可能中山先生《告美国国民书》已引起美国舆论之若干同情，因此促使其在帝国主义行列的示威行动有了改变。对调停解决的事，可能借此有所弥补。所以中山先生与胡特谈话的态度便已由愤怒而变为诚恳与希望了。

以上这些叙述，是中国国民党改组前一年中山先生的处境和在内忧外患交逼之下艰苦奋斗的情形，他在此后之能为中国革命创造出一历史的新页，这些便是他的背景，亦是我们研究近四十年历史的转变不可不知的。

三

这一次帝国主义出动二十余艘兵舰向中山先生领导的革

命政府的示威运动，使他最感头痛而失望的无过于美国。其中英国自一八四○年鸦片战争以来，都是侵略中国的祸首，他在中国所获得的侵略果实亦特别多，中国人民对他素无好感；日本出了一艘参加侵略行列亦无足怪，因为过去的日本政府一直是以侵略中国为目的。惟独美国，自中美发生外交关系以来，如第一次中美两国于一八四四年所订的《望厦条约》，一八九九年美国国务卿约翰海氏对中国宣示的门户开放政策，解救了中国濒于各国划定势力范围，将陷于瓜分境地的危机；于一九一三年退出四国银行团大借款以助袁世凯用以对付中国二次革命等等友好的经过，中国人民对美国都抱着无限的好感，而这一次竟有两艘美国兵舰参加此一示威的行列，实在是出乎意料的事。何况中山先生对于美国一直是存有好感，他认为在立国精神上与中美两国人民传统的友谊上，他寄很大的希望于美国是极其自然而必要的。他此时之感觉到对美国的失望，自是格外的深切了。因此中山先生于十二年十二月三十日特发表一封沉痛的《告美国国民书》。在书中他说：

当吾人首创革命，推翻专制及腐败政府之时，吾人实以美国为模范，且深望得一美国的那斐叶特（Lafa Yette）来协助吾人，使得吾人成功，亦正如美国革命的帮助一样。吾人之力争自由，于今已十二年矣，但今由美国来者，非那斐叶特，乃较多于他国之战舰。

华盛顿、林肯之国，是否誓拒其对自由之信仰，转而为力争自由之压制者乎？吾人实不信此，并深望贵国舰队人员，详思此一问题，然后向吾等轰击。现彼等之炮，已向此无炮垒抵御之广州城矣！美舰因何而欲炮轰吾人乎？实因吾人对全国关税之收入有合理要求，除清偿以关税作抵押外债之后，得取得吾政府治下各处收得所余之关税。夫此项收入，实属于吾人，故本政府定有此权。且此款为敌人所得，遂用以购军械，转杀吾等，故不得不阻止之。这与贵国先代投英国茶于波士顿港口之事无异。设若贵国以海军军舰向我所辖境内争取关余，而令北方不良之军阀得获胜利，实为一种罪过，乃无穷耻辱也。

据曾任中山先生英文秘书、当时的粤海关监督、不久以前在台逝世的"司法院副院长"傅秉常先生告我，此类文件大半系中山先生自己起草，交由伍朝枢先生整理后发表。就此一《告美国国民书》的内容及语气来看，我认为是中山先生自己执笔的，不然不会是如此沉痛、愤怒和失望！这不会是对美国平素没有感情和殷切希望的人所能写得出的。

这一《告美国国民书》发表之后，其在美国朝野所发生的影响如何，在列强对华外交政策极端现实的当时，是很难估计的，不过有两项事实可供我们查考：一是据林百克著的中山先生传补订译本所载，当时美国驻北京的公使舒尔曼曾奉命至广州调停此事，并曾与中山先生作过恳切的谈话。二是列强的二十几艘兵舰的示威暴行，并未把中山先生吓倒，而向他们屈服。相反的，这一事件总算是经过调停，使出兵各国最后终于知难而退。美国舒尔曼公使到了广州之后与中山先生谈了些什么，据林百克先生所述则是：中山先生于谈话时曾询以美国是否诚意愿为中国之友？并说明美国欲对中国表示真正之友谊，应先归还上海、汉口之所谓美国租界为诚意之保证。"美国以所窃之物，让之其他的强盗以避免谴责实所不解。要知窃盗者，以所盗之财物置诸他盗之手，在法律与公道上，绝不减少其窃盗之罪行。"中山先生在此所举之事实，显已承认美国与其他列强在上海、汉口自中国取得同样之租界，但美国对于这些取得的租界并未如其他的帝国主义一样的凶残，把租界作为侵略根据地来对付中国。美国甚至自己不出面而把这些权力移让给别的帝国主义国家来行使，但美国在法律上、道义上并不能因此而卸掉其窃盗的罪恶，所以中山先生要希望美国先把这些上海、汉口的租界先行交还中国以作友好的保证。这只是中山先生当时对美国的希望而已，他的希望并未见诸实现。原因是当日的美国对华政策仍然是惟英国的马首是瞻，终未能断然退出侵华的帝国主义阵营。这是中山先生对当时的美国最感到失望的地方。

中山先生《告美国国民书》发表以后，不能说是在美国朝野方面一无影响，舒尔曼大使之前来广州调停，即是其影响之一，在民间方面，我们从林百克先生事后的记载，可以看出他对于当日中山先生处境的同情。他说："中山先生在广州一隅之地，仅凭公理与民气与列强之武力相周旋，虽英美舰队林立威胁，始终并未为所屈。……中国人之不可侮，帝国主义武力之不足畏，中山先生已以身作则而昭示吾人了！"当时如像林百克先生一样的美国人，自然不限于他一个。

四

民国十二年十一、十二这两个月中，中山先生有两次重要的文件发出，一是前文所述的《告美国国民书》；一是十一月十六日致日本友人犬养毅的信。十一月十六日，正当陈炯明叛军十一月十八日四面扑攻广州，革命重心所在的广州危如累卵的前两天，可见中山先生在危疑震撼之中，其镇定安详、坚持大计、开拓未来之心胸。而这两项文件之发出，都是基于他的外交政策，平素皆寄希望日本与美国可为中国革命之友，实不愿见其变作中国革命之敌人。日本与中国为同文同种的兄弟之邦，日本的兴起，实给予亚洲民族以很大的兴奋，中山先生寄望于日本的是要他作亚洲民族的干城，而不希望作侵略亚洲民族与中国的帝国主义的鹰犬。至于美国，则一直对中国人民有好感，而且中山先生时时引美国立国的精神以为中国革命的楷模。到了美、日、英、法各国联合出动兵舰向广州革命政府示威压迫的时候，他于无可如何之中，仍然向这两个国家的贤达与人民作最热切的呼吁。结果，他的希望都归于幻灭！在我看来，这是中山先生当日临崖勒马，采取联俄政策之前所作的最后考虑，因为处当时的环境，只有俄国可以为中国之友，而不属于帝国主义的阵营。迄至希望幻灭时，他便断然为革命的利益而采取联俄的政策了！帝国主义国家往往指责当日中山先生的联俄政策为不当，而这所谓的不当则是当日帝国主义对中国的侵略政策所造成！

致犬养毅的信，是在中山先生与犬养毅二人均作古后数十年才为世人所发见，这是一封亲笔函件，长近五千言，极具历史价值。在民国十二年的冬天，犬养毅其时适参加日本山本内阁为文部大臣。犬养毅与中国革命历史渊源最久，是中山先生的老友，故他对于犬养的入阁，存着一项希望，希望借犬养的地位和影响，以改变日本政府对中国的帝国主义的政策！当然，中山先生对日本的希望仍是归于幻灭，但这一封信中所陈述的道理，如果被日本当日的政治家所接受而付诸实施，整个亚洲的局面和世界的局面都要为之改观。日本固然不会经过二次世界大战的惨痛失败，而中国亦不致在二次大战中作那样重大的牺牲。这究竟是中国之不幸呢？还是日本之不幸呢？在我看来这是整个亚洲和世界之不幸！一个国家固然需要力量，更需要明智、卓越、有远识的政治家，否则力量不会用以福利其人民和他自己的国家，相反的将造成国家的自杀与覆灭！

在这封信中，中山先生恳切向犬养毅先生提出几项重要主张，希望日本改变其对华政策，一新亚洲与世界之局面。这封信至今虽然已事隔四十多年，而他当时远大的见解，正可作为我们今日的一面镜子，来检讨这四十余年来的兴衰得失及今后应如何的奋勉了。

信中说明列强传统之对华政策，绝不愿中国之"政治图强"，因此列强今后对于中国的革命，必然多方阻挠与破坏自无疑义。他这封信的写出，是在各国兵舰在广州示威之前半个月，并不是事先不知列强将要干扰的利害，但是此时他已被迫下定决心要从这一利害关头，创造出一生机，抑或坐待覆亡中作一选择。他写给犬养这封信的动机，当然是还存着一线的希望，对于日本希望其从帝国主义的阵营中退出。这与同样的《致美国国民书》所希望于美国者一样。他说日本的对华政策完全惟列强的马首是瞻，很使中国及亚洲各民族失望。在信中，他寄望于日本者有两件事：

第一，他剀切说明日本的对华政策，不应以列强为马首是瞻，因为日本与中国之关系，恰与列强相反，凡有利于列强者，必不利于日本。日本政府此时应当毅然决然，以助中国革命之成功，使中国对内能统一，对外可以独立，一举而挣脱列强之束缚，从此中日亲善可期，而东亚之和平永保。否则列强必施其种种手段，利用中国来对付日本，必使中日亲善永无可期，而日本之经济必再难发展。中山先生特别指出，自第一次世界大战以后，欧洲列强已无实力在亚洲推行其帝国主义，然而列强在中国的经济地盘则甚为巩固，故其所虑者，为吾党革命之成功对其不利而已。列强的深谋远虑，实出日本之上，故能造出种种名义，使日本不能不与之一致行动以对付中国。这实在是日本的不智和失策。因为日本与中国之关系，恰与列强相反，凡对华政策有利于列强者，必不利于日本。日本事事不得不附从列强之主张者，在初固然是由于势孤力弱，不敢稍露头角以与列强相抗衡，习惯已成自然，至今时移势易犹不知变计且日甚一日，事事为列强作嫁衣裳，致中国志士之痛恨日本较痛恨列强为尤甚，这是其最大原因。中山先生希望犬养这次参加山本内阁，能将日本前时盲从列强之失策一扫而空之。

他说：中国之革命，为欧洲列强所最忌者，因为中国革命一旦成功，则安南、缅甸、不丹、尼泊尔、印度、阿富汗、阿拉伯、马来亚等民族，必步中国之后尘，离欧洲而独立。如此则欧洲的帝国主义与经济侵略政策，必然失败。是故欧洲帝国主义国家反对中国革命固有其理由，而日本政府不察，亦从而附和之，是何异于自杀！中山先生在信中说："日本维新为中国革命之前因，中国革命实为日本维新之后果。二者本属一贯，以成东亚之复兴，其利害相同密切，本无二致，因此，日本之对中国革命，何可步武欧洲列强而忌我害我耶？乃日本对于中国革命，十二年来，皆出反对行动，实与当年犬养派宫崎寅藏与中国革命党联络之宗旨相违。日本每每反对中国革命，失败则假中立之名以自文，从未有彻底之觉悟，毅然决然以助中国之革命。"中山先生对犬养说，日本以往这些错误或系由于犬养未得志于日本政府的原因，今犬养既已参加日本内阁，故中山先生特致诚挚的希望于他，不仅为中国计，亦为日本谋也。

第二，中山先生劝告日本政府，应当首先承认苏俄政府，切勿与列强一致。他认为列强之不承认苏俄政府者，乃利害上不得不然，而日本在利害上并不与列强相同，其与列强采一致行动不承认苏俄，殊属愚不可及。他说：在当时的情形，凡是与苏俄有关系各小国已经承认了苏俄，而日本与苏俄关系密切，倘必俟列强承认之后，日本始不得不从而承认之，则亲善之良机已失，此所谓为渊驱鱼，为丛驱雀也，行将必有排日本之强国，利用苏俄为之前锋，则不独日本危，而东亚亦从此无宁日矣！自第一次世界大战之后，不独世界大势一变，日本外交方针，必当随而改变，乃能保存其地位于世界，否则必蹈德国覆辙无疑。

中山先生在此信的末尾说：以上二策，实为日本发扬国威，左右世界之鸿图，兴废存亡端系乎此。日本于第一次欧战之初，既误于所适而失其为世界盟主之良机，一误岂容再误。他希望犬养详审而速图之。

综观中山先生此信中所述的重点，与当日他毅然决策要由因应帝国主义的对外政策，一转而为反帝国主义斗争的革命运动大有关系。他一再剀切说明，要使犬养毅知道的是日本的对华政策，不但在利害上不应与列强一致，就是在日本与苏俄的关系上，日本亦不应该与列强一致。就中国言，日本与列强一致来对付中国当然于中国不利，但是于日本亦不是有利的，所以他希望日本能首先退出列强侵华的阵营转而帮助中国的革命。为甚么他要日本首先承认苏俄呢？在我看来，如果日本随列强之后而不承认苏俄，在日本的利害上，可能有"排日之强国，利用苏俄为之前锋，不独日本危，即东亚亦将自此无宁日"，换言之，这一利用苏俄为之前锋的强国，名义上是对付日本，于日本不利，而受其害者必为中国与亚洲。因为这一强国与苏俄的联合，必然是要平分亚洲与中国的利益，而影响到日本的发展。这一强国为谁？他虽然没有明白的指出，在我看来，必定是在亚洲具有根深柢固地盘的英国了。而英国亦正是中国国民革命必须要予以推翻的敌人，要从驱逐了英国在中国的利益以后中国才能获得独立，要把英国的利益逐出亚洲之后亚洲各民族才能获得自由一样。英俄的联合显然的于中国不利，于亚洲不利，于日本更不利，所以中山先生主张日本要首先承认苏俄，才能制止此一危机的来临。反英是中国的出路，也是日本的出路，所以中国要联俄，而不要英俄的合伙以谋我。日本对苏政策如果与英国一致起来，当然日本必然站在英国的利益上作他的帮凶而对我不利了！

要了解中山先生对外政策的目标，他最大的假想敌人是英国，因为英国是自一八四〇年鸦片战争以来，便把中国民族的生机窒息在他的魔掌之中，中国要自由独立，便非首先脱掉英国的侵略控制不可。他的对日本和对美国一贯友好亲善的政策，是为了要孤立英国和对付英国而出发；他的《中国存亡问题》一书，在民国六年反对中国参加协约国对德宣战，怕的是德国败了，将造成英国和俄国的妥协于中国不利；他在民国十三年断然采取联俄政策，是为了苏俄自一九一七年革命后，对中国的侵略威胁已暂告解除，而在反英帝国主义的目标上，中国与苏俄成了盟友，这仍是基于以反英的政策为出发。明白了这一反英政策为出发的基础，我们便可以从中山先生整个的外交政策，得出一个万变不离其宗的对付英国的政策了。眼前活生生的一项事实，他希望犬养毅影响日本政府早日承认苏俄，是为了怕英国利用苏俄为前锋，以对付亚洲，于中国与日本都不利，是着眼在反对英国。他十二年十二月三十日的《告美国国民书》，为的是失望于友好的美国竟与英国一致派遣兵舰在广州示威，企图推翻他所领导的政府。为了希望日本与美国能够不以英国为首的侵华列强合伙，他诚恳的最后呼吁两国的人民和贤达为最后之抉择，到了都感觉失望时，他便无所顾虑的进行其反帝国主义，反英帝国主义的斗争，为中国革命开辟生存的新机运了！

中山先生在民国十二年毅然决定由因应帝国主义的对外政策，变为反帝国主义斗争的前夕，他特别亲书致美国国民和日本的犬养毅先生，这并不是一件偶然意外的事。这是由于他所持对日本与美国的友好政策发生了基本的动摇，故他不得不仍为最后之呼吁。他对美、日人民、贤达的呼吁虽未获成果，但是他确已尽了朋友之谊的一次最后的忠告。当民国四年日本向袁世凯政府提出亡国的二十一条款，中国人民痛恨日本最深，因此，有人主张联美国来对付日本，以解中国之危。中山先生对此主张特予痛斥反对，他的理由是：

> 中国今日欲求友邦，不可求之于美日之外。日本与中国之关系，实为存亡安危两相联系者，无日本即无中国，无中国亦无日本，为两国谋百年之安，必不可于其间稍设芥蒂；次之即为美国，美国之地虽与我隔，而以其地势，当然不侵我而友我。况两国皆民国，义尤可以相扶。中国而无发展之望则已，苟有其机会，多当借资于美国与日本，无论人才、资本、材料，皆当求之于此两友邦。而日本以同文同种之故，其能助我开发尤多，必使两国能相调和，中国始蒙其福，两国亦赖其安。即世界之文化亦将因之以大昌。中国于日本，以种族论为弟兄之国，于美国，以政治论又为师弟之邦，故中国实有调和日美之地位，且有其义务也，妄人乖忤之计，讵可信耶？……夫中国与日本，以亚洲主义开发太平洋以西之富源，而美国亦以其"门罗主义"，统合太平洋以东之势力，各遂其生长，百岁无冲突之虞，而于将来，更可以此三国之协力，销兵解仇，谋世界

之永久和平，不特中国蒙其福也。

中山先生致犬养书与《告美国国民书》，均在民国十三年中国国民党第一次全国代表大会前夕发出，而其时又值广州内外交迫，危如累卵之际，我说这两封信的发出于当时的决策大有关系，既不是偶然亦不是意外的道理在此。

中国、日本、美国应当联合互助，为中山先生一贯之主张已如上述。在此之外，关于韩国问题，在此一信中，中山先生更指责日本于一九〇五年战胜俄国之后，吞并高丽之失策。他认为日本吞并高丽大失亚洲人民对于日本之希望，亦为日本走入迷途的开始。我们可以说中山先生固然主张中、日、美三国的联合，但是中国、日本、高丽三国的合作，尤为亚洲安定的枢纽。所以他更主张中、日、韩三国的提携合作，这是中山先生外交政策的一项重要环节，不能加以忽视的。他说："日本于战胜俄国之后，无远大之志，高尚之谋，只知步伍欧洲之侵略手段，竟有吞并高丽之举，致失亚洲全体之人心，殊为可惜！"

五

距中山先生致书犬养毅先生之前十年（即在民国二年），中山先生访问日本，他与日本的巨人桂太郎晤谈，其时桂太郎正第三次组阁。他们二人之间前后计有十五六小时秘密而恳切的谈话，很少为世人所知道，一直到了桂太郎死后，才由当日充任日语翻译的戴季陶先生把一部分谈话内容公布出来。

中山先生对桂太郎说："就大亚细亚主义之精神言，应以真平等友善为原则。日俄战争之前，中国同情于日本，日俄战争之后，中国反而不表同情于日本。其原因在日本乘战胜之势，举朝鲜而有之。朝鲜果何补于日本？然而日本之占有朝鲜，影响于今后一切者，不可以估量，此种措施为明智者所不为。"桂太郎听到这段话，非常感动。他对中山先生说："我此次受命组阁，为时仅三月，假使我能主政一年，必有以报命。"可惜桂太郎不久便赍志以殁未能实现他的政策！据戴季陶先生说："中山先生与桂太郎在两次的密谈中，可算是倾尽肺腑的了。桂太郎死后，中山先生十分懊丧，他叹气道：'日本现在更没有可共天下事的政治家，东方大局的转移，更无可望于现在的日本了！'当桂太郎临死的时候，他对在旁最亲信的人说：'我不能倒袁扶孙，成就东方民族的独立大计，是我平生的遗恨。'"

桂太郎这个人，在明治三十四年六月到明治三十八年十二月这四年多的时间，正是他第一次组阁的时候，在这几年当中，他为日本做了两件大事：

一是日英同盟，一是日俄战争。照理日本的亲英国是中山先生所不同情的，因为中山先生的对外政策，是认定要驱逐英国势力出中国之外，中国民族才能自由独立，这是他不可移易的一项主张。日本由于战胜俄国而吞并了朝鲜，当然中山先生认为是日本的失策！亦是于中国不利的。他们二人之间为甚么在民国二年这次密谈之后会如是的相互称许，相知莫逆呢？在我看来，在这一时期内日本对于日、英同盟与对韩政策，已经到了事过境迁，需要重新检讨而加以改变的时候了，至少桂太郎当时是如此想的。

中山先生为何要强调日本的吞并韩国的失策呢？在我看来，中山先生在政略的观点有如下的几个理由：

第一，日本的吞并朝鲜，是日本踏足到大陆、是日本大陆政策，以韩国为侵略中国的跳板的开端。

第二，为了要解决日本本身的问题，同时使中、日两国免于冲突，中山先生企望于日本的是南进政策，或海洋政策。因为日本的南进有两大作用：一是马来亚、印度、缅甸、泰国这些地区都是英国的殖民主义势力范围，日本在海洋与英国争霸，可以减轻中国受英国侵略的影响，这于中国的独立运动有其好处的。二是这些地区都是亚洲民族而沦于英帝国主义的统治之下，日本此一发展，正如中山先生所说，要日本作亚洲民族的干城，而不作西方帝国主义的鹰犬！

第三，有一独立统一的韩国，可以屏障日本向中国的发展，亦可以中、日、韩的相互提携来应付雄跨欧亚两洲大陆的俄国势力向东方的发展。

所以我说中、日、美三国的合作，与中、日、韩三国的提携是中山先生为中国谋、为日本谋、为亚洲民族谋的两大基本政策。我们要知道孙、桂二人民国二年在日本的几次谈话所以造成他们二人的默契与神交，可以由桂太郎当时的谈话的重点中得其梗概。

　　桂太郎对中山先生说："帝国主义大陆国的俄国，以最强的势力从北方压迫下来。海上霸王的英国，以最大的经济力从南方压迫上来。这个时候的日本，除了努力图自存而外，更无他道。而自存的方法，断不能同时抗拒英、俄。幸而英、俄在亚洲的地位，立在极端冲突的地位，使我得以利用英、俄的冲突，和英国联盟，居然侥幸把俄国打败了。俄国这个敌人，不是东方最大的敌人，而是最急的敌人，打败了俄国急是救了，以后的东方便会变成英国的独霸，英国的海军力，绝非日本之所能敌，而英国的经济力，绝非日本之所能望其项背。我在日、俄未战之先，极力想法造成日、英同盟。现在日、俄战争的结果既已分明，而日、英同盟的效用已完全终了。此后日本绝不能援英，而英国更不用联日。在太平洋上，英、日两国完全立于敌对的地位。此后日本唯一之生路，惟有极力遮断英、俄的联结，而且尽力联德，以日、德同盟继日、英同盟之后，以对英作战，继对俄作战之后，必须打倒英国的霸权，而后东方乃得安枕，而后日本乃有生命。此生命问题，非独日本，从鞑靼海峡到太平洋，全部东方民族的命运，皆以此计划的成败而决。……我有鉴于此，故前年有俄都之行，余之赴俄，世间谓余将作日、俄同盟，余诚欲修好于俄，然同盟何能成？成又有何用？我所计划者乃日德同盟，我因既不能以此事假手于人，又不敢往德国惹人注意，故与政府约在俄都讨论政策。乃刚刚到俄都，先帝（明治天皇）病笃，连以急电催回，事遂一停至今，真是一个绝大恨事。但我一日握政权，终必做成此举。此为余之最大秘密，亦为日本之最大秘密。倘此事有半点泄漏，日本将立于最不利的地位。在日德同盟未成立之前，而英国以全力来对付我，日本实不能当。我刚才听见先生（指中山先生）劝日本之策略，不期正为我志。我在日本国内，从不曾得到一个同志，了解我的政策。今日得闻先生之说，真大喜欲狂。中国有一孙先生，今后可以无忧，今后惟望我两人互相信托，以达此目的，造成中、日、土、德、奥的同盟，以解决印度问题。印度问题一解决，则全世界有色人种皆得苏生。日本得成此功绩，决不愁此后无贸易移民地，决不作侵略中国的拙策。时大陆得绝对的保障，而以全力于发展的正路。大陆的发展，是中国的责任。中、日两国和好可保东半球的和平，中、日、土、德、奥联好可保世界的和平，此惟在吾两人今后的努力如何耳！"

从桂太郎的上述谈话，可以看出他的胸怀和魄力，他以一国负责任的内阁总理地位，对于异国的一位革命领袖倾吐出肺腑之言，把国家的重大秘密尽行倾吐，如果两人之间没有相互的敬仰与信赖，没有远大的眼光与共同的理想，是断不会如此的。戴季陶先生说：何以一个日本帝国的大军阀领袖，一个民国的开国的领袖，一个君国主义的权威，一个三民主义的宗师，会如此互相谅解呢？他们两人的互谅和互信，不是在学术思想上，不是在国家思想上，而是在以东方民族复兴为根据的世界政略上。我十分同意戴季陶先生这一种看法，而历史的事实告诉我们，自桂太郎不幸逝世之后，日本迄无一个政治家、军事家和谋略家有如他的气魄与胸怀。自他逝世之后，日本的对华政策、亚洲政策和世界政略的运用，都走了相反的道路。桂太郎主张的中、日、土、德、奥同盟，除了亚洲要排除大英帝国霸权之外，他另外还有一种深意在防止俄国向亚洲的侵略发展，在欧洲有了强大的德、奥为友，俄国便无力东顾，而亚洲中国便可以减少威胁与忧虑了！中山先生民国六年所发表的《中国存亡问题》和他坚决反对中国参战以与德、奥为敌，其用意便是惟恐德国如果败亡之后，继德国而起的强国便是俄国。俄国在欧洲取得强国的地位之后，英国为了要保全其生命线的印度，便必须牺牲中国以作代替，以妥协俄国。俄国向亚洲和中国的发展便无可遏止了。日本在民国二十年九一八发动的侵华行动，最大错误的地方是把朋友的中国误作了敌人，把真正日本的敌人误作了朋友。日本不能乘二次大战之际实质的配合德国夹击俄国，击垮俄国。……一着之错，满盘皆输，日本后来的军阀是要负其责任的。

治历史的人，最不可忽视的一件事，那便是伟大政治家，在每一个历史时代的发展上，是居于最重要的地位，如果我们把历史上几个重要的政治家和军事家，远的如华盛顿、林肯、凯撒、拿破仑，近的如孙中山、桂太郎之类的人物去掉，人类是不是便没有历史呢？当然历史依然是有的，但是历史的创造进展和历史的停滞和沉沦便不同了。好比一张好的纸用之来作画，因为人的性格和艺术的秉赋不同，造诣又有优劣高低，所画出的虽然都是画，但是画的艺术价值则必然会发生绝大的差异了。

无怪桂太郎之死，中山先生叹为"日本现在没有一个足与共天下事的政治家，东方大局的转移，更无可望于现在的日本了"。这真是英雄惜英雄，发于内心的一种沉重的哀痛！

中山先生在致犬养毅的信和民国二年与桂太郎的谈话，都同样指出在日俄战争以前中国同情日本，日俄战争之后中国反不表同情于日本，其原因在日本乘战胜俄国之势，举朝鲜而有之。朝鲜既吞并，日本便一意向中国遂行其大陆政策，以侵华为目标了，中国之恨日本，这自然是无可避免，而在日本一部分人不自反省，反以中国之排日作为其侵华之口实，且以侵华由于中国之反日为日本之一项自卫行动。愚蠢的日本军阀作如是想，固无足怪，而在对中国富有热情的人士中亦往往有此怀疑就令人不解了！

民国四年日本政府提出灭亡中国的二十一条件，强迫袁世凯政府承认时，中山先生正亡命在日本，对此事反对甚烈。他住在头山满先生家里，与寺尾亨博士为邻，有一天寺尾博士约集若干日本的名流学者，请中山先生演讲，并向中山先生提出一个问题说："我们有一个极怀疑的问题，就是日本固然是凌侮了中国，侵略了中国的权利，何以中国人恨日本远较欧美为甚？先生能否解释其故？"中山先生对此一问题的答复是：

"中、日两国同文同种，谊如手足，中国如兄，日本如弟，在种种方面，本当提携互助。至中国之于欧美，仅泛泛之友人而已。泛泛之友人予我以凌辱，本已难堪，而为弟的日本，不特不能同舟共济，反而和外人一样的凌辱乃兄，并且凌辱的手段较之外人还厉害。请问做乃兄的在情绪上是恨友人多，还是恨乃弟多？"

中山先生这段话讲得非常浅近透辟，而且十分真诚。我想中山先生在民国十二年，敌人四面扑攻广州，危在旦夕的时候，发出这封长五千余言的致犬养毅先生书时，他之寄望于日本之能援助中国革命的殷切可以想见。所不幸的，他所寄望于美国与日本者同归失望。所以当民国十三年中国国民党第一次全国代表大会在广州开幕后，便不得不另辟途径为反帝国主义之斗争以救中国之危亡了！

六

自民国十一年六月十六日陈炯明叛变到民国十二年春滇、桂、粤各军驱走陈炯明，中山先生于是年二月十五日回到广州，以致到民国十三年一月二十日第一次全国代表大会开幕重整革命旗鼓，其间为时仅一年半，在这短短一年半的时间中，中山先生出死入生、冒险犯难、内外交迫、席不暇暖，在他一生的生活中当以此一时期为最困苦。他虽然在这样的困境中，为他所领导的革命冲出了一条生路，开辟了革命新的基础，但是他的健康，是否便是由于此一时期心身的损伤太大，以致正当民国十三年冬，中国全国局面急遽好转之时，他奋然由粤北上，图利用此时机促进国家的统一与建设，以尽革命未竟之功；而天不假年，竟尔长逝，或系种因于此一时期之太过劳苦与困顿。中山先生精通医学，是否由于他当时已感觉到他自己的身体的健康与生命已不能久持，乃急起直追，不顾一切的为中国革命创立生机，而致有此结果呢？回忆当第一次代表大会时期，中山先生在大会的几次讲辞的内容，和他急切地每周在广东大学礼堂讲述三民主义时的情形，其态度与立言，无不精辟沉痛，有似把他一生的革命志业托孤于他数十年来所领导的党和他的同志一样！这究竟是他当时一种预感呢？还是我们事后追忆的一种偶然的符合呢？天下不可知的事很多，科学的进步虽然把人类若干的事都有了说明与解答，但毕竟科学所发现的范畴仍然是有限，特别是这一类由感情而出发的追忆与推断，是不易求得答案的。

（原载一九六五年十一月《传记文学》第七卷第五期）

国父传记及其有关资料

国父孙中山先生百年诞辰转瞬间已成过去，各方为纪念此一盛典所出版的有关中山先生思想、主义及其生平的著述，真可说是空前的浩瀚。现在《传记文学》杂志更发起继续扩大研究国父生平运动，尤其具有重大意义，值得称颂。

在已知的许多出版物中，我所最注意的是有关国父传记的写作，在已见到的著述中，有的提示出外国档案的资料，有的阐明了未为人涉及过的一段生平，有的就一个重点来发扬其思想的渊源所自等等，对研究孙先生的伟大及其影响提供了不少宝贵的史料，虽然尚待发掘的仍多，但，只就这些史料似已可构成一部较为完美的孙先生传记，这一贡献是十分珍贵的。

传记本来是不易为的，除了要充分了解传主的生平、思想和他的事业，以及许多有关他人格上、精神上的发扬以外，还要能够清楚地明白传主所居的时代与环境的特征，而把一些影响于他和他给予的影响，扼要的整个的提示出来。传主如果只是在某一方面有所成就的人，那还比较容易，若传主是一位不世之圣，各方面都有很大的建树，则牵涉的范围既广，包罗的内容亦将更为丰富，资料浩繁，头绪纷杂，要能处理得恰如其当，那便不是一件容易的事了。

中山先生是时代的伟人，世界的圣杰，可以说，他乃是现代史的创造者，他的一生，虽只短短的六十年，而其影响所及，在时间与空间上都极其深广。因而要给他写一个比较合于理想的传记，就须涉及很多的方面，几乎是整理一部综合性的现代史。这样艰巨的工作，本非一时可就，或许还不是一人所能。

民国十三年的春天，我从加拿大回国，在广州见着中山先生，便打算替他做一部传记。那时和他见面的机会较多，他又很乐于和青年同志接近，我便开始搜集传记的材料，并希望由中山先生的口中，得到许多珍贵的逸史。当时他告诉过我不少的轶事，都是未曾刊布过的材料，有些看来虽似无关重要的琐事，然而却足以表现出一个伟大人物的特征来，所以我不敢有所遗漏，事无巨细地完全笔记下来，以备写作传记时的参考。这些材料，经过若干次的流离奔走，一直带在我的身边，不敢让它稍受损失。民国二十七年我回到四川，战时交通不便，只得寄存在柳州的朋友处。后来战火弥漫湘桂，柳州陷落，这些珍贵的笔记，亦就随之而沦于浩劫了！

当民国十四年三月，中山先生在北京逝世的消息传达广州后，其时广东大学（亦即是后来的中山大学）的一部分教授们正出版了一个名叫《社会评论》的刊物，我和现尚在台的谢瀛洲先生都是其中主要的撰稿人。我们为悲悼伟大革命导师的逝世，评论社的同人特别会商刊行一期纪念他逝世的专号，把他的生平、思想、主义作一概要的阐述，以为后来写作他的传记和研究他思想主义工作做一个开端。我记得其中《中山先生事略》一文是由我执笔的，《中山先生思想概观》一文为周佛海所写，周之被见重于戴季陶先生，此文的关系很大。《民族主义》一文为曹四勿先生所写，《民权主义》一文则为谢瀛洲先生的大著，《民生主义》一文则为农学界的一位前辈曾济宽先生所写。当时此一专号的筹划，原本要合力为他写一本传记的预备，所以文章的安排，在初便已具备了一些写传记的轮廓。现在距中山先生逝世已四十年，此一纪念专号固已无从寻出，而大家立志要为他写一传记的宏愿，特别是我本人，则至今未获完成，清夜自思，感到十分惭愧与惶悚。

当国父在世之时，他的美国朋友林百克先生曾根据与他相处时体认得来的资料，写了一本《孙逸仙先生传记》，这本书正待完成，而中山先生已不幸逝世。迨此书出版已在中山先生逝世之后。林氏此书中所引述的若干关于中山先生口述的童年时代的故事和所经过的重大政治事件，可惜均不获中山先生亲阅而有所增补。然并不因此而减少此书的价值。曾追随孙先生革命的日本志士宫崎寅藏先生，在二十世纪的初叶写成《三十三年落花梦》一书，虽然是以宫崎本人为中心的一本参加中国革命的回忆录，但此书对于一九〇〇年庚子以前的中国革命的史实和有关中山先生音容器宇的记载，可以说得上是第一手的材料。尤可贵重的是此书曾经中山先生亲阅，并为之作序，自更值得作为研究中山先生生平的一种参考。

一个伟大人物的传记不厌其多，更不能因其年代日远而失去其重要。世界伟大人物如耶稣、华盛顿、林肯、拿破仑的传记，已出版的不知有多少，即至今日仍有作者企求发现新的资料、新的论点，而埋头从事写作，发掘这些伟大人物的理想、主张和抱负来启示今人，昭励来兹。

一个伟大人物传记的写作是十分吃力的事，不是过来人将不知其中的艰苦。第一，是受了现实环境和条件的限制，不易尽如理想地以表达历史的真实；第二，治历史的人最易患一种"近视病"，对距我们愈远人物的描写，则只见其影响与贡献，而忽视其瑕疵；对愈近的人物则易见其恩怨与瑕疵，而忽略其贡献与伟大，即或是将两者并予考虑，由于相互抵减，其伟大处亦便所余无多了。

治历史的人有三个不可忽视的步骤：一是搜集资料；二是整理和分析资料；三是处理资料。把这三项工作做得很圆满，自然可以有一部比较好的历史和传记写出，但问题发生在资料的本身尚须经过一番净化与锤炼。纵然是已属纯可靠的资料，亦只能知道这件事是甚么？而这件事是如何产生的？和为甚么会产生这件事？有时往往亦不易从中寻出端绪。新闻和其他的新兴的传播事业是近代人类一项大的进步，照理新闻应当是现在最好的历史，但是近代新闻的报导，亦往往有与事实背离的地方，后之人如果纯以此为根据，势将随之而失去历史的真实性，自不能尽予采证，而必须加以分析判断和获得旁证乃可。近代治历史的人鼓励人写自传，或由当事人口述录音的历史，在资料的搜集方面已较以往为进步，唯一可虑的只是主观成分每嫌过多，然而对于了解一段历史的如何？与为甚么？其所及的范围则有更为广阔的好处。因此，当事人所述的忠实经过，自仍是一种比较重要的参证。

我现在要举出几项有关的史料以说明撰写国父传在资料搜集与采用时的困难，特别是了解中山先生伟大的政治风格之不易。

自民国十三年二月第一次全国代表大会闭幕之后，根据大会通过的总章，以选举产生的正式党部，以广州特别市党部为最早，国民党和共产分子间开始短兵相接，亦以广州特别市党部成立更为具体化。在第一届委员当中，现尚健在的有孙哲生、马超俊两先生和我三人，我们三人当然对于当时反对共产分子的经过较为明了。可是对于此一段历史的有关的记载却有若干出入。据邹鲁先生所编的《中国国民党党史稿》的记载：

总理在时仍有所慊，事虽阴违，貌尤阳顺。总理亦既觉悟，故总理对于广州市党部委员黄季陆、孙科等示以共党跋扈，应予制裁，故市党部遵示进行。共产党因指市党部为右派，为反动。但市内各党部应归市党部办理指挥，莫能越级利用也。乃由组织部设各区党部区分部联合会于中央，以达其操纵之术。

其他类似这样的记载亦复屡见，兹举另一部党史关于此节的原文如下：

　　总理在世时，加入本党的共产党，虽心怀叵测，而貌似顺从，被总理曾经发觉过，故对广州市党部执行委员黄季陆等，即给以指示，大意谓共产党跋扈，应予制裁，市党部即遵照进行。

以上两类记载，与当时事实虽然大致无误，但唯一的出入之点，亦是最重要的一点，则是认定广州市党部的反共工作是由总理之指示以对付共党分子之跋扈，而特予制裁防止，此点关系孙先生政治的风格与伟大很重要，似有予以说明之必要。孙先生的内心是否如此为另一问题，据我所知，他确未曾对我们对此有过何种明显的指示。因为：一、以他平素领导的作风，光明磊落，不尚权术，不会表面是一套，而内心又是一套。二、当时共党分子"阴谋诡计",虽已略露,但在整个容共的大计上,尚不如想像之严重,在孙先生的立场,实无采用此种手段之必要。三、当时的容共实基于内外革命形势的一种需要,取舍之权,操之于本党,如果认为共党当予制裁,去之可也,当不会采此迂回不当之手段,导致不必要之内部纷扰与明和暗斗的坏作风。中山先生于民国十二年十二月三日,亲批邓泽如等"弹劾共产党书"即曾有云:"共产党既参加吾党,自应与吾党一致动作;如不服从吾党,我亦必弃之。"的话可为证明。亦可见中山先生决策的正大坚定。

另有一事可以作一旁证来说明中山先生立身行事的光明正大:

在民国八年时,曾有一位名叫王鼎的同志写信给他,打算从事暗杀,孙先生在信上批答云:"代答,以暗杀一举,先生向不赞成,在前清时代亦阻同志行此,以天下恶人不胜杀也。道在我有正大之主张,积极之推行,则恶人自然消灭,不待于暗杀也。"观此便可知道孙先生虽在极度困危的革命时期,也不轻于放弃自己所守的原则,枉以不正当的权谋和诈术,不择手段以获成功。尽管有人认此为他不能及身见到革命成功的原因,在我的看法,这正是孙先生伟大人格的表现。正如胡汉民先生所说,因为中山先生视革命为当然不断之进化,且时综其全体以为衡量,故以为革命只有成功,而无所谓失败,其乐观由深切之认识而来,固无所用其权诈,为目的而不择手段了!

上面所说的这一史料上的出入，虽然涉及的地方不甚重要，但于我们了解中山先生政治风格上是不可忽视的，由此亦可见出寻求史料的真实之不易，如果我不是当时当事人之一，这一史料上的出入，亦将无从知道。更何况，有时单凭当事人的自述，亦难免有因说之不详而致与事实有所出入处。举例来说，如像孙先生在《孙文学说·有志竟成》一章中曾说：

> 武昌起义之前夕，予适行抵美国哥罗拉多省之典华城，十余日前在途中已接到黄克强在香港发来一电，因行李先运送至此地，而密码则置于其中，故途上无由译之。是夕抵埠，乃由行李检出密码，而译克强之电。其文曰："居正从武昌到港，报告新军必动，请速汇款应急。"等语。

照常情而论，此一出于孙先生之自述，应无可置疑，然参考其他有关的史料，则发现与事实仍有不尽相符的地方。

一、黄克强先生辛亥年十月五日（武昌起义前五日）写给冯自由先生的信中，曾说："鄂代表居正由沪派人来云，新军自广州之役预备起事，其运动之进步甚速……"可见到港的人不是居正先生，而是另有其人。

二、居正先生在所著《辛亥札记》一书中，对此事有更详细的记述："余偕杨（按为杨玉如）赴沪后，初访宋遁初于《民立报》，再访谭石屏于北四川路，报告湖北近事，并请英士代购手枪，由湖北携来一千元交之，英士慨允办理。连日在英士寓所，召集上海机关部会议，决定南京、上海同时发动。由余详述武汉及长江一带事实，函报香港，托吕天民携往，请黄克强速来，宋遁初、谭石屏均准备同时赴汉。"这一段文字，不但把他到上海后的活动情形交代得很清楚，并连派到香港去报告武昌近情的是吕天民（号志伊）先生亦叙明了。

依据这两项记载，此一黄克强先生向中山先生报告革命近情的电文似应为："居正从武昌到沪，派吕天民到港，报告新军必动，请速汇款应急。"才能与事实完全吻合。这一出入之发生，或由于中山先生著述《孙文学说·有志竟成》一章时，距辛亥年已有八年之隔，在八年以后来追叙当时的一件电报原文，自难于完全相符，抑或是由于克强先生发电时省略字数所致，就不得而知了。好在这一出入之发生于史实真相并无重大的关系。我之所以在上面提到有关史料出入的问题，旨在说明追寻史料的真实性之困难，而不是说这一类的出入就会如何重大的影响了史料的真实。

中山先生的伟大，真是巍巍乎，荡荡乎，令我们无穷的景仰。据我个人的体验，他的思想、主义之精微处，往往由于我们不知或虽知而却予以忽视，须俟时代之不断进步，始恍然彻悟他所见的卓绝与远大。如像民国元年十二月九日，中山先生在杭州各界的欢迎会上，以《国为民有，人人应负担义务》为题，发表的演说中，他说民生主义有四大纲领，一是节制资本，二是平均地权，三是实业铁道问题，四是教育问题。谈到教育问题，他说："吾国虽自号文物之邦，男子受教育不及十分之六，女子受教育者不及十分之三，其中有志无力者，颇不乏人，其故何在？国家教育者不能普及故也。……吾同胞须于此中深注意焉。"他不但在演讲中，把教育问题列为民生主义四大纲领之一，在手订的《实业计划》的第五个计划中，亦把与国家教育文化有直接关系的印刷工业与食、衣、住、行四大民生工业并列。他说："印刷工业，为以智识供给人民，是为近世社会的一种需要，人类非此无由进步。一切人类大事，皆以印刷记述之，一切人类智识，皆以印刷蓄积之，故此为文明一大因子。"他这一把供给人民智识与供给人民食、衣、住、行并重的计划，其主要旨意与现代文明进步的社会所致力的目标完全相同。我们平时研究民生主义，仅知民生主义的两大纲领为平均地权与节制资本，而忽略了发展实业与发展文化教育对于促进国家建设之重要。究其实际，前二者仅为消极性的防止，后二者始为积极性的建设，我们忽略了他这一部分积极性的遗教，亦是他遗教中重要的部分，就无怪每一面临着经济文化上的大兴革便畏缩而不前了。这可能不是由于我们的不能行，而是由于我们的不知或者是知得不够吧！

　　一个伟大人物对人类的贡献和影响，正如一处巨大的宝藏，需要时才知道其用之不竭，发掘时才知道其取之不尽。我相信中山先生为人类所树立的楷范，为人类所指示的方向，必将随世界的演进而愈益显现其光辉。一部至真、至善、至美的国父传记是否仍将有待于今后演变中的世界予以印证，充实而完成呢？

（原载一九六五年十二月《传记文学》第七卷第六期）

国父在辛亥革命时的外交决策

——祝民国开国纪念

一

在《传记文学》七卷五期《国父在艰危中的外交奋斗》一文中，我曾把民国十三年前后革命的艰难处境中，国父中山先生为开拓革命事业的新契机所作的外交方面的奋斗作一概要的叙述。中山先生曾说："革命的成功，一是靠武力；一是靠外交。"他在《中国存亡问题》一书中又说："凡国家之政策既定，必先用外交手段，以求达其目的，外交手段既尽，始可及于战争；战争既毕，仍当复于外交之序。"他之重视外交，实为其远大的政治作风重点之一，这亦就是他所倡的革命事业，与康有为、梁启超的改良主义大大不同的地方，是他所领导的革命事业，虽屡经失败而能卒底于成的一个重大的因素。

研究近代外交史的人，有两件奇特的事实，至今思之将会使人不予置信，其一是在一八四○年鸦片战争以前，在我们的政府中，还没有基于平等互惠敦睦邦交的专司外交政务的组织，有之则为旧有的"理藩院"，而理藩院所职掌的则是处理藩属附庸的事务，有类于近代各国殖民部的组织，这自与近代国家外交部的组织大异其趣。其二是在鸦片战争以前中国尚没有基于平等原则派遣敦睦友善的外交使节赴各国访问，有之则在同治七年（一八六八），却是中国派赴各国访问的第一位使节并不是中国人，而是一位卸职的美国驻华公使蒲安臣先生（Anson Burlingame）。造成这些事实的主要原因，是由于在此以前，我们认为除了中国以外，天下并无其他平等文明的国家，认为舍中国以外不是藩邦附属，便是文化落后的蛮夷之邦。我们因袭了旧时"普天之下，莫非王土，率土之滨，莫非王臣"的观念，闭关自守，妄自尊大，视外国为藩属、为附庸，视外国使臣为贡臣，毫无近代平等互惠的邦国观念。因此政府的组织，便无近代各国专司外交的机关，更无派往外国办理外交的使臣。鸦片战争结束，中国门户洞开以后，外人往来中国日趋频繁，满清政府受战败条约的威迫，出于一种迫不得已的心理，才不得不逐渐改变态度，有与各国发生正常的外交关系之必要。及至丁巳年（一八五七），英法联军之役，中英《天津条约》订立，由于条约的约束，中国与西洋才奠立了近代外交关系的基础。自此以后，各国乃有常驻北京的使节。由于事实的需要，亦才有咸丰十年（一八六〇），总理各国通商事务衙门徇改称总理各国事务衙门的设置。但其职掌尚兼管海军、海关、铁道、矿产等事务，直至光绪二十七年（一九〇一），《辛丑条约》之后乃成立外务部，为在政府中正式成立专司外交的机构之始。

蒲安臣先生当年以一洋人身着清朝大臣的服装，率领志刚、孙家谷等人先后访美、英、德、法、俄诸国，在外交礼仪上曾闹了不少的趣闻，但于各国邦交的促进确大有裨益。这次访问历时不久，蒲安臣先生在同治九年（一八七〇）二月不幸在俄国圣彼得堡病死了。志刚、孙家谷等经意大利、比利时返国，我国第一次出使遂告结束。一直到了光绪元年（一八七五），乃有第一位中国使臣郭嵩焘先生的出使英国。他的确是一位有见识有抱负的人物，就他在国外体认观察所得，对国是竭尽忠言，结果他所招来的却是国内士大夫的谩骂，说他是个汉奸，有二心于英国。如像湖南的大学者王闿运就有一联语讥刺他道：“出乎其类，拔乎其萃，不容于尧舜之世；未能事人，焉能事鬼，何必去父母之邦。”当时士大夫对外交使节的派出大不以为然，认为“我之使彼，形同寄生，情类质子，供其驱策，随其鞶笑，徒重辱国而已”，可见那时大多数人对近代的外交仍无所认识。

二

　　远在五十四年前十月十日，辛亥革命在武昌爆发，时国父正由美国的旧金山前往美国的东部，适于此日之次夕到达丹佛城。在他的自传中曾有下列的记载："武昌起义之次夕，予适行抵美国哥罗拉多省典华城（即丹佛城）。十余日前，在途中已接到黄克强在香港发来一电，因行李先运送至此地，而密电码则置于其中，故途上无由译之。是夕抵埠，乃由行李检出密码，而译克强之电，其文曰：'居正从武昌到香港，报告新军必动，请速汇款应急'等语。时予在典华，思无法可得款，随欲拟电复之令勿动，惟时已入夜，予终日在车中体倦神疲，思虑纷乱乃止，欲于明朝睡醒精神清爽时，再详思审度而后复之。乃一睡至翌日午前十一时，起后觉饥，先至饭店用膳，道经回廊报贩，便购一报携入饭堂阅看，坐下一展报纸看见电报一段云：'武昌为革命党占领'。是我心中踌躇未决之复电，已为之冰释矣。乃拟电致克强，申说复电延迟之由，及予以后之行踪，遂起程赴美东，时予本可由太平洋潜回，则二十余日可到上海，亲与革命之战以快生平。"

　　照常理于得悉革命军占领武昌之后，中山先生本可停止东行，折回旧金山，由太平洋返国，为何当革命党人在国内抛头颅洒热血之际，而他却仍在国外稽延时日呢？其所以舍立即返国而不为者，实因其衡量全局，择其最急而有更大贡献于革命者而为决定，个人利害毫未计及。国父当日第一个决定为：革命军既已占领武昌，革命的成败，已不单在于决胜疆场之上，而是在折冲国际樽俎之间，所得效力为更大。所以他先从外交入手，俟此问题解决，然后返国。

国父为甚么要有这一决定呢？而此一决定在当时为甚么是十分重要呢？我们要明白此点的重要，必须先了解当时中国的处境。辛亥年正是庚子义和团事件之后十一年，在庚子八国联军占领北京，中国能幸免于瓜分已属万幸。自此之后，民族的自信心已渐趋丧失，每遇外交问题发生，无不谈虎色变。因此，在革命初起的时候，最应顾虑者厥为外交问题：误解革命为另一义和团事件，造成国内外对革命之恐怖，其可虑者一；招致列强之干涉，其可虑者二；迫使列强阴助清朝以对付革命，其可虑者三。凡此种种，在当时不仅有发生的可能，且在后来发现的若干事实，皆足以证明此种顾虑之必要。举例言之，当革命军占领武昌之后，两湖总督瑞澂，本拟逃往汉口租界，求援于各国领事，指革命军为义和团。当时俄、德两国驻汉口领事，一闻拳匪之乱再作，竟有援助瑞澂以对付革命军的主张。幸而当时驻汉口的法国领事罗氏，为国父的旧友，正任领事团首席领事，当各国领事召集会议商议共同行动时，罗氏力持正义云："革命军乃奉孙逸仙博士之命行动，孙氏所领导之革命，乃以改良政治为目的，决非拳匪可比。"于是各国乃宣告中立。瑞澂因不得外力之援助，遂逃往上海，革命军遂得确实占领武汉。此一事例虽然不是当日国父在丹佛途中事先所策划，却是由此可知当日发动革命，在外交上之顾虑不能不以审慎之态度出之了。

武昌于辛亥年八月十九日（阳历十月十日）首义，二十日克复汉阳，二十一日克复汉口。三镇底定之日，革命军迅即以中华民国军政府湖北督署名义，照会各国领事，承认各国在华利益，以安定各国之态度。照会中有下列之宣示：

—　所有清国前此与各国缔结之条约，皆继续有效。

—　赔偿外债照旧担任，仍由各省按期如数摊还。

—　居留军政府占领地域内之各国人民财产，均一律保护。

—　所有各国之既得权利，亦一体保护。

—　清政府与各国所立条约、所许之权利、所借之国债，其事件成立于此次知照后者，军政府概不承认。

—　各国如有助清政府以妨害军政府者，概以敌人视之。

—　各国如有救济清政府以可为战争用之物品者，搜获一概没收。

以上七条亦旨在通告各友邦，革命军师以义动，绝不能与义和团并论。当时革命军政府之不得不因应列强势力亦于此七条文字中见其端倪。

国父当日第二个决定是：他认为在中国利益最大的有英、日、美、法、德、俄六个国家。在他分析这六个国家的利害关系所得的结论是美、法两国政府与人民对革命均有好感，不致妨害我们的革命；德、俄两国当日之趋势，当趋向于清政府；英国则因日、英同盟关系，其民间同情革命，而政府之方针则惟日本之马首是瞻。日本与中国关系最密，日本军阀对中国侵略之野心尤为可怕，其民间志士虽多同情中国革命，且有为革命而牺牲者，但是日本政府之方针，则为反对革命者。欲转移对我革命有切身成败关系之日本政府对华方针，英国的争取，便十分的重要。若英国同情革命，则日本也不足虑了。于是国父便决定了暂不返国，直赴纽约乘船赴英，以英国为其第一目标，作其外交活动。

关于日本政府与民间志士对于辛亥革命之态度，据日人古岛一雄事后的追述，当武昌起义之后，素来同情中国革命的犬养毅先生，便急切准备来华，当其动身以前，曾往访日本外相内田康哉，探询日本政府对华方针。犬养谓："政府何以不欲中国实行共和政治？"内田的答复是："中国实行共和政体，日本势将感觉万分困难，故表反对。在日本立场，即令施用武力，亦将维持中国之君主政体，此项方针，希转告华南革命领袖。"日本政府当时竟有不惜施用武力以干涉中国革命的主张，其理由究属何在，可以从另一事例予以说明。古岛一雄当时亦是随犬养毅来华赞助革命之一人，在其动身之前，有一日本要人名叫都筑馨六者告之："目下世界已有美国为共和国，如再听任中国亦为共和国，则被夹制在中间之日本帝国，其前途究将如何？希君等善为考虑。"原来日本政府当日此一对华方针，其内幕原因，一在蓄意侵略中国，一在深恐中国共和政体建立以后，与共和政体之美国遥相呼应，将于日本不利。由于日本政府此一思想之根深柢固，卒至造成后来之侵华战争与珍珠港事件，弄到日本国家几乎至于覆灭。

三

国父当日英国之行，在外交上所获之成就，对于后来日本对华方针之改变究发生多大的影响，是无法估计的。可是有一事实足以说明的，则是日本在辛亥时以武力干涉中国革命之举并未实现，而后来内田外相因迫于民间舆论之攻击，与英国之对华政策举棋未定，不得不在日本议会声明其并无以武力强迫中国维持帝制之企图，则反而成了事实。国父在英国的另一重要奋斗，关系辛亥革命成功的效果更大。即是当时清政府与英国为首的四国银行团，已有两笔大借款，正接近交付与筹募的时候。一是川汉铁路借款一万万元，业已募集存储待付；一是币制借款一万万元，已签约而正拟发行债券募集中。假使这两笔大借款为清政府所有，以作对付革命的战费，那将是对革命无比的重大打击。国父向英国政府交涉的结果，获得了三项重大成就：一是四国银行团停止支付清廷一切借款；二是制止日本援助清廷；三是取消英属各国对国父的放逐令。辛亥革命之能迅速成功，国父此一努力当是其重要原因之一。此一成就使清政府断绝了列强财务与政治的支撑来从事对革命军作大规模的战争，同时更鼓励了大批同情清朝醉心外援的人趋向于革命，更进而崇敬国父在国际间的势力。这一停止列强支付借款的成就，虽然予国内革命势力的声援极为重大，但国父深知这只是暂时的、消极的、不可靠的收获。因为在辛亥年以前，各个在中国有重大利益的国家，对于中国革命的看法并不如何的重视。他们认为中国数千年来根深柢固的专制政体，以少数书生组成的革命党，一举便能成功是不可能的。他们事前对此一问题并无准备，迄至武昌起义，在他们的看法，最多也不过如太平天国的革命运动，造成一个内乱的局面，不久仍将趋于平息罢了。也许认为这正是奴使清政府，取得他们在中国更多利益的好机会。侵略别人的国家最有效的方法"分而治之"便可发挥其妙用了。国父英国之行能有所成就，就由于当时列强正审慎观望，方针未定时偶然获得的结果。过此，则情形便可能大不相同了。

四

中山先生对于列强对中国革命态度之不可靠，当时曾特别加以顾虑。当他在辛亥年十一月初由欧返国，道经香港前赴上海，其时广东已光复，胡汉民先生被选为广东都督，特与廖仲恺先生由广州至香港迎接。胡先生于晤见中山先生之后，屏人熟议，由晨至晚，争议始决。胡先生力劝中山先生放弃上海之行，以广东为根据，先巩固基础，再谋发展。中山先生立指此说之不当，反要胡先生与之相偕赴沪、宁勷赞大计。结果胡先生为其远大之识见所折服，未及一返广州结束都督职务即随同国父同船赴上海。胡先生力主巩固基础，再谋发展的理由是：

"袁世凯实叵测，持两端，但所恃亦只数万兵力。此种势力不扫除，即革命无由彻底，此其一；革命无一种威力以巩固政权，则破坏、建设两无可言，此其二；先生一至沪宁，众情所属，必被拥戴，幕府当在南京，而兵无可用，何以直捣黄龙？此其三；且以选举克强之事观之，则命令正未可行，元首且同虚设，此其四。"因此胡先生的结论是："何如留粤，就粤中各军整理，可立得精兵数万，鼓行而前，始有胜算。尽北洋数镇兵力，未能摧破东南，而吾事已济，以实力廓清强敌，乃成南北统一之局。沪宁相较，事正相反，若骛虚声，且贻后悔。"

国父说："以形势论，沪宁在前方，不以身当其冲而退就粤中，以修备战，此为避难就易，四方同志正引领属望，至此其谓我何？"这是中山先生不主张留粤的第一个理由。

"我恃人心，敌恃兵力，既如所云，何故不善用所长，而用我所短？"这是中山先生的第二个理由。

"鄂既稍萌岐趋，宁复有内部之纠纷，以之委敌，所谓赵举而秦强，形势益失，我然后举兵以图恢复，岂云得计？"这是中山先生的第三个理由。

"朱明末局，正坐东南不守，而粤桂遂不能支，何能蹈此覆辙？"这是中山先生的第四个理由。

关于袁世凯，中山先生更有如下之看法：

"谓袁世凯不可信，诚然，然我因而利用之，使推翻二百六十余年贵族专制之满洲，则贤于用兵十万。"这是中山先生的第五个理由。

假如袁世凯将来不可靠又如何办呢？

国父认为这是不足畏的，所以他接着说："纵其欲继满清以为恶，而其基础已远不如昔，覆之自易。"

袁世凯既不可信赖，为何中山先生要如此借重他呢？这岂不是有意造成辛亥革命之不彻底局面吗？国父的目的究竟安在呢？我想这是他对当日政治环境而为决策的一个重点，那就是说，他的唯一目的是在迅即结束清朝二百六十余年的统治，先行奠立民国的始基再及其他。先行结束中国几千年根深柢固的专制政府，纵使有其他的专制势力继起为害民国，然以其基础已不存在，皆不难予以摧毁。中山先生这一政略的用意正如要拔去一株大树一样，必先用力摇松他，然后才可一推而倒，不如此要拔去一株大树是不可能的。因此，先谋清朝二百多年的专制政体之结束，是当时中山先生最重要急切的目标。

国父与胡先生这一场争论，最后的结论是："我若不至沪宁，则此一切对内对外大计主持，决非他人所能胜任。"胡先生被国父这一宏论远识所折服，最后乃牺牲己见，服从国父主张，欣然同船赴沪。廖仲恺先生后来回到广州，同志中多有责难，说他既不能留中山先生在粤，同时又不能阻止汉民先生随行赴沪，使广东一时几陷于主持无人，不得已乃以副都督陈炯明代理都督职务勉维现状。廖先生于事后追述在香港争论时情形，曾说："当争辩时，不能赞一词，及既已决定如此，惟有奉命而返。"由此可见国父当时持论之坚，与推断之明智，及其使人折服的情形了。

五

辛亥革命在内政方面是一次不彻底的结局，造成此一结局的主要因素则不是内政而是外交，这是往往被人忽视的一点。中山先生在过香港时与胡汉民先生的争辩，有一特别值得注意的重点，即为当时他对于外交上所存的隐忧与考虑。我想胡先生之被国父所折服，亦当以外交之情势为最大的关键。因为胡先生所观察者不可谓不谨严而深刻，然其出发点仅就国内之情势而为决断。中山先生则不然，他以国际之情势与国内之环境为全盘之衡量，结果基于对国际环境之隐忧与顾虑，便不得不在国内作一圆满段落之结束，能如此，便是革命之一进步了。中山先生当时曾以其时国际情势的看法密语胡先生说："革命军骤起，有不可向迩之势，列强仓猝，无以为计，故只得守其向来局外中立之惯例，不事干涉。然若我方形势顿挫，则此事正不可深恃，戈登、白齐文之于太平天国，此等手段正多，胡可不虑？"而当时国内情势，汉口、汉阳已被清兵占领，幸同时有上海之光复与南京之稳定，然而革命初起之时，随时可能有招致顿挫之虞，因此列强对我之态度，也随时有舍中立而助清廷之危险，中山先生所虑者全在于此。太平天国因外人之助清廷而失败，此一事实最足借鉴。何以呢？因为辛亥之时，尚是以英国为首的殖民主义得势猖狂之时，未有以殖民主义之侵略观点，而可以听任中国革命之顺利成功，以与殖民主义为敌之理！

六

辛亥当时的国际情势，我们从与革命为敌的君宪派人如梁启超等人的看法亦可窥见一斑。辛亥年九月八日，梁启超写给徐君勉的信中说："……天祸中国，糜烂遂至今日，夫复何言。使革命党而可奠国家于治安，则吾党袖手以听其所为，亦复何恤，无奈其必不能也。彼先有割据之心，不能先机直捣北京，令彼（当指清廷）有从容请外兵之余地，已为失计，今各国虽号称中立，然以吾所知者，则既磨刀霍霍以俟矣。就令目前幸免此难，及其成功之后，而所忧正有大者。……"依他们的看法，革命军不能迅速直捣北京，使清政府得有请外兵之余地为失计。各国之中立是暂时的，不可恃的。但他们不知中山先生对此一局势，早已洞悉无遗，且已早有成算了。我说中山先生所领导的革命能够终获成功，有异于康、梁所领导的改良运动，其关键全在于中山先生对国际情势有深切的了解，继之以高瞻远瞩，因应得宜的外交政策，便是这个道理。

辛亥年九月二十二日（阳历十一月十二日），中山先生由欧洲启程回国前，在他致民国军政府电中说："文已循途东归，自美徂欧，皆密晤其要人，中立之约甚固，惟彼邦人士，半未深悉内情，各省次第独立，略致疑怪。今闻已有上海会议之组织，欣悉总统自当选定黎君，闻黎有拥袁之说，合宜亦善。总之，随宜推定，但求早日巩固国基。满清时代权势利禄之争，我人必久厌薄，此后社会当以工商实业为竞点，为新中国开一新局面，至于政权，皆以服务视之为要领。"

从上面这一电文，可以看出有几项重要问题在当时已经存在着，可知中山先生后来对于这些问题的处理，早已成竹在胸，并不是由于返国之后才仓猝决定的。

一、各国中立暂可无虑。

二、会商组织临时政府之地点等问题，在国内有争执。

三、对于组织政府人选有异见。

四、对于利用袁世凯以结束清朝统治已有成算。

五、中山先生愿以在野之身从事实业，已于电文中微示此意。

第一项关于外交方面，已见前文，关于第二、第三两项，电文中虽未明显指出，但以当时国内所发生的显著事实，如：各省代表本拟在武汉集会筹商组织临时政府，后来几经周折乃改在上海举行。当中山先生拍发此电文时，各省代表在上海会议之议似已决定。又如：南京攻下之后，在先各省代表推任黄克强先生为大元帅，黎元洪为副元帅，因为黄之坚辞乃改为黎正黄副，并由黎通电由黄在南京以副元帅代理大元帅职权。黄之坚辞大元帅的原因，当然是因为武汉方面发生了异议所致。凡此种种，在任何政治情况之下都难避免。然而这些事实，如不能为适当之处置，皆足以造成不可收拾之局面。这是当日中山先生在外交问题之外所面对的现实问题之一。

在此所当注意的是，此电拍发之时日，仅距武昌起义三十三天，而在这一短促的时日中，由于各省的纷纷响应，大家已共同感觉到非迅即成立临时政府不能适应外交内政的需要，而临时政府组织之后，第一个必须解决的问题则为临时大总统的人选问题。在这一电文中，很显然的可以看出国内举黎元洪为总统的呼声甚高，故中山先生乃有"欣悉总统自当选定黎君"之语。同时国内已有以总统之位诱致袁世凯以推翻满清之酝酿，故中山先生电文中已提及之。当然在这一时期内主张选举中山先生为临时大总统者更不乏人，故电文中有"满清时代权势利禄之争，我人必久厌薄"之语。这是中山先生当日面对现实问题之二。

在当时革命党本身的复杂情形，在电文中虽未提及，可是事实上已普遍存在。如章太炎先生，在同盟会时代受人利用，对中山先生发生误解，在此时期又造为"革命军起，革命党消"之口号，同时对于临时大总统人选，又倡为"以功则黄兴，以才则宋教仁，以德则汪精卫"等说，暗中抵制国父。因为他学问颇负时望，其一言一动均可发生影响。而当时声名洋溢，为党内外倚重之黄克强先生，因为生性纯厚，多集中精力于行动方面，故对于近代之学识素养不深，因之缺乏远大之识见。当其在辛亥革命初期，各方人才奔竞活跃之际，使他对外顿成一种学识上的自卑感，每晤党外略负时望之人，自以为不如。对于党内同志的看法，认为只能破坏，不能建设，于是一些所谓社会贤达之流及原为君宪派素与革命为敌的杨度、汤化龙、林长民辈，也以克强先生为庇护，而顿成为当时之风云人物。凡此种种皆足以说明那时革命党本身的复杂与脆弱情形。组织未够坚强，基本武力尚未建立，社会的基础及人才的配备，因成功太速，事前均未妥善筹划，所以一到政治军事局面骤然展开，大有手忙足乱，张皇失措之势。所以中山先生才有"此后社会当以工商业为竞点，为新中国开一新局面"之动机。他想以迅雷不及掩耳之势，结束清朝统治，以奠立民国的始基，再为深久之打算，以适应当时内外情势迫切的需要。此为中山先生面对的现实问题之三。

上面这些陈述，是在说明在这一电文中可以看出中山先生对于当时各项问题之处理，早已成竹在胸，并非回国之后受了外界压迫才有的举措。即如大家认为辛亥革命最大的失败，在于他放弃大总统而不为，愿退而在野从事全国交通实业的发展，乃于袁世凯表示赞成共和之后，立即向参议院推荐其为总统候选人等等都是在回国之前早有考虑的。至于中山先生何以事先有这些考虑？这些考虑的重点和背景究竟何在？在他与胡汉民先生的争辩中，已经辨别得十分深透。总括一句话，乃为了适应当时外交、内政以及革命党本身等诸多问题而作的全盘衡量所得出的结论和决策。尤其是中山先生当时对外交的决策之明智和掌握了机先，实为辛亥革命推翻满清成功的一项重大基础，这是更值得我们今日借鉴的地方。

（原载一九六六年一月《传记文学》第八卷第一期）

忆平淡而具远识的林主席

一

二月十一日是前国民政府主席林子超先生百岁诞辰，我们每一念及他生前公忠体国、大节凛然、雍容有度、诚厚中正的美德，真不禁对他寄予无尽的追思和敬意。他红润的面颊，雪白的须眉，清脆的声音和端正华贵的仪容，正是泱泱大国的元首风度。照法定的权力，他是一位不负实际政治责任的政府主席，而他在对日艰苦抗战时期于国家的贡献，正如中庸之言："君子之道淡而不厌，简而文，温而礼，知远之近，知风之自，知微之显。"一种平庸而具最大影响力的政治家的风范，好似出自天生，出于自然，非常人所能企望及之，更不是勉强所能学习得到的。他被选任为国民政府主席是在民国二十年十二月，正当九一八国难发生之后不久，民国二十一年一月一日就任未久，便爆发了一月二十八日的淞沪抗日战争，政府曾一度迁至洛阳。他于民国三十二年八月一日逝世于陪都重庆，正当太平洋战争爆发，由中日两国战争转变为第二次世界大战之后，国运已呈转机，抗战日益接近胜利的时候。桎梏我国生存之不平等条约及治外法权已于此时获得废除与收回。他不及见到八年抗战的胜利是他的遗憾；而在抗战胜利之后，大陆之陷于共党，当为他始料所未及；他死而有知，自亦仍会饮恨于九泉。

子超先生之去世，在初系由于其座车不慎撞及街树受了震动，随即患脑溢血症不治。在他养病期中，我曾两次由成都乘车至陪都郊外看他，见到他呻吟痛苦，欲语无声，举手无力的情形，至今思之，犹历历在目。其时一面固希望他早日康复，一面又默念上苍果欲夺他而去，何必长久陷他于痛苦；能使他早免于痛苦，或许于他较为有益。此种矛盾心情，究竟出于何种动机，至今亦难以自解。

二

子超先生一生最值得人们敬仰而影响我个人最大的地方，一是他谋国的忠诚与远识，一是他坚定不移的革命志节。就他谋国的忠诚与远识而言，要说的太多了，现在只就他逝世前四年一段关于重视近代科学的往事来看，便可以窥见其识见之远、存心之深、谋国之忠。他在民国二十八年，正当对日抗战进入最艰苦的阶段的时候，他那时一面焦急于战争局面之成败，一面顾虑到敌势日张，国脉不知将伊于胡底，特寄一线希望于后起人才之培育，他以宁可前仆不可无后继的心情，企延国脉于不坠。他深深感觉到近代国家之强弱，系于近代科学的发达与否，于这一次对日战争，他饱尝我国科学落后的痛苦，警惕于根本救国之道，舍发展科学别无他途。欲求中国科学的发展，科学教育与科学人才的培育，非迅即着手从事不可。他于痛心之余，毅然尽其一生的积蓄国币五十万元，立下遗嘱，作为奖励科学人才的基金，其用心之苦，不难想见。这一遗嘱是：

> 语云：人生七十古来稀。森今年七十有二矣，身后之嘱托不能不预为之计。吾国自然科学人才之消乏，今昔同感，陶冶补充，刻不容缓。兹谨遵总理迎头赶上之遗训，将所存国家银行国币五十万元，拨为基金，以其每年利息，专作考选留学欧美，研习自然科学固定经费，并手自订定办法二十四条，嘱由能表同情于斯举者，恪守此方针而办理之，百年树人，是实始基，尚期共循此旨，矢守弗渝，用垂永远，而利国家，有厚望焉。

> 创办人　林　　森手订
> 见证人　魏　怀　许静芝
> 民国二十八年

林先生上面这一以积蓄五十万元充作奖励考选研究自然科学的青年赴国外留学的遗嘱，看起来好似极为平凡的一件事，却是如果我们把立订此一遗嘱的时间和当时国家的处境加以研究推论，愈可见其用心之苦与谋国之忠及其眼光之远大了。此一遗嘱立订于民国二十八年，远在他去世之前四年。他是民国三十二年八月去世的，在他去世前亦曾有一遗嘱，勉励国人坚决抗战，争取最后的胜利。在我看来这一最后遗嘱，远不如他四年以前，以其积蓄五十万元奖励考选青年赴国外研习自然科学的遗嘱，其意义来得重大。要知他当时为何有此一措施，不可不从当时国家处境之艰危及其时他心情的沉重加以了解。中国八年的艰苦抗战的创伤至今多已被人们所忽视，其惨痛情形恐已不复存留在人们的记忆之中，在此实有略述必要，亦必如此，才能了解他用心之苦及此一遗嘱意义之重大。

　　日本挟其举世无匹的国力，发动对我的侵略战争，从民国二十年九月十八日侵占东北进袭华北，我国于无可再忍之情形下，于民国二十六年七月七日芦沟桥事变之后，被迫不得不起而全面应战。当时为了唤起国际同情与重视，在战略上不得不主动的把战争的重点转移到各国在华利益荟萃集中的淞沪地区，于是乃有二十六年八月十三日的淞沪之战。为了破灭敌人三月亡我之谬算与我期待于当日脆弱的国际联盟在比京的集会，俾于日本侵华有所制裁，于是集中我军事的精华于淞沪一隅的战场，以血肉作长城，在日人高度的科学化、近代化的海陆空军力进攻之下，使我英勇精萃的健儿化为鲜血、伤残与灰烬！血渊骨岳，气壮山河，为人类写下了空前未有的反侵略史诗，为中华民族留下了壮烈光荣的伟绩！在此一战役中，我们的政略战略的要求与希望虽然未获完全达到，我们仅有的军事精华虽已残缺，我们虽然没有能阻止敌人的进攻，而我们中华民族不可征服与再接再厉，为维护人类正义与民族正气的精神，则已充塞于天地之间，为后来最后的胜利奠下了精神的基础！虽然最后幸而胜利，然极尽了人类最大之惨烈，实不堪再复回忆！

自淞沪撤守，首都沦陷，广州、武汉等地相继弃守，沿江沿海一带几尽为敌有，我所恃以御敌者，在地理上为山区各省与敌后的游击，在战略上我们仅以空间换取时间，陷敌人于泥淖不能自拔，以待国际情势之变化。战争的形式几已恢复以原始时代之战法，以抵御高度科学化、现代化之敌人，人民流离失所，军人喋血沙场，毁家弃子，忍饥耐寒以与此强敌相周旋。设若没有敌人疯狂冒险的袭击珍珠港事件发生，使中日两国的战争转变为全面性的第二次世界大战，我民族遭受之惨酷情形，必将更有甚于此者！

现在还活着，而曾亲历八年对日艰苦抗战的人，假使不是麻木健忘的话，应当知道这一以鲜血写成的中华民族史诗，其所付的代价是如何的大，如何的悲惨！这固然是一页不朽的民族史诗，但亦可说是民族一项深沉的创痛和悲剧，我们能忍令我们现在正成长中的青年和以后民族的子孙再遭受同样的惨痛吗？如果不愿这样的悲剧重演，应当追求出这一创伤与悲剧所以达成的原因和如何才能免于重蹈的方法。我所以要把林故主席在民国二十八年，正当抗战进入最艰苦时代所立下的这一遗嘱特别予以提出的理由，是在提醒大家要明白这一创伤与悲剧的造成，正如林故主席遗嘱中所示，是由于：

中国科学落后！

中国科学人才缺乏，需要陶冶补充。

要把中国民族从根救起，只有对世界文化迎头赶上去！

这一救国的论点，是中山先生的遗训，亦正是林先生立下遗嘱尽其所有以培养自然科学人才的沉重心情之所寄。五十万元国币，在当时不算一项小数字，大约是由于此后法币贬值，迄到他三十二年逝世，此款并没有作过有效的使用，以了他的宏愿。我还记得在抗战军事十分紧张的时候，在艰苦的后方曾经举行过一次规模相当大的留学生考试，选拔青年赴美深造，这也许是由于他的提倡，或遵循他的意旨而办的。正确的时间是何时，今已不能记忆，我所能记忆的是成都区考试是由我主持的。在敌人海陆封锁情形之下，这批留学生的出国是搭乘飞机经由印度前赴美的，想来应当是在他逝世的前后，约在民国三十二三年间吧。以时间来计算，目前海内外对科学有造诣的一群专家学者当中，受了林先生这一提倡科学的号召而出国深造的当不在少数。当时人们忙于应付眼前的战争，都把选送青年出国留学认为非当务之急，至少我当时亦是有此感觉之一人，时至今日予以追忆，假若当时没有这一措施，我想我们要求今日这一少数对科学有造就的人亦不可多得，将是如何的遗憾呀！

三

林主席对于自然科学的重视，绝不是一种老生常谈，而是来之有自，我们万不可等闲视之。就时间来讲，他立下遗嘱是在抗战紧张的民国二十八年，就其遗嘱的内容来讲，他开始便说："人生七十古来稀，森今年七十有二矣。身后之嘱托不能不预为之计。"他所系念而要预为之计的大事，便是中国自然科学人才的陶冶补充，刻不容缓，所以他把仅有的一点积蓄，捐出来以作选拔青年赴国外学习科学的基金。他声明这一措施的用意在遵照总理中山先生迎头赶上的救国遗训。为甚么他在抗战极为艰苦的时候更感觉到国父这一遗训之重要呢？第一，他见到日人之强大是在科学的进步，我国的科学则较日人为落后。第二，他见到我民族子弟以血肉作长城，抵抗日本的侵略，牺牲之惨重至极！第三，一个民族在必要时固可以不惜一切牺牲以抵抗强敌，发挥其不可征服的民族性，使侵略者有所忌惮，然这是一时的无可如何的权宜之计，而不是立国的常经。立国的常经是在迎头赶上敌人，超过敌人的进步，以使敌人戢止其野心。远在民国四、五年间，林先生就曾作了一件了不起的大事，而未为人所重视，那便是他担任党的美国总支部部长时，在极度困难的情形之下，奖励保送青年同志在美国学习航空，为中国革命的空军奠下了很好的基础。自北伐抗战以至今日，中国空军能有辉煌的表现，此一举措的关系是很大的。在老一代的空军知名人物中如杨仙逸、陈庆云、张惠长、黄光锐、黄秉衡、聂开一诸人，都应当归功于当日林先生的鼓励和华侨同志经济的供应而造就的。这是中国最早的空军干部，亦是林先生早年对近代科学一项迎头赶上的努力。

四

记得在民国三十一年，我接任四川大学校长之后，曾向他请示办学的方针，他很坚定的说："发展科学，宏扬学术，不此之图，我们不能拯救我们的国家，拯救我们的子孙免于像今日这样的惨烈的牺牲！"他说："把这一次的国难渡过之后，如果还有同样的战争，我们仍然以血肉和进步的科学武器相抵抗，我们就对不起我们的子孙同国家，这是我们大家的责任！"他说到这里时情绪非常的激动。他忽然把话题转向问我："你是不是坐飞机来重庆的？"我报告他我是从成都坐汽车来的。他很感叹的说："一滴汽油，一滴血！"我当时因不知他用意所在，我回答道："坐汽车固然消耗汽油，坐飞机更要消耗高级的汽油，而且飞机的座位少，搭乘的客人多，往往我们因地位的关系把人家已经预先订好座位而有急事要来重庆的人机位取消，这反而不好。更兼到了重庆要接洽公务，乘汽车办事自更方便得多。"我说到这里，林先生似乎认为我误会了他的意思，他说："一滴汽油，一滴血，是我偶然触动的一句话，我并不是说你不该坐汽车来渝，因为你要问我办大学的方针，我以为现在的人只知道一滴汽油一滴血，而不知痛定思痛把这一现象归根于中国科学的落后，富源的未开发，中国有的是油矿，现在都成了货弃于地，这还说甚么？现在我们如果能够警觉到国家当前一切的困难，我们应当知道：平时多流一滴汗，战时便可少流一滴血了。目前战区各大学均迁至后方，陷于流亡的状况，一切建设都谈不到，而且抗战胜利之后，他们都要迁回原地的，四川大学永久都在四川，你应当作一永久性建设的打算，勿要因为战时而得过且过，不积极从事于建设。四川大学建设的目标应当着重在科学的研究与科学人才的培养上，为国家奠立一点根基，勿论是现在和将来都是极为重要的。"

　　林先生上面这一段话，的确对我八年长校期中，为建设四川大学而努力发生很大的影响。不仅当时是如此，就是大陆失去之后，播迁来台，在我的工作岗位上，无日或忘尽我的一切，掌握机会积极以图有所建树，以尽个人对国家的一点忠诚。虽然事与愿违，愧疚甚多，但林先生平时多流一滴汗，战时少流一滴血的话，无时不在我的记忆之中，无时不给我以最大的鼓励。一个民族能够在艰危中经得起考验是保本的办法，在平时能够刻苦虚心，力求进步，奋发有为，才是谋国的根本大计，俗话说得好，"平时不烧香，急来抱佛脚"，在国家艰危时纵能不惜牺牲以求幸免，然究非长久之计呀！在平时能够以建设充实国家的力量，使人不敢侮；一旦战争到来，然后才能以全部力量投入战争，获致胜利。林先生"平时多流一滴汗，战时少流一滴血"的遗训，虽然有似老生常谈，而却是谋国之道的一项真理。

五

中国自一八四〇年鸦片战争帝国主义力量侵入以来，我们所犯的一项最大错误便是不了解这一新的外力的侵入，所代表的是一新兴的科学与工艺的文明。一八四〇年距瓦特发明蒸汽机已近五十余年，以机器代替人力的新文明所形成的战争力量已是我们所熟知的洋枪、大炮、蒸汽船，而我们则尚停滞于闭关自守的古老农业社会，我们所恃以抵抗这一船坚炮利的新敌人的武器和工具，则仍是刀、矛、剑、戟和木船舢舨，我们既不认识人之所长，又不学习追赶获致新知以图存救亡，仍以蛮、夷、戎、狄一类的没有文化的观念看这一批外国人，在势在理焉有不遭受惨痛失败的道理？自一八四○年的鸦片战争、一八六○年的英法联军之役、一八八四年的中法战争、一八九四年的甲午战争，迄至一九○○年庚子八国联军之役，整整六十年的惨痛教训，而我们尚不能认识侵略中国的帝国主义力量所代表的是近代一种新文明、一种由科学技艺所形成的新力量！由于外力的侵略日益加甚，国家的生存已面临亡国灭种的威胁。因为我们不能有效地对付这一威胁，竟异想天开寄希望于愚蠢的、迷信的和落伍的、用符咒可以使外人洋枪大炮不能打进身体的义和团来"灭洋保国"。自经过这次失败之后，才知道学习世界新知的重要，而开放大批青年赴欧美、日本学习近代的新知，足足把国家的进步耽误了整整六十年之久。相反的，我们邻邦的日本，土地人口都比我们小很多，文化又均传自我国，可是于同样情形之下，在中英鸦片战争之后十三年（一八五三）日本在美国海军提督柏利以舰队进入日本，迫使日本为城下之盟，把日本的闭关自守的局面打破。自此之后，日本便能认识这一新的外来势力所代表的文明的重要而奋发有为。为了要救亡图存，便采取了几项自救的措施：一面开国进取，求新知于世界，以使日本近代化；一面废藩置县，大政归还朝廷，建立统一的中央政府，促进政治的改革而有明治维新的局面。日本在维新以后，于一八九四年甲午第一次中日之战，击败了我国，一跃而为亚洲的强国，一九○五年的日俄战争，战胜了雄跨欧亚两洲的俄国，又一跃而为世界的强国。日本的闭关自守的局面，自一八五三年被西方力量突破之后，她在近代开国的工作上虽然后于中国的鸦片战争十三年，而日本近代的进步却早于中国至少有五十年的抢先。当一九三七年日本侵略我国战争全面展开之际，就近代的国力来讲，我们较之日本远为落后，我们在此一战争中所恃以抵抗日本侵略的凭借，一是我们祖先留给我们广大的土地和人民，使她不能如预期的一气而鲸吞我们，一如我们在甲午之役一败而投降屈服；一是中国民族经过了长期国民革命的斗争，人民已经觉醒，民族文化潜在的力量，在日本侵略之下，勃然而兴，以血肉作长城，来抵抗日本史无前例的狠毒侵略。这些，在初虽然为日本的军略所忽视而估计错误，未能如愿以偿，但假使日本不疯狂的袭击美国的珍珠港，把中日局部的战争转变为第二次世界大战，中国民族所受的灾难，当更不可想像了！

六

在我和林先生这一次的谈话中，我曾经把我在台儿庄战役及徐州撤守之后，赴前方慰劳伤患的一段经过向他报告。我盛赞前方士气的旺盛，虽然伤患在病院中呻吟痛苦，而他们不屈服、不灰心、不畏敌的勇气仍十分的可爱。我曾经问过几位负伤的官兵，他们对于战事的感想如何？他们的答复几乎都异口同声的说:"日本小鬼没有甚么了不起,只要我们能够看得见他们,我们便能够对付他们、打败他们。"我当时很兴奋的和很骄傲的说:这是中国人不可征服、不可侮的民族精神充分的发挥,抗战的胜利当以此种精神的持续为有力的保障。从军事的观点来讲,日本人最厉害的地方正是在我们看不见他们的时候,他们使用新式的武器,如飞机、重炮等把我们杀伤,而我们因为只有步枪、机关枪、迫击炮等轻武器,只能在看得见他们的场合对付他们。这一日本科学进步所产生的军事优势,我们固然可以在无可如何之中发挥我民族不可征服、以血肉作长城的壮烈精神以图存救亡,然而立国与谋国之道,却不可以此为常而不积极发展科学建立科学的国防来自卫。我们岂能长此以血肉之躯,作残暴者的科学屠场的牺牲?

我又曾提到当时民间以大刀杀敌的壮烈传说,林先生听了之后不胜其感慨。我想当民国二十八年正是对日抗战最艰苦的时候,亦正是他目睹耳闻全国军民以血肉壮烈牺牲抵抗日军屠杀侵略的时候,他见到自己"行年已七十有二,身后之嘱托不能不预为之计",故毅然把他所有的积蓄五十万元立下遗嘱作为派遣青年赴国外学习自然科学的基金。这是他当时无限感触而为的决定吧。这一回忆虽然已是事过境迁,我们今日在纪念他百岁诞辰的时候,仍是值得我们负国家责任的人深自反省和急起直追的!

(原载一九六六年二月《传记文学》第八卷第二期)

一位无为而有为的政治家

——林子超先生的志节及其轻松的一面

民国十三年一月二十九日，执政党第一次全国代表大会在广州开会，那天的主席是林子超先生，恰巧这正是我在大会提出的比例选举制一案列入议程，进行讨论的一天，在讨论时并曾与毛泽东发生过激烈的争辩（见本刊四卷二期《比例选举制的争辩》一文）。当临到要讨论这一议案时，林先生用不太纯熟的广东四邑一带的土音，要我将提案加以说明，因为我当时是代表加拿大总支部出席大会，他误以为我是旅居海外的广东华侨。林先生是福建人，我是四川人，他那不太纯熟带有四邑土音的广东话，大约亦是在美洲工作时学习到的，使大家听了感到惊奇而好笑。为了纪念林先生的百年诞辰，我曾在本刊写过一篇《忆平淡而具远识的林主席》的文章，完篇后感觉到意犹未尽，禁不住又提笔写出本文。

一

研究中国政治制度的人，似乎很少注意到最近的历史事例，加以分析、研究和应用。从事于以历史的研究方法来研究中国政治制度的人虽然不算太少，但却都偏重在太远的政治制度史，愈远的历史，愈有人从事研究，愈近的历史，则愈少有人专心从事。重古而轻今的现象，可以说是今日治政制史的人的一大忽略。这当然自有其原因存在，并不是偶然的现象。造成这一现象的最大原因：第一是愈近的政治事例，其当事人或有关的当事人中，可能都尚健在，稍一不慎便会惹出是非，构成个人的恩怨与利害，因此不免诸多顾虑而不敢从事。第二是资料的搜集亦并不太容易，即或有之，主观的成分太重，分析批判和处理均属不易。于是只得避重就轻，向远古的事例中找材料，而免去许多不必要的麻烦了。这种研究政治制度事例的态度毕竟是不当的，远古的事例对于国家大计的参考处理，其效力远不如较近的事例可以发生"前事不忘，后事之师"的作用之大。国家政治的进步与否，决定于掌握愈近的政治事例的得失，迅为改进处理，实较诸借鉴于过远的历史更为重要。因为近代的社会现象与政治现象的变化，远比以往的历史变动不知要加速到多少倍，忽略了这些现实，而不掌握处理，必定是要陷于停滞退化而难于进步的。

在最近三十四年前，民国二十一年，林子超先生出任改制后的国民政府主席的事例，是值得研究近代政治制度的人参考注意的。林先生自民国二十一年元旦就任国民政府主席，到他三十二年八月一日逝世，这十二年主席的任期，正当国家处境最艰危的时候，他的一切作为和贡献，实在是十分难能而值得称颂的。

　　民国二十年九一八事变，正发生于国内分裂之际，致造成我国空前未有之国难，正因为国难的来临，使分裂的局面复归于统一，以应付此一空前的国难。照理，统一后的国家元首，应当是一强有力而具实效的领导人物，乃能胜任御侮图存的任务。相反的根据民国廿年十二月执政党四届一中全会政府改制案的决议，从一种在此以前类似总统制的国民政府主席地位，改成有似内阁制，把政府的重心由主席而移到行政院院长，把主席的地位变成一个不负实际责任的"虚位"。林子超先生便在这一改制案通过之后当选为国民政府主席。他在九一八事变之后的三个多月就职，就职还不到一个月便发生"一·二八"的淞沪对日抗战，政府曾一度迁至洛阳。继之而起的有二十五年十二月十二日的西安事变；二十六年七月七日的芦沟桥事变，以至全面抗战的展开。在八年的抗战中，他经过了最艰苦的六年岁月。他逝世于民国三十二年八月一日，那时太平洋战争爆发未久，自此以后，才由中日两国的局部战争，转变而为全面的第二次世界大战，国运亦才呈现转机。他在职的十二年间，的确是一个危疑震撼、存亡绝续的非常时代。在这样一个艰危的时代，一个不负实际政治责任的虚位主席，在一个畸形的政治组织之下，国家正需要强有力的领导之际，他能协调各方，以无为而有为的风范，使国家渡过难关，这能不说是一种旷古未有的奇迹？这不是政治制度的完美，而是他的修养和风范补救了此一畸形的政治制度的缺憾。他的伟大在此，这种伟大是不易学得来的。

二

主席的任期为两年，在民国廿三年春举行的执政党四届四中全会，子超先生重获当选为国府主席，那时全国的舆论对他连任主席十分赞扬和称颂。胡适之先生在是年三月十一日出版的《独立评论》曾为文论及此事，他说："在这个只有攻击而很少赞扬的民族里，这样的赞同，岂不是很可惊异的事吗？考察各方舆论对林主席的赞许，总不外'恬退'两个字。'恬退'的褒语只可表示国人看惯了争权攘利的风气，所以惊叹一个最高官吏的淡泊谦退，认为是模范的行为。但这种估量我们认为不够——不够表示林森先生在中国现代政治制度史上的重大贡献。"胡先生这段话是发表在抗战之前的三年，由抗战爆发的二十六年到三十二年林先生逝世这一长期的艰苦岁月尚没有论及。由此可知林先生十二年的主席任内的贡献，是如何地值得怀念。胡先生在这一文中推崇林先生的绝大贡献在于把当时国府主席的地位实行做到一个"虚位"，而让行政院长的地位抬高到实际行政首长的地位。至于这一制度是否适宜于正当空前国难来临的时际，胡先生在文中没有明白表示意见。在这一点上，我与他的意见容有不同，不过在胡先生的文中所述的有关子超先生的两个故事，倒值得一提，以见当时林主席的处境及其委婉应付之一斑。

文中说，在此一年前胡先生在南京时，有一位部长告诉他一个很有趣味的故事：在新组织法下，第一任行政院长是孙哲生先生，不久就解组了。第二任行政院长是汪精卫，这一内阁成立时，正当淞沪、南京都正受日本压迫时期，因之，过了一个多月，才有一位部长说：我们就职了一个多月，还没有正式去参谒林主席哩？这一句话提醒了全体阁员，于是汪院长派人去通知林主席，说明天上午他要率领全体阁员去参见主席。到了第二天，全体阁员到了主席官邸，到处寻不见林主席，主席不知哪儿去了！他们都感觉诧异，只好留下名片，惘然而返。到了下午，林主席去回拜，他们才知道林主席因为"不敢当参见的大礼"出门回避了！

胡适之先生把上面这一轻松的故事，认为是关心政治制度的人一种美谈，他非常欣赏林主席这种谦虚的态度，虽然当时的汪精卫内阁就职了一个多月之后，才想起还不曾参谒过当时代表国家元首的主席，林子超先生不但不以为怪，而且因为"不敢当参见的大礼"出门回避，当日下午还去回拜他们。胡先生对于这一故事的欣赏，是否另有更深的看法，固不得而知，如果他的欣赏出于至诚的话，应当是他在文中最称赞林先生把国民政府主席的地位做到一个"虚位"。换句话说，主席的这一"虚位"，已经做到大家都"目中无主席"了。这在政治的体制上又成何话说？

就我的回忆所及，这一故事在当时的南京并不是一个对林先生的一项"美谈"，而是汪精卫内阁当时所闹出的一个"大笑话"。子超先生固然是一位谦恭有度的长者，但他同时是一位义理分明，进退有节，对于他在国家所处的地位是极有分际，而丝毫不逾矩的君子。他并不是如我们想像中的老好糊涂，一切都无所谓的虚位主席，他之避而不见并不是"不敢当参见的大礼"，却正是要借此机会给汪精卫这般不知礼，不识大体的行政院长一种教训。他之于当日下午反去回拜他们，正是要这班人感觉到失礼和惭愧，他并不是一个可以随便侵犯，不讲礼节，不讲体制的人。在他个人私的关系上，也许都能容忍，到了有损国家体制的逾矩行为，他是不能轻易放过的。最好一个例证是当民国元年南北统一，袁世凯在北平参议院就任临时大总统职时，袁氏全副武装，耀武扬威，佩戴指挥刀进入参议院，其时林先生正任参议院的院长，见袁氏佩剑入场，他毫不客气的对袁说道："此地乃代表人民之最高机关，不得佩戴武器入场，以崇法制。"袁世凯听了为之色变，不得已而从之。那时北京的环境和不可一世的袁氏的威风谁敢犯他，林先生尚且如是严正不苟，便可知其是如何的持大体了。据我看来，他对汪精卫等的回避参见和对袁世凯的当面指责，在表现的方式上虽然大不相同，而林先生之义理分明严守分际则是一致的，不过一为身教，一为言教，一以温和出之，一以严肃出之罢了。

林先生任主席时的参军长吕汉群（超）先生有一次曾谈及汪精卫这一故事，他说："林主席这回真给汪精卫这班人一次痛快的教训！他真有礼有法，不愧是一位国家元首！"他说："主席在他们参谒时，故意避开，给他们一个反省的机会已经够了，当日下午反而又去回拜他们，更使得他们羞愧得无地自容。这真是一种潜移默化的教育工作。"叶楚伧先生所撰林先生的墓志铭，称其为："宁静澹泊，勤整廉贞，举措抑扬，不私奸恶，造次颠沛，不离规矩。居常和易，童稚可亲，临大难，持大节，则峥峥岳岳，懔乎如神。"对于林先生的性格描写，真可说得上十分恰当！

胡先生说，过了一年他到南京，又听到有关林主席的另一故事，他亦认为是当时林先生任主席时代的美谈，故事是这样的：当林先生被选为国府主席之后，他自己去请他的同乡魏怀先生担任文官长的职务。林主席对魏先生说，我只要你做到两个条件：第一，你不要向各机关荐人；第二，你最好不要见客。胡先生亦认这故事为美谈，是由于从这个故事见出林主席有意的无为，亦即是把虚位的主席做得十分圆满，若没有这种有意的无为，单有一个"恬退"的主席，亦难保他隶属下的人，不兴风作浪，揽权干政，造成一个府院斗争的局面。对第一个故事的看法，我在前面已经说过了，至于第二个故事，我以为最好是以之说明林先生做了国家元首之后所持的一种分际，一种体制。林先生要他的僚属不荐人，尚可说得过去，若是连客都不要见，那就未免太过了。说起来这固然是林先生谦退恬淡作风的又一表现，但他的这种忍耐涵容，亦是出于他公忠体国的胸怀，要以他个人的影响去适应当时的畸形的政治制度，而不是说这种制度是一种好的和能够适应当时国难的需要的。

林先生这种忍耐涵容、公忠体国的怀抱何所自来呢？我认为是来自他平日对"天下为公"的"公"字的体认。在一次公开的讲话中，他曾说这个"公"字的意义非常广大，差不多把人类的一切思想言行，都包括在内。就个人来讲，如果能处处顾到公字，则其个人在社会中，就有了存在的地位，因为社会不是一个人的，个人之外，还有广大的人群，无数的事物。一个人如果要想在人群事物中间生存，假如不能顾到"公"字，便有不能立足之虞，这是什么道理呢？因为不公就不正，不正就不平，不平则鸣，是理之常，到那时，小而言之，影响到个人的成败，大而言之，就是演成国家社会的纷乱。这是林先生对"公"字的看重，可是如何去实行这个"公"字呢？林先生说：照古人所说"己所不欲，勿施于人"的嘉言去身体力行，因为一个人能够照己所不欲勿施于人的话做去，当然不会有损人利己的事情发生。既不会损人利己，当然能推己及人而利他，人人把这"利他"的怀抱推广出去，距"天下为公"的理想便不远了。

从林先生对"公"字的体认看来，他的容忍、恬退、严守分际等等美德，说穿了就是为了服膺古人"己所不欲，勿施于人"的嘉言，以达到"利他"的目的。一个人能做到事事以"利他"为出发点，就难怪他能无往而不利，无敌于天下了。林先生对"天下为公"的"公"字的阐发，看似极其平淡，其实他是把我国儒家所倡的"仁"的哲学，和西方民主思想中的容忍精神两者作了恰当的融合。

以德望如林先生的人，以补救畸形的政治制度，毕竟是一种"人治"，并不是一种政治的好常规。第一，此种识大体、明大义的人物颇不易求，若遇到一位有个性而好权力的人，便会闹出乱子来；第二，即或是一时有这样有德望如林先生的人，亦只是短暂而不会永恒，所谓"人存政举，人亡政息"的"人治"的坏处，便会在这种情形下暴露出来。因此，一个国家要建立好的政治制度，有了制度，才有常规，有了常规，纵然是找第一流的政治家来负国家责任为不可能，即使是有中人以上的人物，亦可致国家于太平了。

三

我现在要谈一谈林子超先生的志节，使我们更能了解他生平的另一面，亦是他伟大之另一表现。

……

自西山会议于民国十四年十一月二十三日，在北平西山举行会议之后，由于与当时的实际政治现实不甚适合，所以参加此一会议的人物，为了进行多方面的有效活动，表示消极的有之；隐居待时者亦有之。此一会议开始时轰轰烈烈，会后好似陷于没有后劲的现象。其时我和一批同志留居在上海，我们根据西山会议的决议，便首先把上海法租界环龙路四十四号其时的上海执行部接收。这个地点，总理在世时，是我们革命党的本部，其后因中央移至广州，才改为党的上海执行部办公地址。这时候执行部被一部分左派分子所把持，毛泽东好似亦为其中工作人之一，不过他那时尚无赫赫之名，我们去接收时亦没有看见他。我们所遇见的人中，好似有一个名叫张廷灏的左派分子，他当然是态度横强，拒绝移交，以致几乎动武，幸好四十四号的工友同志，都是旧人，其中有一位名叫董长海的，有似内部起义般地来协助我们，我们一起把那些左派分子赶出大门，于是得以顺利完成接收。我们就利用这一地点为反共的中央党部办公地点，开始活动起来。其后因经费无来源，情况又起变化，畏缩的人因此裹脚不前，不久就陷于山穷水尽，一筹莫展的境地。一直到了参加西山会议的谢持、邹鲁、居正诸先生由北平来到上海，又才渐露转机，而加强活动。

上海中央党部组成之后，便从事于筹开第二次全国代表大会。此一大会于民国十五年三月二十九黄花冈纪念日在上海召开，我被推为大会的秘书长。其时因为广州已于十五年元月召开第二次全国代表大会，对凡是参加西山会议运动的人，都决议惩戒，轻则警告，重则开除党籍，对我的处分是警告，限两月内悔过，否则便亦开除党籍。我因无过可悔，泰然置之。好在民国十六年全面"清党"，上海、南京、武汉三部分的中央合组特别委员会，全党复趋于统一，这一段党内的纠纷史，自此以后便一笔勾销。有人说西山会议分子，是反共的先觉，其实当时反共的同志并不限于这些露面反共的人，暗中声气相同者，可以说遍及全党的忠实人士。当日共党指为"叛徒"的人，只是一些露面为人共知的一部分同志而已。

由于政治环境处于不利的情况，加以与左派党部的对立、斗争，和相互的攻击，时时都会发生斗殴和冲突的危险。到了召开第二次全国代表大会的日期已通告各地，而开会的场所竟还没有觅得，因为大家都怕闹出事来，全都不敢把开会场所借给我们。当时的惨痛现象，真是一言难尽，不过现在回忆起来，亦感觉到异常的甜蜜。在无可如何中，我只好恳求借用那时青年同志们所办的法租界吕班路建国中学的礼堂，作为大会开会的场所。这间中学开办未久，因为经费困难，正陷于破产的境地。校长是周佛海，正在脱身无术，当我向他商借该校礼堂作会场时，他满口答应，唯一的条件是要我接他校长的职务，俾他得免于受破产的宣告，而负法律的责任。我那时为了要使大会得以如期召开，一切都在所不顾了，最大的恶果，不过进租界的巡捕房坐监牢，享受一次洋人的牢狱之灾罢了。而坐监牢一事，在革命党人的生活中，亦只是一种家常便饭，并不算是严重。后来大会是顺利开成了，不久国民革命军便由广州出师北伐，革命势力已进入长江流域，我亦因为赴四川工作而离开了上海。在我离开上海以后，建国中学果然因破产而被封闭，我并曾被法租界巡捕房通缉在案。想起来亦是颇值得回忆的事，其后我由四川回到上海，大约由于北伐成功的关系，巡捕房亦未迫使我负任何责任。可是至今内心仍然存在着一种勇敢却又遗憾的感觉。

西山会议反共运动所处地位之恶劣，现在想起来犹有余痛，但亦觉得可笑，开大会借不到会场尚是小事，最恶毒的是共产党把这班人指为"右派"，指为"反革命"，指为"老朽昏庸"。标语和宣传遍及全国各地，在共党"疯狂气焰"笼罩之下，几使人有天地之大，竟无容身之所之感。在我十五年回到四川工作的时候，所至之地无不有"打倒右派分子黄某"、"打倒昏庸老朽黄某"等标语张贴满街。其实那时我年仅二十六七岁，说我是"右派"是一政治主张的问题，见仁见智各有不同本无足怪，指我为"老朽昏庸"则真是颠倒是非，不可理喻的事。当我民国十六年由四川坐船到南京的途中，同行的一位朋友为我介绍另一位不相识的人，刚刚把我的名字说出，那人便十分表示惊怪，我知道他受了共党宣传，我便坦率的自承："我是西山会议派！"此人立即答道："对不起，我的确有此误会！"我问他为何如此吃惊？他说："我看见四川各地攻击你们的标语说西山会议分子是'昏庸老朽'，现在见你却是一位风度翩翩，少年英俊的朋友，不由得我不为之吃惊了！"……陈辞修先生在世时，曾在几次公开的场合，把此事来取笑我，引起大家的好笑。的确，这是一件值得回忆而好笑的事！

上海的第二次全国代表大会开幕时，林子超先生是大会主席团人选之一。他原本在北方养病，特地由天津赶来参加，到上海后病势加重，有好几次大会都无法出席。记得四月八日那天，大会正在进行中，林先生突然扶病徐徐走入会场，大会主席谢持先生乃宣布暂时停止议事，咨询大众，请林先生致辞，他面带病容，很吃力似的，慢慢地走上讲台，向会众说道：

"我自西山会议时得了病，到现在还不能好，我知道三月二十九日开第二次全国代表大会，故自天津赶来，不料到了上海，病势反加重了，又蒙诸同志之厚意，前来慰问，实不敢当。"他说："此次大会关系很大，诸同志当努力：一、我们当实行三民主义；二、清理党籍；三、凡非同类，势不能同谋，我们中华民族谋独立，不靠人家，我们要打倒帝国主义，并且要打倒新帝国主义。"最后他很坚决的表示，大会一切议案，他是绝对服从的。那天他虽然说话不多，但每一句话确实都出于至诚，出于肺腑，是那般地坚定不移而具有折服人的力量。他在喘气不停中，被同志扶着，走下讲台，使人感动得流下眼泪来，至今不能忘掉。坚持主张，不畏艰险，不计个人利害，锲而不舍，是作一个革命党人的基本条件。林先生在反共运动中，自西山会议到上海第二次全国代表大会，以致十六年"清党"之后，宁、汉、沪三个党部合组特别委员会，全党趋于统一，他都是始终其事，贯彻始终，是所谓西山会议的领导人物之一。他此后对于国家的一切贡献，我认为都是这种革命党人的精神与情操所使然。他的革命志节，真值得我们学习、值得我们怀念！

西山会议在反共斗争中是一段艰苦辛酸的往事，据说，林先生在此以前，他最喜欢着西装，自西山会议以后，遭受到不少的诬蔑和指责，于是他便改着长袍马褂，一直到他死去，以志他的隐痛！他对于是非义理之不能苟且是如是其重视！

四

在前文中，由于论及"虚位"、"西山会议"等问题，费了不少唇舌。也可以说，上面所述的，都是有关林先生的严肃的一面，那末，关于他的轶事遗闻又如何呢？林先生生前有一件传闻，颇为人乐道，说他终身不娶，持独身主义，是由于少年时代的一段恋爱悲剧，他所钟情热爱的一位如花似玉、才学并茂的女郎不幸早死，未获百年偕老之愿。在对日抗战之前，林先生曾至广西桂林巡视，其时广西、香港各报，竞相登载林先生有一随身携带的手提箱，夜则必置于卧室之内，不许人移置。有人谓此一箱内存有重要国家机密文件，故乃如此重视。有人又说箱内所放者并非机密文件，而是一具女子的骷髅，每当更深人静，林先生必抚摩至再，而后入睡。这当然是出于一种传说和新闻记者们的渲染报导，是无法加以证实的。也许是在当时社会里，有权有势的人之中，生活浪漫，妻妾成群，纵情享受，无视纯洁高尚的两性情爱生活的人太多，而对于林先生持独身主义，终身不娶的美德特别予以神化，而制造出来的故事。

细查林先生早年的身世，他并非是因爱人的早逝，而矢志不婚。不婚的原因，是他于民国纪元前二十一年在福建与郑氏夫人结缡，夫妇感情弥笃，不幸婚后三载而郑夫人逝世，林先生自此遂誓不续娶。如果传说中的手提箱中果然是一女子骷髅，那末，应当是郑夫人而不是所谓未婚的爱人了。至于说他每当更深人静，必抚摩骷髅而后入睡的话，这是无人能够加以证实的，因为这一类的事，即或有之，亦是林先生自己的隐痛，他固不会对人言，亦不会有人以此问他，然而林先生当时对港、桂报纸的记载未曾加以更正，却又是事实。不过，即以他自二十四五岁的青年时代丧偶而终身不续娶一事而言，这种至情至性的确亦令人十分感动。

关于林先生神秘手提箱的故事，意味虽然极其深长，但总属于"姑妄言之姑妄听之"的一类。而胡适之先生称颂林主席的那篇文章中，所引述的一个小故事，却可为林主席终身不续娶的至情，作一注脚。胡先生的文章说："有个朋友从庐山回来，说起牯岭的路上有林主席捐造的石磴子，每条石磴上刻着'有姨太太的不许坐'八个字。这个故事颇使许多人感觉好笑。有人说：'我若有姨太太，偏要坐坐看，有谁在旁边禁止我坐？'"胡先生说："其实这也是林先生的聪明过人处。你有姨太太，你尽管去坐，决没有警察来干涉你。不过你坐下去了，心里总有点不舒服罢了。他若大吹大擂的发起一个'不纳妾'运动，那就够不上做一个无为主义的政治家了。"从这一故事看来，林先生之终身不续娶，除了表现其对郑氏夫人的深情外，亦未尝不是他挽救世道人心所作的一个榜样。

民国二十八年夏天，林先生曾在距成都不远的青城山住过一段时间，他住的地方叫做建福宫，是一所幽静的寺庙，也是到青城山主寺上清宫的必经之路。那时张大千先生就住在上清宫。一次，第五战区司令长官李宗仁的夫人郭德洁女士从前方回广西，路过成都，我便率同一家大小陪同她去灌县青城山游览，并访问其时避暑在青城山上清宫的张大千先生。同行的还有一位缪君，当我们行抵上清宫时，由于这位缪君与寺中的知客师言语间发生冲突，缪君恃势凌人，竟对那位庙中的招待人员动起武来，一时惹起了上清宫的道士们的公愤，数十个道士手持棍棒，气势汹汹地迎上前来。青城山的道士是不好惹的，分子复杂，良莠不齐，不少人还练过武功，虽未必如传说中的"青城派"那么厉害，但总是难与的。说时迟，那时快，我眼看一场斗殴即将发生，稍一不慎，便要玉石俱焚。我和缪君尚不紧要，最怕的殃及那群幼小的孩子们和妇女们又如何办呢？一时情急智生，我急切拉着旁边的一位不知姓名的游客，请他去告诉那些庙中愤怒的道士们我的身份，指明随来的女客是前方抗战，有名的李司令长官的夫人，大家不要冒失无理，一切误会由我来承担解决。果然这位不知姓名的游客把话传达之后，即刻便发生效力，其中年长的一位道士反而转怒为笑前来解释是出于一种误会，一场虚惊竟化戾气为祥和，不然的话，一场祸灾断然是不能逃掉的。回想抗战时期后方人民，对于前方将士之仰慕崇敬是如何的深厚呵！假如那时不是抗战有功的英雄李宗仁的夫人被人尊敬，而是今日投共的李宗仁太太郭德洁，我想被一场毒打是万万逃不掉的，至少亦将是池鱼之灾，固不仅缪某一人挨揍而已。

在上清宫拜访过张大千先生后，我们一行下山，我特到建福宫去晋见林主席，见面后，他笑向我说："季陆！你大闹青城山！"

我听了他的话一时不知所措。原来我们在青城山上清宫几乎被打的一场经过，早已有人报告过他了！这也许就是林先生的幽默吧。

（原载一九六六年三月《传记文学》第八卷第三期）

二十年前的四月一日

　　自从解除了繁重的行政工作之后，一年以来，我的生活和身心均已恢复了正常。既有时间思想，亦有时间阅读新书和写作，更有时间到郊外吸收新鲜空气和运动。一种宁静淡泊的乐趣，真是有生以来所罕有。这一生活乐趣全在一切均能自主，自己有足够的时间供支配，自己能决定喜爱和憎恶，不受外在的影响而处于被动的地位。人类自有文化以来，不计一切牺牲而憧憬于自由的争取，在这短短的时间中，我才体味出自由的可贵、可爱来。

　　在这段宁静的生活中，最使我感觉兴趣的，是有机会和天真无邪的青年们谈话，由他们那里使我知道甚么是陈腐；甚么是新知；甚么是他们的需求；甚么是国家未来的问题，而急需要早日寻求解答。从他们的谈话中，更使我知道老一辈的人，在知识观念上是如何的与年轻一代脱节。说得坦率一点，由于近半世纪以来科学和社会加速的变动进步，老一辈人的想法和做法，一时实不易适应这新时代的要求，于是青年人的发展和国家的进步都不免受到或多或少的阻碍而不能获得合理的前进。就我个人来讲，在我过去为国家服务期中，也许有人对我的所作所为认为太重理想而不切实际。不切实际容或有之，若说太重理想则殊不正确。因为近来在宁静的生活中，我对我过去的一切略作了一番反省的工夫，我深深感觉到，我的思想观念与近代变动进步中的世界尚存在着若干的距离，这真使我万分的惶惑与不安。

现在的青年问题，也许我还了解得不够，知道的地方太少，只得留到以后再谈。目前涌现在我心中的，是过去最难忘的那一群青年，在国家遭遇到空前国难的对日抗战期中，我全心全力以赴所要灌溉培植的花朵，他们在未盛开之前，便为另一国难的狂风暴雨所摧折，真是思之难忘，念之不寐了。

大约在民国三十四年的今日，四月一日，我正在成都国立四川大学的校长办公室处理校务，忽然有几位战区同学连续来报告，有位女同学突患急病在宿舍床上呻吟待救，情形异常悲惨严重，必须请校长前去处理。对于战区同学，平时我总是特加爱护，因为他们的家庭父母都不幸沦陷在日人占领区内，他们既没有亲人照顾，更缺乏家庭的温暖，学校便不得不在管教的任务之外，再加负起家长的责任了。我一面命人通知学校医务室的医生，一面急速的前去看视病情如何。当我行近该生的寝室前，即已听到两种声音，一是同学们爆发出的"校长来了",一是女生痛苦的呻吟与惨叫。我不得不加快足步走到此一女生的床前,她此时的惨痛的叫喊愈来愈厉害,气息亦愈来愈急促,在床上辗转挣扎的情形,令人感到病情的严重而心情为之紧张。我劝她安静一下,校医即刻便可到来为她诊治,却是该生仍然按捺不住痛苦,不断的叫道:

"救命啊!校长!"

"校长!救命啊!"

我在同情与爱惜的一念中,对此一无父无母,远在异乡的女孩子,不由得不为之心酸。还好,此时校医亦赶到了,我请校医立刻为她诊治,医生用尽了诊察的方法,都查不出她所患究系何种病症。于是我一面叫人立即预备担架送她至中央大学医院(抗战期中中央大学的医学院在成都,其实验医院设在正府街旧成都府衙门,相传该处为诸葛孔明当年的相府),一面叫人打电话给名医而兼院长的戚寿南先生,务必请他留在医院,为此一女生诊治。同时恐她抵抗不了痛苦,不及送往医院便已无救,我请校医为她尽快打一止痛药针。想不到当医生装好了针药要为她注射时,室内的气氛急剧地转变了,由惨痛的呻吟突发成全室的欢笑!患病的女生由床上坐起来,以得意而顽皮的神情说道:

"校长,今天是愚人节啊!我不是真病,我是装病,我们觉得你老人家整天为校务太忙太苦了,我们要想见你都没有机会,借此机会见见你,使你轻松轻松。"

室内早已挤满了同学，有的是事先参与预谋的，有的是事先不知，为了关怀而来的，此时一齐都爆发出笑声和掌声，把室内紧张的气氛立时变成轻松而愉快。他们在欢笑中议论纷纷，有的说："不料校长今日亦被愚弄了"；有的说："这一设计真周到"，惟独我自己一人此时感到十分的尴尬，笑亦不是，气亦不是，留亦不是，走亦不是，不知如何是好。不随着大家笑吧，而这的确是一件设计得可笑亦值得一笑的事，跟随着大家笑吧，又觉得我身为校长，竟被这班顽皮的孩子们捉弄而事前毫不察觉，此时要保持不笑真比笑还困难！我用雷霆万钧之力忍住了笑，以很凝重的态度指责他们道：

"这成何话说，开玩笑开到了校长的头上，你们辜负了我教育你们爱护你们的一番好心，这种坏风气决不容存留在四川大学里面！有了你们就没有四川大学，亦没有了我！"

我接着很严肃而愤怒的指着此一装病的女生道：

"我决定开除你的学籍，其他的人依其过失轻重办理！"

"非开除不可！非开除不可！"我连续着又说了几声！

室内欢笑的气氛突又转为严肃，几十位男女同学都睁大了眼睛注视着我，肃静的情形连呼吸的声息都听得出。最难受的当然是那位女同学，她似乎已呆得说不出话来，面色亦转青了，好似要哭出来的样子。然后她含着泪很失望的说道：

"校长，真的要开除我吗？"

"你不是一向同情我们，永不开除战区学生吗？今天是四月一日,西俗的愚人节,做错了事可以作为笑谈,不负责任,何况我们的目的是要见见你,使你心情愉快。"

"我们错了,请你原谅我们这一次!"

我很坚决的回答她道:

"绝对不能原谅,绝对不能原谅!"一面说一面转过身来,离开宿舍,愤怒地回到校长办公室。

不久,这位女生和其他四位男女同学都来到了办公室,可能有大部分同学留在办公室外面,等候这一事件的消息和结果。进来的五位同学,除了装病的女生外,另有两个女生和两个男生。装病的女生只是哭泣一言不发,由另一女生很恳切很委婉的发言:

"校长,我们来求你宽恕,这件事是我们五个人共同商量设计,推举一位女同学装病而起,我们的动机是纯良的,我们目的是在使你高兴,如果愚人节做的事都要负责任,是我们误解了愚人节的意义了。如果要开除她,我们应当一齐开除,责任并不在她一个人身上。我们是战区学生,父母都远在遥远的沦陷的家乡,我们在大后方孤单飘零,举目无亲,一切都全仗校长的照顾和爱护,既然很不该的使得你生气,就请校长惩处好了,纵然是五个人一齐开除,我们亦不怨恨校长,自己做错了事,应当由自己来承担。我们五个人来此,第一是请校长息怒,向我们一直敬爱的校长请罪;第二是表示我们的用心是纯正的,纯出于青年人好奇逞能的心理,这一行动的该与不该，事前都未曾加以考虑。只要校长明白我们的动机，任何后果我们五人愿共同承担。只求你不要将过失集中于装病的女同学一人，就是你对我们的最后恩泽了！你平时格外爱护战区学生，你从来不曾开除过战区同学，是使我们恃爱而放肆的原因。现在我们五个人以身试法，我们亦心甘情愿，不然的话，校长平时对于我们过分的那种宽大，会使得不自爱的同学无法无天，使校风、校誉都蒙受不良的影响。校长曾经说过，开除学籍无异是对学生的死刑宣告，所以你不开除学生。我们现在只求校长准许我们在学期终了时退学转入他校，给我们一个继续读书上进的机会，我们永远不会忘记校长的爱护，永远都会感激校长的。你平时说过，我们都是你的'川大儿女'，我们亦以此为一种骄傲，我们辗转带信给留在沦陷区的父母，亦曾把校长对我们的爱护常常提出，请父母不要为我们远离他们而担心，假如我们被开除的消息被父母知道了，他们将是如何的伤心，对于他们是一种无比大的打击，亦更是我们的大不孝！……"说到这里，五个人都流泪了，十分的悲痛伤心，装病的那位女生哭泣得更厉害。

事情演变到这步田地，我感到有些心酸，不忍心再捉弄他们，我很和蔼的对他们说道：

"你们责备我过于宽大，是不是认为我容易欺负，你们不知自爱，还要责备我宽大为不当吗？"我用手拍着那位哭泣得最伤心的装病的女生，我说：

"傻孩子们，今天是四月一号，愚人节呀！你们知道不知道？"

大家还瞪着眼睛望着我，似乎还不懂我说话的意思。我不得不加重语气说：

"今天是四月一日愚人节，难道只许你们愚弄校长，就不许校长愚弄你们吗？"

这时大家才转忧为喜，破涕为笑，特别是那位装病的女生，高兴得比哭泣时流的泪还要多些。他们五人欢欣地离开了我的办公室，行前向我深深地鞠躬为礼，我一一和他们握手道别。在办公室外等候消息的同学们，非常关切的问他们结果如何，我只听见有人发出：

"今天是愚人节，愚人者人亦愚之，我们反被校长愚弄够了！"跟着是一片天真的笑声。

这批可爱的孩子们今天不知究竟在何处？我为他们日夜祷祝。

这段往事，不久以前一位川大校友，现正执教政治大学的刘清波先生还向我提起，他问我尚能记得起来否？我说："这是我永远不能忘记的，被愚弄而曾反击的一段甜蜜的往事。我只是记不起当时几位同学的姓名，如果我记忆不错的话，刘清波同学可能就是其中的一位。"说罢彼此相顾一笑，仿佛又重回到难忘的"锦江春色来天地"的川大校园。

（原载一九六六年四月《传记文学》第八卷第四期）

一项珍贵的赠与

——蒋廷黻先生对教育与国力的看法

蒋廷黻先生去岁十月在美逝世，国家蒙受了无比大的损失，哀悼与思念，无时去怀！最近康代光先生和丁纪涵、陈佩珍两君，翻译了一部研究人力资源的名著，要我为他作序。原著作人是美国普林斯敦大学经济学教授哈比生（Frederick Harbison）和麻省理工学院的工业关系教授梅耶斯（Charles A.Myers），书的原名是"Education, Manpower and Economic Growth"，直译出来便是《教育，人力资源与经济成长》。我读了译者康先生的序文后，才发觉他所译的这本书是蒋廷黻先生数年前回国述职，在"教育部"晤谈时送给我的。我对此书曾大体阅读过一遍，深觉此书对近代教育一项新观念和新构想的建立甚具卓见，与我其时正推行中之"教育配合经济发展"之主张甚相符合，十分值得发展教育的参考。于是我特以此书转请康代光先生予以翻译，以介绍于国人。此为数年前的往事，早已不复记忆，且离开"教育部"已一年余，个人注意力已转移于新的工作方面，对过去的事已无暇系念。不料他们于我卸任一年多之后，仍不负我所托，已将此书翻译完成，他们的服务精神和毅力，真是值得敬佩和感谢。就个人的关系而言，这种风义亦为今日末俗所罕见。我读完此书译文之后，不仅对本书译者敬表钦佩之忱，更使我不能忘怀的是以此书赠给我的蒋廷黻先生。

廷黻先生已于去岁逝世，他或许不能料到在他逝世不及一年的时间内此书已译成中文，将介绍予他所关怀的中国同胞。我还依稀记得廷黻先生数年前回国述职时我们见面时的情景，他由"教育部"楼下很吃力的到达我的办公室，我见他呼吸迫促，气喘不停，坐定后许久才说出这样一句话来："让我休息五分钟，我们再谈吧！"我当时为他的健康十分耽忧，不过我所耽忧的亦不过是气喘与心脏病对他的威胁，此类病症如果能留心调养，在这医学日新的时代，仍可益寿延年。我当时曾恳切的希望他注意调养，孰知他在心脏病之外又遭逢了另一不治之症的肝癌而结束了他的生命！以他的学问、识见和对国家的忠诚，若能假以岁月，他对于学术和国家的贡献，将是无可限量的！

近日翻阅廷黻先生选集，偶然读到他民国二十七年十一月在战时陪都重庆出版的《新经济月刊》发表《论国力的元素》一文，我才发现他以哈、梅二氏所著的这本书赠给我的用意所在。因为此书的一项特点，是在把近代国家的进步发展，也是近代国家国力的估计，归结成一项"教育综合指数"来做准绳，正与廷黻先生《论国力的元素》一文中的论点，在原则上有大体相同之处。虽然在发表的时间上先后相隔了二十多年，在空间上一为美国，一为中国，但这一相同的论点，一经发现，对一位研究学术的人而言，自当引为一种心灵的默契而感到欢快的。我想廷黻先生初读本书时的心情当不能例外。他之以此书持赠，其意固在以此书的新观念供国内发展教育的参考，又何尝不是以他所感到的欢快让我们分享呢。

廷黻先生《论国力的元素》一文，发表于对日抗战最艰苦的民国二十七年，远在哈、梅二氏此书出版的二十多年以前，他当时所面对的是敌人的强大，所最感痛苦的是我们自己国家国力的落后，所以他在文中说：

"国际的战争或竞争都是国家力量的比较。此次的抗战经验及近月来世界局势的发展，无不使我们觉得当前最宝贵的东西莫过于国家的力量。此后无论我们是规划政治制度，学校课程，交通建设，经济发展，或是文化指导，礼俗厘定，甚至于私人的恋爱、娱乐诸问题的解决，我们都应该以国力为我们最高的标准。倘若道德与国力相冲突，我们应该即刻修改我们的道德观念。假使某种最大的国粹阻碍我们国力的发展，我们也应该火速割爱，把那国粹抛弃毁灭。我们希望我们心目中的新经济就是国力学。"

上面的话，已足够说明国力的重要，可是什么是国力呢？据廷黻先生在民国二十七年另一篇《青年的力量》文中说：

"国力就是一般人民的体力、智力、道德力、生产力、组织力集合而成的。一般人民之中又要以青年的力量为其主力。倘若一个国家的青年是软弱无力的，那个国家是无希望的；反过来说，假使一个国家有有力的青年，那个国家的前途一定是光明的。"

国家的力量要从何产生？他的结论是现代化的教育。他举出当时国人殷切希望的军备现代化为例，他说：

"目前国内没有人不渴望军备充分的现代化。不过现代化的战争，不仅是军队与军队的战争，实是全民的战争。有了现代化的军队而没有现代化的工业、交通和政治，还是不济事的。要想政治、经济的现代化，又不能不有现代化的教育。我们还可以进一步的说：一个国家，其政治、经济、教育不是现代化的，根本不能有现代化的军备。"

他又说：

"所谓近代文化的特征是科学。工程和机械都是科学的实用。我们所提倡的现代化，就是科学知识、科学技能、科学思想方法之普遍化。"

要求科学知识、科学技能、科学思想和方法的普遍化，便非发挥教育的功能不可，因此，国家的力量是建筑在国家教育的基础上，这是现代教育的一种新思潮，亦是一种新观念。这一教育的新观念，在二十多年前廷黻先生执笔为文时，尚未为人所重视，但他却已烛见及此。当他欣赏哈、梅二氏此书的论点时，难免会有"英雄所见略同"之感吧。可惜我们见面当时因谈其他有关公务，未请他对此书加以说明，否则他对本书的论点必会有其精当的评价的。廷黻先生在抗战时期，颇致力于经济的发展与建设，他所说的"我们心目中的新经济就是国力学"的见解，亦正与本书的命意相同，因为本书之立论，是以经济的成长发展系于教育功能的发挥为估计国力的依据以为出发点的。

衡量一个国家国力的强弱和大小，从前的人是以下列各项条件来决定：一、军备的庞大与否？二、资源的丰富与否？三、工业化程度的高低。四、人口的多少。

现经此书的著者哈、梅二氏研究的结果，所持的论点与以上的说法都不完全正确。他们认为今日衡量一个近代国力的大、小、强、弱，是决定于这一国家青年的知识，科学和技术水准的总和，他们把这一总和，用科学方法归纳出来，名之为"教育综合指数"。

甚么是"教育综合指数"呢？他们提出了一项简单的计算公式。即是一个国家的十五岁到十九岁的人口中的在学人数（中学到大学一、二年级生的在学人数），加上其二十岁到二十四岁人口中的在学人数（大学到研究所的在学人数）乘五所得之总和。举个例来说，他们利用了我方前几年的资料，认为我方十五到十九岁人口中之在学人数是百分之三十点九，二十到二十四岁人口中之在学人数是百分之三点五，综合指数如下式：

30.9+3.5×5=48.4

乘五之原因，意指一个大学毕业者之能力，相当于未受大学教育者之五倍。由这一论点可以推论到所谓教育综合指数是由包涵一个国家高深教育的深度和国民基本教育水准的普遍提高来决定的。所以各国的义务教育已由早期的四年、六年进到九年的初中程度，以至于以十二年的高中修了为强迫教育的基础了！一个国家的强弱、进步与落后，要在这一基础上才能见分晓，这是值得我们警惕而应急起直追的。

照哈、梅二氏的计算，我们的教育综合指数为四八·四，列世界的第六位。美国为二六一·三，比利时为一二三·六，日本为一一一·四，苏俄为九二·九。我们的教育综合指数名列第六，虽然不算低，但哈、梅二氏所指系以十五岁到十九岁人口中之在学人数为起算点，这很显然的是以九年的义务教育为一起码的计算标准，亦即是以初中修了为一起码标准，并没有计及我们之义务教育仅由六岁到十二岁的儿童，至少尚差三年之时间乃能及于十五岁初中程度的普通标准。我们目前六年的国民基本教育，实不足以适应世界进步之趋势，因此，把基本教育增进至九年初中阶段至为必要。否则，以一十二岁方完成国校教育之儿童，如欲做童工则须至十四岁；如欲作学徒则须至十五岁；如以之作一技工则年龄与教育程度均更感不足了。工业社会之基础在技工阶层，以一年龄学识都不足的儿童充塞之，不仅摧残了儿童的身心，且亦将摧残我们未来经济建设的发展！一九六二年美国斯丹福大学的专家应邀来我方研究教育配合经济发展计划，即认为我方技工水准太低，应予提高。一九六三年美国劳工部副助理部长魏斯应聘来我方考察人力资源，亦认台湾迫切需要确立一项人力资源的发展计划，才能适应今后经济建设的发展。又如一九六四年，国际复兴开发银行经济专家艾德尔曼与国际劳工组织专家唐琦应邀来我方研究经济发展中的人力问题后，均认今日台湾经济之更进一步的发展，有赖于人力资源之紧密与有效的配合。所以如不力谋国民基本教育水准之提高，今后经济建设的发展，必将因之而萎缩。这亦就是我要大声疾呼，力主提高国民基本教育水准的意义所在。过去如此，现在亦仍然如此。

据"教育部"的统计，我方一九六一——一九六二年，国校学生学龄人数小计为二、〇六二·二（千人），注册人数小计为一、九九七·〇（千人），注册之百分比约为百分之九六·八四。而初中学龄人数则为八一一·五（千人），注册人数为二九四·四（千人），其注册之百分比仅达百分之三六·二八。亦即是说初中学龄人数中，有百分之六三·七二的人没有注册入学。这些学童仅受到小学教育，甚至还没有完成小学教育就停止升学了。经查目前台湾各级学校毕业生升学率，以国校毕业生升入初级中等学校为最困难，例如：

一九六四学年各级学校升学率约为：

国校毕业生升学率为百分之五一；

初中初职毕业生升学率为百分之八〇·八；

高中毕业生升学率为百分之七三·八。

由于国校毕业生升学最困难，因之升学的竞争亦最激烈，于是在校课业亦为了适应竞争而畸形加重，即是六年的国民教育亦失去平衡，所谓德、智、体、群，四育亦为之破坏不能正常进行，致使国校学童身心俱蒙受损害与戕贼。根据全省一百三十七校，八万名中小学生接受身高体重测验的结果，证明目前青少年的健康程度，仍在继续衰退中，这一测验，从一九六四年开始，一九六五年为第二期，接受测验的八万学生中，计中学男女生暨小学男女生各二万人，测验结果与一九六四年比较如下：

男生身高：

六岁退步〇·五二公分，

七岁退步〇·五一公分，

八岁退步〇·七公分，

九岁退步〇·五六公分，

十岁退步〇·五八公分，

十一岁退步〇·五四公分，

十二岁无变动，

十三岁进步〇·三七公分，

十四岁进步〇·五公分，

十五岁进步〇·三八公分，

十六岁退步〇·〇一公分，

十七岁退步〇·一九公分，

十八岁退步〇·二七公分。

男生体重：

六岁退步〇·二五公斤，

七岁退步〇·三二公斤，

八岁退步〇·三三公斤，

九岁退步〇·二四公斤，

十岁退步〇·三二公斤，

十一岁退步〇·一一公斤，

十二岁不变，

十三岁进步〇·〇一公斤，

十四岁进步〇·六公斤，

十五岁进步〇·二四公斤，

十六岁退步〇·二九公斤，

十七岁退步〇·一二公斤，

十八岁退步〇·五三公斤。

女生身高：

六岁退步〇·六二公分，

七岁退步〇·九二公分，

八岁退步〇·八三公分，

九岁退步〇·九九公分，

十岁退步〇·八六公分，

十一岁退步〇·四公分，

十二岁进步〇·五六公分，

十三岁退步〇·六九公分，

十四岁退步〇·八一公分，

十五岁退步〇·六三公分，

十六岁退步〇·六七公分，

十七岁退步〇·三四公分，

十八岁退步〇·二九公分。

女生体重：

六岁退步〇·五五公斤，

七岁退步〇·六八公斤，

八岁退步〇·四七公斤，

九岁退步〇·三一公斤，

十岁退步〇·一三公斤，

十一岁退步〇·二八公斤，

十二岁退步〇·二公斤，

十三岁退步〇·〇一公斤，

十四岁退步〇·七三公斤，

十五岁退步一·一公斤，

十六岁退步〇·七六公斤，

十七岁退步〇·〇八公斤，

十八岁退步一·〇八公斤。

从上面的测验数字中可以获知，中小学生身体的发育，遭受升学竞争的戕害，除了在初中阶段恶性补习稍停，身高体重稍有进步外，尤以小学阶段退步惊人，若照此以往，则青少年体格日渐衰退，民族幼苗日被摧残，如不急谋补救与改进，今后国民体格将不堪设想，若干年后，恐国家不但无可用之人，恐亦将无可练之兵了！我们目前是如何严重的戕害了人力资源的成长！如何严重的摧残了国力呀！

希腊人说："有康健的心灵寓于康健的身体者方算完全人。"英国人说："大英帝国建设于学校的球场上。"一株体力衰弱的幼苗是难以长成大树的。一个体力不健全的青少年，其知识力生产力的成长都将遭受严重的限制。文学家蒲特莱（Butler）说："生病的人，应该坐监牢，犯罪的人，应该入医院。"意思是说犯罪的人一定是因神经失常然后犯罪，所以社会应该原谅他们，送他们去医院疗养。至于生病的人那是不可原谅的，倘若一个人有卫生的常识，善自预防，对于饮食起居，工作休息、运动、娱乐都很适度，又何致于生病呢？今日造成青少年体能退步的原因，大部分是由于畸形的教育，如果说生病的人应该坐监牢，我将替这些不幸的青少年大呼"冤枉"！

"文明"与"野蛮"两个术语，从教育的观点看，很显然的可以得到一项区分：

在文明的社会，不读书的人要强迫去读书，因此有近代所谓的义务教育，也即是强迫教育，即是说，每一国民均须有接受教育的义务。从另一观点看，也是每一国民应当享有受教育的权利。在野蛮的社会则不然，对愿受教育的人却加以压制，为什么有如此的现象？就因为在野蛮的社会中，畏惧人民有知识。

近代社会的进步，是基于近代教育的发达而来，因此，义务教育已由六年的小学，进而至三年的初中，更进而至三年的高中。欧美先进国家，义务教育早已达到初中阶段。例如，美国为八至十二年（五十州中有三十五州为九年制，八州为八年制，三州为十年制，三州为十一年制，一州为十二年制），英国为十年制，日本、以色列、挪威、瑞典均为九年制。西德、法国、苏俄、义大利、澳洲、纽西兰、荷兰、瑞士、捷克、南斯拉夫、加拿大均为八年制。在从前，一般人认为大学是高等教育的最高学府，现在的最高学府已进而为大学的研究院，大学不过是传授一般知识的学府而已。这是近代国家国民知识及科学技术水准不断提高的结果，亦是近代国家增进其国力所必经的途径。现在我们已经感觉到六年的国民教育已经不够做一个兵的要求，在经济发展方面，一个技工非有九年的基本教育不能胜任，作一个好的公民，亦非有初中毕业的程度是不够资格的。对于提高国民基本教育岂容我们徘徊不前？

就近代的观念来说，教育已被视作达成国家目标的手段，近代国家的目标是什么？

一是普遍提高人民的生活水准。

一是增进人民追求幸福的更大机会。

总括来说即是为求人民美好的生活。美好的生活何由获致呢？是由于文化与经济的成就所组成。文化与经济的成就，不是一蹴可致的，它必须经过不断的进展，不断的蜕变，导致整个体系中各阶段的相辅相成的循环发展，这一循环发展是由于三种方式的投资：一是教育的投资；一是研究发展的投资；一是创造生产能力的投资。在教育一项内，是以可受教育的人民和教育预算作原料，经过教育而蜕变成受过教育的人力。至于教育预算乃是社会上以其收入之一部分用于教育事业，教育预算的大小，直接影响到教育的品质和受教育人数的多寡。

在受教育中的人力，往往无生产，而是消费的。可是受过教育的人力足以更生和创造社会文化，因而变更了他们对整个社会的价值概念。这些受过教育的人力，用于经济发展中，可以促进新技术的研究发展，可以创造生产能力，进而产生物质和劳务，以达成社会的文明，使构成社会的每一个人，获得进一步美好的生活。

短暂的看，教育是一种消费，而从其较长远的收获论则是一种投资，一种社会进步必需的投资。一般来说，凡是国民所得比较高的国家，在教育上所作的努力亦比较大。例如美国的平均国民所得约为二千美元，他们每千人中约有一八〇人正在接受小学教育，约有二五〇人在小学升至大学的过程中。我方平均国民所得约为一五〇美元，每千人中约有一九〇人正在接受小学教育，二四〇人正在由小学升至大学的过程中，以国民所得与在教育上所作的努力比例来看，我方在教育上所作的努力并不比美国低，自然教育投资是我们目前一项较重的负担，但不如此，我们的诸般建设无疑的将会因教育的停滞而萎缩，而最重要的我们必须寻求更光明的未来！

教育同时也是扩展一个社会、一个国家下列各方面的必要工具：

一、由于专门知识效率之获得，而提高生活水准；

二、由于高深的素养，而变化了智慧与精神上的气质。

值得我们特别注意的一点，是传统的观点认为生产力主要原因之一是对于一般工厂的投资，亦即是以资本代替劳力的观念。根据美国休尔兹教授调查的结果，美国生产力的增加，仅有五分之一是由于工厂物质方面的改良，而有五分之四是由于方法、管理以及人力素质的改进，因此我们必须肯定人力素质的改进才是一种极为重要的投资。

专家们认为，受了高深的教育，其就业的机会都比较好，他们如果不使学业荒废，可以继续不断地贡献其知能，亦可继续不断的增加收益，直至他们退休为止。现在我且引用美国人从事于各种职业的平均收益估计作为参考：

假定接受了研究所教育的现有价值为一〇〇，则其他的教育阶层现有价值如下：

大学院校为八五，

职业学校及中学为六五，

小学为四〇，

未受教育为二五。

可见所受教育愈高，其现有价值愈大，亦即是其收益亦愈大。此外，还有一个更为显著的例子，就美国而论，社会与个人因为美国卫生教育福利部推行"职业复原计划"而得到很显著的收获，他们在职业复原计划推行之前，五万六千个缺乏经验的工人，每年收入共计约为一千五百万美元，当推行职业复原计划，予以再教育以后，他们每年收入竟增加到一亿零二百万美元，几乎增加了七倍的收入，真是骇人听闻的事，由于教育收获的惊人，更可见适当的教育投资是如何的必要了。

论述到这里，我们禁不住会联想到国父中山先生的教育思想，他在民国纪元前十八年《上李鸿章书》中所揭橥的人尽其才、地尽其利、物尽其用、货畅其流四大增强国力的纲领，与哈、梅二氏《教育、人力资源与经济成长》的含义极其相似。中山先生说："所谓人能尽其才者，在教养有道，鼓励以方，任使得法也。"其中"教养"、"鼓励"二者均属教育的责任。中山先生以"人尽其才"冠于四大纲领之首，其意义亦在以人民的素质的因素来决定国家其他各项建设的兴替。他为什么有这一自成体系的新思想呢？在民国纪元前十七年创立农学会征求同志书中，他说得比较明白："盍观泰西士庶，忠君爱国，好义急公，无论一技之能，皆献于朝而公于众，以立民生之基。故民间讲求学问之会，无地不有，智者出其才能，愚者遵其指授，群策群力，精益求精，物产于以丰盛，国脉因之巩固。说者徒美其国多善政，吾则谓其国多士人，盖中华以士为四民之首，此外则不列于儒林矣。而泰西诸国则不然，以士类而贯四民，农夫也，有讲求耕植之会；工匠也，有讲求制艺之会；商贾也，有讲求贸易之会，皆能阐明新法，著书立说，各擅专门，即称之为农士、工士、商士，亦非溢美之词。以视我国之农仅为农，工仅为工，商仅为商，相去奚啻霄壤哉？"当时社会对教育观念的落后可以想见，实不足以适应新国家的建设，所以他很沉痛的说："故欲我国转弱为强，反衰为盛，必俟学校振兴，家弦户诵，无民非士，无士非民，而后可与泰西诸国并驾齐驱,驰骋于地球之上。"这一"无民非士,无士非民"的教育理想,即为今日普及教育义务教育所追求的目的!

因之,中山先生主张以知识供给人民。他在《实业计划》的第五计划中,把供给人民知识的印刷工业,与其他有关人民食、衣、住、行的民生工业等量齐观。这是中山先生重视人民知识最切实的主张了。他说:

"此项(印刷)工业,为以知识供给人民,是为近世社会一种需要,人类非此无由进步。一切人类大事,皆以印刷记述之,一切人类知识,皆以印刷蓄积之,故此为文明一大因子。世界诸民族文明之进步,每以其每年出版物之多少衡量之。"他之如此重视印刷工业,乃因印刷与出版事业是直接促进文化教育的工具。

由于近代科学的进步,如像广播、电视及其他大众传播事业的发达,使教学与传播的媒介更为便利,其功能亦更为广大。可惜中山先生逝世时,广播与电视这些新兴的传播工具尚未及见,否则他既然把印刷列为民生工业中的一要项,便又得把这些新兴的文化传播工具列为与其他民生工业等量齐观而予以充分利用了。

中山先生的实业计划,是实现民生主义的方略,而在这一伟大的计划中,他把印刷工业与民生工业并重,是在说明不仅要增进国家财富,给予人民以较高的生活享受,而且还要给予人民以更高的知识,以创造更大的福利。他在前文中说："世界诸民族文明之进步，每以其每年出版物之多少衡量之。"民国元年他又曾说："凡一国之强弱，以其国学生之程度为准。"演绎国父这两段话的精神，毋宁说是要衡量一个国家的进步与否，应以其国出版物之多少与国民之知识程度高低为标准，亦即是要以其国之教育发达与否为衡量。这与哈、梅二氏以"教育综合指数"来衡量国力强弱的论据又有什么不同呢？也许这正是国父思想中最被我们忽视的地方，同时又是其思想中最伟大的一部分！然而我们或因知而不行，或因行而不力，以致蹉跎岁月至今历时半个世纪，我们的国家仍被列为开发中的落后国家，我们能不深自反省，发展教育以求国力之增进强大吗？

蒋廷黻先生在《论国力的元素》一文中，还说：

"地大、物博、民众，是国力的物质元素。这是常识所承认的，无须多加讨论。我们的地之大，物之博虽不及英、美、苏三国，却不在任何其他国家之下，而我民之众则又远超这三个国家。我们国力的元素是比较充足的，大可有作为的。不过物质元素必须配上种种的精神元素，否则国力仍不能发扬。甲午之战，中国以八倍日本的人口，三十倍日本的土地仍遭惨败。一九一四年帝俄以四十倍德国的土地，二倍半德国的人口尚不能当德国军力的三分之一。历史上同类的例子多极了。国力的精神元素或者比物质元素还重要。"所谓的国力的精神元素是什么？简言之，即是国民的知识、科学技术、体能水准的普遍提高，亦即是现代化的教育，才是促进现代国家国力的源泉。

廷黻先生逝世迄今，转瞬已逾半年，他虽已尸骨早寒，而其言论风采，似犹活跃在眼前，谁说他已经死了！

（原载一九六六年五月《传记文学》第八卷第五期）

最难忘的一群

　　人生最能吸引自己的注意和兴趣的，一是留恋过去；一是幻想将来；最被人忽视的则是现在，特别是傻气十足的书生是如此。忽视现在的原因，是否由于面对现实，总得付出若干人力和努力作代价，才能克服困难掌握现实？有利益的事固然如此，有困难的事，那更不必说了。人们对于已经消逝的过去特别留恋，对于未来则抱着无穷的希望去追求，是否由于可以避免现实的麻烦而出此？这是一不可全知的人性秘密吧！

　　近来因为忙于构思写作预计中的文章，当我每一构思和执笔写作时，胸中顿然呈露出另一种感情和力量，使我不能照原计划继续进行工作。这一另一种感情和力量的浮现在胸中，究竟是甚么呢？我无以名之，那便是我最难忘的二十多年前的一群天真无邪的国立四川大学的青年同学们。当然这一批二十多年前的青年目前虽早已成家立业，各自东西；甚至"沦陷在大陆，饱受迫害和摧残"，但是在我的记忆中，仍然憧憬他们是天真活泼，环绕着我身边时一样，叫我如何能忘掉他们！自我在本刊的四月号，因为偶然触动写了《二十年前的四月一日》一文发表后，朋友和同学们相见都以此文为话题，使我对抗战时期担任四川大学校长时的回忆，有如连锁反应，不断的倍增起来，终于无法抑制。这些回忆假使是甜蜜的，自然，益更甜蜜有趣；即使是辛酸的，亦会变成甜蜜的了。我在《二十年前的四月一日》那篇文章里所说的一段年轻人顽皮的往事，只是一端，其他类似可资回忆的更不知多少。

我生平有一很大的缺点，也许有人说是我的优点而不是缺点，勿论是缺点或优点，我自知我为人太诚实宽厚，在我的心目中天下都是好人，而没有坏人；处理起事情来，好似有奖无罚。因此，我此一天生的德性往往被人利用和愚弄，而自己一点不以为苦而甘于承受。在一段时期，以前在校读书的川大同学亦不免抓住我此一弱点，亦有令我为之叹息的时候。譬如说，我最怕青年孩子们对着我哭，他们一哭，我的心便软了；不应该宽恕的事，一哭便烟消云散了；不应当允许的请求，一哭便都照准了；甚至由于他们一哭，把学校已经决定的事委婉不予执行，弄到参加决策的先生们事后对我诸多责难，无已，只得向他们求情，把已经决定处罚的学生予以宽宥。这种情形不知发生过多少次，得了便宜的是被宽宥的学生，多方被困扰的则是我自己。不过这是我改不掉的一种天性，习惯既已养成，久之亦不自觉其苦了。却是，我这种脆弱宽厚的天性，并不是一无收获的，相反的在对青年人的教育方面，可能对他们是收获多于损失，是利多于害的。我在此可以举出一二小事加以说明。

某次有一群男女同学到校长办公室来向我请求一件事，我坚决的不予答应，他们在无可如何之中，有一位男同学低声的叫一位女同学，迫使她快快的哭，虽然声音很低却被我听见了；我很严正的向这一位男同学说道：有甚么事值得伤心，你为何要叫她哭？不伤心，何能叫人哭得出来？于是大家都笑了，我才知道他们在想利用我怕人哭的弱点，使得我心软而答应他们的要求。这一秘密被我揭穿之后，我便自此不把用哭来唬我当做一件事，自此亦便很少有人以假哭来感动我了。可是天下事亦有不尽然的地方，一次有一女生痛哭流涕的到我办公室来控诉一位男同学欺负她，用威胁、毁谤等不正当手段向她求爱，我误认为她是假哭，当面责她没有志气，她掉头不顾，痛哭而离去，我因事忙当时亦未加注意。大约在她离去一个钟头以后，忽然训导处的同事来报告：有一女生在校园附近的望江楼跳泯江企图自杀，幸经人救起，已无生命的危险，现暂把她安置在望江楼，她虽然是气息很弱却尚无大碍，但校医雇车要她返校休养，她坚持不肯，只是涕哭，我于是亲往观察情形，不料此一女生竟是不久以前向我控诉的那位女同学，因我未予以置理，以致愤而投江企图自杀。我此时心中十分的自责，为何对她的遭遇在先不予同情？我一面用温语安慰她，一面答应她对欺负她的男同学严加处罚。此时欺负她的男同学闻讯亦赶到她的身边，哭泣认过，求她原谅，情意很真，这位男同学此时的哭泣悲伤，我看是绝无丝毫假意，我于是命他扶她搭乘我的汽车返回女生宿舍。后来，学校的行政会议提出要把这一男生开除，可是为他求情，请求免予开除的却还是这位女生。青年问题真复杂，稍一粗心，便会误人儿女，真是不可不慎！天下事不能以偏概全，不能以一个概念解释一切问题，更不能以一个概念处理一切问题，若然，必定要陷于大大的错误的，这是一个活的例子。

谈到青年自杀，真使我谈虎色变，余悸犹存！在抗战初期，大约是民国二十九年吧，其时我正担任执政党四川省党部的主任委员，尚未接任四川大学校长的职务。我记得陈果夫先生曾介绍一位政治大学财经系毕业的青年朱敬儒君来四川省党部工作，这位青年十分的优秀，初出学校，朝气勃勃，有学识，有勇气，工作的情绪很高，而且是从沦陷区流亡到四川，对复杂的社会情形，一无习染。我十分的喜欢他，于是我便派他在会计室工作，希望他把这一工作加以整理，建立一项好的会计制度，以作示范。因为此时四川各机关的财务，还没有用新的方法建立起制度来，非常的混乱而不合理。他很勇敢的接受了我付予他的任务，而且拍着胸膛对我保证一定能够办到，我对他确亦有此自信。自此以后我便放心任他去做，丝毫不加以干扰，有时他来向我请示，我反而向他表示我的不耐烦和不高兴。我说青年人作事要勇敢负责,担当得起责任,我派你工作是要你在工作中磨炼,将来成为大器,为国家担任艰巨,你事事都要请示我,麻烦我,我用你有何用处?你的职责已有规定,在你的职务范围之内,你放手做去好了,用不着时时向我请示,反而成了我工作上的一层负担,青年人作事不应当瞻前顾后,有似旧官僚的习气。如果你怕发生错误的话,只要是工作上无可避免,而不是有意犯法的罪过,我都可以原谅。只要你对内对我负责,对外一切责任由我负担,绝不要你多所顾虑。这样的话,不知对他说了多少次,每次都没有使他尽其辞,不得不默然而退,最后有一次他哭丧着脸来见我,说是他身体有病,不能工作,请准予辞去会计室的职务,另调工作。我当时认为他是畏难就易,不能达到我给予的任务。于是我愤愤地对他说道:

"你是受了高等教育的一个青年,初出茅庐第一阵就败了下来,不能与困难奋斗,以后你还有甚么用处?你这样表现懦弱,表现无能的青年,实在有负我的期望,使我万分失望!"

他闷闷的退出我的办公室,我原以为他自此可以耐心工作来完成我给予他的任务了,万没有料到正当民国卅年的旧历元旦清晨,正要接见亲友们恭贺新年的时候,忽然省党部的工友前来报告,说是朱敬儒在寝室内以手枪自杀了!这真是一项晴天霹雳,使我惊异!使我悲痛!我急切的奔赴省党部查看情形,见他仰卧在床上,一床都是血迹,手枪横置在枕旁,头部的太阳穴处有一指头大的枪洞,气息已无,他确是自杀身死了!我此时悲痛与自责交织在心里,痛苦万状。我在这样的想:难道他之自杀是由于我的责难他不能完成我给予他的任务而出此吗?抑或另有隐情被迫而为他人所迫害的吗?我于是立即命人通知法院前来验尸以明一个究竟。检察官和验尸的人到来之后,证明确系自杀身死,我在初犹不相信,不断的追问必须要明白一个究竟。验尸的人很不高兴的认为我不相信他的判断是正确的,于是他举起敬儒的右手,要我摸摸他的右手第二个指头,亦即是他用以扣枪自杀的那个指头,我发现他这一第二个指头,弯屈得不能搬直,据验尸官说这是自杀的最显著的一项证明。我终被验尸官把我说服了!

后来我特把他住的一间房子命名为"敬儒室",在门上把"敬儒室"三字挂在上面,以志我对他的哀思,并以志我对他无穷的遗憾。在他死后我才发现他患有严重的肺病,以一带病之身,而又加以工作的重担,他之自杀可能就在重病与重责两重夹攻之下而造成。假使我事前能够加以体恤了解,这样有为有抱负的一位青年,何致如此下场!一个有病在身的人,我竟加以千钧的重任,我之失察,我之有负于他,又岂能无疚于心吗?我对他真是抱恨无穷,哀痛的烙痕是永远磨不掉的!由于心中有了这一隐痛的经过,所以我对于年轻人的处境,不免过分表示其慈爱与同情,特别在我接长四川大学八年的任期内,我无时不在为年轻人着想,能为他们多少尽一点爱护的责任。

天下事有说不出的微妙,凡是你最关心的,或是你最恐惧发生的事,往往会接踵而来,青年自杀的事亦是如此,不能例外。大约在民国三十二年前后,一年之内四川大学的同学发生了好几次的自杀事件,自杀的方法有撞车的、跳水的、上吊的和服毒的;自杀的原因,不是因功课赶不上,便是由恋爱失败和家庭的悲剧,而出此下策。我鉴于情势继续在发展中,令人防不胜防,于是我在一次清晨早操之后,我把同学们集中在升旗台前,用我的真诚,对自杀的同学们加以指责,我不是单为已经自杀的同学讲,而是对可能有同样的情形发生作一预防。我说:

　　　大家不要以为自杀是一种勇敢的行为!

　　　在文明的社会自杀应视为有罪的。

　　　有宗教信仰的人应该知道,自杀的人是不能进入天堂的!好好的一个青年人有的是前途,为甚么要自杀呢?

　　　凡是自杀的不是畏惧困难,便是有了问题不能解决,以致灰心丧志,失去了自信。怕困难的人和不能克服困难而自杀的人是懦夫,而不是勇者,你们有了困难而不能解决,请你把困难先告诉我,我一定能为你们解决!

　　　如果你们不先把困难告诉我,

　　　就是死了我亦不加原谅的!

我预先把话准备得很简短，我用很沉痛的语气把话说完之后便宣布解散！我知道这类的事，用道理是说不清的，只能诉诸于青年人灵性的自觉，要他们知道我对此类事不能寄予同情，我不认为自杀是勇敢，而认为自杀是懦夫的行为，四川大学是不能容许懦夫存在的。自我此次讲话之后，竟然没有自杀的事件继续发生，我很引以为高兴！

在一九四九年的秋天一个晚上，我正在卧室兼书房内赶写一项文件，忽然工友同志来报告，说是一位川大毕业同学求见，我立即命他请到我的卧室来，这位同学方一进入我卧室门外，我看见他蓬首垢面，被一种阴暗的表情笼罩着他的面容，眼神涣散有似一个疯人！我深悔我的失策，引进了一个疯人来到我的卧室，当时要拒绝不见他，已来不及了，只好很亲切的请他坐在我书桌旁的沙发上。他是历史系毕业的学生，方从巴县参加农村工作回成都。我问他有何事情须得我的帮助？他的答话并不需要我的帮助，却很庄重的把涣散的眼光对着我，两手抱着头对我说道：

"校长，我要自杀！"

我听了为之一惊，在初我认为他神经不正常，用自杀来唬我的，于是我很轻松的指责他道：

"好好一个人为甚么要自杀？"

他答道：

"校长，我企图自杀了三次，每当我要自杀时，我总忘不了校长曾经对我们讲过的话而停止了自杀。"

我问他我讲过了甚么话？他说：

"校长，你不是在大操场曾经对我们训话，说是有问题不能解决不来先告诉你，就是死了你都不原谅吗？所以我今晚特来见你。"

我听了他这段话之后，才警觉起来，他之要自杀不是用来唬我的，可能真的成分居多。我此时感觉到十分的困扰，又正面对着一项难于解决的青年自杀问题。于是我很恳切的，很体贴的问他有何问题不能解决而要自杀呢？国家正当艰苦战乱的时候，一个青年人即使不能死于战场，亦当在后方服务鞠躬尽瘁，才是道理，为甚么要作此懦夫行为自寻短见呢？中国要万千人当中才有一个大学毕业生，当国家正需要你们的时候，你为何要自暴自弃的想自杀呢？据他所说要自杀的原因是因为失恋。他有一表妹和他情感很好，二人已订了婚，不幸另有一位青年方由海外归来，不待解除婚约便匆匆结婚，飞到海外去了！所以他痛极恨极而要自杀。他此时的表情十分的失常，两个拳头握得紧紧的在沙发上撞击！我看他受的刺激过甚，同情与爱护之心不禁油然而生，如果让他痛苦下去，这位青年真是要疯了，自杀的不幸事件，必然是不可避免要发生的。这将如何办呢？我踌躇了一阵之后，不待他继续讲下去，我便向他说道：

我为你道贺！假定这样的事发生在你们结婚之后，岂不更为苦恼吗？你这位表妹之所以弃你另嫁，自然是她的不义不信，不义不信的女人恋她有何价值？以你这样优秀的大学毕业生还愁没有人爱你吗？也许这正是你前途光明的一项不幸中的大幸。她之弃你可能是她一时趋利负义，看你的作为和前途都不如她新恋的人可以依靠。既然如此，你必须予以打击和报复，使她将来后悔都来不及。我所谓的打击和报复并不是要用野蛮的手段来泄愤，而是要从事业的奋斗上来创造前途，使她精神上永久不得安宁。我举出了很多世界的名人成功的往事，有的都是由于失恋而奋发有为，创造出很大的事业。不如意和不幸的事遭遇到了并不一定是很坏。我并且以我为例，如果我不是受了少年时代恋爱上不幸遭遇的刺激，我作起事来便没有今日这样勇往无前的精神。失恋可以使人灰心丧志，亦可以使人奋发有为，创造新生。关于我自己的话当然是引来加强他的信心而并不全是事实，我的目的只是在转变他悲苦的心情，自不觉言之不尽实了。

我的话似乎发生了效力，我看他的眼色渐渐由湿润昏暗而明朗有光，面部的愁容亦顿随之消失，偶然还表露出微笑！这样的交谈一直谈到深夜，我叫他留下地址，并时时来到我的家里谈谈。就这样他说了一声"请校长安寝"而离去。

自从这一晚上谈话之后，虽然觉得这位青年已有了转机，但此事却时时悬在我的心上，感觉不放心，我希望他每日都来见我，而他却又数日渺无消息。他自杀的念头是否已完全抛弃，仍是我十分关切的一个问题。我在万分不能忍耐之际，特叫随侍我身边的一位毕业同学，照他所留下的地址前去访问他，查看一个究竟。我并把他一切情形都告诉了这位同学，希望这位同学亦能予以同情而给以安慰。如果可能的话，可以陪他玩玩，或是去看一场电影，使他不致觉得孤独和伤心！这位去看他的同学亦十分可爱，他用了整日的时间陪他玩，并陪他看电影，看完电影之后并陪他上馆子吃了一顿晚餐，然后一同来见我。我看这个孩子一切都正常，相貌长得十分英俊，与初来见我时一切都不同，真使我快乐极了！于是我叫他到我家来住，顺便帮助我做些抄写的工作，亦可以借在我身边的便利，多学习学习，同时我将不会感觉到寂寞。他一切照我所嘱，使我感觉得非常满意。在他自己，由于饱受失恋的痛苦，如此自然亦感觉得喜出望外！我问他是否需要工作，是否对家庭生活有负担，需要工作来维持？他的答复非常的坦白。他说：他本来在重庆方面有了工作，现在决定不去了，希望永久都随侍在我的身边，如果目前有工作最好，即使一时没有工作，没有收入，他都能维持。因为他的家庭相当富有，由于时局的动荡，他的父亲最近已把家财分给各个儿女，他所得的一份，且有相当的数目，足以自给。我允许过些时日，有了机会可以在大学给予工作，或介绍他到其他机关做事，他听了亦表示非常满意。自此他便一直随侍在我的身边，我亦借他随侍在我身边，使他能忘去一切，生活趋于正常。经过一段时期，我对他的细心观察的结果，我发现他的能力很强，学识见解都不错，聪明诚厚，气度非凡，实为大学青年中所少见！他和我的一家大小都相处得很好，出入相随，照顾我十分的周到，因此，在不知底蕴的人不是误会他是我的随身副官，便误认他是我的儿子，不论出于何种对他身份的误会，他都处之泰然。在我看来，即使自己的儿子，他对于我的忠诚侍候，恐亦无以过之！我尝对川大同学有过这样的一句话：自己的儿子是天生的，不一定是贤是孝，但是大学的学生是从千百人中才选拔出一个，所以我对于川大学生的宠爱，甚过于我自己的儿女。那时我自己的儿女都很稚弱，尚未成长，也许我那时没有以大学生的价值来看待他们，以致有一次我问及我最小的一个孩子，其时才五六岁，我问他："爸爸爱不爱你？"他很天真的答道："从前爱，现在有些不同了！"我问他为甚么？他答道："现在爸爸有了川大学生，你在爱他们去了！"的确，当时我把精神精力和时间都用在建设川大，竟无暇顾及我自己的稚弱的一群孩子，我对他们未能照顾周到，实使我至今引为遗憾！好在他们现在都学业有成，能够自立，我同样引以为骄傲快乐。我想他们当不以为我仍像二十多年前有轻重厚薄之分吧！

　　我在艰苦困难中所建设经营的国立四川大学，痛苦万状，特别是全校师生，我最难忘的那一群！

（原载一九六六年六月《传记文学》第八卷第六期）

中国社会科学院近代史研究所

民国文献丛刊

黄季陆　著

黄季陆先生怀往文集

（下）

中华书局

访问韩国的回忆

一　严寒中的人情味

一九六四年春，韩国教育部部长尹天柱先生邀我前去韩国访问，因那时事务羁身未能前往。到了是年年底，适"行政院院长"严静波先生有访韩之行，于是乃相约同去。在我访问韩国之前，汉城庆熙大学校长赵永植先生，本已向我约定，拟在我访问的时候在该校作一次讲演并接受该校荣誉博士学位的赠予。但由于各项官式访问节目早已排定，不能单独抽身，好在一九六五年一月三日这一天，韩国政府为严先生所排的节目是参观南北韩分界的在三十八度线的板门店，于是我只得放弃前往，改赴庆熙大学之约。因此，访韩最有意义的一项节目参观板门店，我竟未获前去，实在是一件很遗憾的事！

凡是到过"自由中国"的友邦人士，无不称赞中国人好客而具有人情味的习惯。大约由于中、韩两国在历史文化上有了悠久而密切的关系的缘故，使我在访韩期内对于主人的殷勤周到，推诚相见的热烈，不禁有宾至如归之感。虽然此时汉城的天气正值严冬，气温已在零下若干度，使人并不感觉得寒冷！

当我到达汉城之后的一天晚上，庆熙大学的中国文学系主任尹永春先生特来见访，他问我有没有准备演讲稿？我说已匆匆准备了一份，题目是：《中韩关系与亚洲安危》。

他读了我的演讲稿之后，坚持要把讲稿译成韩文，说是一篇可作研究中、韩关系的重要的文献。并且说，他是庆熙大学特别指定作我的韩文翻译的，盛情难却，故亦只好听之。

在一九六五年一月三日这天的上午，我到了庆熙大学，看见礼堂挤得满满的，他们安排好的三百多由学生组成预备在会场演奏的乐队，都无法进入会场，有大半停留在会场之外不能进入。学校并早准备好了一个欢迎我的乐曲，由几百只凡峨林乐器合奏起来，悠扬悦耳，使我了解韩国青年对于音乐的造诣水准之高，与学校对于音乐教育的普遍重视。当我继赵校长永植之后致答辞时，我只短短的说了几句感谢的话，我向全校在场的师生和来宾说："我准备了一篇讲辞，已由中文系尹主任代我译成贵国的文字，我相信尹先生的译文一定比我原文好，除了请尹先生把我这几句话用韩语翻译之外，便请尹先生代为朗诵，我就不必麻烦他逐句逐段在我讲了之后再翻译，增多一次麻烦，占据了各位太多的时间。"我这一安排似乎非常的成功，既节省时间，又免去重译的麻烦，而且内容与语气都较连贯而有力了。我听到尹先生用韩国语宣读我的讲辞时的神情韵味，不断的博得听众热烈的掌声，我便知他的译文一定比我原稿还要好，的确是一项很成功的安排。我在此应当对尹先生表示我无限的谢意。

不久以前，韩国国际问题专家，亚细亚学术研究所所长李瑄根博士，托人征求我的意见，拟把我去年一月三日在庆熙大学所讲《中韩关系与亚洲安危》那篇讲辞，载入为纪念他本年六十华诞而出版的论丛一书里面。最近李先生把已出版的一大厚册论文集寄赠给我，其中包涵很多极有价值研究亚洲问题的论文，他并把我那篇讲辞抽印了几十份寄给我，盛意非常值得感激。我把书中所载的我那篇讲辞重读了一次，我觉得尚有许多现有的资料，当时因匆匆执笔，未予论及，我想就我去岁访问韩国的回忆加以补充，以表达未尽之意。

二　中韩关系与亚洲安危

远在民国十七年（一九二八年），当日本出兵山东，阻挠中国北伐军事进展的时候，我在广州中山大学参加一次韩国青年的聚会，在会中，感于中、韩两国同被日本侵略，引起了我们无比的愤慨，我曾向韩国青年说："有一天，中、韩两国挣脱了日本的压迫，我必将到自由独立的韩国一游。"这一愿望就当时的情势来说，是十分的渺茫，但今天我来到韩国了，这一愿望果然实现，衷心的愉快是可以想见的。

中、韩两国过去在历史文化上，关系的密切与悠久，两国的人士知道得很普遍，两国的史家对此曾有不少的专著，不用我多所阐发。

我现在要说的不完全是过去，而是现在和将来。是想从地理的环境来说明中、韩两方的休戚盛衰的相互关系，因而寻求出我们两方今后的共同目标，来共同努力。

近代中国的处境，在地理上，遭逢着两大邻近国家的威胁，一是广大土地接壤的俄国，一是海上的日本，这两个国家的野心和扩张不截止，中国固然是要受到威胁，韩国亦是同样的不能幸免，或者还要首先被牺牲。这是我中、韩两国最共同的地方，也是我们两国利害相共、休戚相关最不可分的地方。

在十九世纪的时期，中国遭受了几次失败的战争，其中影响最大的两次，一是一八四〇年的鸦片战争，打破了中国的闭关局面；一是一八九四年的中日战争，这次战争由于中国失败的结果，大陆上来了新起的日本势力，首先遭到不利的第一步是韩国；第二步是日本以韩国为跳板加速其北进政策向中国侵略。日本这一侵略势力，一直到了一九四五年日本的无条件投降，才获消失。这是中国经过了八年抗战的牺牲所获得的结果，由于中国在抗日战争后陷于疲弱，而好景不常，不久中国大陆"便为苏俄所培养的中国共产党所窃据"，而引进了陆上接壤的北方敌人苏俄势力的日益扩张。在这一情势之下，韩国并没有获得完全的统一，却又被分为南韩与北韩。一九五〇年，中国大陆共产党又乘势与苏俄结合起来对韩"发动侵略"。这说明，凡是中国所遭受的不幸，勿论是来自俄国或是日本，中、韩两方的利害休戚总是相共的。

在一九〇五年的日俄战争，日本幸而获胜，在中国，日本取俄国所经营侵略的满洲而代替之；在韩国方面，则因日本之胜利，瞬即为其所吞并，于是日本对中国之侵略则更越发猖獗而不能抑止了。假定这次的战争胜利属于俄国，韩国的生存必定陷于俄国的掌握，其时的中国亦不能自保。

从以上的史实，我们不难从地理形势上知道韩国所处地位的重要，因为韩国正介于日本、俄国、中国之间，祸福都难置身事外，作一了汉。中国虽然是广土众民的国家，但在近代却一直居于被侵略压迫的境地，从中国的立场言，我们寄望于一个统一强大的韩国的实现，不单是为了韩国，亦是我们道义和利害上所需要的。因此，在亚洲，足为中国之友的唯有韩国，足为韩国之友的亦唯有中国！

在我去到韩国之前不久，一九六四年的十一月二十四日，是中国国民党建党七十周年纪念，中国革命领袖孙中山先生，在檀香山建立第一个革命团体兴中会七十周年的日子。孙中山先生在檀香山建立兴中会的那年，是一八九四，中国的甲午年，这一年正是日本肆无忌惮地侵略韩国与中国的年代，自此韩国被日本并吞，中国则奋起革命以图存。这一事实并不是巧合，更非出于偶然，是中韩两国休戚与共的又一历史明证。因之，一个独立、自由、强大韩国的建立，是中国革命领袖孙中山先生一贯的主张，必须如此，中、韩两国才能联结起来共同抗御来自海上、陆上的威胁和侵略。中山先生的这一主张，不仅见之于公开的言论，更见于他逝世若干年以后才被发现的秘密资料中。

中山先生于中国辛亥革命成功后，一九一三年访问日本，其时正值日本政坛强人桂太郎第三次组阁（日本自有内阁制以来，没有他做总理那样久的，伊藤博文组阁三次，总共不过六年十个月，他也组阁三次，却有了七年十个月之久，他第一次组阁是明治三十四年六月至三十八年十二月，在此期中，他所干的两件大事是——日英同盟与日俄战争）。

中山先生与桂太郎曾作数次密谈，他指责日本的第一件事便是关于韩国的问题，中山先生说：

"就大亚细亚主义的精神而言，应以真平等友善为原则。日俄战争之前，中国同情于日本，日俄战争之后，中国反而不表同情于日本，其原因在日本乘战胜之势，举朝鲜而有之。朝鲜果何补于日本？然而日本之侵略朝鲜，影响于今后一切者，不可以估量，此种措施为明智者所不为！"

民国十二年（一九二三年），中山先生在广州成立陆海军大元帅府，其时中国革命的环境非常恶劣，他于是年十一月十六日，正当陈炯明叛军攻击广州之前两日，广州已岌岌可危,他犹致书日本山本内阁的文部大臣犬养毅先生,犬养毅是中山先生的老友,与中国革命的渊源甚久。在信中,他认为只有韩国、中国、日本的提携合作,才是亚洲安定的枢纽。他指责日本:"于战胜俄国之后,无远大之志、高深之谋,只知步伍欧洲的侵略手段,竟有侵占朝鲜之举,致失亚洲全体之人心,殊为可惜!"

当日俄战争,日本战胜俄国时,中山先生寄望日本能作亚洲民族的干城,以抵御来自西方列强的侵略,而日本却乘战胜俄国之势,做了帝国主义的伙伴,第一步侵占了韩国,第二步则进攻中国。这是亚洲祸乱的根源,是中山先生深为惋惜的。

三 一页错误的历史

日本之吞并韩国,作为侵略中国的跳板的用意与失策,正如第一次大战之后,在中国上海的韩国临时政府派赴巴黎和平会议的全权代表金奎植先生,在向和会陈述书中第十四款中所说:"日本的大陆政策为日本甚长远之政治计划,而触及英国、法国、美国重要利益者也。——而其并合高丽实为之显示——日本以外之国家的危险(英、美、法均在其内)无不在于日本之无限际的大陆政策之实行一事。此种政策计划,第一在统治管理中国之人力富源,以攫取亚洲霸权——以日本之占有高丽为侵略中国大陆根据地,使之可能——第二则支配太平洋以为惟一手段，以为日本移民入澳洲、美国无限之门户。"

说到一九一九年向巴黎和会请愿的韩国临时政府全权代表金奎植先生，我在此要特别寄予无限的敬意和怀念，在中国对日抗战的时期，他曾任我所主持的国立四川大学文学院外文系的主任教授，他的英国文学造诣很深，他与校内的同事们发生了很浓厚的友谊，异常的被川大同事们所尊重。出生在四川的著名诗人白屋吴芳吉先生所著《婉容词》，便是由金奎植先生翻译成英文的。他其时因为任韩国临时政府的外交部长不能兼任教职，乃离校而到重庆。据闻在韩国光复之后，因他回到了他的祖国，却又因在韩战时期汉城曾一次陷落，被北韩军队所俘获，他以此而惨死在北韩，这次我韩国之行不能与他相见，是我所最引为遗憾的。

一九一九年韩国三一反日独立运动爆发，是被压迫民族独立战斗的先声，自此以后，韩国志士们致力于反帝抗暴光复故土的工作，如火如荼的展开。由于韩国临时政府设立于上海，便与中国革命党人有更多接触，更有不少的韩国革命志士，不分彼此，不惜牺牲参加中国革命，他们的伟大贡献，至今长留在我们心中而不能忘怀。

一九二一年中山先生在广州就任非常大总统，在上海的韩国临时政府，派国务总理兼外务部长申圭植先生为专使，到广州呈递国书，当时我国革命政府局处广州一隅，而韩国临时政府却流亡上海，同处于一个艰苦的时代，国际间我们尚无派遣专使相互承认的外交形式，有之，则自中、韩两国革命政府始。

中、韩两国相互依存的关系之密切已如上述，现在我要说的是中山先生为何要指责日本侵略韩国的失策呢？

第一，日本侵略韩国，是日本踏足到大陆，是日本大陆政策，以韩国为侵略中国的跳板的开端。

第二，有一独立统一的韩国，可以屏障日本向中国的发展，亦可以中、日、韩的相互提携来应付雄跨欧亚两洲大陆的俄国势力向东方的扩张，过去是如此，现在亦是如此。

中山先生的远见，时至今日都不幸而言中了，中、日、韩三国的提携是中山先生为中国谋、为日本谋、为亚洲民族谋的基本政策。在一九四三年美国罗斯福总统、英首相邱吉尔和我国当时的蒋介石主席在埃及开罗举行会议，在开罗会议的共同宣言中，蒋主席特别主张战后一个独立的大韩民国建立之必要，这一努力正是遵循我国国父生前的主张之实现。

日本最大的错误，是在日俄战后舍亚洲民族的干城而不为，竟以效法帝国主义的侵略行为为得计。因之，在第二次大战初期，虽然得到一时的胜利，但最后却遭受了极其惨痛的失败。世事如棋局，一着之错，满盘皆输，日本军阀是要负其责任的。

"往者已矣，来者可追"。今后亚洲的安、危、祸、福，全在这七十余年来之往事，是否能唤起吾人之深省。

四　从民间故事看文化渊源

我去年访问韩国时最使我难忘的是一种特殊的亲切之感。这种亲切之感何由发生，并不是偶然，而是来之有自。我试举出几件平淡无奇的事来说，譬如：勿论是老一辈的韩国朋友，或现在正当权的政府诸公，都无不与中国有深切的关系，在官式的谈话中我们例须经过一次由人翻译成对方的国语，以示尊重，实则韩国政要中对中国文学有造诣，说中国话很流利的人，为数不在少数。我们访问的一群人中，如果不明白此点，说话一不小心便会闹出笑话！至于曾经到过我国，参加过韩国未光复前韩国临时政府在我国居住很久的人物，那更不用说了，有的满口的北平话、四川话、云南、贵州的话，或上海话，令人几乎分别不出来他们原是韩国人。现任韩国"驻华大使"金信先生的父亲金九先生，他是韩国的一位开国的英雄，是韩国临时政府在中国时代的主席，也在光复后回到韩国，不幸被他的政敌刺杀。说到他的中国文学与语言的造诣，固不待说，即以金信先生本人和他的夫人来讲，金信先生讲的我们的国语，与他的夫人所说的流利的上海话，都不是普通的中国人所能及得上的。曾经在"自由中国"担任过韩国"大使"的金弘一先生，他在中国军队服务很久，我们的北伐、抗战几乎无役不从。当抗战胜利,我们接收东北的时候,他被派担任遣送韩侨的任务。那时他用的是一个王姓的假名,每每讨论到有关韩侨遣送问题的时候,他当然要比任何人要表示更为关切维护,其时不知道他身份的人往往指责他不是在为自己国家中国服务,而是韩国派来的代表,一切都在韩国的利益着想。到了后来,他果然被韩国政府任命前来担任驻"自由中国"的韩国"大使",大家才对从前指责他是韩国派来中国服务的话加以证实了!我们在访问丁一权总理时,在他的办公室里,见到一个写得极好的中国黄山谷字体的屏风,我疑心这是中国的珍藏,流传到韩国去的,后来详细一看,原来出于一位韩国书家的手笔,使我非常的惊异!

一位韩国的朋友要求我讲中国的笑话,我把中国民间相传一个懒人的故事告诉他。故事是这样的:

有一位懒人,吃饭、睡觉、穿衣都全靠他的太太照顾。一日他的太太要回娘家为他的父亲祝寿;不去,礼所不许;若去,则又恐其夫三餐无人照料。于是行前制一大饼以绳系于其夫颈上并告以饿的时候,便用口自食。不料他的太太祝寿归来后,见到他的丈夫业已饿毙,而其颈间所系之大饼则仅食去嘴边的少许!其懒的程度到了宁死而不顾的地步!

我把这一故事说完之后,这位韩国朋友,并不感觉稀奇,他坚持这一懒人故事是韩国的,而不是中国的。我问他有何证明?他说这一故事在韩国民间都很流行,而且书籍中都有记载。由这一故事可看出中、韩两国民情风俗的相同，历史文化的悠远了。

我在庆熙大学讲话之后，另有一位韩国的学人对我说："你今天的讲话非常成功。是谈中、韩关系历史的新页！"我问他是甚么理由？他说："你讲得非常坦率，是从现代的两个休戚相关的事例引证，是从地理的、政府的和利害的说明两国的密切关系，不是只说明远古的历史渊源，而是说明现在和未来两国关系必须密切合作，才能相互有利。从当时那些青年听众的表情上便很可看得出来。"我说："难道讲中、韩两国的关系，不在古远的历史中找根源，舍箕子这类的历史不谈，而能寻求出中、韩两国历史文化的深厚关系吗？"他说："讲远古的关系，在老一辈的人是无人不知，无人不晓的，无需多讲。因为谈过去固然重要，说现在和将来则似乎更为实际吧。目前正是中、韩两国必须急切掌握的一项现实，面对这一现实努力，我们两国才能使过去在历史文化密切的关系，发出更大的光辉！"我记得罗素曾经这样说过：你到有教养的中国人的家庭访问，你可以见到主人室内的陈设和主人高兴时拿出他中国古代的珍藏，如周鼎、汉简之类几千年以上的东西，娱乐客人，使客人发生无限怀古的幽情。如果你到了一个美国人的家里，你所见的将是主人最欣赏得意的一些日新月异出现的事物。如果是一个古代文化的鉴赏家，这样你可以看出中国文化的源远流长。如果就现实而言，你将感觉到近代世界之进步是如何的快速惊人，而我们今日则是如何的未能发挥前人的光辉，而退居于落后国家之列！对世界文化如再不急起直追，迎头赶上，我们将陷于万劫不复之悲境，必定无可逃避！韩国是一新兴的国家，朝野人士一种朝气蓬勃的气象十分令人感奋，若干地方很值得我们的效法。他们的民族自尊心正随他们国家的进步而日益在增强之中。在我看来，谈论今日中、韩两国的关系，与其漫谈已往的过去，倒不如面对当前的现实，合作无间，以对付共同敌人之较为得策。

五　今后的企望

韩国自李承晚先生去职之后，虽经过了短暂的政治不安定，但新的政府在朴正熙大统领领导之下，在政治、经济、军事、外交各方面均已有显著的进步。在目前安定的政治局面继续维持下去，前途必定是十分光明的。我最欣赏他们朝野人士作事那种爽利明快，有计划，有目标的干劲和冲击的精神，虽然有时错误浪费在所不免，但毕竟日日在往前迈进之中，经验多一点，自然会老练起来，新政府在外交方面有一项重大的成就，那便是对日恢复邦交的成功。这一工作的成功得来非易，是从坚持政策，克服万难中挣扎得来的成果，没有一个负责任而有魄力的政府，是不会做得出来的。我在前面已经说过中、韩两国在地理的环境上有两个共同的、和不易避免的威胁，一是来自海上的日本，一是来自陆上的俄国。目前来自日本政治的和军事的威胁似可暂时停止，却是自中国大陆"沦陷"给中国共党之后，其所加于新韩国的威胁并不比昔时的日本为轻，竟已有取日本而代之之势。来自北方俄国所加于韩国的威胁，却仍十分严重，亦并未因时代的推移而为之减少。因此，在目前亚洲反共产阵营的一面，足以为"自由中国"之友的依然唯有韩国，足以为韩国之友的亦依然只有中方。中、韩两方的关系确已至艰危与共，成败相依的地步，而成为今日最不可少的盟友了。

自中山先生的遗教到二次大战中开罗会议的宣言，孙先生与蒋先生，都衷诚的寄希望于一个自由、独立、民主、统一坚强的大韩民国的诞生，不仅过去是如此，现在更应如此。不仅为韩国谋、为亚洲谋要如此，为中国谋亦更要如此。回忆当民国八、九年之交，其时中山先生尚健在，朱执信先生曾在上海出版的革命机关刊物《建设杂志》发表一篇长达数万字、论韩国临时政府代表在巴黎和会请愿的文章。此文对韩国的独立革命有如下的希望和结论：

> ……朝鲜人之精神革命，今正在其进程之中。日本之经济上侵略已使全朝鲜人民化为不识政权之无产阶级者，正所以隐括朝鲜人民，使具有革命之精神耳。夫革命精神之故乡，在面包缺乏之所。冬暖号寒，年丰啼饿，即朝鲜人革命授课

之钟声也。朝鲜独立之内在的条件，既以日财阀之力成就之矣，其外的条件将于何时？以何如人力之成就之欤？非吾所敢知也。其必有此朝鲜复活之一日，则易知也。日本其奈此同文同种之朝鲜何哉？

此为四十七年前，中国革命先进朱执信先生，所企望于韩国革命之成功，既殷且切的一种同情与热望，当时的人不少以为这只是一种幻觉而已！到了今日此一幻觉已成为事实，新的大韩民国已经诞生。我们今日企望于今后一个自由强大的韩国的进步发展，俾成为"亚洲自由的支柱，反共的有力盟友"，与四十七年前朱执信先生所企望于韩国革命的成功者正复相同，谁又能说我们这一企望仍是一种幻觉！

（原载一九六六年七月《传记文学》第九卷第一期）

梦魂萦绕的我乡我家

一　记得替慈禧太后戴孝那年

我出生在清光绪二十五年己亥（西历一八九九年），地点是四川南部与滇、黔两省交界的一个边远地区——叙永县兴隆场。叙永县从前属永宁道，后改属叙永厅，并辖有古蔺、古宋二县，民国十八年才分县而治，改为叙永县。兴隆场是叙永西区的一个乡镇，距县城约有四十五华里，距省会成都则有千里之遥。我第一次离开家乡，大约是光绪三十四年（一九〇八）。那时我才九岁，是随着大哥寿萱到成都去读书的。自此以后，我求学和做事都在家乡以外，便很少回到我梦寐难忘的故乡了。我之所以还能记得初次离开家乡的年代，是由于距我离乡时候不久的一天，兴隆场上的乡约、保正传锣通告场上的居民，说是皇太后和光绪皇帝都升天了，要大家戴孝志哀。果然在一次赶集的时候，满街的人头上都缠上白布，我至今仿佛还记得那情景。慈禧太后和光绪皇帝是光绪三十四年死去的，因之，我能确定我初次离开家乡的那一年。

实则，大哥寿萱那年之所以带我到成都去，恰巧是基于一个替皇太后和皇帝戴孝相反的理由。原来在我离开家乡的头一年，也即是光绪三十三年丁未，我堂房的五哥黄方（号鹿生），在成都闯下了滔天大祸，几乎弄到抄家杀头。闯祸的原因是为了革命，推翻满清、建立民国。他和同志们准备在丁未年的旧历十月初十日，慈禧太后诞辰那天，满城文武官员齐集会府举行祝寿大典时，预置炸弹，适时引发，把参加祝寿的清吏一网打尽，然后率领潜伏同志占领成都。不幸事前消息泄漏，功败垂成。鹿生五哥和同志黎靖瀛、杨维、王树槐、张治祥等六人被捕下狱，谢持、余培初等脱险，黄复生退重庆，这便是革命史上的"丁未成都之役"。依照《大清律例》，本来是要把五哥等杀头的，由于其时清政府已宣布预备立宪，为了要表示对政治犯的宽大，以装点门面，只处了终身监禁而免掉死刑。寿萱大哥原是参加这次革命起义的一分子，事败后才逃回家乡暂避灾祸。后来得知五哥等定谳未死，又为了前去设法营救狱中的同志而再赴成都。我这个乡下孩子，便在这一机会之下去到成都，接受近代的新知，更由于这一机运，使我小小年纪就感染了革命思潮，赶上了辛亥革命那个大时代。我的一生，亦便由那时起投入了革命的洪流，奋斗、挣扎以至今日。说来话长，当于另文详述。

自九岁离开家乡后，十三岁那年曾回家一次，但亦未能进到县城。此后便一直到了民国三十六年，才因竞选本县的国民大会代表再回到故乡，并且到达县城小住。现在想要回乡，又不知在何年何月了！在童年的那一段时期，虽然在乡间的日子最多，但并不知道故乡山水之美，更不知道欣赏山水之乐，迄至民国三十六年回乡，才知道我乡、我家真是万峰环绕，花木争妍，青山绿水，美丽无比！正如欧阳修所说："日出而云霏开，云归而岩穴暝，野芳发而幽香，佳木秀而繁英。"每一忆及大陆和故乡山河之壮丽，几至寝食难安，梦魂萦绕。

二　云蒸霞蔚的红崖

古语说："野人怀土，小草恋山。"几乎每一个人都认为自己的家乡最美丽，不管你走过多少名山大川，不管你活了多大年岁，而家乡的一切却永不能忘怀。不过，我仍然要说，叙永县的山水的确是不同凡俗的美。譬如那里的红崖吧，在县城北面二十里的地方耸峙，高山万仞，土石俱赤，远远望去，正像一座施丹涂赭的大屏风。山间常有云环雾绕，变幻莫测，山顶积雪不化，六月犹寒。红崖大小三十六峰，又有瀑布、奇石、洞天、甘泉分布其间。它是叙永人的天然晴雨表，只要红崖山顶被乌云遮盖，立刻大雨就会落到城里来，因之，流传一句乡谚道："红崖戴帽，大雨立到。"叙永的好风景当然是高人雅士歌颂的对象，如像明代的大儒杨升庵先生就曾有这样的诗句：

界首飞泉瀑练悬，红崖迥与绛霄连。

关名仿佛鱼凫国，桥记分明傅颖川。

水峡风烟接大洲，翠屏青嶂绕丹邱。

当年若使王猷见，那肯轻回雪夜舟。

诗中所说的"鱼凫关"，在县城东十里，明朝洪武年间修建，杨升庵先生谪居云南永昌时经过这里，好像是感触良多，他有一首咏鱼凫关的诗道：

鱼凫今日是阳关，九度长征九度还。

何补干城与心腹，枉教霜雪老容颜。

这诗句十分苍凉，堪与韩昌黎"云横秦岭家何在"的名句先后辉映。后来题咏的人虽然亦很多，如像杨庶堪先生、向仙桥先生、万斐成先生等，但总因地处四川边陲，交通不便，没有普遍被爱好游山玩水的人发现，否则如红崖的幽胜，必定会名闻遐迩的，我不禁要为山灵抱屈了。

三　乡下人进县城的故事

兴隆场是一个不到两百户人家的小乡场，距叙永县城虽然仅是四十五里路程，而我幼年时，却未到过；现在回忆我儿时的景象，对于县城仿佛仍是仰慕而不能企及的一个神秘所在地。不知为着了甚么一项理由，那时长一辈的人，大都不容易到县城里去，而以到过县城去的人为一种殊荣，正如现在的人曾作过环球旅行一样的珍贵。当时的老年人对于幼小一辈的人常说初次进到县城的人，须得在进入城门洞之前口衔臭狗屎一块，否则便不许进入城门洞，使幼小者闻之惊惧而却步。当时社会蔽塞情形，由此可见一斑。当我三十六年回到叙永，县城的机关、团体、学校排队盛大的欢迎我，我在进入县的城门口之前忽然想起了衔狗屎这件故事。我以此事问于老一辈的人，请说明其缘故，都引为一种趣谈，而说不出其由来，年轻一代的人则并此而不知了！城内有一大庙名叫春秋寺，亦即是供奉关云长的关帝庙，庙的建筑在当时传说是画栋雕梁，壮丽无比，为县城的一个名胜。我幼年时既没有进过县城，那时该寺的情形如何，亦无从得知；后来见到之后，当然是规模很大，不过已经陈旧腐杂了。抗战时期，流亡在云南昆明的西南联大，由于日军的进迫，确曾疏散一部分教职员生到叙永授课，校舍便是借用这个春秋寺。在清朝末年，叙永县城尚没有戏园，每逢关公的生日，或地方喜庆的事，便在别处聘请流动的川戏班子，借春秋寺演戏，四乡的人便亦有机会进城看戏，但这亦限于乡间很少数的人物。凡是去过城内看到戏的人，回到乡下大家都认为是一种殊荣，予以特别的看待，在他们自己，便亦借此炫耀乡里，无中生有，引出许多故事来愚惑乡下的人。四川话所谓"冲壳子"，意思是夸大不实。我现在仿佛记得儿时乡下人谈春秋寺看戏的一段故事，亦可以说得上现在亦仍然值得一笑的一个故事。故事是这样的：

一个乡下人由城里回到我们兴隆场上，有人问他到城里去作何贵干？他很得意的说：曾在春秋寺看戏。有机会看戏在当时是一件不平凡的事，所以大家都很仰慕，看过戏的人，亦辄引以自豪。这位答话的人，当然不能例外。于是别人问他：你看的又是什么戏呢？他答道：

"我看的是一个'张飞杀岳飞，杀得满天飞'的好戏。"

乡下亦有读过《三国演义》及岳飞故事的人，于是对他所言便发觉其在"冲壳子"了，因之，立予指责其不实。他们所持的理由是张飞是"汉朝"三国时代的人，岳飞是"宋朝"时代的人，相隔几个"朝代"，隔了"朝"如何能在一个戏中相互打杀起来呢？这位自己说曾经在城里春秋寺看过戏的人，理直气壮的说道：

"张飞、岳飞天生神勇，力敌万人，纵然隔着一匹大山还能飞过去打杀，焉有隔着一个'桥'，便不能打仗之理？"

原来这位老兄"冲壳子"，把"隔朝"误听成"隔桥"了，于是便弄成这一笑话！我儿时在这样一个蔽塞的乡村成长，至今所能最记得足以使人发笑的故事，这是最有趣的一个！

四 卅六个天井，廿四座楼台

我家住在兴隆场街上，我们有一个更老的家叫做"黄家坝"，离场约有两华里，在其他地方我一生几乎是见所未见。相传黄家坝这个老家有三十六个天井，二十四个楼台，花园中有池塘，有溪流，可以行船，屋后有一大林盘，古木参天，把整个建筑衬托得十分幽邃和雄大。屋的左面是青山岩，右面是凤凰山，正面远处则是一层一层的更高的山，好似万马奔槽，指向此一地势。我民国三十六年回乡竞选国大代表，看见由叙永县城到黄家坝之间，有两个山头在道路的左右峙立，好似两面巨大无比的旗帜，既美丽又雄壮，左边的山就是青山岩，右面的就是凤凰山，我把童年所存的印象，再加以对照，一切都没有什么出入，由于审美与推论的能力，随年岁增进，倒反而更加觉得故乡之美丽，以及吾家先人创基之宏大了。和我童年时候印象不同的地方，只是黄家坝的巨宅，已分出一部分做国民学校，大门前的广场已因川滇公路的修建，占去三分之一做路基，林盘的古木，则已砍伐殆尽，已远不如当年的幽邃壮观。

我重回黄家坝的老家，发现天井虽然没有三十六，楼台没有二十四，细细的巡察一番，仍可见戏台有两处，屋的第一进厢房，仍然是那么宽广，据说在抗战时期，此处曾驻过汽车兵团一个团，并没有影响到住在里面的族人的安静。在抗战的尾期,西南联大曾打算由云南昆明迁到四川,第一个选定的地点便是兴隆场的黄家坝。其后因为情势转好,没有搬迁,否则的话真说得上"地灵人杰"了。梅贻琦先生在世时,曾对我谈过这段往事,盛赞黄家坝我这个老家房屋之宏大惊人,可是当时他并不知道是我的老家。

我的先人修建了如此规模宏大的建筑,用现在的见解来看是不可解的。据前辈的人说,在我以前第四代祖先遗下一共五房人,都聚居在一起,大约在明末奢崇明乱后,此地人烟稀少,所有兴隆场纵横数十里的地方都属于我们黄家,黄家女儿出嫁,脚可以不踏到别人的土地。兴隆场全场的房屋与土地都是黄家的主权,每年都要由当管年的族人收租,一直到民国三十六年此种情形还有局部存在。我们黄家一族的中衰,是自太平天国翼王石达开由湖南窜到贵州,由贵州再窜到四川,叙永是必经之地,在军事的地位上十分重要。石达开到了叙永,因为只攻占了叙永隔河的东城,西城则未攻下,便绕城而走,四处掳掠,我家受的损害最大。石达开因为叙永西城未下,有后顾之忧,他走到扬子江边,被骆秉章的军队所阻,又经叙永窜回贵州、云南边区,再迁回进入四川的西昌,在大渡河这个地方,才被骆秉章擒获消灭。我的父亲黄国琪,当石达开回窜贵州,路过叙永时,就曾被翼军绑架到贵州去,花费了很大的人力、财力才被赎回。据父亲讲,因为他那时年纪小,不能走路,石达开的兵把他背在背上,或让他骑在肩上,载着他走,他们都很喜欢他，一点也没有受到虐待。他老人家如果现仍健在，已经是百岁以上的高龄了。他是民国八年逝世的，正是我预备启程到美国读书的时候，他害病是在我由上海动身赴美以前，家中的人遵照他的指示，不让我知道，以免影响我赴国外留学，临危时，遗言不许我回家奔丧，迨我闻耗，已事隔月余，不及奔丧，只得忍痛含悲，继续赴美。在海程中，在留美时期，每一想及此事，真是感到无比的可悲、无比的惨痛，即就现在的情形来讲，每逢小小的有所成就，而受到社会的宠遇时，时时都会不能自己的在内心向自己说话："如果伯伯（幼时对父亲的称呼）现在看见我，当是如何的高兴？"这种心情，转瞬又成了我个人无比的悲伤，难以言语形容的了！

我叙永兴隆场的老家黄家坝，大概自石达开流窜经过以后，便渐渐衰落下来。在我的父亲长成以后，便移居到兴隆场街上，开设一个磨坊和饼铺。我家移居街上的原因，倒不是完全因为做生意，而是因我曾祖父，他老人家十分喜欢修"大屋基"，"大屋基"在我们乡下即是"大庄院"的意思，他修了一个又一个，预备分给各房居住，而每一个"屋基"都修得又大又坚固。用在修屋基的钱财多了，便不得不移居街上从生意上另谋出路。

据老一辈的人说，修造这些庄院的最大原因，是因为黄家坝到我曾祖时，由于人口众多，吃饭时须得撞打大钟，才能通知得到全家人聚集用餐。而这所大房子便亦渐渐不够用了。

当人口多的时候，大房子水的供给也是一个大问题，除了院内掘有水井之外，并用竹筒剖开，分成两半，把它连接起来，从很远的山上，将泉水接到院里来，供给使用。当时大约是由于十分富有，嫌竹筒的水口，不够雅观，便异想天开的要加以装饰，以求能与美轮美奂的建筑相配称，于是便在出水的地方，安置了一个金色的龙的头作为水口，山水便从龙的口里流往蓄水的池中。这本来是一件没有什么存心的事，不过，在专制时代，这却是一件最犯禁忌的事！不知后来为何被城里满清的官吏知道了，便以我家是图谋不轨、蓄意造反为口舌，向我的先人勒索敲诈，情势汹汹，大有要抄家灭族的样子。结果被敲诈去了大批的钱财，总算大事化小事，小事化为无事。然而叛逆的罪名虽然免去，钱财亦就赔去大半了！

五　关于"神马"的传说

叙永县在中国近代的历史上有几件不可不记的事：一是明末奢崇明之乱的发端是在叙永；二是石达开窜川在叙永被阻而招致后来的失败；三是推翻袁世凯帝制之役，蔡松坡率领的护国军在泸州、纳溪与袁军张敬尧部血战相持，战争的重心即在叙永县境，护国军的总司令部亦设叙永；四是民国二十四年共军西向，其所循的道路与石达开相似，共军由贵州到了叙永，因未能把叙永攻下乃又折回贵州，再经滇、黔边境进至四川的西昌，经过川边的松、理、懋地区而到达陕北。共军与石达开不同的地方，一是侥幸渡过了天险的大渡河，一是未能渡过而被歼灭。历史的写法因而便会不同。

叙永县城分东、西二城，中间隔着一条永宁河，东、西二城由两座大石桥连接，靠城南的名叫上桥，靠城北的名叫下桥，上、下桥是贯通东西两城的交通要道。谈到这两座大石桥，还有不少的故事。大约是由于从前交通不便，情报的组织不够严密，当石达开的大军由贵州窜至川境的消息尚未分明时，与贵州接壤的叙永城，只有枕戈以待，从事戒备。我的叔祖父黄元基那时正负防守的专责，一日他率领了少数队伍出东城向贵州方面巡哨，不料在离城不远的地方就遇见了石达开的队伍，一场遭遇战于是爆发。因为众寡悬殊，便先打了个败仗，正当紧急之际，他被摔下马来，马即向城中狂奔。幸而他地形熟悉，乃攀山绕道，由流沙岩地方随沙石滑到河边，游水渡过永宁河而至西城。那时东城已被石达开占领，他是由部下用绳索吊进西城的。原来当他的那匹坐骑，狂奔经东城过大桥而进入西城时，城里的人才发现敌人已经迫近，更疑心我叔祖父已经战死，此时援救东城已经来不及了，只得把西城城门关闭，固守西城。西城乃因此马之逃回而得救。乡人还有一段神话般的传说：翼王大举由东城进攻西城时，适在夜间，当他的大军迫近大桥边时，忽然停止前进，据说是因为看见一红脸、美髯的巨人，一只足踏在上桥，一只足踏在城墙上，手握大刀阻住前路，以致惊惶失措不敢前进，于是只得绕城而过。乡下人相传这一红脸美髯的巨人，乃是关圣帝君显圣，拯救了西城百姓免去灾难。所以西城的一座关帝庙，亦即是前面所说的春秋寺，后来才修建得那么雄伟，香火也才那么旺盛。而我叔祖父这一匹马，亦被家乡父老视为神驹，一代一代的相传不朽。我的亲祖父黄治基是在我家乡兴隆场带领团队与石达开作战，被执不屈，骂贼而死的。后来满清曾予褒扬，称为忠臣烈士。谁又想得到，到了我们弟兄这一代，却做了反满的革命党，成了清政府的反叛者，这是我们祖父一代所想像不到的。用现在的眼光看起来，太平天国的打仗方法，多半采取流窜的战略，很少屯兵坚城之下，攻坚而顿挫自身的力量。他们在湖南长沙，也是弃攻长沙城而直趋岳州的。我叔祖因守叙永有功，曾升到镇台的官职，未几便也弃世。

六　熊文灿是贵州人吗？

民国二十四年，共军西行到了贵州，迫近叙永，城内的部队也采闭城坚守。共军攻打无效，便由城外挖一地道企图进入，不料被守军发现，把已经进入的少数共军杀灭，然后用汽油、干柴、棉花一类引火之物，送入坑内燃烧，共军因而被熏死者不知其数。县城亦因此得全。共军之进川不成，仍退回贵州。绕道西昌西行的原因，这是一个大关键。另一重要因素则是在离叙永不远的土城之战未能得手。这是共军二万五千里长征的"狼狈"情形之一。

叙永这个地方，原是苗人居住的地区，元朝归西南番总管府管辖，明朝亦设永宁安抚司，奢崇明便是明朝天启初年的一个苗人土司，官名叫做古蔺州宣抚使。在清朝才渐渐改土归流。张献忠之乱，叙永似乎没有受到多大的影响，也许是因为经过奢崇明之乱居民已所余无几了。叙永在清初顺治年间，还有一部分地区为贵州所辖，四川有两句俗话说："四川人生得憨，汉中掉龙安"；"贵州穷，遵义掉永宁。"龙安是现在四川平武、江油一带地方，以前归陕西管辖，而汉中原为四川辖地。大约是要充实陕西富源，便把汉中让给陕西，而把贫瘠的龙安划属四川。遵义很富足，原属四川，因要补救贵州的穷，所以把贵州的永宁划归四川，把富足的四川遵义划归了贵州。这个传说可靠的程度如何，一时无法加以详细的考证；若是要加以考证，在行文上反而有损想像的美了！诗人李太白大约是现在四川平武、江油、彰明一带的人，所以四川人说李太白是四川人，而陕西人则说李太白是陕西人，各说都有理，只是地方的隶属有了变更，而造成这一不同。明朝末年的六省经略熊文灿，当他任职福建时，他是资助移民台湾最早的一个海外垦拓者，他与台湾的历史最有关系。可是在《明史》他的列传中，却说他是贵州永宁卫人。今日查考起来，他确确实实是四川叙永大坝乡的人，因为他的坟墓至今依然是在叙永的大坝，《叙永县志》对此亦说得明明白白，大约当他在世的时候，叙永是仍属于贵州的吧。

说到我的故乡，我真梦魂萦绕啊！

（原载一九六六年八月《传记文学》第九卷第二期）

怀念我贤淑的长嫂

一

　　由于一时受了怀念家乡情绪的激荡，我写了一篇《梦魂萦绕的我乡我家》，发表在本刊前一期。近来又因对于童年时代的遭遇，依恋和感伤涌上心来，不易遏止，又不能不以一吐为快似的。当我执笔要写我童年的回忆时，忽然又想起了一位反对写自传、我素所敬仰的先烈朱执信先生来。因为写我童年的回忆，很难离开写自传的范畴，执起笔来，便觉有点彷徨了。执信先生是一位苦学力行的革命殉道者，他治学谨严，为人刚强、笃实、严正不可犯，我自幼到今，对于他人格的完整的欣赏，已超过尊敬，而成为是对他一个信仰者，因此他对我影响之大是莫可言喻的。他是在民国九年讨伐陈炯明之役在广东的虎门殉难的，在他生前我虽然曾亲见过他几次，却因为我当时年幼不能了解他人格的伟大，亦没有机会向他请益和学习，我所知道他的地方，大半由于老一辈同志中如胡汉民、戴季陶先生等，平时对于他的称赞得来。据说他反对人写自传所持的理由是：他认为一个人到了写自传的时候，不是由于自己感觉到生命的历程已经快到尽头，便是对于自己的志业抱负已感到无所展布，心灰意冷，万念俱空，只得借写自传来把个人的嘉言懿行，传留于世，借以自了。在朱先生看来，这种人的心情是多么可悲而没有志气的呵！

由于近代历史学研究发展的结果，自传或个人口述历史，已成为研究历史的重要项目之一，使当事人把他亲身的经历和经验坦诚的、自然的，不厌其详的提供出来，使研究历史的人更能亲切的体会出某一时代，或某一与历史有关的人物的一切，而加深其了解。从前治历史学的人偏重在过去的档案文献方面的资料，再根据这些资料写出过去的历史，亦或后一个朝代的人，写述前一个朝代的历史，成功的人为失败的人写历史。这样自然可以知道历史静态的大体经过，但是这一历史是如何的发生？为什么发生？便取材不易，远不如口述历史方法之周延与活泼了。"口述历史"并不即是历史，我们可以把他当作研究历史的好资料看待，可再加以考证和评断，又可以研究其真与伪而决定其取舍。如此，在历史的发展中有关的人和事都比较可以获得第一手的资料，使研究历史的方法更能打破静态的研究而趋向于动态，在对历史有关的人物的叙述和品评上，更能转被动而为自动。换言之，在对历史有关的人物方面，使他本人有一发言权，似乎更属公道而重要。根据这一论点，我对于朱执信先生不赞成写自传的意见似乎有略加以修正的必要了。我的意思是：任何一个人，如果把他的经历、经验和有关的人物的一切，坦白的、自然的写出，或用口述录音记述出来，对于历史的研究是非常重要的一件事。为了避免朱执信先生不赞成写自传的意见，我们可以就把自述历史作为个人的回忆吧，虽然回忆仍然突不破自传的范畴。

二

我现在想把我童年的一些经过，用写回忆录的方式写出来，我的用意不在借此表明我自己，而是在借此就我个人所知，把有关的历史是为什么发生的？是如何发生的？作一亲身体会的说明。特别是那些对历史很有贡献，个人对时代付出了重大牺牲的人物，反而默默无闻，湮没不彰，我要尽我的可能加以叙述。

我生在十九世纪最后一年，成长于二十世纪。今年是二十世纪的第六十六年代，照近代的科学发达进步的情形和我个人目前身心健康的状况，我相信再活三十三年以进入到二十一世纪不是不能，而是可能的一件事。从前有一位香港总督英人葛量洪曾经说过："十九世纪是英国人的世纪，二十世纪是美国人的世纪，二十一世纪是中国人的世纪。"我是一个中国人，我岂能轻轻易易把这一将要到临的中国人的世纪放过！我出生在一八九九，旧历己亥年，距一八四〇年鸦片战争之后六十年，距一八九四第一次甲午战争之后六年，距乙未一八九五年中国近代革命第一次起义广州之后五年。我生在这样民族蒙受耻辱，又曾挣扎于中国革命的伟大时代之中数十年，我不能见到"中国之复兴与大陆之重建"，我自然是心有所不甘的。这不是我对于生命的贪心，而是自我的生命力所发出的一种企望。

我同胞兄姊共八人，哥哥五人，姊姊二人，我是最小的一个。我生还不到两岁，母亲便已舍我而长逝了，我几乎可以算得是没有母亲的孤儿，是由我的祖母、大嫂、两位姊姊，把我带大的。我遭遇最惨，而我却被家人最为疼爱，这真是我不幸中的大幸。母亲去世的时候我还不曾断奶，因为家贫雇不起奶妈，在母亲的病中和她去世以后，全靠我的大嫂和一位隔房的四嫂乳我，或是吃用布袋装着的麦面糊以作代替，稍大则用稀饭以作营养。经常抱我和把我背在背上的是我的二姊和三姊，因为大嫂在乳我之外，还要洗衣、煮饭和打理家务。抚育我最多的是我的早年孀居的祖母和我慈祥的父亲。因为母亲去世后，我年龄最小又最可怜，祖母和父亲特别疼爱我。四川民间有句老话："皇帝爱长子，百姓爱幺儿。"我稚龄孤苦的岁月过得还不太坏的原因，大约是由于我最小和最可怜的关系。我的大嫂生了一位比我小的侄儿，出世未久便告夭折，他夭折的原因，或许是由于一个母亲的奶既要供给自己的儿子，又要供给一个没有母亲的弟弟，供养不足，结果牺牲了自己的儿子，养活了一个无母的弟弟。侄儿夭折后，嫂嫂十分的疼爱我，却是在疼我爱我中，无疑地她时时暗中流泪！在我稍为懂事的时候，我一次曾看见她流泪。我问她为什么要流泪？她总是说是由于风吹了沙子到她眼睛里去。我益是追问她，她总是紧紧的把我的头抱在她的怀里，不让我看她的面孔。类似情形，经常都有，由于我的年幼无知，未能体会出她当时的酸楚，现在想起来真是历历如在眼前。

她的悲伤和隐痛，无疑的是为了想念她夭折了的亲生儿子，她把深厚的母爱隐藏在她心的深处，不让我知道一点。她很自然的把她伟大的母爱，全部移在我的身上，使我虽是一个没有母亲的孤儿，却可享受她给我的一种无比的母爱的温暖。世间上美满的事不会常有，假定真有上帝这一名辞，人是由上帝所造的话，我想上帝在造人的时候便已定了一个人间的事不会有十全十美的原则，不然的话，为什么要使大嫂亲生的儿子夭折，而使她劳瘁，辛辛苦苦的把我养育成人呢？假定我的侄儿和我两人都能同时养大，在我幼年和成年的生活中岂不更为美满？嫂嫂内心的悲哀便不会隐藏而损及她以后的健康了。在我九岁离开她到成都读书后，她当然更感寂寞，更会悲伤，以致在我的学业未成，事业未就，她便舍我而去，会晤她夭折的儿子于另一世界了！她的性格是一个贤淑内向，柔弱而遇事退让的人，她把一切的苦楚都藏在心里，不愿与人较是非长短。自我离家到成都读书以后，她便郁郁不乐，无与为欢，她之不能永年，这可能是一个重大原因。

三

嫂嫂大约是辛亥革命那一年逝世的，也是在我离家三年以后，她致病的原因，当然由于操劳过度，兼以自我离家之后她更感寂寞，一面想念她抚养爱护备至的弟弟，一面又悲伤她夭折了的儿子。另外给她的一项重大打击，便是我的大哥在辛亥这一年在成都另娶了一位太太，这一消息传到家乡，最感受痛苦的当然是大嫂。在过去中国旧社会里，纳妾或另娶，并不算得太重要一回事，如果在现在当然要被指责为重婚犯罪的行为。在现行制度之下，法律虽然不容许重婚，却可离婚，男的可以另娶，女的可以再嫁，各自追求自由。但是在当时妇女以从一而终的社会情形，一个已婚的妇女，遭此不幸，经济不独立，法律无保障，不但不能反抗，而且还得忍受以示宽大贤淑。我记得华盛顿欧文的一本散文著作之内，《断肠》（Broken Heart）一篇，曾描述一个失恋的妇女情形有如一个美丽的鸟被猎人一箭射中在她的腋下之后，她不但不表示她的痛苦，而且还得把翅膀放下把她伤处掩盖起来！想像大嫂当时的情形有与此类似！在这样惨痛的打击之下，她自然觉得活得苦痛，一遭病魔的缠绕，她便一病不起与世长离了！她去世的消息，我知道得很晚，因为那时我是在成都和大哥与他的新太太住在一起，大嫂去世的消息，大哥自然不便使他的新太太知道，可能他在娶新太太的时候并不曾说明他的家乡已经有了太太。加以，如果使我知道大嫂逝世的消息，大哥可能会料到：我一定悲伤，一定痛哭，必然对那位新嫂嫂要引起更大的反感，大哥在这一考虑之下，于是大嫂去世的消息我被蒙蔽不知了。一直到了我十三岁，民国元年，我回到家乡，才知道她的去世和她得病的情形。据说她在病中还时时提到她爱护的我，她曾以她的血化成的奶，乳过的幼弟，她仍不忘要做"豆豉粑"托人带到成都给我。"豆豉粑"是我们家乡一种家常佐食的东西，是把发酵过的大豆加以辣椒、香料合成一个一个的食物，我幼时便极喜欢，大嫂在世时不断的做好托人带到成都。

我在她的坟上痛哭了一场，我怨她为何不待我见她一面才死！唉！如果她能如此自主，她可以自己决定不死，何至有此人天永别的悲剧？这正是一个天真无邪的十三岁孩子，在万分悲痛中，发自心灵中的幼稚想法。我在那一天的夜里，梦见了她，她的态度还是生前那样的安详沉默，当时我并不觉得她是已经不在人间了。醒来又哭泣了一阵，有时又到她坟上去，为她拔去坟上一些杂乱的野树野草。离乡四年才得回家看视祖母、父亲和家人，为了悲伤大嫂的去世，欢乐变成了悲愁，忧郁的气氛笼罩了我整个的家。祖母看见我这样的情形，心里非常不安，她把一个已经十三岁的孙儿，还当着三四岁的小孩子，用语言来劝慰。祖母说："大嫂上天去享福去了，你不应时常为她哭泣。你乖乖的读书上进，她才觉得高兴，她会时时在天上云间看你，保佑你。"祖母又说："你不用想念嫂嫂太多，想念多了嫂嫂在天上亦会不快乐的。"祖母的话是在劝慰我，我那时亦知道；那时我究竟是一个孩子，我对祖母的话只听了一半，我自此便不敢多哭泣了；另外一半要我不想念嫂嫂，我至今亦不曾做到。

四

嫂嫂的贤淑，使我终身追念，她对我儿时的爱护，有如我的慈母——我亲生的母亲因为早逝，我不曾经验过慈母的爱是什么，如果世间最深厚的爱就是母爱，那便是我在儿时嫂嫂所加于我的一切。我这次回乡很遗憾的一件事，是不曾给予祖母、父亲太大的安慰，当我再度离家赴成都读书时，我又到嫂嫂坟前去致敬和告别，我把二姊和三姊为我准备路上用的路菜，暗中分了咸蛋两个，豆豉粑一块置在她坟上的茅草里，留给她享受，她究竟知道不知道，我不敢想；在我，却是至今还是记得的。大哥和他在成都新娶的那位嫂嫂，待我都不错，我这次再回到成都以后，我对这位新嫂嫂便增加了反感，内心一直不满意她，原因是她占据了大哥和大嫂间的爱情。大哥为人虽好，我总是偏袒去世的大嫂一面，我对于大哥只有这件事，使我内心存在的怨恨不能消除。我由家乡再回到成都以后，我借了另外一件小事，向大哥发了一次蛮脾气，态度非常的不恭，非常的反常；弄到大哥打我又不忍，只有掩面痛哭；一天连饭亦不吃。毕竟大哥是疼爱我的，后来他知道我发蛮脾气的原因，是在为去世了的大嫂出气，是在借题发挥，他亦便原谅我了。

抚育过我的大嫂百分之百的是一位农村天性纯良的女性，她既不识字，又不时髦；成都这位新嫂嫂则又有知识，而又时髦；在那时的成都社会情形，她算得上是最开通明理的女子了。论她们对我的疼爱程度，并找不出有何厚薄，论到感情，我总是偏向于家乡那位大嫂的多。感情这件事，的确是神秘不可测的，不能论斤论两称得出的。我研究何以我对家乡那位大嫂至今仍如是的挂念，我至今亦仍找不出一个具体的理由。要说足以成为理由的话，家乡的大嫂在我母亲去世，当我孤苦无依的时候，给了我温暖，给了我正需要的母爱。此外，值得一提的，便是我对她有惭愧懊悔的一件事，至今引为不安。就我个人之生活经验而言，这件小事给我的打击却太大了，使我记忆犹新，余痛永在！童年逞了一时的蛮横，竟成了终身之遗憾。在另一方面，我一生能够用一番自反的功夫，改变我后期的气质，得力于此一痛苦经历者颇大；我能够体认出爱的教育之真义与重要，亦无不由此而引伸。以力服人和以德服人，两者影响力的大小简直不能相比较，以力服人逞一时之快，我不曾看见过有何重大的作用，而以德服人则真可使人终身心悦而诚服。以容忍宽大使人自反、惭愧和懊悔，在教育的意义实在太重要了。在我个人的体认上，凡事苟系发自为理想为正义为真理而奋斗，纵然遭遇惨酷的牺牲，付出任何代价，均不足以阻挠吾心之所向，吾志之所决。但是一遇到有了内疚与惭愧、懊悔之事，情形便不同了。我下面要叙述的一件小事，是我的大嫂在我童年所给我的教诲与影响，使我感觉惭愧、懊悔，至今不能从心的深处，把它抹掉！

五

这件事是这样发生的：大约当我四五岁的时候，因为天气寒冷，她要我穿上背心，我一定不穿；她怕我受凉生病，一定要勉强我穿，我便一定不接受。她要强制为我穿上，我便发横，倒在地上大哭大闹，在地上滚来滚去，几个小时不起身，在初我这一行为可能是孩童恃爱"撒娇"的常态，后来便愈闹而愈真了！此时惊动了祖母和两位姊姊，她们看见我这种情形，认为大嫂待我不好，以为我受了大大的委屈，对于大嫂表示了责备的意思。在中国旧式大家庭的制度下，婆媳与姑嫂间的关系，是最难处的，大嫂此时有口莫辩，只见她两眼的泪，直直的往下倾泻！她因我而蒙受了冤枉，她平素疼爱我的一颗心，此时有似被万箭穿射，痛苦难言！她成了一个弱者，尊严横被摧残，竟不敢哼出一个字来说明原委经过，她好似把一切苦痛都忍在心头，她的热泪除了向外流出的一部分之外，另一部分恐怕是在向她内心的深处倾泻！我此时一颗幼弱的心，忽然良知发现了！我不忍见嫂嫂为我再受委屈下去，我忽然由地上立起来，跑向大嫂，紧紧把她两腿抱着，一言不发，让她用两只手轻轻地抚摸着我的小头！

这件事的原委，当时始终没有加以解释说明过，大嫂自然闷在心里不说，我亦不懂得如何说才好。只是时时听见祖母把此事提说起来，夸奖她的大孙媳妇照顾她疼爱的小孙子时，性情是如何的忍耐和宽宏！在我的心的深处另有关于此事的一项纪录，从我幼小到现在，好似人类在未发明纸，未发明把文字记载写在纸的上面以前，是把文字雕刻在岩石、竹简和树木上面以记载事物一样，岁月虽有变化，却可以历久而不易磨灭！又好似一颗幼小善良的心，插上了一把利刃，血一直在流，到老还不曾停止。越是在我神明清晰，越是在我本能的良知重现的时候，亦更忘不了她六十多年前为我而受的冤屈，和她那时以直流的泪水来代替言语的情景。利刃插在心上所流的血，正好似对她当日无言而流的眼泪，永不休止地表示同情与感激！

生我者父母，育我爱我者大嫂。叫我如何能不怀念！

（原载一九六六年九月《传记文学》第九卷第三期）

我难忘的仁慈的父亲

一

我童年时代的生活，现在还能记忆得起的已不太多，最使我萦怀难忘难安的，便是我稚龄丧母，过着的孤儿生活。母亲去世的时候，我只有一岁左右，那时我的家乡四川叙永县兴隆场还没有照像的设备，以至母亲的慈颜，对我一点点印象都没有留下。我在童年和成年以后，我最愿意知道，或最愿意问家中哥哥姊姊的事，便是母亲究竟是甚么一种相貌和有关于母亲的故事。哥哥姊姊们给我所描述的母亲音容面貌，虽然他们用尽了全心全力形容，我所得的印象都是十分的模糊，不能得到满意的答复。问得太多了，他们有时表示厌恶，不愿继续往下再谈，我便对他们起了反抗，我反抗他们最有力的武器，便是嚎淘痛哭，迫使他们继续的往下讲。其实他们一讲到母亲，亦是很心酸的，有时我哭，他们亦随着哭起来了！他们用言语来描写母亲的音容未能使我满意，于是指出一位住在离我家不远的青山崖上，经常到我们家来的一位慈祥恺悌的万姓的妇女，说她活活的与母亲的像貌一样，使我的注意集中在这一位妇女之后，我的发问便自此减少了。我对这位万姓的妇女很亲切，她一来到我家，我便左右不离，认她是我的母亲的化身。她亦十分的爱我，我称她为"万妈"，她自然是乐不可支，可是这一段时间亦不甚长久，大约在我七八岁时，这位"万妈"亦因病与世长辞了！

在我稚龄时，家中的人时时提起有关母亲和我的两件事：一、是母亲病危临终时，双眼不闭，一直到了我的大舅自远道赶来，把我抱在身上趋至病榻，她的眼才合上，同时她的两眼和鼻孔流出了不少的血！她究竟是为了必须一见大舅才安心逝去呢？抑或是要看见我之后才如此呢？不能得知。在我看来，母亲最不放心的是她逝去之后，她的最幼小孤苦的我，她最后留给人间的一块血肉。二、是当母亲逝世一周年的时候，家中照习俗举行拜祭，那时我还不及三岁，据说，当家中幼小向着母亲的灵位叩头致敬时，我亦随着他们一起叩拜，在我随着大人们起伏跪拜时，勿论是站立在旁的长辈和参与跪拜的哥哥、嫂嫂、姊姊们，无不凄怆流泪。当然我的父亲更是哭不成声！我至今想像此一情景，更不禁为之泫然！

我一生最容易感情激动，最怕人向我哭，最容易被人一哭而软化，不能让步的事，被人一哭便不易坚强起来了。在平时参加亲友们的丧葬典礼，见着人们对于死者的哀恸，我亦往往为之落泪。这种情绪的不能抑制，可能是由于我幼年时的孤苦环境，所孕育而成的。我幼小时，身体很不好，几岁时便患便血症。乡下的医药设备又不方便，长期的被病魔缠绕，幼小的身体已到了气息奄奄的地步，祖母、父亲和家中的人，对我的成长，已由忧虑到了失望的程度。特别是祖母和父亲日日都在叹息，如果我夭折了，又将如何对得起我去世了的母亲！祖母是一位虔诚的佛教徒，她供奉一座观世音菩萨的神像，平时早晚都要烧香顶礼。为了我的生命已危在旦夕，她烧香顶礼和默祝的日课更勤了。在科学没有昌明的社会，一个人遇见了有事不能解决的时候，便只有求神拜佛，靠神的护佑来解决问题。幸而事情偶然不到恶化绝望的程度，或遇到了转机，便归之于神的护佑，我的祖母在六十多年前便是这样善良的一位女性。我患便血症到了最危急的时候，不知为何竟霍然而愈。究竟是由于身体最后发出的抵抗力呢？抑或是医药最后发挥了力量呢？很难加以判断。在我的祖母的看法则是由于她祈祷神灵的结果。因此，在我病愈之后，我增加了一项随她敬观音菩萨的日课，当我九岁离家到成都读书时，她特别在她供奉的观音菩萨前为我请了一件护身符，密密的把它缝在我的衣服内。到了我十三岁那一年回到故乡兴隆场，她津津的还对此事一说再说不休，当我提出那时我所知有限的科学知识表示怀疑时，她大大以为不然，最后我只得说：我虽不一定相信菩萨，我却万分相信祖母；祖母信菩萨，已经带着我信了，以博取她的高兴。中国的庙宇中悬有"诚则灵"的金字匾额，这类的事，只得从此三字的微妙含义了解其奥妙！

二

中国旧时对于孩子的成长，说是要过几次险恶的关口，才得平安，"痘麻关"便是其中之一。在我三四岁时，种"牛痘"的办法在我的家乡尚不曾有，一般都是用药苗从小孩的鼻孔吹入。由这种方法处理，当然是经过十分的险恶，稍一不慎幼孩便会因此夭折，我便是由这一方法而渡过"痘麻关"的。用现在的话来讲，我在四岁时出"天花"，在起初面部发出无数的痘疤，我任性用手把它抓得稀烂，虽然过了痘麻关不曾夭折，却形成了一个既丑又麻的小人物，一直到了六七岁仍是一位麻面郎君。受人嘲笑不用说了，在自己幼小的内心，笼罩着一种丑恶的自卑的阴影，那时虽然不觉得有婚姻的要求，但在嘲笑的人则每每说出谁家姑娘将来会嫁给你这位麻面的人呀！使我感受威胁，使我引为终身之恨，而暗自饮泣！可是到了我九岁离家到成都读书那一年，我满面的大麻子竟全部消失了，丑陋的麻面，并没有随我的成长而相伴，近乎是一项奇迹，不但使我觉得无比的高兴，举家亦为之皆大欢喜！

我家所在的兴隆场场头上有一株大黄桷树，浓荫四布，好似一把张着的大伞，平时是夏天行人蔽阴之处，街上儿童嬉玩的地方，论到这株树的年代，恐怕是好几百年前的产物吧。从这株树下可以看见对面不远的一个小山，母亲的坟墓便坐落在这小山之上。父亲时时带我到这株树下对着母亲的坟墓瞭望、唏嘘、叹息，有时竟然落泪！我因为年小不知父亲何以会有此情景？何以会使他如此？现在想起来当然是为了母亲的去世，更是为了他和母亲的旧情荡漾，激起了诸多的感伤与回忆。我幼小时最贪吃，由于家人溺爱过甚，一点不加以限制，因此有时吃得过量，肚子鼓起像大鼓一样。到了更深半夜引起肚子发痛不能安睡时，又复啼哭不休，使得全家不安。于是姊姊们用力在我肚上揉擦，加速其消化，或煎神麴、麦牙一类帮助消化的中药命我服食。当月明之夜更深人静，我啼哭不休时，父亲把我背着走向黄桷树下，遥向母亲的坟墓瞭望，他的表情有时是沉默；有时是唏嘘，有时则老泪横流，不能自己，尤以每当皓月当空，四野静寂时的情形更为凄楚！

母亲去世的时候，父亲大约是四十岁左右。中年丧妻，中馈无主，儿女成群，需人抚育，人生逢此不幸，其情景之困苦凄凉，非亲身领受其中滋味者不能理解，更非局外人所能道其万一！在我幼小时曾听到不少亲友要为父亲作媒，谆谆劝说他续弦，为我们弟兄姊妹另娶一位母亲，使得有人照顾。父亲的答复是坚决的，亦是非常沉痛的，都予以拒绝。他抱持独身主义，一直到他逝世，去到西天和我亲生的母亲相会。父亲终身没有续弦的理由，我没有听他提起过，在我的臆测可能是：第一，是由于他和母亲之间情谊笃厚，不忍再娶；第二，是由于我稚龄丧母，万一遇到后母不能如理想的贤淑，将遗憾无穷，补救困难。亲友们认为是父亲应当续弦再娶的理由，却成了他抱独身主义，永不再娶的原因！父亲对于他的儿女们的恩义和牺牲，真是天高地厚的了！

世间贤淑的后母很多，往往被社会的传说把少数特殊个别的事例，使人先天的抱着后母对于前娘的儿女不是虐待，便是不存好意的心理。譬如，历史故事中闵子骞的后母把芦花伪作棉衣给他穿，迄至他的父亲打他，打到衣破才被发现。因为闵子骞在先忍耐不使他的父亲知道，于是闵子骞被认为是孝子，他的后母便被认为是罪恶了。川剧中的《天雷报》，传说一个虐待前娘儿女的后母，后来受了天的处罚被雷把她殛死，使人看了惊心动魄。京戏中的三娘教子的故事，似乎在表彰一位孤苦贤淑的后母，对于前娘儿子委曲的教导，使其功成名立，但是他所给予人们的影响并不如惩罚后母一类的故事和戏剧力量之大。惩恶与劝善本来应当是相等的重要，不可偏废，却是社会的心理则恰恰相反，劝善往往是比较惩罚不被人重视。俗话说："好事不出门，恶事传千里"，这好似说明一般社会对于善与恶的重视不能维持一个适度的平衡，此中有失公平的地方确属不少！在我看来，父亲的不再续娶，实在是由于对母亲的情爱，而不是纯出之于理智。再加以他恐惧续娶之后，对于母亲所遗下孤苦、幼弱的我，会有相反的遭遇的心理，所以他宁愿牺牲自己的幸福，而不作续娶的冒险了。

的确，后母在一个不幸的家庭中往往是一种悲剧，不是后母都不好，而是后母难做。因为初初失掉了母爱的儿女，父亲是他们唯一依恋的对象；勿论新的后母是如何的贤慧，在感情没有和前娘遗留下的儿女建立之前，新来的后母是不易见信于他们的。最容易使他们敏感的，便是后母夺去了他们的父亲对他们的爱，在此情形之下，他们并不怨恨父亲，而后母却成了唯一的怨府，因为没有后母之前，父亲对他们的疼爱和关切是专一的；有了后母之后，在作父亲的人既要照顾新人，又要疼爱儿女，自然不能面面周到。周旋于两者之间处境最苦的还是在作父亲的一面！续弦对于前人本已含有歉意，对于儿女当然深恐其受了新人的委屈，本来是一件善意的事，出之于后母最易得到相反的结果。后母对于前娘的儿女，纵然表现得如何的挚爱，不是被误会，便容易被误会成是出之于虚伪。做父亲的人，对于儿女的责难与教诲，在没有后母之前，即使是过分的，亦都可被认为是善意的和笃爱的；有了后母之后，纵使是十分善意的或本来是毫不相干的事，只要责难出之于父亲，不是被误会为出之于后母的陷害，便是由于后母的刁唆。事情一到了恶化的程度，积怨于父亲者少，积恨于后母者必然加重。在此情形之下，做后母的人真难，真苦，做父亲的人，亦属不易了！当儿女与后母偶一失和的时候，做父亲的人挟在中间，左右为难，要是稍一代为儿女解说，便会丧失新夫妻间的和谐；要是略略偏向后母一方，便又容易失去儿女的欢心，左右为难，进退失据。此时，做父亲的地位真是苦到极点了！

男子中年断偶，儿女成群，本为家庭之最大不幸，为后母的人何与于此一遭遇？为何竟不幸而卷入此一可悲、可悯，难以自拔之境地？天下最值得同情者，再没有比做后母的处境之不易了！自我的母亲早年逝世之后，父亲抱独身主义，终身未娶的原因，是否他老人家是基于这些家庭的烦扰而存戒心呢？还是他对于母亲的深厚爱情有所不忘与不忍呢？勿论从任何一个角度去看，我觉得我的父亲是伟大的，他对他的儿女是作了最大的牺牲——他终身的人生幸福。

三

父亲为人宽厚诚笃，他对于儿女们始终保持一种疼爱而威严不可犯的态度，除了我和两位姊姊之外，几位哥哥都曾受过了他或重或轻的体罚，以体罚用以作威胁的时候多，真正体罚的时候却少。体罚的工具是一条约两尺长薄薄的竹片，他并不是在生气的时候，任性乱打，必须要使被罚的人站立得规规矩矩的，向他说明该打的理由，然后由应该被罚的人自动的把手伸出来，由他数着一，二，三，四，五……的"打手心"。情形严重的处罚便是"打屁股"，由被罚的人自动把一条长的凳放在他的面前，伏在上面，由他处罚。处置的数目约十下，有时虽说要打二十，或三十，但是打到十下，或不到十下，他老人家的手便松了，竹板子也便掉在地下，最后他老人家总是说："下次如此，还要重重的打！"他老人家所谓重重的打，究竟重到甚么一个分量，据年龄仅大我两岁多的三姊讲："伯伯处罚人，打手心，或打屁股有如拍灰一样，一点不像打得痛。"他老人家的确从来没有重重的打过他的儿女！

我幼小时不但没有被父亲体罚过，就是被责骂的事亦不常有。一次我和邻家的孩子们一起玩耍，有一位年纪比我们大的孩子，不断的欺负其他的小朋友，我一时激于义愤，乘他不防备的时候，投之以石，作一不平之鸣。不意石头正中在他头部的太阳穴，鲜血涌起向面部下直流，我惊惶失措，转身逃到家里，一声不响暗自躲藏在祖母房内一个衣柜的角角里。到了被打的那位孩子的母亲知道之后，她带着这位孩子来我家向父亲控诉，要求赔偿，如果他的儿女因伤死了，要我抵命。情形十分的严重。父亲除了向她道歉，为那孩子裹伤并允许重重的处罚我之外，真的拿起他那块竹板子，四处寻找我。照理这一次，一经寻着我之后，一顿痛打便无可幸免的了！不料当我被父亲发现之后，我惊恐万状，把身体缩做一团，发出一声异乎寻常的哀鸣："妈呀！"父亲听了我这一哀叫之后，忽然呆立不动，由愤怒变作了迟疑和忧郁，好似遇着了一种大的力量把他转变了，手中持着打人的竹板，亦轻轻的掉落在地上。我自稚龄丧母之后，从来没有叫过"妈妈"，因为母亲去世时我尚不会叫"妈"，母亲去世以后我能叫妈妈可是我无妈可叫！这一声音，我固然不曾叫过，父亲亦不曾听过。父亲此时的情景，必然是对母亲的回忆涌上心头，对于母亲所遗下的孤苦的我，这块血肉，他顿然感觉，有不忍施以处罚之感。他呆了许久之后，还对我说："不要怕。"随即携着我的手走出家门，到场口的那株大黄桷树下，向着离此不远一座小山上的母亲坟墓凝望。此次父亲不曾打着我，我反在他心的深处给了他一项沉痛的打击！

父亲幼年的遭遇亦不太顺利，他出生的时候我们黄家还是兴旺的时代，当他六七岁时，正值太平天国翼王石达开大军窜经四川叙永，把叙永东城占了。由于我的叔祖父元基固守西城，未能得逞，翼王大军乃绕西城而过，直趋四川腹地。翼王到了扬子江边又为骆秉章的大军所阻，不能前进，又复窜回叙永，再经贵州绕道至西昌的大渡河而被骆秉章所擒，以致全军被歼。当翼王石达开所部初次经过我的家乡兴隆场时，我的祖父治基率领乡团抵抗，战败被石达开的部下擒获而被杀害。据《叙永县志》所载，说是他骂贼而死。据家中传说，则是翼王的部下要借此榨取我家大量金钱和献出隐藏山中的妇女。由于我的祖父坚持不允，于是翼王所部便要了他的命！此后不久，石达开大军回窜经过吾乡兴隆场时，在初大家以为石军已过，可以太平无事，于是避在山寨的家人乃纷纷下山回家，我的父亲便于此时被石达开的兵所掳获。这可能是由于地方的流痞告密，石军便借此把父亲掳走，意在借此勒索金钱。一直把他掳到贵州，付出了大量的金钱，才被赎回。父亲被掳的时候大约只有六七岁，他常常为我们讲述他被石军绑架的故事。由于他年小，不能走路，石达开的兵把他背起走，有时把他交给一个骑马的人，这人大约是一个军官，他很喜欢父亲，沿途对他很照顾，时时给他东西吃，要他不要哭，不要想家。一天到了贵州一个地方，这位军官在马上打瞌睡，一个不小心，他们两人从马上跌到几丈高的悬岩之下。军官受了重伤，父亲则压在他的身上而安然无恙。自此这位军官便不能乘马，改由几人用竹子绑成一架"滑竿"，把他抬起走。他的马便交给一个夫子照管，把父亲放在马上，由这位夫子牵着马走。夫子大约是兴隆场附近的人，是石达开的兵拉夫拉来的，他认识父亲，还以"大少爷"称呼他，照顾父亲也更为周到。有一天天还没有亮的时候，说是官兵追赶到了，于是石军匆匆开拔，把父亲和这位夫子丢下不管，其后才由这位夫子伴送父亲回家。家中曾付出的大量金银赎款，究竟是怎样一回事，便无从知道其底细了。

保卫叙永西城，我的叔祖父黄元基，因为对满清效忠立了大功，后来升了官，但不久亦便因病去世。因为元基叔祖父无后，我的父亲便承祧两房，元基叔祖母便成了我家一世相依为命的祖母，我们通称她为"婆"。父亲亲生的母亲究竟是如何样的人？是何时过去的？家中人很少提起。我现在还能记忆的是在每年旧历新年上坟墓时，必需要到一所修筑宏大的坟上焚香，点烛，叩头行礼，这大约就是我的亲祖母了。她去世的时间可能很早，我的哥哥姊姊平常好似对她都无印象。由此推测当她去世时，我家必定还很富有，所以她的坟墓修筑得那样宏大，父亲的年龄亦必定是很小。从父亲对叔祖母的孝顺，和叔祖母对父亲深厚的抚爱而言，可以推知父亲是稚龄丧父丧母，是全由我们所称的"婆"一手抚养而长大的。由此看来，父亲幼年的遭遇比我还要不幸；我稚龄虽然失去慈母，我有父亲、祖母和哥哥、姊姊们照顾；父亲在稚龄时，不但遭受了祖父被翼王的兵杀害的惨剧，因此而没有父亲；由于祖母早逝，更不曾享受亲生母爱的温暖。他真算得上是一早岁便失去父亲母亲的孤儿了！他的情景似乎比我更惨！

四

我们黄家自经翼王石达开攻川之变后，便开始中衰，父亲的一生便是由这一中衰的家境中挣扎而成长起来的。他既要侍奉承祧两房孀居的祖母，到了我们弟兄姊妹出世之后，家庭人口增多，生活的担子更一天一天的加重起来。母亲在世时，据说，她治家克勤克俭，井井有条，家境虽不富裕，倒可过得很好。不幸自母亲在我未及两岁时逝世，父亲一人而兼母职，孤女孤儿的累赘和生活的重担，都加在他老人家一人的身上，其处境之艰苦，真令人不可想像！他把一切的希望寄托在他的儿女，待儿女长成之后，他老人家又不及亲见，我是他生前最怜惜、疼爱的最小一个儿子，每忆及此，能不悲切！

父亲为人忠厚，处世和平，在家庭中对祖母十分的孝顺，对儿女们则在严肃中时时流露无限的慈爱。以此，我家虽算不得富裕，却过得长幼有序，老少和谐，其乐融融。每天早晚他好似有一定的课业，必须到祖母房里嘘寒问暖，请安奉茶。每次离家外出，归来时必为祖母带回一些糕饼、蜜饯之类的食品，当然，祖母个人食用的很少，多数则分给全家大小，由于我最被疼爱，我所分享的自然会特别的多些。在我们黄家一族中，共有五大房，我家是最小的一房，因此我家在全族中是班辈最高的一房，在我幼小时便有族人呼我为公公，呼父亲为老祖公，呼祖母为老祖祖了。除了我的祖母之外，父亲在一族中已是辈数最高的长辈。每遇族中的人家有了事情，或是起了争执，父亲是一位最被信任和最受敬仰的公断人。就是在兴隆场全乡中，他也是最得人信仰的一位长者。乡中和族中一遇喜事庆典，他必被尊为上座；涉讼息争，凡是请他主持，结果必定公正无偏，化戾气为祥和。父亲一生最同情贫苦的人，他有一分力量总得为贫苦的人打算。我记得在我幼小时场头上有一间茅草房，常年住着穷苦的人或乞丐，这间草房便是父亲为这些人所搭修的，虽然仅避风雨，却是善意拳拳。这种慈善的措施，从整个社会来看，不能算是解决社会问题的根本办法；从一个善良的心出发，同情于贫困无告的人来说，是值得称颂的。民国六年父亲避兵乱由乡到达成都，我最后一次有机会和他聚会，我的二哥告诉我一段故事说：当家乡兵荒马乱，土匪猖獗，场上已不能居住的时候，父亲躲在山上一户乡下人家，不敢外出。一天他老人家在屋子里闲得太闷了，他以为没有人能看见他，于是他走出屋子，在附近独自一人散步。不料事有凑巧，果然被土匪发现了，他老人家便举步逃跑，土匪亦在后面追赶个不停。正当父亲喘息不过来，不得不停步时，忽然听见土匪在后面呼唤的声音：

"老太爷！不要跑呵！你老人家身体肥胖，跌倒了不得了呵！我们都是有良心的人，那个敢对你不起，损及你一根毫毛呵！"

此事后来被土匪头子知道了，居然很义气的当面道歉，并且把父亲、二哥、三哥、五哥一齐都保护离开了匪区，一直到了纳溪县地方，才太平无事，安全到达成都。那时由我乡兴隆场至纳溪县，约有一百多里的地方，全是土匪的世界，能够安全离开真是不易！我问他老人家：为何这些地方土匪如是猖獗？他的答复非常的简单，他说：这些人那得算是土匪，他们都是乡下的穷人，因政治不良，生活无依，才铤而走险！他老人家不恨土匪的猖獗，而归根于政治的不良，要从政治的改良，才能根本解决土匪的问题，的确是一项一针见血的话。父亲一生生活在蔽塞的叙永的乡下，他对政治并不太十分了解，他对土匪问题的看法，可能是由于他平时教我们凡事要反省，要存恕道的儒家思想得来。

照中国的乡村习惯，每到农历新年，每家门前都要张贴春联，父亲对于对联似乎很感兴趣，不但自己家里门前张贴的春联要由他自撰自写，我们场上人家的春联，亦多半出自他老人家的手笔。我记得有一次旧历新年，他写了一付春联张贴在我家大门上，过往的行人看了都觉得奇怪，认为他老人家有意占别人的便宜。我不知怎样对这付对联从小便感觉兴趣，直到现在还能记得，虽然那时我对于这一对联的深意并不完全懂得。这一付对联是：

> 要学老子退一步，
> 谨遵张公忍百非。

"老子"二字在乡下人的看法等于父亲的意义，人在生气的时候，或对人不恭说话时，往往冠以"老子如何，如何"。而在此处老子二字的意义是指的一个古人的名字，即是孔子问礼于老聃的老子。乡下人习染宗法社会的观念最深，对人说话用老子二字便是于对方不敬的表示，占了别人的便宜。这付对联的意义是在叫人处世要宽容，要退让，要从远者大者去着想，不必计较一时之得失，更要忍得，耐得，勿因小不忍而乱大谋。我很欣赏这付对联具有一种处世哲学的意义，虽然好似老僧常谈，要做得到，却亦需要一番修养功夫。

父亲对旧诗文和经书非常爱好，我的大哥寿萱的学问可以说大半是师承他的。大哥曾应科举考试，考取了一名秀才，后来又考取了清末最后一次的拔贡，自此科举便废止了。父亲在满清时没有功名，亦不曾听说他参加过科举的考试，他没有功名的原因，是否由于经过了一次的失败，便不去应试，抑或尚有其他的原因存在，那便不得而知了。民国三、四年间，我正在上海南洋中学读书的时候，他因为想念我太切，特写了一首长诗寄我。这首诗写得非常动人，流露出一种思念爱子丰富的感情，使我读了几乎辍学回乡，长依在他老人家膝下，不再追求学业的深造。诗中虽然充满了使我感动凄怆的情绪，可是在他老人家的信里，却又一再要我保重身体，努力上进，勿以他老人家为念。天下做父母的人对于儿女的爱护，真是无微不至，都是如此的矛盾难解，都是如此的克制着自己的感情！为了儿女的前途，把一切的痛苦隐藏在自己内心独自忍受！

在南洋中学时，我和几位要好的同学，课余大家商谈各人的志趣，那时我们已经感觉到中国科学落后，产业不发达，是中国衰弱、不振的原因，大家相约专习理工，不重文法科系以求对国家社会有所贡献。我因数学的根底不好，不能企望在理工科学方面发展，于是我决定了将来要进农科。我把此意写信禀告父亲，他老人家高兴得不得了，于是把我家仅有的几亩薄田的一块沙坝，都遍植了桑树，预备我学成回乡从事农业。我因为幼年便卷入了革命的洪流，后来终于仍然走入学习文法方面的学科，正与初意相违背，这可能是使他老人家引为失望的。他老人家最感兴趣的是学农可以回乡，这是他所注意的，学农并一定能引起他的重视。他老人家不知道近代的农学是要把科学技术伸入到农村，把农村的生产改良，把农村无用的人力向着都市推进，以发展工业，并不是学农，便可把人钉在农村，留在家下。他老人家这一观念当然是陈旧的，虽然是出于至情的。现在的人对于农业教育的批评指责，仍然存在着"农不归田"的陈旧观念，中国进步之缓慢落后，原因在此。我在此不是有意说父亲的不是，而是感叹几十年来中国人对于近代科学技术之不够了解，以至进步迟缓！我民国三十六年最后一次回到家乡，曾看见父亲为我所植的那些桑树，因为无人加以利用照料，已变做一株一株粗大的野树，我用手抚摸着它们，心里有无穷的感念！

五

我和父亲最后一次的见面，是民国六年的冬天。那年的暑假我刚刚在上海复旦公学的中学毕业，由于年少好动，心猿意马，我又放弃学业，由上海至广州谒国父孙先生，奉命绕道云南回到成都。其时父亲正好由叙永家乡因避兵乱亦到了成都，这一会面真不平常，好似冥冥中有了安排一样。父亲那时年已六十有余，须发皆白，他见着我当然是快慰之极，但当他知道我不再专心学业，他又引以为不当，要我从速离开四川继续出外求学。我离川赴日本留学了一年多，又因民国八年五月七日国耻纪念日，留日学生计划在东京中国公使馆开会，被一等秘书代办庄景珂邀请日本警察武力加以阻止，于是发生我留日学生与警察的冲突，我被拘捕到东京樱田町的警察局，拘禁了二十三小时后才放出，自此我便愤而离开日本前往美国留学。当我正要启程赴美国时，忽然接到四哥的家信，说：父亲已于一月前在成都病逝！遗嘱要我奋勉求学，不必回家奔丧。自此我便和他老人家永别了！哀痛曷极！回想当我民国六年的冬天离开成都时，父亲送我到成都的东门的城门口，他挂着一根拐杖，走路已不太方便，然犹勉为欢笑，隐忍着离情，不让表露，使我能放心奔赴前程！我劝他止步，他又再走几十步送我，站在河边，待我船开了之后，才见他转身拭泪的情形！在我临行时，父亲对我最后叮嘱道：

"你要保重身体，立志要坚定。我的身体很好，你用不着记挂我，你好好读书上进，俾他日有所成就，我便快乐了。"

这是父亲最后对我说的几句话，自此以后便人天永远了！在大陆时期我曾请了一位广东的画家，为他老人家画了一幅油画，悬挂在我家客厅里。这幅画虽然是根据照片画的，却栩栩如生，音容笑貌，一如平时。现在这幅画随大陆而失去了,目前我的身边竟连他老人家的一张照片亦没有,想起来真是凄楚万分!

（原载一九六六年十月《传记文学》第九卷第四期）

忆我幼年相依为命的祖母

一

幼时我的父亲教我读《古文观止》，因为当时偏重背诵，不注意讲解，由于年幼缺乏理解，纵能倒背如流，而文章的奥妙和意义均觉茫然不知。惟独对于李密的《陈情表》和韩愈的《祭十二郎文》，虽不能完全了解其意义，但每一朗诵却令人最为感动。《陈情表》一文所流露的是祖母孙儿之间的至情依恋，《祭十二郎文》则是幼弟与嫂、侄间幼年凄楚的遭遇所流露的感情，由于这两篇文章文情并茂，句句出于真情，而又与我自己的身世遭遇相类似，故至今读之，仍不禁内心为之酸楚！特别读到《陈情表》中的："臣无祖母无以至今日，祖母无臣，无以终余年，祖孙二人，更相为命。"和《祭十二郎文》中的："嫂尝抚汝指吾而言曰：韩氏两世，惟此而已！汝时尤小当不复记忆，吾时虽能记忆，亦未知其言之悲也！"我在本刊前几期连续发表有关于我的故乡,我贤淑的长嫂,我仁慈的父亲各文,在初仅是一种感忆,写出来聊以应付《传记文学》征稿之用,不料每一执笔,悲从胸来,竟至墨与泪俱,不能自已!现在我要写有关于我慈祥恺悌的祖母的回忆,心情又不觉沉重起来,辍笔不写吧,则情有未尽,意有未抒;继续写下去吧,则又内心酸楚,不能抑制!

祖母娘家姓孙,她叫甚么名字我都记忆不起了。她应当是我的二叔祖母,因为叔祖父元基早逝,我的父亲承祧两房,我自己的祖父、祖母亦因早年逝世,父亲是由这位叔祖母抚养成人的,所以我们一家对于她的孝顺尊敬,与对自己的亲祖母并无分别。在清同治年间,当太平天国翼王石达开由湖南、贵州窜扰四川,攻打叙永的西城未逞,因而未能进入四川腹地,才回窜贵州、云南,再绕道进入四川的西昌,以致在大渡河一役被骆秉章的部下歼灭败亡。保卫叙永县西城的一名战将便是我的叔祖父黄元基。叙永县城分东、西二城,中间隔着一条永宁河,东西二城由两座大石桥连接,靠城南的名叫上桥,靠城北的名叫下桥,上下桥是贯通东西两城的交通要道。在我幼时,祖母时时对我谈说当时叔祖父守卫叙永的一些故事。

大约是由于当时交通不便,情报的组织不够严密,当翼王石达开的大军由贵州窜至四川的消息尚未分明时,与贵州接壤的叙永城,只有枕戈以待,从事警戒。元基祖父那时正负防守叙永的专责,一日他率领了少数队伍向贵州方面巡哨,不料在离城不远的地方便遇到了石达开的先头部队，一场遭遇战于是爆发。因为众寡悬殊，便先吃下了一个败仗，正当紧急之际，他被摔下马来，马即向城中狂奔。幸而他武艺超群，地形熟悉，乃得攀山绕道，由一个名叫流沙岩的地方随沙石滑到河边，游水渡过永宁河而至西城，东城亦随即被石达开大军所占领，他是由绳索吊进西城的。原来当他那匹坐骑，狂奔经过东城和大桥而进入西城时，城里的人才发现敌人已经迫近，更疑心他已经战死，此时援救东城已经来不及了，只得把西城城门紧闭。西城乃因此马之逃回而得救。乡下人有一段神话般的传说：当翼王大举由东城进攻西城时，适在夜间，当他大军迫近石桥边时，忽然停止前进。据说是因为看见一个红脸美髯的巨人，手执青龙偃月刀，一只足踏在城墙，一只足踏在大桥上挡住去路，以致惊惶失措不敢前进，只得绕城而过。石达开绕过西城进到扬子江边时又被骆秉章大军所阻，所以又才回师窜入西昌，招致后来的失败。祖母和乡下人都相传那位红脸美髯的巨人，乃是关圣帝君显圣，拯救了西城百姓免于灾难。叙永城里有座庙宇叫春秋寺，香火旺盛，修建得规模宏大，画栋雕梁，美丽壮观，庙中所供奉的神便是这位显圣的关公。在抗战时期西南联大曾由昆明迁移一部分员生至叙永授课，地点便是借用这座春秋寺。祖父元基那匹坐骑，亦被乡下父老视为神驹，一代一代的相传不朽！

　　当石达开大军进攻西城情势紧急的时候，祖母和元基祖父都被困在西城，一旦城破，祖父和她当然是无可幸免的。祖母叙述她当时的打算，有三条路可走：一是悬梁自尽；二是服毒自杀；三是跳井自沉。她说祖父在此时如果战死，叫做为国尽忠，她随着祖父而死叫做尽节；可以扬名千古，被后人崇拜。她所谓的为国尽忠尽节的对象当然指的是大清帝国，后来到了她的孙子一辈，却有不少的人参加了推翻满清、建立民国的革命运动，有被清政府杀头的，有判处永远监禁的，这些行动似乎违反了她的意愿，出于她的想像之外，但她亦并未尝表示过异议！对于时代的变易，今昔的不同，她并不十分固执成见！她最坚持而不让步的是她虔诚供奉信仰的观世音菩萨，她把一切人类的休戚得失都归于她所信仰的神的意志和安排。你只要对于此点有所怀疑，或有所亵渎，她便会不高兴起来，一反她平时慈祥恺悌的风仪。

二

祖母晚年的生活是相当寂寞的，安慰老年人的寂寞最好和最有效的是有幼小的儿孙相依膝下，因为已经成年的儿孙们各有他们自己的事，或已成家立业，或已远游他方不能经常在一起，而且即能长在一起，亦远不如幼小的孩子那样天真无邪适合老年人的脾味。我因早年丧母，一家之中是最幼弱的一个，因此，最被祖母所疼爱，亦最能陪伴她的寂寞，真可说得上"祖孙二人相依为命"的了。当我五六岁时，她老人家患了一次大病，卧床数月，几至不起，她能逃出死神的召唤，实在是举家的庆幸。当她大病初愈，尚不能单独行走，她用手来扶着室内一张小桌慢慢习步，其时只有我一人在旁，我忽然看见她身体不能支持，向后倒下！说时迟，那时快，我本能的用全身的力量在后面把她抱住，我们祖孙二人便一齐跌倒在地上，她紧压在我的身上，她的体重使我不能负担，我的气息亦几乎被窒息了。她恐怕压坏了我，她一面努力挣扎向旁边滚，一面大声呼叫家里的人前来照料。当她挣扎向两旁滚，企图不至把我压坏的时候，我身体所受的压力特别的大，竟至叫喊亦不能了！一直到了家里的人到来，才把祖母和我两人扶起。事后祖母对我说："你为甚么不度德，不量力，要如此的做？假定把你压坏了，叫婆婆如何活得下去？婆婆已经老了，跌死亦不算一回事啊！"这件事在我家里传为一种美谈，自此我更博得她和家人对我的钟爱。

我幼小时最喜欢听祖母讲故事，她所讲的故事中，有几件事颇具有为人作事的哲学和教育的意义。回想起来，可能对我一生作事为人启发很大。

她说过一件"猴子搬包谷"的故事。乡下人叫玉米为包谷，多半种在山岳地区，贫瘠地方的人靠此为一种主要的食粮。她说：有一群山上的猴儿，到了一处农人种植的"包谷"田里，猴儿们预备把一块田地的包谷摘下来运回猴巢去做食粮，于是开始把已经成熟的包谷一一摘下。当每一猴儿把第一次摘下的包谷挟在胁下又摘下第二个包谷的时候，因为没有其他地方可放，于是又把这一只包谷往胁下一放，不料把第二个包谷挟在胁下了，而第一次所摘的包谷却已落在地上。他们摘取了第三个包谷又往胁下一挟时，第二次所摘的包谷又掉在田里了。猴儿们如此把农人满田的包谷都摘完了，结果所得的包谷仍只有一个！我当时听了这段故事很觉有趣，但并不知道它的意义所在。现在才明白这是一件叫人做事不要贪多，贪多的结果，于人有损，于己是无益的。凡事损人而可利己的话，偶一为之已属不当，若是只是损人而不利己的事，亦要去做，那又更糊涂了。

祖母时时引川剧中的"驼背子请医生"的故事对我讲。她说：一个驼背的人嫌自己生得太丑陋，于是去请教一位医生，问他能不能医治驼背，医生说：可以。驼背的人听了高兴极了，于是便请这位医生为他医治自己的驼背。医生用的办法是把两块厚厚的大木板，把驼背的人身体挟在两板的中间，于是叫了几个大力气的人在木板两头用尽力气去压挟。结果驼背是压平了，而驼背的人却一命呜呼了！这段故事好似在说：做事要顺乎自然，不可过于勉强，更不可使用暴力，使用暴力虽然一时可以把驼背压平，但是人的生命便成了补偿的代价，所谓弄巧反拙便是。

因为祖母虔诚的信仰神，所以她的心灵有所寄托，因此她时时都觉得平安、快乐和祥和。她所说的故事不但具有哲理而且亦颇具幽默感。譬如：她讲一段说大话，而不依据道理和事实的故事，便是一个例证。故事是这样的：一群说大话的人，亦即是四川话所谓"冲壳子"的人，聚在一起。甲说：他曾看见过一个高大的巨人，头顶着天，足踏着地。乙说：这人不算高大，我曾见着一个人坐的时候，头顶着天，屁股坐在地上。丙说：这亦不算高大，我曾见过一人，仰卧的时候，腹顶着天，背贴着地面。丁说：这亦不算得高大，我曾看见过一人，上嘴皮顶着天，下嘴皮贴着地。于是大家对丁的说话表示怀疑，都说：天下哪有上嘴唇顶着天，下嘴唇贴着地的巨人？果然如此，那么这个人的身体又放在何处呢？丁的解释说：

"这种人只顾得用口讲话，身体放在何处便顾虑不到了！"

我一次听了这一故事之后，我问祖母：

"你老人家讲故事时，是不是像这一巨人一样？"

她大笑了，她用手在我的头上拍了几下，说道：

"我把你这小讨厌一无办法！"

她当时虽然觉得我在和她打趣，但是她并不为此对我生气，反而觉得我的可爱。

她喜欢讲神的故事，其中多半是属于因果报应一类的故事。现在想起她所讲的一些神怪报应的故事，对于幼小的孩子并不太相宜，不但增加了孩子的恐怖心理，而且亦窒息了孩子的思想发展。说到报应，她时时引用"善有善报，恶有恶报，不是不报，日子未到"的话。不过她解释因果的道理却颇具有启发的作用。她说："要知前世因，今生受者是；要知来世因，今生作者是"这句佛家的话应用到国家的教育建设上却很有道理，古人把教育认为是国家的百年大计，今人把教育认为是国家最有利的长期投资，也即是种因的道理，如果现在不投资，将来便不能有所收获。

<h1 style="text-align:center">三</h1>

　　孝顺父母，尊敬长上，是中国社会最重要的守则，孝子是社会最被奖励的典型人物，回想起来我的父亲对于我的祖母的孝顺承旨，真可以说得上是一位大孝子了。最好一个比较就是我们弟兄姊妹八人对于父亲的孝顺，便远不如父亲对我们的祖母之诚笃周到。由于我们的无知，或者是受了小小的委屈，一被祖母知道，往往为父亲带来不少的麻烦，在祖母面前，好似孙儿们的分量要比父亲为重，祖母稍有责难，父亲便毕恭且敬地，俯首接受。假使我们弟兄姊妹犯了天大的过失，只要逃到祖母那里，便获得安全的保障，有如一个最安全的庇护所，父亲竟把我们莫可如何！

　　祖母是早年孀居，父亲是她承桃的儿子。但在孝道上讲，父亲对祖母的孝顺甚于亲生的母亲；祖母之厚爱我的父亲，即使是一般对待亲生的儿子亦将有所逊色。祖母是我们一家之长，她所给我们全家的影响，并不在她辈数高，权力大；而是她慈祥恺悌，温和恳挚，从无疾言厉色，加在我们的身上，尤其是最弱小的，最被她钟爱。她是我们全家的指挥官，信仰的中心和精神的堡垒，没有她，全家好似少了维系，有如失舵之舟。她是一位最虔诚的佛教信仰者，她供奉了一尊观世音菩萨，每日烧香礼拜，数十年如一日。乡下的人称她为"活观音"，在我的感觉，她的大慈大悲，至大至刚的善心，至少使我们全家大小共沾了她的雨露，说她是一尊活观音菩萨，并不算是过誉。她的善行并不单单表现在慈祥柔和方面，而是在大难临头中，所表现的刚强和信心。我的家里曾经发生过两件大事，都是凭着她刚强的信心，苦苦的挣扎才得以过去，化灾难为祥和。

第一件事是：祖母解救了全家免于传染病而死亡。在我幼弱的时候我们全家大小，除了祖母和我之外，都患了一种可怕的病症，乡下人叫它是"鸡窝寒"，此种病在当时医药不发达的情况之下，可能全家死绝，很难幸免。此病传染性极大，令人谈虎色变，一经遇到，虽至亲好友，都将裹足不敢前来照顾，以免传染，祸及己身。"鸡窝寒"这种病，可能即是现在所谓的"重伤寒症"，现在已经有了好的治疗和防止传染的方法，死亡率已减至很小，并不算得不可救治的病症，可是在六十多年前，尤其是在当时闭塞的乡下，情形便无比的严重了。我在幼小时虽然免于这次的灾难，但当我二十五岁时，民国十三年在广东，反而患了此病，亦几乎把命送掉！在这个时候，医学已相当发达，我住的医院又是广州设备最好，位于珠江中一个小岛的颐养园，主治医生是有名的德国人隆美尔，经过极为险恶，他亦几乎弄到束手无策了。据说此病患了一次便可免疫，但我在民国二十年时却又患了一次。我记得当九一八事变发生时，我正卧病在广州中山大学的医院，此次的病情没有像民国十三年时那样严重，但此种病症的再度感染，在医学上的例子却并不太多。

当全家人患了可怕的传染病后，在家内主持一切的全靠祖母一人，她既要看护照料病患者的医药饮食，又要打理少不更事的我，亲友中只有我的大舅舅不怕传染尚时时来到我家照料，其他的人皆惊惶失措裹足不前了！祖母当时的情形如何我一点亦想不起来，据事后亲友们所说：她镇定如常，有条不紊，亲友们袖手不前她并不以为意，亦并不怨恨他们。她把一切的责任一肩担起来，不断的操劳看护病患，不断的日夜在她供奉的观音菩萨座前焚香顶礼，虔诚祷告，把希望寄托在神的庇佑，使全家能以得救。在科学昌明的时代这好似一种迷信，但在科学未昌明以前，人们没有方法控制灾难，解救病痛，除了信仰神能赐给奇迹之外，并无其他力量可资帮助啊！信仰是一项不可思议的力量，科学的时代亦复如此，近代的宗教不因科学的昌明而失去其重要，其原因亦在此。诚心与专一的信仰往往会发生出奇迹的。祖母是一位虔诚的神的信仰者，她在平时是慈祥恺悌，柔弱祥和，到了急难到来，她便刚强无比，光芒万丈了。人们不一定要属于任何宗教，却不可没有高尚的信仰，有信仰的人，心灵是永远平安的，有了心灵的平安才能发出救世救人，救苦救难的慈悲，亦才当得起大事。

我的祖母凭着她对于神的信仰，终于把全家大小从死神的手中夺回。她所信仰的神是她所供奉的观音菩萨，我对于观音菩萨的神威并不如祖母那样的笃信，我最赞佩的是祖母那种虔诚的信仰，使她在大难临头，举家病倒，医治乏术，内外无援险恶的遭遇之中，沉着不乱，独立支撑，使全家竟以得救这一事实。用现在的观点而言，这可能是偶然的和不科学的；在具有信仰生活的人而言，这正是信仰所发出的力量，不易以常理来加以解说。在我看来信是行的起点，行是知的实行，没有信仰，有了知识亦不会见诸实行。因此一个没有信仰的社会，可以说就是一个没有灵魂的社会，没有灵魂的社会是不能存在的，即使存在亦无意义与价值的，个人如此，一家如此，一国亦是如此。

第二件事是：当一次全家张惶失措，哭成一团，陷于绝望的时候，祖母仍沉着不乱，处变若常，有若事有前知，力排众议，不予置信。第一件事的发生时因为我年龄太小，已不能记忆，仅得之于家人的传说。第二件事发生在我七岁的时候，为我所亲见，当时情况，历历如在眼前，故尚能记忆。我的二哥金台在光绪三十二三年时随着我一位堂房的大哥尊瑞在广西作事，父亲大约亦是被约前往帮忙，不料行至贵州与广西交界的一个地方名叫罗斛厅，忽然身染重病，医药罔效，生命垂危，似已陷于绝望的地步，同行的人把情形一面函知我在广西作事的二哥，一面带信给我们家里。当家中人闻讯之后哭成一团，不知所措，祖母则镇定如常，她自己不但不随大家伤感，反而安慰大家，要大家不予置信。她所持的理由是父亲为人公正忠厚，平时积德载福，神将予以护佑，断无身死他乡之理。她此时仍集中她的精神在她供奉的观音菩萨之前虔诚的为父亲祈祷，家人的哭泣纷乱，全不能影响她的安详镇定。其后不久，果然父亲病亦好了！由于二哥由广西赶到贵州罗斛去照料，父亲病好之后，二哥便不让他再到广西，劝他仍折回兴隆场家乡。父亲病好回家的消息，事前家中人并无所知，我记得他乘的是一匹贵州骡马，当他到了家的大门时才被发现，于是全家大小一涌而上把他围着，大家高兴得几乎说不出话来，恍如一场大梦！

祖母听见大家的欢声，亦赶着前来，但当她看见父亲之后，她不但没有发出和我们同样的欢声，反而大哭起来，这是我看见祖母痛哭流涕唯一的一次。现在回想起来，当父亲旅途患病的消息到达我家之后，全家大小都慌乱哭泣，不知所措，而祖母则仍安详镇定，一如平时；当父亲病好远道归来，大家正欢喜若狂之际，她反而抑制不住感情哭泣起来了；由此可以推知她老人家以前表面安详镇定，内心是如何的沉重！没有大大的修养功夫和坚定的信仰，又岂能做得到？有信仰的人，心灵常是平安的，到了大难来时，才能镇定如常当得起大事，我的祖母的情形便是如此。祖母在事后谈及此事，仍归功于她供奉的观世音菩萨的保佑，我至今虽然未能完全同意她信仰的菩萨有那样的威灵，可是她那种对神的虔诚却极其珍贵。正所谓"精诚所至，金石为开"，"人有诚心，自有神助"！

四

说到祖母所供奉的那尊观音菩萨，如果用现代人的观点来论断，实近乎一种迷信，因为她信之弥笃，即使到了现在，我亦不敢，或不忍，对她有所批评。在我看来，有信仰总比没有信仰的人好，因为有信仰的人尚有所守，没有所守的社会，必至造成横决和灾难，一发而不可收拾。何况在六十年以前的一个闭塞的四川叙永县的乡下，交通不便，文化低落和教育不普及的情形之下，这种情形又何足为怪？在科学昌明的今天，用现在的观点而要论断前一代处于闭塞社会人们的行为，你可以说他是一种愚昧，但你要知道当时的情况却不可以忽略那时的真实，如果用现代人的观点来加以评断是不切实际的。因为你要叙述和知道的是过去，而不是现在。在若干年代以后，假定科学再有大的进步，人类心灵更有大的发现，未来的人亦许同样指责我们这一代人的一切为愚昧了！我在此要举出一些有关祖母信奉的观音菩萨的传说,事情好似近乎荒诞无稽,但在我幼时却听见乡下人说得活灵活现,把它当着真有那样的事情发生过一样看待。

兴隆场街上的人都叫我的祖母为"佛婆婆",原因是她对神的信奉最虔诚,她供奉的那尊观音菩萨最灵,时时都在显灵。有许多街上的人深夜走过我家门前,曾经看见我家正屋,亦即是供奉祖先牌位和观音菩萨的堂屋,有时金光照射,辉煌如同白昼,从门缝中露出光亮,他们说这就是我家的观音菩萨正在显圣!有时家中人夜起,亦往往看见此种情形。在我幼小时,当然没有能力判断这是怎么一回事,大人们如何的说我亦便信以为真了。现在想起来,这可能是供神的油灯,当油干灯草尽的时候所发出最后的闪光,便被人们附会成为菩萨的显灵了。在我四五岁时,我家附近发生一次火灾,延烧到了我们的家里,房子大部分已经着火,火头到了祖母所住的那部分房屋时,忽然被扑灭了。于是乡下人又引为是一种奇迹,并张大其辞的说是看见一位手持大扇的白发神人往来于天空,用他那把大扇子把火头煽灭,所以祖母的卧室才得保全,乡下人认为这又是一次菩萨的显灵,亦是神对于祖母虔诚信仰菩萨的好报应。火头到了祖母的卧室便被扑灭是事实,我在民国元年,正当我十三岁时回到家乡,仍看见祖母卧室外面的墙壁和大的木柱上被火烧烘过的黑色的痕迹。至于究竟是由于人力把火头扑灭呢?还是由于神人的大扇所煽灭呢?用现代人的知识判断，是属于前者；用闭塞社会时代的说法，则是属于后者；在科学没有昌明的社会，凡是对一种未知的特殊现象加以解释时，便只有归到神的账上，变成神怪的传说。

祖母的仁慈和她崇拜神的虔诚，的确引起家乡的人对她十分的敬爱，乡下妇女受了委屈，或是家庭的争执不能解决时，一经由她劝说，莫不化戾气为祥和。我对祖母所信奉的观音菩萨曾经表示前后两次的怀疑，一是纯出于幼小时代的无知，一是出于对现代知识的一知半解的时候。由于她对自己供奉的观音大士有所偏好，她最不喜欢我们家里以外的人前来烧香叩头，或是备具猪头鸡鸭一类祭品前来祷告。事实上，她越是不喜欢别人前来敬礼她供奉的观音，而前来叩头祈祷的人总是不断的有；但她却未曾疾言厉色加以拒绝过，只是事后微示不满的颜色而已。一次我天真无邪的对她问道：观音菩萨处处都供奉得有，别人家前来我家行礼你应当引为高兴，为何你还有不快之感？祖母这次却生气了！她说：他们到别处去拜观音菩萨我不管，一定要到我家来拜，我却不能赞成。第一我怕他们身体不干净，得罪了我的菩萨，第二我怕他们存心不良，目的只在求福免灾，而不在行善劝世，亵渎了菩萨的尊严。这是我幼小时为了观音菩萨和祖母发生歧见的第一次。

另外一次是：在民国元年，当我由成都回到乡下省视祖母、父亲的时候，她自然高兴万分；她见到我离别三年之后，人亦长大了，见闻亦多了，一举一动都不像昔时的一个乡下娃娃样子，她又把别后一切的顺利情形和我的进步归功于她的观音菩萨的保佑，津津道个不休。当我就那时我所知有限的科学知识表示怀疑时，她竟大大不以为然。最后，我只得说：我虽不一定相信菩萨，我却万分相信祖母；祖母相信菩萨已带着我信了，以博取她的高兴。毕竟她亦转嗔为喜了！说到个人宗教和信仰的问题，的确是难以用道理说得清的一件事。我以前对基督教本来没有太多的了解，更说不上信仰；但由于四十五年前在美国留学的时候受了女房东卡罗尔老太太虔诚的信仰所感动，我虽然没有受洗，亦不经常到教堂做礼拜，但是有人问我是不是一个基督教徒，我的答复往往是一项十分不逻辑的一句话：那就是说我不否认我是一个基督教徒，其原因是我被昔时虔诚的卡罗尔老太太的信仰所感动。我至今并不信仰观音菩萨，但是由于祖母的虔诚，我不反对任何人信仰观音菩萨。我一生对于宗教信仰的观点，可以说全被这两位老太太占住了我心灵的全部，使我脆弱的理智，敌不过我对她们两位浓厚的崇敬和感情。

大约在一年以前，在台北市中山堂举行的一次亚洲佛教大会，我被邀请参加，当全体僧侣起立合十念经祈祷的时候，我亦随众起立，合十，闭眼祈祷，当祈祷完毕，我睁眼坐下时，我才发现被摄影记者将我合十闭眼祈祷时的情景摄入镜头，并见之于第二天的报纸。因此，社会人士便以为我是一虔诚的佛教徒，我在此似乎有加以说明之必要。说我对佛学的研究是颇感兴趣则有之，说我是已经皈依的佛教徒则并非事实，为了纪念我仁慈而虔诚信仰观世音菩萨的祖母，我不否认我是一个佛教徒。这不是出之于我的理智，而是出之于我对祖母的崇敬。至于说到我合十闭目祈祷时的样子，有如一个虔诚的佛教徒的话，可能是我幼时随着祖母拜菩萨时习染至今存留着的一项下意识的动作。

我幼小时可能是一个倔强蛮横的孩子，一遇到不如意的事时，或是受了甚么委屈，不是以哭泣来表示反抗，便是面对墙壁，一言不发，呆立不动来表示愤怒和抗议。有时站立几个钟头之久，连吃饭的时间到了，亦不稍稍移动。家中任何人在我这样蛮性发作的时候，对我都一无办法，唯一可以改变我，使我衷心接受恢复正常的人，便只有我慈祥恺悌的祖母。她不用强制的办法来使我服从，而是轻言细语的使我心悦诚服地接受她的意见。她所用的辞句很简单，但是效力却无比的大。她常常这样的说道：

"又有甚么不平的事使小陆生气呵！小陆是专打不平的好孩子，他一见了不平的事比他自己受了委屈还要难受呵！你们为甚么不帮他打不平，还让他一人呆立在此生气？小陆，你告诉我，有甚么事惹得你生气？快快说出来，让婆为你主张公道。"

小陆是我的小名，因为我弟兄六人我是最小一个，婆是我们对祖母的称呼。她用如此的话来感动我，我一遇到她如此，一切蛮性都归于乌有，好似雪融化在水中一样，立即依偎在她的怀里，任由她摆布，我只有乖乖的听她的话，驯服有如羔羊!

祖母是民国六年春天在叙永兴隆场家乡去世，其时我尚在上海复旦公学读书，家里的人恐怕我知道之后悲伤过度，影响我的学业，密不告我，等我知道已是民国六年冬天，我经由广州绕到云南回到成都之后了!据我的二哥二嫂告我，她逝世的经过情形是十分奇特的。她那时已经快到九十岁的高龄，一天她忽然精神萎顿，家中人感觉到情形严重，立即请医生为她诊治，按脉检视以后，一点病状亦看不出来，只是精神一直委顿下去，到了最后说话亦感觉困难了!二哥看见情形不佳，于是急促问她有何遗言，只听见她口中发出微弱的声音：

"十三! 十三! 小陆! 小陆! "以致呼吸停止为止!

"小陆"是我的小名，至于她临终所说的"十三"究竟是甚么意思? 因为大家忙于办理丧事都无暇加以研究。迄至丧事办了之后加以研究时，亦不知其意义之所在。起先，家中人以为"十三"可能指的是一个时日，这个时日又可能是前代祖先，或者是某一菩萨的生日，或忌日。但是查遍了家中的记事，都未曾发现有"十三"这个日子有何意义! 不料在她丧事办理完竣不久，我们家乡发生一次大的兵灾，由泸县败退经过我乡的乱兵，纪律废弛，奸淫掳掠，无所不为，家中人临时仓惶逃难，狼狈不堪。我的二哥二嫂有一个两岁大的侄女，其时正在酣睡中,我的二嫂在慌忙中把这孩子抱起就跑,跑了二三里路之后才发现孩子在哭泣,停步检视才知她把孩子的头抱在下面,两只小足朝着天上!事后发现这一天竟是那年的某月十三日!

　　相传信佛功夫深的人,临终安详一无痛苦,祖母临终时便是如此情形。她临终犹在叫"小陆"我的小名,可见她是如何的记挂我?她对我的慈爱是如何的深厚?现在回想她的音容和她生前给我的教诲,真是天高地厚,永远难忘!

（原载一九六六年十一月《传记文学》第九卷第五期）

忆董作宾先生

　　十一月二十三日是董作宾先生逝世三周年纪念，正拟写一篇文章来表示对他的追念，不意在十一月五日那天，从朝至午，主持了一个六小时又半的会议后，夜间突然发现尿中有血，遂请近邻的张元凯医师来寓诊治，当即注射止血药针，静静地躺下休息，过了约半小时的时间，我又起来小解，尿中血液更浓，乃遵张医师之嘱准备到医院检查。于是打电话给台大医学院的魏火曜院长，承他的热情协助，特请泌尿科专家谢有福先生一同来寓诊断，当夜即住进台大医院，由谢先生亲为检查，迅即查出病源，系前列腺的黏膜血管破裂，尿中的血液是由此处渗出。大约由于五号那天开会时间过久，精神集中，忘记小解而引起。病源既明，经过打针吃药便已安然无事，正所谓"有惊无险"，引以为慰！在民国三十一年我因割治胆石病，在抗战后方的成都曾进入董秉琦医院一次。二十五年来住入医院这是第二次，既然住入医院，遂决定趁此机会把身体的各部门作一次健康检查，今已检查完毕，除了血糖度数稍高，幸无其他疾病。在这住院疗养的两星期中，感到遗憾的是未能参加十一月十二日的国父百年诞生纪念和具有重大历史意义的中华文化复兴节的首次纪念会，不禁，思绪亦不时会牵挂到有关文化的问题上。因之，对于去世的几位对中华文化有过特殊贡献的朋友，便兴起无尽的怀念。其中之一，便是甲骨学的权威学者董作宾先生。

我在"教育部"工作的四年中，不幸丧失了几位文化界的重要人物，如像于右任先生、朱家骅先生、蒋梦麟先生、梅贻琦先生、胡适之先生、董作宾先生和董同龢先生，为了他们的逝去，我时时感到十分的悲戚，这确是无法弥补的一项损失。他们所留下来的重担，至今仍需要继起有人来努力予以承担。文化这个东西，说来也真奇妙，正如老子形容"道"的功用一样："视之不足见，听之不足闻，用之不足既。"它影响于一个民族的兴衰得失最为深切，而又往往难于被人觉察的。

于先生、朱先生和蒋先生都葬在台北郊外的公墓，胡先生与董先生则在南港中研院门前的小山上比邻长眠！另一位学人董同龢先生亦葬在作宾先生的近侧。我每次去南港，总去看看胡先生的墓，亦不忘记到董先生的墓前逡巡。亦可说是为了要去看董先生的墓，才顺道拜望胡先生。他们二人对中国文化的贡献都很大，胡先生渊博，董先生专精，尽管身后的哀荣有别，而其影响于文化学术者却同样深远。我对于于、蒋、胡、梅诸先生的去逝都曾写过文章表示哀悼，惟独对于朱骝先生和董作宾先生每当执笔为文，却不禁百感交集不能落笔，至今引为遗憾！

作宾先生诚朴而温文，他的外貌正是我国文化的一个表征。他的一生，大部分时间，都贡献给田野考古工作和中研院历史语言研究所。犹忆对日抗战期中，史语所播迁到四川南溪县的一个小镇李庄，那时我正担任四川大学校长，我曾同当时史语所的傅孟真先生商议，请他把史语所迁到战时文化中心的成都来，因为南溪的李庄太偏僻，交通异常不便，而在成都的几个大学，又都迫切地需要史语所的学人参与教学工作，史语所庋藏的珍贵史料，尤为成都各大学从事研究工作者所向往。如果愿意迁移成都，我将为史语所修建一个宏大的大楼作为所址。孟真先生当时亦颇同意我的看法，不过他说四川大学的国学部门已有不少老师宿儒，他们的成就是很可观的，恐怕与史语所的先生们未必能合得来。后来由于战事日益紧张，空袭又很频繁而没有实现这个史语所的迁移计划。来台以后，一次我和董先生闲谈，对逝世不久的孟真备致其哀悼，同时我亦把抗战时期的这一计划告诉他。他很坦率地带着笑容说：

"你在不怀好意！傅孟真岂是好惹的，你这岂不是打算吞并史语所吗？"

"利己而又无损于人的事，何乐而不为呢？这之间似乎没有吞并的意思在内吧。"我说。

也许由于我当时的努力不够，抗战期中史语所没有迁到成都来。但今日想来，如果史语所当时搬迁到成都一个比较安定的环境里，胜利后可能不会那么快地迁回南京，那末，大陆失掉之前是否能将全部珍藏运送到台湾就很难说了。若然，我的遗憾当是如何的深巨呢？史语所的学人们对古物的爱护真可说到了生死以之的地步，前数年因为要史语所的几件名贵古物珍藏参加在美国纽约举行的一项展览，现在所长、考古人类学权威李济之先生就十分耽心展出品的保管和安全问题坚持慎重，我费了许多唇舌，才获得他的同意。后来虽原件运回，使我内心如释重负，但不幸一只稀世之珍的石虎竟略有裂痕，使我至今耿耿于怀，愧对济之先生。他的内心的痛苦虽然对我没有发出，而他珍惜国家文化遗产生死以之的精神实在值得令人敬佩而感动。我每次与他相见，必想及此事，每一想及此事，总觉得十分歉然；歉意只有尽在不言之中表示！

作宾先生的生活一直很清苦，在他自己而言，当然是不以为苦的。一九五五年，他应香港大学之聘将离开台湾，我曾劝他不要离开，他坦然说："到那边可多赚些钱，好带回来补贴。"我那时因子女们都在求学阶段，负担很重，我说："谈到补贴，我正有件事要求你，我有一个珍藏的端砚，据说是杨继盛的旧物，请你替我鉴定一下，说不定一经名家品评，价值连城也未可知。"作宾先生对此颇感兴趣。过了几天，他把端砚送还我，他说："据我看，这件东西解决不了你目前的问题！"

言下似乎对此物有所存疑。他到香港大约住了三年，果真就翛然回来了。此后他的健康趋于衰退，时或住院疗养。大约在一次宴请海外学人的聚会中，我邀他作陪，那天，我们谈得很高兴，我对他说："那回你替我鉴定的端砚，你的品评，颇使我失望。"他说："既然如此，请你再拿来我替你仔细看看。"我说："不必了，这件东西是在抗战时期一位要好的同志曾省斋先生送给我的，曾先生是辛亥革命时的川北都督，是一位当时传奇式的英雄人物，他怕日机轰炸，就把所藏的文物分散给至亲好友保存，我就分得他这一端砚，现在曾先生已作古了，这是唯一的纪念品。而且，我的子女都已长成，不用动这些脑筋了。"

又有一次，我到医院看他，在谈话中，他紧紧地拉着我的手，称我为"老弟"。我乍听这一称呼使我一时顿感亲切，同时亦感到有些惊诧。因为我和作宾先生虽然是忘形之交，但平时见面时总是称先生或称某某兄，从来没有听过他对我有过这样亲密的呼唤。再者，"老弟"这一称呼，是我在三四十年以前一般革命党年长同志们对我的称谓，多少年来，我的年岁增加了，老同志们亦渐渐凋谢了，至今已有不少人称我为"季老"而不名，或是称我的官衔，而这两称呼，都是我所厌恶的。作宾先生这一声"老弟"，的确令我惊喜，似又唤回了我飞逝去的若干年岁月，我仿佛又回到生气勃勃的青年时代，比称呼我为季老或官衔更值得高兴。此后不久，他便和我永别了！

作宾先生替我写过好几幅字。记得有一次我求他写字时，他问我喜欢写什么文句，我说，我生平最服膺吕新吾的几句话："大其心容天下之物，虚其心受天下之善，平其心治天下之事，潜其心观天下之理，定其心应天下之变。"在我存有他所写的字迹中，应当有此一幅，可惜一时找不出来。如果没有失掉的话，这当是他留给我的一项珍贵的纪念。

我在疗养中最担心的两件事：一是追念董先生的文章不能完稿，一是对《传记文学》的催稿本期会"脱班"，此一短文虽然不能畅所欲言，所幸尚未交出白卷！

（原载一九六六年十二月《传记文学》第九卷第六期）

一个童子军故事给我的启示和影响

一

原定写"我的童年"来代替经常和海外的孩子们通信，免得执笔时苦于没有材料，若是勉强写些平安问好的话，又觉得过去写得太多了，既干燥而又不能引起他们的兴趣。一个年长的人和年轻人之间，在兴趣上和见解上很自然的有些距离，各人接触的事物和所从事的工作在性质上都不相同，要在继续不断的通信中引起共鸣而不厌其倦，实在是一件不容易的事。所以我想借写我的童年故事来代替和他们通信。这样的写法已经写了四篇，这次本来想继续写下去，因为医生要我静养，少用心思和少激动，所以我此次是以谈病为题材。在我这次小病期内，海内外的朋友们都十分关心，纷纷远道来函慰问，孩子们的关心，更不必说了，所以我预备把此文在《传记文学》发表，作为一简要报告，以答谢关切我的人们的盛情。

十一月五日那天晚上，在家中看电视平剧节目《刘备东吴招亲》，饰孙尚香的是女名票友章遏云女士，正听到她歌喉婉转令人喝彩之际，忽感觉身体有些不适，去到洗手间小便，才发现小便中带着大量的鲜血，令我为之一惊。我的内人赶来看见之后，更为之吃惊不小，于是她即刻打电话请张元凯医师来看，后来又请台大医学院魏火曜先生前来作我的顾问，以便决定如何处理的办法。当时踌躇不决的是：究竟是赴医院治疗？还是留在家里一面静养，一面治疗？不久火曜先生偕同泌尿专家权威医师谢有福先生到来，经他俩的劝告，便决定趁着血流未止的时候，到医院作一次详细检查。若是待至流血完全停止后再作检查，便会多费周章了。在初我和内人所注意的是流血的可怕，而在专家医生所注意的是血是从何而来的及其原因。我素性信仰科学和专家，于是我便听从他们的意见去到台大医院。到达医院时已是六日的清晨一点钟，检查完毕已是早晨三点半钟，详细检查的结果，发现是由于摄护腺的黏膜血管破裂，病源既已寻出，一经打止血针和服药便可无事。为我检查的泌尿科主治医生谢有福博士，在获得病源之后，热烈的向我握手道贺，病人与医生间竟然有同样的欣喜，同样的共鸣。谢医生对我病症的关怀与盛情是十分可感的。候在检查室外的内人和锡甥，一直在外伸着脖子焦虑万分在等候检查的结果，一听到医生之言，便亦从紧张的情绪中松弛下来，长长的吐了一口大气！此次算是我二十五年来，自民国三十一年在成都割治胆石后，第二次进入医院住院治疗，又经过了一次有惊无险的病魔威胁！

我在病中最耽心的是怕孩子们知道我患病的消息时，比我更耽心，更忧虑和更紧张，所以我和内人离家到医院时便嘱咐佣人，如果有人来访，不要说我到医院治病，只是说我有事外出便了。新闻记者的消息真灵通，真走得遍，不料不到两日便被他们知道了，于是我患病住进台大医院的新闻便在报上刊出，我看了之后第一怕孩子们在海外见报为之吃惊忧虑，第二怕亲友们知道又要给予他们耽心麻烦。也许是由于记者先生们平素对我公私交谊都很厚，他们此次并没有把我患病的消息过分的夸大，而且很亲切地说我有惊无险，只是留在医院作身体健康检查。我所顾虑怕孩子们过分的为我的病情而惊慌的心情亦为之缓和了很多。我因为仍不放心，恐怕孩子们见报之后仍然挂虑，所以我在病中赶写了两封亲笔信：一封寄给芝加哥的乃强和乃申，一封寄给纽约的乃华和乃兴，使他们见到我的亲笔信之后更可放心了。

果然不出我所料！十一月十五号那天是台大的校庆，医院医生们都放假休息，我一时心血来潮要回家轻松一下，正巧，我家小弟乃兴自纽约打来的越洋电话来了，我竟能在电话中听见他的声音，离别多年未曾和他讲过话，亦有机会在电话中交谈了，此时我和内人都乐不可支！最巧妙的是借此可以使他们知道我的病已经好了，已经由医院回到家里。假使病没有好，又何能回家？又何能很高兴的讲电话呢？假定那天我没有从医院回到家里，乃兴的电话来时便不能和我与内人讲话，如果佣人告诉他，我和内人都在医院，不知要引起他们如何的耽心我的病情！这好似神所安排的一次巧合。

"忠厚""诚实"，是我家的传统"家训"，这次我在电话中对于乃兴却不够诚实，也许只能说是不够坦白，因为我在台大放假那天由医院回到家里，我还得回到医院继续接受检查，我在电话中所以不提及此事，乃是恐怕他们不知底细，对我的病情引起怀疑和恐惧。这是我一番用心，我想他们不会说做父亲的人对他们不够坦白吧！我已于十一月二十三日，经过医生的许可回到家里，一切都很圆满，全部健康检查的结果，各部分重要机能大都是"甲"与"乙"，只有血糖略为多一点，得的是"丁"，须加食物控制和服药。在我离开医院回家这天血糖是：饭前一百一十，饭后一百六十，亦已渐渐接近正常，不足为虑。在检查时发现血糖略高，大约是偶然的情形使然。因为入院之初，只注意在摄护腺出血的治疗，医生嘱我一切饮食照常，不必加以限制，可是自入医院后，亲友前来看病不是送来大鱼大肉的饮食，便是很多的鲜果和糖品，不吃似乎辜负了他们的好意，于是我便过量的"过屠门而大嚼"了。这可能是一时造成血糖成分略高的原因，不会是一种已成的常态。虽然如此，我在家仍一切遵照医生的嘱咐实行节制饮食，糖固然绝对不入口，即使是糖分略重的水果亦只好暂时割爱，大油大荤更是在被禁止限制之列。我的贤慧的内人，现在实行管制我的饮食，她每餐都论两、论分的用量器称过才许进口，以符合医生的规定，唯一不受限制的是运动，运动对消耗血糖很有好处的。自出医院后已三次去过高尔夫球场，球艺并不因三星期住医院而生疏。我的大女儿是一位食物营养专家，在美国对于血糖略高的食物控制疗治，必定有很新的办法，我想她一定能提出一项合理的食物的单子，使我易于接受，能寄些代替食物，使我不致时感饥饿最好。希望不可限制过严，过严对处理任何事物都不一定好。顺乎自然，不逾矩，是最好的办法。从食物限制，吃药和运动三种办法来疗治血糖略高，必定很有效果。我的体重亦必可减至标准的程度，生活将更轻松而愉快。朋友们常称我是一尊"弥勒佛"，此后或将改称我为一尊身段苗条的观世音菩萨了。

二

我此次又作了一件勇敢的事，虽则有几分冒险，但结果竟如我所期。我常说：天下的大事都是由勇敢的人创造出来的，现在又获得了证明。当我在医院小便出血的病症停止之后，我决心作一次全身健康检查，据有经验的人的说法，这种检查并不令人太好受，而且检查出某一部分有了问题之后，能医的病固可马上医治，如果万一检查出有不治之疾的时候，反而会加重心理的负担和精神上的痛苦。内人的意见亦认为必须慎重，但我认为一个人：活、要活得健康；生、要生得痛快，别人作身体健康检查时，往往为了身体健康情形欠佳而不得已为之。我自信我的身体十分康健，我要在身体康健时作一检查，便大可增加对自己的身体的自信。因为今日"国家"的处境正处在危疑震撼之中，没有健康的身体和宏大的抱负，哪能振衰起敝，救亡图存，尽到自己的一分责任？脆弱的身心，不自量力而勉强置身于这一大时代之中，反会误了天下大事，阻挡了能者的兴起。我抱着这样的自信和心情，我便勇敢的作一次身体的健康检查。假使发现某一部分患了可治的病，我便迅即医治，万一发现不治之疾时，只好听之于天，不用顾虑了。所幸检查结果一切都很圆满，我的信心和对"国家"的抱负又不禁热炽起来！如果医生不限制我吃酒的话，我将盛满一杯热酒，一干而尽。

　　和疾病奋斗与个人对理想和真理的奋斗，在遭受困难阻力时，同样的需要沉着、忍耐和自信。自信有时比甚么都要重要；没有自信有时会沉不住气，耐不住苦。自信可以解释为自己的一种坚强的信仰，而这一信仰的源泉则是知的作用，并不发生于一种虚妄与无知。我一生经过了几次病魔的威胁，每每到了生死关头，我的自信和信仰，便会不自觉的发生出力量来，终于克服危难，恢复了健康。和疾病奋斗是如此，为理想与真理而奋斗，我所得的经验亦是如此。我在上海读中学的时代，曾读过那时商务印书馆出版的一本书，大约叫做《少年丛书》，或《少年杂志》吧，现在已记得不太清楚了。此书中记载有一位童子军患了严重的传染重病，当家人把他送进医院，把他放置在隔离病室时，他已不能言语，但他神明还甚清楚，看护他的一位护士小姐以为他的病已无可救药，生机已绝，便亦不予照顾。此时，这位身患重病不能言语的童子军，忽然心中燃起了对护士小姐的愤怒，因为他在接受童子军训练时，知道服务忠诚、负责尽职，是每一个人应当有的道德。他这样的在想："我的病虽然严重，而我还不曾断气，在一个病人还没有死亡的时候，看护小姐还不能终止她看护病人的责任。这位看护小姐如此的不尽自己的责任，实属可恨！实应予以报复！"如何才能报复这位护士小姐，以减灭他心中之恨呢？于是他坚强起来了，他立意要活，要生存，要以他的生存来证明处罚护士小姐的不尽责任。这位童子军内心烧起了这样求生的坚强意念，他确信他不会死，他一定要活着来一泄他对护士小姐的愤怒。果然他的病情竟不知如何的由坏转好。未几，他能够说话，能够饮食，竟然恢复了他的健康！出乎医生护士想像之外！

　　这一故事的意义是在说明坚强的意志可以克服困难，可以增强抵抗疾病的力量，可以转危为安！我在幼年受了这一故事的影响，使我一生作事，在为理想为真理而作坚苦奋斗时，在我受到疾病的威胁和困扰时，竟发生了无比的力量，使我从危艰中得以解救过来。

民国十三年的秋天，我在广州患了一次重伤寒病，那时这种病还没有好的治法，只是叫病人躺在床上不动，只准吃液体、流质一类的东西，使肠胃休息，热度退减，从病人身体发生自然的抵抗，然后逐渐痊愈。此病既传染又难治，死亡率在当时非常的高，一患此病生命便到了最严重的关头，能够逃出此一关头将是十分的幸运。在我幼小时，在我们叙永兴隆场的老家，一次全家都患了此病，除了我的祖母和我之外，都卧病呻吟，坐待死神的到临。此病当时叫做"鸡窝寒"，意思好似说如像鸡瘟一样，一批一批的都要死亡，不能幸免。因为当时的医学不发达，防治传染又没有好方法，一有此病亲友们都不敢前来看视。当时全靠祖母一人支持看护，不计生死，艰难挣扎，终于使全家得救！在当时的乡间都认为是一种奇迹，认为是祖母信奉的观世音菩萨，受了她虔诚的感动，赐给我们全家一项神的护佑力量，我们全家才没有遭遇绝灭。我在幼小时逃出了此一大关，应当可以无事了，何以在民国十三年我已二十五岁的时候，还要患上此病呢？好在此事发生在我成长以后，已有机会接受近代的医学治疗，虽然仍是难以治疗，但已非无可救药的绝症，假使发生在几十年前的家乡，就凶多吉少了。时间与地点的不同，竟有如此重大的差别。可见科学的发达与社会的进步对于人类的生命，关系是如何的重大。

我当时系住在广州珠江中一个小岛，名叫颐养园的病院，由著名的德国医生陆美林医治，医院是第一等的设备，医生是当时广州第一把好手的德国医生。在医治的过程中，亦经过了不少的惊险，在常理亦几乎是难逃死亡的召唤的。躺在病床上既不能动，又不能吃固体的食物，好似除了鲜橙汁水和鸡汤一类的流质之外，牛奶亦不能多饮。患此病的人，热度在四十度左右，当时并没有用退烧的药，只是把一袋冰块放在额上，减轻病人的痛苦，在热度过高时，在胸上亦要置冰袋一个。如此要在床上静卧着四五个星期之后，热度才能逐渐的减低。温度到了三十七度以下，要继续维持一星期以上，才准由床上坐起来，不然的话，便要发生危险。最惊险的一幕是：当我静卧床上约五个星期之后，温度降到三十七度以下已经到了第六天的时候，满以为到了次日便可由床上坐起来，不久又可下床学步，享受一个具有健康的人的快乐了。不料在那天的晚上忽然温度由三十六度几，直线上升到了四十度多，此时医生和看护小姐都极度惊慌起来了，我亦进入了昏迷的状态之中。医院迅即通知经常来看视我的亲友，说我的病情已到了危急的关头，要他们前来为我办理后事。我那时在广州往来最密的朋友是大元帅府行营秘书长古应芬先生、广东大学校长邹鲁先生、教授曹四勿先生、张竹友女士、李佩书女士诸人。当他们第二天一早赶到医院看我时，我已不能言语，只是心中还有些明白，他们大声叫我时，我还能听到，要定着神，才能注视看清叫我的是何人，但转瞬之间，眼神又模糊不清起来，满屋都在打转，已入于昏迷的状态。人到临终时，可能便是这种景况！

我此时心里还有些明白，我并不失望悲观！当然，我并不是不感觉到我病情的严重。此时涌上心头的是前述那段童子军的故事，意志坚强可以支配一切，可以去除病魔的威胁。我一心一意坚定要活，要继续生存。国家有许多大事要等着我去做，去尽我的责任，展布我的抱负。我何能遽然离开这一世界，使爱我者为我悲伤，恨我者对我称快呢！说亦奇怪，我这样的意志坚定以后，我的神明竟清醒起来，四十度有多的高烧，忽然的下降回复到三十七度以下！我竟能和竹友、佩书两位大姐交谈，她们都拭干眼泪高兴得跳起来。我心情的舒畅自不必说了。此时最不可理解的是：医生和看护小姐的态度反而显出严肃而忧虑，原来他们认为我的热度上升，病情反复是由于肠子破裂，在此情形之下，万难有再生的希望。我的热度一时骤然下降至三十七度以下，根据医生看护的经验，这可能是一种俗话所谓病人临终前的"回光返照"。经过几次检查大便的结果都未发现肠内出血的迹象，医生才向我握手道贺。陆医生和我在病中发生了很好的友谊，后来他告诉我，这种病例是他生平所见的第一次，他的确为我耽了一番心事。如此维持体温在三十七度以下继续了八天，我才由床上坐起来，然后才渐渐下床学步，因为病久了，睡久了，身体十分虚弱，初初下床还需人扶持，才能慢慢举步。这真是一次奇迹！病愈出院时才明白这次翻病的原因是由看护以为我温度降至三十七度以下已继续了六天,可以无事了,于是她为了满足我一直在叫肚饿的要求,她竟好心似的在我饮的流体食物中,不经医生许可,加了一个鸡蛋黄,以致几乎弄出乱子来!养病在严重的时候固应当心,最危险的事往往发生在病已接近好的时候,不加注意,疏忽一时,便会功亏一篑!人不可以太得意,祸患往往都从得意中找你的麻烦。

据说,伤寒症患了一次之后是可以免疫的,但是我在七年之后,民国二十年的秋天却又患一次。不过第二次比较第一次要轻松多了,加上幼小时叙永兴隆场老家那一次的遭遇,我一生对伤寒症竟有了三次直接和间接的经验。

三

民国三十一年的春天,正值抗战最艰苦的时代,我在成都割治胆结石病,这次的病情现在回想起来仍然十分的心酸。一面是国家当时的处境十分的艰危,民族的前途如何,是一不可知之数,虽则我们抱定了最后胜利的信心,但是胜利是否能够亲身见到,确没有太大的把握。四川在当时是抗战的基地,关系极为重要,而我所负的责任又比较不轻,个人的生死本不足顾虑,而国家安危,民族的成与败,不能不悬挂在心,一死又何能自了!一面孩子们初初失掉慈爱的母亲,他们姊妹弟兄四人都还幼弱，大女乃华不过十一岁，小弟乃兴则仅有五岁，万一我一病不起，他们姊妹弟兄又将如何办呢？公私万种萦怀，令我枕席难安。此时对于死的考虑，比生的考虑更为苦痛为难了！那时后方的医药和设备都欠缺，现在的特效药固然没有，即是初初在欧美各国已经使用的消炎药片，在后方都不曾有过，亲友们一听到要破腹割胆，便都不寒而栗，认为绝无生理，使我对于病的治疗增加了更多的彷徨顾虑，不能决策。我记得我患的胆结石症，在民国二十八年便已发现，在那时正值英国工党领袖克利浦先生到战时的后方来访问，我们在成都的励志社招待他，大约是由于那天豪饮过量的结果，回到家里便觉得胸与背疼痛到不能自己忍耐的地步。经过一番医生的打针麻醉，安静的睡了一夜，到了第二天醒来，便又精神抖擞，继续工作，一如平时。不料经过数月之后便又发痛起来，照样打针止痛之后便亦无事了。后来发痛的时间愈来愈密，虽能安静一时，但一到病发，则愈来愈烈，痛苦万状。在初以为只是普通的胃痛，后经华西大学医院用爱克斯光检查才知道患的是胆结石症。照科学的医学治疗，除了割治之外，一无办法。不然便痛苦加深，身体日坏，或许将会演变为其他更为严重的病症，待到那时可能后患更不堪言。我是相信科学的医学的，因此我便决定作一劳永逸，长痛莫如短痛之计，进入成都董秉琦医院割治胆石。董秉琦医生是有名的开刀能手，他曾经在北平协和医院、湖南雅理医院当过外科主治医师，在抗战后方能够有此名医为我割治，自可大大放心。其实在我决定到医院割治时，胆石症发痛已由间月一发，到了一发而不能停止的地步，除了借麻醉剂略减痛苦之外，已甚难支持下去了。

到了医院决定割治胆石，公私一切顾虑均不足以阻挠我的决心，此时的困难不在我自己，而在我的四哥元吉不愿以亲属的关系为我签字，因此董秉琦医生便亦不能为我割治。再加上其他亲友们抱持着同样不赞成的态度，虽然我已下定了决心，而董医生在未得到家属和亲友的画诺签字之前，他是不敢为我担当开刀割治的责任的。我的安危生死此时反到了不能自主的境地。人到了有地位有名望的时候，反而是一种累赘，因为大家顾虑多，均不敢作大胆负责的主张。大家要求董医生提出百分之百安全的保证，而任何医生为人治病，都只能说相对安全的话，万难作绝对安全的承诺。所以董医生虽经我一再的催促为我割治，他都不敢接受。他说："你不是一个普通病人，万一发生不好的结果，一面关系你的生死，一面亦关系我做医生的人的名誉和成败，我不能担负这样重大的担子。"我的四哥元吉，他是我当时最亲最年长的兄长，我的孩子们其时年龄都很小，亦不能代我签字。元吉四哥反对我割治的理由：第一，他从来没有听见过病人可以破腹开胸来治疗，这样在他看来，无疑的是自寻死路。第二，他根本不相信胆囊中会有结石作怪那回事。第三，他曾患过所谓黄疸病，全身曾发现黄色，正与我当时的情形一样。他是经由中国医生诊治，服中国药而痊愈的，所以他坚持要我请中国医生服中国药，不赞成西医开刀割治的办法。我费了很多唇舌都不能转变他的观念，因此他坚持不为我签字割治。

另有一项反对我割治的阻力是发生在许多年长的同志和同事之间，其中最使我彷徨的是年长而又精通中医的曹叔实先生，他态度诚恳，垂涕的劝我不要开刀，他虽然随着西医诊断的话，认为我患的是胆结石病，但在医治的方法上，说是用中药可以把胆石化掉，不必采用西医蛮干，破腹开胸，取去胆石那一套治疗的方法。我当时虽然在病中，我的眼和全身都发黄色，只凭止痛药减轻痛苦，我还用轻松的口吻，驳斥他的道理，以便照我自己的主张及时能进行手术。我说："如果照你所说中药可以把胆结石化掉，那么，人体如何受得了？岂不是胆石未化，人的生命先已没有了吗？"他竟为之语塞。于是他又说："你既相信西医，即使可以把胆石取出来治疗，但是你必须注意另一严重的后果。"我问他道："甚么是另一严重的后果呢？"他说："老弟，你是对国家有用的人才，你的长处是作事勇敢，有魄力，有担当，你把胆囊割了取去结石，你还能和以往一样勇敢而大胆的作事吗？你纵然活着，你还有多大的价值？"此老把胆的存在和一个人的胆量，勇敢，作事的魄力结合在一起，倒使我有些迟疑了。我此时在想：为甚么一般人骂人说是某人是胆小的懦夫？把勇敢的人称为胆大的英雄呢？难道说，一个人的懦弱与勇敢大胆真与身体内的胆有联带的关系吗？如果说一点关系都没有，为何在用语上要把懦弱与勇敢指为胆大与胆小呢？我遍查"胆大"与"胆小"两字的来源，得不到证明。正巧其时在成都的燕京大学校长梅贻宝先生前来看我，我便请他在西洋的胆大与胆小字类中为我找寻其与人的身体内胆的有无、及其对于一个人的勇敢与懦弱究竟有无关系。梅先生把我托他的话当着一件正经事来考虑，过了些时日，他又特来答复我的疑虑。他说："查了许多西洋的书籍，都不曾找出身体内的胆与一个人的勇敢与懦弱有何联带的作用。"既然得不到答案，只好闷在心里，一直到了开刀，把胆囊割去，取出胆石以后，才发现出一些有关的理由，但这一得出的理由，亦只是说对世俗"胆大""胆小"的传说得了一点可能的线索，只可供谈笑之助罢了。

四

　　亲友们劝阻我不要施行手术来治疗胆结石病，全是一番好意和至情，惟有出于至情的劝说最难拂逆，我决心割治胆石的想法，亦不免为之动摇。但是病情日益严重，如不迅即治疗，真会产生不良的后果。此时幸赖正任四川省政府主席和军事委员会成都行辕主任的张岳军先生，我们那时共任艰巨，患难相共，相处情同手足，他虽然赞成我施用手术，亦感觉到有些众意难拂，同时又感觉到我的病情严重不能再事延误，于是他施展了他最高的政治艺术，特别召集了有关的亲友和川大及省党部的同志们举行一次会议来商量解决。同时把在成都为我会诊的有名的西医们都一齐请来出席，把会诊的结果作一报告，并断定我患的确实是胆结石症。照西医的处方，便只有割治之一途。在场的人仍多方提出反对的意见，因为恐怕负责任，赞成施用手术的人反不敢作强烈的主张了。我的四哥自然非去出席不可，因为他是我当时在成都的长辈和最亲的亲属，没有他在场，便不好有所决定。他在赴会前来到我的病房，仍然表示不赞成我施行手术，要我一定要听他的话，说话的神情，好似要下泪的样子。我此时已觉得我的病情不能再事拖延贻误了，于是我忍着心肠，摆起面孔，很严厉的对这位长兄说道："我自九岁离开叙永老家，十四岁时离开成都出外留学，我今年已快四十四岁的人了，我一直都是同志和朋友帮助我读书，家中给我的帮助并不太多，你不要把我当作家里的人，我是社会国家培养我成长起来的，我是属于国家的，不是一个普通家庭的一分子。现在又当国难当前，艰苦的日子还多，我不能让身体就此坏下去，一点不能对国家尽到我的责任，有负天地父母、社会、国家养育之恩。要有健康的身体才能担得起大事，亦才生活得有意义。我自信施行手术，割治胆石，可以回复我的健康，尚有人生辽远光明的路途给我往前奋斗。病情既经科学方法的诊断为胆石症，除了施行手术，已不用再事彷徨延误了。我是受过现代教育的人，我相信科学，故我必须有此决定来解救我自己，请你不要再阻挠我的决定，我的病情若因此而更恶化下去，你将来会引为终身之憾的！"最后我以哀的美敦书的口吻向四哥元吉说道："今天这个会的目的是在会商决定为我施行手术的日期，你如果不赞成，请你不必前去参加；如果你去，便必须赞成我施行手术。"我的话说得很坚决，心里却觉得有点太过，但不如此，便不能打动他。于是他愁容满面，很不自然的走出病房去参加会议了。

会商的情形并不太顺利，曹叔实先生诸人仍坚持中医主治的办法，不过我的四哥却没有表示意见。大家要问亲属的意见如何时，他只说："以大家的意见为意见。"张岳军先生此时以主席的地位运用了他的最高政治艺术，把会议作一结束，将这件事交由病人自己来决定，于是大家都无话说，会后董秉琦医生把会商的情形到病房来告诉我，我真高兴极了！我问他要在甚么时候施行手术，他说："最快亦要在下星期二才能准备得及。"我说："就如此吧。"于是我即刻在入院施行手术的保证书上亲自签了字，不久，四哥亦到了，我亦请他在亲属代表人一栏内签下了字。在我的四哥离去病房之后，我问董医生是否可以把开刀的日期提前办理，董医生很惊奇地问我道："你为何如是之急？你既有了大决心，早一天，迟一天，都不碍事的。"我说："早一点举行，我的内心可以少一点负担，我恐怕再有人反对，又要多费一番唇舌。"这一天大约是三月的一个星期五，董医生用手指算了一算，他说："明天是星期六，赶不及；后天是星期日，找不到帮手；提前到下星期一下午二时施行手术如何？"我说："如此正好，这样正可以免去知道的人太多。等到预定的星期二，那时我施行手术已经完成，关切我的人，亦可大大放心了。"于是又把星期二的日子改为星期一下午二时，董医生和我商量到了施行手术时，和手术后一些技术性的问题：一是开刀时遇着停电如何办？二是有了空袭如何处理？"大家都要逃警报，岂能把你置之不顾？如果把你搬动，对于施行手术后的病人是最不利的。"他说："手术时间如遇停电尚可多准备干电池来补救，我可以负责解决。若是在开刀时或在开刀后忽然有空袭警报，便非我所能为力了！"我说："这个问题可以商请张岳军先生解决，因为他是行辕主任和军政的负责人，敌机来袭的消息，他最先可以知道，而且当时来袭的日机是从汉口起飞，第一目标是重庆，成都较远，预行警报的发出，至敌机临到成都上空还有很长的时间，似可不必过虑。"他请示岳军先生之后，关于空袭一项的顾虑，便由岳军先生注意到时关照了。

在星期一下午两点钟，董医生一切都准备就绪，医院的工人用担架来送我到开刀间，当我临上担架时，我忽然灵机一动，交代两件事：一件是很明智的，一件则近乎在和董医生开玩笑。我说："在我接受手术时，或在手术以后，如果遇有敌机来袭成都的消息，你们大家都可各自逃避警报，千万不要搬动我。有警报，敌机不一定来袭成都，纵使敌机在成都上空投弹，并不一定能够伤害及我。如果因搬动我而逃警报，以至加重我的病势，大家的责任便重了。"这一交代似乎很为明智。我记得此时正是三民主义青年团在重庆举行第一次全国代表大会，我当然是因病不能去参加的，正巧此时蒋先生所著的《中国之命运》一书的样本寄到成都，我入医院后，此书亦带在身边，但由于胆液已充透眼及全身而发黄，眼睛已不能看识书中的小字，只是沈尹默所题的书名《中国之命运》几个大字，尚能辨认得清楚。我正上担架时，我把此书交给董秉琦医生，我打趣的向他说道："这本书在此时以前是属于我的，此后则属于你的了。"在初他还不知道我打趣的意思，稍后他才发觉我之交给他《中国之命运》一书的意义，是在向他打趣。于是他忽然紧张起来，面色亦显出不太正常。后来我问他为何如是的紧张，他说："你这一次玩笑开得太大了，我开过刀的病人不知有多少，从来没有如此次的紧张。这一次你的病由于太引起了社会各方的关切，使我不能不特别重视，因为你的生死，便是我的名誉与成败所关啊！我正小心翼翼地准备为你施手术，临场你还和我打趣，焉能令我不紧张？"原来，在这种情形之下，是不可以和医生开玩笑的！

　　进入手术室便令我仰卧在手术台上，由一位华大医院的用麻药女专家医生先用麻药把我麻醉，她叫我默数一、二、三、四、五，大约数到二十下左右，便人事不知了。施行手术约三个钟头之久，待我醒来时已躺在病室的床上了。一切经过都很良好，只是咳嗽时腹部开刀的地方十分疼痛，必须由看护小姐用双手把腹部紧紧的压住，一面减少痛苦，一面防止伤口破裂。一件似乎是在我意想之外的事，亦可以说好似是我意料中预知的事，居然来临了，那便是原定在星期二下午施行手术的，由于提前了一日在星期一下午二时举行，正巧星期二的下午二时，敌机来袭成都的警报竟然发出，如果照原定日期不改，那么，当我正在施行手术时必然有一番大大的惊扰，我好似有前知似的。我此时已能很清楚的听得见街上人潮跑警报的足步声和慌张交谈的声音，我现在的内人和四哥元吉以及很多的亲友环绕我的病榻，他们都不离开去躲避，好在毕竟敌机并没有来到成都上空投弹，只是一场愉快的虚惊而已。

五

事后才知道施行手术时，从胸前到腹部下面开了一条很长的口，当医生把胆囊割下，同时又不能任胆汁流在腹中引起其他的问题，不料由于我的胆囊太大，竟不能从腹中将它取出，于是乃以针管从胆囊中先抽取约二百西西以上的胆汁，使胆囊的体积减小后，才从腹中拿出。剖开胆囊竟取出了如花生米大小的小石头有九个之多，这证明医生的诊断和结果都很确实。至于胆囊如何会大到不能取出的缘故，据董医生的解释，说是胆囊的功用是由肝到肠胃储备胆汁，调节脂肪消化。

胆中结了石头，石头因刺激而把输运胆石的管子塞住便会发生疼痛，胆囊内的胆汁不断的增加，超过他的容量时，因不能输运排出，便被迫涌塞到人体的肝内，由肝而转渗透到全身的血管，所以病到了严重时便全身发黄。这段话在我的记忆是否有错？是否合乎医学的道理？我没有十分的把握，我只是要借此说明我那大到不能从腹中取出的胆囊，使我对于施行手术前怀疑到胆囊割去之后会影响我做事为人的胆量和魄力有了进一步的理解。世俗把勇敢称为胆大，懦弱指为胆小的话并不可靠。原来胆囊的扩大，是由于胆汁涌塞不能流通而增大，这是一种病态，与勇敢与懦弱，胆大与胆小，似乎并无关联。但是，世俗所谓的"胆大"与"胆小"的用语又从何而来呢？我曾以此请教过许多朋友，他们都说不出此项用语的来源。因此，我回想起幼小时读《三国演义》，其中有一段西蜀大将姜维的故事。姜维在邓艾由阴平小道冒险成功之后，姜维大军驻在剑门关正抵挡钟会来犯的一路大军，因为邓艾已纡回到了他的后方，直趋成都，于是他便定下了反间之计，向钟会假投降，想利用钟会把邓艾除掉，然后再斩除钟会，以图汉室的光复。他第一步的策划利用钟会以害邓艾的计划果然成功了。当钟会把邓艾父子囚禁正待处理的时候，不料激起了邓艾的部属骤然叛变，围攻姜维，当姜维正仗剑起而抵抗时，忽然感觉心上剧烈的发痛，于是倒地大呼"谋事在人，成事在天"，因此他终于被叛军把他杀掉。姜维被杀之后，叛军又把他的肚腹剖开取出了他的心和胆，他的胆竟大如鸡卵云。当茶余酒后，每与朋友们把此事作为闲谈时，有人怀疑世俗所谓"胆大""胆小"，可能便是由此附会而来。这当然是类似齐东野人之语，不足置信，但把它作为趣事来讲，亦大可解闷。如果这话有几分可信，那么我的胆量岂不比姜维的胆要大几倍吗？照此推论，姜维所患的可能是胆结石病，他胆大如鸡卵是一种病态，他的剧烈的心痛，可能又是因为一时紧张过度，胆石把胆管塞住了而引起的疼痛吧！

我时时觉得我的孩子们在外国从事科学研究工作，一定会感觉到生活的枯燥无味，一定感觉很为寂寞。我把这些往事作为闲谈，一面可以聊慰他们异乡的寂寞，一面亦由于医生嘱我病后须要静养，不可多用思想，所以我借此写些闲话来消磨时间，使他们生活亦得到一点调剂。我时时想念他们的心亦可因此而感到轻松了。我说的虽然不可尽信，但是回忆起来亦觉得可以解闷。小弟乃兴看了之后不会以为有如在他们幼小时作父亲的编故事和他们在打趣吧。这是一个有类考据方面的故事，说明胆结石病在三国时代便已有之，姜维的情形便是一个例证。

我在开刀以前和病中最使我心酸心软的无过于想到我的孩子们。万一我一病不起，他们将是既无母又无父的孤儿了，我又如何丢得下去啊！我记得在病中一次张岳军先生和他的夫人来看视我的病，我此时想到万一发生不幸悲惨的遭遇时，我的心忽然软了！我正想以后事和照顾孩子们的责任拜托岳军先生夫妇，话到口边又止住了。当他们已经走出病房，我又请看护小姐请他们回来，他们回到我的床前，我正要把托他们照顾孩子们的话说出时，我一时又感觉心酸而说不出口，我只好改变口吻问岳军先生道："近来抗战的情势如何？国际上有无于我有利的消息？前方的战况如何？"他的答复很亲切，他说："一切都好，你安心养病好了。"然后他们才离去。现在想起此一情景，仍然觉得心酸，我虽坚定，为他们姊妹弟兄四人，我那时亦不免信心有些动摇，好在终于用国家大事把私情的酸楚掩盖起来了。我自从有了此次病中的经验，我深知孩子们的幼弱孤苦，他们必须要有一位贤淑的母亲来看顾和教育，以解我内顾之忧，俾得安心为理想为事业向前奋斗。于是我为他们选择了现在的内人。他们姊妹弟兄多年在她爱护教育之下，她真是艰苦备尝，令我欣慰。孩子们得有今日的成就，她的辛苦，是无比的大的。好在，孩子们对她的敬爱远较我还要多些，我除了高兴之外将毫不感到妒嫉。

在这一次割治胆石的病中，董秉琦医生很称赞我很能和医生合作，所以治疗的经过十分良好而成功。他亦很赞美我态度雍容，意志坚定，正如诸葛孔明所说当"群疑满腹，众难塞胸"之际，我能力排众议，勇敢决策。许多朋友很惊异我当时这种坚定不移的态度，究竟所持的理由何在？我的理由很简单：一是我对近代科学的医学比较有信心，而董秉琦医生在当时亦是全国有名的一位外科权威，我既相信道理，又相信医生，所以我有了双重的信心。另外一项主要因素还是我前面所说的那段患传染病的童子军，意志可以克服病魔的故事。民国十三年我患重伤寒症和这次的割治胆石都得力于此一故事的地方不少。因此，我觉得少年时代的教育和阅读有用的书籍，对于一个人一生的关系影响实在太重要了！

（原载一九六七年一月《传记文学》第十卷第一期）

光绪三十三年十月四川起义的历史意义

一

　　一位正在日本东京大学深造的青年同学庄秩民君，寄给我一本最近出版的藤井升三所著《孙文之研究》的书，要我作一批评。著者藤井君是新近才获得东大博士学位的青年学人，他的博士论文便是以《孙文之研究》为题材。据说东京大学修读博士学位，而以孙先生的思想生平为专题研究的论文，要以藤井君这篇论文为第一次。我把这本将近三百页的著作大体翻阅了一遍，我对于藤井君此书关于中山先生的研究所持的论点，虽然觉得在若干地方仍有一些距离，未便完全赞同，但是他以一个外国的青年而能够致力于一位中国伟大先哲的孙先生的研究如是的深入，他的热忱和不厌求详的治学精神的确是难能可贵，值得钦佩。我觉得在我们国内从事于国父思想研究，能如藤井君一样的人，并不是没有，而是在我们自己方面的研究环境，资料的搜集和供应各项条件上，我们反不如日本、英、美各国设备之完善和开放与利用之便利。在这一对比之下，别人从事研究可以事半而功倍；在我们则事倍而功未半，虽有研究人才，亦难展布。在一个研究环境较好的社会，人们要勉为一个学者专家并不太难，而在一切研究条件欠缺的社会，人们要在学术上有所成就，其难则有如登天。就有关中山先生思想和中国近代历史的资料来说，至少在本国的一部分，我们应当比任何国家都要丰富，但因为经费不足，搜集不勤，管理不当，更加以服务与供应上之欠缺，即使是已经保有的资料，亦不能充分作最善之利用。说到此处，也许是值得我们自己检讨的地方。

藤井《孙文之研究》一书，在我看来，有两大优点不能不使我为之惊异：第一是关于资料方面的应用之广，可以给我们很大的参考和追寻资料来源的便利；第二是他所深入的某些问题，为我们所忽略未加注意者，此书均能以客观研究的态度予以提出。正因他是一个日本人，所以他对于我们中国自己的问题，反而容易以超脱和客观的态度，使此书的价值更为提高。就资料的利用而论：关于我国方面各种的资料他已尽量加以利用，而且有些资料，在我国除了少数私人珍藏者之外，我们反而在国内不易得见者，他均已加以引用。关于日本的官方档案和民间私人的著述以及报章杂志有关的资料，他所利用的范围非常的广泛，只是这一点，我们在本国从事研究的人，便无此项便利了。中山先生一生的革命志业与日本的政府和民间的志士有密切的关系，研究中山先生思想的人，如果缺少这一部分的资料，自然会有不够周延的缺憾。此书另一资料的来源是他引用了不少英美各国人士关于孙先生的著作和政府档案，这些著作、档案，在我们国内实在太感缺乏，这是我们应当急起补救的一项工作。目前世界各国对于中国的研究正风起云涌，我们此时如果不急切加以补救，恐怕将来关于中国问题的研究将会要"礼失而求诸野"，中国人对于本国文化的研究反而要向外国人学习了，这岂不是一件很可忧虑的事吗？

我在前面所说此书的另一特点是在我们所忽略或未加重视的问题，而在此书中及特别加以提及。譬如：在此书第一章第三节论到中山先生于一九〇七丁未年不容在日本居住而赴法属安南河内筹划军事起义起，至一九一一年辛亥武昌起义时止，著者把此一时期内之重大革命起义列为九次。即是：

一九〇七年四月——黄冈及惠州七女湖之役

一九〇七年七月—八月——防城之役（钦廉之役）

一九〇七年十月——镇南关之役

一九〇七年十月——四川之役

一九〇七年冬——钦廉上思之役

一九〇八年三月——河口之役

一九〇八年十月——安庆之役

一九一〇年二月——广州新军之役

一九一一年——广州三月二十九之役

以上各次革命起义的排列，有已见于中山先生在《孙文主义》一书第八章《有志竟成》中所曾提及者，其中未提及的部分如著者特别把丁未，一九〇七年，亦即光绪三十三年十月四川之役列为国内重大革命起义事件之一，则为国内各项著作中所罕见，即或曾偶一提及，然而对于此役的分量与价值并未加以重视。其原因不外由于以前四川偏处西南，交通不便，虽有壮烈与规模浩大之革命行动，不易传播为治革命史者所尽晓，而一般著述革命史者，又多以中山先生自述亲身领导之十次革命失败史为准，他未提及者大家均少以客观研究之态度深入而估量之。其他类似四川丁未十月之役有其重要性而未加注意者自亦不免。《孙文之研究》一书的著者为一日本青年学人，他所以特把一九〇七年四川之役与辛亥三月二十九日黄花冈之役等并列者，可能系根据中外有关资料作了一项综合的研究而给予的评价，因为他是纯以治历史学的客观态度出之，而未夹杂有太多的主观意念在内。"不见庐山真面目，只缘身在此山中"，人的鼻子、耳朵、后颈都长在每一个人的头上，却是人不能自己亲自看得见自己，除非利用一面镜子，才能见得到自己的真实，世界上许多的历史家往往不免犯了这一毛病，所以治历史学的人对于虚心与客观两项态度是缺一不可的。

二

研究中国现代史的人都认为辛亥年，西历一九一一年，十月十日武昌起义推翻了清朝二百六十八年的统治，结束了几千年来的专制政体，建立了中华民国，是中国历史上一项重大的转变。这一重大的转变的造成，一是辛亥三月二十九日广州之役，一是同年七月十五日（阳历九月七日）成都市民向四川总督衙门请愿，请求总督赵尔丰释放被他非法逮捕的保路同志会主要人物蒲伯英、罗纶、张澜等人，被赵的卫队开枪击毙请愿民众数十人，因而由和平的争取铁路商办，导发为遍及全川的民众武装革命运动。此一武装革命运动发生在辛亥三月廿九日之役后约五个月，早于同年八月十九日武昌起义一个月又四天。因此，我们可以说：这次的四川民众武装革命运动是辛亥武昌起义，建立中华民国的前奏，更是这一划时代的历史一项重大的成因。关于四川保路之役的历史评价，黄克强先生和国父中山先生曾有很正确的言论。黄克强先生在辛亥八月十二日，距武昌起义之前七日，由香港写给上海中部同盟会的一封信中曾这样说道："迩者蜀中风云激变，人心益愤，得公等规划一切，长江上下游可联贯一气，更能力争武汉。"又说："自蜀事起，回念蜀中同志死事之烈，使已灰之心复燃，是以有电公等，求商响应之举。"这说明四川民众武装革命运动是刺激武昌起义的一项力量，亦是武昌起义的前奏。后来中山先生更确切的说："若没有四川保路同志会的起义，武昌革命或者还要迟缓一年半载。"这无疑的已经对四川保路运动有了很中肯的评价。在辛亥八月十九日武昌起义成功之后，其时的革命军政府有一封致汉口各国领事馆的照会有云："我军政府自广东之役团体溃后，乃转而向西，遂得志于四川。在昔各友邦未遽认我为与国者，以惟有主权人民而无土地故耳。今我既取得四川省之土地，国家之三要素于是备矣。军政府复祖国之情切，愤满清之无状，复命本都督起兵于武昌，共图讨贼，推倒专制政府，建立民国"云云。由这一照会可以看出四川辛亥的民众武装革命运动所给予武昌起义之鼓励，意义是如何的重大！

我在此特别要加以说明者：辛亥四川民众武装革命运动与辛亥八月武昌起义，建立中华民国的相互关系既已略如上述，然而造成辛亥四川这一光辉的革命运动又岂是"无源之水""无根之木"、没有更深远的背景便能造成的吗？此一深远之背景，厥为在辛亥四川保路运动之前，亦即自中国革命同盟会一九〇五年在日本东京成立之后，四川一省之内便不断的发生过不少次数的革命起义运动，其牺牲之壮烈与惨痛正与国内各地所爆发之各项革命运动桴鼓相应。不过因交通不便，传播匪易，未为世人所重视罢了！四川在一九〇五年同盟会成立之同年十一月便已发生同盟会会员余功、杨钧、简化南等举兵于四川彭县之石洞堰后山，号称大同军之役，一九〇六年丙午八月李君儒谋发难于江油，因事泄而告失败之役。到了一九〇七年丁未，适黄树中（即其后一九一〇年与汪精卫谋炸清摄政王载沣之黄复生）、熊克武、佘竟成诸人奉中山先生及同盟会总部之命自东京回川主盟谋大举，先会合同志集议于成都草堂寺，后即选定川南之永宁县兴隆场为一革命策划之根据地，一面联系各地同志，一面赶急制造炸弹以为起义之用。而这一策划基地与制造炸弹之处便是我的家乡所在的叙永兴隆场，在离场不远的一个树木参天的大庄院，名叫鹤鸣池。鹤鸣池这所庄院是我们黄家族中另一房人的住家，作为这一革命策划基地的主要人物，便是后来发动江安、泸州以及丁未十月成都革命之役因失败而被清政府判处永远监禁，我叫他为五哥，名黄方，号鹿生的一位义薄云天的革命志士。关于鹿生和其他辛亥以前在四川为革命奔走牺牲们特立独行的历史，我留在以后再谈。

我在此特别要指出的是：藤井这本《孙文之研究》一书，他把一九〇七年，旧历丁未年十月，四川革命之役列为一九〇七年以后，辛亥革命成功以前，孙先生所领导的中国革命运动，最重大的武装起义事件之一，并不是偶然和无意义的。因为如果说四川保路同志会运动是辛亥武昌起义的前奏，或是说没有四川保路运动扩展为广大的民众反抗满清政府的武装革命行动，辛亥武昌起义或许会延缓一段时间才能实现，或者说其成功不会有那样的快速；把这一论点加以确定以后，那末，造成辛亥四川保路运动及其发展为后来广大民众武装反抗清政府的革命运动的背景又是甚么呢？无疑的我们可以说是四川同盟会革命党人在此以前各次重大起义所付出的牺牲和代价，所种下的因，所以后来才结成那样的果。藤井所指出的一九○七，丁未年十月，四川革命运动，只是说的在若干次四川革命起义失败事件之中最显著而规模最大的一次而已。因为这一次的革命运动发生在四川政治中心的成都，规模最大，影响亦最为普遍，乃引起了世人更大的注意。在丁未以前同盟会党人有彭县、江油、江安、泸州各次的举义，丁未成都事件以后尚有嘉定、叙府、隆昌、大竹、广安诸役，自此乃紧接到辛亥保路之役所激发的全川民众武装革命运动。在此以前的各次革命起义虽然牺牲重大，均不幸失败，但经过这若干次的失败，四川党人乃能以再接再厉的精神，掌握着辛亥保路运动这一大好机会而加以利用。由和平的请愿，发展为广大的民众武装起义，由君宪派操纵下的和平争路风潮，急转为以革命党人为中心的革命运动。此一曲折迂回历史的事实与经过，激发了武昌起义和辛亥革命的成功。我想藤井这一本《孙文之研究》的书把丁未十月四川这一次的革命运动，特别予以最高的历史估价，可能是基于是项观点出发而予以确定的。

<h1 style="text-align:center">三</h1>

关于四川辛亥保路运动，我幼年曾亲身经历，我将留在以后，再加以叙述。在此所要讲的是一九〇七，丁未四川革命运动事前的酝酿和他失败的经过。因为这一次起义的策划基地是在我的家乡四川叙永县兴隆场，最著名的制造炸弹失事伤人的事件发生的地点是在我们黄家的另一房人的屋基名叫鹤鸣池，我的族兄黄鹿生和我同胞的大哥寿萱，便是参加这一次运动中的主要人物。根据我幼年的一些回忆和参证现有的史料，我拟把它的原委作一叙述，以供研究现代中国革命史的人作为一种参考的资料。

一九〇七年，我那时仅有八岁，我出生的家乡，兴隆场这个地方那时又是一个闭塞古老的农村社会，我当然不了解甚么叫做革命和革命起义的意义，如果不参证其他现有的史料和最近阅读藤井《孙文之研究》这一部书中的提示，我几乎亦忽视一九〇七年四川这次革命运动意义的重要了。

距今六十年前的春天，农历丁未，西历一九〇七，亦正是光绪三十三年那一年，我在兴隆场的家乡曾经目睹和耳闻两件大事：目睹的是一批带铜盆帽子，穿短装，和没有辫子的年岁不大、跳跃活泼的人来到我们风气未开的兴隆场家乡，其中亦有拖着辫子，穿着长衫的人，但都相貌不凡，为我们乡下所少见。而且都住在离场不远的鹤鸣池，我们叫做五哥的黄方的家里。自从这样的人物来了之后，兴隆场的平静安宁的空气似乎正在急切的变化之中。说他们是远地来访的客人吧，但一批才来，一批不久又离去，人的来往愈来愈多，后来所见的各色各样的人都有，剪掉辫子的反成了其中最少的几个。有时有些步行喘不过气的人匆匆的来，又匆匆的离去，似乎是在传达甚么重要的消息。有时在半夜里尚听见马蹄声和马颈上发出的铃声，一种急急忙忙的情形，使局外人不知道底蕴，有如置身在五里雾中。在这种情形之下，最感觉有趣而快活的是我和一些同玩的小朋友，当我们有机会和那少数穿短衫洋服，没有辫子的人接触时，我们最感觉得稀奇，小孩们都叫他们做"洋和尚"，这样打扮的人是我们乡下第一次所见到的。在我的住家后面有一个小山，山中有几所坟墓，其中有一块平地，平时是场上小儿玩耍的地方，此时亦被这批洋和尚和有辫子的人占有作为散步、游戏和赛跑的场所。有一次他们一群人相互举行赛跑，大家都争取要跑在别人的前面，因为落后而赶不上别人的人，于是便用手去拉着前面跑的人的辫子，不料整个辫子脱离了前面跑的人的脑袋，紧握在后面的人的手中的时候，那人仍是不顾一切的往前奔跑，顿时引起了在场大人们的嘲笑声，而在场看热闹的孩子们见到，则反而惹起一时的惊慌。我一次曾惊慌的大声在旁喊道：头发扯掉了，头发扯掉了！不得了！不得了啊！后来经大人们的解释才知道这位脱掉辫子的人，原来是一付伪装的辫子，他本来亦是一位洋和尚呵！我以一种好奇的心问鹿生五哥："为何这些人不把真发留下，要伪装一付假辫子？"他说："这些人都是到过日本留学的洋学生，他们到了日本都得把辫子剪掉，不然的话，便会被日人叫做'豚尾奴'，当成一个长有尾巴的中国人。如果和日本人打架，辫子被人拉着便要大吃其亏。如果回到国内来大家都有辫子，自己是一个光和尚：没有结婚的人，不会有女子嫁给他；结了婚的人，便会被太太赶出房门之外，所以只得装一付假辫子混一混。"鹿生兄如此的说法是在骗一骗小孩子取笑，我当时竟信以为真，可见那时的一个乡下娃娃之无知与天真，其实那时的留学生把辫子剪掉之后回到国内来所以要伪装辫子的原因，完全是怕被清政府的官吏知道之后会被认为是大逆不道的革命党，稍一不慎，便有杀头之祸的缘故。

以上所说的这批来到兴隆场的特殊人物，后来才知道其中有貌如处女，温厚诚笃，在宣统二年与汪精卫谋炸清摄政王载沣的黄树中，因为这次在兴隆场制造炸药失慎受伤，其后才改名为复生的，有后来任四川省长、广州大元帅府秘书长，其时正任叙永中学监督的杨庶堪，教员向楚，学监朱之洪诸人，有任过四川督军并参加过辛亥黄花冈之役现尚留在大陆，老而未死的熊克武，有会党领袖佘英（号竟成）及其他拥有实力的会党人物。佘英曾在一九○六年前往东京晋谒孙中山先生，深受赏识，委以四川起义的任务。此人任侠尚义，冒险犯难，后来不幸被清官吏诱捕而慷慨殉难。他为人那种忠勇无匹，不计牺牲，不计成败的风格，据诸传说，真不愧一位革命党人中的大豪杰。我至今尚能记忆的是有一位"佘大爷"，当他到达兴隆场后，最被我乡中人所仰慕，我那时年幼尚不能知道他真的姓名叫什么。另外一位传奇人物叫做"铁足板"，又名"神行太保"，"神行太保"这一名称见之于《水浒传》中加于日行千里的戴宗这位英雄人物，后来才知道这是熊克武的别名，据说：由我乡兴隆场到泸州约华里三百里，他曾于一日一夜之间步行往返一次，所以人称他为"神行太保"。我后来曾以此事问他是否属实？他说：有一次曾在天未明时由兴隆场动身于同日夜间步行赶到泸州处理一项紧急的要事，并未能于同日赶回兴隆场。他是一位步行的健者是毫无问题的。说他能由兴隆场一日之内能到达距离三百里的泸州一天一个来回，未免是一夸大之辞，不过就日行三百里而言，亦非常人所及了。戴季陶先生曾对我言及他对陈炯明与熊克武二人有一批评，戴先生说：陈炯明之为人是"铁肩，硬头，目光短视"，熊克武则是"硬头，铁肩，胸襟狭隘"，现在想起来的确批评得不错，所以这两人虽不无过人之处，但终结都不能保持他们革命的志节。

　　我所亲自听见的是在同年的一个春天的夜晚，我们全家大小正围在祖母的床前听她讲《镜花缘》一部小说中的大人国、小人国、女人国等故事，正出神听得有趣的时候，忽然听见一声从未听见过的巨响，不禁为之大吃一惊！于是大家提出了许多猜想，研究此一巨响的来源。我的三姐说：这是兴隆场对面的青山岩山崩。二姐说：恐怕是我家屋后的一株大树倒了发出的声音。祖母则说：一切都不像，恐怕是天老爷发怒天上打出的大雷声吧。正当大家东猜西猜说不出这一巨响来源的时候，忽然听见有人以手用力拍门之声，情形很为紧急，使得大家更疑心到灾祸将从天而降似的，不是土匪抢劫，便是山洪暴发，水淹农田家舍！在六十年前的安静的农村社会里，在半夜遇到有人前来急切打门，是一件很不平凡的事。俗话说的"半夜敲门心不惊"，此处所谓的"不惊"，有如夜行吹口哨，说是不怕鬼。实则是因为夜行怕鬼而才吹出口哨，壮壮自己胆子，聊以自解的。此时大家紧缩在一团，谁都不敢举动，还是我的三哥云鹤有胆量，他一人前去把大门开了。门开之后，我们看见一位鹤鸣池的堂兄，他的名字好像是叫玉生，他是鹿生的哥哥，慌慌张张的走进来，把父亲拉在一旁，低声而又迫切的说道：

"大叔！炸药爆炸了，不得了！有几位制造炸药的人都受了伤，请你给我一些云南的山七和白药去敷一敷，救一救他们的性命！"

"炸药是什么？你们搞来有何用处？"父亲问道。

"炸药是装炸弹的药，在装的时候忽然爆炸了。"玉生兄这样的答复父亲。

"你们造炸药来作什么用处？"父亲又问。

玉生兄此时急得瞠目结舌答复不出话来，他停了一会，然后才细声说道：

"大叔！请你老人家不要问这些，我以后再详细的报告你。我现在要你给我一些云南的山七和白药去救人，请你快一点答应我，迟则来不及了！"

玉生拿着山七和白药匆匆的离去，我们大家都把眼睛盯在父亲的脸上，不知究竟发生的是一件什么事！此时父亲的脸色看起来一点表情没有，好似将有大事临头的神情。我那时年纪还小，人情世故一无了解，当大家沉默不言，气氛静寂的时候，我忽然的对父亲说道：

"鹤鸣池玉生哥请吃炸肉，我可不可以和你同去，如果没有我在，我会生气的啊！"

大家听了我的话之后，哄堂一笑，即时把沉寂的空气打破！原来我们乡下叫"粉蒸肉"为"炸肉"，我竟把"炸药"二字误听为"炸肉"了！

以上是我童年对于丁未十月四川革命事前筹划及著名的制造炸弹失慎事件的一些回忆。至于失慎的经过和为何要选定兴隆场我的家乡作为革命策划基地，则是查阅史料才知道其详细情形的。

四

综合各种有关资料的记载，这一次兴隆场鹤鸣池因制造炸弹失慎的经过和演变是这样的：第一，因为当时策动起义的第一个目标是距兴隆场约三百里的川南重镇泸州，而叙永是川、黔、滇三省的交通要道，可以策应各方，又因兴隆场地方偏僻，不易惹人注意，所以便选定此地为基地，以便会集各方同志，赶制炸药，图谋大举。第二，鹤鸣池房屋宽大，主人黄鹿生是此役最主要人物之一，鹿生的大哥黄仲轩是清朝的举人，他和当时的广西巡抚张鸣岐在北京时是结拜的弟兄，张鸣岐当了广西巡抚，他便在张之下作用凌云县的知县和广西的道台，以一位当时在外作官的大员的家作为策划革命机关，大可以掩人耳目。至于制造炸弹所需的仪器和药品，便可就便取给于在永宁中学任监督的同志杨庶堪和任学监的朱之洪等人。其时永宁中学的理化教员是一位名叫外三修三的日本人，翻译柴可白又与杨暗通声气，一切均可运用自如。第一批药品和仪器是杨庶堪派学生刘经文送到的。第二批药品、仪器则是由陶子琛所运送。由于制造炸弹失慎，爆炸声响巨大，惊动了附近各地，消息遂逐渐传到距兴隆场四十五里的县城叙永厅官邓元穗的耳内，邓遂密令差役、防军严密缉拿。杨庶堪先生在宴会中探得消息，立即派学生陶子琛前来兴隆场报信，促党人迅即离开，转移基地。于是鹿生、杨维、熊克武、赵铁桥诸人乃采取紧急处置，把制造炸药失慎受伤的黄复生先生派人送至重庆医治，把制造炸药的仪器药品及成品移藏别处，继续进行，为后来江安、泸州、成都起义预为准备。

在我童年隐约的记忆中，自从听见的那声爆炸的巨响之后，兴隆场的空气又转趋沉寂了，那些由外方到来的洋和尚和各色各样的人物，都渐渐的散去，后来连影子都见不到了！

过了一些时日，大约是在一个月明之夜，我们举家都已就寝，忽然我的长兄寿萱率领了一群青年学生来到了兴隆场，把我们一家人从梦中惊醒。一到，便说"饿极了"，要家中煮饭供应，说是晚饭还没有吃过。他们人数约二十左右，年龄约在二十岁上下，一时哪能供应得及？于是我的大嫂、二嫂们一起动员把家中所仅有的米和红苕煮了一大锅，转瞬间便被这批饥饿的青年人吃光了。他们之间不知为何还发生了一次口角和打架，经过大哥的劝诫才停止，到了天方亮，大哥又率领他们走了，说是回到叙永城里和古蔺去。古蔺是后来由叙永分出去的一个县，那时因为满清已废科举，设学校，在叙永城里已创办了一个永宁中学，在古蔺则设立了一个高等小学，大哥寿萱便是这个高等小学的主持人，永宁中学的监督是后来任过孙中山先生广州大元帅府的秘书长的杨庶堪先生，其时校长叫做监督，高等小学的校长是否亦叫"监督"则不得而知。父亲当时很严厉的责问大哥：为何深夜率领这样多行色匆匆的人来到家下？大哥说是：带领学生赴江安远足旅行，因赶路回古蔺所以才深夜到此。大哥的话说得很含糊，完全是以旅行来作掩饰、搪塞，父亲亦未予深究。到了他们离去之后不久，乡下人才传说革命党人在江安县起义未成的消息，不久又听见革命党人在泸州起义又告失败的消息，党人被捉拿而被杀头的无数的多，使得兴隆场的人顿陷于风声鹤唳、草木皆兵中，有大乱将临的感觉。原来大哥率领的这批青年学生是前往参加江安起义的，因为到达江安时情形已变，才掉头逃回，所以如是的匆忙！由古蔺到江安，兴隆场是必经之地，他们去的时候是秘密的并未使家中人知道，如果是远足旅行，又何用去时秘密不使人知？若不是回来时因为长途逃跑，陷于饥饿，便亦会过门不入，依然秘密而行了！

这件事的发生，我至今清清楚楚的还记得是在丁未年的夏天，过了几个月之后，即是同年的冬、腊月之间，忽然有人从成都赶来兴隆场报信，说是革命党人在成都起义不成，有大批革命党人被捕，即日就要行刑杀头，鹤鸣池的五哥黄方、城内的杨维、金鹅池的赵铁桥，这些人，犯下了滔天大逆不道的大罪，不仅要杀头，还要抄家灭族！于是鹤鸣池鹿生兄一家，我们一家和黄家的族人都觉得大祸临头，不知所措。年长的人都向各处躲避，妇女们则惊慌到哭泣无策，我家祖母则依然是虔诚的拜她所供奉的观音菩萨！这样的恐怖生活，一直到了数月之后，事情大白才趋于平静！这便是在八岁时我幼弱的心灵所烙下的光绪三十三年（一九○七年）十月，四川革命运动的印象！

五

在我童年，我已知"革命"就是造反，凡是参加造反的人，一被官府拿着，便有杀头、抄家和灭门的危险！另一件使我至今还不能忘记的事，是所谓革命党人不怕死、不迷信和不"忌讳"的精神。自成都起义失败党人被捕的消息传到兴隆场之后，老一辈的人对那些曾到兴隆场而又匆匆离去的造反的人，作了不少事后的叹息！他们说："我们早知会如此的呀！这批天不怕，地不怕，无法无天，浮躁毫无忌讳的年轻人，焉有不出事的道理！"他们所指的是在制造炸弹失慎爆炸事件发生之后，党人纷纷离开"鹤鸣池"的时候，便有了不吉利的预兆。所谓不吉利的预兆是这样的一段故事：当在成都被捕六君子之一的杨维临走时，鹿生五哥问他："我们在何处聚齐同行？"杨说："我在'鬼门关'等你。"这是乡下人认为不吉利预兆之一。后来鹿生五哥继杨之后离家时，他离去不久又转回家下，家人问他为何走了又回来？鹿生说：我忘记了戴"斗笠"，我回来取我的"斗笠"。"斗笠"是一种草和树叶做的遮雨、避太阳的帽子，乡下人认为回家取"斗笠"，便是后来要被杀头不吉利的预兆！在一个闭塞的农村里，迷信很深，说话忌讳亦大，这批天不怕、地不怕，一无顾忌的造反者，在乡下人的眼光认为事有前定，结果竟不出他们所料似的。在这样迷信的社会里竟然酝酿出一次近代的大革命运动，亦真算得是一项奇迹！

在一个政权发生动摇，社会发生了新的要求的时候，人们便会产生一种超越现实的理想，这一理想渐渐由少数人提倡变成信仰之后，旧社会的一切约束和观念即随之而失去效力。在这一情况之下，一个政权要维持他的存在，除了急起直追，作彻底的改革以求适应之外，便很难维持下去。若是全靠严刑峻法，以杀戮诛除异己为维持政权的办法，必是加速其自身的崩溃灭亡，终至不能遏止祸乱，反而要增长祸乱。清朝末年革命党人那种不计生死，不计成败，赴义惟恐或后的情形，充分的说明了此点。畏死，是人之常情，但在人们觉悟到死有重于生的时候，死的威胁和恐怖便都不复考虑了。在相反的情形之下，那时从事革命，初初觉醒的一群革命党人，正以死为快乐，视死为人生最大的归宿。他们不但没有成败利害的观念，而且严格的说起来，他们连成功的要求，亦并不强烈。他们为何要不惜一死以求归宿呢？因为他们并不曾料到其能及身看到革命的成功，只把死当作人生的归宿；以壮烈的死，唤起继起之有人。一个社会的先知先觉者一经具有这种革命的情操之后，革命便离成功不远了，然而当初他们并没有计较到这一点。因此，历史上许多革命运动，在摧毁旧政权一项破坏工作上反而是一件轻而易举的事，最难的问题则发生在旧政权摧毁之后，不能很快的建设起新的社会来。于是厌恶革命的人，便指认革命党人只知革命而不知建设。其实在破坏时期，要以全力摧毁一个政权已属不易，又何能同时以全力来筹谋建设？即或有了建设的计划而在无基础、无经验的情形之下，又如何能在革命成功之后，马上就能有美好的建设呢？

六

兴隆场制造炸弹失慎爆炸之役，其时正担任永宁中学教员同盟会会员向仙桥先生（向先生名楚，在对日抗战时期我任四川大学校长时，他是川大的文学院院长，不仅是一革命党员而且是一国学大师）在他所著的《四川党人革命大事记》里面，对于丁未，光绪三十三年，四川的革命运动曾有下面的记述：

民元前五年（光绪三十三年丁未）熊克武、黄子休等来成都，邀在省党人廖绪初、黄金鳌等三十余人开会于草堂寺，佘英定端五日泸州起义，复会于泸州，有余切、邓西林等若干人，以期迫未果行。约黄方改组民间会党，托名万国青年会，返兴隆场。黄树中、税钟灵、熊克武、杨兆蓉、黄方等造炸药，树中受伤，税钟灵等迁嘉定。

同文又云：

冬十月朔日，江安起义，党人戴皮由城内放火，事泄，刘安邦、马九成等兵不得入，遁去，戴皮及其女死焉。泸州亦潜伏未发，闻江安败，二日夜，佘英及各路首领放舟草鞋沱江中，议再举不果行，退罗汉场。八日成都党人计以新军弁目合民间党会,借太后诞日朝会时歼省城诸大吏,事泄,戒严,遂散诸会党。二十九日黄方、杨很、张治祥、黎靖瀛、江永成、王树槐等下狱。谢持走西安,余切走山西,张培爵独留省密持大计。

就上述资料我们可以得出两项推论:第一,党人在兴隆场制造炸弹事件及江安、泸州的起义失败是发生在成都起义事件之前,可能当时的计划是在同年十月各地同时发动,因交通不便,不断的发生了意外事件,以致失败。第二,由于江安、泸州起义失败的结果,参加上述诸役的革命党人乃涌至成都再谋大举,于是乃有丁未十月成都之役。因为各地的失败,根据地全失,预筹的一切均归乌有,只得集中全力在成都发动,为最后之一击。关于这方面的资料,各家的记载都大有出入,我留在以后再加以研判叙述,在此先就成都此役事前的策划,失败的经过,及事后的发展,根据各种资料加以叙述。

曾经亲身参加丁未十月成都起义之役,现仍健存留居在台湾的,有八十高龄的徐堪先生(号可亭),他在丁未前一年便由卢师谛、夏亮工二人之介绍,参加同盟会为会员,事变发生时他正是年方二十岁的四川通省师范学校的学生。据徐先生的口述和当时参加此役的人事后的记载,对于此役的真相可以得到一个比较可靠的结论。

发难的布置:自同盟会一九〇五年在东京成立后,国内革命起义，已由酝酿的阶段，发展而为浩大的革命行动。中山先生有鉴于四川地位的重要，曾经说过："扬子江流域为革命必争之地，而四川位居长江上游，更应及早图之。"在一九〇六年丙午，四川的会党首领佘英由同志的联络特往东京晋谒中山先生，随即加盟请示机宜，中山先生乃委以返回四川联络会党作起义的预筹，佘英回川以后至感兴奋，在会党方面植下了很好的基础。同时更派黄复生、熊克武、谢奉琦三人入川为主盟人，联络各方积极进行，因此在丁未这一年四川党人在会党、军队、学校各方面都打好了很好的基础，尤其是成都是四川省会，政治的中心，向往革命的人特别的多，同志对革命的信心亦随之增强。于是选择了旧历十月初十为起义的日期，因为这一天正是慈禧太后的生日，总督以下的重要官员都要齐集于一个地方名叫"会府"，为慈禧太后祝寿。党人认定这是一个最好机会，可以一举而把庆贺的满清官员歼灭而占领政治中心的成都，号召各地府县响应，造成全省起义的好形势。这种策划与一九〇四年，光绪三十年，黄克强先生领导下的华兴会所要在湖南长沙，拟乘慈禧太后七十寿辰那一天，全省文武百官为慈禧祝寿聚在一起庆贺时，一举而歼灭之，占领湖南作为革命根据的计划一样，可惜都因事泄而告失败！

起义的规划：（一）推定龙光、黄成章、王树槐、王资军，负责联系指挥新军；并运动防守成都军械库的新军。届时打开仓库，趁势夺取武器；由弁目队的同志秦炳、程德藩、伍安全、但坚、彭正刚，居中联系、指挥、响应；巡防军和会党由余功、黎靖瀛、舒新之、张达三，联系指挥；学界及学生中同志则由张培爵、黄金鳌、谢持、曾冠联系指挥。（二）派朱蘧等人四门放火为号，各路即向指定目标进攻，主要的目标为祝寿官员齐集的会府，将全城官员一网打尽。（三）通知各地同时响应。

失败的经过：由于革命党人和四方来会的会党分子聚集成都的人数众多，成分又杂，约束不严，言语不慎，在起义尚未爆发前，便已弄到满城风声鹤唳，岌岌不可终日。以致到了预定起义的日期，清朝官吏便临时改变庆贺祝寿的地点，并于会府附近一带宣布戒严，断绝交通。派定放火的同志朱蘧，因临时在东门租了一间旅馆的房间，他把洋油泼在一张草垫的上面，把火点燃之后，急急的把门锁上，慌张而逃，于是引起了店内工人的注意，便迅即把门打开，将火扑灭。因而各路整装待命的同志，由于看不见举火的讯号，听不到炸弹的声音，得不到行动的命令，一直等候到天亮，才知道事情失败，乃各自分散，于是丁未十月的成都起义便又失败了！据说：当日走漏消息，造成清朝官吏事前戒备的原因是由于同志告密，究竟是何人所为，至今都查不出确实的人名和证据。

党人被捕，死难和逃散：起义失败之后，党人名册已被清政府官吏搜出，势将按名捉拿，风声紧急，恐怖的气氛笼罩了全城。成都凤凰山的新军和弁目队的同志多人，都是没有请假，偷着出营来参加起义的，事败以后自然不敢回营，纷纷逃避，其中有一位军队同志名伍安全，于被查获之后，被解回营，立即在凤凰山营地被杀害。此外如在后来参加辛亥年广州三月二十九日黄花冈之役而牺牲的饶国梁、秦炳二烈士，都因那次离营后不敢归营，散处四方，继续奋斗，后来成了七十二烈士中的先烈。辛亥年在北京炸毙满清大员良弼，促进南北统一，事成而牺牲的彭家珍烈士亦是曾参加此役的军人同志中重要分子之一。他死难时已经订婚而尚未成礼，迄至他死后，他的未婚妻过门守寡，为延续彭烈士的香烟后代，乃以他的弟弟，农学界的前辈彭家元先生的儿子传梁作为他的后嗣。传梁是"政府迁台"以后击落共党米格机的空军英雄，他作过蒋公的空军侍从武官，现在"我国驻美大使馆担任空军武官"，先烈的继嗣总会是不平凡的。

七

在起义失败后不久，丁未十月二十九日，我的族兄黄方和他的连襟杨维及黎靖瀛、张治祥、江永成、王树槐六人同时在成都被捕，时人称为成都起义的六君子。本来已经论罪定斩的，后来因为清政府要表示宽大以收拾人心，乃改处终身监禁。这六位大逆不道的要犯何以仅仅判处终身监禁，而免掉砍头之灾，据亲与是役的徐堪先生所说与参考同类的一些记载，大致是由于当时在籍而有功名地位的人物如其时任四川高等学堂监督翰林胡玉岚、伍崧生等出而主持清议，力主宽大，得以幸免。徐堪先生是当时通省师范学堂的学生，此校的监督则是颇负时望的举人徐子休先生。当举义失败，官吏逞威，追缉主从的党人之际，在成都的几个著名学校，如高等学堂、资属中学、叙属中学及通省师范学校等，都由清政府派兵包围，压迫学校当局交出有关人员。当时因初废科举，兴学校，学校尚被尊重，清朝军警尚不敢冲进学校搜捕革命党人，于是乃由徐子休先生约同各校监督及著名士绅向道台贺纶夔、成都府尹高增爵呼吁。他们说：因为政治不良，青年人谋求政治改革，是出于爱国动机，若加以大逆不道之名，动辄杀人，后患将不堪设想，总以宽大处理为当，更不可株连多人。其时的成都县知县王棪坚决主张格杀勿论，后来经过徐子休、胡玉岚、伍崧生、贺纶夔、高增爵向署理总督赵尔丰求情，陈述利害，赵虽然是一个著名的杀人屠夫，亦因是而有所顾虑，始发交承审局依法讯办，我的五哥和其他五人乃获判处永远监禁，得以不死！一直拘囚到辛亥革命成功，乃被欢迎出狱。

据各种有关资料的说法，对于此事都说是由于士绅的求情与清议的影响，才把他们的性命保全。在我看来这只是原因之一，最大的原因还是因为清政府于光绪三十一年派五大臣出洋考察宪政之后，便已觉得非维新立宪不能杜绝革命风潮，维持政权。所以在光绪三十二年的上谕便已宣布要预备立宪，实行宪政。因为要预备立宪，便不能不对这批革命党人表示宽大。另一原因，则是鹿生的亲生大哥仲轩是清朝的举人，与其时的广西巡抚张鸣岐是金兰之交，其时仲宣又在广西做官。据说：张鸣岐曾受仲轩大哥之托，在事发后曾致电赵尔丰请求从宽处理。张鸣岐是当时具有权势名望的大员，由他出面求情，可能亦是他们得以不死的另一原因。

当黄方、杨维等所谓"六君子"被捕之后，成都县知县王棪便主张即行正法以邀功而博取升官发财的机会，因为当时清议与清廷已宣布预备立宪各种关系，不能不以宽大作粉饰，于是才交承审局坐办依法审讯。在审讯时最使人感动的一幕，便是被捕六人皆翩翩少年，英气奋发，对于革命皆直认不讳，视死如归，他们痛陈清政府腐败，足以招致亡国灭种之祸，非革命不能解救中国之危亡，义正辞严，使审讯者俱为之动容。其时承审局的坐办黄德润对此案不但不主张操之过急，多事株连，而且反说此种案情不是超迁升官发财机会，以讽刺其他清廷官吏，成都府知府高增爵、按察司刑幕王俊廷等亦主张宽大，于是经过几次审讯之后，便把此案归结到此役重要人犯余切、熊克武、佘英、谢持、谢奉琦、刘安邦、赵铁桥等均在逃未获，候全案人犯缉拿归案再行严办，以作拖延。其后，六人均改判终身监禁。此次成都的起义运动虽然失败，但革命风潮反因是而弥漫全川，革命救国的大义渐渐为广大的民众所领悟，在官吏中亦渐知革命的因素是政治不良，并非可以一味屠杀，便可以杜绝。据徐堪先生口述：此役首要人物之一的谢持先生，便是由清政府要员周善培在事急时暗通消息，掩护其逃走的。徐先生和他通省师范同学王梦兰二人则是由监督徐子休先生命其逃往陕西，并为之介绍其好友其时陕西凤翔县知县尹仲锡予以照顾。在此以前，一般人认革命为造反，为大逆不道，灭门灭族，格杀勿论及把革命党人视作江洋大盗，为非作恶的一群的观念亦随之改变，而纷纷寄予同情，革命的声势更为之浩大增强，益发不能戢止！中山先生说：革命的道理变做了一般的常识便离成功之期不远了，这的确是一项名言。

此役声名最大的余切，号培初，后改名公孙长子，他于事后逃至陕西，再由陕西逃到山西。辛亥革命时他曾参加山西的独立，民国二年二次革命失败后，我随他和雷铁崖及数年前尚在台北任"考试院"参事的金体乾先生一同由上海亡命到南洋槟榔屿。在对日抗战时期任四川省参议会的议员，未几亦便因病死去。余切为人任侠好义，性情刚直，写得一手好字，双勾尤其是他的特长。我幼小时，他督责我最严，爱护我最深，我叫他做公孙大哥，一遇到我读书不勤，任性使气的时候，只要他把面孔一摆，两眼鼓大，我便服服贴贴，一切都遵照他了。我所以如是对他折服，不是由于畏他的刚强，而是由于在他每每规劝我时，我一不听话，他便痛哭失声使我受其感动。他在成都这次起义运动中声名最大，其原因是：一是他领导的会党群众最多，二是因为他在逃未获，清政府官吏把他认作首犯来搪塞，以解脱被捕六君子的罪行。另一在逃的谢持先生为人略为拘谨，但对人诚恳，办事认真，大家都叫他做谢老师。民国十年他曾任中山先生在广州非常总统时期的秘书长，民国十三年中央监察委员张继、邓泽如等人提出的检举共党分子案，他亦是其中重要的一员。

民国十四年反共的西山会议运动，他是共党和左派人士指为反动与昏庸老朽之一的首要分子。与丁未四川革命运动有关的重要人物如黄复生、赵铁桥、杨庶堪、熊克武、张培爵、朱之洪诸人，后来在北京炸清摄政王、广州黄花冈之役、京津同盟会以及其后国内各次的重要革命运动，他们都成了其中的主要人物。因此，此役的影响不仅单限于四川一省，而其关系之大且普及于全国。

成都举义失败之后，熊克武、谢奉琦、佘英、曹叔实、曾省斋诸人乃退散各地，继续企图再举，于是乃有是年十二月叙府之役、隆昌之役、宣统元年春广安之役、同年冬嘉定之役、宣统二年酉阳秀山、黔江、彭水之役。以上诸役虽然俱告失败，但革命党人前仆后继，赴义牺牲的精神，则愈振愈奋。最不幸的是忠昭日月，义薄云天，领导群伦的谢奉琦、佘英两位同志，后来均被清政府所捕获而壮烈成仁，不及见到革命之成功，令人惋叹！

八

事后来检讨这次起义，熊克武是亲身参加此役的主要人员之一，他是在是年十月九日午后才赶到成都，事情的变化便发生在这天的夜晚。据他事后的追忆这次失败的原因：第一是举火以为信号没有成功，以致各路整装以待行动的同志，因未见火起皆按兵未动。负责举火的朱蘬同志先在东门附近的客栈租了一间房间，把洋油浇在一张草垫之上，把草垫放在床上，点着了火，把房门锁上便走，以致一经被店家发觉，立即便把火扑灭了! 这虽然是一件小的技术问题，但关系却很重要。第二是假使火举起来了各路都同时动作，加上实力雄厚的新军和弁目队中运动成熟的军中同志起而响应，尽管因起义消息走漏，清吏已有准备，说不定还有成功的可能的。在我看来，以当时军中向义同志人才之盛，若以军中同志为首先发难的主力，而以会党、学校同志附之，则形势又将不同。辛亥广州三月二十九之役的失败，其原因或与此正同，辛亥武昌起义之能一举成功，则应归功于军中同志之首先发难可以作为一好的例证。综观各地各次的此类起义运动的失败，不是因为招集人数众多，一时集合在一处易引人注意，便是分子复杂，不自检点易于暴露身份，走漏消息招致失败。这种临时凑集的起义群众，人数少了，无济于事；人数多了，保密与经济供应都属困难，尤其是起义经费，仅靠私人仗义捐助，并无固定巨大的来源；虽说革命是一种自愿的牺牲，死生性命都应在所不计，但是办事与策划，勿论在事前与事后，均非钱不办。回忆在革命未成功以前的艰苦，同志不仅要抱定杀身成仁，抄家灭门的决心，而且在大事未举之前即已尽其所有倾家荡产了!

譬如：即以丁未十月四川一役而论，此役的经济来源，除了同志们零星凑集者之外，甚至有从借贷而来的。在举事之前，佘英为了筹集经费，曾向泸州城内一位以洗衣为生的寡妇借银三百两，作为革命的军费，约定日期如数还她。她很慷慨大方的说："我留着没啥子用处，拿去做事嘛。"后来因起义失败，佘英被通缉，牵连到她，她不但没有收回这笔借款，后来她竟悬梁自尽。这种可歌可泣的义行，一面说明那时一般穷苦人民对于革命的向往的殷切，一面亦说明革命筹款之来之不易，如像这位以洗衣为业的寡妇的人，毕竟亦不会太多！又如：据熊克武的追忆，当成都起义既告失败以后，是役被捕六君子之一的黎靖瀛先生匆忙的向他来报告说："事情又坏了啦……帮会的头人都在城内，要赶紧筹款遣散他们，如果他们没有钱逃避而竟被牺牲，下次就喊不动他们了！"仓促之间又何来此笔遣散经费呢？其时正好鹿生五哥在广西做官的大哥仲轩正有一批款子汇到，要他在成都代为物色一位年轻貌美的姨太太，结果鹿生把全部款子拿出来，作为遣散同志的费用。幸好，不久鹿生在成都被捕判处了永远监禁，这笔汇款亦无形报销，否则的话，仲轩大哥为了想得一位姨太太的愿望未能达到，他和鹿生弟兄之间必定会有一番麻烦的。以上所举的两件小事，每每被曾经参加是役的同志们引为一种美谈，就此亦便知道当时革命举义事前筹款之艰难，事后办理善后之不易了。如果我们把这些经过来衡量今日的情形，我们应当知道在革命大业缔造之初是如何的缺乏物质的条件，然而过去终能推翻清政府，建立民国，乃由于革命党人不计成败，不计牺牲，见义勇为的革命精神克服了一切，乃底于成。

九

在革命秘密运动时期，党人全凭起义的热情与视死如归、杀身成仁的精神，对于组织的运用与指挥布置都不够严密。在各种条件都不具备的情形下，亦很难做到组织严密、指挥灵敏的程度，所以历次各地起义均因此而告失败。好在其时的清政府官吏大都昏庸腐败，顽固无能，稍具新知识的人又往往同情革命，或被党人大义凛然视死如归的精神所感动，而曲予宽容，因此而获保全的不在少数。四川丁未十月之役，当"六君子"被捕之后而未见杀，显然是清政府受了革命风潮的影响而失去了自信，与其说它是由黑暗专制而进入开明，毋宁说它是一种退让，为其二百多年的统治动摇与崩溃开始的象征，辛亥四川保路之役在初得由和平争路启其端，终于爆发为一广大的民众武装起义运动，此点关系极为重要。在历史上大凡一个政权，开始酝酿革命不易维持的时候，往往不在它一意孤行，反动暴戾，而是在它开始退让，或是让步而不彻底，反而会加速其崩溃。在一七八九年法国大革命没有爆发以前，假定包本王朝不因财政的困难，民心的离散而召集三级国民大会，或者召集之后，而能具有诚意，顺从民意，彻底作一番大的政治改革，也许法国大革命的爆发不会那样的快，那样的势不可阻遏。因为在革命的酝酿时期，革命的势力总不免是散漫和纷歧的，统治者如不因被迫而表示退让，谋求局势的缓和，作类似三级国民大会的措施，散漫的反现状、反政府的势力便不易集中团结起来。这些势力一旦集中起来之后，如果统治者不具诚意，不作彻底的改革，很自然的要汇成一股革命的洪流不能抑止，加速旧统治的提早崩溃。同一情形，假定清政府当日不废科举，兴学校，练新军，宣布预备立宪，成立咨政院，各省咨议局，作不具诚意的让步，伪装的改革来希图缓和局势，那时康梁的改良派和革命的力量都不易抬头，以促进辛亥革命的成功如是之速。反之，当时的清政府如果具有诚意顺应人民的要求，彻底作一番的改革，历史的写法将又不同了！维持一个政权的最有效的方法，一是要有及时具有诚意和远识的改革措施，一是要有洞烛机先，魄力雄大，争取主动的政治家，凡是政治居于被动的地位或是让步而不彻底的，或是虚伪以应付一时以求幸免的，没有不最后招致祸灾的。中山先生认近代民权的发展是世界潮流所趋，有如高山流水，有不可遏止之势。应付民权必然发展的方法：一是随机退让，一是事先防止。前者是英国改革政治循序渐进的途径，后者是十九世纪后半期铁腕宰相俾斯麦，先事实施社会政策，以解决社会问题的办法。舍此之外，不是因循坐误，便是蒙昧无知，任事态之发展终至于无可救药之境地。清朝末年的政治情况，很明显的便是走的此一路线，以致造成后来不可收拾的局面！

到了辛亥年，一九一一年春，清廷宣布将川汉铁路收归国有，五月四川争路风潮发生，成都成立保路同志会，各县设立同志分会，四川党人利用此一时机，乘时再起，以附和争路为名，鼓动风潮，借此起义，于是把此一和平请愿运动一变而为全省广大民众革命运动。自七月初争路风潮扩大为学生罢课、商人罢市、工人罢工；继之以抗粮、抗捐，于是激发了七月十五总督赵尔丰在总督衙门内枪杀请愿民众数十人的惨剧。自此，各县纷纷起义独立，以武力与清政府对抗，革命有如壮阔的波澜，挟排山倒海之势，向腐败的清政府猛扑，终于辛亥十月二日促成重庆的独立，十月七日总督赵尔丰交出政权，四川全省乃入于革命势力的掌握之中，促成辛亥革命的成功，中华民国的建立。辛亥四川保路运动反以能发展成为辛亥武昌起的前奏，予武昌革命莫大之鼓励的原因，一是辛亥三月二十九广州之役七十二烈士的壮烈牺牲，激发了全国人民对革命的向往而奋发继起；二是由于四川革命党人经过了历次惨痛的失败，和重大的牺牲的教训之后，乃利用了保路风潮而为一次革命的壮举。在叙永兴隆场曾参加制造炸弹事件的朱之洪先生，在保路运动和平争取时期，便是一位从中兴风作浪，鼓动风潮，把此一运动扩大成为广大的革命运动的一位健者。

四川在辛亥前历次的革命起义，及丁未十月成都起义的运动，其规模之大牺牲之重，及其历史意义的重要，并不减于其他国内重大革命诸役，只因以前交通不便，传播不易，未被世人所重视。民国成立后，四川不幸又复陷于军阀割据，战乱不息，以致有关史料散乱残缺，未加整理，殊觉令人叹息！今后如何迅谋补救，则属于后死者责无旁贷的义务了。

<h1 style="text-align:center">十</h1>

　　治历史学的人最难处理的一件事是：搜集资料，整理资料，分析资料和处理资料。这些工作的每一层次如果做得不好和不确实，便容易发生史实的错误，而歪曲了历史。口述历史的好处是由与历史有关的人自述其亲身的经历和了解，在真实性上，应当没有太大的问题。但因为事实的复杂，人事的变迁，时代的变易等等的因素，错误亦往往不能避免。全凭个人的记忆而不加分析与考证，总不免仍有不尽不实之处发生。

　　今以有关成都之役的几个问题来试作研讨：

　　（一）在丁未十月成都之役以前的江安起义事件，在我的记忆中，明明白白是发生在是年的夏天，因为凭我自己的记忆，我的大哥寿萱因为率领叙永、古蔺两县的青年前往应援江安起义，在情况发生了变化之后，退走经过我家乡兴隆场时，确确实实是在一个月明之夜，天气正是炎热的时候。那时我虽然年幼，但在我的记忆中至今仍然存在当时的景况是在是年的一个炎热的晚上，一个月明的深夜。却是，我现在翻阅关于江安起义的各种记载，则都是发生在丁未年的旧历十月初二，仅距离十月初九成都起义事件发生之前七天。这究竟是我记忆的错误呢？还是由于其他正式记载的错误呢？连我自己对此都不免要发生了迷惘和怀疑。在这种情况之下，凭着我自己的记忆当然是最可靠的，因为自信总比相信别人的记载合理。因之我在前文中关于此役发生的时间，我仍坚持自己的这一见解。待我一再的翻阅其他的资料，我忽然发现了两个论证，才知道错误在我自己而不是在其他的记载。这可见得治史之不容易了！我所发现的两项论证，其一是：原来江安起义预定是在是年八月十五中秋节日举事，因为临时发生了变化才改在十月初二举事。照此推算，我记忆中寿萱大哥率领学生应援江安起义退回到兴隆场，应当是八月十五这一次预定起义的日子，而不是十月初二起义失败的那一次。八月十五中秋节前后仍是炎热的季候，我的记忆应当是没有错的，但是的确是错了，因为我不知道改期至十月初二举义的这件事。我把预定起事的八月十五误会为即是十月初二江安举事失败的日子！二是我发现参加江安起义而又参加成都之役的主要人物熊克武，照他事后的回忆所记载，他于江安起义未成之后赶至成都，他到达成都的日子正是那年的十月初九，亦即是预定在成都举事的那天的下午，这当然是一个很好的证明。以距离路程来说，江安距成都约数百里，他能在八天之内赶到成都是很费力的一件事，不过他是著名的走路能手，人们称他为"神行太保戴宗"，他在逃命与赶路两种心情交织之中，走起路来当然不同凡响，他在路上也许坐轿加班，也许是乘马赶路，我想他的话并不是完全不可靠的。

（二）根据各种有关资料，丁未十月成都之役所选定的地点是城内的会府，时间是慈禧太后的生日那一天，是日全城总督以下的重要官员，都要齐集这个地方为慈禧举行祝寿庆典，党人计划就此机会一举而歼灭之，占领成都，号召全省响应。细查慈禧太后的寿辰是旧历十月初十，而各方所记载的起义的日期则都是十月九日的晚上。我在初很怀疑九日晚上这个时间可能记载上有错误，因为既要利用全城文武官吏齐集会府为慈禧祝寿的机会，一举而歼之，以收事半功倍之效，那末，就应当是在十月十日正寿这一天举事才为合理，为何记载上又都说是十月九日深夜呢？我经过许久推敲此一日子差误的原因，均无法得一正确的答案，后来偶与徐可亭先生谈及此事，经他的解释之后，才明白初九深夜这个预定起义的日期的记载是正确的。因为照当时官场为太后或皇帝祝寿，全城重要文武官员都得在天未明以前齐集会府这个地方，所以定在九日的深夜，就是指的十日的清晨，天尚未明的时候，正因天未明时文武官员都齐集会府的大好机会，则行动起来更为便利。

（三）据曾经参加此役的主要人物之一的谢持先生的回

忆所记的起义的日期，则更与九日深夜的时间大有出入。谢先生在他的《天风瀣涛馆六十自述》一文中有如下的记载："九月周先生赴渝（周系周善培，其时以候补道任四川商务督办，谢先生在他的下面任总文案），乃得锐意革命之举，遂定十月二日起兵据省城，及期不济。"又说："十月二十八日，余请假还家（富顺县），其夜省城党案发，被捕者数人，皆与闻二日事之同志也。"谢先生此处两次皆肯定成都之役的起义时间是十月二日，而不是九日深夜。他是是役的主脑人物之一，他的回忆应当是正确可靠的了，但综合各方的资料以及为何要选定九日的深夜的理由，二日之说当然是记忆上有错。如果说是排印上的错误，何以两处所指的都是十月二日呢？资料审定之难竟有如此大的出入之处！这种出入的原因可能是谢先生把江安起义的日期误会为成都起义的日期了，或者是成都起义日期原定为十月二日，至时又临时改为十月九日深夜以其较为有利的缘故吧！

（四）丁未十月成都之役，其时的四川总督究为何人？锡良呢？还是赵尔丰呢？各种资料的说法均有出入。由于事隔六十年，全凭个人记忆，有时不免发生一种交织的联想而陷于错误。因为在此役失败被捕的六君子，未遭杀害，仅仅判处了永远监禁，而且诸人在监狱中又视为政治犯特别予以优待，与此案有关的人员，事后亦未被扩大株连，构成大狱。这在当时的情形不能不说是清政府所采的宽大政策。于是大家联想起来总认为主办此役的四川总督是锡良，而不是杀人不眨眼的赵尔丰。其实四川总督锡良已经于是年正月调迁，清廷派岑春煊继任，岑未到任前，是由赵尔丰署理总督。到了是年三月清廷又发表赵尔巽为四川总督，尔巽亦未到任，仍由尔丰署理；到了丁未七月赵尔巽又他迁，清廷乃又发表陈夔龙继；因陈亦未到任，便仍由赵尔丰署理。所以丁未十月成都起义未成，经办此案的仍是赵尔丰以署理总督名义处理本案，其时距锡良去职已足足十个月了。赵尔丰是一个著名杀人不眨眼的屠户，他的"屠户"之名系从他在此以前任永宁道台时，剿办叙永一个名叫"苗沟"的地方，残忍无匹，杀人如麻而来。我们家乡的人一提到他的名字便心惊胆寒！据说他每次出巡川南各县，以举办清乡为名，诛杀极惨。在某年的旧历除夕，他坐堂提讯监狱人犯，他不管罪刑的轻重，只用红笔一勾，便把所有人犯推出斩首。有一犯人向他求情说："今天已是年三十晚上，请大人赐我恩典，让我多活一天，算是我多活了一岁吧！"赵听了无动于衷，仍然推出斩首；这位犯人厉声指着赵说道："好！我在鬼门关等你！"川人恨之刺骨，便叫他做"赵屠户"而不名。在五年之后，辛亥四川保路运动发生，他由驻西藏大臣调任四川总督，在是年七月十五又在总督衙门内枪杀请愿民众数十人，因此，他在四川人民眼中，更是杀人不眨眼的屠户了！所以后来的人一谈到丁未十月四川起义之役，清廷处理此案采取了宽大政策，不事杀戮，在一般人心目中总说是锡良，而不是杀人不眨眼的赵尔丰，可能是由于此种对人的性格上的联想而发生的错觉。的确，丁未年他处理成都起义事件能够那样宽大、温和，实在是出乎一般想像之外的！

十一

有关资料中对于史实之记载，有同是一人，而先后记述亦有出入之处。例如：熊克武、谢持、杨庶堪、黄复生四先生在国民政府时代为黄方请明令褒扬文中说："先烈派人假万国青年会名，召集会党健儿克期举义，并约复生至先烈家制造炸药，深夜失慎，爆炸轰声震惊邻里，先烈与复生均受炸伤。"这里说黄方在制炸弹时与黄复生先生同时被炸伤，而熊克武在他的回忆录中又作不同的说法。熊说："据同志介绍，靠川边云南郭家坟地方有个很有名气的坐地虎殷吉祥，手里有几十枝五子枪……当时我们总想多弄几枝枪，因此我和黄方、黄建勋（兴隆场的舵把子）同去找殷，了解他能够喊动多少人，是否可以相助，或者借用一些枪枝，结果没有成功。当我们回到兴隆场时，爆炸事件已发生两天了。我看到几个资料，说我亦受轻伤，其实并无其事。"这说明当时熊固然是不在场，没有受伤；黄方亦是不在场的，当然亦是不曾受伤的。就我个人的回想和家中人事后的说法，熊克武和黄方二人确实是不曾在场，既不在场，又何能受伤？各种资料的记载如此的不同，连熊克武一个人所说的话，亦有先后之不同，由此可知资料之处理是一项十分困难而重要的事。熊的回忆录中提及的兴隆场舵把子"黄建勋"，我想"黄建勋"这一名字可能是"黄斌藻"之误。我记得我们的族中有位哥哥叫黄斌藻，是一位有名的会党中人物，只要持着他的名片便可走遍古蔺、古宋、叙永三县的"码头"，出门不带路费，沿途都会有人照料。"码头"二字大约指的各个乡镇的会党组织，他当时是一位有名的"舵把子"，这一地区的人称他做"兴隆场的黄大爷"，一提起黄斌藻三个字，会党中人都认为是"吃得开"的人物。他为人输财好义，济急扶危，邻近各地的会党中人每遇有不能在家乡立足，或是犯罪流亡，或是避仇离家，只要来到兴隆场有求于他，他无不予以掩护帮忙。在兴隆场本地方的人，遇有纠葛争吵，只要他一句话便可排难解纷，免去争执。用现在的话来讲，他是我的家乡一位最有权势、最有影响力的领导人物。当时革命党人选定兴隆场作为起义和制造炸弹的基地，可能亦是在借用他的力量作掩护，他是参加此次起义的人物之一自在意中了。

　　黄斌藻和殷吉祥都是会党中人，熊克武、黄方，要他同去川滇两省交界的郭家坟运动殷吉祥参加革命，当然亦是由于要利用黄与殷的会党关系。他们前去晤殷的另一目的是在想借用他所藏的五子快枪作为起义的资本。这一目的虽然没有完全达到，却因透过殷的关系而联络上了驻在江安的巡防军哨长刘安邦和鲍九成等。在此以后，预定在同年十月初二在江安举事所持的军事力量，刘、鲍二人出力甚多。江安失败之后刘安邦并曾赶赴成都参加十月九日的成都起义运动。成都失败之后，刘更化名充任赵尔丰的"戈什哈"，随赵赴西藏平乱，企图得机刺杀赵尔丰，后来被人识破，终在川边殉难，死事异常壮烈！据熟悉刘安邦的同志们谈及，其人知识程度并不太高，但豪侠好义，济人之急，救人之难，重然诺讲义气，极获得同志们的敬重。他自然亦系会党中人，他与殷吉祥虽然同属于会党的人物，但殷为人并不正派，刘虽然是由殷的联络而参加革命，但他一经参加之后，便义无反顾，生死以之。而殷则纯是一坐地分肥的"混水袍哥"，他虽拥有快枪实力，对于当时的起义运动并没有积极参加有所贡献。熊克武在他的回忆录中描述殷吉祥的为人，说殷是郭家坟地方上的坐地虎，遇有官府解送盐税和地丁银子的机会，就临时召集若干弟兄拦路抢劫，得手后就坐地分肥散伙。因为郭家坟是处在四川、云南两省交界的地方，所谓"山高皇帝远"，当时的官府竟把他一无办法，甚至于有时还要仰他的鼻息，以求地方上不发生事端。刘安邦和殷吉祥的关系如何不得其详，殷后来的结果如何亦不得而知，不过刘安邦自参加革命后那种舍生取义的志节便非殷吉祥所能比拟的了！

会党本来是明末清初一种以"反清复明"为宗旨的旧民族主义的团体，因为年代久了，其分子散布在农村和军队之中，只以互助与义气相结合，原来反清复明的宗旨，多数人都不知其意义之所在。四川的会党属于洪门一派系统,俗称为"袍哥"。袍哥有清水与混水之分,清水袍哥大约是地方人士为了保护自己身家,结纳朋友,借加入会党为自全之计,并不为非作恶,豪霸逞强,鱼肉乡里,我的族中那位哥哥黄斌藻便是清水袍哥一类的人物。混水袍哥多属于地方豪霸,为非作恶,坐地分肥,一旦不容于地方官府,或竟铤而走险,成为打家劫舍的土匪,殷吉祥便是这一类型的混水袍哥。在清朝末年,会党势力布满各地,其分子多属于社会下层的方面,当时革命党人所能利用来行动的力量,除了军队和知识分子之外,便不得不借联络会党以便于行事。因此,在兴中会与同盟会时代,革命党人之利用会党,或竟加入会党为会员的人不在少数。由于革命党人借会党为一种进行革命的势力,会党中人在受了革命大义的薰染之后,便亦投袂而起作出许多义薄云天、舍身赴义的壮烈事迹。类似刘安邦这样的会党人物的确值得称颂。会党组织在清末民初之际是中国一种庞大的社会势力,其最远的源流是明末清初时一种反清政府的团体,可以说是由最早的民族主义的分子所组成,所以中山先生在创造革命的初期,自乙未第一次广州起义及此后各次的革命起义运动,无不以会党为一种行动的主力。四川历次的起义运动,亦复是以会党为基础。辛亥四川的保路运动后来爆发为一广大的民众武装起义,四川的会党都扮演了最重要的角色。

十二

　　光绪三十三年四川的起义运动有一最关键的人物便是
佘英烈士，他原是会党中的有力分子，他于获读其时的宣传
革命的刊物如邹容的《革命军》《民报》和《警世钟》一类的
读物之后，便与同盟会人黄复生、熊克武等人取得联系。在
一九〇六丙午那一年，他受同盟会员们的鼓励，特由四川前往
日本东京会晤中山先生，并由中山先生授予方略与在四川起
义的任务。佘谒见中山先生时的情形如何现在无法稽考，不过
我们在其时正在日本东京策划革命的宋教仁的日记中还可寻
出一些资料。宋在一九〇六年八月十二的日记有如下的记载，
足以见当时佘英之被各方所重视：

　　　七时至民报社，昨日所约之会党领袖已至，与余相见，其
　　人为四川泸州人，颇通时事，口舌亦辩。谈良久，余询其一切
　　情形，彼言：我们总欲作一番事业，以为我同胞复仇，惟财力
　　不足，一举事时内政外交都不能办，故不得不联合海内外英
　　雄志士并举。此次来东特为此耳。复询余以所见，余乃力赞其
　　连合之说，并就四川之时势地势言其利害得失，劝其勿卤莽
　　从事，言毕彼此均以为然，若甚满足者，时已十一时矣。

　　宋的此段日记虽没有提出佘英的名字，然其所见者为

一四川泸州的会党领袖人物，以时间和后来事实的发展而言，此人必是佘英无疑。

佘英虽然出身会党，为人放荡不羁，敢作敢为，但他对于他孀居的母亲极为孝顺，自他在东京晤见中山先生赋予任务，回到四川之后，在初对于革命起义工作仍是采取稳重态度，其时的同志们对他颇感失望，谓他为懦弱。一直到了他的母亲逝世之后，他乃痛哭呼天的说道："向之不速举义者，徒以老母在耳！今老母已逝，夫复何忌，惟有贡献此身进行革命耳！"自此以后他果然投身革命，一往直前，勇不可当，光绪三十三年江安、泸州两次起义，他可以说得上是一中心人物。佘为人虽是江湖大侠，冒险犯难一类型的人物，但他有时亦很持重识大体，而且机警异常，我曾听到关于他的有两件小事足以了解他的为人。自光绪三十三年十月二日江安起义失败之后，照预定的计划是要等到江安得手之后，便以兵力直趋泸州，内外同时并举，必定马上功成，占领这一川南重镇作为革命的根据。不料江安举事未成，而在泸州的满清官吏已戒备森严，势不能照预定计划有所举动，徒招牺牲。于是聚集在泸州的各路领袖人物，为避免消息走漏，乃雇一木船，开到离泸州不远草鞋沱地方的江中，开会商议应变办法，会中多数都主张各路同志已应约齐集泸州，主张不计成败为孤注之一掷。佘英此时则力主慎重，他的理由是：泸州清政府官吏军警已有戒备，江安失败，外援又已断绝，冒险一试，必定徒然牺牲。同时成都同志既已决定在十月九日图谋大举，不如待到成都发动之后再起而响应较为合算，目前只可保全实力留以有待。他的这一主张顿时引起出席会议的人的反对，说他临事而惧，胆小无能。佘因要避免同志的牺牲，恐此议一行，无法挽救，于是他为了表明心迹，阻止妄动起见，便跃入江中，以一死以唤起同志们的回心转意。同志们费了九牛二虎之力才把他救起，然已奄奄一息了！他的主张卒被采纳。

从上面一件事你可以误会佘是胆小懦弱，但他勇敢而机警的另一些作为，却非常人所能企及。据有关资料所载：当佘英在泸州策动起义的时候，由于消息走漏，引起谣言日多，满城风声鹤唳，那时泸州的州官杨兆龙，已得知佘是一位主动人物，于是杨密布爪牙，借名邀佘到州衙门内面商要事，就此捕而杀之，作擒贼先擒王的打算，以消患于未然。佘因举义的筹划正到紧急关头，他如果畏惧不往，一切筹谋将化作乌有，于是他故作镇定应邀前往。狡猾阴险的州官杨兆龙看见佘英单人独马果然来到，而且神态自若，反而犹豫起来，不敢下手了。杨和佘支吾谈了几句话之后，就请佘在座稍待，他自己便退到后堂和他的幕僚商量处置办法。杨的幕僚中似乎有意要保全佘英，也许其中亦已有人早与佘有联络，于是就对杨兆龙说：佘英既敢单刀赴会，或者是心中无愧，或者是胸有成竹，早有准备，而且佘是会党的龙头大爷，他的势力已布满各地，军队衙役中恐亦有他的党羽，如果轻率从事，反会惹出事来，对于上级官署你担不起这种责任，也许你的安全亦会发生问题，反不如持慎重态度为宜。杨听了他的幕僚这段话之后，便更迟疑不决起来了。正在这瞬间，忽然有一衙役走到佘的身边，急切低声对佘说道："大爷，水涨了！""水涨了"三字是袍哥社会"事急，祸事到了"的意思，于是佘便就此逃出州衙隐藏在城内，仍积极暗中筹备起义大举，佘为人素以勇敢机警著称，这便是一个例子。他在江安失败之后，泸州正戒备森严的情况之下，不主张盲动，以免徒招致牺牲的主张，并不能说明他是胆小懦弱。

　　光绪三十三年江安、泸州、成都之役失败之后，佘仍矢志不懈，于是继之而起的有隆昌之役，叙府之役及己酉，宣统元年，广安与嘉定之役，佘均亲与其事。论牺牲之大，同志死难之多，以上诸役均较丁未诸役为惨烈。即以嘉定一役而论，革命党人之被杀头者便有二百余人之多！佘是在宣统元年，一九〇九年，嘉定之役在断蛇坡地方战败被捕，押解至叙府而壮烈成仁！会党中人忌讳甚多，事后有人论及"断蛇坡"这一地名与佘相克，所以于他不利，因为"佘"与"蛇"同音的缘故。当佘被捕押送至叙府时有党人刘成忠闻讯，亲自往见叙府清吏，自承与佘同谋。临审讯判死刑时，佘对清吏说道：刘成忠是我雇请的用人，你们拘他何用？意在为刘解脱。刘乃大声对佘说道：佘大哥！你能为革命而死，难道我就不能为革命和你同死吗？我生当随你，死亦同死，何必临死还要如此婆婆妈妈作态啊！这种生死相共，临难不苟的情形，足见当时革命党人牺牲的精神，而佘为人影响之大，得人之心，于此可见一斑。

十三

另有一位会党中人名刘天成，他从江津县带领了大批同志去支援泸州起义，因为迟了一步，在途中得到失败的消息，乃化装先行，预备会晤同志，商量以后的行动，不料他走到白沙地方，便被一个姓吴的人出卖，为官厅逮捕，押解到重庆处死。当把他陈尸示众时，有一位老年人前去向他烧香叩头，有人问他：你不怕惹祸杀头吗？老人答道：他犯了什么罪，我不管，因为他对我有恩，所以我要祭他。后来查出这位老人所以要如此的缘故，因为他在几年前带着一百两银子到云南、贵州去做生意，走到途中被强人把他的银钱抢了个干净，他乃一时气急上吊求死。恰好遇见刘天成路过，把他救活，并凑集了一百两银子送他，使他全家生活得免于饥饿。会党中人这种侠义的精神，在当时最能引起民间的共鸣，而他们的行径又往往与官府作对，到了革命党人和会党分子结成一气之后，革命的风潮便不胫而走，普遍深入到一般社会，所以在四川和其他各地的革命起义，会党中人确实是一项具有影响力的力量。研究兴中会和同盟会时代的革命史，会党的力量是不容忽视的。在老一辈的革命党人中，大多数具有一种侠义和济弱扶危的精神，其得自会党的传习，亦是不可否认的事实。可惜这一精神到了现在，亦随着时代的变易而逐渐丧失了！

中山先生于乙未，一八九五年，在广州第一次举义失败之后，逃至日本，继而至檀香山，再由檀香山到美洲，原拟在海外宣传革命，结合同志，以图再举。然以当时风气未开，以致"劝者谆谆，听者藐藐，其欢迎革命主义者每埠不过数人，或十余人而已"！其后因海外洪门之赞助，乃得开拓风气，形势乃变。关于洪门之源起、宗旨、组织内容及赞助革命之经过，中山先生在他的自传中曾有简明扼要之叙述，特录之以作参考。他这样的写道：

美洲各地华侨多立有洪门会馆。洪门者，创设于明朝遗老，起于康熙时代。盖康熙以前，明朝之忠臣烈士，多欲力图恢复，誓不臣清，舍生赴义，屡起屡蹶，与虏拼命，然不救明朝之亡。迨至康熙之世，清势已盛，而明朝之忠烈亦已死亡殆尽。二三遗老，见大势已去，无可挽回，乃欲以民族主义之根苗，流传后代，故以"反清复明"为宗旨，结为团体，以待后有继起者，可借为资助也。此殆洪门创始之本意。然其事必当极为秘密，乃可防政府之察党也。夫政府之爪牙为官吏，而官吏之耳目为士绅，故凡所谓士大夫之类，皆所当忌而须严为杜绝者，然后其根枝乃能保存，而潜滋暗长于异族专制政府之下。以此条件而立会将以何道而后可？必也以最合群众心理之事，而传民族国家之思想；故洪门之拜会，则以演戏为之，盖此最易动群众之视听也。其传播思想，则以不平之心，复仇之事导之，此最易发人之感情也。其口号暗语，则以鄙俚粗俗之言以表之，此最易使士大夫闻而生厌，远而避之者。其固结团体，则以博爱施之，使彼此手足相顾，患难相扶，此最合江湖旅客、无家游子之需要也。而最终乃传以民族主义，以期达其反清复明之目的焉。

在清朝极盛时代，会党能得以发展的原因，全凭能建筑其基础在下层社会，在初为避免官吏的摧残，故官吏与士绅均被拒参加，而士大夫阶级亦耻与下层社会之会党分子为伍，迄至会党之势力在农村方面日益进展，士绅阶级乃渐加入会党，以巩其在民间之地位。到了清朝末年，中山先生所领导之革命运动勃兴，于是革命的知识分子乃借会党之力量以抗清政府，此一知识分子与会党之结合，造成了庞大的反清的力量，辛亥革命的成功，此一形势之造成大有关系。不仅四川的各次起义运动具有此一色彩，即其他各省之起义运动亦莫不皆然。所可惜者，会党之分子原本复杂，组织亦不合于近代革命之要求，故在破坏时期虽不失为一种力量，但一到了革命成功之后，欲进行革命的建设，则反是一种紊乱与纷歧，成事不足，败事有余的因素。后来辛亥革命四川的情形，便充分暴露了此一缺点。

十四

除了上述与此役有关会党活动与人物资料之外，当时清廷官吏对于处理此案之态度，亦为研究此段历史极关重要的史料，不可不予以提及。从目前我手中所有的资料如：（一）成绵道、成都府、成都县、华阳县等会衔呈报四川总督处理此案经过文。（二）被捕六君子黄方、杨维、张治祥、黎庆余、江永成、王树槐诸人的口供笔录。（三）成都、华阳两县禀请总督、藩署、筹饷局，奖励破案有功人员文。（四）与六君子同时被捕而被开脱释放之江问山在民国廿六年冬，对上开档案之附注等文件，我们可以看出若干关于此役极具价值的史料。

第一，就清吏禀报办案经过公文书中，可以看出有两点极关重要：一、文中谓被逮诸人所供均直言"意在主张破坏主义，改革政治等语。严诘不移，似无遁辞"。可见当时被捕诸人的慷慨牺牲，从容就义的精神，他们在被讯时明知不免一死，但犹坚持革命大义，不稍顾忌，使审讯官员均为之动容，有图曲予保全之意。文中避言革命，以"主持破坏主义，改革政治"之语调，开脱他们。二、被捕诸人皆少年英俊，出身世家，且皆曾受新式教育，正如公文中所言"狂悖之行，不出自乡愚，转出于庠序衣冠之辈"。三、文中又云："抑职道等更有请者：朝廷改良政治，屡奉明文，中外同心，本无异议，乃无知之辈，犹持破坏乃能改革邪言。"此种语调，显示此时清廷朝野已知政治改良之不可缓，且指明清廷既已宣布预备立宪，故以此为开脱被捕诸人免于杀戮株连之另一理由。

第二，细查全部档案，当时被捕者尚有江问山、吕定芳二人，合前述之六君子共为八人，江问山、吕定芳二人经过一度审问之后便即以查无实据开释。江其时为一年方二十之留日归国学生，他在东京时便已加入同盟会，他为参加此役之一积极分子应无怀疑之处，但他在被捕后何以竟得无罪开释，则不知其真正原因所在。据其事后追述，说是当他在走马街保和旅店被捕时，旅店主人顾总爷向来捕之官员指明他和王树槐二人均是好人，店主愿作保证之故。王树槐是被捕六君子之一，查定案判决书对其他五人均处永远监禁，王则仅判处监禁十年。是否王与江，都是由于店主力保为好人关系，故一则获判刑较轻，一则竟予开释呢？

第三，被开释的另一人吕定芳，原来是此案破获失败的关键人物，在档案里有成都、华阳两县会衔请奖励破案有功人员的名单中，竟有吕定芳这人的名字，可知此人是一叛变、告密、自首分子，他在被捕后便予开释，即是一种有力证明。成、华两县会衔呈禀督宪请奖有功人员一禀有云："查在事出力员绅、营弁吴彬、王志发、张钟铭、吕定芳……等均属不无微劳，自应仰恳宪恩给予五品功牌一张……以示鼓励"云。此事距今已六十年，平时极少有人提及吕定芳为一告密之汉奸，江问山对于此役有关档案附注中虽指明吕定芳为告密之人，但因年代已久，事过境迁，亦很少人对此加以重视。六十年前的一桩革命运动中不决的疑案依据这些史料判断，自可水落石出了！

第四，档案中附有黄方、杨维、张治祥、黎靖瀛、江永成六人被捕后的口供，我巡回把他读了几次之后，使我最难了解的是：何以六人的口供对于"主张破坏主义与政治改革"，均一致直认不讳，他们何以却又把此次举义的责任一致的推在余切一人的身上？除此之外，最令人不解的是：六人口供的结语都说："余切现在何处？不知道是实。"好似事前六人都有商量，所以才一字不改的彼此相同。但是他们在受审时都是彼此隔离，又何能先事商量而作一致的口供？我在先以为他们之所以如此是因为起义失败的时间是在是年十月初九晚，而他们被捕的日期则是在失败之后二十天，十月二十九日，可能他们已知道余切在逃未获，所以把责任推到余切一人的身上，以求幸免或解脱。此对余切本人亦并无不利之处。我这一论断和怀疑，一直到看到江问山对此役有关档案的附注后才获解答。原来，他们六人的口供如是的一致，却是华阳县知县钟寿康为了存心要解脱他们，乃于事前教他们如此的供，所以六人口供才有那样的一致。江问山的附注这样的说道："又数日忽由华阳县提治祥、树槐与余三人至县署花厅，桌上置有纸笔墨砚。当由钟寿康宣称此案督宪已从宽办理，不日出奏。你们可照我意各写供单一纸，如我有害你们心肠，我只有一子，愿永绝书香云云，当叫余三人各照其口述情形书写。所写供词情形，与现在卷载供词情意相同。但与当时在发审局问供实际情形略有出入。至鹿生（黄方号）、辛友（杨维号）、靖瀛、永成，是否由成都县亦照样办理，当时因成华两县，隔别写供，并不明了。民二在沪会晤辛友，在成都会永成、靖瀛诸人谈及此事，均云以前由成都县提出写供，亦如华阳县情形一样办理如此去。"

华阳县县知事钟寿康，不失为清廷官吏中一位好人，他一面好心要解脱他们，要他们照写；一面反恐怕他们疑心他不怀好意，不敢照样写出口供；所以钟竟说出"如我有害你们的心肠，我只有一子，愿永绝书香"！他用赌咒以见信于这批"大逆不道的皇犯"，他这番热情可说得上"今之所无，古之鲜有"！从钟的口气，亦可以看出被捕诸人临难不求苟免的革命志节是如何的坚定！

成都县知县王桉是一位狡猾无耻的小人，他之为人与当时的华阳县知县是大异其趣的。在案发之初王本主张"格杀勿论"，想借革命党人的人头，来染红他的顶子，借此达到升官发财的目的。王桉后来态度转变的原因，不在他本人的良心发现，而是由于当时以屠户著名的署理总督赵尔丰亦主从宽，不事株连。再者，其时的高级官吏中如成都府知府高增爵、成绵道台贺纶夔、华阳县知县钟寿康诸人皆存心忠厚，力主宽大亦是原因之一。贺纶夔是现尚健存在台的贺国光先生的一家人，他很讲究烹调，喜吃大肥大肉，人称他为"贺油大"，成都有一间著名的馆子"荣乐园"，据说就是他的厨子所开，在川菜中自成一派。据说：当辛亥四川宣布独立，杨维、黄方诸人被释出狱后，曾去拜访过他，感谢他过去对他们的成全。因为当时的空气很紧张，作过清吏的人，人人自危，他以为革命党人去找他，或许于他大为不利，顿时呈现十分的恐怖和不安。后来知道去拜访他的革命党人是一番好意，满天的乌云才随之消散。

另一从中成全，暗中力主宽大的重要人物是当时商务督办周善培。周是清末官吏中一位干才，他曾经担任过泸州经纬学堂、后改为川南师范学堂的监学，这所学校是四川革命党人的发祥地，黄复生、黄方、余切、谢持等都是此校出身，亦都是周的学生，所以周对被捕诸人自亦是主张成全之一人。诗人赵尧生先生亦曾任过川南师范学堂的监督，他和周善培有师生之谊，民国成立后，他以清廷的遗老自命，隐居在他的故乡荣县，他在抗战时才死去，终他的一生不曾做过民国的官吏，临终时仍然保留着他的那条发辫不曾剪去。他对于当时的革命青年保有热挚的同情心，经他保全的党人亦复不少。他虽是一位心怀故君的人物，而四川革命党人则每都出自他的门下，他的学问人格是值得令人衷心敬重的。要研究清末一段四川革命史，赵尧生和周善培都是不可忽略的人物。

在对日抗战时期，我曾受张溥泉先生的嘱托，搜集有关四川革命运动的档案和资料，并邀请曾子玉、陈古枝、曾省斋、夏之时、曹叔实、喻华伟、余际堂、但怒刚、熊克武诸人草写四川革命各次起义的历史，惜因当时事忙无暇加以整理和审定，到现在才有机会细加阅读，觉得惭愧极了！张溥泉先生是其时的党史史料编纂委员会的主持人，这些宝贵资料大约仍保存在党史会的库里。我在老一辈的同志中算是最年轻的一个，在大陆时期，他们说我是"老的当中的最小的，年青人当中最老的"。现在旧时的同志均已纷纷作古，缅怀往事，不禁泫然！

　　人类历史在不断的转移变迁，历史上成败兴亡的往迹，一件件的随之变成陈迹，而人的因素与风范亦便随之丧失变化而不可复见，这些，可能是构成历史上所记载一些悲剧的一项原因。我四十多年前在美国芝加哥一个公园里看见一面浮雕，上面雕塑着一群年老的，中年的和幼年的人物，有男的亦有女的，一群一群的往前奔赴过去，在这面浮雕的正面，置着一个日规，其用意是在代表或象征时间的意义。中国有句成语说是"光阴似箭，日月如梭"，意思是说时间转瞬便过去了不可复在。而这幅浮雕则在显示着那个代表时间的日规永远都在那里，并不曾过去；过去的是那一群一群的往前奔赴的人们！这幅雕塑可能是依据希腊时代的几句成语而塑造的。这几句成语好像是这样的说，假定我的记忆没有错的话：

　　他说：时间已经过去了！

呜呼！时间永久都在那里，

过去的是人，而不是时间啊！

的确，一部人类变迁的历史，过去的都是人和事；而时间并没有过去；人类把年、月、日，昼和夜，来计算时间，是为了方便起见；其实时间何曾丝毫的动过？变过？回想起我们前一代革命先烈志士们那种舍生取义，壮烈牺牲和侠义的风范和精神，使我略略了解我们过去能结束中国几千年来的专制政体和推翻清朝近乎三百年的统治，建立中华民国，并不是偶然的一件事。现在我们的国家正面临着史无前例的危难，要通过这一难关，我们今日确实需要具有前人那样的伟大精神与来继起奋斗始克有济吧！我之不惮烦地要把过去一些最被忽视的革命志士们的壮烈义行予以描述，不仅是为了其历史资料上的重要，更是为了要发掘前人的潜德幽光，风范典模，作为青年人学习的榜样，这对于有抱负有作为的青年们在志业奋斗上或是有所帮助的。

（原载一九六七年二、三、四月《传记文学》第十卷第二、三、四期）

内政工作的一段回忆

——纪念一位苦学奋发的工作者

一

我于一九五二年四月二十五日接任"内政部部长"，其时台湾正开始地方自治和县市乡镇长、省县市议员的民选，"内政部"是主管地方自治推行民主政治的机关，我当时对于这一工作特别感觉兴趣，亦特别加以重视。一般醉心于民主政治的人往往把地方自治制度视为是民主政治的基础，在我的意见，则认为地方自治制度只算得是民主政治的"基层"，而不算得是"基础"，民主政治真正的基础是建筑在实行民主或民权的诸多法则、例规和习惯的养成上。西方国家把这些法则、例规和习惯的研究叫作"议学"，或议事法（Parliamentary Law），亦即中山先生在革命时期便手著实行民权的《民权初步》一书的涵义所在。如果说地方自治制度是民主政治的基层，那么地方自治的"础石"，便是那些如何实行民主，表达民主的法则、成规和习惯，没有这一稳固的基础，民主的高楼大厦是建筑不起来的。举一浅近的例来说：地方自治重要的工作，是要训练人民行使选举、创制、复决、罢免四项政权，而如何把这四项政权运用得好，便是《民权初步》所要做的工夫。过去我们为了推行地方自治费了很长的岁月，很多的心血，草订了不少的法令规章，但这些法令规章，只是民主自治的形式而没有如何实行的实质，因此就好像是在沙土之上搭起了一所房屋空架子，一经风吹雨打，便会飘摇倒塌！要把这座飘摇不定的空架子，改建成为美仑美奂的高楼大厦，就必须把下面松动的沙土打桩，垒石和用水泥结成坚固的基础不可，这便是《民权初步》所要作的基础工作。

我在一九五二年四月就任"内政部长"之后，在是年的五月便成立了一个民权初步实施的研究小组，参加的人选，除了各"司"主管高应笃、刘修如、汪晓沧、刘岫青、叶尚志、主任秘书徐实圃和"次长"邓文仪、蒋渭川诸先生之外，并在"部"外延聘了不少专家如邱昌渭、包华国、崔书琴诸先生为顾问，并指定"民政司"的专门委员张良珍先生为小组的执行秘书。那时"内政部"最迫切的工作是筹开第二次国民大会和执行耕者有其田土地改革工作，各同仁都忙得不可开交，但我个人则仍在百忙中，把实施《民权初步》的研究，作为一项重点，锲而不舍的加紧推进。因为各"司"主管都很忙，小组开会的时间亦不多，于是此一研究工作经常便落在我与徐实圃、张良珍先生三人的身上，特别是张良珍先生，他既要担任纪录、资料搜集和整理的工作，又要根据各方意见初步草订各项条规作为讨论的基础，于是他成了最辛苦而最有贡献的一位。因为在研究的阶段，意见多，而改变的亦多，使他不胜其烦。他是一位有个性，有学识，有能力的人，由于我是他的主官，在初他还能勉强忍耐，对于我的意见尚能唯唯诺诺的迁就，到了后来，他对于此一问题的了解增加了，我们之间地位的高低的顾虑亦减少了，我们相处有如弟兄般的随便，于是我发现他是一位个性坚强，主张见解不易苟同随和的人物，我们在研讨问题的时候，凡是他所认定的主张丝毫不作任何让步，有时我们为了一个问题彼此争辩到面红耳赤，两不罢休的地步，往往作最后让步，或作暂时退却来和缓局势的人，是我自己，而不是他。我对于维护自己的道理主张亦具有一种"牛脾气"，亦不轻易迁就任何人，特别是对年岁比我高，权力比我大的人，我更加会表示倔强，以贯彻我的主张。在争执的对方的地位如果比我低，或是年龄比我轻的场合，我又往往会暂作让步，慢慢另作说服的工作来谋补救。这样可使对方的主张在被尊重的情形之下把紧张的感情松弛下来，易于恢复理智。在我看来，凡是讨论主张，辩论真理，如果轻易对自己的主官，或对于问题有关键作用的人物，唯唯诺诺，不讲是非，不计真理，便轻易随和，蒙混一时，个人的尊、荣、穷、达，所蒙的损失尚小，"国家"的利益，真理的泯灭所受的损失则将是无比的大，可能会坏到无可挽救的地步。张良珍先生的脾气个性在此点上，和我很相似，所以在他拂逆我时，我不但不讨厌他，而且我很欣赏他，尊重他。

有一次为了斟酌一条修正案的条文，我们两人又强烈的争执起来。这次我明明知道他是错了，而他总坚持不接受我的意见改正，凡人总是有性情的，我自亦不能例外，结果，良珍把一束文稿往桌上一甩，愤愤的说道："部长，请你另请高明，这一工作我担负不起了！"言毕，便离座要走出我的办公室。我此时觉得伤了他的尊严，他不会在这样情形之下认错的，我立即把态度缓和起来，我说："我们休息十分钟再讨论好否？"我顺手递给他一枝香烟，他却把香烟拿在手里许久不动。我又用打火机为他点燃，点燃后，他依然不吸，怒气依然未能平息下来，终于起身闷闷地走出我的办公室！在他离去时，我只好对他说："良珍，我们改天再谈吧！今天讨论的这一条条文关系很大，也许是我想得不周到，你回去再研究研究吧！"自此，有好几日，他不曾来见我，我只好亲自到他的办公室去见他，他很快乐的站立起来说道："部长，你那天对修正案条文所指示的意见，我已经查出了根据，我就照你的意见改正就是了。你是一位议学权威，我此后仍要多多向你学习，再不敢'班门弄斧'了！"此时我对这位青年同事的态度感觉到十分的愉快；愉快的原因，倒不是为了他称颂我是议学的权威，而是这位青年同志的傲气、虚心和研究的态度，使我对草订民主规范这一工作有了这样一位青年有为的人合作，具有很大的信心来完成。

使我更快慰的是：第一，对任何人，处理任何事，我都主张要具有三种态度，即"态度要诚恳，措辞要委婉，骂人要不令对方伤心"。特别是对年轻的人要如此。因为年轻的人是经不起打击的，只有奖励和扶掖，才能使他们奋发有为。第二，我在担任四川大学校长时期，凡是遇同学间争吵、打架，前来向我请求执行校规加以处罚的事，我都不马上径予决定。我的办法只是叫他们当事双方，各自回到寝室静静的思考一夜之后，隔天再来见我。这一办法行之十分有效，因为大家一时的冲动，愤怒以至吵闹打斗，经过了一夜的思量之后，理智便渐渐恢复，理智恢复了，便会感觉今是而昨非；而彼此言归于好，握手言欢，用不着校规来制裁了。我用了这两项信念来处理我和张良珍先生的争执，居然又获得成功，这真是十分可喜的一件事。

二

《民权初步》研究小组在几次三番研究讨论以后，在初并未能十分引起大家的兴趣，只因我是"内政部"的主官，我坚决要如此的做，大家亦只好随着我的意见进行。"内政部"

是主管全国地方自治的机关，照理一切有关地方自治的重要法规和民意机关的会议规则，不是由"内政部"拟定，便是经过"部"的审议而后付诸施行，我在初很怀疑：议事的法则程序是一项实用的民主规律，诚如中山先生所言："譬之兵家操典，化学之公式，非流览诵读之书，乃习练演试之书也"，主管机关的主持人如果对此道没有深入的了解和经验，又何能拟订或审议此类的议事法则呢？一项没有经过实验而制出的法则，如何能期其运用得宜，充分表达民主呢？民主有一普遍之原则，与专制或独裁大异其趣，那就是国家的主人是人民，一个团体的主体是每一个组成团体的成员，如果国家和团体的主人，不知如何作主人翁，把事情处理好，那末，民主将只是一个空名，也许民主给人民带来的是困扰与纷乱，而不是和平秩序，更说不上给人民带来幸福与安宁。所以有些国家的情形，民主有了一个空名，而没有表达民主，治理国家的方法，反会把国家弄得纷乱不治，于是野心家便起来指责民主的不是，说是非帝制和专制不可了。中山先生主张民权主义，而他第一要务是手著《民权初步》一书，他此书的用意是在教人民如何作主人的方法，亦即是教国民如何去实行民主。中国人把开会议事认为一寻常而易为的事，而不知在经验上有许多国家能够把民主运用得有效，全靠对于运用民主的诸多法则有了深厚的学习和修养得来的，缺少这一修养，民主政治不是消失，便会走样。为了补救此一些缺憾，所以在西方许多国家，特别在议会里设置"议事专家"（Parliamentarian）的职位，专门用来协助议会议长，处理有关议事规则和成例的问题，可见"议事法"是一件很专门的知识，不仅要懂理论，而且还需要经验和技术。

我当时为了要提高参加研究同人的兴趣，我不厌其详的把中山先生对《民权初步》一书的重视，和其在表达民主，培养民主风度的重要，提起大家的注意。凡涉及到重要的见解，或是发现了有关的资料和中外的书籍，都由良珍一一把他记录下来。良珍是一位细心而好学的人，他在初对此一问题并没有特别的修养和兴趣，因为他担任了小组的秘书，听的多了，阅读的参考资料亦自然增多，由于他致力甚勤，研究问题又极有条理，兼以他的判断力甚强，故不久之后他竟成为一位具有广博知识的议学专家，工作的兴趣亦因以提高起来。良珍唯一的缺点是外国语文的基础不太够，阅读外文书籍，很为吃力，使得他在研究上遭遇了不少的困难。虽然如此，由于他的努力不懈，和锲而不舍的精神，他个人所收获的和贡献出的仍是十分的重大。

三

在研究的进行中最令人伤透脑筋的有两件事：一是在中文的议学书籍中，除了中山先生手著的《民权初步》一书外，几乎找不出太多有关此类有系统的中文写作。我记得王冠青先生所写的一部议学的书，是当时可作参考最得力的一种资料，此书的书名是甚么我现在亦已忘掉了。因此，不能不在英美出版的书籍中找参考资料，而当时的情形，说起来真可笑，除了在美国新闻处找得一本哲佛逊的议事手册（Jerferson's Manual）之外，一时亦寻不出其他的外文资料。后来在美国买回了几本有关议学的书籍，却又因外文的阅读困难，没有收到很大的效果。能读外文的，未必对此一问题感觉兴趣；有志专心研究的人又往往不能畅读外国文字。为了要一份原始实用的中文议事法则和成例作参考，当时请了一位"内政部"同仁姚荣龄先生将哲佛逊手册翻译成中文，我当时为了鼓励姚先生从事此一工作，曾允于译成之后，优予稿费，可是由于"部"内经费困难，又以当此一工作刚刚告一段落之时，我又因"行政院"改组，离开"内政部"，改任"行政院政务委员"，当时的承诺竟成了一张未兑现的支票，至今犹感觉得十分遗憾！

由于表达民主的"议学"一项学问在中国之未被重视，乃致有关议学的著作与研究和出版，贫乏到如此的地步，若就此一端以衡量民主政治在中国之纷乱情形，并不是没有原因的。中山先生在距今五十年前，在他手著的《民权初步》一书叙言中，曾慨乎言之的写道："自西学之东来也，玄妙如宗教、哲学；奥衍如天、算、理、化；资治如政治、经济；实用如农、工、商、兵；博雅如历史、文艺，无不各有专书；而独于浅近需要之议学，则尚阙如，诚吾国人群社会之一大缺憾也。夫议事之学，西人童而习之，至中学程度已养成为第二之天性矣：所以西人合群团结之力，常超吾人之上也！"我们在五十年后的今天，重温他这一段文字，仍将不免对民主政治在中国之前途，抱无穷之隐忧啊！

研究小组所遭遇的第二困难是：大家把开会议事的法则成规当着一种易与的知识，只在文字和原理上作推敲，而不注重在它的试练、演习的各种实用的经验技术。说起来，人人头头是道，做起来则手忙足乱，一无是处，把议事的处理弄得漫无条理，成为一种紊乱。我在初请求大家把《民权初步》的各项规定先加以演习，在演习中求得了解与经验，再决定处理的办法。在初大家以为此事做起来很容易，及至实行起来才知道经验与技术的重要了。当时曾有一项插曲，我特引以提起大家的研究习练的趣味。我说：邱昌渭先生是议事之学的一位国际权威学者，他在美国哥伦比亚大学获得博士学位所写的论文书名叫做美国国会的"主席"（The Speaker），写这个题目的人，在美国有一位女士名玛丽佛莱（Mary Follette），她把自美国开国后有关国会"主席"的研究写到一八九〇年，邱昌渭先生则继她之后从一八九〇年写到一九二〇年，他便以写就此书获得博士学位。邱先生此书可以说得上是一本有关议学的权威著作，有名的政治学者如孟罗先生等的著作中都常常引用他此书的论点。照说，他可算得是一位议学专家了，但是就我的了解，我曾亲自看见过他主持的几次会议，其情形之紊乱与议事处理之漫无秩序，和常人主持的会议情形并没有多大的改善，使我对之十分的不了解。我事后曾讥笑他说："你是一位议学的专家和权威，为何你主持的会议仍是杂乱无章呢？"邱先生的答复很有趣，他说："理论是理论，实用起来，那时的脑筋便不听理论和知识的指挥了！"我们大家相顾一笑，这说明试练演习与经验技术在处理议事、表达民主上的重要。中山先生曾说："此书（指《民权初步》）譬之兵家之操典，化学之公式，非流览诵读之书，乃习练演试之书也，若以流览诵读而治此书，则必味如嚼蜡，终无所得；若以习练、演试而治此书，则将如啖蔗，渐入佳境，一旦贯通，则会议之妙用，可以全然领略矣！"良珍对于此点体会很深，所以他在后来便写了一本根据议事法则作成实用演习的书，他用力之勤可以想像得到的。

四

经过了长期的研究讨论之后，我们才发觉需要制订颁布一种"民主的规范"为奠立民主推进民主政治实施的基础。这一规范当然是要依照中山先生所著《民权初步》一书的内容，把它条文化，合法化，有一定的标准作依据，渐渐养成开会议事的常规。《民权初步》过去所以未能推行顺利的原因，一面是由于在习练演习上少用功夫，一面亦是由于此书旨在注重阐明议学原理，故周延很广，不便于作具体条规之引用，以处理问题，故推行起来便不容易普遍。正如有了母法，而没有施行的子法一样，在议事遭遇困难时，没有一简单明确之条规，作为解释引用的依据，以解决疑难。研究进行到了这一阶段，为了补救我们所发现的以上那些缺点，所以我们把工作的重点集中在下列各项的决策上：

第一，把《民权初步》各项原则作成简单具体的条文，正式公布，使其具有法规的效力，在运用与解释上便可有一统一的标准，作为引用与解释疑难的依据，而不致参差不齐，推行起来亦可收顺利之效。

第二，在此时期，距《民权初步》一书出版已将及四十年，世界各国对于议事的法则已有不少的变迁和发展，新的议事成例可资参考者甚多，如联合国议事规则，和各项国际会议的议事程序等，或多或少都值得加以考虑，有纳入于新颁的条规中之必要，以期更为完善。

第三，普遍调查我国现存之开会议事各项不良积习，寻求其症结所在，研究其改正办法，订为条规，以作补救。

上述三项原则确定之后，便着手起草条规，于是此一责任便落在良珍个人的身上。他把初稿完成之后，又由研究小组逐条逐项加以讨论、修正和整理，这样大约经过了一年的时间才初度定稿。当时为了期其完备与切合实用，特广泛征求学者、专家和主管的意见，不断增订补充。草案先后印送各方，以作征求意见之用，共有五次之多，数量则达数万册以上，工作之艰巨繁难可想而知。担任此一繁难工作最需具有忍耐工夫和虚心与宽容的精神，因为改变频繁，使主其事者有时感到无可适从，然又不能不尊重别人意见以期完善。回想此一经过，假定没有"部"内同人的通力合作，专家学者和各方的提供意见，此一工作能否顺利完成将大成问题，而良珍则是此一工作进行中最辛苦而又是最有贡献的一人。

五

草案定稿以后，面临着两个问题：一是名称，一是用甚么形式程序来公布施行。关于名称，在先我主张用"民主规范"以符合《民权初步》一书的原意，后来因为包华国先生认为"民主规范"的名称太偏重原则，倒不如简切了当称为"会议规范"，较为实用，合于由"政府"颁布施行的体制，结果我采纳了华国的意见。现在想起来，我觉得还是"民主规范"的名称较会议规范为好，因为大多数人崇信"民主"的原则，而忽视开会议事表达民主的重要，因此，会议规范公布施行之后，未能吸引起社会广大的注意与运用，可能是其中原因之一。关于颁布的形式和程序的问题是当时面临的一项最重要的问题。其时各方对此共有两项主张，一个是提经"行政院"会通过公布施行，一个是作成法律案，由"行政院"咨送"立法院"完成立法程序，由"总统"公布施行，如此较为具有权威的作用。我当时觉得对这两种主张都有他的优点和缺点，使我举棋不定，不敢遽作决定，我打算在这两种主张之间作一折中办法，或过渡办法较为敏捷适用。我当时这一考虑是基于几种理由：一是如果经由立法程序，再公布施行，可能旷日持久把实行的时间延误；二是这样重大而易被忽视的民主规范，若不经过一段试练演习，累积经验的时间，未必能推行尽善切合实际；三为是年五月国民大会二次大会将召开，在新选"总统""副总统"就职以后，依例，"行政院院长"及阁员必须提出总辞职，听候改组。后任的"内政部部长"为何人尚未可知？新任"部长"在政策上是否仍愿继续完成此一工作？亦未敢必。经过一再反复思量之后，乃断然决定先由"内政部"以"部令"颁布试行，俟试行结果如何，再作修正，以期完善。于是我便交由"主管司"司长高应笃先生准备"部令"文稿，而起草此一令稿的责任，最后仍由良珍担任。

第二任"总统"就任之期大约是五月廿日，自此以后"内阁"便须提出总辞职，故会议规范公布试行的"部令"必须在此以前办理，过此则不能进行处理了！我于五月十八日下午二时到"部"办公，良珍即将准备好的公布试行的"部令"文稿交我审阅，我略加修正之后，即由我郑重签署，于五月十九日正式公布试行。这是我在"内政部长"任内最后一次的权力行使，亦是我一次大胆负责的尝试。

　　天下事有很多不能加以解说的，不料时间刚刚隔了一整年，在一九五五年的五月十八日下午二时，良珍却因病于台大医院不治身死，事之巧合不幸竟有如是的令人不解！良珍对于会议规范之研订工作，是始终其事的一人，他用力最勤，辛苦特多，谁复料及他会于公布之后整整一年便与世长辞呢？假使他今日尚健在，我相信他对于民主实践方面的工作，必定有更大的贡献！他在临去世前还写了一部《会议规范之理论与实用》一书，将每一条文详加阐释，并逐条举出演习的实例，这书在研究实习上的重要，在中国可以说得上是空前。最难得的是：他对于议学并不是素有研究的人，自他担任《民权初步》研究小组的秘书以后，他便专心一致的从事此一工作的进行，他真是做到"一面工作，一面学习"而获得了成就。可惜天不假以岁月，竟抱恨以终，哪得不令人惋惜！

　　　　　　　　　（原载一九六七年五月《传记文学》第十卷第五期）

童年的见闻对我所学与所志的影响

一

一个成年人最感觉兴趣的无过于对童年时代的一些琐琐的回忆。我出生在六十八年前四川南部一个闭塞的乡村，叙永县兴隆场，其时正是十九世纪最末的一年，一八九九年，我在家乡渡过我的童年生活正是在二十世纪的初叶的第十年代。我在光绪三十四年（一九〇八）离开家乡，自此便一直生活在人口集中的都市里，对于童年的乡村生活和当时的农村社会的情形，现在已经觉得隔膜而迷惘。由于童年时代知识未开，我对于当日的社会一切事物，既无认识，又无了解，更不能具有深远的识见，对当时的社会作价值与得失的评断。不过由于年岁的增长，闻见的日多，如果根据近代的一些观点回头追忆六十年前童年时代所接触的一些事物而加以论断，其中亦有不少具有交互影响和值得寻味的地方。这是由今论古，而不是由古论今的一种看法。我是一个研究政治科学和社会学的人，在我童年时代所接触的事物和见闻，要说是和我成长以后的所学与所志发生了相当的影响和关系，在以下的几件回忆的往事是值得一述的。

目前记忆犹新，具有政治性和社会性的一件事是：在我童年的时代，我曾亲自见到我居住的家乡的人民，为了发生争产、斗殴等等事件而相争不息时，他们处理和解决问题的办法并不全靠官府的力量为之处理评断，而是由对立的两方，或是由在地方具有德望的人约集双方关系人在一间乡村茶馆里，进行调解，这种调解的会议，我们乡间叫做"讲理性"，现在回想起"讲理性"举行时的情形，很具有近代民主自治的风范。在双方关系人到齐之后，先由公认的评判人说一番息争和好的道理，再由对立的两造分别陈述他们各自的立场和事件发生经过的是非曲直。相互辩难，有如近代的辩论会；双方各尽所言，亦有如近代的法院的法官问案；原告与被告都有同等的权利各自尽情陈述自己的理由；最后则由评判人作一明确的谁是谁非的裁决。这一裁决宣布之后，当事人双方则只有敬谨接受，少有后言，其效力远较聚讼官府，弄到人财两丧，恩怨不息的后果为好，既经济而又最具效力。纯朴的乡村人民似乎具有一种美德，凡事一经和解，便和好如初，很少反悔，因为一经翻悔，便将为众议所不容；如此对于评判人的威望亦将有所损害，而这种损害，在对立的两造都不愿为之的。在绅权政治的中国农村社会，如果这样做，便会造成所谓"得罪于巨室"的后果。当然，如果评判人立场偏私，失去公正的精神，则又当别论。"讲理性"是一种民间的公断制度，用这种方法来处理地方的问题，在失败的一方所负的义务，只是当日的茶费杂用由其付出而已。

二

一九二二年我就读美国的俄亥俄州立大学，我选读了一门名政治学者夏普尔先生所讲授的"美国地方政府"，夏普尔先生论到美国民主制度中的地方自治，他很憧憬于美国在殖民时代新英伦地方的镇民大会（Township Meeting）的民主遗风。他说：在这些镇内，选民至少每年要举行会议一次来处理镇的公务，他们选举官吏去执行镇民大会所通过的法令，他们所行使的是直接民权，不把立法的权力赋给任何代表。他说镇民大会是美国民主政治之下的自方自治很好的优良传统，亦是美国民主政治的础石。他认为民主的传统比民主的理论还重要。因此，他向我说道：各国有各国的社会情形，中国如果要建立一个近代的民主国家，不必生硬的学习西方的民主制度，必须在自己的社会中寻求原有的好的传统而发扬之较为有效。我当时就把上述童年所见到的中国乡村社会的公断制度向他特别加以渲染。他听了之后赞赏不绝，说这就是很好的民主自治的基础，应当加以珍惜。和夏普尔先生这段谈话，其时我已在美修满大学学业，正在研究院攻读；我当时对于政治的领悟已有相当的深度，对于民主政治的向往，已建立了稳固不移的信仰；而如何把民主制度在中国实践有效，更是我特别要追寻和研究的问题。勿论是美国早期新英伦一带的"镇民大会"也好，我所说的我们家乡的"讲理性"的会也好，其意义都在显示乡村人民以合议和民主的方式集会，来处理地方的公务。集会在一般说起来是一件很寻常的事情，而其关系民主政治的重要，竟有若是之大，实在是令人不易予以置信的。

说到参加开会的问题，我近乎是一个最早熟的人。在辛亥年武昌起义的前奏是四川发生保路风潮，民众为了争取铁路收归商办与当时清政府要大举外债，把川汉铁路收为国有的政策相对抗，于是四川的人民起而组织保路同志会，风起云涌的开会来反对，先由和平的请愿运动，演变为后来的民众武装暴动，加速了辛亥武昌革命的爆发，造成清廷的覆灭，中华民国的诞生。其时我还是一个高等小学的学生，年龄只有十二岁，对于时事全属茫然无知。由于当时保路运动的主持人多半是属于政治改良，主张君主立宪一派的人物，想借保路运动以达到他们迫使清廷提早实行立宪的，使此一运动以保路为名，而以促进政治改良为目的。其时主张革命的同盟会的人们迫于环境，不便公开露面有所作为，于是便指使我出而组织小学生保路同志会,让一些年幼无知的小学生参加此一运动,借以鼓动风潮,造成时势。名义上我是小学生同志会的会长,而幕后暗中指使调度的则是成年的革命同志。我童年时代卷入在此一大风潮和大时代当中,使我博取了不少参加开会的经验,亦预示我后来所学与所志的意向,所以我对于参加开会可以说得上是早熟。在我早年的印象中,开会不过是一集合多数人在一起,发表激昂慷慨的演说,鼓动风潮,游行请愿而已,对于会议的功能是一无所知的!

回忆在民国六年的时候,我正是上海复旦公学旧制中学四年级的学生,由于我童年便被卷入于辛亥革命的大潮流当中,我对于政治自亦较一般中学生具有更多的兴趣,我的交游和师友亦无不与革命党人有关。那时在复旦任教的如王宠惠、叶楚伧、蒋梅生、薛仙舟、林天木、邵仲辉诸先生,或是革命党人,或是同情于革命的人物。校长李登辉先生是一位海外出生的华侨,为人又极开明,所以当时的复旦学生,所受的革命薰染特别的深厚,因此后来走入政治界的人,亦特别多,要说当时的复旦是一所革命的学府,并不过当。在我的记忆中,中山先生似乎曾一度担任复旦公学董事会的董事长,我曾以此事询问过几位复旦的老同学,都无法证实。勿论他是否曾任复旦的董事长,而任董事长的时间是不是在民国六年,在此都不必深究,而孙中山先生是当时青年人最崇拜的伟大人物,则是无可置疑的。正因为如此,现在追忆起来,我当时却为了阅读中山先生一部著作，曾感觉到一度的失望，这部著作便是他手著的《民权初步》一书。我记得此书在先的名称是《会议通则》，而不是叫《民权初步》，书中还有杨沧白、邓家彦先生为他写得有序言，至于何时改名为《民权初步》，则尚须加以考证了。此书当时是用大字刊印的，有类中国的线装书模样，大约是最早出版的版本吧？

我为什么当时阅读了此书而感觉到失望呢？回忆起来自己真觉得其时的幼稚可笑。第一，在我当时的想法：一个伟大革命的领袖如像中山先生这样的人，应当高瞻远瞩，号召群伦，以促进革命的成功，为何尚有闲暇从事此一无关重要的写作？第二，开会议事是一件很平常的小事，我认为中山先生要著书便应当把他的革命思想和三民主义作一更为完美的阐发，会议通则与三民主义和革命大业并无太大的关系。第三，此书读起来干燥无味，有如嚼蜡，我费了许多心思时间去读，结果一无领悟！我在此必须补叙一句，当时此书的名称，究竟叫《会议通则》，还是叫《议事规则》，现在不敢加以武断，尚须容后加以考证。不过，不是属前者，便是属于后者，是可以确定的了。

三

以上是我五十年前第一次阅读最早出版的《民权初步》

原版的一段回忆和印象。当然，那时我还是一个十八九岁的中学生，一个中学生所能了解的道理是很有限的，现在想起来，虽觉得是无知可笑，不知天高地厚，而妄发议论。却是，在这过去五十年悠久的岁月中，即是到了现在，和我当时持相同见解的人岂能说是已经没有？不然的话，到了今天我们对于民权主义的实行，何至尚陷于困扰与紊乱之中呢？《民权初步》一书是中山先生最早的一部著作，出版远在三民主义十六讲完成之前，自中山先生逝世后，他的遗教最被忽视的地方，《民权初步》的工作未能实践，不能不说是若干错误中的最重要的一个环节。我于中学毕业之后，曾到日本留学一年多，我就读的学校是东京的庆应大学，其时正当第一次世界大战结束，民主主义的思想弥漫了当时的日本社会，吉野作造先生是当时主张民主政治的一位最叫座的风云人物，其时青年学生对于民主的向往，真是不可一世。我时时看到庆应大学的日本学生在校区内站立在高处大声疾呼，作慷慨激昂的政治讲演，许多人围绕着看热闹，有时听众对讲演人发出无数的嘘声、笑声、闹声和骂声，更粗的则有"马鹿"的尖叫。"马鹿"是日本骂人的一句粗话，有如中国骂人为"混蛋"一样。我看了这种情形很不顺眼，我认为民主是如此的表演，岂不会天下大乱！在他们的说法这是在学习民主，预备将来参加政治活动，争取选举。如果不经过这样的学习，将来遇到政敌攻击时，便会怯阵，会弄到手忙足乱，抬不起头来似的。我当时没有到过英国，据说伦敦的海德公园里，时时亦有市民在那里向群众大声疾呼，慷慨激昂，发表政治主张，或是攻击政府的措施，初到英国的人见到此种情形不免要为之惊异，忧虑到治安等等问题的发生。最特别的还是在附近的警察对于演讲人不但不加干涉，而且还要对有碍此类演讲人的事件加以防止和注意。有人说，这便是英国民主自由的一个特征。在英国时此种情形视为是一种很寻常的事，并不如外邦初到英国的人所感觉得那样的严重可虑。而这些作政治演讲，发表主张和攻击政府的人，在把自己的感情发泄之后，反而会心安理得，心气和平，形若无事，并不发生何种激烈的行动，他们的目的亦只是在一泄其个人的政治见解和态度便了。日本人最能够虚心学习别人的长处，二次世界大战之后日本民主政治的建设，可能是从英国学习来的不少。

学习一种技艺或活动的途径很多，最普遍的有两种：一是从知识上的吸取，一是从实际的事物求经验。譬如：学习游水，先从基本动作中如呼吸调整，浮起身体的道理和手足如何推动的知识吸取是一种学习的方法，另一种有效的方法，便是把初学游泳的人抛在不深不浅的水里，迫使他自己挣扎、学习游泳，到了必要时再加以援手，使其不致喝得太多的水而受苦，或被溺毙。这样的学习游泳也许会有惊人的成就，较按部就班的学习还要快些，我初习游泳便是被人如此捉弄而学会的，虽则在初吃了不少的水，受了若干的苦头，但是结果则非常圆满。我看见的日本青年在第一次世界大战之后，一九一八年，学习民主的情形，大约是采的英国人的皮毛，在初虽则觉得令人感觉困扰，但久而久之便亦会自然地建立起民主的秩序来。学习民主有如开垦荒地一样，初初长出的或许是些杂草、杂树，决不会马上生出五谷稻米的，也不会忽然长出牡丹、芍药和美丽的花朵的。因此，忍耐与长期不断的努力是十分必要。我此时年龄仅在十八九岁，我对于民主虽然十分向往，但我此时有一异样的感觉，即是，民主政治是众人的政治，而许多的众人如何才能把政治弄好，必定需要一种有规律的民主秩序，才不会乱糟糟的发生许多困扰与纷乱。自此，我胸中便一直萦绕着一个如何实行民主和建立民主秩序的问题。

到了民国八年秋我由日本转到美国去留学，在最初几年中，我并没有发现美国这个国家有什么了不起的地方，美国的物质文明进步，当然是我们中国所望尘莫及的。但是关于这些，我认为只要在我们革命成功之后能够建立一个稳固的政权，迎头赶上，努力作去，我们一定亦能做得到的，并没什么稀罕！惟有一件我所亲自经历的平凡事件，使我对美国的文明进步发生了另一种异乎寻常的赞美。那是我所就读的学校是一所浸信会所办的俄亥俄威瑟灵大学，这所大学人数约为三千余人，照学校的习惯，每日上午九时半至十时，全校的师生都要集合在大学的礼堂里举行祈祷。全校的师生由课室走到礼堂约需五分钟的时间，大家坐定之后，照例由校长，或资深的教授领导祈祷，如是又约需五分到十分钟。学校当局遇有须得向学生宣布的事，亦便在此时提出报告或讲话。最堪注意的事是：大学学生会的会长往往利用这短短约二十分钟的时间，向集合在一起的同学，把应须提出报告或须交付讨论的事件提出讨论，学生会的会长当然便是此会的主席，教职员们则坐着一如会众。我见到在这短短的时间内竟能有条不紊，有发言，有动议，有讨论，有修正，有表决，处理了许多重大的事件，表现出一种条理分明，秩序井然的群体活动的民主精神。这种有规律有秩序的活动，不仅表达和寻求出多数的意向，而且真正做到了和谐一致，群策群力的地步，使我叹为观止！如果说要了解什么是美国的精神，这应当是在计算之内的一件事。如果说美国是一个民主的先进国家，在这些表现中，才是美国民主政治的基础。自此以后我才渐渐领悟一点中山先生为什么要写会议的法则那部干燥无味，有如嚼蜡的书，和把这部书后来命名为《民权初步》，和《社会建设》列为《建国方略》之一的用意。因此，我才选读了一门议事法的功课，读了这门功课之后，所知的亦不过一些开会议事的规律和程序而已。至于把这种知识应用到实行民主政治的重要，当时的感受尚并不太深。

四

以上所说已经是快近五十年前的一些回忆。回想当时我曾做了一件很笨的事：我费了许多精力和时间都不曾得到结果，一直到了四十多年以后，一九六〇年，第三次国民大会在台开会前不久才得到答案。这件事发生是由于中山先生在《民权初步》一书的序言中的一段提示所引起，序言里说："此书所取材者不过数种，尤以'沙德'之书为最多，以其显浅易明，便于初学，而适于吾国人也。"我为了想找出"沙德"原书作参考，于是在图书馆的目录里遍查与"沙德"二字的英文发音相近之字类，以便找出此书的原本。由于中山先生没有将英文明白说出，所以我当时认为"沙德"二字的字音，可能便是英文Sand一字的译音，因为Sand这个字在英文的原意便是"沙"的名辞，中山先生把他译作"沙德"，可能是音意都能相关。谁知用Sand这个姓字写作的书很不少，不过遍查之后竟没有发现一个同样姓字的人写得有关于议事学这种书，真使我万分失望！我的假设固然错了，虽千辛万苦的求证，亦没有发生偶合与奇迹！当时亦曾想到何不直接写信回国问一问中山先生较为简便？第一，是怕以此麻烦他，第二，这大约是在民国九年、十年之间，其时正是讨平莫荣新军事初初结束之后，中山先生正在广州组织护法政府的时代，恐怕他无暇作答，第三，年轻人普遍都有不服输的蛮脾气，总自信能够终有一朝由自己寻求出来。在美国住了几年之后，我又去到加拿大，我对于此事不断的留心，仍然是一无结果！我于民国十三年回到广州，本有机会亲自问一问中山先生，而我竟未及此，到了民国十四年中山先生又不幸去世，更无从问起了！一直到了约四十多年以后，一九六〇年，第三次"国民大会"在台湾召开之前不久，才由"我国驻美文化参事"曹文彦先生，在偶然一个机会中考证出来。他将经过情形函告张其昀先生，再由张先生转告于我。正如俗话有谓：踏破铁鞋无觅处，得来全不费功夫了！

　　曹文彦先生考证出来的结果，"沙德"二字显系英文Shattuck的译音，因为有一个女作家名露西·夏德克（Lucy Shattuck）曾写了一部有关于议事学的书，名叫《妇女参政的议事手册》（Women's Manual of Parliamentary Law），出版于一八九一年，照普通话的音译Shattuck似乎以译为夏德克为宜，可是中山先生是诞生在广东香山县，照广东话的发音译作"沙德"二字，原亦与英文原音是相符的，我因为没有注意到广东话的发音，无怪自己付出了许多麻烦，说来亦真可笑！细细考证在七十多年前沙德女士为甚么要出版这一部《妇女参政的议事手册》的原因，亦很值得在此一提。在十九世纪末期，一八九一年的时候，美国的妇女尚没有参政权，她们为了要争取参政权，于是便组织了一个妇女争取参政权的团体，沙德女士便是此一团体的秘书。很显然的，她之写这部书的主要动机，便是为了告诉当时女权运动的妇女们，如果妇女不知道实践民主，表达民主和作国家主人翁的一套的法则程序和例规，纵然妇女获得了政治权，取得了与男子平等的地位，亦等于是一群乌合之众，不会发生何种的力量。所以妇女在争取政治权的同时，便必须具备运用民主政治的法则和例规一套的知识和方法，所以她这部书命名为《妇女参政的议事手册》，亦正如中山先生提倡民权主义，而把西方实践民主的议事法命名为《民权初步》有同样的用意。从曹文彦先生这一发现，使我们不但知道《民权初步》这部书所依据的沙德女士原著《妇女参政手册》的来源，而且由此可以推想到中山先生在写他有关议事法一书，所以要以《民权初步》为书名的道理，这真可说得上是一项重大的发现，同时亦是考证《民权初步》命名的一个奇迹！

<h2 style="text-align:center">五</h2>

白崇禧将军在世时，他于担任了一次会议的主席之后，怅怅的叹息道：主持一个不及千人的会议，比诸指挥百万大军作战还要困难，这种滋味真令人难受啊！我直率的对他说道：运用一个民主会议来解决问题，本来就与用战争来解决问题，是大异其趣的两回事，当然是不可同日而语的。人类在原始社会时代解决问题的办法是用武力、强权和战争；在初靠扼力、石头、棍棒来制服群伦，后来便用刀、矛、剑、戟等铁器来作

武器，到了近代则用枪、炮、战车、毒气、原子弹等为解决国与国之间，权力与权力之间的冲突。后来人类因鉴于用武力、强权和战争来解决问题，终不是一项根本的办法，可能弄到问题愈弄愈复杂而不可收拾，于是人类才发现在使用武力之外另一解决问题的办法，那便是和平的协商（Negotiation）。和平协商便免不了有关各造坐在一起来会议，会议要如何才能有结果呢，于是便不能不产生一套相互间的礼貌与尊重，程序与法则，以达成协议，解决问题。这些原理法则应用到政治上便是民主政治。所以中山先生主张民权主义便特别要注重《民权初步》一书，先教导人民以学习作国家主人翁的方法，这书有如军事学方面的操典，学习不好，便不会成为有节制、有战力的军队。民主的实践如果没有这一套基本的知识和学习作基础，便只有纷乱困扰，而不能解决问题。有名的政治学家毕尔德教授有言："议会的典例，对于国家政治行为的影响，常较宪法所发生的效力为大。"我们主张民权而不注重这些基本工作的学习，将不会有太大的成就的。中山先生在三民主义讲演未完成之前，千辛万苦来完成《民权初步》一书，作实行民权的初步教材，其用意或亦在此。

在一九五二年到一九五四年，我服务"内政部"期间，我最致力要完成的一项工作是会议规范的草订，当时为了要急切寻求中山先生写《民权初步》一书重要参考资料"沙德"所著关于议学一书的原文和《民权初步》命名的原意，当时虽几费周章均未获得结果，一直到了六年之后，一九六〇年，才由驻美的曹文彦先生于偶然的机会中发现，真是一件令人兴奋而有意义的事。我自民国六年在中学生时代，第一次得阅《民权初步》一书最早出版的原本到现在已足足有了五十年的岁月，自我童年在家乡初次看见乡村"讲理性"的具有民主意味的公断制度，则距今又已足足有六十年之久，古人所谓"生也有涯，知也无涯"，现在体会起来才知道其意义的真切。俗语所谓"活到老，学到老，学不了"，知识的领域之广泛，真是永无止境，令人莫测高深的！

（原载一九六七年六月《传记文学》第十卷第六期）

崔书琴先生逝世十周年

本月十七日是崔书琴先生逝世十周年纪念，他生前的学生、朋友和同事要为他举行一次纪念会，意思是十年是一个最好的日子来举行纪念，因为十年是第一个整数，过此，将待至一百周年时举行方合于一般的习惯！我被这批崔先生生前的学生和故旧热挚的感情所激动，我于是想了一想：在世态炎凉的今日，一个人的死去，能在十年以后还有人记挂着他，要为他举行纪念，已经是一件很不平凡的事，这一定要是一个不平凡的人，才能使人如此。若要待至百年，再为他举行纪念，至少现在还能怀念着他的人到那时亦很难躬与其盛了。而在百年之后为一个已故的人举行纪念，全世界又有几人呢？我基于这一动机，特执笔草写这篇纪念书琴逝世十周年的文章。

我在书琴先生逝世两周年纪念日曾写过一篇文章在《中央日报》发表，在他逝世的时候本来我亦打算写一文来悼念他，一来因为事忙，二来因为对他初去世的时候，感情最易激动，在悲哀沉郁中反而写不出甚么来，三则我一生不喜欢凑热闹，亦不愿借一个朋友不幸去世，借此和死人攀交情，所以我在他逝世两年之后才写出那篇文章！书琴去世时的情景，使我最难忘怀的是在祭奠他和送他到墓地安葬时，我见着几位青年朋友哭泣得来有如泪人儿一般，他的夫人徐远晖女士携着两个小儿女伴着灵柩，那种悲伤凄楚的情景，令人见了为之酸鼻，不禁令人为之泪下！此时悼念死者的悲哀，几近乎还不及被生者那种哀楚沉痛笼罩着所感受的强烈！单就这一印象来看，书琴的确是一位不平凡而值得纪念的人物，他虽死去，但他仍然活着在人们的心中。书琴逝世时正值他担任党设计考核委员会主任委员的职务，在两年以前我离去"教育部"转任设考会的职务，我深深地感觉到他有两项很不可及的地方：一是他对于设计研究的工作，树立了不少好的规模，不是他学养有素，是万万难以做到的。二是他待人接物处处表现出一种君子的风度，至今仍令同事们刻刻难忘。我曾担任过不少的机关的职务，亦曾参加过不少的丧礼吊唁，一般友朋部属对于一个过去的主管人的逝世，能有如书琴的"遗爱长存"的事例，所见实在太少了！

当我执笔至此，我忽然想到书琴致死和未能展其所学与所志的原因，不妨在此一谈。我在他逝世两周年纪念日所发表的那篇文里，我只谈到他强制的节食以减肥胖，违反了养生的自然法则是他致死的原因之一。现在追忆起来，他致死的另一原因，也许更为重要而为当时所未谈及的，那便是他治学太勤，治事谨严，郁郁寡欢，不苟言笑，缺乏幽默感的气质。以他这种气质，便足以影响他的健康；更兼他原本是一个书生而参加实际政治的人，在一个现实环境之下，往往是现实至上，有理难伸；而一个纯粹的书生往往又是过于重视理想，忽略现实；一遇到理想与现实乖违的时候，自然便会带来无限的困扰；由困扰便会产生郁闷，一股闷气阻塞到胸际，不任他有丝毫发泄的机会，长此日积月累下去，不死亦会病倒的了。一个平凡的人有此抑郁苦闷的气质便已是一项不能长寿的象征，何况书琴又是一位政治学者，对国家社会有理想、有抱负和有热情的人。当他一九五〇年来台，到他一九五七年逝世那几年中，"国家"所遭受的困难和处的环境，远较今日为艰苦。一个忧时、爱国、感觉锐敏的人置身其中，精神上的负累既重，身心的健康当然的亦易于受到损伤。最使他身体健康趋于恶化的因素，可能是他一九五六年应美国国务院的邀请，赴美参加美国国际法学会五十周年年会。此行的结果：一面看到在二次大战以后世界的长足惊人的进步，使他感到兴奋；一面使他回顾自己国家艰危落后的处境，而感受到焦虑，掀起一种急起直追的雄图，而力量又有所不及。因此他在这一时期中不免工作过分劳顿，在心情紧张和焦虑过分双重的压迫之下，已为他的身体健康种下了恶因。他回台不久便病了，在他的病中设考会的同事毛松年诸先生前去看他，他曾说道："听说友人某君今天下午自外国返台，最好劝他返台后，千万要多多休息，然后再开始忙碌的工作。我今回就吃的这个亏！"由他这段谈话中，可见他对工作过度劳顿，影响了健康，已深深有所感觉了。可惜为时已晚，终致不起！俗话有云："留得青山在，何愁没柴烧。"可叹许多忧时爱国有为的人，平时对于此中意味未能领悟，而抱恨以终。

夏济安先生论书琴的为人，说他是"愚忠"。夏先生说："我所以用愚字来形容崔先生，是因为崔先生给我最深的印象是他的梗直和不畏难，知其不可为而为之的精神，他决不是那种明哲保身的聪明人，当然更不是那种投机取巧，头尖手快的聪明人。崔先生生平的大事，是他的政治工作。崔先生逝世以后，我有一个没有根据的想法，假如崔先生安心做他的教授，研究他的政治学和国际法，少为实际政治担心，他可能再活二十年。"夏济安先生这一种看法自然亦有他的道理，在我看来，不一定全对。因为人类历史的创造，如果没有几个"愚忠"和傻劲的人，人类又何能进化到今日？研究政治学的人，而不对现实政治操心，政治学研究来又有何用处？天下之愚有几种：一是小有才未闻世变与救世之大道的愚，一是大智若愚的愚；崔先生的愚应当是属于后者。可是崔先生的愚，不是在他为实际政治操心那一点，而是他未能顾及到为实际政治而操心，以致把身体的健康置之不顾，以至因此而丧生！朋友中和崔先生患同样毛病的人颇不少，夏先生可能是其中的一个，他虽然不搞政治，一心治学，但他不久亦就英年早逝，同样令人惋叹！没有健全的身心，一切学问志业都会落空的。贪生怕死，并不是一种好的美德，义理当前，应死而不死，是一个懦夫；留得余生，能为人类尽到最大之服务亦并不是一种贪生苟活。我每每在兴奋过度，工作不懈，有害身体的情形之下，时时自己问我自己：为何要如此对自己过不去？同时亦是为何要对国家社会下不去？所以我每每就此便停止工作，转变兴趣，宁可留有余力，再接再厉，却不敢逞一时之兴奋，浪费精力，而一蹶不振了。

书琴先生自一九五六年赴美归来后，的确是由于忧时与操心，益更加重其抑郁的心情，他对过分的工作劳顿未加注意，自然亦是促成他卧病以至于不起的原因。他平时很赞佩我的乐观、活泼和超脱的兴趣，并曾问及我养生治事之道。我的答复很简单，我说：吾人固然要有救国救世的理想抱负，坚定而不易，但心灵中万不可不具备一种超凡脱俗的境界。所谓超凡脱俗的境界，便是要把世俗一般荣、辱、得、失的观念摆脱放在一旁，而以自己的境界衡量一切。人以为苦的，也许我以为乐；人以为辱的，也许在我以为荣；否则自己便受限于流俗不能自拔，而无所作为，因此，有了崇高的理想，而没有超人的境界，理想便会遇到横逆之来而自行幻灭。古人讲修养，以读书为治心之道。在我的看法，养成一种自我超凡脱俗的境界，也许比读书还要重要，不过一种高的自我境界亦多半是从读书得来，不读书的人当然更谈不上修养与境界的了。读书太多的人，往往会犯一种过于拘束、谨严和迂腐的毛病。书琴那种沉默，抑郁、缺少幽默感的性格，可能亦是由于读书太多得来的吧！

我在书琴先生逝世二周年纪念所写的那篇文章里，因为谈到他节食减肥养生的那段故事，我随便提出了一些我对于养生的意见。不料自那篇文章发表后，不少的朋友把我当作对养生很有研究的人看待，时时以养生之道下问于我。其实，那时我对于养生的知识所知的太少，而我素性又是一个放荡不羁的人，过去对于自己身体的健康亦少加以注意，一味的任性在工作上蛮干，不自爱惜；现在虽已略有所觉悟，毕竟仍是外行，说不上有何研究。不过在那篇文章里随兴所之，提出的意见，现在仍是值得在此一提的。

我记得在崔书琴先生去世前一个月的光景，他寄给我一张肥人减瘦的食谱，要我照样去做，从节制饮食中，使体重的负担减轻，以达到延年益寿、身体健康的目的。我和他在几次相晤时，他都很恳切的要我照他给我减肥的食谱办理，他提出的论证是他照此办法在一月之内已减轻了体重三十磅，确实是行之有效。我当时的看法是肥人变瘦，比瘦人变肥更为困难，这似乎应当顺乎自然去加以处理，而不应强制得太过，反而损害了健康，他所提出在短期内已减轻了体重三十磅的绩效，在我看来，便违反了我顺乎自然的原则，因此我并没有照他所说去做。他之得病便告不治，是不是由于强制节食太过，因而减少了身体的抵抗力，我不敢断定，我所认定的是：一个人的健康要顺乎自然，要快乐，活泼和适当的运动，我曾劝他打羽毛球，而他之不接受我的意见，犹如我之不接受他的意见是一样的。

"养生之道"在我看来，和"为政之道"应有相同的道理，那就是要顺乎自然，不能强制太甚；强制太甚在政治上必须要靠一种暴力来执行强制，才能勉强做到。在生理上也然，违反自然的强制，纵然可以收效于一时，而其恶果则必发生于其他方面，这便是政治上所谓有了一个极端，必产生另外一个极端的道理。我们四川有一戏剧，叫做"驼背子请医生"，剧情是：一个驼背的人，因为觉得自己驼背太丑陋了，走去请教一位医生为他医治，医生很勇敢的接受他的请求。他的方法是用两块厚木板，一块放在他胸前，一块放在他的背后，然后叫了几个筋强力壮的人前后用大力把他死劲的夹，结果驼背是消失了，却是这个人便早已没有生命。

用暴力来处理政治问题，正如医治驼背的医生一样，你不能说他没有效力，不过他的效力只注重在驼背的医治，而忽略了病人的生与死而已！政治上知道暴力不足恃的人，不会太多。在养生方面，除了自己戕贼自己身体的人之外，便是注重养生的一部分人了，而这类人当中，因为感觉到健康与事业的关系重要，不免力求速效，于是用力过猛，而造成了相反的后果。书琴之死，是不是这类原因，虽不敢肯定，不过自他去世后，我每一想念到他，便想到这一原因上面。一个人对于死去的亲朋好友，往往在抱恨终天，不能抑制感情时，不是怪医生庸愚，便是怪药石无灵，我此时似乎亦有此情景。

我所提出的养生之道在"顺乎自然"，我所谓的顺乎自然，并不是说胖的人任他一直胖下去，胖到步履维艰；瘦的人任他一直瘦下去，瘦到骨瘦如柴奄奄一息。譬如说：节食对减肥是有效的，你不可节食到你不能忍受的程度而使他瘦，多吃并不是一定有害的，但你不能食得过量，而使自己的肠胃不能接受。凡事能求得一个"适度"便可无伤有益，这也是中国的人生哲学中所谓的中庸之道。顺乎自然，另一方面的意义是：该快乐的时候，应尽兴的快乐；该悲伤的时候，应当尽情尽哀，不必强加抑制；要是违反了这一原则，便是违反了自然，这便同样的是对于身体的一种戕贼。

现代医学有了一个新的趋向，叫做"老人医学"，这门医学有一项动机是十分有意义的。从前医学中有小儿科，对于婴儿、儿童的健康有了很大的贡献，儿童的死亡率由此亦便大大的降低，惟独对于老年人的健康，除了由于医药及公共卫生的进步，使人平均的寿命增高，以及各人自发的讲求养生的方法以外，在过去的医学上还不曾像小儿科一样，设一专门部门来处理老年人的健康问题。却是，从人类文化进步的观点来讲，一个学问修养已经成熟的人，如果能够帮助他维持健康，或是使他的寿命能延续更长的时间，就价值而论，不知对于社会国家是如何的重要。从前把对社会国家有贡献有作为的人的不永天年，认为是天意所在，无可挽救的灾难，而这一灾难，不仅单是个人的不幸，而往往是社会国家全体的损失。如像崔先生这样学养俱深的人，如果他的健康能维持，他病了而能医治好，使他能以他所学来完成他对国家的宏大志愿，我想这在国家当是无比的一项收获。

毛子水先生在挽书琴先生的哀辞中，曾经这样说过："世界的变乱日大，国事日急，学政治的人不多，有现代政治知识而能干政治的人更少！诵杜少陵'乱世想人才'的句子，心中不禁有无限的感慨。"这短短的几句话看起来很平淡，而在深切了解今日政治情况而关怀国家前途的人听了，却是十分的沉痛。崔先生逝世虽已十年，我今日执笔来写这篇纪念的文字，可说是仍与毛先生写哀辞时有同样的心情。这十年来，就我所熟知的朋友当中，对政治和学术有造诣，对国家有抱负的人，如邱昌渭先生、蒋梦麟先生、汤惠荪先生、包华国先生等均已先后去世，每一念及，哀痛愈深，为之泫然！

（原载一九六七年七月《传记文学》第十一卷第一期）

国父生辰考证的回忆
——发生差异之原因和背景的一项推论

　　七月三日《联合报》新闻栏内，载有国父孙先生的生辰八字，是最近由卢夫人的遗物中所发现的一项珍贵的资料，这一资料的发现，顿引起我许多关于孙先生诞生时日的争议的回忆，我愿就此机会加以叙述，以供研究孙先生生平的人们一种参考。我的主旨只在寻求过去争议发生的原因和背景，从而更深入的了解孙先生行谊另一种伟大精神之所在。

一

　　关于国父孙先生诞生的日子，在过去好似一个谜，成为一个争执难决的问题。争执难决的原因：一是由于先生在世时不曾与人谈及过他的生日，他一生亦未曾举行过盛大的祝寿纪念，因此他的诞生日期，确实是在何日，甚少人加以注意。

一直到了他民国十四年在北京逝世之后，才急切的要查出他究竟生于何日，以便于记述他的生平。

二是国父于民国前十五年，应英国剑桥大学教授翟尔斯氏之请所作的自述，说他诞生于一八六六年旧历十月十六日，于是后人便以先生的自述引为依据。就我记忆所及，在先生逝世之后，为了要查明他的生日，确曾由当日在广东的中央党部向居住澳门的卢夫人处查询，由卢夫人从她和孙先生订婚时交换的八字中查出，遂据以确定为阳历十一月十二日。至于十一月十二日这个日子是否即是依据同治五年丙寅，旧历十月初六那天合算为是年阳历十一月十二日，在当时却无人加以注意则是事实。最近在卢夫人遗物中所发现的孙先生的八字载明先生诞生于同治五年丙寅旧历十月初六日，照《近代中西史日对照表》所推算，十月初六这一日子，亦正是是年阳历的十一月十二日。这正证明民国十四年孙先生逝世后，执政党在广东的中央党部确定阳历十一月十二日为孙先生的诞生纪念日是同出于一个来源，即最近所发现卢夫人遗物中孙先生的八字所载。这一原始资料的发现，可以说明党史会所编《国父年谱》所载国父诞生于同治五年旧历十月初六日仍是根据于民国十四年广州中央党部所确定的日子。我在很久以前为《畅流》杂志所写的一篇《国父重信誓的精神》文里，我亦曾提及孙先生的诞生日子的查明，是在卢夫人处得来的经过，因为当时只注意到经过，而没有注意到旧历的日期的考证。

最近我在无意中，发现了卢夫人在民国十四年孙先生逝世后，复香山商会查询孙先生生平事迹的信，其中有云：

> 科父德明即中山，生于同治五年十月初六日寅时。配本邑翠享乡卢耀显女为妻，名慕贞，生于同治六年六月二十九酉时。于光绪十年四月十三日结婚，生一子即科；生女二，次女于民国二年离世；现三女琬，配戴恩赛。

从上面这一资料可以证明在孙先生逝世以后，不仅当时在广州的执政党中央党部向卢夫人查询孙先生的生辰，即其他方面亦为此向卢夫人查询真相。卢夫人此一复信中所说孙先生"生于同治五年十月初六寅时"，仍是与最近所发现的孙先生的八字相符合，而同治五年的旧历十月初六亦正是是年的阳历十一月十二。在此我似可以断定：确定以阳历十一月十二为孙先生的诞生纪念日是以其出生之丙寅年十月初六为根据的。因此，在此以后的各种推论，便须另作考证了。

自卢夫人遗物关于孙先生的八字发现后，我发觉关于孙先生的生日所以发生若干争议之所在，可能是由于下列几项原因：

第一，同治五年旧历十月初六日是是年的阳历十一月十二，大家忽略了这一日子的确定，仍是依据卢夫人在孙先生八字中所得来的经过。

第二，在《国父年谱》中下面的两项记载容易发生误会：

（一）《年谱》说"十月初六（西历十一月十二）先生诞生于广东香山县翠亨村"。又说：

（二）据先生自传述其生日为是年"华历十月十六"；当为西历十一月二十二日，家庭风俗照旧历称庆。又说：

（三）民国十三年十一月十二日适为旧历十月十六日，家属庆于广州寓所。翌年先生逝世于北平，致祭时遂举十一月十二为诞生，以后是日由政府颁为国定纪念日，举国遵守为例。

就《年谱》上面一、二两项的记载，对于孙先生诞生的日子依违于旧历十月初六与十六之间，未敢有所断定，而三项的记载则竟以民国十三年十一月十二日正为旧历十月十六"家属庆于广州"，断定先生的自传所述为正确，而未加以其他之考订。至于《年谱》说"翌年先生逝世于北平，致祭时遂举十一月十二为诞生，以后是日由政府颁布为国定纪念日"，我对此一论证深致怀疑，其理由有二：（一）民国十四年先生在北平逝世，其时的政府仍局促于广东，最初确定此日为先生的诞生日期应是当时的执政党中央执行委员会；（二）当时所依据以确定为阳历十一月十二日的原因，应当是卢夫人所述孙先生八字中的旧历十月初六合算为阳历十一月十二，而不是十三年的旧历十六的阳历十一月十二。为什么呢？

第一，就我的了解，当时大家对于孙先生于民国纪元前十五年应翟尔斯教授所写的自传所述诞生于旧历十月十六的事甚少人知，至少我当时亦是不曾阅读过此项自传的一人。如果我的记忆不错的话，应当是以卢夫人所提示的旧历十月初六，合算为是年阳历十一月十二为是。

第二，细考孙先生民国十三年九月以后的行止有如下的记载：

> 九月十二日移大本营于韶关。亲往督师。
>
> 十月三十日自韶关回抵广州，集议北方时局。
>
> 十一月三日至黄埔军官学校作告别之训话。
>
> 十一月四日决定北上，令胡汉民留守广州，代行大元帅职权，谭延闿办理大本营事务，主持北伐军事。
>
> 十一月十日发表北上宣言，主张开国民会议及废除不平等条约。
>
> 十一月十二日出席广州各界欢送会，演讲《北上之意义与希望》。
>
> 十一月十三日离粤北上。向午途经黄埔，至陆军军官学校作最后之视察。六时，离黄埔，向香港航行。

就上面的几项概要的记载，我们可以看出先生自民国十三年九月十二赴韶关督师至十月三十日回到广州，到了十一月十三日便离粤北上，应付当日急变中的时局，在广州停留的时间仅仅有十三天。在这十三天之内，一面要布置后方的一切措施，一面又要筹划北上后解决时局的诸多大计，而且那时北伐各军已进入江西，更需要有妥善之布置，他在这短短十三天内的忙碌情形可想而知了！最关重要者为离粤前的一天，十一月十二，亦即相传是日为他的生日"家属庆于广州寓所"的那一天。关于这一天的情形，今日尚可寻得文字记载足资考证者有：出席广州各界欢送会，演讲"北上之意义"，晚间"广州各团体、各机关及工界、学界联合举行提灯游行大会，先生在永汉路财政万前楼凭栏参观，脱帽答礼"等。其他如：主持一连串的会议，接见党政军负责干部，招待外宾之事，不知凡几。在我的记忆中至今仍存留于脑中的一件有趣味的事，则是十二日的晚间，在先生赴财政厅接受各界提灯游行之前，在士敏土厂大本营内曾举行过一次和军政主要负责人员的聚餐会，一面叙别，一面谈事。我虽然不曾参加这次的晚餐会，但当时参加晚餐会的有一位四川才子，文人而带兵的，其时任讨贼第三军军长的卢师谛兄。他于那晚的深夜，为我叙述参加餐会时，孙先生使他感觉十分尴尬的一段故事。

师谛兄说："先生要我随同北上，负责担任联络北方旧社会的军事和政治人物的工作。先生一时想起我是有吃食洋烟的嗜好的，与他同行有所不便，于是表示了一种迟疑。孙先生接着又说：虽然如此，你这种情形在北方旧社会里去做联络工作，亦有方便的地方，用得你的地方很多。不过请你把嘴张开让我看一看你的牙齿黑不黑？有无令人看出你是吸洋烟的样子？你若与我同去，令人看出你吃洋烟，会给人对我们革命党人发生一种不良印象。"锡卿兄（卢号锡卿）说："我当时觉得很不好意思把口张开，我紧紧把口闭着面对着先生，由于先生一定要我张开给他看，我只得张开了。"锡卿兄最后还说："先生简直把我们当做小孩子看待，不过他老人家那种慈祥恺悌令人感动的态度，亦只好让他摆布了！"锡卿那晚根本没有就寝，我们一直谈到第二天早晨，送他上船，随孙先生北行。他原本是一位以夜代日的洋烟嗜好者，以他的聪明才智，本是一位大有作为的人，毕竟终于被嗜好所误，而甚少成就为可叹！他那时虽名为讨贼第三军长，却是所带的兵并不多，有无兵军长之称。在革命的艰苦奋斗中，他不失为一坚贞的同志，亦是追随孙先生久共患难的一位人物。他大约到了上海之后，便把牙齿请医生洗得白白的，由上海直赴北京，孙先生则绕道日本而至天津，到天津后即病发，不幸竟于翌年三月十二逝世北平，距先生离粤北上为时仅四个月还差一天！

　　我所以要提出这一段回忆的原因，只是在说明十三年十一月十二这一天先生忙碌的情形，《年谱》中所说：是日"家属庆于广州寓所"，在我的臆测，假定是日有家属庆于寓所这段事，不会是其时在广州的重要同志都一无所知的。因此我对据此以为先生生日的认定，是有足资怀疑的地方。因为这一天用旧历推算起来是十月十六，而不是旧历十月初六。这与《年谱》首段所载和我所回忆当孙先生逝世后，由卢夫人处得知孙先生生日的经过似有所出入。尤其是在孙先生的八字发现之后，既已载明先生出生于同治旧历丙寅十月初六，而"初六"，用阳历推算起来则正是一八六六年的阳历十一月十二，而不是十三年的阳历十一月十二。因为若以十三年阳历十一月十二为先生的生日，则这一天亦正是孙先生自传所述"生于一千八百六十六年华历十月十六日"的日子，又与八字所载有所不同了。《年谱》所载"十三年十一月十二家属庆于广州寓所"，其所根据的资料如何不得而知，就我多方考寻有关的资料，仍不外下列两项：一是根据孙先生自传所述为同治五年丙寅，一八六六年，华历十月十六；一是卢夫人提供的孙先生的八字为是年旧历十月初六，相差共有十天。历史资料的引用，当然以原始的第一手资料为最可靠，但是我们目前所面对的困扰便是以上两种资料都是最原始的依据。如果我们说孙先生的八字所载的生日为确实可信，然则孙先生本人的自传所述便不可信吗？如果说孙先生亲自所述不可信，那么八字所载又可全信吗？如果孙先生自述出于笔误，那么，八字又岂亦同样能免于错误吗？彷徨于两种原始资料，真使人难以选择！如果我们略加分析，便知生于丙寅旧历十月初六一说，乃出自孙先生的家庭；生于丙寅旧历十月十六一说则出于孙先生自己。假设孙先生不是出于笔误，而是基于其他的原因，则这一原因是什么？就更值得探寻了。容在本文第三节叙述之。

我在此可提出另一旁证：那便是有关孙先生的传记各项写作，凡是在先生去世后不久所出版的，大体都以同治五年旧历十月初六为依据。如：美人林柏克所著《孙逸仙传》，出版于民国十四年；因公所著《孙中山先生的生平》，出版于民国十五年；王瑛琦所著《孙中山传记》，出版于民国二十四年；似乎都是依据由卢夫人处所提供的孙先生生于同治五年旧历十月初六，或推算为是年的阳历十一月十二。尤堪注意的是：林柏克所著《孙逸仙传》一书，原文本为英文，亦说："他生于民国纪元前四十六年，即清同治丙寅十月初六。"而林氏写孙先生的传记所采用的资料，则多半是基于他本人和孙先生的谈话，由孙先生口述，而由他所笔记。此书在美国正当要出版的时候，忽然孙先生逝世的消息到达美国，使他大为震惊哀痛！孙先生本人当然亦不及看到此书了！除此之外，凡是以孙先生写给英国翟尔斯教授的自传所述为同治五年旧历十月十六（合算为是年阳历十一月二十二）为依据的，则多半是最近若干年所出版的。如：唐祖培所著《孙中山传》，出版于一九五三年；吴相湘的《孙逸仙先生》第一册，出版于一九六五年，足为证明。其原因所在，即为发现孙先生自传所述生于同治五年华历十月十六，为时较晚，故最近方得引用。此足以说明我所回忆的孙先生生辰的最先查考资料，是出于卢夫人所提供的之无误。至于孙先生写给翟尔斯的自传究自何时起方普遍为人所知，则尚有待查证。

二

在我看来，要对此得一明确的答案，只能在若干有力的"旁证"中去追寻，并在何以发生差误中找寻其原因背景之所在。在我说明从原因与背景的追求所得的一些资料足资研究之前，下面各项有关孙先生生日之谜的资料，先为一提，然后再提出我个人的意见，以供参考。

廖仲恺先生的夫人何香凝女士，在很久以前曾有一文述说她对孙先生的回忆，她这样的写道：

> 我追随中山先生二十多年，向来没有谈过他做寿的事，他的诞辰到底是那一天，我都不知道。只是在一九二四年的深秋（民国十三年），中山先生的乡亲——一位老太太远道来看他，提起了"明天就是你的生日"，我们大家才知道中山先生的诞辰，原来是十一月十二那一天，那年中山先生六十岁了。我们大家都想为中山先生祝寿，庆祝一番。但是中山先生没有答应，他认为他个人这样铺张祝寿，是不应该的。结果只是由仲恺等几个比较熟悉的同志在他的公馆叫厨子办了两桌简单的酒菜，作为做寿算了。

何香凝这位老太太在孙先生的生前她和她的先生廖仲恺先生都是孙先生极亲近的同志，她的回忆应当是比较可靠的，但是就她上面简短的叙述亦可看出若干不太正确的地方。第一，民国十三年十一月那时孙先生只有五十八岁，而她却说："那一年中山先生六十岁了"。孙先生生于一千八百六十六年，一九二四，民国十三年，应当只满五十八足岁。孙先生逝世于民国十四年，一九二五，三月十二，其时先生尚未满五十九足岁。第二，她说的一九二四年，民国十三年的深秋，究竟是十一月的哪一天，她并未说明。所谓"明天就是你的生日"究竟指的是同治五年的旧历初六合算为是年的阳历十一月十二呢？还是民国十三年的阳历十一月十二，合算为是年的旧历十六呢？两者似乎都可说得上，但究不知她指的是何日？如果说：所指的明天是同治五年的十月初六，则应当是民国十三年阳历十一月十二日；如果说：所指的"明天"是十三年的阳历十一月十二，则这一天又应当是旧历十月十六。我前面所提的回忆，十三年十一月十二日是中山先生起程赴北平的头一天，以我的推测和见闻，那天孙先生忙碌得不得了，开会，演讲，接见宾客，布置后方，观看提灯欢送他北上，似乎没有时间参加仲恺先生为他准备的两席简单祝寿的宴会。第三，既说尚有几个比较接近的同志参加祝寿宴会，何以事后竟无一人提及此事？仲恺先生是当时广州党政负责人之一，为何在中山先生逝世后，为了要知道先生的生日，还要在卢夫人处探求呢？第四，中山先生在北平逝世后，我在广州在几次的纪念会中曾亲自听过仲恺先生讲述孙先生的生平和逸事，何以都未曾听见他说及当日祝寿这件事呢？我以前发表几篇文章，曾转述仲恺先生讲说关于孙先生的逸事，都未曾忆及他提出此点，所以我对于这位年迈的老太太的话，不免要发生一点怀疑。不过她所说：中山先生到底诞生于何日，她都不知道，却是一项不可否认的事实。可能我们从大家都不知道孙先生的生日这一线索中找寻出一项原因，使我们更能了解孙先生的伟大。关于此一推论，容我叙述如后。

三

据我们所知，当孙先生在世时，他的诞生日期很少有人知道。此中原因是不是由于革命时期居处无定，在流亡颠沛情形之下，无由顾及此类细事所致？抑是由于他平时不以其生日告人，致人也不加注意？勿论是否属于上述两种原因的哪一种，有一事实足以值得我们研究的则是孙先生在世时，同志中知道他的生期的人，的确是少之又少。在民国十四年孙先生逝世以后，我曾以此问题遍询追随他较久的同志，大家事后追忆起来，都觉得这是一件奇怪的事，惟独戴季陶先生提出了一次关于先生寿辰的经验，使大家对于此一问题的探讨发生了很浓的兴趣。戴先生说："大约在民国五、六年之交，孙先生寓居上海，在某一个晚上，国父寓所备有酒菜两席，约有少数同志参加，到了入席之后孙夫人乃顺便向同志们提及此日乃为先

生的寿辰，于是大家才起立举杯为先生祝寿。"戴先生说这是
他在先生在世时，参加过的惟一寿宴。同时戴先生更说："中
山先生的酒量的宏大，很少有人能够比得上。"我说："你的酒
量不也很大吗？"戴先生的答话很富有哲学意味，他说："凡
能饮酒的人，都不'闹酒'，闹酒的人都算不得是能饮酒的人。
我自己只能算得一个闹酒的酒徒，总理才是真正能饮酒的
人。"他为孙先生计算当晚饮酒的数量，使他惊诧的是在任
何人都将不易支持时，孙先生却自始至终，从容宁静，一如
平时！

国父在世时的寿辰，至今想起来的确是不易为人所了解
的一个谜。我们要知道此中原因何在，我想廖仲恺先生当孙
先生逝世北平之后，在广州几次关于先生生前逸事之报告，是
值得参考的。回忆廖先生所述，孙先生诞辰很少为人知道的
原因，是由于孙先生不以其生年月日轻易告人的缘故。他不
以其生年月日告人的原因，则是由于信守儿时对于他的父亲
达成公的一种诺言，也即是表现国父一生重信誓，重然诺那
种伟大的精神所自来。以下便是仲恺先生报告孙先生生平逸
事的大意：

孙先生儿时的小名为"帝象"，帝象者帝王之象也。在专
制时代这样的名字是不便取的，取了被人发觉便会发生灾难，
我们回想起在一百多年前的中国旧社会里，竟然用了这样遭
忌的名字真可谓大胆之极！现在的人，如果对当时的社会情形

不加以了解，一定会忽视这一名字的取用在当时会发生如何的危险程度，或许还会认为是一种思想陈旧，封建意识，后人牵强附会的陈腔滥调了。帝象这一小名是孙先生诞生后，他的父亲达成公为他取的。达成公为先生取这样一个名字，依照当时社会的情形是十分犯忌的，而且可能会招致烦恼，亦是意中的事。过去中国社会一般的习惯，大凡儿女诞生之后，便必须请教算命先生为此一新生婴儿算八字，以预知他未来的吉凶祸福，生在那一时代社会里的孙先生，他的家人自然也不能免俗，尤其是先生的父亲对于堪舆、算命据说是十分相信，而且具有独特的知识。是不是由于达成公为孙先生算命所得的结果，以为此子不但大富大贵，名扬四海，且将位居九五，便为他取了"帝象"这一小名呢？关于堪舆、算命和看相等等旧时习俗，现在实在找不出他有什么科学根据可以使我们完全相信。我在此之所以要提出这一段关于孙先生儿时的故事，不是在借此提倡迷信，违反科学，而是要借此一故事以说明他诞生时的中国社会情形和他所诞生的家庭与一般旧时家庭并没有多大区别。由此更可知道先生一生的奋斗和成就是如何的不容易了。如果有人因为有了这一段故事而加深其对迷信的信仰而非议科学，那就不是我说话的原意了。

据仲恺先生说：孙先生的父亲对于帝象这一名字，后来心理上起了一个极大的矛盾和恐怖，那就是说，既然家庭里诞生了这样"大富大贵"的孩子，如果是祖宗积德不厚，此一麟儿未能长成便遭夭折，将如何办呢？再则，家庭有这样具有帝王之象的人诞生了，在当时专制的社会，如果被官府知道了，不仅要危害帝象，而且将连累家庭同受祸灾，又如何办呢？达成公在这一则以喜，一则以惧的不安心情之下，终于在国父六、七岁时想出一个不脱旧社会俗套的办法，以作补救。为了补救恐怕祖先福泽不厚，不能保佑他钟爱的儿子成长起来，于是他便把孙先生带到翠亨村的一座庙宇，把他寄拜给庙内所供奉的北帝菩萨为子，靠菩萨的保佑使他长成。为了恐怕官府知道，据说他命孙先生于拜神为子之后，曾很严肃的对孙先生说："我要你在神的面前发誓，自此以后不得把你的生年月日告诉外人。你能做得到，便答应我如此做。做不到，也要对我明说。""我一定能做得到。"孙先生拍着胸膛毫不犹豫的答复了他的父亲。

假定我们以廖仲恺先生这一段关于孙先生诞生的故事为参考，我想便不难知道他为什么一生不曾公开举行过祝寿的道理。世人之所以很少知道他的寿辰的日期，便是由于他为了要实践他儿时对父亲所作的诺言，不以生年月日随便告人的缘故。

四

重信誓的精神是孙先生建国方略中心理建设的一个最

重要环节。因此他在革命组党的时期，规定入党宣誓是取得革命党员资格的重要条件。他在民国元年就任临时大总统位时，率先举行宣誓，他当时更主张文武官吏，都要一律宣誓，以表示尽忠职守，归顺民国，永久不渝。可惜当时大家都不重视此一意义，认为不急之务而漠然视之，未克普遍举行。其后他让临时大总统职位于袁世凯，他对袁氏提出的一项条件便是要袁氏必须于就职时宣誓服膺共和，永绝帝制。当时大家以为这种空洞的宣誓，何能约束野心奸诈的袁世凯，而未加重视，但因孙先生十分坚持，且以自己就任的时候曾经宣誓为例，终为袁世凯所接受。袁氏是一奸雄，是一老官僚，他认为此种细节于他取得实际政权并无多大影响，便也就欣然接受了。孙先生一定要袁世凯宣誓服膺民国，永绝帝制的理由是："袁世凯向为君主的臣仆，而不主张共和者也，而民党昧然让总统于袁，已自甘于牺牲共和矣，既甘放弃于前，而又争之于后，非愚而多事乎？惟有此信誓则不然矣。"果然后来袁世凯背叛共和，帝制自为，我们便以背誓的理由讨伐他，他的部下也有理由不服从他，帝制终归于失败，这未始不是其中原因之一。

国父为什么如此重视宣誓呢？据他的自述，认为常人有言，中国四万万人，实等于一盘散沙，今欲聚此四万万散沙，而成为一机体组织之法治国家，则必须从宣誓以发其正心诚意之端，而后修、齐、治、平之望可几。换句话说，宣誓是要每个人从他的内心自发的拿出他人格和荣誉对于他所愿接受的事情提出担保。这是人类一个"心灵的王国的建立"，这个王国建立不起来，一切都是虚伪的，无信念的和不可范围的，那末这样一个社会便会趋于崩溃横决了。

孙先生对于西洋社会的看法，重信誓的精神是其一端，而我们中国，特别是上层社会的人，便缺乏这一种精神，所以他主张宣誓，作为建设国家一个正心诚意的发端。不能做到正心诚意，便不能做到修、齐、治、平。他认为革命的组织，是"先天的国家"，如果有志于革命的人，不能共立信誓，以实现他们的理想，必然是涣散而团结不固，团结不固，必定是归于失败的。所以建立重信誓的精神是革命党人第一个条件，也即是他所谓："先奠国基于方寸之地，为去旧更新之始，以成良心上之建设。"因此远在兴中会成立的时候，就订定了会员宣誓的誓词，民国纪元前七年同盟会成立，民国三年国民党改组为中华革命党，民国八年中华革命党改组为中国国民党，每次党员入党以及党的各级重要人员就职，都必须郑重举行宣誓，其中尤以民国三年国民党改组为中华革命党之际，孙先生为了要加强党员对信誓的严格遵守，并规定宣誓人必须在誓约书上加打手印，当时确有不少先进同志对这一规定不以为然，因而表示反对，甚至为此而未加入中华革命党。革命前辈张溥泉先生在回忆录中曾记述道："民国三年总理组织中华革命党命余打手指拇，总理以手强余打指拇，余婉拒之。"从这段话,足见孙先生对信誓看得如何的重要了。从现在党史史料中,我们尚可见到当日国父亲书的誓约和蒋先生亲书的誓约,在这一誓约的签名下所打指拇仍隐然可见,这种献身革命的至诚表现,实在令人仰慕!

五

在孙先生的一生中,有一件事为一般人所指责与不了解的,那便是他民国元年就任第一任临时大总统之后,在解职大总统之前不久,他率领文武百官恭祭南京的明太祖陵;典礼十分的隆重,他自称为"国民公仆",并有一极美丽的祭文在陵前宣读。这一举动曾引起当时若干人对他的批评和指责,而孙先生均一言不答,任人批评。这些人所持的理由是:在这一时期,满清政府已将宣布退位,赞成共和,举国的人都热望着和平,过去革命排满的热情已转变而为五族共和的高调了。恭祭明太祖陵这一举措,无疑的要被时人认为是一个足以引起汉、满、蒙、回、藏五族团结的障碍,是我们所想像得到的。但是孙先生为什么要如此呢?那便是为了实践他曾经加入洪门致公堂,对反清复明的誓言有所交代。

要了解上述这一故事的原委,我们必须知道会党在革命的初期与孙先生倡导的革命运动的关系。在国内方面,从乙未(一八九五)第一次广州起义的失败,到庚子(一九〇〇)年三洲田之役，其中主干人物郑士良便是会党一位杰出的英雄，郑的力量则全赖广东的会党。其他如黄克强先生在两湖一带所发动的革命运动，也无不以会党为中心。因为从兴中会到同盟会的成立，国内可以为革命之助的力量，会党实居首要。那时的会党是以反清复明为宗旨，与孙先生革命排满的主张不谋而合，而会党的成分又以下层阶级为多，历史悠久，组织普遍，故其发为行动，也较容易。而当时的士大夫阶级，一因清朝入主中国二百多年，民族大义已渐渐消失，二因知识分子生性涣散，漫无组织，以言论文章作革命宣传是其所长，一言行动，则又不如会党之便于散集了。

国父是一九〇三年于檀香山才加入当地的会党组织，名叫致公堂，致公堂是旧民族主义在海外的反清团体。争取海外华侨参加革命是当日最必要的一着，要争取华侨，先争取海外的洪门是十分必要的，这是孙先生加入致公堂的唯一原因。海内外反清复明的会党组织相沿都是与官府作对，因此他的一切活动都十分秘密而严格。凡是加入的人必须宣誓做到两件事：一是服从他的反清复明的宗旨，二是严守会内的秘密。先生要加入致公堂，当然不能例外。他把一切手续都做到后，便被封为洪棍，即大哥之意。孙先生曾经作过一项努力，想把致公堂改组为近代化的一个革命团体，但这一努力未能完全做到，他所做到的仅是获得海外洪门对于他革命运动有力的支撑，扩大了他领导的革命运动的发展。后来他为了适应中国革命进步的需要，在一九○五年便把以会党分子为骨干的兴中会，改组为以青年知识分子和各阶层的进步分子为中心的同盟会，革命的形势便日益扩大起来，在七年之后便有辛亥之役，推翻了几千年来的专制政权，建立了中华民国。

我们于明白了上面这一段经过之后，便可知道孙先生于就任临时大总统时为什么不计他人的攻击，而要率领文武百官恭祭明太祖陵的原因所在。他唯一的目的在表示清廷既将宣布退位，民国即可成立，洪门反清复明的宗旨便已达到，他于加入洪门时的誓言便已实践。而他为了适应革命新的进步的需要而要作的努力正多，恭祭明太祖陵后他的心灵的责任便已解除了。这是他辛亥时恭祭明太祖陵的动机，也是他对曾作过的誓言的一种交代。他的这种实践誓言的精神又是何等的伟大呀！至于他后来何以认为会党的组织已不能适合于革命的进步的需要而必须改弦更张的理由，在他民国八年复蔡元培先生，不主张把清代秘密会党编入《国史前编》的信中说得甚为明显。孙先生说："清世秘密诸会党，皆缘起于明末遗民，其主旨在覆清扶明，故其民族之主义，虽甚普及，而内部组织，仍为专制，阶级甚严。于共和原理，民权主义，皆概乎未有所闻，故于共和革命关系实浅，似宜另编为秘密会党史，而不杂厕于民国史中，庶界划井然不紊。此亦希望注意及之也。"在此处我们必须注意的是：由于会党的宗旨仅是旧的反清复明的民族思想，与孙先生领导的三民主义革命运动的发展不能尽合，这是他认为会党不能适应革命进步的需要的第一个理由；因为会党内部的组织，不合于共和的原理和民权主义的思想，这是他认为会党不能适合于革命进步的需要的第二个理由。因此他不赞成把他所领导的中国革命与会党反清复明的运动混为一谈。从他复蔡元培先生这一信中，我们可以明白他祭明太祖陵这段故事的意义是在实践他加入会党时的誓言，求心灵有一交代，以便适应新的革命形势的需要，而无疚于心。

对于一个伟大的人物诞生时日的考证，在治历史的人为了求真求实是十分必要的，在我个人的意见，考证是一件事，而追求一项史实何以会发生争议的原因和背景则大属重要。从我上文所述的一些回忆和引证，我们不难推想发现孙先生重然诺、重信誓的伟大精神，而这一伟大的精神，又往往是为研究孙先生的思想、主义和生平的人所最易忽略的地方。孔子的门徒颜渊对于他的老师孔夫子的伟大曾有"仰之弥高，钻之弥坚，瞻之在前，忽焉在后"的感叹，我于引述孙先生诞生时日的考证，所发现出他的伟大，不禁与颜渊有同样的心情！

（原载一九六七年八月《传记文学》第十一卷第二期）

国父生辰的再考证

一

自我所写《国父生辰考证的回忆》一文在本刊上期发表后，承朋友、同志们为我提供了不少的线索，因而陆续又发现了不少其他有关的宝贵资料，作我前文的研究与推论一项更有力的补充，尤以最近和国父哲嗣孙哲生先生的谈话，所获得的论证更为宝贵。在最近一次的晤谈中，我曾以前文所引用发现的卢太夫人复香山商会查询国父生平事绩的信中所言，国父生于同治五年旧历十月初六，亦即是年的阳历十一月十二，以证实我回忆中此项生辰的获得，是由于民国十四年国父在北平逝世后，广东党政负责人从卢太夫人处查询以为依据的一项事实之无误。哲生先生当即很快的说道：前去查询的便是他自己。我听了他的话之后，我一时引为无比的高兴，使我的回忆又增加了一项有力的证明！

大凡天下事只要有利于自己的话，最容易为当事人所接受，而不易细密的加以思考，有时往往亦会与客观事实相乖离的。当时我在高兴之余，忽然忆及哲生先生所说查询国父生辰的一段经过是由他亲自去问卢太夫人而后得来的话，与我对那段回忆所指的时间，似乎仍有出入的地方。因为在我的记忆中，民国十三年的九月前后，哲生先生本人已因广州市政府改组，卸任广州市长的职务，奉中山先生之命前去东北，会晤张作霖，代表中山先生与张商谈合作及解决时局的办法。中山先生在是年的十一月十三，离粤北上，哲生先生亦未同行，一直待至中山先生由上海绕道日本抵达天津之后，哲生先生才在天津与中山先生会合的。中山先生是十三年十二月四日抵达天津，未几即病；同月三十一日他由天津移往北京就医，不幸竟于翌年，民国十四年三月十二，病逝北平。自抵达天津以至在北平逝世，哲生都随侍在中山先生左右，一直到了民国十四年四月二日，中山先生的遗体安置在北京西山碧云寺之后，大约在是年五六月之间他才回返到广州。我对于这段经过尚能记得如是清楚的原因，是由于自十三年第一次全国代表大会之后，广州特别市党部是依据改组后新的党的总章而成立的第一个正式党部，孙哲生、马超俊、吴铁城诸先生和我都是市党部的委员，哲生是组织部长，超俊是工人部长，我担任的是常委而兼青年部长。当哲生先生于五六月间回到广州时，我们曾在广东大学的礼堂举行过一次欢迎会，请他报告中山先生在北平逝世的经过。

从上面一段的回忆加以考证，关于中山先生生辰向卢太夫人查询，哲生先生所说是由他亲自去问得来的，也许是以后的事，而不是我回忆中所说是在中山先生逝世后，由广州党政负责同志向卢太夫人处获知的。查询国父生辰的目的虽然是相同，而在时间上则有先后之差异。因为我的回忆所指是在哲生先生未回广州之前，而他之所指则在回到广州之后。我们的相互求证之后，彼此均感欣然！后来我再把卢太夫人答复香山商会查询中山先生生平的信，细读一遍，不但发现在信的前段说明中山先生生于同治五年十月初六寅时，与最近在她遗物中所发现的八字甚相符合，而且在此信的末段又有以下珍贵的发现：

> ……科父返天国，得闻离世前一日，自证我本基督徒，与魔鬼奋斗四十余年，尔等亦要如是奋斗，更当信上帝。此乃科儿（指哲生先生）手书所言，十分多谢天父，允氏祈求，复赐科父信上帝之心，此乃氏之至安慰者……[注一]。

就上述的一段资料看来，卢太夫人复香山商会查询国父生平的信的时间，很显明的，是在哲生先生尚未回到广州之前的事，因为信中所述国父逝世前一日自证其为基督徒的话，是接到哲生先生写给她的信才知道的，所以乃有"此乃科儿手书所言"的话。由此可知哲生先生所说关于查询国父的生辰是由他亲自向卢太夫人处得来，所指的应当是在此一复信之后，而不是在我所指的同一时间的事。我在此所以要引用这一资料的目的：第一，在说明自民国十四年三月十二国父在北平逝世之后，各方面都在关切急于要知道国父的生辰，其时在广州的党政方面自然更为关切地要知道的了。第二，在说明最初国父生辰资料的获得，是由卢太夫人所供给的。第三，国父生于同治五年丙寅，旧历十月初六，合算为是年的阳历十一月十二，当时是据此以确定是日为国父诞生的纪念。此一确定在先，争执的发生是在以后。

二

我在《国父生辰考证的回忆》一文里，我曾经说过：关于国父诞生的时日，在过去好似一个谜，成为一个争执难决的问题。争执难决的原因：第一是由于先生在世时甚少与人谈及过他的生辰，他一生亦未曾举行过祝寿的纪念，所以在他逝世以后便成了大家要明白的问题，因而发生了种种不同的说法。关于这一点，我在本刊上期的回忆和推论那篇文章里，我已经提出了我个人许多的论断，再加以最近在卢太夫人的遗物中所发现的八字和卢太夫人复香山商会查询先生生平的信，在我看来这两项原始资料的发现似乎可以大大的加以澄清了，假使我的看法没有错的话。第二，最引起发生争议的另一原因，则是民国十五年前，一八九七年，国父应英国剑桥大学翟尔斯教授之请所作的自传，说他自己诞生于一八六六年华历十月十六日，于是后人便以先生的自传为根据，而随之以来的种种附会和臆测便由此而发生了。在此，我必须补说一句，即是：决定国父诞生的年月日为同治五年丙寅十月初六，合算为是年阳历十一月十二，是最先得之于卢夫人所提供的资料，国父写给翟尔斯教授的自传，他自述诞生于丙寅华历十月十六之说，是发现在卢太夫人提供的资料以后，两者的相差时日为十日。自传所述先生生于同年十月十六日，在当时甚少人知道，至少我是不知者中之一人，至于自传在何时才发现？何时才普遍被人引以为依据？则只有留待下文加以考证和说明了。

我在本刊前一期的文章里，我曾经大约作了一项统计，指出凡是在国父逝世以后，在一九五三年以前所出版的有关国父的传记和生平的书，都是以同治五年十月初六诞生为依据，在一九五三年以后出版的，则才以写给翟尔斯教授的自传国父自述诞生于同年十月十六为依据。我为了避免上述的概略统计尚不足以求证，特请热忱而细密的刘世昌先生为我代查在历次出版的中山先生全集中，找寻何时才发现有写给翟尔斯教授这项重要国父自传文件。我很感谢刘世昌先生的细密，他为我查考所得的结果如下：

一、中山书局，民国十五年出版的《中山全书》没有致翟尔斯自传文件。

二、新文化社，民国十六年出版的《中山丛书》没有上项文件。

三、太平洋书店，出版的《中山丛书》没有上项文件。出版的年代不详，内容与前书同。

四、吴拯寰编，民国十七年出版，十八年再版《孙中山全集》没有上项文件。

五、胡汉民编，民国十九年版《总理全书》没有上项文件。

六、陈虫吟编，民国二十五年出版《孙中山全集》没有上项文件。

七、中央宣传部编，民国三十一年出版的《国父遗教》没有上项文件。

八、黄季陆编，《总理全集》三十二年版没有上项文件。

九、黄季陆编，民国三十三年版《总理全集》有上项文件[注二]。

十、张其昀编《国父全书》，一九六〇年出版有上项文件。

上面所举十种有关国父的全集的统计，使我最感惊异的是在民国三十二年我主编的《总理全集》里尚无国父致翟尔斯教授的自传发现，一直到了民国三十三年再版时才发现此一文件而将其编入！现在回想我当日发现此一文件时的情形，真是快乐得无以形容，认为是一项奇珍异宝，可以对于国父的生辰有一基于他的自述诞生于一八六六年华历十月十六，为可靠了! 自最近发现了卢太夫人遗物中孙先生的生辰八字，和她在民国十三年答复香山商会查询国父生平的信，再加以我自己的回忆，当国父逝世后我们在广东查询他生辰时的情形，使我对于他的自传所述诞生于一八六六年华历十月十六之说，不免亦信心发生动摇[注三]。日前我曾以此事请教于孙哲生先生，据他的推想可能是由于中山先生的父亲达成公，因为在一百年前中国的旧社会里，对于一个家庭里命运不凡的儿子，为了避免当时容易引起官府和旧社会的误会和不便，不愿使国父的生年月日被人知道，而惹出不幸的麻烦和灾难，或许达成公竟连对国父本人亦不曾告诉他正确的生年月日。在我的看法，十月十六日"十"字，可能是十月初六的"初"字的笔误，亦未可知。总之，综合了各项有关的经过事实和资料，确定国父诞生的时间为十一月十二，指的是同治五年旧历十月初六，阳历的十一月十二，而不是指的民国十三年"家人称庆"的十一月十二则大体可以作一确定，而毋庸置疑。因为十三年的阳历十一月十二是旧历十月十六，这一假定虽与国父的自述相符合，但若与其他的资料来加以考证，此说的可靠性便不十分坚强，是出于一种附会所占的成分便较多了。

三

何以我认为以民国十三年十一月十二，亦即合算为是年的旧历十六，为国父诞生纪念之说是出于一种附会呢？我上期发表在本刊一文里所引用的何香凝女士的一段回忆中，便已发生了这种推断，在此以后，我更发现了汪精卫所述的一段回忆，使这一考证更趋于明朗，在我说来这真是一项意外的收获！为了不厌求详，便于考证起见，我特把这两项资料都并列在下面，以便参考。

一、何香凝的一段回忆，她说：[注四]

> 我追随中山先生二十多年，向来没有谈过他做寿的事，他的诞辰到底是哪一天，我都不知道。只是在一九二四年的深秋（民国十三年），中山先生的乡亲——一位老太太远道来看他，提起了"明天就是你的生日"，我们大家才知道中山先生的诞辰，原来是十一月十二那一天，那年中山先生六十岁了。我们大家都想为中山先生祝寿，庆祝一番。但是中山先生没有答应，他认为他个人这样铺张祝寿，是不应该的。结果只是由仲恺等几个比较熟悉的同志在他的公馆叫厨子办了两桌简单的酒菜，作为做寿算了。

二、汪精卫在所著《孙先生轶事》一文中，他说：[注五]

国父生辰的再考证　　**681**

十三年十一月十三日，先生将由广州出发，经上海，去北京。先二日，叫我起草对于时局宣言，主张开国民会议，并约于十二日到先生处吃晚饭。我因稿未成，没有去吃，至深夜才脱稿，进之于先生，其时廖仲恺等犹在座，先生欣然命笔，将近代实业团体之近字改作现字，笑说：我只改此一字。我同仲恺出门，仲恺告我，今日是先生生日啊！我为之恍然，颇以未能共吃晚饭为憾。

汪精卫又说：

总理平时不以生日告人，惟此民国十三年，即生前最后之生日举行纪念，为亲信所知。

从何香凝和汪精卫这两段回忆中，我们可以看出他两人的回忆和所述的经过，都有类似或相同的地方，应当是确有其事，而不是虚构事实。正因其不是出于虚构事实，于是破绽立见，使我们对于此一疑难，得到澄清。我为了便于研判起见，现在先把何、汪两人相同的地方，归纳如下：

一、何、汪两人都说：中山先生不曾举行过生日纪念，平时不以生日告人，到了民国十三年才首次被他们知道的。

二、民国十三年十一月十二这一日子便是他们所认定的是中山先生的生日。

三、根据汪精卫所说，足以证明何香凝所称是日曾由廖仲恺先生备办两席酒菜，为中山先生祝寿，亦确有其事。

对于何香凝老太太的说法，我上期在本刊发表的一文里，已指出她可疑的地方约有几点。我所持的理由是：第一，民国十三年十一月十二这一天，据我的考证，以那天中山先生忙碌的情形，不太可能有"家人称庆"那回事。第二，我所举证卢师谛兄的那段有趣的事，国父十三年十一月十二晚虽曾举行过一次晚宴，而这一晚宴是为了翌日起程北上，一面吃饭，一面谈事而有的，其参加的人都是党、政、军重要负责的同志和随行北上的重要人员，不像与何香凝老太太所说的由廖仲恺先生备办两桌简单酒菜，为国父称寿的事相符合。第三，我在上文中已怀疑到何香凝所说的日期可能是阳历十一月二日，而不是十一月的十二日。因为何说：十三年的深秋中山先生的乡亲，一位老太太远道来看他，提起了"明天就是他的生日"。这位乡下老太太可能是国父的胞姐妙西。综合我以前所考证的许多资料，应当是依据先生家庭的生辰资料为同治五年丙寅旧历十月初六，合算为是年阳历十一月十二这一日子。我在前面已经考证过，国父写给英国翟尔斯教授自传所述他生于一八六六年华历十月十六之说，普遍为人知道是很晚的一回事，所以这位乡下老太太所指的"明日"，应当是十三年的旧历十月初六，合算为是年十一月二日才是正理。如果她说的"明日"为十三年阳历的十一月十二，便又会是同治五年的旧历的十月十六了，征诸史实，这种说法已经是不尽合理的。

我从汪精卫的回忆中，得到了对我上述的主张，一项很宝贵的证明，我现在说明如后：

第一，汪精卫所说："十三年十一月十三日，先生将由广州出发经上海去北京。先二日，叫我起草对于时局宣言，主张开国民会议，并约于十二日到先生处吃晚饭，我因稿未完成没有去吃，至深夜才脱稿，进之于先生。"这里最堪注意的是汪所说国父十三日由广州出发北上前的"先二日"，所谓"先二日"，应当是是年十一月十日了。我细查各种史料，证明汪的此说大有问题，我不是说国父北上宣言主张开国民会议电文是由他起草的事实不确，而是他所说的"先二日"这一日子是记忆上有了错误的。我持的理由是：

据《国父年谱》所记载国父十三日由广州起程北上情形有云"先生此行，随行人员二十余人。九时五十分，先生偕夫人宋庆龄，乘电船出大元帅府，渡至永丰舰。登舰，天字码头一带军乐大作，鞭炮不绝，文武人员在天字码头立候。先生于舰上向欢送者脱帽还礼。十时二十分钟，永丰舰起碇。是日舰上随先生者，有邵元冲、李烈钧、黄昌谷、朱和中等人。汪兆铭则先一日（十二日）赴港，由港会同下船"[注六]。起程的"先一日"当然是指的十一月十二，汪精卫在十二这一天既已经先期赴了香港，然后才于十四日在港会同国父自那里起程赴上海的，那末，他又何能在十二日深夜还在广州，以北上宣言的起草文，请求国父审订呢？凡是在广州、香港居住较久的人，似乎尚可记忆得那时广州到香港的交通情形，经常由广州是每日上午有早船开赴香港，到达香港时已在中午以后；下午，四、五时左右，亦有船开赴香港，到达香港时已约在夜间十时左右；由香港开船到广州的船只，则只有早、晚二班期，晚船大约是晚上十时由香港起航，于翌日清晨到达广州。国父在乙未年，一八九五年九月初九，在广州发动的第一次革命运动，预定由港开至广州接应的大批同志，亦是由香港搭乘是项夜船前赴广州的，不幸因为消息走漏，当这天早晨船到达广州，方才靠岸，便被清政府预先安排的军警，把船上应援的革命同志，一网成擒，著名的丘四、朱贵全这些革命党人，便是被擒后而壮烈牺牲的。我在这里叙述这些历史性的往迹，似乎与我所要谈的问题没有太多的关系；我之所以要如此说的理由，是在说明至少在民国十三年的时候，广州与香港之间的交通情形，由香港有夜船开赴广州，于第二天清晨到达；由广州则除了上午下午班有航行的船开赴香港之外，在广州是没有固定的船开赴香港的。因此，汪精卫所说十一月十二的深夜，把起草的北上宣言请求国父审定的回忆，在时日的计算上是不正确的。据《年谱》所载他既于国父由粤起程的前一日，十一月十二日，先期去到香港，然后会合北上，何能十二日的深夜尚在广州呢？根据历史的记载和当时港、粤交通的情形，都属不可能的事。

四

就我的记忆，国父于十一月十三日起程那一天早上，我曾亲自到广州天字码头送行，的确想不起汪精卫那天是在同行人员之列，现在细查自广州到香港随行人员的记载，亦寻不出有汪精卫的名字。由此更可以证实《年谱》所载汪精卫已于起程前先一日，十一月十二日，前赴香港，是非常正确的。有人也许会说，在民国十三年的时候，广州与香港之间的交通，除了船行之外，尚有广州到九龙的火车可通，难道说汪精卫不能在十二日的深夜请示过国父之后，搭乘火车前赴香港吗？说这种话的人，初听起来，似亦不无理由，然而从熟悉当时情形的人，则又更不合乎事实了。因为当时由广州到九龙的火车虽然是有，但是当时政府中人搭乘火车由粤赴港的人却都有所顾虑而不搭乘。因为其时陈炯明霸据东江，广九铁路所经过沿途的地方与陈的防地非常接近，他的势力随时有出动扰犯的危险，更加以军运频繁，管理又不妥善，而且就我的回忆，其时深夜并无有火车班期开赴香港，汪精卫自亦不能飞渡前去。

第二，如果上项的事实，都不足以说明汪精卫十一月十二这一天深夜不可能尚在广州的话，那末，最具体而确定的一项证明，则是国父北上宣言，主张开国民会议的发布日期了。据《国父年谱》《中华民国大事记》各项有关记载，都载明：

"十一月十日发表北上宣言,主张开国民会议及废除不平等条约",在时日计算上,北上宣言既发布于十一月十日,那末何能在此两日之后,十一月十二深夜,尚未定稿?何能于十二日深夜尚须请求国父修改呢?这不是由于汪精卫记忆上发生的错误,便是出于某种的疏忽而有的附会。研究历史的人,如果全凭个人的记忆,而不虚心考求事实以作根据,是难免不发生错误的。汪精卫、何香凝二人都是国父生前亲近而倚重的同志,他们的回忆当然有其权威性,他们所犯的记忆上的错误,不在所回忆的事实,可能都是由于事后的追忆附会了同时某一相类事件,而把他混为一起了。我在前文已经提说过:国父诞生的日子,是当民国十四年国父逝世后,由其时的广州负责同志在卢太夫人处查询得来的,那时因为通用阳历,故把日期合算为阳历十一月十二日,以致大家都没有重视到同治五年丙寅十月初六这一日子。汪精卫、何香凝两人的回忆,可能都因为年代已久,脑子里先有了国父生日在"十一月十二"这一印象,于是便把他们民国十三年深秋得知国父生日那段经过绞混在一起,以致发生出附会。我看到何香凝的回忆,是她在国父九十诞辰时写的,距国父逝世已经在三十年之后了,她自己此时已年老力衰,当然不容易细心去考证,这种附会自亦在所难免的吧!

根据我以上的论证,可以看出所谓"家人称庆",把民国十三年十一月十二当作国父的生辰,都是事后出于汪、何二人的一种附会。如果我的论证没有错的话，何香凝所指出的，在民国十三年深秋，一位乡下老太太远道来看国父提起了明天就是他的生日，由廖仲恺先生备办两桌简单酒席，为国父做寿；汪精卫所说的国父北上前两日要他起草北上宣言的一些回忆，是属于同一事件，同一来源，而并无虚假。只是在时间可能是十天前的十一月二日，而不是十一月十二日，而二日这一天又恰是旧历十月初六，与其他考证相符合。北上宣言发表的日期，是在十一月十日，汪精卫所说把宣言起的初稿在十二日的深夜，送请国父修改，当然不会与事实相符，而且他已经在十一月十二日，国父由广州起程的前一日先期赴香港，然后与国父相会合启程赴上海，自无十一月十二的深夜还在广州之理。我认为汪、何二人的回忆所指的国父生日"家人称庆"的日期，应当是十一月二日才合于史实的考证。对这一疑难得到澄清以后，于是我上文所说国父生辰决定为十一月十二日是指的由卢太夫人处查询得来的资料，是根据孙先生的八字所记生于同治五年丙寅旧历十月初六，合算为是年的阳历十一月十二，而不是根据民国十三的十一月十二日为决定的。十三年的十一月十二日，应是旧历的十月十六日，若此又会与国父致翟尔斯教授的自述诞生于华历十月十六之说相附会了。我在前文已经说明国父致翟尔斯教授的自传，是发现于国父逝世之后很久的一段时间，以十一月十二为国父诞辰纪念，则早在发现此一文以前，每年在是日都举行过纪念会，这指的是同治五年十月初六诞生的阳历十一月十二，而不是指的十三年的十一月十二日，汪、何所说的那段回忆。

五

我在此特别要提起注意的一个事实，那便是在民国十五年北伐统一全国，关于国父诞辰纪念的举行，都是依照他诞生于同治五年十月初六，合算为是年阳历十一月十二为准的，到了民国十九年七月十日执政党第三届中央执行委员会第一百次常务会议，才正式通过颁布为正式的"国定纪念日"[注七]。在颁定前所举行过的国父诞辰纪念讲辞中，最动人而具有深厚意义的，要算是民国十五年北伐，国民革命军进展到长江流域，刚刚平定了江西，在九江举行的一次国父诞辰纪念大会，由蒋先生在大会那篇讲辞[注八]。其中所涉及到国父生辰的话，足以证明我所推论的无误。蒋先生说道："今天十一月十二是本党总理的诞辰，总理的年龄至今天始六十周岁。在光复江西后来做总理的诞辰纪念是难得的，九江各界同胞联合起来举行总理的诞辰更是难得。""总理的诞辰今天始六十周岁"一语，自是指的同治五年中山先生诞生的阳历十一月十二的日子，而十五年的十一月十二这一天，用旧历推算起来，既不是旧历的十月初六亦不是十月十六的日期了。在民国十九年正式把十一月十二颁布为国父诞辰之后，林主席森，在民国二十七年的诞辰纪念讲辞亦说："总理是生于一八六六年，就是民国纪元前四十六年丙寅十月初六日，照阳历计算便是十一月十二日。"[注九]就蒋先生与林先生两人的话，很显然的都指的是同治五年十月初六，国父那年诞生的年月日。

根据国父自述，认定他的诞辰为同治五年华历十月十六的人，在一九五一年时有眭云章先生所发表的《关于总理生辰的研究》一文[注十]，继之而作同样主张的有唐祖培、吴相湘诸先生，他们治学都很谨严，而依据国父的自述为认定，在有关资料未经发现和考证之前，自然可以产生出他们那种坚定和锲而不舍的立场，在我本人，在发现国父自述的文件之后，一时亦不免被此说左右而发生迷惘。治历史的人最难获得的是原始资料，对于资料在没有做到追本穷源的工作以前，在某一事实未明的阶段，因而对自己的主张有所修正，自亦不失为治历史学的一项求真、求实应有的态度。我想眭、吴、唐诸先生读了我此文之后，当有同感，而予我以匡正。邹海滨、罗香林二先生，他们两人对于眭云章先生《国父生辰的研究》一文曾于一九五一年十二月致函中央改造委员会，对眭先生的主张，有所补正[注十一]。对于此一疑难的解答，与此后若干年来所发现的资料，和他们的原函，相互考证，是值得作为参考的。

读了邹、罗两先生的信，使我们知道关于国父生辰的争议，早已发生在一九五一年的时候，此中经过，两先生信中已言之甚详，不用由我再为补述。在邹先生的信中所言有两点，使我最感兴趣的：一是说明确定国父生辰为旧历十月初六，"孙哲生先生亦有函证明为初六不误"。这与我前文所记最近和哲生先生的谈话，他自称曾亲自以此向卢太夫人查询的经过，以及我所指的时间与哲生先生所说的有所差异相印证，则事实的经过，虽然在时间上有先后的不同，但借此似可对于此一史实加以澄清。二是邹先生说：他于所著《中国国民党党史稿》，民国三十三年商务印书馆版，第四篇列传，国父写给翟尔斯教授自传"生于一千八百六十六年华历十月十六"句下加注按语，如果他的原意是说在民国三十三年版党史史稿内才把此一自传纳入的话，那正与我所编的《总理全集》，一直到了民国三十三年再版时才将此一国父自传收入在全集之内的时间相同。究竟邹先生此一资料系得之于我主编的《总理全集》之内呢？还是我根据邹先生党史稿而编入在我编的《总理全集》内呢？事隔多年，目前亦不易查证，而且亦非必要，惟一可资重视的地方，则是国父写给翟尔斯教授的自传，发现的时间较晚，至少在民国三十三年时才被纳入邹先生所编的党史史稿和我所编的《总理全集》第二版之内，则系一项显明而足资参考的事实。除了专治史学的人之外，恐怕很少人留意及此，其未普遍被人注意，自亦意中之事。细考关于国父生辰的发生争议，似乎都起源于此一自传发现之后。何香凝、汪精卫的回忆中所生的附会则自亦易被此一自传所述而相互连结起来。治历史的人对于搜集资料固觉困难，而整理资料则亦颇不容易，说到有效的分析资料和处理，则又难之又难了！

六

我在此试举出一件事以说明一项史料如不加整理、分析和处理，其流弊之大是不堪设想的。居正先生是追随中山先生久共患难重要同志之一，而且又是担任过党国重任的人物，他到了民国三十年十一月十二国父诞辰七十五周年纪念，在重庆国民政府大礼堂，关于国父的生辰曾作了一段的讲话："国父生于同治四年，如依中国旧习惯来计算年龄，今年应该是七十七岁，同治四年就是乙丑年，我们仔细一看，凡是逢到'乙'，仿佛总有一种革命纪念的意义。乙丑年国父诞生（一八六五），产生了一位伟大的革命人物；乙酉年（一八八五）国父二十岁，就是他立志从事革命事业的一年；乙未（一八九五）是第一次革命起义的一年，到乙巳（一九〇五）同盟会成立，乙卯（一九一五）可以说是中华革命党成立的一年；因为中华革命党虽然是在民国三年开始组织，但是到了乙卯年才有成立的基础。"[注十二]

居觉生先生这段讲话，不但把国父的年龄提早了一岁，由同治五年丙寅，提高到同治四年乙丑年，而且还从"乙"字上，描述出后来革命发展许多生动的推算和经过。居先生在世时是我尊敬的同志之一，我之在此要提出居先生这段讲话的主旨，只是在说明自中山先生逝世之后十六年，民国三十年，在国父诞辰纪念会上，在重庆国民政府大礼堂，以身负党国重任的居先生，犹且把中山先生的诞辰提早了一年，其他如中山先生诞生的月、日在新旧历的推算上，似乎亦很少人虚心加以重视和考证，以作成定论。历史的价值是在求真、求实，我们对于创造民国，领导革命，影响人类至重且大的孙中山先生诞生的年月，尚且如是的粗疏，不能不引为是一件最遗憾的往事！

[注一] 这封信见于民国十五年五月上海三民公司出版的《孙中山先生轶事集》，为卢夫人答复香山商会询中山先生生平事迹者。函中尚有不少资料，可供研究中山先生生平的参考。其全文如下："科父德明即中山，六十岁，生于同治五年十月初六日寅时。配本邑翠乡卢耀显女为妻，名慕贞。生于同治六年六月二十九日酉时。于光绪十年四月十三日结婚。生一子，即科。生女二，次女于民国二年离世，现三女琬，配戴恩赛。卢氏自过门随夫，或在澳或在港，设立药房，施医为名，以革命救国救民为实。于九月初九（光绪乙未）首次革命失败后，家姑家兄偕氏携同子女奔避檀香山伯父寿屏处度活。及闻夫在伦敦遇钦使之困囚，与历年所经之危险，不知几许，心伤胆裂，难以悉数。至光绪三十二年，回九龙先伯处度活。及岁晚新军起义，三月二十九日（宣统辛亥）黄花冈先烈举义失败后，先伯递解出境，氏往南洋庇能。斯时中山大集同志于庇能会商进行，差遣同志往各省举办，特委

张振武、方维二位得力同志回湖北，而有八月十九武昌起义。至成功，科父偕氏及二女回港，各同志催速往南京就临时总统职。科父力劝各议员举袁世凯，辞总统职，偕氏与子女回粤。及后袁世凯屡遣代表请科父往北京互商国事，科父应命偕氏往北京谒袁总统。后偕氏游历各省名胜，及前清宫殿名园。复回沪就全国铁路总办职。至搜出袁氏阴谋帝制之种种确实证据，又进行倒袁之举。斯时着氏回澳与先伯同居。及先伯离世，后电召氏往日本。后氏回澳税居，得常往礼堂聆主之救世大道，十分感谢天父舍己独生子赐世，令氏与凡人信耶稣为救主者，免致沦亡，而有永生之恩赐。惜氏德才绵薄，无能多导人归主，故盼宗主诸兄姊，常为氏祈祷，能引多人悔改，多结善果，奉回在天圣父，氏之日夕诚祷者也。科父返天国，得闻离世前一日，自证我本基督徒，与魔鬼奋斗四十余年，尔等亦要如是奋斗，更当信上帝。此乃科儿手书所言，十分多谢天父，允氏祈求，复赐科父信上帝之心，此乃氏至安慰者⋯⋯。"

[注二] 这一由笔者主编的《总理全集》，于民国三十三年七月，由成都近芬书屋发行。

[注三] 笔者于去年国父百年诞辰纪念时，在《学于众人的圣人》，发表于《中央日报》纪念特刊一文中，亦曾有过同样的说法，这与我远在十多年以前为《畅流》杂志所写的一篇《国父重信誓的精神》一文中提及的国父诞生日子的查明，是在卢夫人处得来的经过前后亦有出入。足见我亦为孙先生致翟氏的自述而动摇过以前的观点。

[注四] 可见中山先生九十诞辰时，何香凝所写《对中山先生的片段回忆》一

文。

[注五]引自《改造》第三十期(一九五一年十一月十六日出版),眭云章《关于总理生辰的研究》一文。

[注六]见《国父年谱》,民国十三年十一月十三日条。

[注七]见民国三十年中央委员会宣传部编印之《革命纪念日史略》一书。

[注八]见《革命纪念日史略》一书,附录之蒋先生讲演词:《世界革命领导者总理的精神》。

[注九]见前书附录之林故主席《总理的伟大人格和精神》一文。

[注十]见《改造》第三十期。

[注十一]一、邹鲁先生致中央改造委员会函:

"敬启者:总理诞辰,中央规定为十一月十二日,系根据民国纪元前四十六年旧历十月初六日推算而定者,当制定时,即有引总理自传生于十月十六日,应为阳历十一月廿二日者。中央为审慎确实计,曾派员至中山县查阅孙氏族谱,确系旧历十月初六日,又经孙哲生先生来函证明为十月初六日不误。故鲁于《中国国民党史稿》(民国三十三年商务印书馆版)第四篇列传总理自传:'生于一千八百六十六年华历十月十六日'句下,加注按语全文曰:'鲁谨按一千八百六十六年十月十六日,推算之,即民国纪元前四十六年,西历十一月二十二日。中央规定十一月十二日为总理诞辰,比自传早十日,此种矛盾,中央当时已经发觉,曾派员至中山县查阅孙氏族谱,确为十月初六日,孙哲生先生亦有函证明为初六日不误,则自传所言十月十六日,当为总理一时记错。而十一月十二日为总理诞辰,无可疑也。'近见《改造》第三十期眭云章君著《关于总理生辰研究》一文，谓总理生辰，应根据自传，仅截取鲁按语'当为总理一时记错'一语，不引按语全文；诚恐未见按语全文者，误于鞭丝见屑以讹信讹，用特函叙当日中央制定情形，请予揭载，使本党党员及民众，知总理诞辰，系十一月十二日，庶不致再滋疑窦也。"

二、罗香林先生致张其昀先生函：

"……顷见《改造》第三十期，载眭云章同志所作《关于总理生辰的研究》一文，略谓总理生辰，当以总理在伦敦所作自传所云'生于一千八百六十六年华历十月十六日'为根据，依阴阳历对照推算，则为是年阳历十一月二十二日，而于历年中央所出书刊，及邹先生所著党史稿所谓总理诞辰为十一月十二日者为实属武断。云云。当此国家艰难之际，眭同志关心党史，于总理诞辰，细加分析，自可敬佩。惟所云中央所出《总理年谱》及邹先生所著党史稿等，关于十一月十二日总理诞辰之说为武断，则似言之过火，仍未能目为定论。弟昔年曾至总理故里，往复巡礼，搜集各种资料，恭请总理胞姐妙西，即世所谓姑老太太者，获见总理家藏《孙氏列祖生殁纪念簿》，自十二世祖连昌公，至十八世即总理，各世名讳，与生卒年月日时，皆有详记，而于总理生卒年代一条，明书'十八世祖德明生同治丙寅年十月初六日寅时，卒民国十四年二月十八日巳时，寿六十岁。'此为总理家中明确记载，每年即依此为团聚纪念。当日粤中同志，知总理确实生日者，实不乏人，非徒依汪氏所记《孙先生轶事》而始为推算也。故于中央历年所出书刊，关于十一月十二日总理诞辰之记载，未尝有所致疑。至十一月十二日与总理自传所云华历十月十六日阴阳对照不符者，乃总理于旅居伦敦之际，未得书坊所出历书对照表为依据，由阳历回推阴历偶未符耳。不能于旅中所推日数，而疑及其家中历年举行之生辰纪念日也。窃谓十一月十二日总理诞辰，乃客观史实，无可疑者。眭同志所云：'一定要照总理手书自传之十月十六日而改正'之说，并可存备研究，然无需为过早之提出也。不知高明，以为然否？"

[注十二] 见《国父思想论文集》（第一册），一九六五年十一月出版，居觉生先生《纪念国父诞辰的意义》一文。

（原载一九六七年九月《传记文学》第十一卷第三期）

国父援助菲律宾独立运动与惠州起义

一

一八九八年，美西战争初起，美军攻击西属之菲律宾及古巴群岛。菲律宾独立党领袖亚奎那洛所部初与美军并肩作战，攻击西军，西军不支，而美方单独与西妥协，遂据有菲岛。菲人大愤，于是美菲战争于一八九九年春爆发。亚奎那洛为寻求外援，密遣彭西为代表，到日本购买械弹。彭西在日，得识中山先生，遂将购买械弹重任交付中山先生办理。并约定以兴中会会员全力助菲军成功，事成后，由菲人协助中国革命。此一中菲合作，就当时情势而言，成功的希望本属渺茫。其后菲律宾独立革命失败，彭西竟以在日所购械弹，转以援助中山先生所策划的惠州起义，尽管两者均属失败，然此一经过在中、菲两国历史上是十分值得珍视的。

近读菲律宾彭西先生（Marino Ponce）所著《孙逸仙传》的译本，发现其中有一部分资料，对了解中山先生生平及其亚洲政策均大有帮助。有些地方足资我在本刊九卷一期所写《访问韩国的回忆》一文中所涉及的问题寻出源头。由于作者彭西先生与中山先生曾为亚洲民族的独立自由而共同奋斗，故他笔下所记述的不乏第一手的资料，与康德黎、林柏克所著《中山先生传》同样地是以火热的感情烘染出的文章。国际友人对中山先生的敬仰，这几部传记可算得具有代表性的著作。

约在一九五六、五七年间，"中菲文化协会"在台北举行成立大会，当时"驻我国菲国大使"罗慕斯先生及历史学家爱利普斯博士均曾出席此一盛会，在大会中，我曾就《六十年来的中菲关系》为题发表演说，在这一演说中使人感到兴趣的有两点：一是一八九九——一九〇〇年间，在菲律宾谋求解放的革命运动中，中山先生援助菲律宾革命的一段努力，其革命政府总统亚奎那洛将军的代表彭西先生在日本与中山先生相互帮助合作以及购买军火的经过；一是关于菲律宾国父黎萨（Iose Rizal）与中山先生同为医师、哲人、思想家，而且当黎萨先生在香港做眼科医师的时候，正是中山先生在香港西医书院读书的时候，这不能不说是一种巧合。我当时曾有一项臆测，认为黎萨在留居香港那段时期，可能曾与中山先生订交，种下了此后中山先生援助菲律宾革命的种子，但经过多方的注意，迄未获得有力的证据。目前所得的一项资料则是黎萨的好友马揆士（Lorence P. Marques）曾在中山先生肄业的医学院讲授法医学，马揆士曾否谋求中山先生与黎萨晤见，则无资料可供查考了[注一]。过了数年之后，爱利普斯博士寄给我一封信和一册他的新著作，书名是《一千年来的中菲关系》，他在信中说："你所讲的是中菲六十年的关系，我现在写的是中菲一千年来的关系。"我细细翻读一遍，发现我那篇《六十年来的中菲关系》演讲词亦附录在他的书内；我当时不禁感到惊奇，我赠以"六十"，换来"一千"，爱利普斯博士这份礼物，真是太重了。

一九五八年，我出席亚洲区公共行政会议到了菲国首都马尼拉，曾向黎萨先生的铜像献花致敬，肃立在这一友邦革命伟人的铜像前，想到黎萨先生苦难的一生和他从容就义的情形，令人唏嘘感叹，他所留传下来的《我最后的诀别》一诗，苍凉悲壮，感人甚深，与我国文天祥《正气歌》，同样地代表了东方成仁取义的精神！

《孙逸仙传》的作者彭西先生，诞生于一八六三年，较中山先生年长三岁，也是攻读医科的。在菲国历史上与黎萨、戴璧莱齐名。一八九六年十二月三十日黎萨殉难以后，在一八九八年美国和西班牙发生战争到一九〇一年期间，彭西献身于菲国独立革命运动，担任菲国革命政府总统亚奎那洛将军的驻国外代表。据彭西先生叙说，他最早所获对中山先生的印象，是在黎萨殉难的那年的十月，他在西班牙的巴塞隆尼市阿典耀书院，看见了英国《环球》报和《泰晤士》报上耸人听闻的头条新闻："叛徒在伦敦被诱捕！关在中国公使馆内！"这便是中山先生伦敦被难的报导，亦是中国革命导师中山先生的名字给彭西的难忘的第一次印象。但他没有想到在三年后一八九九年的一个寒冷的冬夜，在日本东京犬养毅先生的宴会中竟与中山先生相遇[注二]。彭西说："从那天晚上起，我开始知道他（指中山先生）的一切。我们两个人都住在横滨，那天晚上，我们一起回家。因为住在同一个城市，我们常常见面。我们两个人，所走的路虽然不同，但追求的目标是相同的，那就是我们两个国家的幸福，这样使我们在彼此同情之下团结在一起。"这便是中、菲两国革命浪潮相激荡的开端。

彭西先生从一个菲律宾革命志士的观点在他的书中，对孙先生的崇敬曾有以下的描述：

孙逸仙的名字，将列为全人类最伟大的救星之一，他献身国家的事迹，足堪效法。

他的建树极大；他的大公无私，他对于时势给他的名利，原是对他功勋的公平酬报，弃如敝屣，绝不介怀，这提高他个人道德的评估一百倍。

他伟大人格的特质，是在他个人立身行道方面的谦恭，朴实和克己的态度与精神。

就是在我们兴致来的时候,于日本的茶屋或中国料理中,在大批花枝招展的艺妓里面休息的时候,他正襟危坐,态度谦和庄重。

对朋友们,他是一往情深。

在宣传与说理方面,谁也比不上他坦率,雄辩及说服的能力,他说明及宣传他的主张,全无火气,但温和而动听,并且以绝对诚恳的态度,含笑答复与他反对的意见。

孙逸仙对于菲律宾的情形也很熟悉,曾以极大关怀,逐步注视菲律宾各项事件的过程与发展。他曾经悉心研究诸如黎萨及戴璧莱等我国伟大的历史及品格,在演说及著作里,曾对一般听众及读者阐述这些伟人在我国政治发展中之言行。不止一次,在现已卸任美国作战部长狄金森发表同样意见以前,我好多次听到孙逸仙对东亚的青年说:"让我们进步地互相了解,我们彼此当必进一步地相爱。"

二

在《访问韩国的回忆》一文中,我曾记述过辛亥革命成功后,中山先生一九一三年访问日本,与日本政坛强人桂太郎所作的密谈,对日本吞并韩国的指责,以及后此的中国革命政府对韩国独立的支援。实则中山先生对韩国独立运动及亚洲民族自决的主张,在革命势力极其艰难的处境中,就已着手推动了。彭西对一八九九——一九〇〇年间，对在横滨从事革命运动的中山先生言行有十分生动的记述；这些记述更具体地使我们获知中山先生这一段不平凡的生活。

彭西说：

在孙逸仙看来，远东各国所导成的许多问题，彼此牵连，必须对整个问题作一般性的研究，才能对每一特殊问题有所了解，从许多共同之点，才能把各国的问题连串起来。但是这些国家需要增进对彼此的了解；在彼此了解的国家中，易于建立友善的关系。因此，孙氏是最热烈赞助各国学生在东京组织的东亚青年协会的人士之一。这个协会包括朝鲜人、中国人、日本人、印度人、暹罗人及菲律宾人，拥有相当人数的会员，获得日本政界重要人士的支持。

在这一时期，朝鲜和菲律宾的问题，同样吸引这个协会的注视，会里常常提出加以讨论。孙逸仙对朝鲜问题尤其注意。

孙氏在我的横滨妙光寺的住宅中，曾经获得机会，遇到若干朝鲜人，例如金陵朴英孝亲王，安驷寿将军（卸任的作战部长）和前外交部长俞吉清。这三位同属于名叫朝鲜独立党的政治组织，这个组织有反俄的倾向，反对莫斯科对于朝鲜王朝的巨大影响力量，力主朝鲜政府自主。当时俄国的势力极大，独立党多数重要人物遭受迫害；有些给砍头，许多不得不逃亡国外。从这些可以知道朝鲜国内情形的一斑。

上面说到，孙逸仙是在敝居内见到这些朝鲜流亡人物的，他与这些人之间，建立起一种亲密的友谊。从那时候，这位具有渊博学问及辽阔胸襟的中国人，便成为这些朝鲜移民的谨慎、忠诚及正直的顾问。

　　后来发生一件不是我们友谊的敦劝所能阻止，使我们难受得无法排解的事情。过去做过作战部长，后任独立党党魁的安驺寿将军，一个性子暴躁而又热情的爱国志士，再也受不了海外流亡的痛苦及对他本土的渴念，一时激动，为浪漫情绪所驱，情愿把自己当作他的理想的祭坛上的牺牲品，决心重返他的故国，接受他这一决定的一切后果。这使我想起黎萨于一八九二年跟我们握别，重返菲律宾的事，我们这些他的朋友全表反对也没有用。这真是难以譬解的巧合，黎萨与这位朝鲜的将军所作的答复几完全相同，他俩态度的倔强也完全一样。这是没办法的事！同样是为了爱国的理想，同样是出于慷慨的冲动，使他们走上这条路，他们脑子里只有一个思想，所以黎萨与安驺寿对于他们行动决心所提出来的理由相同，并不足奇。

　　这位卸任的朝鲜作战部长于是动身返国，就是对他影响力量很大的孙逸仙，也无法阻止他。几天以内，我们得到消息，这位朝鲜的爱国志士已经被斩首了。

　　这是中山先生流亡日本时所遇到的可歌可泣的亚洲民族

革命故事之一。从这一视死如归的故事中，我们可知他是如何被这些革命运动的英雄们所敬重和喜爱。彭西说：

> 孙逸仙对于有关远东的所有问题，表示真正的关切，他加以研究，帮助有关方面谋求解决办法。

三

彭西与中山先生的交往中，最重要的一件事应推中山先生协助其在日本购械弹接济菲律宾亚奎那洛（Emilio Aguinaldo）的反美独立革命军一事，此事之失败，不独给予菲律宾的独立运动以致命的打击，且亦为后此的一九〇〇年秋天惠州举义失败的主因。他们并约定以兴中会会员全力先助菲人独立，事成后，由菲人协助中国革命，以为报答。但这一重要的购械事件，在彭西的《孙逸仙传》中并未见到有什么叙述，也许是因是书成于菲律宾革命失败之后，美国在菲的政权已经巩固，作者当时有所避讳而然。所幸前年菲华各界庆祝中山先生百年诞辰纪念委员会，从菲国档案中，抄得彭西先生致中山先生的密函四封，其中有三封信的主要内容为联络购械及运输等事。这四封信已附录在中译《孙逸仙传》内，是一项很有价值的史料。

关于中山先生助彭西购械弹一事的原委，在日本政治家

古岛一雄的《革命谈荟》中有较详的记述[注三]:

犬养与孙文等之交游,系自明治三十二年(一八九九)开始,其时孙与菲律宾革命党首领亚奎那洛等声气相通,亚奎那洛派使者来日,以三十万圆交与孙文,托其购买武器。孙以情形不熟,乃以此事转托犬养,犬养亦以此道毫无经验,于是复由同志福本日南之推荐,交与中村弥六办理。中村弥六为当时革新党中之名流,犬养则为进步党之总务。弥六患有糖尿病,缠绵不克全治,故不惜择一较有意义之事,以残躯拼之,闻犬养嘱托,即欣然受之。

弥六旋与大仓组谈判,以陆军省标卖废物为名,购入若干武器弹药,即以此装载汽船名布引丸者,秘密运往菲岛,不幸中途布引丸遇暴风沉没,一应计划,顿成泡影。

彭西致中山先生的第一封信全文如下:

逸仙博士阁下:

我等已安然抵达此间,特奉告。

本人推测朴先生当时已在阁下处,因我抵达时,他不在此间,请代致候。

我们的事情如何?我们已购的二百五十万(按指弹械之数),目下为数已足,购船之后,所有余款,谨恳用以采办弹筒相同的来福枪，为数不论百枝，或百枝左右，尽款能购，但勿因此而耽误行程。现在我们的要务，是尽力避免一切稽延，惟阁下苟能多添来福枪若干枝，而无不便之处更佳。

我们因不能动用现在手头较大的款项为憾。但本人金盼该船返抵时，能将款项携来，因我们的人现于阁下所悉地区等候该笔指定的款项。

我已将上次出事后受害人士的详情和申请的函件送呈我政府当局，希望我们能获满意的决定。

请代向中村与犬养诸先生以及我们所有友好致候。

一八九九年十月十六日彭西书

彭西这封信，是在他委托中山先生购械事已有眉目后，赴香港接应时写给中山先生的，信中言及"上次出事后受害人士的详情和申请的函件送呈我政府当局"一节，料系指布引丸沉没事而言，然布引丸沉没者仅为所购军火之一部分，尚有二百五十万发弹械留日本待运，故彭西催促中山先生速添购来福枪一并运出。

参与购械时的日本志士宫崎滔天在《三十三年落花梦》中曾谓：

夫军器本为菲岛志士所购，为政府严视而不得出。犹保藏于小仓商店。

这是械弹未及时送出的原因。

其后又在致中山先生书中有下述记录：

此品今在□□□仓库，虽吾不能易见，且二百五十万品，如何查检？

可知此处所指二百五十万品，亦即彭西致中山先生函中所提及的二百五十万（指弹械）。

此时（一八九九——一九〇〇之交）菲律宾国内亚奎那洛将军正与美军激战，以存日本之械弹终未运出而招致败北。彭西在其给中山先生的第二封信中说：

逸仙博士阁下：

十一月十三日及上月十二月十七日来书，业已收到。对于阁下所遭遇的重大困难，深以为憾。我本人及我国同胞对于阁下，感戴良深，谨盼为我等亦即为全人类及整个远东的目的之计，在最近将来，阁下最后获致成功，因此，我们深信在达到圆满结果以前，阁下必不致放弃我们的任务。我们现在的情势仍是危急，我们深恐不能及时赶抵。本人谨将一切事宜，拜托阁下，企望善用一切机会，使之完成。如有困难，亦请告知。（下略）

一九〇〇年正月十三日彭　西
书于香港下堡弄二号

在这一信中，彭西仍对运出械弹事，抱有急切的希望，而中山先生此时料亦在竭尽一切力量为运出械弹事奔走中。在彭西致中山先生的第三信中，我们可获知运出械弹援助菲律宾革命军一事已面临绝望，这封信透露了革命志士们的辛酸：

逸仙博士阁下：

接到阁下本月二十日来电之后，本人复电曾谓：请尽力以赴。御春业已抵此，如准备进行，当于数日内即返。函详。

我从来电中得悉我们目下不能进行。我们对于此不幸，不无遗憾，然而我们深知不能与命运对抗，不能不听其安排而已。根据阁下观察，苟认工作无法进行，我们尽最后努力之后，必须停止，以俟机会。

我即将返回，惟请等候我的音讯，并乞拨款供给我在妙光寺山第六百三十七号住宅内家人，作日常家费之用，款项请交给小田原小姐，她会告诉阁下她所需的一切。如出版我所著书的代理人东京的藤田先生，持函晋谒，亦盼掷交日圆一百十元整。请将此款记入我的账内。

我们的战事仍在进行中。菲律宾人民的士气仍佳。

一九〇〇年正月廿五日彭西书于香港

以上三封信虽仅表达出购械事的一面，但已知其内情颇不简单。惟我们从这三信中，深切了解彭西先生对中山先生信赖之坚与所托之重，并不因历经患难挫折而稍有动摇。更知彭西交给中山先生的三十万元，可能为菲律宾革命经费之大部分，而不是已交付出的购械之全部费用。据宫崎氏《三十三年落花梦》记述，已付中村弥六购械弹之款为"六万五千"。此一购械事之曲折内幕，亦详见宫崎氏致中山先生之长函中。

四

　　中山先生领导之中国革命，自乙未年（一八九五）广州起义失败之后，以革命组织初成，力量尚极薄弱，经此挫折，创伤自重。中山先生于是年九月二十六日与郑士良、陈少白初旅日本，迄至是年十月兴中会在横滨成立，革命之重心，遂由广州移至海外。此后中山先生经美抵英，由于伦敦被难而更引起国际之注视。一八九七年六月，中山先生由英经加拿大到温哥华，在侨胞中从事组织工作。是年七月中旬复自加拿大登轮抵日本横滨，是为中山先生第二度旅日。得交日本朝野贤豪犬养毅、大隈重信、副岛种臣、头山满、平冈浩太郎、山田良政、萱野长知等，而宫崎寅藏、平山周等更为中国革命而奔走不懈。中山先生与彭西合作购械一事，宫崎更为始终其事之一人。由于购械事之彻底失败，不独使菲律宾抗美革命军败北，亦深切地影响到第二次革命——惠州起义之功败垂成。此外，与中菲合作购械相关的一件事是，一八九九年夏第一个革命机关报——《中国日报》的在港成立，据吴相湘先生《孙逸仙先生》一书所说，这一报纸是中山先生以菲律宾革命党赠予的日金十万元交陈少白回港创办的。如果此事属实，这十万元日币，是否即前文中所引，古岛一雄所说，彭西先生交与中山先生三十万元中的一部分？

庚子年（一九〇〇）惠州起义是乙未年（一八九五）广州起义失败后革命武力的再起，这一起义的主干仍以会党为主干，不过较广州起义时势力更为壮大。惠州起义的经过，在本文不拟赘述，本文要讨论的是：庚子年中山先生惠州起义之谋决定以后，由日本经上海到台北一事。

据《国父年谱》是条所记：

先生在港舟中召开军事会议后，即折回日本。旋经上海转赴台湾，原拟由台湾内渡。时日本新任台湾总督儿玉源太郎，颇赞成中国革命，见先生军中缺乏具有新知识之军人，乃饬民政长官后藤与先生接洽，允于起事后相助。先生于是扩充原有计划，就地加聘军官，一面命郑士良即日发动。同时修正原定战略，不直逼广州，先占领沿海地带，候先生亲往指挥，以定攻取。

此一记述或仅为中山先生渡台原因之一，其另一原因似仍为械弹之接济。关于中山先生为菲律宾革命军购械事，据一般文献，仅知军火船"布引丸沉没"一事。但据陈烈甫先生引证菲方史料所著《菲律宾与中菲关系》一书记载，一八九九年"有两船军火，自日本运至菲律宾革命军，一船不幸在琉球海面毁于飓风，一船因美舰严防只能够到达台湾"[注四]。中山先生于惠州起义前到台湾另一原因，可能亦为了交涉利用这批留存台湾的械弹以接应惠州的起义。这是一项值得重视的资料。此一交涉似尚未获得结果，而惠州之军事如箭在弦上，已不能不发。关于此点，宫崎在其所著《三十三年落花梦》一书中《惠州之革命》一章，有详细的记述，可为参考。惠州之军既不得已而于庚子年闰八月十八日发动，从三洲田起事，于新安、永湖以及沿海各地大胜清兵。中山先生在台知事已无可阻遏，遂与义军有送弹械至厦门，嘱其引军来就之成议。中山先生于是急电日本宫崎氏："急送军器！"因为菲革命军所购之二百五十万品仍存日本小仓商店库房。宫崎得电乃与中村弥六之代表远藤接洽，远藤访小仓要求急送弹械，始知所谓二百五十万品弹械，原为废铁！而购械之六万五千金中，中村弥六中饱私囊者甚夥。关于此一中村欺骗案，宫崎氏有一长函向中山先生报告，详见《三十三年落花梦》一书。

于是革命军弹丸之补给无望，而日本内阁适于此时改组，山县有朋辞职，伊藤博文继之。新阁之外交方针大异于前，令台湾总督不许协助中国革命党，且禁武器出口，又禁日本军官投效革命军。处此不利情势之下，中山先生乃派日本志士山田良政与同志数人，持函急往革命军沿海阵地，告以政情忽变，外援难期，即至厦门，恐无接济，请自决行止。山田等到达黄沙洋营地，始与义军遇，郑士良得讯，转告全军，相顾惋叹。以厦门一路既不能进，不如沿海退出，渡海返三洲田大寨。至横冈为清军何长清部所扼，饷弹两乏，事遂败。

日本志士山田良政因失路，被清兵所擒，遇害。中山先生极为哀痛，在其自传中言及此事犹深自惋叹曰："惜哉！此为外国义士为中国共和牺牲者之第一人。"民国二年，在日本特为立碑以资纪念，碑文云："山田良政君，弘前人也。庚子闰八月，革命军起惠州，君挺身赴义，遂战死。呜呼，其人道之牺牲，亚洲之先觉，身虽殒灭，而其志不朽矣！"崇德报功，情至殷切。更令人感动的是在日本现存的中山先生墨迹中，有一张横幅是他写给山田良政的父亲的，他没有写他常写的"博爱"二字，也没有写他常写的"天下为公"四字，他所写的是"若吾父"三个大字。中山先生写给山田老先生的横幅，究在山田良先生生前或死后，已无从查考，但这种"不独亲其亲"的挚情，的确是由内心深处吐露出来的。

在宫崎氏的《三十三年落花梦》一书中，在"布引丸"之外，没有提到有一船运菲的军火到达台湾这件事，是否亦因有所避讳而然呢？不过从伊藤博文组阁后，令儿玉源太郎，禁止武器自台湾出口一点看来，"布引丸"之外另有一船军火运到台湾留存是极有可能的。

购械事是关系中菲早期革命成败的一个悲剧！始终其事的日本志士宫崎先生为此事而深自引咎，为此而遭受责难，为此而与另一日本志士内田良平挺刃相搏，血流沾襟。终至唱落花之悲歌以自遣。

什么是宫崎所唱的落花之悲歌呢？原来这所谓"落花歌"，是日本的一种卑俚小曲，名叫"浪花节"，是在露天戏场演唱的曲子。宫崎先生所说的唱"浪花节"，不是随便说说就算了，据古岛一雄先生说："宫崎一时意志销沉，拜桃中轩云右卫门为师，改名牛右卫门，在九州一带，辗转演唱浪花节。"又说："浪花节由露天戏场艺术发达而为全国一流剧场艺术之一，一方面固由于云右卫门之天才，同时宫崎之功迹实不可没。"

宫崎先生真正是一位慷慨悲歌的侠士，他所歌唱的"浪花节"，与我国历史上伍子胥的箫声，高渐离的筑声，同样地令人感动而不忍闻吧！

综括本文所论及的中菲两国革命党的合作，由一八九九年冬中山先生受亚奎那洛的代表彭西先生之托在日本购买械弹始，至一九〇〇年秋惠州起义失败终，双方确已做到精诚无间的境地。中山先生当时之援助菲律宾独立革命，是由于他坚信："任何反抗西方帝国主义的胜利，是所有东亚各国的共同胜利；同时一个友好独立的菲律宾共和国将为中国提供一模范以及革命活动的基地。"亦正为他后此支援韩国独立的主张一样，是他一贯的亚洲政策的实践。我们若以现实的眼光去衡量中山先生当时的决策，此一策略获致成功之希望容或不大，然革命事业如能火尽薪传前仆后继地去奋斗，是终必有成功之一日的。菲律宾在一九四六年七月已成为世界上第一个马来民族的共和国，这个独立国家的诞生，是中山先生早已预知的一个愿望的实现！

[注一]见吴相湘著《孙逸仙先生》第一册。

[注二]彭西先生与中山先生初次相遇的时间，据彭西的回忆是"一八九九年的一个寒冷的冬夜"，而在后来发现的彭西致中山先生第一封信的时间是一八九九年十月十六日，季节只是初冬，购械事已获成议之后，故在时间上难免有所出入。因之彭西与中山先生在日本初次相遇，若非一八九九年一个寒冷的秋夜，便是一个春寒的晚上。惟原著为西班牙文，无法作进一步的查证。

[注三]古岛一雄的《革命谈荟》，见宋越伦著《总理在日本的革命活动》一书。

[注四]运菲军火船"布引丸"之沉没，据冯自由所著《中华民国开国前革命史》所载为"庚子（一九〇〇年）某月"，从本文所引彭西致中山先生的第一封信及菲方的此一记载看来，"布引丸"之沉没，应在一八九九年己亥，而非一九〇〇年庚子。

（原载一九六七年十月《传记文学》第十一卷第四期）

有关台湾与中国革命的史料

我在《国父援助菲律宾独立运动与惠州起义》一文中,曾记述中山先生当惠州起义的那一段时期,以台湾为革命军事指挥重心及其所作的奋斗。在前文发表以后,我又陆续发现一些台湾与中国革命的有关史料,愈益感到台湾在中国革命史上的地位之不平凡。

回溯历史,中山先生上书李鸿章谋政治之改革,是在甲午年(一八九四)五月,而是年六月二十三日便爆发了中日战争。中山先生在获知谋政治改革无望后,在是年十月(阳历十一月二十四日)创立第一个革命团体兴中会于檀香山,时正值清军不敌,日军陷旅顺之时,两者之间似不无相互交织的因缘关系。次年乙未,正月二十七日,兴中会总机关成立于香港,时值日军陷威海卫,清海军被日军歼灭。乙未三月二十三日《马关条约》签订,割台湾予日本。中山先生领导的第一次革命行动亦正发生于乙未这一年。由于《马关条约》,割让台澎的签订,引起了台湾同胞的反抗,奋起而拒绝日本依据条约来接收,于是便不得不诉诸于对日惨烈的战争。是年九月日军陷台湾,而第一次广州起义亦适于九月九日发动。由上述史实的演进,可知台湾的割让予日本,一面激起了民族主义在台湾的狂潮,暴露了清政府的积弱与腐败。同时对中国革命势力的成长不无具有催生的作用。据可信的史料,中山先生曾莅止台湾多次:一、比较重要的是我前文所述的庚子年惠州起义时期,二、民国二年二次革命失败之后,三、民国七年护法失败之后。总之,都是在革命最艰难的阶段,又多半是中山先生不容于国内外其他地方之时。这在研究历史的人看来,的确是值得注视的一个环节。

中山先生庚子年(一九〇〇)所以选定台湾来做革命事业的前进指挥站,就庚子年当时的情势言,自然是对日人儿玉总督、民政长官后藤新平抱有获得援助的希望,且台湾地近中国大陆,与厦门一水之隔,接济和内渡均很方便。除此之外,兴中会的革命组织,远在丁酉年秋(一八九七)中山先生伦敦被难后经由美、加重抵日本之后,就已由陈少白先生来台打下了一个基础,在台成立了兴中会第一个组织,也是原因之一。陈先生在其所著《兴中会革命史要》中曾有详细的记述,可说是陈先生为庚子年中山先生到台早已作了铺路的工作。因为台湾民政长官后藤新平,原是陈少白先生的旧友,儿玉总督派作和中山先生联络和协助的亦是此人。此外,庚子年为中山先生效驰驱的亦不乏兴中会的台湾志士，其中日本同志亦大有其人。最近我从日本方面获得一封中山先生致日本友人菅原先生的亲笔信，细考起来，此信系一九〇〇年，中山先生策动惠州起义，自台北发出的。我特把原信真迹附载入于本文，以供研究此段历史的人们的参考。

中山先生第二次到台湾，是民国二年，二次革命失败之后。那时他以宁、沪方面军事无望，乘德国轮船离沪南下，本想由香港转粤，继续指挥讨袁军事，船抵福州，日本福州领事馆武官多贺宗之往谒，言广东方面军事已失败，陈炯明逃往南洋，岑春煊又被香港政府扣留等等传说，如果他到香港，必定十分危险。中山先生初尚不信，多贺以所得电报证实，乃搭乘日轮信浓丸秘密到台湾，然后再转赴日本。他这次到台是八月初。由台湾总督派员接待，行馆为台北御成町梅屋敷，即是现在的中山北路国父史迹纪念馆，由于日人警卫森严，知者不多，除在台党员翁俊明曾亲谒请示和游览赤嵌楼、吴凤庙、日月潭等名胜外，似乎没有什么活动。但据台湾志士蒋渭水传，在袁世凯称帝后，曾密派同志数人组暗杀团赴北京谋袁，则是一个事实，不能说他们和兴中会早期在台湾的活动没有关系。据谢东闵先生最近告诉我一段翁俊明先生对他面告一段故事说：翁先生是一位医生，他激于义愤，特培养了几瓶杀人的细菌，预备用以赴北京毒杀袁世凯。他以此意请示于中山先生，先生问以将以何法而达到此一目的？翁先生说：预备以此毒菌置于北京的自来水水源内便可。中山先生说：如此岂不害了北京无数的人民吗？此法是万不可行的。翁先生说：北京城里，能饮自来水的人都是些达官贵人和革命的对象，把这些人毒死，并不值得顾虑的。据说，翁先生本人曾亲赴北京照他自己的计划进行，在他把毒菌施放之后，在北京停了一段时间，但袁世凯和他认为那些达官贵人，并无一人被毒死的消息，使他感觉非常失望！他于回到台湾之后曾把他培养杀人的细菌自己服下作一试验，但并未发生若何的效果。他的毒菌既没有毒杀敌人，亦没有毒害他自己，可能他培养的毒菌并不高明，故未能发生作用。一说翁先生到了北京之后，由于警卫森严，未能下手，而转回台湾。这一故事是否与蒋渭水传中所说派人赴北京暗杀袁世凯事有关？其可靠性如何？则又有待考证了。

　　中山先生这次在台湾勾留的时间很短，不数日，仍乘信浓丸离台到日本神户，在途中曾电日本友人犬养毅、头山满、萱野长知等，请他们照料。当时袁世凯已通牒日本，请拒绝中山先生上岸。日本内阁总理山本权兵卫，本想讨好袁氏，信浓丸刚泊神户，警察纷纷上船检查，幸得船长善为庇护，才没有被警察发现。值得在此一提的，是日本友人为援助中山先生的义行。据日人古岛一雄的记述：

　　　　山本内阁对北京政府，不敢得罪，乃拒绝孙之亡命，神户官宪奉命制止孙等登陆。犬养事后谈及此事，曾谓：

当时余以为穷鸟入怀，猎者尤不忍杀之，孙于第一次革命成功后来日之际，到处欢迎若狂，今则竟拒其亡命，覆掌之间，冷暖如此，岂非卑鄙？正欲与政府交涉，劝其改善态度之际，不料头山怒容满面，排闼而入，见余即高声曰：“余觅死所不得！今始觅得！”余当询其为何遽作此言。渠谓：“余正欲前往神户，与警察作殊死战！”余始知原委，当告知切勿妄动，即令玄洋社正气动人，然人数实不及警察之多，纵令战胜，孙文之能否上陆，亦未可知……。当时犬养即召余前往，欲余往迎孙文。头山在旁谓余“必须舍命为之，后事余可全部负责！”头山之意，盖欲余万一失败，应与孙先生相抱投海，以示日人气节……。后来几经犬养等人奔走，始获山本内阁谅解，中山先生得以上岸居留。

中山先生第三次到台湾，是在民国七年六月辞护法军政府大元帅职以后，由粤赴汕头，由汕经台北东渡日本。中山先生由广州到汕头，曾至闽、粤边境的三河坝视察，其时蒋中正先生亦正在军中，特到江干迎接，见中山先生形容憔悴，不觉凄感流泪。当时革命环境之恶劣可以想见。中山先生这次到台的原因似乎很少人提到过，近见戴季陶先生民国十六年在广州中山大学对台湾青年的讲词，曾说到中山先生民国七年台北之行的用意，戴先生说：

民国七年我们的总理孙中山先生因为在广东革命失败，离开了广州，第一步先到汕头，然后经由台湾转赴日本。这时我们的总理有一个计划，就是到台湾，想和台湾同胞见面，发表他的意见，宣传他的主义，唤起民族意识，鼓舞爱国精神。我们的总理抵达台湾的时候，台湾同胞非常高兴，很想要表示热烈的欢迎，可是日本政府——台湾总督府——拒绝总理和台湾同胞接近，所以总理计划在台北和我们亲爱的同胞见面，不但受了阻碍，总理一抵达台湾，台湾总督府不许我们的总理逗留，用尽种种方法，要阻止总理上陆和台湾同胞见面的机会，台湾同胞虽然十二分诚意要欢迎总理，但受了日本政府阻挠，终于未能达成目的。台湾的日本官宪派人到船中招待，并帮助我们随时可以去日本，他们的意见是要阻止台湾的民众和总理会见，结果我们虽然上陆到了台北，但日本官宪发表"总理因急欲赴神户，将乘明日开往神户的轮船只逗留一天"的消息，催促我们离台。由此我们可见日本如何急要离间我们的革命同志。

读了上面这段话，可知中山先生之所以要经由台北到日本，除了顺道之外，是有其重要的计划与意义的。戴季陶先生在这篇演讲中，还提到日人板垣退助在台湾活动的经过。板垣先生是日本民权自由运动的始祖，他在晚年看见日本政府对台湾的高压政策和不平等待遇，认为是人道所不许，于是发起台湾同化会，主张日本应该撤废特殊的统制台湾的法律，给台湾人一样有宪法上的权利。但板垣先生的努力没有收到什么成果，最后是被台湾的日本政府赶走了。戴先生说：

> 由此可见日本政府不仅不准台湾的民众和中国国民党的同志接触，并且对同情台湾的日人，也不许他们留在台湾。

戴季陶先生在其所著《日本论》中，有一节论到板垣先生，对板垣可说是推崇备至，他说：

> 在明治维新的人物当中，他（指板垣）是一个最特殊的人才。当时日本的维新志士，他们的思想，都是很简单而且是复古的。维新这一个大事业的动机，完全在欧洲的势力压迫，对于世界的问题，那些志士们，只是一味的排外，再也造不出新的道路来。只有板垣退助，他不仅是尊王攘夷，他是看见必定要造成新的生命，然后旧的生命，才可以继续；必定要能够接受世界的新文明，才能够在新世界中求生存。在国内的政治上，他更看得见一代的革命，必定要完全为民众的幸福着力；必定普遍的解放民众，才可以创出新的国家。所以他拿起当时刚翻译起的半部《民约论》，猛烈地主张自由民权，这一个运动，的确是日本一切政治改革社会改革的最大动力。并且

当时他和他的同志，不单主张解放农民，还努力主张解放秽多非人那一种最悲惨的阶段。直到后来，他和他的几个旧同志，离开了政治社会之后，大江卓也还是奉着他的教义专门从事水平运动。今天社会运动当中最有力的水平社，确是发源于板垣一派的自由运动。这一个民族运动，一方面使下层民众得到了多少的自由，一方面也造成了现代产业文化的基础。至于日本的立宪制度，不用说是他直接的功劳，所以不但是日本农夫工人，应该感激他，就是那些阔老官，也没有不受他们的恩惠，更应该要感激他的，如果没有板垣先生的奋斗，日本今天，哪里有这样文明，这样发达，真要算他是近代日本的第一个恩人了。

板垣先生的晚年是十分令人同情的，戴季陶先生说：

　　我从"文明""人道"的意义上，很钦仰这位先生，从前每到日本，总去拜望他，但是我到他家里去一回，感伤一回。他本来不希望舒服，不希望升官，不希望发财，所以才落到这个境遇，苦是他的本分，穷也是他的本分，这样一个讨幕的健将，维新的元勋，立宪政治的原祖，竟没有人理睬他。不是"门前冷落车马稀"，简直是"门前冷落车马无"，连一个讨材料的新闻记者，也没有上门的。至于他的生活呢？每月总有一两回连米钱房钱都付不出，穷到不成样子……。但是我们再仔细研究一下，何以他们会潦倒到如此境遇呢？这是很明显的，板垣退助等所主张的一切主义一切政策，已经都成功了。而民权主义的毛病，同时也出现了。在这时候，他还是再作第二次的革命运动呢？还是随着时代腐化下去呢？第一件他不能作，第二件他不愿作。一面是不能，一面是不愿。他又不能开一个新生面，另立一个工作的方针，另造一个社会的事业。自然他的社会生命随政治生命以俱去，所能保存的，就只有一个使后人追慕的道德人格！

就一个社会革命的导师而言，进步后的社会对他的报偿何其残酷，但他最初本不为社会的报偿而行事，还有什么报偿能比一个进步的社会更具体更有价值呢？如果我们要在东方民族中找寻美国杰佛逊那样的民权自由的先导，除了中山先生以外，日本的板垣退助也可算得是那一类的伟人了。

民国七年，我曾在日本庆应大学就读了一段时期，课余常到庆大附近的芝公园游览，在芝公园里立有一座板垣先生的铜像，每次去到公园我总爱在板垣先生的像前徘徊，缅怀他倡导日本民主自由运动的往迹，不禁为之唏嘘感慨。经过五十年岁月迁移，在第二次世界大战以后，我因出席亚洲区联教组织的会议重到日本，在会议结束后，我特别找出时间去庆应大学一游，同时也到庆大附近的芝公园游赏，但却寻不到昔日我常徘徊留恋的板垣先生铜像。初以为也许是年代久了，我忘记了以前树立铜像的地方，但总觉得我还不致如此健忘，我如果再有机会到日本去，一定要到芝公园去追寻出一个究竟。隔了几年，我因出席第九届国际原子能大会再到日本，找遍了庆大附近的芝公园的每一角落，都寻不到板垣先生的铜像，我存着怀疑不解的心情询问园里的日本游人，他们告诉我说，这园里的确曾有个板垣的铜像，但他不清楚在什么时候拆除了，也许是在战争时期，被军阀们搬去熔铸炮弹了，也说不定呢。我听到他们这样的解答，愈益感到怅然，如果真如他们所说，那是如何的可悲呀！

在戴季陶先生这篇讲词中，亦曾说到中山先生十四年逝世以前对台湾问题的意见，他说：

> 总理逝世前，我在北京侍疾，总理谈及了日本有关的二三重要事项，总理说："我们对日本应该主张的问题，最少限度有三项，一是废除日本和中国所缔结的一切不平等条约，二是使台湾和高丽最低限度获得自治……。"这是中山先生逝世前对台湾的遗言，他是临死不曾或忘被压迫统制的台湾同胞的。

中山先生逝世前所主张的废除日本和中国所缔结的一切不平等条约，是中国革命的重要目的之一，今日台湾经过八年的对日抗战而重回祖国怀抱，中山先生死而有知，当是如何的欣慰呢？我们可以说：中国革命是台湾光复的因，台湾光复是中国革命的果。

（原载一九六七年十一月《传记文学》第十一卷第五期）

忆汤惠荪先生

　　十一月二十日为汤惠荪先生逝世一周年纪念。回忆去年十一月中旬，我正在台大医院就医，并作身体检查，惠荪先生前来医院看我，我看他身体较平时更为丰满，初意以为他的健康情形良好，颇引以为慰。不料在几天以后晨起阅读本市是日出版报纸，载有他竟于视察台中中兴大学林场时，忽然昏倒病逝的消息。我那时尚在病中，得悉此项消息，不禁为之震惊感伤而泪下。我记得他来病院看我时，正从欧洲出席一项会议归来，我总以为他必定有许多新的事物，作为我们谈话的资料，但那天他除了关切我的病情，略为慰问之外，却独自闷坐在我的病室沙发上，很少说话，颇使我惊异。我当时只以为他之不说话的原因，或许是怕影响我的病情，并未料及他此时这种郁闷的表情，似已隐伏了他致死的某种病因，那天他闷闷的离去，不料自此便成了我们最后的永别！

　　惠荪是一位诚笃而朴实的农业经济专家，自迁台以后，他一直任农复会土地部门的主管，自改任中兴大学校长的职务，才自农复会办理退休，在他接受兴大校长之前是经过了一段时间的考虑才为决定的。他曾经几次向我陈述，要我为他摆脱，以便于农复会退休后，能够安心做点研究写作的工作，在他认为这样，也许对于他自己的个性最为相宜，对国家社会也许更为有益。我的内心并不是对他的想法不寄予同情，却是为中兴大学要找出一位适当的校长人选，当时除了他之外，很难找得为各方所推重有如惠荪之适当。我向他说道："在我的地位，我只能敦劝你接受，却不能代你辞谢和摆脱这项职务。你是学农的，而中兴大学的基础是由农学院发展而成的，你对自己本行的一个学府尚不热心去主持，又将如何能找出像你一样的适当人选呢？你如果认为这是一种权利，你固然可以推辞，你如果认为这是一种崇高的责任，那就只有立即接受了。"惠荪坚持不就兴大校长职务的另外的理由，是他自己觉得书生气太重，不宜担任行政职务的繁剧，更不习惯于负了行政责任之后，难免要在复杂而微妙的现实环境中去讨生活，如果勉强为之，既不合于他的个性，亦妨碍了他的研究工作。我为了说服他接受我的意见，因此我对他说："行政工作固然可以对你研究工作有所不便，但却不能说负行政责任便不能从事研究工作，在我看来，行政的本身便是一项最值得研究的实际工作，不从实际上去了解工作的意义和取得经验，研究便可能会一无是处，没有太大的作用的了。"我又说："我亦是一个喜欢读书和从事研究的人，在抗战初期政府要我担任国立四川大学校长的职务，当时我亦非常厌恶行政工作的繁剧，打算拒绝不就。后来，因为辞又辞不掉，念头一转，倒不如从另一个角度来着想，还是勉强接受的好；因为从事繁剧的大学行政工作，固然把大部分读书和研究的时间耗费了，若是能够好好利用行政工作有所作为，以帮助更多的青年和学者有一更好的读书机会和研究的环境，岂不功效更大吗？我现正服务教育部，我的心情还是和担任大学校长时一样，在个人虽然有所牺牲，但在工作的价值上，似乎并不比一个人静静的读书和从事研究有何差别。"

惠荪当时似乎对我所说的话认为不无理由，于是他勉强的表示接受了。他是一位诚笃而不甚富有幽默感的君子，他此时忽然很幽默的对我说道："你的肚皮大，想得开，看得穿，我无法使你赞同我的意见，让我做了一年，看看情形如何，再行打算吧！到时你总得要支持我，切不可再强我所难，不让我摆脱。"我说："君子一言为定，未来的事，待至必要时再说。"的确在他就任中兴大学校长之后不久，便时时有摆脱之念，可是，他的意念却未能实现，终至死在兴大校长任内！如果我早知他有这样的结果，我必定不愿若是劝勉他的！惠荪英灵有知，会恕宥我吗？

惠荪曾戏问我："做大学校长有何秘诀，才可以不会做坏而做好？"我说："所谓好与坏，很难找出一个正确的标准，如果一定要有一个标准的话，那全凭你个人对事的看法或观点如何才能决定。我所谓对事的'看法'有两种不同的观点：一是用望远镜的看法，一是用显微镜的看法。前者是要见事理之大，求吾心所安，而不囿于一时的利害得失和个人的毁与誉；后者是患得患失，只见眼前的利害和个人的得失，而忽略远者大者终至无益于国家社会，反把个人陷身于世俗的毁誉困扰之中而不能自拔。做大学校长和做其他服务社会国家的事业都是一样的道理。说到两种看法的何种为难，何者为易的问题，亦要看各人的人生'境界'和'观点'如何而为决定。孙中山先生有言：'吾心信其可行，虽移山填海之难，终有成功之日；吾心信其不可行，虽反掌折枝之易，亦无收效之期。'我所谓的'见事理之大，求吾心所安'，亦自是师中山先生之意而获此浅见。至于说到做大学校长有何秘诀，我除了上述的观念之外，平时并未注意到这些问题。如果一定要说有何'秘诀'的话，可能仍是在对作人作事的看法和态度上的一方面，并不因为作大学校长而有所差别，差别或许是在大学校长这一职务的性质有其特殊，适用起来，更觉有其必要罢了。"

我在抗战时期担任过国立四川大学校长八年，有时在和朋友们闲谈之中，说到做大学校长的态度问题，我曾经对于做大学校长应有的态度，很自然的在现实中发现出若干的道理，要说是有何"秘诀"，可能这便是做大学校长"秘诀"之一。这项秘诀的发现是纯出乎自然的，而不是有所为而为之的，正如俗话所说：有心栽花，花不发；无心插柳，柳成荫。我曾经多年在大学担任教席，我对于我自己专攻的学科，很不自量的颇为自负，但是以政治学而论，我最引为自负的部分，不过政治学门若干的细分中的一小部分而已，在此以外便不敢夸大自信了。在科学发达和分工的细密到了今日，大学之内有文、理、法、农、工、医等各个学院，每一学院中分为若干不同的系科，系科之内，又分成若干专门的学问，一个人任你如何具有超人的才智，你如何得一一而专精之？因此，做大学校长的人，要把学校办得好，便不得不为学校延聘名师、专家和学者从事宏扬学术、教育青年的工作，所谓名师专家都应当是自己所不够和不能的，学问都是比自己强的，本领都要比自己高的，不能做到这一点，大学便不成其为专门学术研究、培育青年的学府了。所以做大学校长一项重要的任务便是要延致专家，尊重专家，敬礼专家，为专家而服务；如果以招之使来，挥之使去的态度，专家便不能延致，延致了之后亦不能久于其任，尽其所学，蔚成研究学术的良好风气。做大学校长的人，如果没有尊师重道，谦恭为怀，兼容并包的心胸，要想把大学办得像个样子，是一件不可能的事。古人对于军中的专家称为"军师"，所谓"军师"应当是视为一军的老师一样的尊重，然后才能与共天下大事，把事情做好。在政治上，我想这些道理是同样可以适用的。惠荪毕竟是一位纯朴天真无邪的学者，他听了我这番谈论之后，他忽然问我道："大学里面的人不一定全部是专家学者，如果遇着冒牌的人又将如何办呢？"
我说："这全在你做校长的人自己的选择，你要请的当然是
真正的专家学者，如果你请了冒牌的人，那是你自讨麻烦。不
过，邀请专家并不是一件很容易的事，因为要是专家才能容易
找出专家，所以必须事前虚心诚意，多多请教别人。假如偶然
不慎的请到了冒牌的专家学者，你亦得一视同仁的礼遇他，时
间久了，等到大学一个良好的学风养成之后，不是专家学者亦
会渐渐变成真正的专家学者了。凡是被人尊重而仍自甘下流的
人，积久亦便不会见容于善良的社会而自我淘汰的。人格只能
往上提，才能提得高；往下压榨，只能降低人格，而不能提高
人格；所以尊师重道的态度，在对人处世上应当是无往而不
利的。我觉得与人共事有一基本原则，那便是必须尊重他人，
而后才能产生对人的信任，由信任而后才能产生责任。现在有
些机关的主管，只责人之不负责任，而不知尊重别人，这样又
何能产生信任，不信任，又何能责人以不负责任呢？"惠荪对
于我这些话，或许认为是陈义太高，但他当时并未表示反对。

中兴是一个台湾省立大学，延请惠荪担任校长最先是
出于省政府主席黄达云先生的提议，我不过表示十分赞同而
已。前任校长是一个对科学极有造诣的林致平先生，林先生
因为不长于因应现实的复杂环境而去职，在教育界是一件很
可惋惜的事，故当我知道惠荪继任的消息之后，我虽然认为
他是一位很适当的人选，但我亦曾顾虑到林致平先生一段不

愉快的经过为他担心。所幸自他就任兴大校长以迄他不幸死去，总算他待人诚恳，因应适宜，未曾发生过林先生时代那种不愉快的情事。却是，他的辛苦可以想像而知了！

当惠荪允就兴大校长时，我颇为他的生活情况担心，他在农复会任职时的待遇，较一般公教人员为优，一旦专任兴大校长后，可能一时会感觉到待遇菲薄，生活支用不济。他对于此点似乎毫未置意，他说："他正向农复会办理退休手续，可以获得一笔退休金，以此作为补贴，大可维持一段时间。"他说他之所以对兴大职务迟疑不决的原因，并不是因为在待遇的厚薄上作考虑，而是恐怕自己个性、兴趣不适宜于此项工作，弄到公私均蒙不利，他希望我不要对他误会。他的朴实坦白有如此！在我想来，自他任职兴大校长以至他逝世，可能农复会这份退休金已贴去不少了。

惠荪任职兴大时期，一次我因事前去台中，住在教师会馆，当我正拿起电话筒给他通电话，希望能和他约一个时间见面谈谈，忽然觉得有人在我后面以手拍我的肩，我回头一看，惠荪已在面前。我向他打趣的说道："这真是远在天边，近在眼前了！"我问他如何知道我住在此地？他说："我是教师会馆的老顾客，大部长驾到焉有不知之理？"我问他为何不住在校内校长官邸，而要住在教师会馆？他说是在向我看齐，所以不住校内官邸而住在教师会馆。

原来惠荪所说向我看齐的话，是指我在任"内政""考选"和"教育三部部长"期内，不住公家供给"部长"官邸一段经过。我的理由是：第一，现在的住所虽然不尽合理想，但已可遮蔽风雨，在国家处境艰危的时候，有此已属不易。第二，如果迁入新居，必定放弃现在住所，将来离开"部长"职务时，又将搬往何处呢？第三，一个政务官在有机会能实行其政策主张时，便应当竭智尽忠，为国家服务，到了不能实行其政策主张时，便当洁身自爱，退让贤能。如果为了区区住宅的享受，而因循、恋栈、患得患失，那便会进退失序，有负个人所志与所学了。

天下事真是"无巧不成戏"！不料当我一九五八年改任"考选部部长"时，由于我坚持不住公家官舍的主张，没有迁入"考选部"修筑在半山之上、风景幽邃的"部长官邸"，我竟免于一次巨烈台风高山崩石、塌屋的灾难！此事的经过是这样的，在我就任"考选部部长"后不久，便遇到巨烈的毕莉台风来袭，在一天的半夜里，一块足有数十吨重的大石竟由山上塌下，不偏不倚的正滚落在这所官邸，恰巧把官邸内的卧室和客厅压倒，全个房屋变成两段！假如我当时住在这所官邸里的话，可能是粉身碎骨了！灾难所及恐怕不仅限于我自己一个人！当初认为我固执成见，拘谨于小节的朋友，自得悉此一消息后，不禁为我捏着一把汗，视为冥冥中早有安排似的！到了一九六一年，我由"考选部"改任"教育部部长"时，我对于位置在青田街的那幢"教育部部长"的官邸，亦坚持不迁入居住，任其荒芜了四年之久，我抱定的原则，总算是未有所改变。

惠荪自任中兴大学校长后，没有住入校长官邸，他说是在向我看齐，在这一点上，我们二人真可说得上是知己的朋友！人生很难得一知己，现在我两人虽然已是人天远隔，教我如何不时时想念他啊！

惠荪是一位土地问题专家，他对于台湾土地改革的推行，和农复会在台湾农业方面的改进工作有极大的贡献，我和他相识虽然很久，但我们深厚交谊却建立在来台之后，在一九五〇年冬，我们共同参加"行政院"三七五减租考察团的工作那段时间。我一九五二年就任"内政部长"后，因为进一步要推行耕者有其田政策的实施，凭他的智慧和热忱，他给我的匡助指正的地方，真难以计量。自他逝世以后，他的音容和热挚的友谊时时都萦绕在我的胸怀，他是我最难忘怀的友人之一。回想起一九五〇年冬我们共同深入全省各地农村考察，晨夕相聚，共同讨论问题，足足有一个月之久的时间，谈笑争辩，有时至深夜而不止。他是最能坚持主张，不易苟同我的朋友之一，我们常因某一问题彼此各持所见，互不相让，往往弄到面红耳赤，待至发现问题的真实所在，各自觉得持论有偏，感情不免激荡时，又相互一笑，把过去的一切丢在一边，而欢笑如初了。

有关深入农村考察三七五减租那段经过的回忆是最值得

珍贵的，由于牵涉的范围太广，感情容易激动，每一拿起笔来要写，便百感交集，一时又难以下笔，只得留到以后再写了！

（原载一九六七年十二月《传记文学》第十一卷第六期）

"人有诚心，自有神助"

——从事新闻工作的一段回忆

    我在少年时，接触最多的人是以言论鼓吹革命的革命党先进同志，接触最多的工作则是新闻工作，如果说我是从新闻工作中成长起来的亦不为过。

    远在民国二年春天，我离开成都到了北京，参加李石曾、吴稚晖先生所举办的勤工俭学会学习法文，作留学法国的准备。那时，对我影响最大的有两位先进同志，一位是雷铁崖先生，另一位是金葆光先生。他们二位当时是北京革命党报纸《民主日报》的负责人。雷先生在日本东京同盟会的《民报》时代，即以"铁铮"的笔名发表过不少鼓吹革命的文章；金先生则议论磅礴，倾动一时，与时在南方的戴季陶先生有南戴北金之誉。行文高古是那一时代言论的特点之一，雷铁崖先生的文字即属于那一型。他在民国开国时，曾在南京任总统府的秘书，时胡汉民先生任秘书长，一次胡先生请雷先生草一布告北方将士文稿，他即以艰深的文字应，而胡先生则主张此类文字应以平实简易，人人能懂之文为当，正如布帛菽粟，无取矜奇，于是另请秘书任鸿隽先生改作，雷先生大为不满，袂被出府，愤而往杭州白云庵出家。并吟"十年革命党，三日秘书官"句以自嘲，其人的风貌可以想见。民国二年宋教仁先生被袁世凯买人刺杀于上海，袁世凯违背民国帝制自为的野心已行暴露，于是南方江西各省奋起讨袁，便发生二次革命之役。此时革命党的报纸已不容许在北京存在，雷、金两先生只有逃亡避祸之一途。他们不忍把我一个少年人留在北京，约定携我同行，我因回学校收拾行李，他们等我不及，便先行搭火车到天津，料不到袁世凯的爪牙早已探知他们的行踪，已下令在火车上缉捕他们，而以二文人偕一童子为缉捕的标识，因我临时未能与他们同行，致袁探在火车上遍寻无所得，雷、金二先生竟安抵天津。我赶到天津与他们同轮赴上海，又从上海一同亡命到马来亚的槟榔屿，同住在槟城的《光华日报》。《光华日报》是革命党在海外的言论机关，辛亥年以前，由雷先生主办的，戴季陶先生亦曾担任过该报主笔。雷、金两先生恐怕我学业荒废，一面教我读书作文，一面要我在槟城的英国学校就读，我和他们生活在一起，见他们写好了文章，立即排印，次日就在报纸上刊印出来，感到十分羡慕，认为文章写到这个地步，真是了不起，心中痒痒的很想试一试，又怕他们说我年幼无知，不知自量，于是就为自己取了一个假名字，投寄了几篇小品之类的文字，不料有一次居然刊登出来了，令我十分振奋。最使我难忘的一次，是《光华日报》上发表我一篇措词激烈的以"黄魂"为笔名的鼓吹革命的论文，雷先生并在文末注明："请作者到编辑部一谈"，使我更为高兴! 我特地备了一张写上"黄魂"二字的名片去编辑部求见，我的名片递进了总编辑室，雷先生就走到隔壁的会客室来了，他见我煞有介事的端坐在室内，他对我说："你在这里做什么？"我说："今日我乃应约而来，我就是编辑先生约见的黄魂。"雷先生知道我托名投稿的事以后，对我鼓励有加，对我的顽皮态度也没有责怪，他这样对待我，我至今依然十分的感激，这是我对新闻工作的兴趣和信心建立的开端，亦可以说这都是雷铁崖先生和金葆光先生的赐予。雷先生早已不在人间了，金先生后来加入"考试院"的工作，前几年在台湾逝世，我任"考选部长"时，还和他很愉快地共事一段日子。

　　我的记者生涯直到民国十一年才开始，是很偶然的一件事，那时我在美国俄亥俄州立大学从事研究，是年夏天，适值陈炯明叛变，围攻广州总统府，中山先生几为所害，海内外大为震惊，加拿大杜朗杜的革命机关报《醒华日报》要我前去工作，为了革命的需要，因之我便立即应命前往。当我由美抵达加拿大的杜朗杜车站时，发现有很多人前来欢迎我，并把我拥到杜朗杜最豪华的太子旅馆住下，这对一个初出茅庐的二十二三岁的青年人来说，的确还是第一次，一方面觉得这是一种殊荣，一方面就难免有些得意忘形的样子。

　　到报馆接事不久，同仁们又举行一次盛大的餐会来欢迎我，在谈话中，他们对我殷切备至，一种同志爱表露无余，使我更为放肆，而饮了不少的酒。当我很兴奋地向一位老先生敬酒时，旁边的人介绍说，他是革命党的老同志，兴中会时代总理到加拿大时就曾由他接待。我对这样一位老同志，自然更为敬重，除了干了一杯酒以表敬意外，并向他打听当年中山先生到加时的情形。他叹了一口气，好似不胜感慨地说道："啊！总理太好了！你们这样的'后生仔'哪里说得上。"我听他说话的语气，心里怔了一下，好似这老头子有意在对我开教训。我问他："我有什么事情做错了，使得你这样生气？"他继续的说道："总理当日到来的时候，我们的同志只有七个人，我们一起都到火车站去欢迎他，如像前日欢迎你一样。我们也为他预备好一间房子，在你现在所住的太子旅馆，可是总理走到旅馆门口，知道太子旅馆是最好的旅馆，便坚决的不去住，他很客气地对我们说：'谢谢你们的好意，你们如果有钱，最好捐给我去革命救国，不必浪费在这种地方。'"这位老同志言下好似说总理都谦辞不住在那家豪华的太子饭店，而我竟受之不辞住入进去似的。我的心也顿时感觉不安起来，脸上也似乎在发烧似的。我勉强再追问他说：那么，总理又到甚么地方去住呢？这位老同志也好像觉察到有点对我过不去，他很委婉地说道："我们当日为总理准备下这个考究的旅馆，为的是他是我们革命党的首领，他要和外国人士接洽事情，并且要和党外人士见面，场面坏了，会不受人尊重。但是，这些理由都不能改变他的态度，他最后告诉我们，如果我们不嫌弃的话，他愿意和我们住在一起。一来可以省钱，二来也好和我们商量事情。我们听他如此说，也就只好依从他，让他住进我所开设的洗衣店，我的洗衣店是又小又脏的，但总理却不在意，住得很安适的样子，我们也就并不感到歉然了。"

一个青年人初出社会，并不怕遭遇困难和失败，因为遭遇困难，可以用奋斗去克服，遭遇了失败，还可再接再厉以底于成；惟独一个初出社会便处顺境的青年，得意忘形，不自反省，那便会种下未来无穷的恶因而难于自拔了。

这位老同志当时的确给我碰了一个很大的钉子，而现在回想起来，这一个钉子对我后此的立身行事影响至大，实在富有很深邃的教育意义。在当时对我来说，可能是留下一个不小的伤痕，而现在抚摸起来，这伤痕固已不再存在，反而成了很甜蜜的一段回忆。

欢迎我的热潮很快地就过去，紧接着面临的是报纸的诸多困难，原来《醒华日报》是一家先天不足的报纸，创办未久，销路有限，当时已陷于摇摇欲坠的境地，随时有关门的可能。面对这样的困难，一连几个晚上我都难于安寝，深悔贸然而来，何以善其后呢？倒不如转回美国俄亥俄继续我的学业。但几经考虑，觉得一个青年人，岂可因遭遇困难而退缩，如果退缩不前，岂不成了一个懦夫吗? 将来还能成就任何事业吗? 于是乃下定决心,留在杜朗杜为《醒华日报》而奋斗,发誓要与报纸共成败。

决心已定,而究竟以什么办法去挽救《醒华日报》的危殆,虽苦思到废寝忘餐,也找不出一条善策来。只有常常以幼小在家时老祖母所说"人有诚心,自有神助"的格言以自励自勉。想不到这一格言不久就应验了,一天早晨阅读加拿大的报纸,得知加拿大国会正酝酿要提出一个具有排斥华侨的法案,如果这一法案成为事实,不独后此的华侨不易来加,即已定居加国的华侨,也有不少人要被遣送回国。我心中一面很焦急,一面却又认定这正是发挥报纸言论的绝好机会,乃以抗议这一法案的提出为重心,连日发表一长文予以驳斥。那时在侨报上叫座的文章有两类,一是文词典丽,措词激烈;一是篇幅奇多,如长江大河滔滔不绝,我那篇抗议加拿大国会的文章,也许就属于后者,在报上持续了十好几次才完篇。或因我那篇文字不错,或因所论的问题与侨胞休戚相关,总之这篇长文章发生了唤起侨胞,共同为阻止这一法案而奋斗的效力。进一步更联络全加拿大的华侨,组织团体,延请律师,展开阻止这一法案成立的活动。总理民国十二年春讨平陈炯明之后,重回广州,组织大元帅府,亦曾行文加拿大政府抗议这一排华法案。由于各方的共同奋斗,卒使这一有损于我国侨民利益的法案得以在加拿大国会中暂时保留。于是《醒华日报》的声誉鹊起,销路大增,报纸的危机由此渡过,我在同仁中的信誉亦由此建立得更形坚固。这是我初出茅庐打下的第一次胜仗，由于这一次胜利，坚定了我此后作事不顾艰险，不计成败的信心。

在从事新闻工作的历程中，最令我难忘的恐怕要算民国十七年后服务《广州民国日报》的那段时期，《广州民国日报》是北伐时期执政党的机关报，亦就是政府定都南京以后《中央日报》的前身。我接长《广州民国日报》是在民国十六年冬天，共产党广州大暴动之后，那时的广东仍处于扰攘不安，人心惶惶的境地，社会的中下层则陷溺沉迷，青年们则彷徨无所适从，农村则知识低落，处于这样的一个时代，如何拨乱反正？如何端人心正倾向？如何启迪民智？使社会趋于正常进步，这些责任都落在领导舆论的报纸的身上。

《民国日报》在销路上和篇幅上都是广州第一家大报，推究其构成第一家大报的原因，不是因为它消息快速，不是因为它言论公正，而是因为它有一个诲淫诲盗、以黄色低级趣味迎合读者心理的名叫《小广州》的副刊，或以为《民国日报》因此一副刊销路大畅，我则以为此一副刊实为造成社会紊乱堕落之一因子，报纸的销路愈畅，其所种下的恶因亦愈大。不谈领导舆论则已，若要负起舆论应有的责任，就非停刊《小广州》副刊，而易以建设性、知识性的副刊不可。

关于停刊《小广州》副刊一事，我曾就商于时任中山大学校长的戴季陶先生，我把我的决定向他陈说以后，他十分同意我的看法，自告奋勇要为我写一篇停刊《小广州》的宣言，在

这一宣言中他义正词严地把停刊《小广州》的原因说得非常透彻,他说:

中国国家的危亡已经达于极点了,我们中国人只有彻底觉悟,卧薪尝胆,刻苦自励,万众一心,做革命的建设工夫,才能报得国仇,雪得国耻。但是人必有所不为,而后可以有为,必先除弊,而后能兴利。所以我们最急要的工夫,是要把一切人们,怠惰嬉游的习俗,奢侈淫乐的风气改变过来。报纸是社会各种职业的人们的朋友,同时也负得有指导人们的责任,当这个危急存亡的时代,我们编辑的方针,也不能不尽力改善了。《小广州》之在广州,几年以来,是很受读者欢迎的一个刊物,然而这一个刊物,只把广州表面里面形形色色的生活相,很不客气地描写出来,供广州人们的欣赏。广州是革命策源地,广州的人们,是最努力革命工作的救国先锋。今后一切建设,必定要以广州为起点。我们要把广州造成一个历史上伟大的广州,就不能只是描写他的表面相,必须要充实他的内容,矫正他的趋向,因此《小广州》的停刊,便成了必然的命运。我们这一个工作,是抱着很大的牺牲和决心来做的,我们很知道停止《小广州》的刊行,报纸的销数,或在社会因之减少。但是这一层,我们不愿顾虑,而且不必顾虑的。

我和戴先生商量的结果,是以建设性知识性的《社会常识》和指导青年生活思想为主的《现代青年》两个副刊以替代《小广州》，我们所计划的社会常识，包括下述各项：

一、科学常识：我们要做簇新的实际建设工作，必定要从普及科学起。总理说，要把世界的科学文化迎头赶上去，我们一定要把一切生活习惯，都造成科学化。凡自然科学、社会科学上的普通知识，人人都能直接应用到日常生活上的皆属于此类。

二、社会艺术：人们的生活，不只是干燥无味的物质生活，不只是靠枯寂板滞的理性。要改良人们的生活，提高他的意义，增进他们的内容，一定要不断的供给他活力，艺术就是活力的一种。如像音乐、美术、园艺、插花、围棋等以及高尚优美的娱乐都属于此类。

三、体育：关于一切体育运动的知识，以及足供参考取法的记事，都属于此类。今后做永久的基本建设，先要把中国国民造成强健的国民。提倡体育，是最紧要的一件事。

四、卫生：包括个人卫生、家庭卫生、公共卫生、育儿法等。

五、法律常识：法律的观念不正确，知识不普及，是社会秩序建立不起的一大原因。本栏专载关于日常生活的普通法律知识，并且备一般读者的寻常顾问。

六、农工常识：专介绍农工业的普通知识，并供人们的寻常顾问，如像各种种植的改良方法，增进工作效率，增进土地收入的方法等等。

从上述的《社会常识》副刊的内容看，实已包括了新社会建设的诸要项，亦是脚踏实地的在做社会的文化复兴的基本工作，我之所以把它详列在这里，亦是想以之作今日改进社会的一项参考。虽然时间已隔了四十个年头，地点亦从广东变做台湾，而我们所处的境遇则依然相似。以上所揭橥的，在今日看来虽不算什么高论，但今日的报纸亦似未完全做到，如果能切切实实地做到，也就对目前的文化复兴运动贡献不小了。

　　《民国日报》自从《小广州》副刊停刊，而易以《社会常识》和《现代青年》两个副刊以后，销数果然大跌，从一万多份跌到二千余份，报社同仁恐慌万分，纷纷前来对我责难，有的说："这样继续跌下去，如何得了？"有的说："如不恢复《小广州》恐怕任何努力都不能恢复报纸的销数！"我严正地答复他们："纵然跌到只出一份报，也自有其价值，我甘心情愿，决不后悔！"其实在我的内心，又何尝不暗捏把汗呢？所恃以坚持到底者，惟有幼小时老祖母常说的"人有诚心，自有神助"的格言，它给我无比的力量，增强了我无限的信心。意想不到的事随即发生，时间约过一月，报纸发行量逐渐恢复，不到三个月，销数几乎增加了一倍。

　　最值得注意的是所失去的多半是广州市的小市民订户，而增加的却是遍及广东全省的乡村大众及知识青年订户，前者是《民国日报》的假读者，他们所欢迎的是《小广州》副刊，他们所代表的是堕落的阶层，后者是《民国日报》的真读者，他们欢迎《社会常识》《现代青年》，他们所代表的是向上的一个阶层。对于堕落的一群读者，失去并不可惜，对于向上的一群读者，得来却至感兴奋。

在我看来，人性中普遍的有两种倾向：一是善良向上的；一是邪恶堕落的，而人类之所以能从野蛮进步到文明，当然是靠善良向上的一类，不然人类便不会有今天。而且善良向上的人们，在芸芸众生中必然是绝大多数，邪恶堕落的一类所占的毕竟是少数。为什么一般人为了发展报业只知去掌握邪恶堕落的少数，而不去掌握善良向上的多数呢？无论站在正义的立场或是利害的立场，都应该放弃少数而掌握多数才合乎常理！这是我从停刊《小广州》副刊的事例获得的一个启示。

《民国日报》销数增加后，我特地把我的这一发现向戴先生陈说，他听到后异常高兴，他说：

> "你这一发现颇富哲理，不仅可用于办报，亦可用之于处世为人。可称之为黄老弟定律！"

"黄老弟"是戴先生平时对我的称呼，他对我上述的夸奖，不免言之过甚，但是至今回想起这件事来，我仍然禁不住有几分骄傲！

（原载一九六八年二月《传记文学》第十二卷第二期）

"人有诚心，自有神助"　　**747**

童年老友，欢叙当年

——有关张大千先生和我的一些回忆

今年二月二十七日，中华学术院授予国画大师张大千先生名誉哲士学位，我得参加为他祝贺的午宴，席间，主人张晓峰先生首先请张岳军先生致词，继之要我也即席说几句话，这一聚会十分轻松愉快，我亦以轻松的谈话出之，我说：

"今天主人首请岳军先生发言，继之要我讲话，这似乎是一有意的安排，因为今天的主要客人大千先生也是四川人，岳军先生是四川人，我也是四川人，如果我不是四川人，也许就没有我在此说话的机会了！我真以做一个四川人而骄傲。大千先生日前曾到外岛访问，三年半以前他回国时，我也正在外岛，以致他到台北好几天都没有见到我，老朋友没会面，总会想念的，一天有位新闻记者访问大千先生，大千在谈话中提起一件儿童时代的往事来，他说，辛亥年在成都，他是参加四川小学生保路同志会的一人，在台的黄季陆先生就是当年小学生同志会的会长，我们在一起摇旗呐喊反对清廷，黄先生一直献身革命，是一位革命家；我则改途学画，成了一位画家。大千先生言下，似乎对我还有些羡慕。今天，我要借此机会幽默他一下。所谓'革命家'这一名辞，通常具有两种不同的意义：从好的方面讲，是指的为了理想，不惜牺牲生命，成仁取义一类的人物；从坏的方面说，可能指的是只知破坏捣乱，以革命为职业的一类人物而言。无怪从前的人要把革命党人认作乱党和捣乱分子了。大千所谓的革命家，当然不是把捣乱分子的帽子加在我的头上，他的原意可能说我曾是参加过革命的一员，是政治圈里做过一番事的人。他因为毕生从事艺术工作，或许他对政治颇感新鲜，竟对我所从事的政治生活表示其欣赏。他是一位艺术家，自然不会了解此中的辛酸，也正如同我只能欣赏画幅中情趣的幽美，而不能了解艺术家的甘苦一样。

前美国总统甘乃迪先生，在他逝世前的三星期，有一段名言，曾传诵一时，他在一个纪念美国诗人佛洛斯特的集会上，呼吁美国人民要敬重文人，给予文学家以批评执政者的自由，因为'权力使人腐化，诗使人净化！'美国的文学家由于帮助了美国人的自我认识而加强了美国的力量。因此甘乃迪总统希望美国人民能够厚待文学家，一如厚待商人和政治家一样。在我看来，甘乃迪总统所指的文学家，应当包括艺术家在内，因为艺术家同样地使人净化，同样帮助人们的自我认识而增强其国家的力量。我引述甘乃迪上面这一段话，只是在表示我对大千先生的成就衷心的敬仰，并不是对老朋友的一种虚伪的恭维，更不是出于'做一行，怨一行'所说的牢骚话。

大千先生所说的辛亥年四川保路运动，至今已五十七年了，五十七年前，我和他都不过是十二岁的儿童，他今天长髯飘拂，俨然老寿星相，更加有一位年轻的太太伴随他的左右，特别衬托出一位艺术家的潇洒。论年纪，我还比他年长三个多月，但是他老成闲逸的仪态，反使我自叹弗如了。"

大千的哥哥张善子先生亦是一位画虎著名的大画家，我们都是幼年时候的朋友，善子成名比大千还要早，不幸他在抗日战争时期便早逝了，如果他还活着的话，在艺术方面的成就，他们两昆仲之间究竟谁的造诣最高，颇难妄下断语。在大陆时期善子曾画过一大幅的卧虎送给我，可惜竟随大陆的失掉而未带出！善子所画的虎最难能可贵的地方，一是表现出虎的威严，一是在虎的皮宽肉薄中表现出虎的骨格。我对画的艺术是一个十足的外行，不过我对善子的画，在上述二个特点上，总是无比的欣赏。他们两昆仲在艺术方面的造诣和成就，在我看来，一是由于天赋，一是由于苦学，更重要的可能是由于家传，因为他俩的母亲对于绘画有极深的兴趣，他们昆仲在幼小时便受了母教的影响不少。

我和大千自童年订交，到现在已快六十年的岁月了，可是我收藏他的画实在少之又少，论交情实在不应如此，我对此当然甚感遗憾，但不知他亦有此感觉否？目前我收藏大千的画只有两幅，在大陆时期亦只珍获了两幅，前两幅现尚悬挂在我客厅中，后者则已随大陆失掉而失去。说到在大陆时他为我所画的那两幅画，其中经过亦非常曲折。我记得一幅还是经由向育仁兄转送给我的，另一幅才是他在四川青城山当着我的面即席挥毫为我画的。说到他为我画的这幅画，其中经过真说得上得之匪易！

大约在民国二十八九年的一个夏天，大千在离成都不远的青城山上清宫避暑，其时国民政府林主席子超先生亦住青城山麓的建福宫。我一方面为了要访问林先生，一方面要去看看大千先生，企求有所得于他，于是我率同一家大小前往青城山一游。青城是著名的一座名山，吴稚晖先生所说的四川四大名胜：青城天下幽，峨眉天下秀，剑阁天下雄，巫峡天下险，其中所指的"天下幽"，便是青城山。到上清宫去访问大千先生，林主席所住的建福宫是必经之路，我在谒见了林主席之后，便入山直趋上清宫，同行的还有新自前方回来的，第五战区司令长官李宗仁的太太郭德洁女士和一位缪姓的朋友。当我们抵达上清宫时，正值大千入山云游访友，未能即时晤见，于是只好在庙中小息，一面遍寻大千的去处，希望他能回庙一晤。天下事真是无巧不成戏！上清宫是一座道教的庙宇，不料我们同来那位缪君性情粗暴，恃势凌人，当庙中的知客，亦即是负责交际的道士，前来献茶的时候，不知为了何事激动了这位缪君，他竟不由分说，对这位招待我们的道士，拳打足踢的动起武来。于是惹起了上清宫道士们的公愤，十几个道士手拿各色各样的武器，刀、枪、棍、棒俱全，气势汹汹的迎上前来，大有不分皂白，痛快报复之意。青城山的道士是著名的不好惹的，其中分子复杂，良莠不齐，他们的拳术武功是很著名的，虽然不如传说中的"青城派"那样神奇厉害，但总是难以对付的。

　　说时迟，那时快；好汉不吃眼前亏，我眼看一场凶恶的斗殴将不可免，稍一不慎，便会玉石俱焚。我和缪君尚不紧要，最怕的是殃及那群幼小的孩子和同行的妇女们又将如何办呢？我一时情急智生，于是我急切拉着一位不知姓名的游客，请他去告诉那些庙中愤怒的道士们我的姓名，并指明随来的女客是在前方抗战的李宗仁司令长官的夫人，请大家看在我的面上，不得冒失无理，一切误会由我来承担解决。我素来是在任何场合不愿暴露自己身份的人，以免迹近招摇，惹出无端的是非麻烦，但在此时却一反平时所为而自暴其身份了。我这一不愿轻易暴露自己身份的习惯并不是出于一种虚伪自隐的动机，实在是由于我觉得一个人要被人尊敬崇拜，并不在自己所居的地位，而是在一个人平时作事为人的价值，可以值得被人们重视。果然当这位不知姓名的游客把我的话传达给道士们之后，即刻便发生了效力，其中年长的一位道士立即转怒为笑前来恭敬的向我解释道歉，说是事前并不知道，完全是出于一种误会，一场虚惊竟以此而化戾气为祥和。不然的话，一场祸灾是断然难以逃掉的。回想起抗日战争时期后方的人民，对于前方将士之仰慕崇敬是如何的深厚呵！假如那时的郭德洁不是被人视为抗战有功的李宗仁夫人，而是后来投共的李宗仁的妻子，我想被一场毒打是万万不能逃避的，历史是自己创造的，亦只有自己才能毁灭自己，李宗仁的下场便是如此！

不久大千先生亦回到上清宫来了，他于闻悉这场惊险的故事之后，大大的把庙中的当家道士责备了一番，说是道士们对他的客人太不礼貌，有失他的面子，道士们亦只得连声认错。其实呢，此事的发生是缪某不礼貌在先，又何能单责备道士们呢？公平的说来，依我平时的脾气，假如这件事的发生只集中由缪某一人负责而不牵连我们受池鱼之灾，像缪某这样恃势凌人，狐假虎威的人，即使是痛痛快快的揍他一顿，又何尝有失公平呢？大千很带一点四川袍哥"舵把子"的气概，他除了责备道士们的失礼之外，还一再的向我们表示歉意。我恐怕把此事继续说下去反而增加了主客的不快，于是我把谈锋转向另一方面：我要求他画一幅画送我以作补偿或纪念。他满口的应允，他问我道："你需要我画一张甚么的画，你才满意呢？"我问他是否游过上海租界的"法国公园"？是否记得那里高耸云天，美丽的法国梧桐树林？林边的一池碧绿的清水？在朝阳初出或夜色苍茫的时候，时有不少的情侣坐在池边椅上喁喁私语的景况？他说：哪有不知之理？原来法国公园亦是他旧游之地，无时不在向往之中，于是他即刻挥笔直画，不久便完成了一幅生动的上海法国公园的图画。这幅画，不仅画得逼真，而且极富诗意和具有高超的情调，在大千所有的画中，在我主观的看来，这是最好的一幅，是最能叩人心弦，使人神往的一幅佳作！

这幅画，大千题名为《春申梦忆图》，可惜大陆失掉时竟未携出！我曾经托张目寒先生代我请大千再为我画出这幅《春申梦忆图》的画，据说，他已经允许了，可是他此次来台前，由巴西寄给我的一张画，是一幅雄奇的山水画，并不是《春申梦忆图》，使我非常的失望！大千夫妇此次来台，在我家内曾有一次旧历新年的团聚，大家欢乐逾恒，并照了不少的照片，我曾经一再想向他提出此意，可是话到口边便又停住，不曾说出来。在我生日的那天，他们夫妇又枉顾我家，为我祝寿，并开下一张支票，说回到巴西之后要补画一幅得意的画，作为我生日的纪念。我本想趁此机会要他补画一幅《春申梦忆图》，又因恐太麻烦了他，而又未说出口，现在想起来，不但感觉失望，而且很为失悔。我平时有一种不太合理的习性，对于友朋中极富盛名的画家，我对于他们的作品虽然欣赏万分，但我却不愿买他们的画，亦不太愿意请他们赠我的画，我最喜欢的还是他们自动的画出他们最得意的作品来赠我。而在从事艺术的朋友们，可能亦有同样的脾气，不愿不经请求而把画送给朋友。这两者间的心理上不免要发生若干的距离。一面是不经请求而作画送朋友会有失珍贵的感觉，一面要经请求或购买才得到的画，并不能看出彼此的交情和画的珍贵。为了这一恶习，我不知使朋友们生出了多少的误会，尽管我艺术界的朋友不少，而我所珍藏朋友中的佳作，却寥寥无几。想起来真不合算！

写到这里好似我有在向大千和艺术界的朋友们索取作品之嫌，但是笔锋至此，如果不坦白的写出，岂不是会一误再误，自己受到损失吗？好在用文字写出的请求，总比当面请求而不获允诺所碰的钉子要好些，即使碰了钉子，可能亦是碰的橡皮钉子，软弱而不太伤害。我想大千和艺术界的知好会原谅我的。

想起了五十七年前，辛亥四川小学生保路同志会那一群小朋友，现在尚健存在"自由世界"的恐怕只有大千先生和我两人，所以我们二人相见时，总是倍觉亲热。在那一群小朋友中使我最难忘的有两位最杰出而任侠的朋友：一位是绵竹县的李玉书兄，一位是郫县犀浦场的蓝玉兄，他们年岁都比我大四五岁，因此，他们在当时的清朝官场的心理，他俩是最被注目的人物，我因为年龄比他们小，凡是当时我所做出的胆大妄为、肆无忌惮的行动和言论，都被认为是他二人教唆我做的，因此他们为我忍受了不少官府给他们的麻烦和诬妄。自辛亥七月十五成都事件之后，他俩都逃出成都去参加各县同志会武装反抗的工作。李玉书兄是壮烈的牺牲在资州的城楼上，蓝玉兄虽然此役幸获未死，但在反对袁世凯帝制自为的护国之役，却不幸因误会而被民军司令汤子模所枪杀！我多年很想把小学生保路同志会的经过写一回忆，以表彰参与是役的小朋友们，可惜都因事冗无暇而未着手，至今仍觉是一憾事。

对日抗战期中，我在担任四川大学校长时，曾经有一个计划，要在川大的校区内，建筑一座宏大的大楼，以永久陈列大千先生临摹的全部敦煌壁画，定名为"大千艺苑"，并预备设立大千艺术学院来纪念他在艺术上的成就。当时曾商得大千的同意，愿把他名贵的作品都交给四川大学收藏，后因大陆局势动荡不安，这一计划没有完成。此次大千来台，他告诉我说，大陆失掉以后，大部分的壁画都被共党没收。言下不胜唏嘘！

大千先生在国画上的成就，已为举世所知所重，其大节懔然的表现，尤为国人乐道和钦仰，我们如果要想了解他为什么如是其坚贞不屈地永远站在正义的一面，从他幼小时参加反对清政府的四川保路运动一事就不难获知其中的一些消息了。

（原载一九六八年四月《传记文学》第十二卷第四期）

忆往与借鉴

——留学日本时期的一段回忆

我在青年时代虽曾有一段时间留学日本，就读于东京庆应大学，但以时间短、当时年纪又轻，对于日本这个国家可说没有什么深切的了解。可是在比我年长而又为我敬重的同志中却有两人是对日本问题了解最深切的，一位是已逝去的戴季陶先生，另一位便是张岳军先生。如果说，我对日本问题亦有一知半解的话，可能是受了他们二人的影响不少。今年五月九日欣逢张先生的八十寿庆，而今年又正是日本明治维新一百年纪念，我本想写一篇题目叫做"日本明治维新与近代中国"的文章来作一件献礼，因时间关系，至今尚未完篇，无已，只得把我留学日本时期的一些回忆写出来以表达我的心意。

我童年时参加四川保路之役后，一颗稚弱活跃的心始终安静不下来，对于政治和革命运动自幼便十分的热中，只求外骛，而不务实际，这于一个十二三岁的少年人是非常可虑的事。当时一些年纪比我长的同志和朋友，有的讽诫我说："小时了了，大未必佳。"有的则善意地谆谆劝我，希望我"安心向学，等待知识学问修造好了，才有资格过问国家大事，才能有所贡献"。在他们的鼓励下我于民国二年春离开成都出外留学，不料二次革命发生，又只得随雷铁崖、金葆光先生等流亡到南洋，民国三年才回到上海就读复旦公学。民国六年中学毕业以后，由于革命情势的激荡，使我安静的心又动摇起来，中断了学业，到广东、云南、四川等地转了一圈又重返上海。为了要摆脱国内环境的影响而安心读书，才于民国七年与刘泗英先生等相偕赴日留学。

中国留学生初到日本，多半住在东京的神田区，这个区域内的中国人最多，一所中国基督教青年会亦设在那里。神田街道上的市招也多用汉字，虽在国外，其情调实与国内没有什么大的不同。当时多数留日学生对日本语文的学习，认为是轻而易举的事，又受了梁启超先生三个月就能看懂日文书的说法所影响，于是等闲视之，平常说日本话的机会不多，遇到必须说日语时，则胡乱杂凑应付，于是许许多多的笑话，在留学界中就传诵出来了。

早年在留学生中，有不少年纪较大，且在国内时早有功名的秀才、举人，他们认为日本文字，不过是在汉字之外加些日本注音片假名而已。一个老留学生一次要从神田到早稻田去，他叫了一部黄包车，告诉拉车的人道：

"神田カラ，早稻田マテ，イクラデスカ？"

车夫只意会到从哪里到哪里，和讨价若干，但"神田"、"早稻田"的中国语发音拉车的人听不懂，只得瞠目相视。老留学生又问：

"你懂デスカ？不懂デスカ？"

意思是问车夫懂还是不懂，依然是中国话日本话交杂，车夫更感到莫名其妙，无以为答，最后老留学生忿忿然道：

"糟糕イマヌ！"

类似这样的笑话，真是不一而足。

就我所知，中国在日本的留学生数量最多，而能操流利的日本语文的并不多见；在欧美的留学生数量虽不及日本之多，而对所在国的语文能充分利用的反较日本留学的人为多；这正如广东、福建人学说北京话远比四川、湖南人说北京话更合标准的原因了，一是从根学起，一是只要过得去便算了。

可笑的事，亦仅可笑而已，可恼的事却随之发生，令人永远难于忘记。

神田与日本天皇的皇宫相距不远，从神田往皇宫方向走，其间要经过九段坂，在九段坂可遥见山坡上一座名叫"靖国神社"的大庙，亦即是一所忠烈祠。最初使我不解的，是庙门的走道两旁树立了不少黑色而巨大的圆筒形的东西，近看时始知是中日甲午之战时，被击毁的我国军舰的烟囱，日本人把这些烟囱作为战利品，陈列在神社的门前，其他的俘获品则陈列在室内，当时见到这一情景，心中的难受真无法形容！我们的中国也曾强盛过，也曾东征西讨打过胜仗，但却从来没有像日本这样小器过，把一时的得意视作永恒的荣耀，五十年前的事至今回忆起来犹耿耿在心。据说，这些有伤中国人民自尊的"日本战利品"，在战后一部分已由日本政府退还中国，烙在中国人民过去的伤痕是否便就此已经抹去，是值得我们今日回忆与借鉴的！

就我所知，中国在各国的留学生对其所留学的国家多有好感，惟独留学日本的中国学生，不少人在后来成了反日最激烈的分子，其原因虽多，但日本人的器小易盈，如像在神社前陈列胜利品之类的行为，的确给人印象至为恶劣。

犹记得当民国四年，日本政府向我提出灭亡我国的二十一条件，胁迫袁世凯承认时，国父中山先生正亡命在日本，对此事反对甚烈，他住在头山满先生的家里，与寺尾博士为邻。有一天，寺尾博士召集若干日本学者、闻人，请国父演讲，并提出一个问题问国父说：

"我们有一个极为不解的问题，就是日本固然是凌辱了中国，侵占了中国的权利，但是欧美各国也同样凌辱了中国，侵占中国的权利，何以中国人恨恶日本，远较欧美为甚？先生能否解释其故？"

国父对此问题的答复是：

"中日两国同文同种，谊如手足，中国如兄，日本如弟，在种种方面，本当提携协助，至中国之于欧美，仅泛泛之友人，其予我以凌辱，本已难堪，而为弟的日本不特不能同舟共济，反而和外人一样的凌辱乃兄，并且凌辱的手段较之外人还厉害，请问做乃兄的在情感上是恨友人多？还是恨乃弟多？"

国父这一段话可说是既浅近又透辟。他言简意赅地把中国人过去仇恨日本的原因直指出来了。

民国八年巴黎和会召开，山东问题、青岛问题引起国人注意，加之其时的北方政府一味亲日，激起国内外知识青年的反感，在日本留学的青年人，有不少离日返国从事爱国运动，我当时几乎按捺不住好动的性情，而不惜要牺牲学业投身到时代的浪潮中去。在五四运动发生之前不久，记得当时我国驻日公使章宗祥是一位著名的亲日派，奉召回国，于是一部分留学生群集东京驿（东京火车站），在先伪装为他送行，骨子里则另有作为，将对他有所不利，我亦是其中之一。大家到了东京驿时，看见前来送行的有日本外交界的官员，各国驻日的使节和他的亲友，章宗祥见到一群留学生亦来相送，状至愉快。等到火车将开行，大家才把事先预备好的指章为卖国贼的旗帜和出卖矿山铁路的图画高举起来，向他叫骂，章宗祥在车厢内见到大窘，坐在他身旁的太太面色更为难堪。章宗祥回到北京不久，五四学生爱国运动发生，他亦是青年们要打倒的对象之一，留日学生东京驿送行的事，可算作五四运动的一个前奏。等到五四运动的消息传到东京，留日学生更磨拳擦掌，要为五四运动作响应，订在五月九日，日本强迫袁世凯签订二十一条辱国条约的国耻纪念日，召开学生大会，地点则订在驻日公使馆。时我与几位同学住在神田千代田旅舍中，他们见我要去参加这一集会，特劝告我说：

"你是摆脱国内的环境来日本念书的，为什么今天又要出去惹事生非？"

我明知他们劝导我的一番苦心，但为情势所迫，我已忍耐不住，只好推说：

"请你们放心，我只是去看看罢了，不会惹出事来的。"

从神田千代田旅舍经九段坂过去的一个小巷，由小巷出去，横过一条大马路便是公使馆。公使馆的代办庄景珂事前已有所闻，先在报章上刊登出拒绝在公使馆开会的启事，并通知日本警察施行戒严，阻挡留学生前往公使馆集合。我那天走进这小巷口时，靠大马路那面的巷口早有大批日警巡逻，不准我们横过马路，被堵在巷口的人越来越多，后来的人不知道前面被堵塞的原因，便大喊"冲锋"！一劲的往前挤，前面有精于柔道的日警挡住冲不过去，在前面的人反而向后退，后面的人又复齐力往前挤，我同一位李济安同学所处的地位本在后面，因为前为警察所阻，后面的人又拼命往前挤，于是后队变作前卫，我们二人正为日警势力所及，李济安同学是一个中学生，年纪比我小，日警想杀鸡给猴子看，顺手就给这位年纪最小的李君几个嘴巴以警其余。我在旁见到正所谓"怒从心中起，恶向胆边生"，忘记了我只是来看看的那句话，举着拳头，就向日警攻击，右拳打过去，被日警伸手捏住，并把我的手轻轻放回原处，左拳击出去亦是同样的遭遇，我使劲用脚踢去，日警亦依法炮制，亦不回手打我。这时我感觉的羞辱，比被他们打伤打死还要难受，真使我藏身无地。于是我只得用口大骂他们"马鹿"，马鹿在日本话是混蛋的意思。于是他们认我为暴乱分子，由两个日警，一左一右，将我挟持押送到樱田町警所问罪。当行到皇宫后门前的马路转弯处，我见一列电车迎面开来，当电车侧身而过的一刹那，我奋力用手膀一撞，乘右边日警不备，企图把他撞到电车身上去，以泄我心头之恨。幸亏电车煞车快，他才没有受到伤害。此时马路旁伫立的留学生不少，我这一举动，使他们发出欢欣的狂笑，使日警更觉得难为情，我一时的心里亦颇为得意，不知道更大的痛苦还在后面呢！我又复被挟持着往前走，想不到走到一处行人稀少的处所，一警把我双手背起来，一警猛掴我的耳光以作报复，我始终不屈破口大骂，表示反抗，并以显示我的英雄气概！俟他们住手后，我睁开眼来见满眼尽是五颜六色的肥皂泡沫在空中飞舞，我当时确被他们打惨了！平时所谓打得昏头昏脑，大约就是这一情形。

到达樱田町警所时，在待质室的门口见先我而被拘押的同学已经不少，记得其中有我的同学，后来做过外交部次长的王家桢、胡骏等人，我一进待质室便伏倒地上站立不起来，幸得王家桢等人将我扶起来，在待质室由晨至夕，滴水未进，饥渴异常，实在难于忍受，看难友们正大嚼日本式的炸大虾面，我托警察替我购买一碗，却被拒绝，所幸难友们剩下了些残羹给我，这些残羹的味道之美，当时真胜过任何山珍海味！晚上来了一位警官，警察押解我们去应讯，在讯问之前须填写一张表格，如像姓名、籍贯、年龄、职业之类，轮到我填写表格时，对籍贯一栏，我当然填写"中华民国"四字，警察见了说不行，应改填"支那"，我明知是这位打我的日警有意为难，但料想他在警官面前不敢打人，于是调饱了一笔墨水，在那张表上写了大中华民国几个大字，写完后顺手将墨笔一扬，替那位专和我作对的日警画了个大花脸，警官见我如此顽皮，也禁不住发笑，弄得场面十分尴尬。这是我对痛打我的警察小小的一点回敬，我向着这位警察作了一次会心的微笑，当时很以此为满意。

依法警所拘押人犯不得超过二十四小时，次日所有的难友都获释了，我则直等到届满二十四小时之前一分钟才得恢复自由，从这件事发生后，我痛恨日本达到极点，于是我断然决定离开日本，前往美国，继续求学。离开日本时，我发下誓言：

"中国不强，决不重踏日本土地！"

这是我青年时代的抱负，也是一个梦、一个希望。这个梦何时才得圆，当时并未计及。

民国十三年我由加拿大返国，参加在广州召开的中国国民党第一次全国代表大会,道经日本横滨,时距一九二三年冬日本大地震之后不久。船行十余日,乘客们都有厌倦之感,到了横滨,纷纷登岸察看大地震后的情形,唯独我一人独留船上,坚不上岸,大家颇引以为奇怪,在我内心上,这只是为了实践我当年的誓言而已。这或许就是年青人的天真所在吧!但年青人的这种天真,却常常被人视为幼稚,究竟是天真呢?抑或幼稚呢?这二者之间的分际颇难分别呀!

这种天真,或许幼稚,是否专属于年青人才有,是否会随年龄之增加而逾益减弱,甚至于消失?我至今还未经考量过,还不能遽下结论。

我重游日本是在一九五六年春天,出席在东京举行的联教组织亚洲区域会议,表面上此时虽说是我们八年抗战获胜,打败了日本,我的誓言可以实践了,但击败了日本,共党却乘机占据了中国大陆,旧仇新恨,反而引起了无限的感伤!更令人感慨的是,此时的日本不但早已恢复了当年大地震后的残破,即二次大战时被盟军炸毁的废墟亦已重建起来,面对这样的情景,一面是佩服日人经得起考验的精神,一面则深自反省感到十分的惭愧,心中的感慨又岂是文字所能表达的?

此次重到日本我亦曾到樱田町,但已寻不到当年警所的原来地址。我亦曾重到九段坂,已不复见当年靖国神社前所陈列的怵目惊心的烟囱了,东京已然是一个崭新的现代大都会。那些创伤,不管是新的抑或旧的,不管是属于日人的,抑

或是我记忆中的,都被一个新时代的潮流冲洗殆尽了!我不得不承认:

"日本是一个有基础、有组织的国家,他们虽战败了,仍然是一个了不起的民族。"

犹忆一九六四年我到维也纳出席国际原子能大会,会后曾到联邦德国一游,一位英国出席会议的代表面对德国的复兴慨然道:

"二次大战之前,英国是头等国家,二次大战之后,却变为二三等国家了。推究其原因,不能不说是英国在大战时期工业建设被希特拉破坏的不够彻底,以致战后虽经重建,却依然是一个半新半旧的工业国家,远不如联邦德国。联邦德国因为在战时工业全被摧毁,所以战后重建起来的工业,一切都是崭新的,同时亦是最进步的。"

这位英国代表对联邦德国的称道,同样适用于战后的日本。

一九五六年我在《重游日本》一文中亦曾说:

有两件事,是值得我们注意的:一是日本于战后,在政治上已开拓了一条民主政治的大道。二是在经济上,日本的工业复兴,已接近工业先进国家技术的水准。说到民主政治,已经开辟了一条大道,当然指的是日本明治维新数十年来,所树立的宪政与法治的基础,未因战败而摧毁,是其一因。或许正因战败的结果,把日本军阀破坏宪政与法治的危险消除而获得了保全。在战前，日本有两大势力，决定了日本对内对外一切的倾向和政策：一是旧的藩阀权势的遗留，所造成的后期军阀的势力；一是明治维新以后，由于资本主义的发展，所造成政治社会上的财阀势力的扩张。日本人民，在这两种影响之下，在过去是很难自拔，有所作为。由于战败的结果，此多项足以阻碍日本民主自由发展的障碍，显然已自然而然的被消除，至少也是减弱了。因此，今日民主自由在日本便有了前途。推行起来，便减少了困难。从这一角度看，战争给日本带来的，也许不完全是一种灾祸与不幸。

说到日本战后工业的复兴，一般人的看法，以为日本在盟军占领期内，一面在国防上减少了大量支出，有美国为他负责安全。占领军在日本的大量消费，使日本增加了不少收入。韩战的发生，和美国的援助，当然更是日本经济复兴的一个有力的支撑。在我看来，这些都是若干原因的一种，而不是唯一的原因。我认为日本工业复兴最基本的原因，还是在于日本人民勤劳刻苦的精神，始终尚能保持。在战前，日本关于企业的经营、组织与管理，本早有了很好的基础，而大批工业的技术人员，与优良的科学工作者，在战前即已有了很高的水准，并未因战争而归于消灭。这正好似战争所毁灭者，是旧的厂房与旧的机器，一旦重建的机会到来，所建设的工业，便是最新和最经济的，比以往的，在质的方面便更为进步。

我想战后联邦德国的复兴，与日本的情形颇为相似。由此便可知道，科学与技术、企业的经营、组织与管理的基础，对一个国家的复兴，是何等的重要了。关于科学的奖助与人材的培养，是今日一切问题的基本。我们的复兴，应以日本与联邦德国为借鉴。我认为今日什么都可以节省，惟独关于科学研究与专门技术人才的培养，所应作的努力与所要用的钱，则是不可忽视与吝惜的。这是一种最有利的投资，也是国家复兴的关键所在。

上面的话，虽然在时间上已过了十二年，但是拿今日日本进步的情形来相印证，依然是值得我们效法和警惕的。

记得在日本庆应大学时，我似乎内心难免有些自卑，而表现出来的则是十分硬朗，有次，我向一个大言炎炎的日本同学说：

"你们何其落后！至今还是拥戴万世一系的天皇的帝国，我们中国在一九一一年辛亥革命后已早是民主共和国家了！"

日本同学听后，当然大为不快，他说：

"不错，日本是一个万世一系的帝国，中国是民主共和国，可是你别忘了，日本是强国，中国是弱国！"

这一闷棍回敬过来，我真有些招架不住，但我亦不示弱的说道：

"诚然日本是一个强国，中国是一个弱国。可是拿我和你作一比较，勿论在功课方面，在体育方面，我哪一门比你差？

哪一门不如你？你有甚么值得对我骄傲的地方？我可以很武断的说：日本强，你不强；中国弱，我不弱啊！"言下十分引以为得意。

我说这话时挺挺胸，捏紧拳头，日本同学见我如是其不可轻侮，他也就茫茫然走开了。

至今想起这一故事来，愈觉其具有深远的含义，这也许就是日本与我国盛和衰、进步与落后的区别所在吧！日本人的聪明智慧并不比中国人强，但在二次大战战败的重创之后，又复能重建起一个新兴的工业国家；中国人的聪明智慧不比任何国家的人弱，但我们国家的建设，今日依然尚处于一个艰难奋进的境遇中，追寻此中的道理，是不是在"日本强你不强，中国弱我不弱"两句话中，可以寻出一些道理？是不是因为在我国个人的成就尽管辉煌，却未能与国家的进步密切联结所致呢？这的确是一个值得三思的问题！

（原载一九六八年五月《传记文学》第十二卷第五期）

中国革命之友荷马李将军

——其生平、著作及与国父相识之经过

一

今年元旦，我接到"驻美大使"周书楷先生的一封信，述说美国史丹佛大学胡佛研究所最近获得有一批私人赠予有关中国革命的重要而珍贵的史料。从周先生的信中我才得知史大胡佛图书馆东方部主任马大任先生在去年十二月二十日曾有一封信给我，大约是由于圣诞节的邮件拥挤而失去，我竟未获读马先生的来信。周先生于接到我的复信后，才将我不曾接到马先生来信的消息告诉他，因此马先生乃于本年一月九日再用挂号信将前信及一部分有关国父中山先生的重要史料寄给我，这部分寄到的史料共有十件，是中山先生在革命时期写给一位早年献身中国革命的天才卓越的军事家荷马李将军（Homer Lea）的亲笔英文信和电报。我把这些资料阅读了之

后，真有如获至宝，难以用言语来形容的感觉。

从这仅仅十件的文件中，我发现：一、了解一位天才卓越的太平洋战争的预言家荷马李将军和中山先生与中国革命的关系；二、了解在一九一一年辛亥革命前，中山先生筹划中国革命的苦心孤诣，博大远识和艰苦备尝的经历；三、关于辛亥黄花冈之役及武昌起义事前的布置与筹划的一段经过，而为我们所从未获知的；四、关于革命时期与保皇的斗争，中山先生与康有为、梁启超间的微妙关系，由这少数的文件参证其他有关的资料，有不少重要的发现。

上面所述有关中国革命而未经刊布的珍贵资料，原为已故荷马李将军夫人包尔斯女士所有。查李将军于民国元年任中山先生军事顾问，在伴随中山先生祭明太祖陵后得病，随即返美治疗，于是年冬天在美逝世（一九一二年），李夫人则于一九三四年在美去世。李夫人逝世后此项文件一直保留在其继子包尔斯（Joshua B. Powers）先生之手，最近才由包先生赠予史丹佛大学胡佛研究所收藏。胡佛研究所于接获此项文件后，根据包先生的嘱托及查证各方有关资料，得悉李将军生前有将其骨灰埋葬在中国国土的遗愿，而李将军生前所指之中国国土，自系指中国大陆而言，因当时台湾尚割让于日本，未能光复。因此胡佛研究所诸先生乃建议将李将军及其夫人灵骨葬于金门，或将其骨灰撒置金门上空以了李将军及其夫人生前之夙愿。在该所之意认金门乃系福建省之一部分，与李将军遗志之中国国土仍相符合。周书楷先生、马大任主任及胡佛研究所副所长史华若考斯基（Witold S. Sworrakowski）先生先后给我来信，都希望我方能予协助，以完成这一有关中美关系具有历史意义的盛举，胡佛研究所并希望此一希望如能实现，该所将派前美国"驻华代办"现在该所担任研究工作之钟华德先生偕同李将军继子包尔斯先生携同李氏夫妇遗骸前来参加葬礼，情深谊重，令人钦感无已！

我于接到周、马诸先生来信后至感兴奋，唯一足资考虑的地方便是他们似乎太强调将李将军遗骸安葬金门，或将骨灰撒在金门上空一点。我以为金门固然是中国的领土，今之台湾不独为我国国土，更是我们"光复大陆"的基地，我们终有"光复大陆"之一日。因此，把李将军夫妇遗骸葬在金门与葬在台湾在意义上并没有什么不同。当我正迟疑于这一问题的决定以作答复时，忽奉"总统府秘书长"张岳军先生的一封信，他告诉我蒋先生于得悉荷马李将军夫妇遗骸希望移葬中国的消息后，曾于一月二十三日有一项明智的批示。批示中说：

"荷马李将军为我建造民国总理所聘请外国的第一顾问，彼既愿葬在中国国土之上，则我政府应当赞成，并可先为其在我国土台湾基地予以优礼祭葬，待我'光复大陆'后准再迁移于南京紫金山总理陵墓之附近安葬可也。"张岳军先生遵奉此一批示并立即径电驻美国周书楷与胡佛研究所方面接洽办理。

最近我接到周书楷先生二月十四日来信说：胡佛研究

所对于蒋公的指示深感荣幸，并表示谢意。且经洽获荷马李将军继子包尔斯先生的同意，愿于本年四月亲护荷马李将军及夫人灵骨前来台北参加葬礼，胡佛研究所所长肯贝尔博士（Dr. W. Glenn Campell），研究员钟华德及马大任三先生将代表该所来华参加。包尔斯先生并表示其多年以来，常以未能实践荷马李将军夫妇生前遗嘱将其骨骸葬于中国国土为憾，兹获蒋公赐予优礼卜葬我国国土台湾，殁存均感。且云：荷马李将军受我总理过去伟大人格及深远见识之感召，乃投效中国革命运动。由于荷马李将军与我国关系深切，且为感谢蒋公盛意，特拟于来华时将李将军生前佩剑一把呈献蒋公，以表其崇敬之意。

写到这里，似乎有先把荷马李夫人和她的儿子包尔斯先生作一说明和介绍的必要，因为不作说明大家可能会怀疑到：荷马李夫人的遗骸为何要与荷马李将军合葬在中国国土呢？包尔斯先生的名字何以不姓李将军的姓呢？要解答这两个疑问，最好先从李将军和他的夫人说起。原来李将军夫人在未与李将军结合之前曾经有一段家庭不幸的经过，她是一位离婚的女子，原叫做包尔斯太太（Mrs. Ethel Bryant Powers），她与前夫共生了三个孩子，两个是男孩，一个是女孩，这次把荷马李将军的有关中国革命的文件送给胡佛图书馆收藏而要遵照李将军遗嘱把李氏夫妇的灵骨埋葬在中国国土的Joshua包尔斯先生，便是李将军夫人与前夫所生之子，周书楷先生说他是李将军的继子，便是由此而来的。不管包尔斯先生是李夫人前夫所生的亦好，李将军的继子亦好，而包尔斯先生对于荷马李将军夫妇永恒不忘的孝思，就东方文化的观点看，可说得上是"孝思不匮"的了。这种至情的流露，至孝的表现真值得我们敬仰！

荷马李夫人原来是荷马李将军的女秘书，因为她赏识荷马李将军的天才横溢，识见卓越，于是由理想志趣的共同而互相由敬仰而发生爱情，由爱情而结为神圣的夫妇，他俩的婚姻是一崇高而伟大的爱情的结合，说起来真不平凡，中国人指一个贤慧的太太为"贤内助"，那就是说：一个男人的成就的基础在家庭，古今中外的伟大人物的成功，没有不是从此而来的，我们所谓"贤内助"，西方人则称为"最好的一半"（better half），亦全是同一的道理。

在一九四一年珍珠港事变发生之后，美国人才知道在一九〇九年荷马李将军预断太平洋战争一旦发生，日本将为美国国家带来无比的灾难，他那本《无知之勇》（The Valor of Ignorance）的名著所预料的一切情况，在美日战争爆发后一一实现，才发现荷马李将军是一先知，是一卓越而伟大的战略家！不幸此时已在一九〇九年此书的出版三十三年之后了！在当时，美国一般社会对于此书作者的评价，认为李将军是一个天才卓越的人很少，指为"狂人"的反居多数，而鼓励《无知之勇》一书的写作的人便是后来的荷马李将军夫人。

在一九四一年珍珠港事变发生后，有一位写作者名叫苏里万先生（Robert Sullivan）叹息于荷马李将军数十年前对太平洋战争之预言未被人重视，构成了当时美国一时的灾难，他特写了一篇惊心动魄的文章，用大标题在一九四一年十二月二十八日出版的美国《星期新闻》（Sunday News）发表，题目为《无人肯听的预言者！》。此文所提供有关荷马李将军的珍贵史料很多，我留到以后再讲，现在我暂把有关荷马李将军与他的夫人的关系一段译在下面，以代说明：

> 荷马李遇到了一位年青而离过婚的包尔斯女士，带着两个男孩和一个女孩。包尔斯女士对于荷马李的思想发生了兴趣，而荷马李的个性亦深深地迷惑了她。她在听过他的一些最卓越而踏实的言论后，她就催促他把这些思想中的一部分写出来。她帮助他写作，实际上她帮助他做最难做的工作，这样，她就成为荷马李的文笔写作秘书……他们合作的第一部著作便是《无知之勇》，于一九〇九年由哈泼斯公司出版。

有一位克奈尔布斯先生（Clare Boothe）在他所著《勇敢的荷马李将军》一文中，描述他俩恋爱的经过，引了古人的两句名言来形容，这两句名言是：

> 她为我所经的危难而爱我，我则为她之对这些危难的同

情而爱她。(She loved me for dangers I had passed, and I loved her that she did pity them.)

荷马李将军是一位驼背而残缺的人，他的健康是不正常的，他的视力亦日就衰弱，包尔斯女士不仅要帮助他写作，而且每日下午还要大声朗诵历史、游记、拿破仑传和政治的回忆录给荷马李将军听。后来李将军因为久病缠绵病榻，看护的职责，朝夕都落在荷马李夫人的身上了！他俩这样地互怜，互爱，互助，情投意合的恩爱夫妻，可说得上是伟大，亦可以说是世间所罕有的神圣而恩爱的一对！白居易的长恨歌有两句沉痛的句子："在天愿作比翼鸟，在地愿为连理枝！"这可能是包尔斯先生要把荷马李夫妇的骸骨合葬在中国国土以了他俩的夙愿的动机吧！亦可说：这是荷马李夫人生前的一项遗嘱，或为我们所不知，而包尔斯先生要为她而完成吧！在我看来，当荷马李将军及夫人的遗骸，本年四月在中国国土的台湾举行合葬时，我预想不知要为中国和全世界的青年男女们，对于他俩崇高伟大的爱情，及包尔斯先生对于他俩永矢不匮的孝思，激越多少同情与热泪，带来万众对这两位国父中山先生的友人，中国革命的献身者，无尽的崇敬与仰慕！

这两位崇高伟大的夫妇的合葬将是人间今后的美谈，亦将是中美两国的友谊上的一项最值得怀念的往事！

就我目前手中所有的资料看，我不仅发现荷马李将军是热爱中国，献身中国革命，为国父孙先生最亲挚的友人，而荷马李夫人在这一抱负上同样是荷马李将军志同道合的同志，中国革命和中山先生最诚挚的友人。在中山先生写给荷马李将军的信中，都提到荷马李夫人。在他俩未结婚以前，称她"包尔斯小姐"，结婚以后，就称"荷马李夫人"。在此我暂且先引用三件史料，以作本段文字的结束。一是在一九一二年，民国元年，荷马李将军因病返美后，中山先生致荷马李夫人的信。二是中山先生于得悉荷马李将军于是年冬，在美逝世的消息致荷马李夫人沉痛的吊唁的信。三是一九一五年，民国四年，中山先生在日本东京复荷马李夫人的原信。这两项资料原件都是英文，我把它译在下面：

（一）

亲爱的荷马李夫人：

我非常高兴听到你和将军在回国的旅途中，至为愉快。更高兴的是将军的身体日益复元，以及医生所说的他不久以后就可以走路了。在你收到我这封信的时候，你应该已在海滩上了，无疑的，空气和阳光的转变更会加快将军身体的复元。

我的儿子和两个女儿明天将乘Shinyo Maru轮赴美攻读。孙科将入加州大学，要念哪一些课程，现在还没有决定。我相信在他留美期间，一定有机会接近贵国的人民。

中国革命之友荷马李将军　　777

在中国的事情已渐渐粗具规模。由于内阁总理被迫引退后的北京政党的争执，并不严重。我相信并且希望在不久之后，每一件事情都会再一次顺利发展下去。我想尽可能避开政治方面的事情。我要尽我的力量来发展本国的自然资源，特别是铁路的建设。我希望我能够完成这些事情。

孙　逸　仙

一九一二、六、二十七，上海

（二）

亲爱的荷马李夫人：

从报纸上得悉荷马李将军去世的消息，我极为哀伤。我本想致电给你，以表达我深深的同情与吊唁，但是，事实上，直到今天，我都不相信，报纸上的报导是真实的。

失去李将军，我觉得我失去了一位伟大的和真正的朋友。

宋小姐希望转致她对于你丧夫之痛的深挚的同情。

孙　逸　仙

一九一二、十一、十四，上海

（三）

亲爱的荷马李夫人：

收到你七月二十七日和八月二十四日的两封信，我都迟迟未复，敬请原谅。我的工作极为忙碌，许多事情都要我亲自处理，因此，休息的时间几乎都没有了。在这种情形下，默不回信并非就是不在乎的表示。每日我都记着你的信并盼望着有时间来给你回信，告诉你我工作中的一些事情，终于我提起笔来了。

我相信以你的深切的个人的兴趣，你一定会高兴于听到所有我的计划都按照预期和情况开展得很好。

因此，革命的行动可以随时开始，我的所有的同志们都准备好为争取自由作压倒之一击，不成功便成仁。（中略）

当我在这里推动着我的工作，而这工作又是我们所有活动的中心时，我已经完全放弃了去美国作一次旅行演讲的想法。因为我相信我留在这里会比现在就到世界的任何一个地方去，都有好处。所以，此刻，请不用在这一方面催促我。假使时机到了，我会致电给你的。

因此，信请写到上述的地点给我。希望能常常收到你的来信。敬祝

安好

孙　逸　仙

一九一五、十一、二十，东京发

从上面这三封中山先生致荷马李夫人的信，我们可以发现中山先生对于李将军夫人的一种深厚的友谊，并不因荷马李将军之逝世而消失，李夫人在荷马李将军逝世后仍然继续

在为帮助中山先生的中国革命运动而策划。

由第三封信中，中山先生的语气可以看出荷马李夫人当时在美国有一安排，要中山先生赴美一次旅行演说以获取美国人民对中国革命的同情与援助，当时中山先生因为国内正是要发动反对民四袁世凯的帝制运动，所以未能照李将军夫人的安排而前赴美国。这一安排当时如能照李夫人的计划做，其后果如何虽不可知，但中山先生果能前去美国一行，我想中国革命与美国人民的关系必会有所增进是毫无疑义的。由这些片段资料的推断，我们至少可以看出荷马李夫人对于中国革命是如何的关怀，对于孙先生间的友谊是如何的真挚了。她对中国的热爱是与荷马李将军生死一致的。

二

荷马李将军，究为何如人，我们毕竟还是陌生，在国内，除了有关党史的少数资料之外，我们找不出更多的依据来加深对他的了解。就对荷马李将军缺乏了解这件事而言，不独在我国如此，在其自己的国家美国亦何独不然？如果不是荷马李将军在所著《无知之勇》一书中对太平洋战争情势的分析预测不幸而言中，恐怕荷马李将军之名至今仍是默默不彰呢！通才特识之士往往不见于当世，及至他所预见的事不幸而言中时，始被人誉为"天才"或"先知"。这在历史上是屡见不鲜的事。正如苏子瞻所说："言之于无事之时，可以为名，而不易见信；言之于有事之时，可以见信，又苦于无及。"这是如何令人唏嘘感叹呢？

我们要想知道荷马李将军为何如人，与其去了解他的生平，不如先去获知关于《无知之勇》一书的故事。

《无知之勇》这本书，是荷马李将军一九〇九年出版的著作。在书中，他警告美国不应恃其丰饶的土地，忙碌的工厂以及众多的城市的生产力而自大，他特别指出日本是一个处心积虑的侵略者，而美国则是一个最容易被打倒的敌人。他说："我们的勇气，乃来自无能和不愿对于我们的弱点的承认。论及美国对于军事效能的观念，他说是一种在胜利上的英雄式的最后的累积。这种梦幻式的英雄主义，并非建基于历史，乃是建基于幻想，并且得大大依赖于自己的制度。在这样的制度之下，寄托着这样的希望，那就是当我们一旦遭受外侮时，所有的美国人都会挺身而起，握枪而战。"当时的美国读者对于这本书的反应颇为冷淡，有人认为作者是危言耸听，有人甚至视作者为一狂人。此固不足为怪，因为在这个世界上，天才与狂人的距离本来相去不远，只有少数具有卓识的人，才能把这一微细的分际认清。那么，对于荷马李将军这样的伟大的军事天才，在当时曾被些什么人重视呢？他的确很快地就引起别人的重视，他们是英国的罗伯尔元帅，德皇威廉二世，中国革命领袖中山先生。至于美国人，一直到一九四一年太平洋战争爆发，才开始注意荷马李这一姓名，以及其三十多年以前出版的《无知之勇》这本书。

美国人注意《无知之勇》一书，不是在平时的图书馆或研究室中开始的，认真地说是开始于一九四一年十月初，太平洋战争前夕的菲律宾麦克阿瑟将军的参谋总部。这的确是一段颇饶兴味的故事。

一九四一年十月初，在菲律宾首都马尼拉麦克阿瑟将军的参谋总部内，几位参谋人员正谈论着日军进犯菲律宾的可能性及其首先要攻击的是什么地方，这是当时菲律宾每一个人及联军的每一分子所十分关切的问题。

后来曾做麦克阿瑟将军参谋长的魏略比上校（Colonel Charles Willoughby）摊开一张吕宋岛的军用地图，他的手指停留在一个地方说："主要的攻击可能在这里，在林家洋湾（Lingayen Gulf）。"他在地图上画了一个箭头，然后是普利陆小湾（Polilo Bight），这是钳形的攻势。

看魏略比上校如此其胸有成竹，军官们都笑了，这笑声似乎是说："你为何知道得如此确切？"

原来魏略比上校只是依照荷马李《无知之勇》一书中所预料的战争情形来作一次解说罢了。然而那天与会的人中竟无人知道荷马李是谁，魏略比上校不得不对这事的来由加以解释：

原来魏略比上校在一九四○年初到菲律宾时，军事情报机构缉获一名有间谍嫌疑的菲律宾大学生，这位青年在写给友人的信中，附有一张地图，分析着日军进犯吕宋岛的计划，这一分析和菲律宾当局所预测的十分相似。经查讯后，始知他是从图书馆借来的旧书《无知之勇》中抄录下来的。只得将这个青年释放。于是荷马李其人及其所著《无知之勇》一书顿时引起了军方的重视。因为诚如魏略比上校所说："荷马李既非一个神秘主义者，也不是一个预言家，他是一个科学工作者。他研究战争的科学，这一科学的基本法则的不变性与其他任何科学无异。"这就是荷马李所称的"无知之勇"的美国人，重视这一军事天才家的开始。

《无知之勇》一书的前半部，乃对战争及其起因的探讨。他的看法是：战争乃由于争生存的自然律所引起，几乎没有任何人为的工作或法律能够防止它。他认为国家与国家之间的路向从来不是平行的，当达到了会聚的那一点，战争便爆发了。他指出当国家变得强大时，就会渐渐臃肿，渐渐衰弱，而易于被一个更年青和好战的国家所打倒。这一点和后来轴心国家所喊的"有"与"无"的旧理论很相似。

荷马李在书中针对美国当时的情势说：从来没有一个国家平时无准备，当其受外来武力的侵略时，会因举国一致的敌忾同仇而获救。因为在这书出版的一九〇九年，美国的海军颇为脆弱，陆军虽号称百万，但实际并未达到这一数字。而给予美国重大威胁的则是日本。日本自然是属于"无"的国家，一百年多前才从黑暗的孤立中脱颖而出，一跃而为世界的一等强国。日本之所以强大，乃由于他具有独霸太平洋的野心，举国上下又都一致为此一目标而效力。荷马李认为日本乃处于可以击败逐渐衰弱的美国的有利的形势之上。

在《无知之勇》一书的第二部分，荷马李用文字和图表来清楚地表示出日本将如何攻打美国。且看他是如何地在为美日双方预作军事上的公算：

美国的海上防卫力量当首遭摧毁。

日本当已占领了菲律宾，该岛正如同现在（一九〇九）一样，是通往东太平洋的关键。（荷马李还画了一张日军攻打吕宋的地图，和二次大战时所使用的计划十分的相似。）

在军事行动上说来，日本征服菲律宾，比美国攫取古巴还容易。因为美国也许要宣战三年后，古巴的圣地牙哥才会陷落，马尼拉却将不到三周，就会被迫投降。

下一个目标就轮到夏威夷，那些岛屿正好屏障日本，那时并未准备作战，是通往中太平洋的关键。

其次则是俄国认为是一匹死马而卖给美国的阿拉斯加。假如掌握了这块荒凉的土地，就会增强了侵入者的力量，因为阿拉斯加是美国大陆西海岸的一块产煤地，煤是那时海军唯一的燃料。

荷马李将军所预测的情势，在二次大战中几乎完全应验了。他在书中又指出在美日战争中，美国西北区会被攻陷，而无须绕道筑有炮台之地。并把洛杉矶列为易攻之地，再次是旧金山。他说："日军只要在丰饶的美国海岸取得一立足之点，就可以在那里防守经年。因为有山脉为之屏障，只要守住几条通路就可以了。在山脉之东，美国人则必须穿过荒原僻地以及许多山头才可以发动一个攻势。"

在第一次世界大战爆发之前五年，在日本侵入中国之前二十八年，在太平洋战争爆发之前三十二年，荷马李写这本书时说：如同军事的公算一样，所有这些可怕的事情，包括对夏威夷的突袭，都将照预定的时地发生，不可能避免，荷马李将军没有预测到的是石油和飞机对战争的贡献之大，否则太平洋战争的发展，恐怕要依照他所预测的情势继续演变下去也说不定呢。

尽管在一九〇九年《无知之勇》一书出版后美国读者反应冷淡，而在东方的日本对它却极具兴趣，这本书几乎是立即就被译成日文，很快速地就再版了二十四次之多。每一个日本的陆海军军人，似乎都把这本书带在身边以代替日本军人的《战斗训》。这本书也译成了德文（相信希特拉对这本书也很熟识），另外在世界各地亦都有发行。

我们曾说过这书出版后，在作者自己的国家美国，反应似乎冷淡。因为在当时的美国，除非是对于赛马，美国人不会对任何预测关心的。如像当时美国的陆军集团，从这本书中也许看出一个机会，那就是可以从漠然不关心的国会中取得更多的经费，他如海军集团亦然。但是，对于一般人，《无知之勇》一书只不过是耸人听闻而已。总之，这本书的影响很小，它并未为美国的防卫上带来任何的行动。

不管人们对荷马李其人及其著作看法如何，《无知之勇》一书确已替他建立起军事顾问的地位，在一九一〇年，他被德皇威廉第二邀请赴德国校阅军队，被英国的罗伯尔元帅（Marshal Lord Roberts）邀请赴英，为他的国家作一些关于防卫上的设计。当时的英国，如同其以往一样，依然自大自满，只有少数的军人，对于来自德皇威廉二世方面的敌意感到忧虑。荷马李将军的欧洲之行，对他很有助益。在这次旅行中，他写下了第二部著作《撒克逊的时日》（The Day of Saxon），书中显示出大英帝国将遭遇到些什么，他相信这个老大帝国是在崩解中，但是他看出这个国家从俄国来的危险要远比德国来者为大。在书中，对于英国，荷马李将军有一个卓越的见解，他认为假使英国在战争中失利，世界将获致一个和平的机会。如果英国在战争中得胜，他警告说，则有另一场更大的战争，而这一战争，非仅为了政治，主要是为了种族问题，他的看法是何等的深刻而透彻。

《撒克逊的时日》一书于一九一二年问世，与《无知之勇》一样，同样具有预言的性质，亦同样的沉郁。这本书的主旨简明而有力，他说：大英帝国有着军事上的弱点，使德国有机可乘。荷马李将军预测，假使英国仍然全靠其重商主义与海上的力量，不能够立即和一个友善的陆权国家结盟，那就注定了要受德国重整起来的军队的攻击。他说：在这贪婪的地球上，除非是在西半球，美国是所有的陆权国家中唯一既无所惧于英国，又无所求于英国的。舍美国而外，到哪里去为大英帝国找一个"强大的陆权国家"来与之结盟呢？令人失望的是美国一直把英国的海军视作美国的真正的保护者，而非门罗主义。荷马李将军预测说："撒克逊的时日"已经无多了，而在各地的战役中，在比利时、法国、荷兰、俄国和埃及，条顿民族的日子来临了。他最严酷的预测是：最后英国在对德作战的可能的"胜利"中精疲力尽，其固有的帝国声威将让渡给日本和俄国。

荷马李这一次的应邀赴德与赴英之行，就荷马李将军而言，是十分重要的。一是他在赴欧之时，和包尔斯女士结婚，二是他们在欧陆游历途中，应邀前往参观德军的大演习。这种邀请自然是一项幸运，因为德皇威廉二世对于邀请来参观军事演习一事至为重视，荷马李将军之被邀请，相信是经德皇认可的。三是此行对中山先生的革命运动发生了很大的助力。

上文对荷马李将军的重要著作的故事已经有所介绍，而他的身世却也颇富传奇性。

他的名字在一九一二年出版的美国名人录中，只有很简略的记载：

  "荷马李，作家、战士，一八七六年十一月十七日生于典华城（Denver）。"

  当然，现在我们对他的身世是比较当时清楚得多了。

  荷马李将军的父亲的名字是Alfred Erskine Lea，他的祖父则是一个医生，原来住在田纳西州，后来他的父亲到科罗拉多开矿，渐渐富裕，于是成家立业，生下荷马李将军及两个姊姊。一八九二年，他们迁居洛杉矶，那时荷马李将军已是十六岁的少年，在那里，他进入公立中学读了两年，在老师的印象中，他是一个"聪明而古怪"的学生，可是从学校的记录中，他的成绩却并不古怪，拉丁文、希腊文、法文、历史和数学，两学年来平均都在九十分以上，他的"古怪"在于他从那时开始，就立志要成为一个军人，而在一般人看来，他可能会成就其他的任何事业，却不能成为一个军人，因为他是一个驼背的孩子，当十二岁身高不到五尺之后，就不再长高。进入少年期后，驼背的缺陷更形明显，使他在学校中获得一个令他不快而又恰如其人的绰号——"小驼子"。但这"小驼子"毫不沮丧，他少年时代最喜欢玩操练、打仗之类的游戏。在游戏中，他是很有权威的指挥官，被指挥的孩子们都十分服从他命令，他之所以能指挥若定，自然不是由于他具有威武的仪容，或是洪亮的嗓音，他究以何者来慑服那些孩子们呢？他自己固然不知道，那些同他玩耍的孩子们更莫名其妙。实则他所倚仗的是一付炯炯有光的眼睛，一位曾和他在一起操演过战争的中国友人说："他的目光可以把你埋入地下九尺之深，如果你不服从他的命令的话。"

一八九四年，荷马李将军进入西方学院，继续在古典文学和历史学方面求深造，但是他对军事方面的热衷却从未稍减。可是，他的少年同伴们都已长大，不再对"打仗"的游戏发生兴趣，这是荷马李将军感到很苦恼的事。于是他转而大谈关于恺撒、汉尼拔、亚历山大和拿破仑的战争故事。他又加上另一新的嗜好，对当时动乱中的中国特别的关心。

他在念中学的时候，就开始研究中国的问题，他强烈地反对美国对中国加以隔离和排斥，这一问题，那时在西海岸正引起相当大的纷扰。接近他的朋友们说：后来他告诉他们一个他一再地做着的梦，在这个梦中，他的命运似乎和中国联结在一起，可见他在少年时代，就对远在东方的中国有着浓烈的兴趣。

一八九五年，荷马李将军入史丹佛大学攻读法学，他的主要兴趣仍是"军事"及"中国"，但在同学们的眼中他仍然是位"怪物"。在他的室内，张挂着大幅的地图，他由各色的扣针标示着一次世界战争，一边是德国和日本，一边是美国和中国。有时是俄国同英国作战，印度则成为战争的代价。"看吧！"他说："印度，这块大英帝国的基石，如何被俄国所劫掠！"当英国与美国领先的时候，他十分得意，正如他的同学所说："兴奋得很，他俨然就是拿破仑本人。"但是，大部分时间，青年的荷马李是沮丧的，他说："事情对于人民、政治家、和平主义者……就是他们所见的那个样子，美国和大英帝国就要没落了！"

自然，青年的荷马李拙于一般的运动项目，但他却热心地练习击剑，一直到这一运动使他头晕目眩为止。他的剑术不恶，他自然不敌校中最好的高手，对其余的人则可与之相抗衡。他的手臂特长，使他易于把剑击到那些高个子的身上。在史丹佛，他的好友中不乏年青的中国留学生。从此，他开始与一些中国留学生到旧金山的中国城中去玩，荷马李将军与海外的保皇党人也许就在这一时期有了接触。

在史丹佛大学时期，他给两位教授留下极为深刻的印象。威尔伯（Ray Lyman Wilbur）非常钦佩他的脑筋，威尔伯说："他是常常向教授责难的那些学生之一，他总是要问为什么？为什么？为什么？"另外一方面，当时的史大校长约丹博士（David Stan Jordan）却一点都不欣赏荷马李的脑筋。这是不足为怪的，从一八九〇年到第一次世界大战爆发前，约丹博士是美国著名的和平主义者之一，对国际仲裁机构之能消弭战争深信不疑。在荷马李念大一的那年，他和约丹博士可能在某几点上发生过口头的争执，无疑的，荷马李熟读历史，他曾向约丹博士振振有词地说："从耶稣之前约第十五世纪到现在为止，这三千四百年间，地球上太平的岁月不超过二百三十四年……国与国之间的争执，即使不是战争的起因，也是行将战争的征象……以仲裁的方式来加以消弭，最多不过拖延一点时间而已！"荷马李可能还加上他最喜欢的告诫："所有伟大的国家，都仗剑而生，所有的国家不管多伟大，如不自为之守，也将在剑下丧生！"

荷马李与约丹博士对于战争的辩论，如果不被美国和西班牙之战所切断，可能会继续下去，直到荷马李毕业为止。

大学二年级末了时，荷马李因眼疾发作进入医院治疗，在治疗期中，又感染上天花，当他复原时，所幸脸上还没留下疤痕，美西战争却过去了。他不能再忍受大学的教育，对童年时的好友卡恩（Harry Can）说："所有的伟大事业都是由剑刻出来的，我的事业亦是一样，我要用剑刻出我的事业。"而当卡恩婉转地提醒他，不要忽略身体的畸形时，他却引诗人拜伦援助希腊为例，慷慨地说："中国将是我的希腊。"

从此时以后，荷马李将军与中国的关系就渐渐从想像转变成为行动。因为他深信创造一个强大的自由民主的中国，比防卫大英帝国还来得重要。一种不可思议的幻象，一种近乎神化的战略眼光，荷马李将军知道他自己的国家美国，在不可避免的对日作战中，需要一个亚洲的盟国，他之与中山先生不平常的关系之建立，遂植根于此。

三

关于荷马李将军和中山先生相识而结为知交，究竟发生在哪一年？就已有的各种资料，可以说是众说纷纭，莫衷一是，很难遽下结论。可是他是一位对中国改革运动极具热忱的美国志士，从赞助戊戌政变以后的康有为、梁启超在海外的保皇运动，后来忠诚地献身于中山先生所领导的革命排满运动，则是一不可磨灭的事实。他于一八九九年，中国的己亥年，曾初次来到中国，并在庚子年，一九〇〇年，义和团事变随着八国联军中的美国司令官贾飞将军一同打进北京，也是一项确切的事实。他和康有为、梁启超发生关系远较和中山先生认识为早，也是一项不可移易的事实。然则，荷马李将军与国父中山先生究在何时结识呢？

据美国方面的记载，说他在一九〇〇年义和团事变之后，由北京到了香港，他有一位昔日史丹佛大学的中国同学接待了他，并给予照顾。这位中国同学并告诉他，渠过去曾参加过康梁的保皇运动，此时决予放弃。有一天，这位中国同学告诉李将军一定要会见一个人，这个人认为要改革清朝廷，用由上而下的改革已经太迟而不可能了，他的主张是：中国要得救，必须从下面开始改革——由人民来加以拯救。这个人，是一个接受外国教育的基督徒，一个学医的学生。只比荷马李大十岁，他领导一个比保皇会还要大的组织，有几个热诚会员日夜都在为中国革命而努力。这个伟大的人物，就是孙逸仙，现在全世界的人都知道他是中国的华盛顿。

在布斯先生《荷马李的勇敢》一文中，还记了一段中山先生初次看见荷马李将军的情形。这一材料从何而来，不得而知，而他所说则是得自中山先生自传中所记，无论如何，这一段描绘是生动的，也是很近乎情理的，我现在把它录在下面。他说，中山先生说：

> 这对我是另外一件重要的事，我正对一群同志在演说，当我的目光落在一个有点畸形的年青人身上时，看见他的脸色苍白……我说话完了之后，他走过来见我说："我愿以我的命运交给你，我相信你的想法会成功。"他伸出他的手，我和他握手并谢谢他，奇怪着他是什么一个人，我想他是一个学生，在他走后我就问：这个小小的驼背是什么人？带他来见我的那个人就说："他名叫荷马李，目前最优秀的，或者是最优秀的军事天才之一。他对现代战争完全内行！"我惊愕得几乎透不过气来。"他要以他的命运和我结在一起。"第二天，我拜访荷马李，我告诉他：假使我成功而我的同胞们也给我这样的权力，我要使他成为我的首席军事顾问。

"现在就任命我吧！那你就会成功的。"荷马李向孙先生如此说道。

布斯文中说，荷马李自此便变成了孙博士的参谋长，他在那天同时也变成了一位中国革命的民主斗士。

如果就上面这段记载，荷马李和中山先生初次见面是在这样的一个演说会中，那末，地点当然指的是在美国的华侨社会，不是旧金山，便是荷马李的家乡洛杉矶的中国城。于是关于他们二人初次认识的时间便可推算得出了。前面所说他两人的结交是在庚子年，一九〇〇年，则是不可信的，其理由如后：

第一，据《国父年谱》所载，一九〇〇年，庚子年，中山先生为策应广东惠州起义由日本横滨偕杨衢云、日人宫崎寅藏于是年六月十七日抵香港，未得登岸乃转赴西贡。同年七月十七日由新加坡经香港都未得登岸，原因是：自乙未，一八九五年，第一次广州起义失败后，香港政府颁布五年放逐令，不许中山先生居留香港，故此两次到香港都留在船中未得上岸，仅在船上指示同志方针后，旋即离去。因此，荷马李于庚子年，一九〇〇年与中山先生在港初次晤谈之说，似属不可能。一说晤面地点是在日本，也无足够资料可以考证。

第二，如果晤见地点是在美国，那末，荷马李由中国返回美国已在一九〇一年之后，一九〇〇年晤见之说，在时间上也不符合。

那么，他们二人是何时在美国晤见呢？在我看来应当是在一九〇四年，甲辰年，较为正确。查中山先生赴美共有四次，约计如下：

第一次赴美是在一八九五年第一次革命失败之后，先至日本，于一八九六年经檀香山前赴美国，随即由美赴英，而有伦敦蒙难被禁在驻英国清政府公使馆内之事。脱险后，于一八九七年，丁酉年，由英经加拿大逶赴日本，此次似未赴美。其一八九六年第一次到美国，其时华侨社会民智未开，而留美时间亦很短，故不能有太大活动，而此时的荷马李才二十岁，他生于一八七六年，其时他尚未进入史丹佛大学，故见面机会极不可能。

第二次赴美是在一九○四年，甲辰年，二月十一日由檀赴美，于是年十二月才又离美赴英。第三次赴美是在一九○九年，己酉年，九月由英转美。第四次是一九一一年一月由欧洲再到美国，直到得悉武昌起义消息后，才由美赴英，从事外交活动，以助革命的成功。此后，虽有多次赴美的安排，都因国内时局的影响未曾重至美国。

我为甚么要确定荷马李将军和中山先生第一次的晤见是在一九○四年，他第二次赴美的时候呢？第一，他自一八九六年伦敦蒙难脱险之后，他的名字已轰动全世界，举世公认他为是中国革命的领袖。第二，他这次到美，他已经与在美的洪门，致公堂结合，由于洪门致公堂的赞助革命，革命的声势已在华侨社会中建立起基础。而荷马李此时则在美正为康有为、梁启超的保皇运动效力，为他们召集华侨子弟办理军事学校，培养军事干部，以便策动在国内有所作为。而他被康有为封为大将，或将军，便是在这一时期以前。荷马李有一穿着满清将军的军服的照像，至今我们还可以看得出他在未归向中山先生以前，他和康有为保皇会的关系。第三，中山先生于此时把革命势力已经在华侨社会中建立了基础之后，便已开始作国际的宣传活动，以增厚革命的声势了。中山先生于是年发布了一重要的英文文件，题名为《中国问题之真解决》(The True Solution of Chinese Question)，于是中国革命运动的真相，便更激起了美国朝野和其他各国人士之认识，革命声势为之大振。

荷马李将军于是年，舍弃康梁的保皇运动而结识了中山先生，为中国革命贡献其忠诚与智慧，与上述的各种情形自不无影响的。

一九〇五年六月，荷马李将军曾陪同时在纽约的康有为及其女公子康同璧等校阅所训练的维新军，是年六月二十八日的《纽约时报》亦曾报导此事。对于这件事，罗正邦先生在其所著《康有为》一书中曾加以注释说：荷马李于一九〇四年参加中国革命运动，随即为中山先生之重要军事顾问。他于一九〇五年，这一次陪同康有为校阅维新军，不少人都怀疑他是中山先生隐伏在保皇会中的革命工作者呢。

其实，直到一九一〇年中山先生与荷马李将军的关系仍在极端保密阶段。何以见得呢？在一九一〇年秋天，中山先生在槟榔屿时，在一封致荷马李将军的信中说："小心你在美国所接触的任何中国人，并且在任何情形下，都不可让任何人知道我与你之间的关系。"在另一信中，又告诉荷马李将军的友人布斯先生："康有为目前正在新加坡，在我抵达以前，他已经在此两日了。"

据高凡（Hebert H. Gowan）与霍尔（Joseph Washington Hall）所著《中国史纲》，载有荷马李夫人复霍尔的信中说：中山先生与荷马李将军深切的会谈在光绪帝去世前几年访美之时。在此以前，荷马李并未参加中山先生的革命运动。光绪帝去世在一九〇八年，中山先生在一九〇八年前到美国就是在一九〇四年二月至十二月间。复据孙哲生先生最近的谈话，亦认为中山先生与荷马李将军相识，是在一九〇四年至一九〇五之间，可为参证。

中山先生与荷马李的关系不只是在革命上的同志，就是在学术上，两人也是经常相互切磋研究的。荷马李的名著《无知之勇》一出版就寄赠一本给中山先生，孙先生在一九一〇年八月十一日自槟榔屿给荷马李的信中就这样说过："请将你的近著《无知之勇》再送一两本来，因为以前我有的那一本被我的朋友拿走了。"至于对这本书内容的批评，中山先生在同年的另一封信中这样表示他的意见："至于你对飞机的看法，我拜读了好几遍，欣赏之至。你的所有的论点都完全正确。对于你书中的第一部，我完全同意你的说法，但是第二部《把飞机

中国革命之友荷马李将军　　797

当作侦察之用》中，你却疏漏了一点，那就是可以用飞机来照相，这可以帮助指挥官来判断敌情。"接着中山先生还举出日俄在辽阳之役中，俄军只用轻气球来观察，而未能用飞机来照相，所以不能判断出兵力只有俄军三分之一的日军是采取两翼包围的战术，而且阵线绵延达一百里，反而认为日军人多势众，卒为日军所败的经过说给荷马李听。从中山先生在六十年前就已看出飞机在军事上的用途这一点，我们几乎可以认为这与他后来主张航空救国及在革命时期即已着手培养空军干部为我国现代空军奠定基础，不无关系。同信中，中山先生还详细谈到翻译这本名著的事。中山先生那时或者认为中国懂英文的人少，懂日文的人多，所以告诉荷马李说要他日本的朋友先行把该书翻成日文，再从日文翻成中文较为容易。这样看来，中山先生如此不厌其详地和荷马李作率直之批评和讨论，两人自不只是在革命上志同道合，就是在学术上也是可以认真讨论的好友。

（原载一九六九年四月《传记文学》第十四卷第四期）

增订《国父年谱》的经过
——第三版内容的概述

一九六八年十二月五日,我继罗志希先生担任党史史料编纂委员会主任委员职务,时值《国父年谱》第三版正在付印校对文字中,我于获得将全文细读一遍的机会后,发现已较第一、第二版更为充实。惟以兹事体大,特就个人观点及所发现的其他重要资料,提供意见,有所补充。在一个忠实于研究历史的人而言,或有其必要,但在排印方面及予主持校阅工作的蒋永敬诸先生却带来了不少的困扰,是可以想像得到的。我对于他们那种不辞劳怨、求真求实的负责精神,深感钦佩。

民国二年春,我在上海曾经由黄复生先生带我获得亲见中山先生的音容相貌,但那时我仅是一十四岁的少年,对于先生的思想志业及其伟大既无所了解,更说不上有何研究。此后在民国六年冬虽又曾一次晋见先生于广州大本营,并曾奉先生之命偕同一部分川籍青年军官经云南返川参加护法之役,其时亦年仅十八岁，方自旧制中学毕业的青年学生，对于先生亦只是一种崇敬的心情，于先生如何的伟大，亦无深刻的印象与认识。我亲炙先生的教诲要算是我于民国十三年一月代表加拿大返国出席国民党在广州召开的第一次全国代表大会以后，迄至先生在北平逝世，这段时间为最久。在这一时期我就立下志愿要为先生写一传记，所以我当时对于亲聆先生的谈话、演讲及指示，均曾笔录下来，以备撰写之用。可惜为时不久，在广州发生了商团之变，又因北方时局骤变，先生为解决时局问题，于十三年冬由粤启程北上，在十四年三月十二日随即在北京逝世，我要为先生写一传记的这一宏大志愿便无形停顿下来。我手中所存有关先生生平、思想及主义的谈话笔录，在撰述先生传记所需资料，只能算得涉及小之又小的一部分，而我这些资料，除了一部分已发表者外，因一再播迁，又因忙于无可避免的政治实务的牵累，致无暇加以整理，其中一部分且已丧失无存，这不能不说是我一生最大一件憾事！

有关国父孙先生思想的研究及史料的征集和整理，不仅是治中国近代史的一项关键的问题，而且对今后世界的影响亦极为重大。多年以来，我从事于此项问题的研究，认为有两项基本工作必须树立基础，方便于着手：一是一部较为完善的中山先生的全集的编辑，一是一部中山先生年谱的编印。前者是研究先生的思想主义不可或少的材料，后者是研究先生的生平及撰述他的传记不可或缺的系统知识。在对日抗战时期，我在四川成都曾着手编辑一部《总理全集》，由近芬书屋出版。此书虽然较胡汉民先生编辑的《总理全集》在材料方面多所补充，但此后陆续发现的资料尤为不少，势在必须另为整理增订，而且目前坊间出版的此类全集已有多种，取材不一，字误亦多，致难期划一，以求真实。因此，就现有各种版本加以校订，自属必要。在编辑方面，关于材料之安排、注释、标点及编制索引，以便利查考与研究等工作，均有待进行补充。本年三月二十九日，本党第十次全国代表大会在台北召开，曾有将国父全集翻译为各国文字的决议，而此一工作之进行，第一步必须有一完善正确的全集，乃易于着手。第二，关于国父著述，已译成英、日各国文字者不少，似宜加以审定，以期其正确，在翻译工作进行时，自亦可获得有利之参证。党史会现正筹划此一工作进行之中，假能进行顺利，必大有助于中山先生思想主义之研究。

关于先生年谱的编纂，远在民国十九年党史会成立以后，就着手搜集资料，制订编纂的计划。到了民国二十二年初，而有《总理年谱长编初稿》的刊印，分送各方，征求补充修正的意见。其时，追随先生多年的同志胡汉民先生，以为太过于简略，并且也有编订先生年谱的计划，可惜未能完成。而党史会继续工作，未曾中断：二十四年十一月在南京出版的铅印本，是先生一至四十五岁部分；其四十六岁到六十岁部分，则为油印本，是邵翼如先生主持党史会时期所完成的。二十六年到三十六年，为张溥泉先生主持党史会的时期，更就过去所刊印的版本，数经修正，但仍旧未能定稿。三十三年一月，再把油印本重行抄印，仅仅供给会内人员查阅，并不对外发表，称为《总理年谱长编初稿抄本》。当时并曾订定计划，想在三年之内完成定稿。后来，溥泉先生去世，又因政府一再的播迁，编订工作，也就无形中停顿下来。一九五〇年以后，罗志希先生主持党史会，重订编纂计划。到了一九五八年十月，《国父年谱初稿》正式发行。一九六五年十一月，又有"二稿"的发行。初稿和二稿出版以后，仍然继续搜集资料，进行补充修正，期成定稿，不幸志希先生体力衰弱，不能工作，去年冬天，他请辞党史会和"国史馆"的职务，由我奉命来接替，我才有机会把年谱的修订稿详细校阅，并且多所补充和修正，稍为把我当年立下的宏愿因未能实现，而引为内疚的略为减轻。

我于接长党史会时，正值年谱三版在印刷校对之中，我于阅读三版原稿后，认为仍有若干重要事迹与每一时期的政治决策及其措施，有其深远的影响，及时代之演进，而真理愈为显明者，实有将其增入年谱之必要，以期更能表现先生光辉的历史与崇高的理想。举其要者，先生早年和日本大生物学家南方熊楠在伦敦的接触；稍后，和美国天才军事学家荷马李的交往，及策画辛亥年三月二十九日黄花冈革命运动在美国举行的"长堤会议"等新近发现的资料。前者关系先生学术思想的发展；后者与先生革命时期外交、军事的策略，均有重大的影响。这两大伟人,都是在他们死后数十年才为其国人所敬重,而先生在他们的生前,就已深深地赏识,并成为莫逆之交了。其次,先生生平致力于要求列强废除在华特权的主张,并不是在民国十三年中国国民党改组的时候才提出的;远在辛亥革命民国建元前后,就已经一再公开提出废除治外法权,收回租界和重新订立平等互惠的海关税则等问题,当时虽为外人所反对,但很少受到国内人士的重视。至于目前国际或国内所面临的问题,或者将来可能发生的问题,在先生的著述及策划中,往往不难发现明确的启示或解决的方案。凡此都是增订先生年谱时应该列入的。又如先生革命运动的决策,最容易引起争论的,就是先生改组中国国民党和"联俄容共"等问题。为提供正确的了解,增订年谱时,对于此一时期的中央各项会议及第一次全国代表大会各种议案的讨论和决议,特别把它详细列入,以供研究的参考。

研究历史或撰述历史,第一手正确史料的供应与运用是十分重要的,尤其是要阐述一个伟大思想家如中山先生的历史,目前实仍有资料不足之感。困难的是:第一,关于有关他的史料的征集整理和审定工作,目前仍感未能做到完善的地步,许多的重要资料亦仍在陆续发现之中,故扩大征集与整理的工作必须继续积极进行。第二,即就现有的资料而言,由于播迁的影响,亦只做到保存而未加以科学方法的整理与利用,以至在研究与撰述方面均感不便。故今后除了应用科学方法加以整理便于利用之外，更应将已有的资料尽量公开，以供研究。历史是人类活动的纪录，累积这些活动的精华，便是我们通称的文化，因此，一国的历史资料是国民共有的文化遗产，国民不仅应有亲近它、利用它的权利和机会，更应有珍爱它和发扬它的义务。所以公开资料以便利研究与了解，是目前一项重要的决策。这是一项近代的基本观念，亦是近代学术文化发达的重要基础，舍此便是抱残守缺不求发展的办法，谈不到学术文化的进步了。

“总统府国史馆”新近在台北青潭建立一座中山先生的专档库，由“国史馆”与党史会双方合作，成立一“中华民国史料研究中心”，在这一中心除了“国史馆”资料外，拟将党史会重要的史料珍藏，由中心提供海内外学人专家作研究上的利用与服务。在中心内有两项重要工作，亦在努力进行之中：一是将国内外研究机构有关中国革命及近代史的史料作一联合目录，以供参考；一是添购征集国内外出版有关近代史之著述及论文，以便利研究此一问题的广度与深度。这一努力非常艰巨，但如能获得各方面之支持与合作而能顺利进行，我想在学术文化的研究发扬方面是不无重大裨益的。

中山先生致力革命四十年，身当时代的要冲，他的世界眼光、恢弘的气度、改革社会、创造时代的思想言行及其决策事功，影响所及，有为吾人所能见知的，亦有尚未能见到的，故三版《年谱》的编订，仅能在已征集到的而加以审定的文献，尽其可能予以纳入，其他尚有大量陆续发现未经考订的资料，只得留待以后增订，或编为续编，以作补救。就年谱之工作而言，此一三版《年谱》增订本，似尚不能作为最后的定本，今后仍有待于各方的批评讨论，合作与努力，以期尽善。

一九六九年十一月二十四日于台北

（原载一九六九年十二月《传记文学》第十五卷第六期）

国父在开国时期崇尚学术尊重
学人的气度与宏规

任何时期的革命，都是一种思想的革命。思想必须以学术
做基础，没有学术做基础的革命是难以有所成就的。所以任何
一种革命运动，都是时代的一种文化运动。中国革命在国父孙
中山先生领导时期，是一段最艰苦的时期。要把中国从几千年
历史的专制王朝中解救出来，建立成为近代的、民主的三民
主义的国家，并不是一件可以一蹴而就的事。大多数人的知
识水准太低，旧观念的根深柢固，几千年来的专制政体习染已
深，要想将它推翻，重新来建立，不是专靠革命的行动所能为
力，而是要靠一种"思想的根源"，而这思想的根源，必须完
全建筑在学术之上。

自民国元年元月元日，中山先生就临时大总统职于南京，
迄是年四月一日卸临时大总统职，为时仅三个月。就此三个月
中已知文献而论，其气度之恢宏，对人才之迎致，对异己者之

容忍，对民意之尊重及民主宪政制度之规划诸端，其立意之深远，规模之宏大，实为举世所罕见。

值此"建国六十周年纪念"之日，特就民国开国初期的宏规中，关于尊重学人，重视学术的事例略举数端，以为"开国六十年"纪念。

一是民国元年元月二十六日，孙大总统电四川资州军政分府，饬优遇并护送随端方入川之国学家刘光汉来京，以崇硕学。同日，教育部亦秉承孙大总统德意，电四川资州军政分府，文曰："报载刘光汉在贵处被拘，刘君虽随端方入蜀，非其本意，大总统已电贵府释放，由贵部护送来部，以崇硕学。"刘光汉实为当时革命党之杰出学人，其妻何班亦曾受新式教育，具有新思想，亡命日本时曾以"何震"为名，常为《民报》撰文。其时刘忽与章太炎（炳麟）有所龃龉，宵小之辈遂乘之，挟何震以劫持光汉，光汉竟入宵小之圈套，被诱入清廷大臣端方幕。端方于民前一年以查办川事大臣入川，刘随之。端方于资州被杀，传说刘光汉被拘，孙大总统为尊惜其学问，乃急电资州军政分府，嘱予优遇并护来南京[注一]。

刘光汉原名师培，字申叔，号左盦，江苏仪征人。清朝末年，以精通经学，有名于世。民国前九年，于北京会试归途，滞上海，与革命爱国志士游，遂赞成革命，改名为"光汉"，并著《攘书》，昌言排满复汉。其后，创《警钟日报》，并为《国粹学报》、《民报》等撰述，讽切时政，严辨夷夏，颇为学术界重视，又创办《白话报》以启迪民智。因是为清廷所忌，民前五年，亡命日本。其时梁启超之《新民丛报》停刊。而杨度创《中国新报》，亦为反革命之宣传，以祖述严复所译之甄克思《社会通诠》所标榜之军国主义，作反对民族主义之理论。杨度自称为"金铁主义"，合铁血与金钱企起垂亡之中国，而谓满洲民族数千年前亦与汉族同源，不必妄生分别，中国人民惟宜拥戴之，求得君主立宪，即可励精图治云云。刘光汉乃以"韦裔"的笔名，著《辨满人非中国之臣民》的长文驳斥之，详考汉族之起源，如数家珍；刘素长掌故考据之学，文雅且博，杨度不能反驳。以是，杨之向壁虚造，乃成徒劳。自光汉文出，遂无复言满汉同源以惑众者[注二]。刘氏笔伐之功，在民前的确对革命大有贡献。

刘氏后从端方入川，乃与民军为敌，实一变节之人。而孙大总统知非出其本意，乃受宵小诱陷。为尊惜其学术上贡献，急电资州军政分府予以优遇并护送来京。

二是民国元年二月六日，孙大总统聘章太炎先生为枢密顾问。孙大总统致章氏的原函如次：

> 太炎先生执事：自金轮失驭，诸夏沉沦，炎黄子姓，归于台隶。天佑厥衷，人神奋发，禹域所封，指顾奠安，实赖二三先达启牖之功，文亦得密勿以从于诸君子之后。惟日孜孜，犹多陨越，光复闳业，惧有蹉失。唯冀耆硕之士，为之匡襄，砥

砺民德，纲维庶政。岂惟文一人有此椸枖，冠裳所及，实共赖
之。执事目空五蕴，心弹九流，撷百家之精微，为并世之仪
表，敢奉国民景仰之诚，屈为枢密顾问，庶几顽懦闻风，英彦
景附，昭大业于无穷，垂型范于九有。伫盼高风，无任向往，
急惠轩车，以慰饥渴。[注三]

读了中山先生这一聘章氏为枢密顾问的原函，就可知道
他对一代硕学的章氏是由衷的仰望和敬重。这种尊重学人的
襟度，形诸文字者有如此其谦诚。

章太炎先生在革命思想战争中，可说是一个急先锋。他
早年曾一度同情于康有为、梁启超的维新运动。当康梁所领
导的戊戌维新失败，康梁逃亡海外，太炎先生会一度来台湾；
次年己亥（一八九九年），应梁启超之约抵日本横滨，其时中
山先生亦在其地。故太炎先生最早与中山先生接触，地点乃
在梁启超的横滨寓所。是年七月，太炎先生抵上海，结识与康
梁有关之唐才常。其时唐正在沪组织正气会，旋改为自立会。
次年庚子（一九〇〇），义和团事变发生，唐获康梁之支持，
在沪召集"国会"，组织自立军，其宗旨介于保皇与革命之间。
太炎先生反对唐之首鼠两端，更坚决反对"勤王"。他在愤激
之下，剪断发辫以示决绝。迄唐才常在武汉失败被清兵所杀，
太炎先生乃避居苏州，执教于东吴大学，放言高论，为清吏所
忌，不得不避往日本。在日受秦力山先生之影响，益倾向于中

山先生所领导的革命运动。秦力山先生原为唐才常自立军之主干，大通独立失败后逃往日本，发现康有为在海外募集大批华侨捐款，并未如期接济，自立军以是招失败，对康梁顿起反感。在太炎先生到日本之前，已投身于中山先生所领导的革命运动。

太炎先生与中山先生在日本畅叙，是一九〇二年的事。太炎先生自述云："往谒逸仙，与晤大悦。余亦素悉逸仙事，偕力山就之。逸仙导余入中和堂，奏军乐，延义从百余人会饮，酬酢极欢，自是始定交。"[注四]三人定交后，所论之事，见于记载者，一是《论均田之法》，一是《论定都》（即《相宅论》），二文皆收入太炎先生一九〇二年所著的《訄书》内。是为其早期革命言论之始。其后太炎先生返沪，与蔡元培等成立爱国学社。其时邹容亦甫自日本归，以上海《苏报》为革命言论机关，邹容之《革命军》及太炎先生之《读革命军》等文相继发表，鼓舞内地革命风潮，其力甚巨。太炎先生在《苏报》发表之《驳康有为政见书》中，有"载湉小丑，不辨菽麦"之句，痛骂清帝光绪，因而引起著名的"苏报案"，开朝廷与人民涉讼之端。须知专制时代，皇帝为神圣不可侵犯，岂容痛骂？清廷向上海租界要求引渡未果，租界判太炎先生三年徒刑，邹容二年徒刑。邹容不幸刑期未满即瘐死狱中。自此皇帝之尊严顿失，而革命之怒涛益进于不可遏止之势。此一朝廷与人民涉讼事件，由今视之，或并不觉其重要，而在反清革命运动中，却造成人民对专制王朝观念上的巨大转变，其影响于人心之大，是无法估量的。

一九〇六年，太炎先生刑满出狱，东京中国同盟会迎赴日本主持《民报》笔政。后来为了《民报》经费问题，太炎先生对中山先生有所误会，大发书生脾气，使中山先生一时陷于困扰。今在《国父全集》中，可读到中山先生致吴稚晖先生信函多件，犹不难窥知当时太炎先生之失态，已非常人所能见谅。然而中山先生对太炎先生却能毫无芥蒂，于民元开国后，挽其出任地位极为尊崇的枢密顾问。中山先生之尊重学人，重视学术的胸怀，由此一事例，更见其渊深。

关于中山先生聘请太炎先生为枢密顾问一事，太炎先生自述云："孙公延余至江宁欲任枢密顾问，不能却。"他做了枢密顾问以后，对国事有所献替，必据理力争，中山先生亦非常尊重其意见。例如，太炎先生讲到中山先生以汉冶萍公司许日本松方正义合资，与盛宣怀同署名事，太炎先生说："余遽上书请速废约，孙公以军饷为辞，往复数四，卒得请而废约。"[注五]

中山先生对太炎先生的尊崇，纯是出于至诚，尽管此种过分的迁就，有损于当时政治现实的需要，而对革命发生不良的影响，但对于尊重学术，善待学人的观点而言，仍不失为阔达大度的表现。我提出这一史料的用意，不是有所责难于太炎先生，而是从这件事，可以看出中山先生在开国时期的恢宏气度。

中山先生在民元短短的三个月临时大总统期间，对刘光汉、章太炎两先生，可谓敬礼有加，爱护备至。有人论及中山先生的伟大，是在他的这种宽大容忍的精神，他的失败及不能及身见到革命成功亦由于此种精神所致。此一得失两端之论，是否正确，似尚有待于史家的持平论断。

三是民国元年三月，胡汉民、黄兴、王宠惠、宋教仁、马君武等先生，有一件《咨参议院请议决设立国史院》的呈文，呈文略云：

溯自有文字，遂有纪载，古称史官，肇于沮苍，历代相沿，是职咸备，盖以纪一时之事，昭万祀之鉴，甚盛典也。顾概观中国前史，《春秋》《史记》而外，多一人一家之传记，无一足称社会史，可以传当时而垂后世者。抑典午东渡而还，中原涂炭，自时厥后，国统淆杂，殊方入主，尤间代相闻，以云正史，不足十六，而所称正史者，亦复狃于君主政体，其典章、制度、人物、文词见于纪传表志者，多未能发挥民族之精神。方诸麟经迁史，去之夐远。若借为民国之借鉴，犹南辕北辙，凿枘不能相容。诚以立国之政体不良，而纪载遂不衷于至当耳。今我中华肇新，民国前自甲午而后，明识远见之士，怵于国之不可以见辱，而政体之不可以不改变也，于是奔走号呼，潜移默运，垂二十年。兹者民国确立，以前之艰难挫折，起蹶兴踬，循环倚伏，不可纪极，若非详加调查，笔之于书，着为信史，何以彰前烈而诏方来，正史裁而坚国本？为此连同众意，合词呈请大总统速设国史院，遴选董理，刻日将我民国成立始末，调查详澈，撰辑中华民国建国史，颁示海内，以垂法戒而巩邦基。如蒙俯允，即请作为议案，提交参议院议决，并祈从速特派专员，筹办一切，民国幸甚。

对于上引呈文，孙大总统批示如下：

呈悉：查中国历代编纂国史之机关，均系独立，不受他机关之干涉，所以示好恶之公，昭是非之正。使秉笔者，据事直书，无拘牢顾忌之嫌，法至善也。民国开创，为神州空前之伟业，不有信史，何以焜耀宇内，昭示方来。该员等所请设立国史院之举，本总统深表赞同，应候提交参议院议决。至请先行派员筹办一节，俟遴选得人，即行委任可也。此批。[注六]

又元年二月十五日，即清帝退位之第三日，亦即中山先生向参议院辞临时大总统之一日，曾电袁世凯云：

慰庭先生鉴：闻奉天行官所藏器物，由私人订卖于外国，价值甚巨。按此种器物，实为民国公产，并非皇族私有，应行禁止私卖，特此奉告，请严饬禁阻。孙文删。[注七]

中山先生重历史重文物的精神，由上述关于国史院之批示及电袁世凯禁卖古物二事可以见出。这一重历史重文物的精神，自亦与他尊重学术与礼遇学人的精神一贯。而对认国史院之设为急需一事尤其显出其眼光之远大，与乎抱负之不凡！

今天来追述中山先生尊重学术、礼遇学人，以及重历史文物的史实，须了解在革命的初期，当时的旧社会充满了牢不可破的"忠君"的臣仆观念。自同盟会成立，喊出"驱除鞑虏，恢复中华，创立民国，平均地权"的革命主张以后，革命最大的阻力，不单纯是代表旧势力的满清政府，而是主张君主立宪与革命殊途的维新人物，如康有为、梁启超等等。他们是对传统的思想学术具有强大影响的知识分子。他们只求在旧的政权上求改良，以实现其主张，由于其主张者为温和的改革，自易为旧社会因循的习性相结合而反对激烈的革命。所以革命党人如果不能在学术思想方面击败这批依附旧社会旧政权的知识分子，便不能获得革命的胜利。以康有为、梁启超为代表的改良派，他们倡为满汉同源之说，以反对排满革命，主张君主立宪以反对民主共和。更倡为革命足以招致列强瓜分亡国之说，以使有志爱国之士，附和改良，而反对革命。当时革命所面临的危机，已不单是行将崩溃的清廷，而是这些依附清廷，保护延续旧政权的改良思想。

本文前面所述的刘光汉、章太炎两先生就是在革命艰苦的过程中，在学术思想上发挥强大力量，予改良思想以致命的打击并鼓舞革命思想成长的杰出学人。当然，当时在革命党人中，的确不乏更多旧学深邃、新知卓越的如椽巨笔。假如当时在学术思想的战争中，不能战胜以康梁为首的改良派，便不能有辛亥革命的成功，中华民国的创立。

革命是一种以思想和学术为主力的文化运动，当时改良派所持以反对革命的主题，如"满汉同源"的理论；如革命足以招瓜分，加速中国之灭亡；如诋民生主义足以助长乞丐流氓之猖獗，以破坏国家之秩序等思想言论，如果当时革命党人未能从思想学术的观点，加以驳斥、打击和纠正，把革命大义普遍深植于全国的人心，而获得胜利，则此后的革命，便不会有长足的发展。此一胜利乃是思想学术和革命理论的胜利，而不是单纯的起义和行动的胜利。

最令人惋惜的是：自民国建立以后，由于辛亥革命的未能彻底，予军阀官僚反革命分子以可乘之机，于是变乱相寻，迄无宁止。革命党人乃不得不授以全力投入肆应时局的起义军事行动中，而无暇在思想学术上作更大的努力，以致改良派人便转而依附继满清而起的旧势力，一时填塞把持了学术文化的真空，阻挠了民国建设的进展。国父孙中山先生洞察及此，乃于民国七年至九年这一期间，在上海闭门著述，先后完成心理建设的《孙文学说》，社会建设的《民权初步》，及物质建设的《实业计划》等书。同时并创办民智书局及《建设》杂志等刊物，想从思想学术的途径，以图扭转危局。但以是时政治、军事无凭借，而人心涣散已久，收拾不易，见效不宏。直到民国十三年革命政府在广州立定脚跟，才勉力在广州创办黄埔军官学校，以建立真正的革命军，以扫除革命的障碍；建立广东大学，亦即后之中山大学，以为培养建国人材的基础。前者收效甚宏，乃有民国十五年的北伐，十七年统一全国及二十六年的对日全面抗战与胜利。后者广东中山大学在建设人材的培养方面，惜因限于时间，未能与军事的进展快速，及时相配合，而收效未宏。

历史是一面很好的镜子，回忆开国前后对于学术交化的宏规及民国以后对于学术文化的一再的疏忽与迷失，我们检讨过去的成败得失，对其关键所在，当有所警惕而急起直追了。

[注一] 见民国元年元月二十九日《临时政府公报》第一号。

[注二] 见《革命先烈先进传》，六七五页，《胡汉民自传》。

[注三] 见民国元年二月十一日《临时政府公报》第十三号。

[注四] 见《章太炎先生自订年谱》。

[注五] 同前。

[注六] 见民国元年三月十七日《临时政府公报》第四一号。

[注七] 见民国元年二月二十日《临时政府公报》第十七号。

（原载一九七一年一月《传记文学》第十八卷第一期）

国父与黄克强先生之关系与情义

历史为人类活动与文化演进之纪录，总此纪录，吾人统称之曰历史的史实。而成此史实者，乃为无数卓越之个人，其中或为伟大的思想家、文学家、政治家、军事家、教育家，以及富有各项专业素养和热忱的特立独行之人，立志贡献其生命与精诚，以冀拯救生民于水火之中。这类卓越伟大之个人，一经聚合，便成一个时代的风云际会，所谓时代的创新与历史的突破，便在这一际遇中树立其基础。历史学家海斯先生有言：如果我们从人类历史中把卓越伟大的人物如耶稣、孔子、华盛顿、拿破仑等去掉，人类固不会因此而没有历史，只要人类存在一天，便免不了有活动，历史是随着这些人类的活动而不断前进的。不过，如果历史失去那些卓越伟大的个人的贡献，历史的演变和形态必然会改观是不可避免的。在我的意见，在这些伟大卓越的人物，他们个人的成就和对人类的贡献，如果没有一批才智卓越的人物相与配合合作，他们个人的成就贡献，仍将受到限制，绝不会如我们所知的那样的辉煌，是可断言的。

时代兴衰，人才之离合实为一重大关键，当一个时代之兴起，不仅人才辈出为一必要的象征，而这些聪明才智与豪杰之士，能团结合作，发挥其智能，齐一其目标，尤为重要。用今日的术语言之，一为卓越的领导，一为团队精神的高度发挥。所谓三个臭皮匠，赛过一个诸葛亮，牡丹虽好，全靠绿叶扶持，其深意即在说明这一历史演进的道理。汉朝的创立者刘邦，史家论其所以成功的原因在知人善任，亦即今日所谓的领导正确与团队精神的发挥。班固撰的《汉书》，对于此点有下列的记述：

> 帝置酒雒阳南宫。上曰："通侯诸将，毋敢隐朕，皆言其情，吾所以有天下者何？项氏之所以失天下者何？"高起、王陵对曰："陛下嫚而侮人，项羽仁而敬人，然陛下使人攻城略地，所降者因以与之，与天下同利也。项羽妒贤嫉能，有功者害之，贤者疑之，战胜而不与人功，得地而不与人利，此其所以失天下也。"上曰："公知其一未知其二，夫运筹帷幄之中，决胜千里之外，吾不如子房；填（镇）国家，抚百姓，给饷馈，不绝粮道，吾不如萧何；连百万之众，战必胜，攻必取，吾不如韩信。三者皆人杰，吾能用之，此吾所以取天下者也。项羽有一范增而不能用，此所以为吾擒也。"群臣悦服[注一]。

我们要阐述国父孙中山先生和黄克强先生的关系，上述的一些概念，是十分重要的。

　　写作有关黄克强先生的历史的文章很多，就我所知，其中较有系统的一部著作当推左舜生先生所写的《黄兴评传》（传记文学社出版），当舜生逝世前最后一次回到台湾，我们曾作了几次的交谈。一次，我曾称颂他所写的《黄兴评传》一书用力之勤，为我们自称为黄克强先生的革命同志中一些玩笔杆的人所不及，就我个人言，实在有点惭愧，因此我对他治学之勤，表示很大的钦佩。舜生很幽默而自信的对我说道：你太客气了。我是你们所谓的"异党"，说得好一点，算是"友党"吧，我对于克强先生所拥有的资料和感情，远不如你们那样丰富而亲切，所以凡我所取的论点，恐不免不太合乎你们的脾胃，甚至于可以说我的论点是在隔靴搔痒，无补实际。舜生说到此地，很自负的继续说道：不过，我敢说，凡我所采用的资料，无不确实而有根据，我所取的态度是力求公正而客观，绝未敢草率从事，是我所自信的。

　　我向舜生打趣的说：古人有谓"他山之石，可以攻错"。在这一点上，你为克强先生写传，自比我们一些自称与克强先生是同党同志的人来写，或许较为客观。不过，研究任何问题，勿论是属于自然科学，或人文科学的范畴，要完全做到客观，是一件很不容易的事，特别是关于文史传记方面的写作。譬如：在你写《黄兴评传》中，曾一再声明要读你的书的人不要误会你特别为黄克强、谭嗣同、宋教仁、蔡松坡，四个湖南人写传，并不是出于一种"乡情"。在我看来，如果你不是湖南人的话，你便不容易对黄克强，和谭、宋、蔡，四位先生的卓越英才那样特别关切，从事那种繁难的工作，而为他们写传记。可见在客观中你亦仍具有一些主观的感情，如果，你是广东人而为中山先生和朱执信、胡汉民两先生写传，岂不更好吗？

我更感慨的对舜生说道：治历史的人最要坚守的原则，第一是言必须有史实作根据，第二是求真的精神，第三是公平而客观，以做到"生者无愧、死者心安"。你所著的《黄兴评传》一书，似已做到了"死者心安"一点，但是说到"生者无愧"方面，在许多写中华民国史的人，在我看来，应当引以自责自愧，至少我亦是其中的一人！回忆六十二年前，民国开国之初，中山先生任临时大总统时代，批准胡汉民、黄兴、汤化龙、林长民等九十七人请求设立国史馆的批文里，曾经这样批道：

　　查中国历代编纂国史之机关均系独立，不受他机关之干涉，所以示好恶之公，昭是非之正，使秉笔者据事直书，无拘牵顾忌之嫌，法至善也。民国开创，为神州空前之伟业，不有信史，何以焜耀宇内，昭示方来[注二]。

读了上面中山先生这一段批示，可见其对历史价值之重视，以及民国开国之初，其规模气度之宏大与深远。谈话至此，舜生与我不禁相视而笑，感慨万端！现在距舜生去世又已数年了，执笔至此，不禁泫然！

今年十月是黄克强先生百年诞辰，我想和克强先生同时而曾经与他共事的革命同志，目前尚健在的人尚有，但是至少亦是在八十岁以上的人了，能为他执笔阐述生平的，恐已少之又少。我于民国二年的春天，由四川到达上海，那时我才十四岁，曾由黄复生兄带我去晋见过当时所称的三位革命伟人：一是国父孙先生，一是郑毓秀女士，亦即是后来的魏道明夫人。孙先生和郑女士，在此以后，我亲近接触的机会都很多，惟独对黄克强先生则仅此一面。我那时年纪尚小，对于黄先生说不上有何认识，现在回想起来，只觉得他的身体是胖胖的，态度是热情而平易近人，我对他的思想、学问、人格都不甚了解，只知道他是创建民国的伟人，而把他认作一种勇敢、坚毅、义侠的英雄人物，加以崇拜。说到我晤见中山先生以后的一段幼稚的故事，后来时时被人引为笑谈，那便是黄复生兄问我见过中山先生后的感想如何，我说：孙先生嘴上的两撇胡子最为神气。引起复生兄等哈哈大笑！

我虽然仅仅于民国二年春见过克强先生一面，但是克强先生于民国五年十月三十一日在上海逝世后，我曾经亲自瞻仰过他的遗容，像有着我这样机会人，现在恐怕亦不多了。不仅如此，当克强先生逝世举行追悼会的时候，其时我正就读上海徐家汇的复旦公学的中学部，我是复旦的童子军，我曾被派至会场担任维持秩序的工作。我现在还依稀记得，黄先生的上海寓所位于法租界善钟路与福开森路之间，离上海徐家汇路，复旦公学的校址不远。当时前来吊唁者，很多是我认识的革命同志，他们看见我穿着童子军制服在那里守护，都来向我打招呼，表示亲切，使我幼稚的心情，感觉到有点不太自然。追悼会的感伤是十分动人的，挽联鲜花，充满了会场，其中有一挽联，字体飞舞，文辞动人，至今还能记得，使我对克强先生的为人，加深了一点认识。如果我的记忆不错的话，这幅挽联有似于右任先生的大笔。联云：

平生风谊兼师友，

天下英雄惟使君。

从我民国二年见过克强先生一面，屈指算来，至今已是足足六十年前的事了。今年是他百岁的诞辰，我此文之作，不仅想借此机会把他对中国革命的贡献和与国父的关系，以及各家对他的评论有所补充，使治中国现代史的人得一参证，而且亦是我多年来一种心愿和责无旁贷，义不容辞的一项工作，想就此机会作一番倾吐。

左舜生先生在他《黄兴评传》一书中，慨乎言之，对现代中国人不重视历史，而叙述民国以来历史的人，更失去公平一段话，深有同感与共鸣，我现在把他的话附录在下面，以免我多所费辞；舜生说：

> 克强先生对于创建民国的勋业，其地位仅次中山先生；
> 中外人士无论在口头，在文字，一提到中国革命，大抵以孙、
> 黄并称；甚至连袁世凯在元年招待两先生北上，也用了同样
> 隆重的典礼。可是，以我近三十年教书的经验，各地大学生，
> 在我没有和他们讲明以前，能举出克强先生的姓氏，或略略
> 知道他生平梗概的，已绝无仅有，甚至在某些叙述中华民国
> 开国史的书籍，能有三两处提到黄克强先生的也不多。抗战
> 初期，政府发号施令的重心，已转移武汉，我抽暇回过长沙一
> 次，除访问我童年时旧居追思我的父母以外，曾约同两位少年
> 同学，渡湘江到岳麓山，展谒过黄、蔡两先生的墓地。其时去
> 两先生的逝世，刚过二十年，坟墓周围的情况已零落不堪，几
> 已沦于荒烟蔓草，好像从来没有人过问，更不必为他们建立
> 铜像这类事了。我认为这不是小事而是大事，共党毛泽东，胆
> 敢把中华民国一笔勾销，现代的中国人不重视历史，而叙述民
> 国以来历史的人，更失去公平，即为最主要原因之一！[注三]

要研究国父孙先生和黄克强先生的关系，我想下面所列
的几项纲目，有先加以阐述的必要，而后我们方能得一全盘的
概念。

第一，国父对于黄克强先生的评价。

第二，黄克强先生参加同盟会以前的背景。

第三，黄克强先生在见解主张上与国父中山先生的小异与大同。

第四，从艰危中去了解他们相互间的伟大。

第五，对各方黄克强先生的几项批评的分析与评断。

让我先从中山先生对于克强先生的评价说起。在我说明这一纲目之前，我先要引用宋越伦著《总理在日本之革命活动》一书中所述日本友人中对于孙先生和黄先生的关系一段佳话，以说明孙先生对黄先生之信任与融洽，而黄先生对孙先生之真诚爱戴，亦可以从此段故事中得其大概。

总理（指中山先生）对部下同志之诚恳信重，久为世界所熟知，一九〇一年总理由美东返，船抵横滨，为日方拒绝登陆，当时黄兴亦因日政府下令驱逐，乃由日方同志将其辗转藏匿，以待总理之东归，最初黄兴匿居东京京桥木挽町小旅馆，嗣以警吏追踪甚急，东京居住逐渐发生困难，乃由萱野设法送往箱根，隐居福住旅馆。总理将抵横滨之前夕，萱野以双人拉曳之人力车，由国府津前往箱根迎接黄兴（当时尚无汽车通达箱根），翌晨复由国府津坐车至横滨车站附近之福冈旅馆，等候总理到达。

总理船抵横滨埠际，黄兴等人即一跃而登，两人虽已多时不见，然除交换革命情势外，竟无半句寒暄之词。

当时黄兴以急欲返国策划，故在两小时之谈话中，商讨重要策略，尚嫌时间不足，其无暇涉及私人琐事，自属当然。迨至黄兴辞去之际，询问总理此行是否携有款项，总理当取出皮箱一只，交与黄兴，此即系美国华侨捐赠之款，为数甚巨，黄兴于接得皮箱后，亦未询问数目，匆遽之中，急欲辞出，行未数步，复行折返，谓总理曰："先生处想已无款，匆遽之中，几至遗忘。"言毕乃自皮箱中取出纸币一束交与，亦不检点数目，然后即行辞出，即日买舟归国。

此种情形，足以觇知总理对同志之襟度，而黄兴对总理之真诚爱戴，亦属令人钦羡。[注四]

关于国父对黄克强先生的评价，我们从下面几项史料中可以看出其深切。

其一，胡汉民先生在民国十九年九月九日，在南京举行的国父第一次在广州起义的纪念会中，曾经这样的说道：在革命时期，一天中山先生和胡先生特别去访问黄克强先生，适值黄先生因事出外，没有见到。回寓后，胡先生特别向中山先生提及第一次起义时的几位先烈陆皓东、郑士良、杨衢云的才能，比之黄克强先生究竟何如？中山先生说："这句话不易作答，陆皓东、郑士良二人各有所长，十分可佩，但他们的魄力，似还不及克强，至于杨衢云，却十分不行，因为往往到了重要关头，他便要争做领袖了。所以后来一度曾变节为人诱惑。"

胡汉民先生听了中山先生这些不经意的话——尤其是对杨衢云为人的批评的话，不禁为之骇然。胡先生认为杨衢云是清政府雇人在香港把他刺杀的，当时广州、香港等处一切同情于革命志士的人，对于杨氏被刺，都非常伤悼，何以竟至于如此呢？后来才渐渐知道杨衢云在首次起义时，争做领袖，卒至偾事的事实[注五]。

从上面这一段叙述，我们可以看出中山先生是如何的对于克强先生的才华魄力的欣赏和器重！在兴中会时期，孙先生所倚为左右手的陆皓东、郑士良两烈士，虽然亦被中山先生视为不可多得的革命志士，但自克强先生加入同盟会与中山先生结识后，革命的形势便为之大振，所以在中山先生的心目中，自觉得克强先生的才华魄力比陆皓东、郑士良两烈士为优了。在我看来，这只是中山先生对克强先生称颂欣赏的一面。

更重要的一面是：中山先生在谈话中，特别提出杨衢云其人，而加以鄙弃，说他往往到了紧要关头，便要争权利，做领袖，所以到底一度变节为敌人所诱惑。因此种下了乙未第一次革命运动失败的因。这很显明的可以看出，中山先生以克强先生与陆皓东、郑士良比较时，只在说明克强先生的才能魄力的优越，他把杨衢云加以鄙弃时，是在从革命的志业人格上推崇黄克强先生的伟大。这种人与人间精神的默契，人格的尊崇，比之对于一个人在事功上的丰功伟绩，更为值得欣赏与崇拜。中山先生对于克强先生的评价,再无比此更为崇高了。

克强先生有几句话最为老一辈的同志所称颂的是:"名不必自我成,功不必自我立;其次功成而不居。"[注六]这几句话从表面看起来好似十分平淡,而在实行时,则古今中外的志士仁人,都很难做到,有许多历史上一时轰轰烈烈的人物,弄到晚节不终,丧失其所志与所学,其毛病都在于此。综观克强先生的一生,他的确能做到他所行的,便是他所说的。在我看来,能够做到这几句话,有如下的涵义:第一是功利,或名利欲的扫除,第二是人与人间,同志与同志间,领袖与干部间,在主义、思想与人格方面,必须在精神与内心的深处有一不可磨灭的共鸣与默契。第三,建立了这一共鸣与默契,才能发生团结合作,共同行动的团队精神,以谋国家大事与革命之发展与成功。因为革命志业是一种救人救世,燃烧自己,照亮别人,为着理想而奋斗牺牲的志业,既不是功利,更不是名利。一有了功利与名利欲,革命便要走入歧途,个人便要丧失其所志而变节。这样,纵然一个人能在革命的进程中建立了个人的权力和不可一世的权威,而在本质上便早已背叛革命了。其结果不是革命的失败,便是个人的毁灭。因此,革命的志业,必须建筑在革命的人格,或一种崇高的道德基础之上。这种革命人格的修养,必须具有诚于中,形于外的道德精神,因为惟有诚于中的人格,才有形于外的革命志业,亦即是要有形于外的志业,才看得出诚于中的革命人格。中山先生之所以鄙弃杨衢云，而欣赏称颂黄克强先生之为人，其区别即在此一革命的人格与道德上的默契而有所不同。

关于杨衢云在乙未，一八九五，距现在已经快八十年前，筹划第一次广州起义的时候，争做领袖的一段故事，我在此有加以补充说明之必要。据革命初期所称四大寇之一的陈少白先生事后的追忆，他说：第一次广州起义，原定在是年九月初九，旧习的重阳节那天在广州发动。在此以前的几天，特别在香港召集了一次会议，人数很少，只有七八人，这是最后一次会议。因为当时香港、广州两方面的事情都准备好了，孙先生的意思，这次会议的召开，是要公举一个总统出来，主持一切，那时"总统"两个字还没有通用，所要推举的是"伯里玺天德"，亦即英文的President的译音。一开会，当然一致通过孙先生为总统，通过之后，大家就向孙先生握手道贺。这件事办好，孙先生就想先到广州，预备不到香港来了，所有在香港的财政、军事等等都交杨衢云负责处理，大家也就预备到广州去。当时杨衢云因为胆小，不肯前去冒险，最后答应在九月初八晚上，由他率领在香港预备好的大批会党分子，搭夜船到广州，天亮时船到广州登岸，大家就马上动手，把广州占领。这样当然算是很妥贴了，于是孙先生便把银行里的存款，及在香港所有军械都交给了杨衢云，由他带到广州去，一齐举事。

不料到开会的第二天，杨衢云忽然对孙先生说：请把伯里玺天德，即总统的地位让给他，以后事情办妥了，再还给孙先生。中山先生听了这几句话，觉得事情还没有开始，同志间便发生地位、权利、领袖之争，将来革命成功以后，不知要闹到如何的地步？不是自相互相残杀，便会演成天下大乱，生灵涂炭的惨剧！于是乃约了陈少白、郑士良和孙先生自己三人开了一个会议。郑士良是一个爽直义侠型的会党领袖，他听了孙先生说明的情形之后，大为愤慨，于是他说："这万万不能答应，让我先把杨衢云那家伙杀掉，除掉这一个革命的祸害后，再来进行我们的革命！"据陈少白先生自己所说，他当时对郑士良的意见是不表同意的。他说这样做是不对的，杀了杨衢云，在香港就先演成人命案，如此我们还能照计划起义吗？照中山先生和陈先生的意见，还是去广州，实行起义，等到成功，那就没有问题了。成功之后，随便何人做总统都是没关系的。于是在当天晚上又召开一个联席会议，出席的人中，还有一个英国人，和一个美国人（系化学师），是孙先生由檀香山请来的。在会议席上孙先生就自己提出，把总统的名义让给杨衢云。事前大家既有谅解，自然就通过杨衢云为伯里玺天德。为了成全大体，于是总统或首领的名义便让杨衢云如愿以偿了。第二天孙先生就到广州去行动，陈先生和郑士良诸革命同志过了两天，也便前去广州共同行动，留下杨衢云坐镇香港办理接应[注七]。

治中国革命史的人，我们都知道，中山先生在辛亥革命时，曾一度让总统名位给袁世凯，以结束中国数千年的专制政体，以促进南北统一，建立亚洲第一个民主共和国。而不知他薄民国总统而不为，这是第二次，第一次还是要算在此十八年前，乙未第一次广州起义运动时，他为了顾全大局，曾经把总统或领袖的地位让给杨衢云呢！在名义上初期最早革命的团体兴中会的领袖，是杨衢云而不是孙中山先生。

可叹的是，杨衢云当时不独未能身先发难，而且连事前分担的军械、人员等重要工作直到危急之时都不能接应，致使乙未年九月初九的首次起义，遂不幸而告失败。

其次黄克强先生在革命的初期，曾展布军事方面的长才，至为中山先生所倚重。中山先生其后于著作及讲演中，对克强先生在镇南关、钦廉、河口、黄花冈诸战役的辉煌战绩，依然赞誉备至，推为革命军的楷模。中山先生在民国十年，在广西桂林讲军人精神教育时，曾说：

> 黄克强先生在钦廉起事时（指民前四年，即光绪三十四年，一九〇八年），有一次仅剩四人，逃在山上。敌之围攻者，约六百人，然彼实不知仅有四人也。来攻时，皆用三十人为前锋，而此四人者如何抵御？据其事后所述：敌人未来时则隐伏不动，俟彼来袭近至五十步左右，始行开枪，每开一排，必死敌二三人，连开三四排，敌之死者十余人，卒以脱险。此一役也，即全在命中，隐伏，与耐劳之技能。否则以四人敌六百人，宁有幸耶？[注八]

以上这段话是中山先生民国十年在广西桂林讲演《军人精神教育》中所讲述的。民国十二年，在广州欢迎各军将领时，中山先生又说：

> 诸君都知道黄克强的威名，是以钦廉之役起的。他在钦廉革命是用什么武器呢？那个时候，我们在安南，到处和他买枪，今天买三五枝沙维治，明日买几枝曼里夏，东凑西凑，然后才得了杂枪二百多枝，每枝所配子弹，最多也不过二百发，他带了这点武器到钦廉，便和龙济光、陆荣廷，打了几个月仗。后来虽然失败，但是他奋斗的精神很大，实在令人佩服，所以他的威名大振。[注九]

中山先生在此一时期中，只要谈到革命的军事，每每要追念克强先生，他对克强先生的器重真是生死不渝的了。

辛亥年广州三月二十九日起义，其时中山先生在美国的旧金山，闻事不成，飞电香港，文云："闻事败，各同志如何？何以善后？"后得复电有："克（黄克强）伯（赵伯先）展（胡汉民）归"四字，中山先生始露笑容曰："天下事，尚可为也。"

广州事败，革命同志牺牲甚众，赵伯先不久又病殁。克强先生悲愤交集，谓胡汉民先生曰："此时党人惟有行个人暗杀之事，否则无以对诸烈士！"胡先生亦是其说，中山先生闻之力阻其事。在其致吴敬恒先生的信中说：

……黄君（指克强先生）一身为同志之所望，亦革命成功之关键。彼之职务，盖可为最大之事业，则此个人主义，非彼所能为。[注十]

　　中山先生所期许于克强先生之殷切由此可见。

　　由于以上所举的这些事例，我认为，在国民革命的历史中，在革命成功之前，中山先生最为倚重的是克强先生，他真无负于中山先生之期许，成为革命成功之关键，成就了最大之事业，为创建民国之元勋！

　　中山先生对于克强先生的才智、忠勇和人格精神的欣赏推重，已略如上述。当民国九年，陈炯明所率领的粤军，从福建回师讨伐盘据广东的陆荣廷、莫荣新的时候，中山先生曾有一信致蒋先生，信中曾提到他寄望于陈炯明之殷切，如果陈炯明能服从他的主义，他必定以信任黄克强、陈英士先生者信任陈炯明，言辞之间，犹可看出其对克强先生的推重与怀念。在这封信中，更具史料价值者，则为对蒋先生之推重与欣赏。此信发出的时间为民国九年十月二十九日，距朱执信先生在虎门殉难的时间不久，所以信中说"执信忽然殂折，使我如失左右手，计吾党中知兵事而且能肝胆照人者，今已不可多得。惟兄（指蒋先生）之勇敢诚笃，与执信比，而知兵则又过之"。其时蒋先生的功业尚未甚显著，而其受知于中山先生者竟如是其深且切，这不仅对于蒋先生后期成就及其对革命对国家的贡献，有先知之明，而中山先生平素对于人才之留心、重视珍爱与识别实为历史上领袖人物中所罕见！

我现在把原信附录如后以作参证：

> 介石我兄惠鉴……竞兄此番回粤，实举全身气力，以为党为国，吾人亦不惜全力以为竞兄之助，同德同心，岂复寻常可拟。我望竞兄为民国元年前之克强，为民国二年后之英士，我即以当时信托克强、英士者信托之。我所求者，惟期主义政策，与我一致，即我所谓服从三十年来共和主义，而岂若专制之君主，以言莫予违为得意耶？兄与英士共事最久，亦知我所以待英士矣。兄不妨以我之意思，尽告竞兄也。执信忽然殂折，使我如失左右手。计吾党中知兵事而且能肝胆照人者，今已不可多得。惟兄之勇敢诚笃与执信比，而知兵则又过之。兄性刚而嫉俗过甚，故常龃龉难合，然为党负重大之责任，则勉强牺牲所见而降格以求，所以为党非为个人也。兄以为然耶？否耶？专复，即颂近安。孙文、十月二十九日。[注十一]

远在中山先生二十八岁的时候，即甲午年，一八九四年，在他立志要以革命的途径，以挽救中国之危亡，创立三民主义以为建国之理想以前，他曾寄望于其时的位重权高的满清北洋大臣兼直隶总督李鸿章。在是年的春天，他特别由广州赴天津见李鸿章，陈述他的救亡图存的救国大计，以冀能被采纳实行，则中国或可免于由革命的大牺牲、大动荡而得救。他当时这一理想，自然不易为李鸿章及满清腐败的政府所接受，但我们自他上李鸿章的万言书中，所列举的"人尽其才，地尽其利，物尽其用，货畅其流"的四大救国纲领，其中以"人尽其才"列为首要，可见他对于人与才的重视。何谓"人尽其才"？他解释说："所谓人尽其才者，在教养有道，鼓励以方，任使得法也。"他又说："故教养有道，则天无枉生之才，鼓励以方，则野无抑郁之士，任使得法，则朝无幸进之徒，斯三者不失其序，则人能尽其才矣。"[注十二]

从上面中山先生早期思想的追述与研究，我们可以看出他对于人才的重视。他的伟大与成功，实奠基于此种地方。他的伟大不仅在知人善任，尤在于教养有道，鼓励以方。我们从他在民国九年致蒋先生的信中，可以看出他一生革命志业的成功，实得力于他对卓越人才之认识选拔与信赖。综合言之，可以为以下的结论：

一、自乙巳，一九〇五年，同盟会创立至辛亥革命成功，黄克强先生对中山先生革命志业是最卓越而贡献最大的一人。

二、自民十四年，一九二五年，中山先生逝世以后，继承中山先生的志业者，则为蒋先生中正。当时革命之历程虽日益艰苦，而革命之进展，必随时代之演进，发出其更大之光辉可为预卜。

从上面国父民国九年致蒋先生的信中，不仅我们知道中山先生对克强先生的评价之高，而且可以看出他对蒋先生的后期功业的预知之明。黄先生逝世于民国五年，其时正值袁世凯帝制自为，暴卒不久，国内亦正陷于政治紊乱，军阀猖獗，革命低潮之际，黄先生的功业亦随其逝世而告结束，为我们所已知。中山先生逝世于民国十四年三月，距黄先生去世后九年，距俄国革命后七年，距第一次欧战结束民国八年五四运动发生后约六年。第一次欧战与震惊一时的五四运动两件大事，使中国社会与中国革命在学术思想上、政治上、青年与大众的觉悟上，发生了剧烈的变动，此一剧变产生了史无前例的中国革命大势之进展。在这一时期，蒋先生为辅弼国父志业最重要之一员，亦为国父最所信托之一人，特别是在民国十四年国父逝世后，继承他的志业，经过北伐、统一、抗战、"戡乱"方面所表现的坚苦卓越的革命志节与精神。我所说的黄、蒋两先生与国父的关系，由于时代与环境之演变，我们在研究上应有所识别，其关键在此。

　　就国父上李鸿章书所阐述的"人尽其才"的意见，其对黄先生为"任使得宜"，其对蒋先生则兼"培养有道，鼓励以方，任使得法"三者而有之。

　　当革命同盟会创立于日本东京之时，提议公推中山先生为总理者，乃克强先生，他本人则被推为庶务部部长，依照同盟组织精神，总理不在本部时，总理的职务即由庶务部长代理。以当时的环境，中山先生既不能在国内亲自指挥国内各项活动，其后且日本政府亦不容许他在日本居住，他的大部分活动，都流亡在海外从事于外交与筹款工作，因此国内的政治、党务及起义工作，便由克强先生代理主持。最显著的事实如辛亥三月二十九黄花冈之役及武昌起义，中山先生均未能亲自在国内指挥。民元南京临时政府成立，中山先生被各省代表选举为临时大总统，克强先生则被任为陆军总长兼参谋总长，其时临时政府的组织虽采总统制，不设内阁总理，而克强先生以陆军总长兼参谋总长的地位，显然成了首席总长，在政治、军事方面辅弼中山先生。自同盟会成立，到辛亥革命成功，克强先生的地位，可说是仅次于中山先生的一人。同盟会虽无副总理的设置，但事实上克强先生的地位，却已无异于是总理之下的副总理了。

　　民国五年这一年，在革命的进程中，可算是最不幸的一年，亦是中山先生毕生最伤心，最悼惜，失去其革命最得力之助手同志的一年，否则革命之形势，必不致陷于此后一段时期之暗淡无光！约言之，一为陈英士先生于是年五月十八日被袁世凯派人刺杀于上海寓所，距袁世凯之暴死前仅十八日，一为黄克强先生于是年十月三十一日之病死上海，距袁世凯暴死后仅三月又十五日。中山先生于英士先生死难后四十二天，是年六月二十一日，曾亲撰祭文祭之，可见其顿失革命栋梁之痛，读了此文，真令人有墨与泪俱之感了！文曰：

孙文谨以清酒庶羞，敬奠故都督陈君英士之灵曰：呜呼英士！生为人杰，死为鬼雄，唯殇于国，始于天通。亡清季年，呼号奔走，濒死者三，终督沪右，东南半壁，君实锁钥，转输不匮，敌胥以挫；孤怀远识，洞烛奸宄，好爵之縻，避之若浼。贼恶既淫，更张义师，奔敢云殷，自讼责辞。惩后惩前，文属主张。彼恁文者，谬讪为狂。君独契文，谓国可救，百折不挠，以明所守。疾疚弥年，未尝逸晦。我志郁伊，赖君实笃。君总群豪，与贼奋搏。百怪张牙，图君益渴。七十万金，头颅如许，自有史来，莫之或匹。君死之夕，屋欷巷哭。我时抚尸，犹勿瞑目。曾不逾月，贼忽自殂。君倘无知，天胡此怒。含笑九原，当自兹始。文老幸生，必成君志。呜呼哀哉，尚飨！[注十三]

英士先生殉难后，蒋先生哀痛逾恒，并亲载英士先生之尸至其寓所。为了治丧，并撰文以祭之。情谊之厚，哀悼之深，实为今世薄俗所罕有。文曰：

呜呼！自今以往，世将无知我之深爱我之笃如公者乎！丁未至今十载，其间所共者何如事，非安危同仗之国事乎？所约者何如辞，非生死与共之誓词乎？而乃一死一生，国事如故，誓辞未践，死者成仁取义，固无愧于一生，而生者守信坚约，岂忍惜于一死。呜呼！大难方殷，元凶未戮，继死者之志，生者也。完死者之业，生者也。[注十四]

黄克强先生于民国三年七月，由日本赴美国，于民国五年六月三日归抵日本，是年七月八日应中山先生之召赶至上海。克强先生在美国时已患咯血症甚剧，不幸返国未及三个月便不幸于是年十月三十一日病逝上海。当克强先生奉召自美国动身返国时，本拟直航上海，一因所乘之船须在日本停留，二因健康情形须在日稍留养息，故迟至七月八日乃由日归至上海与中山先生晤面，筹划袁世凯死后之革命进行。当其抵达日本时，中山先生于是年六月十三日，曾致电克强先生征询其对时局之意见，足见对克强先生信重之深。文曰：

> 东京黄克强先生鉴：南军义举，多数主张，复约法，召国会为目的。袁死黎（元洪）能复约法，召国会当息纷争，事建设，以昭信义，固国本。兄见如何？

克强先生于接电之翌日复中山先生电曰：

> 中山先生鉴：电敬悉，南方要求恢复约法及国会，黎若能诚意执行，以外问题自可迎刃而解。先生来电所以息纷争，事建设，无任佩感，尚望主持，使国人晓然于吾人之无偏无私，尤所切盼。[注十五]

上电可能为克强先生逝世前致中山先生最后之文献，时人往往论及中山先生与克强先生之关系,仅从其"小异"而忽略其"大同"与"大义"者,读了上述文电自不难想见其误谬!当黄克强先生于民国五年十月三十一日逝世,中山先生即于翌日,十一月一日,通告海内外各支部为克强先生报丧,其倚界之重,痛悼之深,情义之厚,实生死而不渝。文曰:

> 各分支部同志钧鉴:启者,黄克强先生自创同盟会以来,与文共事,奔走艰难,迄于今日,凡我同志,谅均知悉。前月国庆日,突患胃中血管破裂之症,吐血数盂,晕绝经时,即延德国医生克礼氏诊治,据云:尚无大碍。嗣后胸膈仍觉饱闷;至上月下旬,更发现肝部肿大之征候。三十日下午五时,忽又吐血不止,势极危急,由医注射,暂见止血。三十一日早二时,突再吐血,医再注射,旋即脉停气绝,不可复救。呜呼哀哉!以克强盛年,禀赋素厚,虽此次讨贼,未得比肩致力,而提携奋斗,尚冀诸异日。遽此调谢,为国为友,悼伤百端!谨告同志共鉴察之。孙文启。民国五年十一月一日。[注十六]

以上我仅就克强先生在革命时期的评价加以叙述,至于有关克强先生参加同盟会以前的背景,他追随中山先生革命奋斗经过,以及他和中山先生在主张观念上大同而小异的地方,此文都尚未涉及,只得留在另文中加以补充了。

［注一］班固：《汉书·高帝本纪》。

［注二］《临时政府公报》第四十一号（民国元年三月十七日出版），页五一
　　　　六；《中华民国史事纪要》民国元年三月十七日纪事。

［注三］左舜生：《黄兴评传》，页二一三，传记文学社出版。

［注四］宋越伦：《总理在日本之革命活动》，页四四。

［注五］胡汉民：民国十九年九月九日在南京举行国父第一次广州起义纪念
　　　　演讲词：《总理首次起义的精神及其教训》，见胡著《革命理论与革
　　　　命工作》第三册。

［注六］《胡汉民自传》，见《革命文献》第三辑，页二一。

［注七］陈少白：《兴中会革命史要》第六节《第一次广州起事及其失败之经
　　　　过》。

［注八］《国父全集》第二册，捌一一四五。

［注九］《国父全集》第一册，壹一二三二。

［注十］《国父全集》第二册，玖一一○二。

［注十一］《国父全集》第三册，玖一五○五。

［注十二］《国父全集》第二册，玖一一。

［注十三］《国父全集》第三册，拾贰一一四。

［注十四］毛思诚：《民国十五年以前之蒋介石先生》第一册第五编，页一七。

［注十五］《国父全集》第三册，玖一二六六。

［注十六］《黄克强先生全集》，页二五八；《国父年谱》（增订本）下册，页
　　　　六五八。

（原载一九七三年十月《传记文学》第二十三卷第四期）

一次最具历史意义的工作报告

在今年三月二十日，我接到"总统府秘书长"郑彦棻兄的通知，说是奉谕要我在三月二十五这一天，在是日举行的"总统府月会"中，作一次"国史馆"的工作报告。"国史馆"是"总统府"的直属机构之一，自在台复馆，从我的前任罗家伦馆长到我接长馆务以来已将近二十年，以"国史馆长"的身份，在"总统府月会"中作报告的，这算是第一次，亦是最值得追忆而具有重大历史意义的一次！因为在此后的第十天，四月五日，我们伟大的蒋先生，便离我们而长逝了。云天苍苍，沧海茫茫，日月阴晦，举世同悼，在一个月的"国丧"中，成了最长的一月，为人类历史上记下了最大一次的哀伤！

我三月二十五日上午十时在"总统府月会"中的报告，题目是《"国史馆"当前工作的方针和重点》。这一报告辞的主题是在阐扬蒋先生生前所指示我们"复国建国"的途径，从发扬中华历史文化的光辉，"来解救痛苦呻吟中大陆亿万待救的同胞"。这一主题正与蒋先生易箦之时，犹以复兴民族文化为其毕生志业为念之旨相符合。

蒋先生逝世之后，我曾写作一文：《哀痛中我们应有的振奋》，来悼念他。在此文的前言中，我曾作了以下的叙述：

> 蒋先生的崩殂，是世界历史上惊天动地的大事。当此一不幸的消息传出的四月六日凌晨，我先震惊至极，既而抑止不住的悲恸。这一骤然来临的噩耗，使我错愕、彷徨、默默地为深沉的哀伤所冲击，只有五十年前在广州惊闻国父在北京逝世时的情景可以比拟。在平时，我自以为是个颇为坚强的人，但在这种巨大的悲伤所冲击之下，也感到软弱而无法自持了。从悲痛中忽而使我振作起来的，是我回想到民国十四年国父逝世时蒋先生所以自处的坚忍奋发的往事，他为我们树立了革命的典型，是我们在悲痛中最当记取的。

现在距我三月二十五日上午十时在"总统府月会"中作报告时恰是一个月又二十天，距蒋先生的逝世仅四十日。因此特把我当日的报告原文，予以发表。一面以之表示我对此一伟大导师的崇敬与永思；一面正如前面引文中所述，我要从哀伤中振奋起来，把他交付我的"国史馆"工作，竭尽力之所及，来把他完成，以代替我内心永不能摆脱的哀悼！

我当日所报告的是如何发扬中华历史文化的光辉的一些

见解，不料此一报告的见解，竟成了在他生前我所作的最后一次的报告了！这一报告的本身，转瞬间又成了历史之历史，以及最值得追怀之历史了！

以下便是我三月二十五日，在"总统府月会"中的报告全文。

一　民国开国之宏规

"中华民国国史馆"，为编纂"国史"及典藏国家档案文献之机构，直隶于"总统府"。

中国史学，创始最早，左史右史，见于三代，自秦汉以迄明清，史官史院，建制完备，成就辉煌，在世界文化上有其极为崇高之地位。历代对于史料之典藏，史职之尊重，史权之独立，渊源有自，蔚为中国文化之特质。我国五千年悠久历史得以绵延不绝，中华文化得以光耀世界者，史政制度之完美，实有以致之。

民国肇造，国父孙先生文就任临时大总统于南京。元年三月，胡汉民、黄兴、汤化龙、林长民等九十七人以"民国确立，历年革命运动之艰巨挫折，起蹶兴踬，循环倚伏，不可纪极，若非详加调查，笔之于书，著为信史，何以彰前烈而昭方来，正史裁而坚国本"，特呈请设立国史院。旋奉孙大总统批：

呈悉。查中国历代编纂国史之机关，均系独立，不受他机关之干涉，所以示好恶之公，昭是非之正，使秉笔者据事直书。无拘牵顾忌之嫌，法至善也。民国开创，为神州空前之伟业，不有信史，何以焜耀宇内，昭示方来。该员等所请设立国史院之举，本总统深表赞同，应候提交参议院议决。至请先行派员筹办一节，俟遴选得人，即行委任可也。

南京临时政府于元年元月一日正式成立，于同年四月因迁都北京而解体，虽为时仅三足月，其对于中国传统史政制度之重视，可以窥见。而国父之批示，尤足以说明民国开国之宏规与精神。

二 国史修纂方针

近世以来，时局多故，史料之供给未能普遍，以致在史学研究上，陷于重古而薄今，舍难而就易之局面。复由于战乱频仍，政局动荡，治史者求真、求实之精神，自未易尽量发挥。而史料分散，供应不周，寻绎参证，极为不便。史料之藏诸私家者，以为奇货可居；存于官府者，则又未遑整理，以致缺少完善之研究环境。更因时势之演变，在观念上今昔已大异其趣，以是改正观念实为今日治史者之要务。约言之：

（一）囿于"后朝人修前朝史"之陈旧观念，未认清民国之建立, 乃开中国数千年历史之新局, 中华民国之统绪, 实乃绵延无极亿万斯年者, 专制时代之观念, 固已不适于今日之时代矣。

（二）由于近代大众传播工具之进步与发达, 今日之新闻, 即可成为明天以后的历史, 过去重古而薄今之旧习, 固自有其困难, 然在今日, 则已大异于畴昔, 故现代史之研究、编纂与出版, 实为现代社会之一重大需要。为补救以往之不及, 今日研究史学者似应确立两项新的观念, 即:

甲、打破后朝人修前朝史之陈旧观念;

乙、认定今日发生之史实即为明日以后之历史, 而致力于"民国史"之研究或现代史之研究、撰述与出版。如是则更足以宏扬历史文化在一个民族之进步与成就上所肩负的责任之重要。

国父于民国八年手撰《建国方略》, 在《实业计划》之第五计划中, 除列述粮食工业、衣服工业、居室工业、行动工业外, 复加第五项, 主张以知识供给人民之印刷工业, 与食、衣、住、行四项民生工业, 等量齐观。国父谓:

此项（印刷）工业为以智识供给人民, 是为近代社会一种需要。人类非此无由进步。一切人类大事皆以印刷记述之, 一切人类智识皆以印刷蓄积之, 故此为文明一大因子。世界诸民族文明之进步, 每以其每年出版物之多少衡量之。

文中所谓"人类大事以印刷记述之,人类智识以印刷蓄积之",其主旨即在说明书刊出版之重要性,而印刷与出版业实为直接促进文化教育之主要工具,舍此则文化之普及与提高,自难获致也。

举一最近之事例言之,如日本《产经新闻》刊载之《"蒋总统"秘录》,其影响之大,实无与伦比!其在历史的升华与历史教育的传播上,实为一项突破,不仅说明了把现代的史实作成历史,而且把历史变作了新闻,使历史的价值更提高,教育的意义更普及。

三 当前"国史"整修工作重点

基于以上诸种观点,"国史馆"当前所致力之工作,约有下列数点:

(一)公开史料便利研究——分为集体的与个别的两种方式进行,五年前,"国史馆"即与中央党史史料编纂委员会合作创立"中华民国史料研究中心",此中心设于本馆志希楼。自一九七〇年九月份起,每月于中心举办学术讨论会一次,约请学者专家一人或数人,提出一与"民国史"有关之专题报告,随后由参与人员分别提出问题由报告人作答,或对报告人之内容加以补充。参与此项集体研究之人员,包括:"中研院"近史所、各大专院校历史系与研究所教授及研究生,各国来华研究民国史问题之留学生，党史会与本馆有关工作人员等。报告专题每十次出版专辑一册，以供参与研究及需要是项资料者之参证。五年多来，举办专题研究已达四十六余次，专题报告专辑已出版至第四辑。

（二）《中华民国史事纪要》之编订——其纪事，始自甲午（清光绪二十年，西元一八九四年）国父初创兴中会于檀香山，迄于今日，而以中华民国之建立为分际。分《前篇》、《正篇》两部分：自兴中会成立至辛亥革命爆发（一九一一年）为前篇，民国元年以后为正篇。分年编纂，以次发行。举凡有关政治、法制、经济、外交、国防、边事、社会、文化、教育、科学、艺术、体育等，各方面之重要建制、活动、成就与变革，无不广事收罗，审慎核校，以求其备，而存其真。并先刊行初稿，广征意见，期能逐步增订，成为一部完整之"中华民国编年史"。

目前已出版者，前篇有甲午（一八九四）至丁酉（一八九七）一册，辛亥（一九一一）二册；正篇有民国元年（一九一一）二册，一九七一年三册，以及最近为纪念国父逝世五十周年，提前出版之民国十四年一至六月一册。民国十四年这一年实为民国史之关键年，国父逝世五十年固为一重大史实，在军事方面同年有扭转历史的棉湖之役，在政治方面有七月一日国民政府的成立，奠定了军事政治之基础，乃有此后统一两广、北伐、统一全国抗日、"戡乱"，以继承国父志业之奋斗发展，当前"革命建国运动"，虽仍险阻艰难，危机未已，然国民革命之根本则早奠基于五十年来之长期奋斗与牺牲，实未阻其奋斗前进以底于成功也。

本年更有数项重大之历史纪念，一为七月一日"国民政府"成立五十周年纪念，一为革命同盟会创立之七十周年纪念，抗战胜利、台湾光复三十周年纪念。为纪念此光荣伟大之历史，"国史馆"决定于本年七月提前出版民国十四年史事纪要，下半年以纪念"国民政府"成立五十周年，于八月二十日之前出版革命同盟会创立七十周年之纪要，于十月二十五日之前出版抗战胜利与台湾光复三十周年之纪要。工作虽繁巨，但当全力以赴之。

史事纪要之编纂，在一九七一年前系由点到线，以至于面之方式以进行之。一九七二年以后之纪要，则已设立专案进行，每二年拟能出版一年。

（三）政府褒扬令及其有关资料之编纂——历史为史事所构成，而成此史实者，乃为无数卓越之个人。褒扬令就其表面观之，似为个人之荣显；就其实质观之，则此个人或为某时某地某事之枢纽，或重要关键之所系。今将民国成立以来之褒扬令及其有关资料刊布，亦提供史料新途径之一。以是本馆搜集民国元年南京临时政府，中华民国军政府，中华民国陆海军大元帅府，国民政府所颁发之褒扬令，编辑成帙，以彰勋烈，而存史实；北京政府时代所颁发之褒扬令状，亦一并收录之，计得二千五百八十件，受褒扬者计四千零五十一人。同时对每一令文之后益以受褒扬者之传略及其有关资料，作为附录，尽量求其详备。自民国十二年六月份起至一九七一年止之部分，现已完成初稿，经详加审查后，正分期付印中。至于民国十二年五月份以前之褒扬令文，将根据临时政府公报及大本营公报继续编纂。

（四）《国民政府公报》之刊行——政府公报不但为国家重要典章制度之汇集，亦为纂修历史之原始资料，举凡军政措施、法令文告、人事任免、会议纪录等，包蕴无余，其史料价值，非一般资料可比。本馆职司史料之征集与编纂，因鉴于国家典制，不可不传，俾后之读者，撷取与参证，爰将本馆所藏民国十四年至三十七年《国民政府公报》，重予付印，供研究民国史之需。全书计四千四百二十五号，共三万八千九百九十六页，合订二百二十二册，已于一九七二年八月出版。民国三十七年五月二十日行宪后之第一任总统蒋先生中正就职后，改《国民政府公报》为《“总统府”公报》，此后之公报亦将赓续出版。

关于公报之印行，其间有需补充说明者：

自民国十四年七月一日，大元帅府改制为国民政府起，至民国三十七年行宪时止，历时二十余载，中经北伐、统一、抗战、“戡乱”诸役，其间公报之发行，历经变动，略如下述：

甲、自民国十四年七月一日起，至十五年十一月二十九日止，共出一至五十二期。民国十五年十二月至十六年四月，五个月之公报，因北伐军事而中断，逮十六年四月十八日定都南京后，于五月一日始冠以"宁"字继续出版（详见该年五月一日《国民政府公报》所载第一号通告），共出一至十二期。后因政府改组，公报以每周出版两期，致期号亦随之变更。

乙、自民国十六年十月一日起，至十七年十月二十五日止，共出一至一〇〇期。

丙、自民国十七年十月二十六日起，至二十一年一月三十一日止，改为每日出版一期，共出一至九九一期。

丁、民国二十一年一月二十八日，日军进攻淞沪，国民政府暂迁洛阳办公，自二月二十九日起，至十一月三十日止，公报冠以"洛"字，共出一至七十三期。

戊、自民国二十一年十二月一日起，至二十六年十月三十一日止，仍衔接原编号九九一期，共出至二五二期。

己、民国二十六年十一月二十日，政府移驻陪都重庆，自十二月一日起，至三十五年四月止，公报冠以"渝"字，共出一至一〇五一期。

庚、民国三十五年还都南京，自五月一日起，至三十七年五月十九日止，仍与前二五一一期号衔接，共出至三一三七期。

（五）加强文献档案之征集与整理——就文献档案之征集整理而言，实为一至堪痛惜之事。当"民国三十八年首都沦陷"，"国史馆"全部档案播迁至广州，复因广州"失陷"，不及搬运来台，档案便亦随之陷失，而只字无存。所幸中央党史编纂委员会收藏之文献史料，在艰危中得抢救来台，以是关于国民革命之重要史料，得赖以保存，以作研究与利用，诚属不幸中之一大幸事。

一九五八年，"国史馆"在台恢复建制，一切均系从头做起。十六年来，经多方征集、选购及各方之赠予，乃得渐具规模。目前除"总统府"移送之"国民政府档案"外，并蒙"行政院蒋院长"于一九七三年三月通令"中央各部、会、处、局、署"，将大陆运台旧档及在台已失时效档案文献陆续移送本馆处理，本馆库藏乃得逐渐充实。截至目前为止，计有清末至民国肇造迄今，总计档案约十万八千余宗，约二百余万件；图书资料约十一余万件，目前正待接收及各方赠予与征集者仍在继续增加之中。在青潭新建之馆址，以规划时未料及发展如是之快，现有空间已感不敷使用，正如俗话所谓：捐赠穷人一项功名，必须增置衣冠靴鞋，乃能相衬。今后添置设备，吸收与培育人才，以增进史学研究之环境，似仍须相当人力、财力之支援，乃能有济，尤以人才之培育特为重要。

四　开发民族文化资源，发扬文化大国之光辉

溯自国际局势逆转，我方退出联合国以来，前途乍有阴暗之感，然由于"复兴基地"之台、澎、金、马，二十余年来之各

项建设，业已陆续完成，其基础之巩固，远非国民革命以来任何时期可比。尤其在经济建设方面，更卓著成绩，已为开发中国家树立一良好模式。环视今后之急务固在经济资源之开发，以推进现代建设，但在另一资源之开发上，较之经济资源之开发尤具光明伟大之远景者，厥为民族文化资源之开发。

我中华自古为一文化大国，文化资源之丰厚，为任何国家所不及。在历史上虽屡经浩劫与挑战，而终能维持于不坠者以此。

继承中国文化之传统，发扬中华文化之光辉，为今日我所特有之优越地位与责任。蒋先生于一九六六年十一月十二日国父一百晋一诞辰，阳明山中山楼落成所颁纪念文，明示中华文化之复兴为民族复兴之契机，故特定每年国父诞辰为文化复兴节，早已洞烛机先。

若再往前追溯，更可见蒋先生对历史文化的重视，尤过于军事、政治与经济。蒋先生领导北伐完成全国统一后，在江西"剿匪"期间，首倡"新生活运动"，随又提出"国民精神总动员运动"，即为宏扬我国优良传统文化的具体措施，凡此运动，皆在期使全国国民通晓礼义廉耻与孝悌忠信等意义，使中华文化的伦常精义普遍深入每一家庭，形成稳固社会国家的根蒂定力。

在台湾"复兴基地"，蒋先生继续敦勉我们加强历史文化的自觉，努力于文化的复兴。一九五四年十一月十二日，国父建党六十年纪念，蒋先生训勉同志说："国父建党，不仅提出了革命的主义，并且奠定了建国的规范。民国前十五年国父手著《自传》，早已指出了中国的文化传统，与西方的制度方法，两者融合于革命建国的洪炉，才能承继我五千年悠久的历史，奠定我中华民族复兴的基础。我们革命建党是为了救亡，必须警悟一个民族，其军事的失败还可以复兴，而其文化的沦亡，那就要万劫不复了。我们革命是为了图存，必须感觉到一个民族没有文化的自觉，就丧失了生存的意志。我们在革命过程中，经过多次侵略的狂潮，终能恢复国土，在强权压迫之下，仍能争回自由，这就是我们民族文化的结晶——三民主义，领导革命最显著的功效……。假使我们的民族文化灭绝，中华历史中断，那就是西方的制度和方法全盘移植于中国，也不过是没有灵魂的躯壳，我们国民的精神和生活，就如浪迹萍踪，无所寄托。"

一九六六年，国父一百晋一诞辰纪念日，中山楼中华文化堂落成，蒋先生亲撰纪念文指出："今日复兴基地之台湾省，实为汇集我中华文物精华唯一之宝库；且又为发扬我中华民族文化使民富且寿之式范也。"

此后，一九七三年十一月，中国国民党十届四中全会，蒋先生再手著训词，勉励同志，坚定革命的信心与慧力，先生指出："尽管国际政治千变万化，但自由人类必须共同面对邪恶挑战，这一基本形势是永远无法改变的……。在举世人心因一时之陷溺而迷失，反共阵营内部道德勇气趋于消沉之时，我们忍受一切屈辱，抵抗一切冲击，就是要使中华民族复兴基地，成为激扬自由世界反共信心的源头，成为鼓舞人类争取自由希望之火炬。历史将会纪录，在这段黑暗时期，我们中国国民党，才是不为势劫，不为利诱，并甘受至痛极苦，始终坚持立场原则，而使亚洲，使世界，免于沉沦迷失的方舟。"去年"双十节"，蒋先生在告军民书中重复强调："今天大陆上大搞'批孔''扬秦'，原是企图从历史文化的根源上来摧抑斫伤的，可是证之我们五千年的历史文化，从来就没有任何暴君、流寇、闯贼、汉奸、匪类……，能自逃于中华民族文化斧钺之外的！证之人心人性，更从来就是愈钳制，愈反抗，愈屠杀，愈不共戴天，愈欲得之而甘心，所以说'学术是杀不了的'，'革命是杀不了的'，这亦就是大家从历史文化上所得到的坚确的心理建设的准据！"

吾人本此信念，向中华文化大国之目标迈进，必能冲破一时阴暗，重获光明。

团结我民族之情感于不坠，系乎此；

达成"中华民国之再统一"，系乎此；

中华文化对世界和平之有所贡献，亦系乎此。

苏子瞻有言："言之于事前，可以为名，而不易见信；言之于事后，可以见信，而为时已晚。"事机迫切，未暇择言，深愿国人勉力以赴之。

（原载一九七五年六月《传记文学》第二十六卷第六期）

《亦云回忆》改变我对膺白先生的认识

——在"黄膺白先生座谈会"上的发言

过去认为膺白先生是亲日派

最初绍唐先生告诉我今天这个聚会，我当时很兴奋，因为我知道今天参加者都是膺白先生的故旧，我可以在此听到许多有关他的史料，和各位许多宝贵的意见。

我同膺白先生在公事上甚少有过接触。我之知道膺白先生和认识他的为人，还是我当了"国史馆"馆长之后，为了编辑《中华民国史事纪要》才特别对他过去的一切加以重视。在抗战期间，张岳军先生出任四川省政府主席，我负责中国国民党四川省党部的工作，每年举行一次全省行政会议，省主席与党部负责人都要参加，有一次我和张先生同车赴重庆出席会议，在车中闲谈，我问张先生："在你的朋友中对你影响最大者有哪几个人？"他说："一个是黄膺白先生，另一个是杨永泰先生。"我听了他这话，并没有引起我在观念上对膺白先生有所认识，相反的，在我的脑筋中，膺白先生虽不至如外传是一汉奸之不堪，至少是一个亲日派，而在抗战期间，国人对日本都怀有很大的仇恨的心理，因此我对岳军先生所说膺白先生是他一生中最得力的朋友之一，甚觉惊异。

《亦云回忆》使我改观并进而尊敬崇拜

一直到了台湾，黄夫人沈亦云女士发表她的《亦云回忆》，这使我感到大大的惊喜。一是在我们台湾今日的环境之下，她敢于发表这些材料，也只有她敢于发表，是一件很不平凡的事。这使我对膺白先生的认识大为改观，不仅是尊敬，甚至近于崇拜了。所以后来在一个聚会上见到黄夫人，有人称她嫂嫂，我则尊之为大姊。众人就奇怪了，就说，你姓黄，如何称黄夫人为大姊呢？我说，我同膺白先生关系不深，所以不称她为嫂子；而我则和她的令弟君怡兄有同事之雅，所以我便随君怡兄的称呼称之为大姊。

妻子对成功人物的影响不可忽视

后来，"中华民国史料研究中心"举办了一次座谈会，请沈云龙先生作专题演讲，讲题是《黄膺白（郭）先生的生平及其识见》。我在该次讨论中曾作一个综合的结论，全文见云龙先生的专题报告，在此无暇细说。不过有一点极为重要，也是我研究民国史的一个小小的发现，然为许多史家所忽略，这也可说是一个缺憾。这一缺憾是什么呢？云龙先生在论述膺白先生的生平之前，即推论说一个政治上有成就的人，"母教"的关系很大。我当时即有一感想，沈亦云女士和膺白先生夫妇间的关系，她对膺白先生在事业上的帮助真是无比的重要，很值得我们的钦佩。可是在我们中国人一般的观念里，论政治上的人物，及其事功，往往忽略了女性内助因素的重要。西洋人，对一个事业有成就的人物，往往称其夫人为"最好的一半"（better half），在中国的传统观念上亦有"贤内助"之称谓，这说明了太太在一个人的事功上所占地位的重要。所以一个伟大人物，不但"母教"重要，"妻教"也很重要！蒋公过世之后，报刊上悼念文字甚多，大都谈到蒋公的母亲王太夫人对蒋公的影响，而多少忽略了蒋夫人在蒋公一生的事业中所占的重要地位。有一次电信局的妇女工作会为纪念蒋公诞辰，请我演讲，我就以蒋夫人对蒋公事业的帮助为题。这似乎是一个新的题目，值得我们重视。今天在此机会特提出来。我相信这是我研究历史的人一个不可忽视的发现。

政治家不计较短暂的得失和毁誉

沈云龙先生说"黄膺白先生是一个失败的爱国主义者"，在我看来并不尽然，因为一位大政治家所计议的是千秋万世人类社会的安宁福祉，并不在乎短暂一时的得失和毁誉。我们今天在此仍然以他的志业来研究称颂，便是一个很好的证明。

（原载一九七六年二月《传记文学》第二十八卷第二期）

回忆与君劢先生的一段谈话

——在"张君劢先生座谈会"上的发言

邀请君劢先生到川大演讲

各位先生的意见引起我许多趣味的回忆。我同君劢先生的交往很早，在抗战时期有一段事情或不为外界所知，但当时却成了一项新闻带来了少少困扰。事缘抗战间我出任国立四川大学校长，我是以中国国民党四川省党部主任委员兼长川大的。当时中共的策略是极力的争取在野的中国青年党与国家社会党，也就是后来的民主社会党，以组成对执政的国民党的统一阵线。本来是一件很普通的事，但由于我当时是执政党省党部的主任委员，在当时却成了使人感到非常惊奇的一件事。因为我曾邀请张君劢先生和曾慕韩先生到川大来演讲，他们一位是国社党的领袖，一位是青年党的党魁，而我则是国民党四川省党部的主任委员。这在当时的社会和政治情况我们的立场是有多少不同的。我记得君劢先生在川大演讲是在一次朝会上，抗战期间沦陷区的青年流亡到川大就读的学生很多，一共有好几千人聚在一起听讲。我上台先说一段很轻松的故事，我说：张先生不必由我在此多作介绍，你们若从传统的观念来讲，则张先生同我是对立的，因为张先生在清末民初时代和康有为、梁启超诸位先生是齐名主张君主立宪的学者，我则是排满革命阵营中的一个小卒，我们在政治主张上在过去是尖锐对立的。今天我请他到川大来演讲，诸位一定会感惊奇的。现在是举国一致对日抗战，过去的差异，已有所不同。不过在个人方面，我同张先生仍有一点不同处，我是从教书的学院生活走上现实的政治道路，现在又回到学校里来做四川大学的校长；君劢先生则原是个作学术工作的人，他却兴趣很浓的参预了实际的政治，为政治而奔忙，这一点我很为他惋惜。我很希望他在抗战胜利之后仍回复到学术研究工作，到四川大学来讲学。台下的学生都热烈的鼓掌表示欢迎，君劢先生也很感动，他说，我将来一定到四川大学来！可惜，由于大陆的失掉，他的这一诺言未获实现！

征集有关民社党史料

自我接长"国史馆"的职务，为了要编纂《中华民国史事纪要》，于是我请沈云龙先生为我搜集青年党的资料，请程文熙先生为我搜集民社党的资料。当我和程先生谈及此事时，他非常激动，他说："季陆先生你真了不起！我们曾经跟你们国民党共过患难的，可是在你们国民党的文献中，从来很少提到过我们一个字！"他这一段话引起我一番自我的反省。在大陆时期，我们国民党是执政党，在很多方面不无遗憾，对学术、对学人的确不免有太疏忽的地方。而且在很多地方不免表现得党性太强了一点，而有似抹杀一切。

璧还赴德旅费补助

刚才王世宪先生报告过去张君劢先生从西贡到了香港、日本，有意回台一行；当时我们的确很希望他能回来。我还不知道当中还有这许多内情。不过有一段往事可在此一述。在一九六一年我接长"教育部"之后，史丹福大学要我去参加该校举行的教育会议（Cuberly Conference）。我到了旧金山，第一个就去看君劢先生，会见之后，我就有一个印象，为什么不请君劢先生"回国"？如果在政治上不适宜，在学术上比如在研究机构中仍可以请他回来做学术研究工作的。我在"教育部长"任内，某年君劢先生将往德讲学，而其时他的生活甚是清苦，我特汇寄一笔美金给他做路费，不想他却原封退回。我猜不到他的意思所在，我曾对程文熙先生说，是不是他嫌少呢？或者他有什么苦衷？这是我不可知的一段事。他曾有一封信复我，可惜一时亦寻不出来了。

愿与国民党合作

回忆当年在成都和君劢先生一段谈话，蛮有意思。我对他说，你对英国的政治极有研究，英国对你的影响亦很大。英国的政治大致可分为三个主力，一是激进的（radical），一是改良的（liberal），另一派则是保守的（conservative）。我们在政治的立场上不免是对立的，我们在革命时期对立很深，大家很奇怪。君劢先生说，为什么革命和改良会互相对立呢？我说，你记不记得一九〇五年清廷派五大臣出洋考察各国宪政，预备立宪；在一般看来，清政府预备改良，值得同情，然而革命党之吴樾曾在北京前门车站谋炸出洋五大臣，以身殉之。在吴樾之遗言中有云，我们革命党不怕清政府如何腐败，他越腐败，则其必被推翻，所最怕的是站在革命党与清政府之间的改良派，因改良派，将延续旧政权之生命，妨碍革命之成功。现在的政治情形，君劢先生不知你是否有这种感觉？早年革命之时，我们是激进的，而你是改良的；现在共产党"渐渐凶恶起来"了，如果以政权为目标，则我们变成保守的，共产党为激进的，而你们是站在中间的。君劢先生亦承认共产党是国家的"一大祸患"。我于是对他说，你是民社党的领袖，你是愿意跟我们国民党呢？还是"凶恶的"共产党合作呢？君劢先生回答说，我们虽然是对立的，但是我们的合作比与共产党的合作的机会要多要大。

是一个成功的人物

我与君劢先生的这一段谈话，事隔多年，今日回忆，使我感觉我们读书人在实际的政治中总是失败者，因为一个学者，在思想方面有理想的一面，与实际的政治总不尽相合，若坚持理想太甚，则尤不适合政治上之勾心斗角。君劢先生不曾经历过很惨酷的政治斗争，我们从漩涡中过来的人很了解此事。就一个历史家来看，一个人的成功与失败，不在眼前一时，需看千秋后世之论定。前一次座谈会中谈黄膺白，沈云龙先生说膺白先生是一个"失败的爱国主义者"，此语我未能首肯，我认为黄膺白先生并未失败。说到君劢先生，有人亦认为他在政治上是一个失败者，我亦不以为然。君劢先生是一个学者，他有许多构想，可惜在时间上未能配合，时机未成熟，是以落空。君劢先生是一个极力主张民主宪政的人，是今日的"中华民国宪法"的起草者，今日这部"宪法"毫无疑问的大半是出自他的构想，他像民初的一些宪政者，以为有一部《临时约法》，就可以约束袁世凯那样的奸雄，使国家步入民主宪政的正轨。然而时机尚未成熟，一些党派要求实行民主宪政者，皆与实际政治情况未能配合，我们今日检讨，大陆失败的原因有三：一是抗战胜利之后时局未定遽行裁军，二是改革货币，三是时机未到勉强推行宪政，宪政之实施是要许多先决条件的，然而当时皆未具备。但是我为什么说君劢先生是一个成功的人呢？这部"宪法"是不是有他的功能呢？有的，它的功用我们今天就看出来了。去年四月五日，蒋公崩逝，在不到二十四小时之内"副总统"严静波完全就依据"宪法"继任"总统"，奠定了我们政治的基础。平静无波，这就是这部"宪法"的功用。而在蒋公去世之后的第二十三天即四月廿八日，中国国民党举行临时中全会，选出蒋经国先生为党主席，领导中心因以巩固。所以有宪法、有制度，在"国家"危难之际，就能发挥它的功用。早先有些人担心，若蒋公故世，中国将不得了，但在蒋公去世之时虽使我们觉得极大的哀痛，"国家"却未发生任何事故，使我们看出这部"宪法"的大用来了。所以我不认为君劢先生是一个失败者，他是一个成功的人，他是一个书生，一个学者，一个中国民主宪政的忠实信仰者。

（原载一九七六年三月《传记文学》第二十八卷第三期）

适之先生无意中带给我的两个困扰

——在"胡适之先生座谈会"上的发言

我同适之先生在大陆时期没有什么接触，来台湾之后，接触稍微多些。因此我对适之先生的了解，没有诸位的亲切。但有两件事情，适之先生无意中带给我很大的困扰，今天在这里提出来谈谈。

适之先生逝世之日

第一件事是适之先生在一九六二年二月二十四日夜因心脏病突发去世。那一天正是我的生日，家人为我暖寿，突接到适之先生过世的电话，我乃匆匆忙忙的赶到"中研院"。按照中国人的习俗，过生日碰到这种事，认为很不吉利，大半不是好兆头，因此使家人十分悬心，这样过了大半年才算平安无事，一直到现在。这是适之先生无意中给我的困扰之一。

"多谈问题少讲主义"出了毛病

适之先生给我另外一次的困扰，那是远在五十多年前的往事了。那时是民国十三年，广州有一个《广州民国日报》，是由广州市党部所支助的，那时孙哲生先生任广州市长，他和我都是市党部的委员，所以这个报，可算是市党部的机关报。其时国父孙中山先生正在广州作三民主义之演讲，而把整理好的讲稿在《民国日报》上披露。《民国日报》的总编辑是我的复旦同学孙镜亚先生，他是我介绍到《民国日报》的。我记得孙先生那时正在讲民权主义，《民国日报》把讲词记录发表，同时却在讲词中间弄个小方块，引用的话是"多谈问题少讲主义"，这几乎是跟中山先生在开玩笑！我从来没有见过中山先生如此生气过，他看到《民国日报》这个方块，大为震怒，提起笔来一批六七百字，大骂记者太无常识。他说：上面登他民权主义的讲词，而方块又作如此不恰当的评论，好像是存心破坏他演讲的主义，该报的总编辑应该予以惩戒。"多谈问题少讲主义"原是引用胡适之先生的话，中山先生认为胡在民十一年陈炯明叛变时，居然还说陈是革命的，曾予本党以不利，更为社会所非议。对党来说这怎么可以！因此我就去找孙镜亚先生，要他答辩，他终于不得已而引咎去职。

蓝公武竟是共产党员

实际上适之先生这篇"多谈问题，少讲主义"的文章，我一直都未曾读过，直到来参加今天这个座谈会之前，才托人找出来拜读一番。他这篇文章于民国八年七月发表于《每周评论》。那时距五四运动不足两月，新文化运动正怒潮澎湃，各种思想都被介绍到中国来。胡先生有四篇再论多谈问题少讲主义的文章。那时参加辩论的主将还有两位，一是蓝志先，另一位是后来发起中国共产党的李大钊。李和胡都是北大的教授，两人原是好友，但这时他和胡先生的思想已有分歧。不过那时中共还没有成立，中共是民国十年七月才在上海组成的。然而此时李大钊却已经在介绍马克思主义了。至于蓝志先，就是蓝公武，他原是君宪派的一员大将，大陆失掉之后，才发现蓝公武竟成了中共的党员。我认为这些辩论，是研究中国近代思想史很有价值的参考资料。

关于六十年前胡先生所写"多谈问题少讲主义"的四篇文章，今天读起来还是有其深刻的意义。现收在《胡适文存》第一集第二卷内，读者不妨找出来参证。

（原载一九七六年五月《传记文学》第二十八卷第五期）

胡先生与西山会议

——在"胡汉民先生座谈会"上的发言

一部二十四史不知从何说起

在中国近代革命史上，胡展堂先生的地位极其崇高，不必由我在此多所陈说。遗憾的是，有两件事一直想做而还没有具体的做到，一是编纂胡先生的全集，二是撰写胡先生的传记。我在党史会任职期间，特别重视此事，打算为胡先生成立一个专档，就算无法为胡先生撰写传记，也可以把齐备的资料提供给其他的专家学者参考研究之用。由于我接触有关胡先生的资料很多，其中也有许多新现，就像一部二十四史不知从何说起，中国有句俗话叫做："哑子吃馄饨，心里有数目。"要想一一道出，亦恐非时间所许可，现在我只能就有关胡先生的资料，提出几件我所感应最深的来谈谈。

胡先生等呈请设立国史院

民国元年临时政府成立，国父孙先生文就任临时大总统于南京。元年三月，胡先生与黄兴、汤化龙、林长民等九十七人以"民国确立，历年革命运动之艰巨挫折，起蹶兴踬，循环倚伏，不可纪极，若非详加调查，笔之于书，著为信史，何以彰前烈而昭方来，正史裁而坚国本"，特呈请设立国史院，旋奉孙大总统批：

> 呈悉。查中国历代编纂国史之机关，均系独立，不受他机关之干涉，所以示好恶之公，昭是非之正，使秉笔者据事直书。无拘牵顾忌之嫌，法至善也。民国开创，为神州空前之伟业，不有信史，何以焜耀宇内，昭示方来。该员等所请设立国史院之举，本总统深表赞同，应候提交参议院议决。至请先行派员筹办一节，俟遴选得人，即行委任可也。

南京临时政府于元年元旦正式成立，于同年四月因迁都北京而解体，虽为时仅三足月，其对于中国传统史政制度之重视，可以窥见。而国父之批示，尤足以说明民国开国之宏规与精神。

其时胡先生任总统府秘书长，他一面是提请设立国史院首名提案人，一面又是孙大总统秘书长，他对于案文之草订与孙大总统之批示具有很大之影响力,可以想见。

愿协助完成胡先生的传记

谈到胡先生的传记,辛亥以前,胡先生他自己有一部自传,说得很详细。然民国以后的事迹则付阙如,这就有待史家去搜考撰写了。今天在座有两位先生对此极有贡献,一是今天的主讲人蒋永敬先生,他参考党史会的档案,替胡先生写了一部年谱;另一位是李云汉先生,他有一部著作叫《从"容共"到"清党"》,其中牵涉到胡先生的地方,都有很详尽的描述。但是胡先生的全传到今天却还没有完成。我一直很想有人能完成这件事情,我愿意提供资料和一切的援助。

胡先生对西山会议的影响

胡先生的思想和行为是一贯的,而他最令我佩服的是他的反共的态度。中国的反共运动中,不能不提到西山会议,而胡先生与西山会议反共运动有其不可分的影响和关系。我们不谈反共则已,若谈反共而忽略了胡先生和西山会议这一些人的奋斗和影响,则是歪曲了历史的真相,中国将再不会有历史可言。到台湾来之后,第一篇对西山会议比较公平客观完整的论述,还不是出诸党内人士,而是党外的沈云龙先生。沈先生这篇文章当年还是我曾细校过。他所提供的是客观的文献史实，而我则是亲身躬与其事的局中人，我今天想提供一些亲历的事实，这与此事大有关系，或可作为一种补充。

广州为共党势力所把持

民国十三年国民党第一次全国代表大会中，由于当时采取联俄容共的政策，共产党分子参加，毛泽东、李大钊、张国焘等即其例证。而党中另有一批人士便渐渐警觉起来，表示反对，于是就发生了容共与反共问题的尖锐斗争。由于中央委员的名额仅有二十四人，选举的结果，以致许多反共的人士连中央委员甚至候补中委都未能选上，于是就把这些人安排到地方党部上去，以充实各级组织的基础。例如孙哲生、吴铁城、马超俊和我，就是由以选举方式产生的委员。是以当时就有一种传言说：中央党部是左倾的大本营，广州市党部便叫做反共的大本营。逮民国十四年沙基惨案发生，香港发生总罢工，反英的风潮扩大，共产党的声势更是嚣张不已。那时广州市党部已经近于解体了，孙哲生、马超俊等人已经离开广州，市党部就只剩下我和吴铁城等少数几个人，吴因兼公安局长关系，不便采积极的反共行动，实则只剩下我一个人在孤军奋斗。因此，我时常接到信封内装有子弹的恐吓信，生命大受威胁，这当然是共党分子所为的，于是我想广州是不能待了，必须赶快离开，另谋对策。我既然想离开广州，不能不先向胡先生报告，我就到德宣路胡先生公馆，我对他说："我看广州的局面已不可为，不如到外地另竖起反共的大旗，或者尚可使共党分子有所顾忌，减缓对本党的进攻，俟革命发展到相当的阶段，再行予以制裁。由于此时方实行容共的政策，自无法把共党分子一举赶出去。所以我就只好离开广州，不但我要走，我希望你也走。"

胡先生主张召开一届四中全会

胡先生怎么回答呢？他说："我不能走！现在中国的中心有两个：政治的中心在北京，而革命的中心在广州。倘若我此时离开广州，本党的基础，更将动摇，更予共党以猖獗的机会。若是我们能把北京变成革命的中心，那我就可以走的。"胡先生的态度使人佩服他的勇气，亦非常佩服他的现实观点，但当时我并不太完全同意他，然而今日看来，从他这一现实观点可以看出胡先生对政治的远见，因为政治是不能脱离现实的。后来西山会议所遭遇到的坎坷和挫折，就是因为脱离了现实政治的凭依，而又未能创造现实的力量的缘故。

胡先生对于当时共党势力的嚣张，虽然深具戒心，但认为尚可控制。他说："在第一届的中央委员里面，我们还是多数，你赶快到上海去见季陶、右任、惠生（谢持）、子超（林森）、协和（李烈钧）等人，叫他们赶快到广州来，我们召开一次一届四中全会，再商量出一个办法来。"

西山会议筹开的经过

于是我就携带了胡先生的十几封信，离开广州，动身前往上海、北京、张家口、开封等地，约请中央委员们到广州开会。我在张家口会见李烈钧先生后又回到北京，之后又去河南开封找王用宾先生，他是中央委员，当时是河南的政务厅长，而张岳军先生那时在开封当警察厅长。那时河南的军政是国民二军岳维峻的势力范围。途中最鲜明的印象是在郑州看到青天白日旗。细查起来，原来是十三年北伐未及退回广东直把青天白日旗推进到黄河流域的樊钟秀将军的驻地。我的任务完毕后，由陇海路到徐州沿津浦路南下，预备回广州，到了浦口，看报知广州发生廖仲恺先生被刺案，共党分子趁机"猖獗"，广州是不能回去了。由上海赴广州开会的谢持先生亦被迫由羊城折返沪上。因为广州不能开会，必须另找开会的地点，于是才有民国十四年十一月廿三日北京西山国父灵前的所谓西山会议的召开。所谓西山会议，那只是一个世俗的称呼，它真正的名称应该是第一届中央执行委员会第四次全体会议。若从一个史家的立场来说，西山会议的地位是不容抹煞的。

上海二次全代会排除老成的失策

次年即民国十五年三月廿九日，所谓西山会议派，在上海召开国民党第二次全国代表大会，其所选出的中央委员三十六人中，在广州的同志只有胡先生和邵元冲先生二人，即如戴季陶先生，他是反共思想的发动人，也未能选上，从这可看出当时的失策。当时，把在广东党中老成持重的人士和在广东握有实力的人士都给排除了，当时蒋先生中正和谭延闿先生等都未能选上。是年北伐，国民革命军的势力达到长江流域，发生宁汉分裂，其后有"清党"反共。在"清党"的过程中，发生了党统的争论，在武汉分共之后，宁、汉、沪三个中央党部只得勉强合并，共党的势力才被排除。当年上海的第二次全国代表大会，如果能把当时在广东掌握势力而忠于党国的反共同志，包容在内，则后来的一些不幸事件或可消弭。当年上海的中央党部的代表大会忽视现实排除老成，不能不说是一大失策。

胡先生的思想与行动，他始终是一致的。他是反共的先觉，西山会议的召开也是受他影响的。依我看，就政治来说，胡先生是稍为书生一点；但就中国的读书人来说，他的人格风范已经达到中国人一致认为最高的圣贤的境界，代表天地的正气，大节凛然的境界。

（原载一九七六年六月《传记文学》第二十八卷第六期）

吴铁城先生与广州特别市党部
——早期共党眼中的右派大本营
——在"吴铁城先生座谈会"上的发言

对铁城先生回忆录的一点更正

听了彦棻先生的报告，对铁城先生的生平已有一个大略的叙述，我想补充的一点——这也是彦棻先生引起来的，就是铁城先生在党的方面，我们若叙述国民党的改组和建党的经过，则铁城先生是相当重要和影响力很大的一个人。在第一次全国代表大会之前，总理指派廖仲恺、孙科和铁城先生三人为筹备工作小组委员，来从事改组的规划。在代表大会之前成立的临时中央执行委员会，他亦是委员之一，而且是最负责任委员之一。为什么提这段事呢？因为铁城先生的回忆录里，提及跟我个人有关的一件事，却与事实微有出入，我想就此机会加以补充，我觉得有其必要的。因为这件事，当时有其复杂的背景，亦是后来人与人间的关系，党内同志在主张上的纷歧，产生了很多的麻烦，都与这件事不无关系。

铁城先生在其回忆录中，说第一次全国代表大会开会中，新中央委员产生的前夕，曾由总理约集全体临时中央委员在大本营举行会商，对于如何产生第一届中央执监委员，有两种不同的主张，有主张由出席代表自由选择的，也有主张由总理提名，再提交代表大会通过的，最后决定是由总理提名。他的叙述却和别的书有些不同，他说："是晚会议时，列席者还有由美洲回国不久的江西刘芦隐和四川黄季陆两同志。"（见《吴铁城回忆录》第一二八页，三民书局出版。）

铁城先生这一段叙述略与事实有所出入，因为牵涉到我，我是当事人，必须由我加以说明。因为：第一，我和刘芦隐都不是临时中央执行委员，所以不会出席总理召集商议选举中央执行委员的提名会议。第二，在代表大会中我是代表加拿大总支部的出席代表，刘芦隐兄则是代表美国总支部的代表。在当时的情势，海外党部的分量很重，尤其是代表美国和加拿大党部的刘芦隐和我。由于第一次全国代表大会之构成，海外的代表占了大部分，而华侨代表大都不会讲国语，而我则能说四川官话，无形中我成了他们的发言人，在大会中相当活跃。芦隐虽然能说国语，但是他很沉默持重，不似我那样浮躁，而敢作敢为。当时因为年轻，正是初生之犊不畏虎了！我曾把第一次全国代表大会这一段经过，以《匆匆四十年》为名，在《传记文学》上发表，在此不必细说。在此必须一提的是：在大会中我曾有两次重大的提案和发言：一项提案是不许跨党案，即本党党员不能有双重党籍，必须放弃其一而后可。本案的精神是在限制以个人资格加入本党的共产分子，同时仍保留其共产党的党籍。另一重大提案是《采用比例选举制为本党政纲之一案》。前案的目的是企图在组织与行动上限制共产分子，后案的目的，是想在思想上，改造共产分子。在以上两案讨论的时候，我和共产分子间，爆发了热烈的争辩，特别是和毛泽东，作了类似相骂的争辩！

两个提案连累刘芦隐

因为有了上面两案与共产分子的争辩，于是其时正酝酿中的排斥共产分子的情绪，便初度爆发而成为一种反共产党的运动的高潮！我个人在大会中便被视为最具反共色彩的人物，因此，我所代表的大部分海外出席代表，便被我连累，被视为代表资本家的人物。受害最深的要算是刘芦隐先生了。因为我和他都是海外的代表，而且都年轻而方在美、加留学归来的知识分子，在当时颇受党内重视，大家总是把我二人黄、刘并称，的确我二人当时在工作上和情谊上说得上是如兄如弟。据我所知，第一届中央执行委员的提名中，芦隐和我，总理都曾考虑到，因为我反对容共的色彩太浓，便被反对而没有提出，因而连累了芦隐，这是我引为遗憾而意料不到的事。铁城先生回忆中，说我和芦隐二人出席总理所召集的临时执行中央委员会讨论中央执行委员提名的事，可能是在决定人选时，我二人的名字曾被提出，终于以不适合于当时政治的情势，而予以放弃吧。在第一次全国代表大会时，有部分海内外同志，因为反共的关系，不便参加到中央执行委员去，可能就是遭遇到我和芦隐同样的情形。

广州特别市党部时期与铁城先生来往最密

我和铁城先生关系最密的时候，要算是在广州特别市党部共事的那段时间，我现在把我所能忆及的略述如后。

民国十三年二月一日，第一次全国代表大会闭幕以后，根据大会通过的总章而组织的正式党部，要以广州特别市党部为最早，国共开始短兵相接，也以广州特别市党部成立后最为具体化。在蒋先生所著《苏俄在中国》一书第二章第十节《共党颠覆工作的开始》，关于广州特别市党部有如下的记载："国父当时致力于吸收革命青年加入本党，并鼓励其参加基层工作，即如广州市党部就是本党忠实分子所组成。"又同书第一节又云："……广州市党部于六月一日向中央党部提出跨党分子破坏本党组织的检举案。"在《民国十五年以前之蒋介石先生》一书，所记"民国十三年六月一日广州市党部执行委员孙科、黄季陆提案中央党部，请制裁共产党"，所指的提案即是此一检举案。

上项关于广州市党部的记载，非常公正而正确，与其他资料所述大有出入。我在此应特为一提，以供研究革命史者一种参考。譬如在邹海滨先生所编《中国国民党党史稿》关于广州市党部有如下之记载：

> 总理在时仍有所慊，事虽阴违，貌仍阳顺。总理亦既觉悟，故对于广州市党部执行委员黄季陆、孙科等亦以共党跋扈，应予制裁，故市党部遵示进行。共产党因指市党部为"右派"、为反动。但市内各党部依章应归市党部办理指挥，莫能越级利用也。乃由组织部设各区党部区分部联合会于中央，以达其操纵之术。

照邹先生上面的记载，似乎认定广州市党部的反共工作是由总理之指示以对付共党之跋扈而特予制裁防止。总理的内心是否如此，为另一问题，据我所知，总理确未曾对我们对此有明显之指示。因为：第一，以总理平素坦率磊落，光明正大，不尚权术的领导作风，不会表面是一套，而内心又是一套。第二，当时共党"阴谋诡计"，虽略显露，但在整个容共的大计上，尚不如想像之严重，在总理的立场，实无采用此手段之必要。第三，当时的容共，实基于内外革命形势的一种需要，取舍之权操之于本党，如果认为共党当予制裁，去之可也；当不会采此迂回不当，导致不必要之内部纷扰与明和暗斗的坏作风。总理当日事前对于市党部人事之安排，有意鼓励本党忠实努力之同志从事基层工作，则确正如总裁蒋先生所记。我认为关于此一史料虽涉及的地方并不甚重要，但为求史料的真实，当以总裁所言为正确。

总理要我参加地方基层工作

在第一次全国代表大会闭幕不久，一天忽然总理命人通知我到大本营去谈话。总理笑容可掬的命我移一把小椅，坐在他所坐的沙发旁边。他很和蔼可亲的说：

> 你知道本党这次改组的重要精神是在把组织的重心放在地方党部吗？因为我们党的历史很久，老的同志很多，而且因为应付现实政治环境的关系，所以在中央党部委员的人选，不能不迁就事实，以致不能多多容纳青年努力的同志参加中央的工作。我在大会开会时，对于此一问题的考虑，既然我们党的今后的基础在基层，所以我决定把最努力的同志预备安排在地方的工作上去奋斗。

总理的话说到了此地，我内心忽然不安起来，我不安的理由是：由于自大会通过了中央执监委员的人选之后，一部分不曾担任中央执行委员及中央监察委员的同志，似乎因为自己不曾当选而引以为失望。在那时正是青年人被认为是时代的骄子的时候，我可能也被人认为是不曾当选为中央委员而感到失望者之一。的确在大会期中，我的内心曾有此种打算，以我所代表加拿大总支部的重要，而我那时自信正是活跃而对党对革命具有热情的一个青年人，总理待我又很宽厚，我之当选不无可能，青年人的狂妄与自负太过的毛病，那时我件件都具备得有，加以自己颇以为一般同志多因从事革命而失学，我居然能够有很长一段时间去到外国读书，今得学成归来，大有"当今之世，舍我其谁"的幼稚心理，是无可宽恕的。以我如是狂妄而幼稚的人，总理话中不但不加责骂，而在他的话中好似带有对我慰勉而重视的意思，兼以他说话时那种亲切和蔼的态度，就是再顽强的人，没有不被他所感动的了。我内心顿呈不安的原因在此。我那时的情形，既感觉到惭愧，又感觉到兴奋。惭愧的是我太渺小，兴奋的是总理的话中不曾有损我的自尊。我数十年来学问事功虽无成就，而每当我肃然立在总理遗像之前，反躬自省的时候，我发现了一个作事为人的道理，那就是人格要提才能高尚的，压是压不高的；如果要问我受的总理的感召最多的地方是甚？我的答案是人类的尊严的应当尊重，这是民主社会起码必须有的一种素养。总理继续的说：

"我们不久就要依据总章正式成立广州特别市党部了。这是改组后的第一个重要党部，执监委员都要用民主的方法，由党员普选来产生，我要你和刘芦隐同志参加竞选。"

铁城先生等支持我当选执行委员

我听了总理的话以后，当时以一个少年人的心情自然是很喜欢的，我当时唯一引为可虑的，是我初由国外回来，国内人事一点不熟悉，广州的同志又那样多，既然要用民主普选来产生，我如何能有把握可以当选？是我当时最感迟疑的一个问题。万一落选了，岂不又丢人吗？当我正在迟疑的时候，总理忽对我说："你怕困难吗？"我马上答道："困难有甚么可怕？我如果能当选，我一定努力奋斗到底。我所恐惧的是选不出来时，给谭平山那些跨党分子笑我无能，我被他们笑，我是不甘的。"总理笑了一笑说道："不要紧，这是多数广州的同志的意见，哲生、超俊和铁城他们会帮你忙的。"

广州特别市党部举行选举的结果，我居然当选为执行委员，我之能当选的原因，完全是由于在广州有群众基础的那时任广州市长的孙哲生，公安局长吴铁城，在工人方面有力量的马超俊诸同志的支持。市党部执行委员共九人，候补三人，现在还记得起的有执行委员孙科、吴铁城、马超俊、方瑞麟、潘歌雅、陈其瑗、陈兴汉及我。候补委员有赵锦雯等五人，其中一位是女性伍智梅，其余有二人是共党分子，有一名叫阮啸仙，他是后来和彭湃在东江暴动，率领残部到江西战死的。监察委员记得起的有刘芦隐、张民达、陈树人诸人。

广州特别市党部选举，铁城先生得票最多

现在我把最近发现有关当日广州特别市党部选举后，呈报中央党部的原始报告附录于下：

为报告事，广州特别市党部执行、监察委员选举，业于四月二十五日在各区开始投票，至二十七日截止，各区将票匦缴回，即于二十八日开票，至本月五日完竣，所有办理情形，除由组织编录有系统详细记载报告外，特先将选举结果报告于下：

一、各区投票总数　六千二百五十二张

二、废票　四百张

三、当选人

执行委员：吴铁城　五千六百二十七票

　　　　　孙　科　五千六百一十四票

　　　　　潘歌雅　五千二百九十七票

　　　　　马超俊　五千零零八票

　　　　　陈其瑗　四千零八十三票

　　　　　黄季陆　三千六百二十四票

罗　迈　二千四百一十六票

　　陈兴汉　二千四百一十四票

　　方瑞麟　二千二百三十九票

候补执行委员：赵锦雯　二千零四十票

　　　　　　阮啸仙　一千九百九十票

　　　　　　伍智梅　一千六百八十一票

　　　　　　曾西盛　一千五百七十七票

　　　　　　邝达生　一千三百六十七票

监察委员：黄隆生　三千三百四十三票

　　　　　刘芦隐　三千零五十七票

　　　　　陈树人　二千八百七十四票

候补监察委员：张民达　二千五百七十六票

　　　　　　　林云陔　一千九百六十三票

　　　　　　　邓演达　一千六百七十一票

组织部部长：谭平山

监视开票员：邓泽如、廖仲恺、戴季陶

彭素民报告

　　从上面的资料中，可以看出铁城先生得票最多，列在第一名，而他的长官广州市市长孙科先生却比他的当选票数少，列在第二名，在当时并不觉得有甚么不便和不当的地方！由此可见当时同志间的一种民主作风。

右派大本营所遭遇的矛盾与困难

我参加广州市党部这一段时间的工作是非常艰辛有趣的，现在回忆起来，虽然觉得因为当时稚气太甚，以致无所成就，可是在改组容共局面之下，而且又在当日革命枢纽的广州市，能与共党树立一对抗形势，勿论是在党内党外，广州或广州以外的地区，都能发生出一种引发的作用，成为反共联系与观瞻的象征，共党目为右派的大本营也就是基于这些事实。当日各主干同志如孙哲生先生、吴铁城先生等，在先都担任了实际的政治职务，他们在当日那样的容共局面之下，往往发生主张与现实两者间的矛盾；容忍既所不愿，放手与共党决裂又属不可能；而我那时正值壮年，经验毫无，书生偏重理想与主张的习气又深，于是在行动上一往直前无所顾忌，我所给予他们的困难实在太多了。其后他们都先后失去了政治上的地位，或竟离开了广州，或虽留在广州，也甚难发生出若何积极的作用，直到民国十四年六月沙基惨案发生，我也不能不被迫离开，于是广州特别市党部便一度形同瓦解。其后由于孙文主义学会在军中、在广东大学普遍的兴起，与共党分子对抗，于是留在广州的同志如吴铁城、谢瀛洲兄等与学会同志配合，又从青年工人群众中展开一新的反共局势，故广州市党部在十五年北伐以前这一段时期中，仍然居于一个重要的地位。

自民国十四年春中山先生在北京逝世后，以左派领袖自居的汪精卫便与共产分子合流起来，气焰汹汹，不可一世，其时在革命基地的广州，被视为反共大本营的广州特别市党部，自然渐渐失去其有力地位，孙科、马超俊和我三人都被迫离开广州。我们为救党起见，便又推动在十四年十一月二十三日在北京西山总理灵前举行的西山会议，决议驱除共产分子于党外，并停止汪精卫的党籍，掀起反共的高潮，以遥为广东同志的声援，免为共党将本党吞噬。

铁城先生给予西山会议反共运动的影响

　　说到西山会议的反共运动这件事，我和铁城先生有一段很不愉快的插曲，他给当时西山会议的运动的打击和影响很大。大家知道，西山会议主要的倡导人实际上是孙哲生先生，因为他是总理的哲嗣，他不但富有号召的力量，而且他也是主要的经济支援者。当谢持、张继、林森、邹鲁先生等正在西山开会之时，孙哲生、马超俊、我以及其他一些同志，就把上海法租界环龙路四十四号，中国国民党上海执行部强制接收过来，作反共产的中央党部。当我们去接收时，毛泽东、张廷灏等人闻风而逃！我记得那个时候出席西山会议那些人，还没有回到上海，这上海环龙路的中央就由我们几个人支撑着。而就在这个时候，吴铁城先生代表广东来到上海，要把孙哲生给拖回去，以拆我们的台。就现实来说，这或许是必要的，但是孙哲生先生一走，对西山会议的反共运动将是一很大的打击，自无疑问。铁城先生来到沪上，为广东方面解释，他好似不仅要拉走孙哲生先生，而且要使西山会议这一运动使之瓦解，孙先生一走，必将群龙无首，就只剩我们少数的人在那里苦撑了。这一运动势将无法进行，而趋于无形解体。其时上海同志曾在大东酒店举行一次欢迎铁城先生的聚餐会，请他报告广东的情形。他所报告的当然是我们所不愿听的，于是引起了我很大的反感！我和铁城先生本来感情很好，平时有说有笑，此时再也忍不住了，我于是起来声色俱厉的痛斥他一顿，弄得他坐立不安。我当时年轻气盛，竟发出这么一顿脾气，使他难堪，至今思之仍觉歉然！他当时默不作答，那种宽容的精神，尤值得敬佩！我的讲话博得了大众的掌声，但是孙科先生终于被他拖去广东了！西山会议反共运动之蒙受打击，不能如预期之有为，孙科先生之走，是一重大关键！

文人而能带兵博得"将军"美名

最后再谈一两件铁城先生的往事，这实在是他了不得的地方。刚才彦棻先生提到，铁城先生当广州市公安局长时，另外组训了一支军队，叫作广东省警卫军。他哪有时间去带军队呢？他就找到了一批像欧阳惜白、文鸿恩等很得力的军事干部来替他带兵。早在护法时代，唐继尧在云南办有讲武堂，国父就以许多华侨子弟送入云南讲武堂学习军事，文鸿恩就是以华侨青年的身份与叶剑英一起进入云南讲武堂的，叶剑英现今还是共党元老军人仅存者之一。铁城先生有知人之明，能识人才，而用人不疑，信任极专，故人也乐为之用，带兵是很现实的，怎能假手于人？一般人多无此器识度量，铁城先生则不然，他能信任一批军事专家为他带兵，所以他基本上是个文人，而人家都称他为将军，这实在是他过人之处。

铁城先生在他的回忆录中，还提到"虎门幽居"的一段往事。他认为他之于十五年五月三十日之被免职及被送到虎门横档炮台"幽居"，完全是由于共产党和李济琛捣的鬼。他说："依我敏感的判断，那是由于共产党的毒计和李济琛的私心攘夺广东地盘，两者汇流而成的结果，我恰巧做了当时的箭靶。"不过，据我的了解，他的"幽居"与李济琛的关系不太大，倒是他在广州市党部服务时反共的言行及其与我们一些在外高揭反共大旗的人的关系，实不无影响，而一时连累了他。

（原载一九七六年十月《传记文学》第二十九卷第四期）

勇于公义怯于私斗的罗志希先生
——在"罗家伦先生座谈会"上的发言

同班同学

我与罗志希先生有多层的关系。我先从这些关系说起：

第一层关系是：我同他是复旦公学中学部的同班同学。我们复旦同班同学今天较为世人所知的有数人，一是吴南轩，曾任抗战时期复旦大学的校长，在台政治大学文学院院长；一个是我；一个是余英杰，香港中国银行总经理，后来跳楼自杀；还有一个就是志希。此外我们复旦的同学，高我们一班的有程天放，低一班的有余井塘等人。

第二层关系呢，现在人讲学派，我们复旦出身的人也几乎成为一个学派。志希先生到台湾之后出任"国史馆"馆长和党史会主任委员，我是接他的后任。天放和我的关系也有许多巧合，当民国十一、十二年我在加拿大办《醒华日报》，我回国之后，即把《醒华》交给天放；后来天放做四川大学校长，我又继他出长川大；在一九四九年大陆即将撤退时，到了广州，天放其时任中央宣传部部长，他大概想要摆脱，他说："季陆你来了很好，宣传部的事情要你去做。"我当时就对他说："照你这样讲起来，天下事就由我们两个人包办了。"天放被我幽了一默，啼笑皆非，只好作罢。由于我跟志希、天放都是复旦的同学，后来在职务上的关系，好像是一个小团体似的。

复旦与北大

我要先声明一点，我们今天大家都在说志希的好话，不过，对于志希，我过去一些时候对他的印象并不太好，虽然我们感情不错。这话从何说起呢？我们自民国六年在复旦毕业之后，志希就考上了北大，五四运动发生，志希便成为一时的风云人物，那时我在日本，志希同我通信，老是说我们北大如何如何，从来不提他是复旦出身的。可是北伐之后，因为复旦是革命的学府，复旦师生许多出任党国要职，像于右任、邵力子、叶楚伧、刘芦隐、余井塘诸人以及我个人，都是置身在革命行列，而这时他则言必称复旦，什么我的同学黄季陆，我的朋友刘芦隐，我的老师叶楚伧、于右任、邵力子等等。我就笑他说："你从前在北大的时候就忘了复旦，现在你只晓得复旦而忘了北大！"

老夫子与孔夫子

我跟志希在复旦中学同班，有几件有趣的小事，现在无妨谈谈。志希的中国旧文学的底子很好，下笔千言，那时还是中学的时代。同学都称他为"老夫子"，那时大家年纪小，把老夫子叫他，多少含有一点讽刺的意义，而他竟夸大的说他是"孔夫子"而不是老夫子，不料后来叫他为"孔夫子"的人竟也增多起来了。他颇引以得意。我记得班上有一位老师林天木先生，见志希姓名叫罗家伦，就问他："江西有位国会议员罗家衡，你们是不是一家？"他们本来不是一家的，志希却回答说："我们是同宗啊！"

勇于公义、怯于私斗

志希中学时代，最崇拜君宪派的梁任公先生。我们革命党人在思想上对梁颇有距离，甚至在情绪上积不相能。因为君宪派视我们革命党人为袍、土、革的暴徒，也即是认为革命党是和袍哥、土匪的三结合。的确有时候我们一言不合，便吵起架来，揎拳弄袖就要动起手打架，在这种情形之下，他总是让步，于是我们就认为罗志希不过是个文弱书生，是个胆小鬼（coward）。我这个印象一直绵延了数十年。其实这是错误的，志希实际上是一个最勇敢的人，他是勇于公义而怯于私斗。我为说明这件事,这也是我今天要来参加这个座谈会的原因。

最勇敢的一例

志希最勇敢的事迹,不是一般人所能做得到的。我现在举个例子来说明。在民国十七年济南五三惨案,日军阻挠我们国民革命军北伐,出兵济南,并杀害中国交涉使蔡公时。是时志希和曾养甫奉派到济南交涉署查看,这还不打紧,待其时蒋总司令中正到了党家庄,日本正向济南进攻之际,这真是最危险的时刻。志希又和熊天翼(式辉)奉派与日军师团长福田彦助交涉,当时的情况非常险恶,志希此行,真是临危受命。后来,他和我谈起这事,我说:"你这个胆小鬼怎么有胆子身入虎口呢?"他说:"赫!在那个军事的时代,长官命令下来,哪有不去的道理!"他勇于赴义,这是最大的勇敢。他那时是战地政务委员会的教育处处长,蔡公时是外交处长。我们后来看他的报告,可以想像志希绝不是一个懦弱的人,而是个最勇敢的人。

最有价值的文章

志希的才华、文笔、著作等身,是很出众的,他的《新人生观》一书最是年轻人喜欢阅读，而广受称道的书。在我看来志希所有的著作中，最足以表现他的风格的还是他于民国十七年，上述随北伐军，以战地政务委员教育处长的身份，临危受命，赴济南向凶恶的侵华日军交涉，那段经过的报告。（民国十七年六月十四日在南京大学院报告，原文见《罗志希先生文存》。）这篇报告不仅表现他个人的风格，而且是济南"五三"惨案这段史实中最具权威的一项史料。我所以特别重视珍爱他这篇报告的原因，不仅在纠正世人对他遇事懦弱畏缩的观念，更在纠正我自己以往对他的错误观念。

（原载一九七七年一月《传记文学》第三十卷第一期）

连雅堂先生与祖国革命之关系

——在"连雅堂先生座谈会"上的发言

　　台湾于甲午中日第一次战争战败之结果于翌年乙未春缔结《马关条约》而割让台澎。中国第一个革命团体兴中会之创立亦适于甲午年十月，其时亦正是中日战争节节失败之时，而乙未《马关条约》之缔结，亦正是国父孙先生积极筹划第一次广州起义，而加速进行之时。由于第一次中日战争之失败，割让台澎于日本，可以说台湾之割让与中国革命有息息相关之关系。

　　连雅堂先生是一个爱国的历史学家，阐扬中原文化与台湾之血缘关系，而冀台湾之能重光，回归祖国怀抱之奋斗者。他集一生大部精力于《台湾通史》之撰述，其自述有云："夫史者，民族之精神而人类之龟鉴也"；"国可灭而史不可灭"；"灭人之国者，必先去其史"。他认定台湾在日本占领之下，能够保持中国历史的传统，终有一日可以回到祖国的怀抱。可惜他逝世于民国二十六年第二次中日战争之前一年，不及看到我们对日八年抗战之后，终于光复了台湾。

连雅堂先生究竟是否曾加入革命团体兴中会为会员，中国同盟会为会员，或成为国民党党员，在现在已知的史料中尚未发现过具体的资料。这是我们应当加以重视与追求的一个问题。就我个人的看法，得到了下面几项推论，可以作为研究的线路：

第一，在丁酉、戊戌之际（一八九七——一八九八）陈少白先生曾来台湾组织第二个（第一支会是在日本的横滨）兴中会支会于台北，其时雅堂先生已二十一岁，他是否对此一组织有所接触？

第二，国父孙先生曾于庚子（一九○○）年，亲到台北，以台北为基地指挥惠州起义，其时雅堂先生已二十三岁，他是否于此时曾与中山先生相见？

以上两者似均无史料可资说明。

第三，他在言论思想上最足以显示他与近代中国革命的关系地方，则为自光绪三十一年（一九○五），由台南携眷赴厦门创办《福建日日新闻》这一段时间。这一家报纸是以排满革命的宗旨，言论激烈，畅销到南洋各地，南洋的同盟会同志曾派李竹痴到厦门，商议改为同盟会的机关报，在可考的文献中，亦曾将《福建日日新闻》列为同盟会时期的机关报。该报因反对满清言论激烈，竟因清廷向日本领事抗议而被封闭。雅堂先生本人亦几乎遭清廷官吏之侦捕，幸得避去，而回到台南。

第四，民国元年雅堂先生由台赴大陆，在上海曾担任其时的"华侨联合会"的编辑工作。此会为民国初年海外同盟会会员在国内所成立的团体，会长是汪精卫，副会长是来自南洋槟榔屿的华侨吴世荣，两人都是同盟会会员，而是我所熟悉的人物。雅堂先生与张溥泉、章太炎一批革命党人相识，大约在此时期最有可能。他之能在华侨联合会担任工作，可能亦是由于创办《福建日日新闻》时代所种的姻缘关系。

在我的判断，雅堂先生的党籍虽尚不能考证，而他与同盟会或国民党的关系则已密切到极点。在雅堂先生的文集中我寻出了下列两项文件，最足以表现他热爱国家民族炽烈的感情：

其一，是辛亥革命成功后，他高兴万分，特亲撰祭延平王郑成功文。文曰：

中华光复后之年壬子春二月十二日，台湾遗民连横诚惶诚恐，顿首载拜，敢昭告于延平郡王之神曰：於戏！满人猾夏，禹域沦亡，落日荒涛，哭望天末，而王独保正朔于东都，以与满人拮抗，传二十有二年而始灭。灭之后二百二十有八年，而我中华民族乃逐满人而建民国。此虽革命诸士断脰流血，前仆后继，克以告成，而我王在天之灵，潜辅默相，故能振天声于大汉也！夫春秋之义，九世犹仇；楚国之残，三户可复。今者，虏酋去位，南北共和，天命维新，发皇踔厉，维王有灵，其左右之！

其二，是民国二十年，雅堂先生命其哲嗣连震东先生回到国内服务，类似托孤的一封寄给革命前辈张溥泉先生的信。信中最令人感动的是其时台湾在日本统治之下的一种痛苦悲愤的感情。信中说：

……弟仅此子，雅不欲其永居异域，长为化外之人，是以托诸左右。昔子胥在吴，寄子齐国；鲁连蹈海，义不帝秦；况以轩黄之华胄，而为他族之贱奴，泣血椎心，其何能恝！所幸……国光远被，惠及海隅，弃地遗民，亦沾雨露，则此有生之年，犹有复旦之日也……

从上面两项文件中，可以看出雅堂先生崇高炽烈的民族情操，前辈风范真令人仰之弥高了。

数年前，震东先生曾以有关部分史料赠"国史馆"，曾由馆加以整理展出，我想尚有大部分资料，不久亦将送赠，以供研究参考吧。今年三月五日是雅堂先生百年诞辰，各方所发表纪念资料很多，将来把所有的资料搜集起来，便可成为一最完整的雅堂全集了。《国史馆》现正将纪念张溥泉先生的

"溥泉馆"扩建，完工后将另辟一"雅堂室"，将有关雅堂先生资料陈列，以供阅读研究。张溥泉先生是"国史馆"第一任馆长，雅堂先生是现在民族"复兴基地"《台湾通史》的撰述者，把他两人合起来纪念，真可说是史上一项光辉！他们二人将与天地共垂不朽！

（原载一九七七年四月《传记文学》第三十卷第四期）

访黄季陆先生谈西山会议

问："请问召开西山会议的目的何在？"

答："西山会议的主要任务，在于取消共产党员在中国国民党内的党籍，亦即纯粹的中国国民党领导中心为反对共党在国民党内进行破坏活动而采取的护党措施。

反共的中国国民党坚贞分子，中央监察委员吴敬恒、张继、谢持，中央执行委员林森、邹鲁、戴季陶、居正等人，对共产党……均欲设法阻止。民国十三年一月廿八日，中国国民党第一次全国代表大会期间，方瑞麟和我提出限制跨党案，在国民党内首次公开引起反共的争辩。同年六月一日，广州市党部执行委员孙科及我又提出请制裁共产党专案，送中央党部。到了六月十八日，中央监察委员张继、谢持、邓泽如等，正式向总理孙先生及国民党中央执行委员会，提出弹劾共产党一案。十四年五月十九日，戴季陶于国民党三中全会提出《民生哲学系统表》，阐述研究总理思想九项要点；六月，出版《孙文主义之哲学的基础》，指出总理思想完全是中国的正统思想，总理所主张的国民革命是联合各阶级的革命；七月，发表《国民革命与中国国民党》一书，说明中国国民党之国民革命的理论基础及方法步骤与共产党之阶级革命的区别所在。他的言论可以视为西山反共护党会议鼓吹的先导。八月十日，中国国民党中央第一百零三次常会决议，原定九月十五日召开第一届四中全会以解决共党分子在国民党内的'篡窃阴谋'问题，嗣因八月廿日廖仲恺被刺案发生与扩大株连的影响，胡汉民被迫赴俄，其他准备与会人员踟蹰未至，致全会未能如期举行。九月间，中国国民党中央执行委员会政治委员会，拟与北京的临时执政府建立对付帝国主义的联合战线，派遣林森与邹鲁率领广东'外交代表团'北上宣传，林、邹乃趁机离粤，沿途联络同志，筹议集会商讨反共问题；他们抵达上海后，先与戴季陶、谢持、叶楚伧、邵元冲等会商，决定在北京召开第一届中央执行委员会第四次全会，共商对付共党办法。开会前，林森、张继、邹鲁等八人，并对中国国民党中央党部执监委员密发长信一封，详述必须与共党分开的理由。"

问："请谈谈胡汉民先生与西山会议的关系。"

答："民国十三年中国国民党在广州举行的第一次全国代表大会，由于当时采取联俄容共的政策，共产党人如毛泽东、李大钊、张国焘等俱出席参加。而党中另有一批同志便渐渐警觉起来，表示反对，于是就发生了容共与反共问题的尖锐斗争。由于中央执行委员的名额仅有廿四人,选举的结果,以致许多坚决反共的同志连中央委员甚至候补中委都未能选上,于是就把这些人安排到地方党部上去。例如:孙哲生、吴铁城、马超俊和我,就是以遴选方式担任广州市党部的委员。是以当时就有一种传说:中央党部都是左倾的大本营,广州市党部便叫做反共的大本营。民国十四年沙基惨案后,香港发生总罢工,反英的风潮扩大,共产党的声势更是嚣张不已。那时广州市党部已经近于解体了,孙哲生、马超俊等人已经离开广州,市党部就只剩下我和吴铁城等少数几个人,吴因兼公安局长关系,不便采积极的反共行动,实则只剩下我一个人在孤军奋斗。因此,我时常接到信封内装有子弹的恐吓信,生命大受威胁,这当然是共党分子所为的,于是我想广州不能待了,必须赶快离开,另谋对策。我既然想离开广州,不能不先向胡汉民先生报告,我就到德宣路胡公馆,我对胡先生说:'我看广州的局面已不可为,不如到外地另竖起反共的大旗,或者尚可使共党分子有所顾忌,减缓对本党的进攻,俟革命发展到相当的阶段,再行予以制裁。由于此时方实行容共的政策,自无法把共党分子一齐赶出去。所以我就只好离开广州,不但我要走,我希望你也走。'

胡先生回答说:'我不能走!现在中国的中心有两个:政治的中心在北京,而革命的中心在广州。倘若我此时离开广州,本党的基础,更将动摇,更予共党以"猖獗"的机会。若是我们能把北京变成革命的中心，那我就可以走的。'胡先生的态度使人佩服他的勇气，亦非常佩服他的现实观点，但当时我并不太完全同意他，然而今日看来，从他这一现实观点，可以看出胡先生对政治的远见，因为政治是不能脱离现实的。后来西山会议所遭遇到的坎坷和挫折，就是因为脱离了现实政治的凭依，而又未能创造现实的力量的缘故。

胡先生对于当时共党势力的'嚣张'，虽然深具戒心，但认为尚可控制。他说：'在第一届的中央委员里面，我们还是多数，你赶快到上海去见（戴）季陶、（于）右任、惠生（谢持）、子超（林森）、协和（李烈钧）等人，叫他赶快到广州来，我们召开一次一届四中全会，再商量出一个办法来。'

于是我就携带了胡先生的十几封信，离开广州，动身前往上海、北京、张家口、开封等地，约请中央委员们到广州开会。我的任务完毕后，由陇海路到徐州沿津浦路南下，预备回广州。到了浦口，看报知广州发生廖仲恺先生被刺案，共党分子'益形猖獗'，广州是不能回去了。由上海赴广州开会的谢持先生亦被迫自粤返沪。因为广州不能开会，必须另找开会地点，于是才有民国十四年十一月廿三日北京西山总理灵前的所谓'西山会议'的召开。

民国十五年三月廿九日所谓，在上海召开国民党第二次全国代表大会，其所选出的中央委员卅六人，'西山会议派'只有胡先生和邵元冲先生二人，即如戴季陶先生，他是反共思想的发动人，也未能选上，从这可看出当时的失策。其他在广州党内老成持重的和握有实力的重要同志，都给排除了，如像谭延闿和蒋中正先生等都未能选上。是年北伐，国民革命军的势力，不久便达到长江流域，次年四月'清党'反共，遂发生宁汉分裂。在'清党'的过程中，于是而有党统的争论，直至武汉分共之后，宁、汉、沪三个中央党部才勉强合并，共党的势力才能被排除。当年上海的第二次全国代表大会，如果能把在广东掌握势力而忠于党国的反共同志，包容在内，则后来的一些不幸事件或可消弭。可是上海的中央党部的代表大会忽视现实，排除老成，不能不说是一大失策。

胡汉民先生的思想与行动，他始终是一致的。他是反共的先觉，西山会议的召开也是受他的影响。"

问："请谈谈吴铁城先生给予西山会议反共运动的影响？"

答："他给当时西山会议的运动的打击和影响很大。大家知道，西山会议主要的倡导人实际上是孙哲生先生，因为他是总理的哲嗣，他不但富有号召的力量，而且他也是主要的经济支援者。当林森、邹鲁、谢持、张继先生等正在西山开会之时，孙哲生、马超俊和我以及其他一些同志，就把上海租界环龙路四十四号，中国国民党上海执行部强制接收过来，作反共的中央党部。当我们去接收时，毛泽东、张廷灏等人'闻风而逃'！我记得那个时候出席西山会议那些人，还没有从北京回到上海，这上海环龙路的中央就由我们几个人支撑着。而就在这个时候，吴铁城代表广东到上海，要把孙哲生给拖回去，以拆我们的台。就现实来说，这或许是必要的，但是孙哲生先生一走，对西山会议的反共运动将是一很大的打击，自无疑问。铁城先生来到上海，为广东方面解释，他好似不仅要拉走孙哲生先生，而且要使西山会议这一运动使之瓦解，孙先生一走，必将群龙无首，就只剩我们少数的人在那里苦撑了。西山会议反共运动蒙受打击，不能如预期之有为，孙科先生之走，是一重大关键！"

问："请谈谈您第一次见到鲍罗廷的情形。"

答："民国十三年第一届全国代表大会开会前，我和海外代表都回国参加。经总理孙先生为我们介绍后，我对鲍罗廷的第一印象很不好，因为在房子里，他还戴一顶帽子，很没有礼貌。他头一句话问我说：'你刚从加拿大回来，你们在国外的华侨是否有许多资本家？'尽管年轻时我多少有一点社会主义的思想，但听到这个问题，心里非常不高兴，于是对他说了很不客气的话：'你太没有常识。你知道中国的华侨是如何产生的吗？他们是在过去专制时代，为生活所迫，只有到海外侨居地区求生存。甚至可以说，他们在帝国主义的国家，以廉价的劳力，换取最低的生活费用，还要受到压迫。他们怎能算是资本家呢？'鲍罗廷见到我不甚愉快的说了这一段话，也很知趣的摘下他的帽子，向我说了声：'抱歉！'"

（原载一九七八年三月《传记文学》第三十二卷第三期）

吴达铨先生与革命的渊源

——在"吴鼎昌先生座谈会"上的发言

我今天能来参加这个盛会,心中感到非常兴奋,因为达铨先生是我心中经常思念的人。为了参加今天的座谈会,我搜集了一点资料提出来,供诸位参考。这些资料可能还未达到一个完整、成熟的阶段,但也不妨提出来。

有一件事很有趣,那就是我们四川人都把吴先生当作四川人。吴先生和戴季陶先生的情形一样,他们都是寄籍四川,原籍都是浙江的吴兴,戴先生的寄籍是广汉,吴是成都。四川话有很多种,但标准的四川话是成都话。吴先生说的就是成都官话,很清脆。

有一件事引起我很大兴趣,我一直在探求。那就是吴先生与国民党革命的渊源。早在光绪三十一年,吴先生在东京留学的时代就加入了同盟会,而且还担任过同盟会本部的评议员。因为吴先生曾侧身北京政府的政治圈(吴先生曾对我提起，在民国元年，当大清银行改为中国银行的时候，他当时是筹备人，后来他好像是担任监督），所以有些追随过他的人往往忽略了他的革命根基。

国父后来和吴先生发生接触是在民国八年上海南北和平会议那段时间。这种关系可以从国父资料中发现。

民国七年，国父在广东护法，遭旧桂系军人陆荣廷等的排挤，到了上海。当时桂系和北方勾结，于是在民国八年在上海召开南北和平会议。令人奇怪的，吴先生竟成为北方的代表，代表段祺瑞、徐世昌的政府。北方首席代表是朱启钤，吴先生在代表名单中名列第一。由此一事，不难想像，北京政府所以要吴先生担任代表与南方谈和，可能就是因为他与南方革命势力有过历史渊源的关系。当时的会议等于是南北军阀分赃的会议。南方代表是胡汉民。当时双方争执得很激烈，因为国父坚持恢复旧国会。北方的国会是安福系的国会，总统是徐世昌，国父认为这是非法的；当然是不能作数的。

当和谈为了恢复旧国会的问题陷入僵局时，北方代表团派吴先生去见国父探询双方争点是否有妥协的余地。于是吴先生和国父见了面。在有关国父的文献中，有一段如下的记载：民国八年十月，国父在上海寰球中国学生会演讲，讲题是《救国之急务》，其中内容是谈南北和议的事。国父坚决主张恢复旧国会，表示别无他途可循。会谈时吴先生问国父：如果不恢复旧国会，是否还有其它办法？国父说：恢愎旧国会是上策，如果不采行上策，还有其它三个办法，但均为下策。即使是下策的三个办法，北方军阀也不敢采纳。国父当时讲演的原文如下：

> 吾人欲救民国，所可采者惟有两途：其一、则为维持原状，即恢复合法国会，以维持真正永久之和平也；其二、则重新开始革命事业，以求根本改革也。今先维持原状；诸君知数月之前，以五国警告之故，上海既开和会矣，实际两代表间，已将一问题决定；惟有如何处置国会一层，悬而未决。北方代表，表示北方永不能允恢复国会，而促南方代表表示其对于此问题之态度；南方代表则答以此为孙逸仙之条件，故北方务必与孙氏直接磋商此问题。于是北方代表吴鼎昌君来见予，且言彼确知北廷意将拒绝我所要求，问予可否另提出他种办法。当时予应彼所求，提出三项：

> 第一、军阀既以毁坏约法，夺去人民所握之主权，则务须以此权还诸建立此约法之革命党人之手。

> 第二、如军阀以为此主权，本为以强力夺诸清室者，故不欲以还革命党人，则彼等尽可效法张勋，复以此权贡之清室，再演清帝复辟之事。

> 第三、若军阀意犹不欲，则亦可效袁世凯所为，僭称帝号，永握此权。

> 当时予问吴君，北方敢行此三事乎？吴毅然对曰：

"否。"予曰："然则惟有恢复国会一途而已。"吴乃摇头告别。从此和会不复有声响，以至于王揖唐君之任命。

国父坚决主张恢复旧国会，就是要恢复民国的正统，北京政府当然不能接受。此外有几件事与国父后来的意旨是有关系的，此处值得一提。

吴先生与徐世昌及段祺瑞二人的关系究竟是哪一个深厚呢？据我的想法他是与段较深。为什么呢？因为那次和谈破裂后，北方又派王揖唐为总代表，再举行和谈。其他代表人选一仍旧贯。当时南方人士均认为王揖唐声名狼藉，怎么能任总代表？所以大家反对得很凶。国父对大家说：你们的反对是没有道理的，人家是代表对方来议和的，你们何必管他是不是安福系。就因为他是我们的对方，所以才有资格来和我们谈判。你们反对的理由是完全不充分的。大家反王很激烈，而国父却能谅解王，这中间我想吴先生一定是事先去见过国父有所运筹。王来后倒有一个好现象，就是国父提出的主张，王并没有说北方绝对不能接受，仅说他们可以考虑考虑以后再作答复。这一段经过，是国父自己讲出来的。基于此事，使我有一个看法，后来孙（国父）段（祺瑞）张（作霖）三角同盟之形成，这可能就是一个伏笔。而吴先生任代表时，可能对他们的三角关系起了影响作用。

民国二十六年我才首次见到吴先生。二十六年抗战军兴，我抵南京共赴国难。吴先生当时发表大本营第四部部长，我与何廉二人任他的副部长。这是我们共事的一段经过。我们当时的办公室设在幕阜山下地下室内，地方很整齐。我俩的办公桌相对，有一天吴先生对我说："想不到你也是革命党员，我也曾加入过同盟会。我认为一般的党员都很粗暴，是暴徒型。但我看你，很温文儒雅的嘛！"因为吴曾在北京政府中任过职，所以我就回他一句："在我没有与吴先生共事前，在我的想像中你是个官僚。"话毕大家相顾而笑！

当时大本营第四部主管轻工业，到武汉后才改成经济部。第四部当时最大的任务是要将在京、沪各地工厂迁四川。今天在座的胡光麃先生与工业界极有关系，我想他对工厂迁川事必然知之甚详。当时刘湘由京返川，中途卧病武汉，我去看他。我记得第一位去看他的人是何敬之先生，第二个就是我，我想第三个可能就是胡先生。刘湘当时交代说工厂迁川事，胡先生是与工业界最有关系的，应该多听他的意见。

当时政府由京迁汉，由汉再迁渝，所有有关工厂迁川的事均由吴先生主持。记得当时第四部的秘书长是郑道儒先生，其他如高惜冰等先生也都在部中，吴先生用的人都很有才干。

政府迁川后我与吴先生见面的机会就多了。二十八年张岳军先生发表四川省主席，在成都就职。吴先生陪岳军先生去成都，任监交，我当时已接任四川省党部主任委员。在交接时，岳军先生客气对我说："我们在广州时你是小老弟，如今你是训政时期党的四川省主任委员，我是省主席，我要服从你的领导。"当时我说："讲私，你是我的老兄，我应该向你学习。谈到中国政治，你是老手，懂得的很多，我也应该向你学习。"吴先生当时打趣说："他是个坏人，是个狐狸（不要学他）。"从这段小趣事来看，可知张、吴二位先生的关系是很深的。前天见到岳军先生还谈起他们的关系。他们的关系仿佛是在二十二三年张季鸾先生到南京时建立的。当时我国要以和平方法解决九一八事变后的中日纠纷，所以就用一批留日的学生担任要职，张任外交部长，吴任实业部长。吴先生当时并曾组织工商考察团赴日本考察。

武汉撤退后，我绕道广西至贵阳。当时吴先生是贵州省政府主席也在贵阳，因为他好酒，所以我还送给他好几瓶洋酒。我们曾在贵阳的花溪，痛饮一次。

我个人常常体验到中国政治上的一个道理。就是人与人间合作不是一件容易的事，相反的，大家一旦能合作也必有所成就。我们都知道我国过去有个《大公报》，此一报纸就是吴先生与张季鸾先生及胡政之先生三人合办的。《大公报》在二次大战前及战争期间对国家是有极大的贡献。中国有一句成语："三个臭皮匠，等于是一个诸葛亮。"这说明了众志可以成城。他们三人的合作，使《大公报》有了不起的成就，实在难得。抗战前后李宗仁、白崇禧、黄旭初三人合作，也能使广西成个局面。《三国演义》中所描述的刘、关、张的合作，也有所成就。但中国也有另一句名言："一个和尚担水吃，两个和尚抬水吃，三个和尚没水吃。"这又说明了人与人间合作的不易。因之，我认为《大公报》三个人的合作能有始有终，实在是很难得，很了不起的。吴先生在他《花溪闲笔》中的谈政部分提出很多看法，这些看法虽已时过境迁，但对政治经验、人情世故的了解却是很为深刻的。我们读他的书，实在获益不浅。今天我不想再耽误大家的时间，将来我想用书面把谈政的部分补充起来。谢谢大家。

（原载一九七九年三月《传记文学》第三十四卷第三期）

为一件历史事实作证

——敬悼王云五先生

一

王云五先生的逝世，的确是"国家"社会的一大损失。连日以来各报刊对他的生平及其对"国家"社会的贡献，报导已多，在此不再赘述。

云五先生的一生，其辉煌的业迹应在于出版事业，亦即商务印书馆。商务印书馆实乃近代中国文化事业的重镇。以近代文化事业的功勋来景仰云五先生，他真值得我们恒久地追念！

二

云五先生于对日抗战期中，以社会贤达被选为国民参政会的参政员，抗战胜利之后，曾一度从政担任政府中十分艰巨的任务，在每一政府的岗位上，他都有其卓越的建树。他以一党外人士而对政府有如许的贡献，实无负于他所自许的"永为国民党的友人"！

云五先生与国民党渊源久而且深，我们都知道一八九五年（乙未）广州起义为中国第一次的革命运动，而第一位牺牲的烈士陆皓东，就是他的表兄。陆皓东就义时，云五先生七岁，对其表兄为革命而牺牲的精神，应颇具启示。辛亥光复国父中山先生回国时广东旅沪同乡会开欢迎会，主席即为其尊人，而由云五先生代为主持。国父就任临时大总统时，被延任为总统府秘书，时年仅二十四岁，其受见重如此。今天他以九二高龄走完了他极其辉煌的旅程，行将隆重的安葬于"自由中国"的土地上，他的精神将不会远离我们的。

三

出版事业在民国肇建之初，亦甚为中山先生所重视，民国九年一月二十九日中山先生在致海外同志书中，曾论及设立印刷机关的重要，在书中对当时的商务印书馆颇有微词，书中说："我国印刷机关，惟商务印书馆号称宏大，而其在营业上有垄断性质，固无论矣……又且压抑新出版物，凡属吾党印刷之件及外界与新思想有关之著作，彼皆拒不代印。即如《孙文学说》一书，曾经其拒绝，不得已自己印刷。……"

由于上面所引述的一段文字，一直到国民革命军北伐时期，国民党人对商务印书馆还印象不佳，以致云五先生也难免于不被谅解。细考起来，云五先生与拒印《孙文学说》毫无关系，我们知道《孙文学说》一书完成于民国七年，中山先生民国九年一月二十九日致海外同志书中所说关于商务印书馆拒印《孙文学说》一事，一定是民国九年以前的往事。而云五先生入商务印书馆任编译所所长则是民国十年一月以后的事。设若云五先生提早出任商务印书馆编译所长，以他对中山先生的敬仰及其与国民革命的关系，其乐于承印《孙文学说》一书必可断言。

今天我们悼念云五先生之逝世，我特别把商务拒印《孙文学说》一事与云五先生无关的事实，为历史作一见证。

四

我最后一次看到云五先生是在他逝世前的八天，就是八月六日。他在荣民总医院养病，已有起色，他认为无须继续治疗，急着要回去，进行他的未完的工作。我再三劝慰他，要他完全痊愈后出院，回家后还应休养。他虽唯唯称是，但我知道一定不会听从劝告的。他的个性非常好强，同时更是不服老。记得若干年前，我和他同在机场欢迎一位回国的学人，我对他说："你年纪老啦，让我来搀扶你吧！"他反说："用不着，让我来扶你。"但是我的动作快，立即用手搀扶了他。他因而哈哈大笑，笑得腰都弯了。这是他不服老和好强争胜的性格。的确，这性格是云五先生事业学术成就的重要基础。但是岁月毕竟不会饶人，机器使用久了还需要大修，何况人体这部精密而神秘的机器！

（原载一九七九年九月《传记文学》第三十五卷第三期）

从历史观点看中山先生与宋庆龄女士结婚（选载）

——傅启学先生撰《国父孙中山先生传》序

　　今年是国父孙中山先生诞生的一百年，亦是国父民国十四年三月逝世于北平后的四十整年。当国父在世之时，他的美国朋友林百克先生，曾根据与他相处时所体认得来的资料，写了一本《孙逸仙先生传记》，这本书正待完成，而中山先生已不幸逝世。迨此书出版已是在他逝世之后。林氏在书中所引述的若干关于中山先生口述的童年时代的故事和所经过的重大政治事件，可惜均不获中山先生亲阅而有所增补，然并不因此减少林著《孙逸仙先生传记》的价值。曾追随中山先生革命的日本志士宫崎寅藏先生，在二十世纪的初叶，写成《三十三年落花梦》一书，虽然是以宫崎本人为中心的一本参加中国革命的回忆录，但此书对于一九〇〇年庚子年以前的中国革命史实，和有关中山先生音容器宇的记载，可以说得上是第一手的材料。尤可贵的是此书曾经中山先生亲阅并为之作序，自更值得作为研究中山先生生平的一种参考。目前有关中山先生生前和逝世之后的著作不少，但其中属于片断的记述或资料的编排者居多，而一本叙述他的生平及其思想主义的完整的传记，迄未尽如吾人想望中的予以完成，这实在是一件很足引为遗憾的事。

傅启学先生本于他多年来的抱负，写成一部国父传，订于本年十一月十二日国父百年诞辰之期出版，这是一个很好的消息和一项值得称颂的努力。我非常引为荣幸能于此书出版之前，获得优先阅读的机会。在书中如像关于材料的分析比较，以及关于追随中山先生革命的重要人物的事略等项，我认为若以之置于附注内，似较纳入正文为简洁，且可更为详尽。此外如对年、月、地点史实的考证用力太勤，而未把目前存在的若干史实的争议并列，加以论断等，我于这些地方虽然有若干看法的不同，然在行文的方便上著作者自有其苦心，好在这些对于本书价值并无重大的增损。

本书的优点很多，我且举出其中两个部分以为说明，也许这些部分是将来易于引起注视的地方。但是历史是求真实的，历史有他的时代性，亦有他的现实性，治历史的人和论断历史的人应当有一综合因果得失的衡量，而不必对现实作过多的顾虑和忌讳；若是忽视历史的时代性和真实性而不言，甚或歪曲事实，勉为适应，则便根本不成历史了。譬如书中所述关于中山先生与宋庆龄女士的相爱与结婚经过，在其他写作中山先生传记的人，往往都避讳不言，而此书却为详细的记述。避讳的原因不外两点：第一，从旧伦理的观点，认为中山先生与卢夫人分离而另行结褵，总是一件不好的事；或根本否定此为一种出于道德的行为，而不暇计及其在人生的权利幸福上的是非得失，特别是忽视家庭生活对一个献身人类的伟大人物的重要。第二，基于现实的原因，孙夫人宋庆龄女士目前尚身在大陆。从治历史的观点来说，勿论孙夫人目前身在大陆的情景及未来历史的发展如何，现在似乎均不能遽下结论。而她与中山先生相爱与结婚的经过，却已成为了历史，既已成为历史便不能改易；纵然不说，历史仍然是存在的了。相反的，我们对历史有忠实的态度，把曲折原委说个明白，便更能使此一历史的经过表现出当事人物的伟大。我们读本书对中山先生与宋庆龄女士相爱与结婚的委婉经过后所得的印象，即是一个很好的例证。因为历史不仅是使人知道史实的经过是甚么，而更是要使人知道历史是如何的产生，及为甚么才有这样的历史。这样亦才是对一个伟大人物最好的衡量。再如本书把中山先生逝世之后，他的生前政敌、朋友和同志对于他的论断和哀思刊举出来，使读者得从各个不同的角度，去了解中山先生的伟大，特别是发自他的政敌方面的言论。以上所举，我认为是本书优点的一个例证，可能亦是易于引起注视的部分，因此我愿先为提出介绍。

当民国十四年三月,中山先生在北平逝世的消息传达广州后,其时广东大学(即是后来的中山大学)的一部分教授们正出版一个名叫《社会评论》的刊物,我和现尚在台的谢瀛洲先生都是其中主要的撰稿人。我们为悲悼伟大革命导师的逝世,评论社的同人特别会商刊行一期纪念他逝世的专号,把他的生平、思想、主义作一概要的阐述,以为后来写作他的传记和研究他的思想主义工作做一个开端。我记得其中《中山先生事略》一文是由我执笔的;《中山先生思想概观》一文为周佛海所写,周之见重于戴季陶先生,此文的关系很大;《民族主义》一文为曹四勿先生所写;《民权主义》一文为谢瀛洲先生的大著;《民生主义》一文则为农学界的一位前辈曾济宽先生所写。当时此一纪念专号的筹划,原本是为了要合力为他写一本传记的预备,所以文章的安排,在初便已具备了一些传记的轮廓。现在距中山先生逝世已四十年,此一纪念专号固已无从寻得,而大家立志要为他写一传记的宏愿,特别是我本人,则至今未获完成,清夜自思,感到十分惭愧与惶悚!尤感到傅启学先生所著国父传的适时出版,是值得敬佩的。一个伟大人物的传记不厌其多,更不能因年代日远而失去其重要。世界伟大人物如耶稣、华盛顿、林肯、拿破仑的传记,已出版的不知有多少,即至今日仍有作者企求发现新的资料、新的论点,而埋头从事写作,发掘这些伟大人物的理想、主张和抱负来启示今人,昭励来兹。

一个伟大人物传记的写作是十分吃力的事，不是过来人将不知其中的艰苦。第一是受了现实环境和条件的限制，不易尽如理想地以表达历史的真实；第二，治历史的人最易患一种"近视病"，对距我们愈远人物的描写，则只见其影响与贡献，而忽视其瑕疵；对愈近的人物，则易见其恩怨瑕疵，而忽略其贡献与伟大；即是将两者并予考量，由于两者相互抵减，其伟大之处亦便所余无多了！

治历史的人，有三个不可忽视的步骤：一是搜集资料；二是整理和分析资料；三是处理资料。把这三项工作做得很圆满，自然可有一部比较完好的历史或传记写出，但问题往往发生在资料的本身，尚须经过一番净化与锤炼，即使已属纯可靠的资料，亦只能从中知道这件事是甚么？而这件事是如何产生的？为甚么会产生这件事？有时往往亦不易寻出端绪。新闻和其他新兴的大众传播事业是近代人类一项大的进步，照理新闻应当是现在最好的历史，但是近代新闻的报导，亦往往有与事实背离的地方。后之人如果纯以此为根据，势将随之而失去历史的真实性，自不能尽行采证，而必须加以分析、判断和求得旁证乃可。近代治历史的人，鼓励人写自传，或由当事人录音纪录，在资料的搜集方面已较以往为进步，唯一可虑的只是主观成分每嫌过多，然而对于了解一段历史的如何？与为甚么？其所及的范围则有更为广阔的好处。因此，当事人所述的忠实经过，自仍是一种较为重要的参证。

我现在要举出几项有关的史料，以说明撰写国父传在资料搜集与采用时的困难，特别是了解中山先生伟大的政治风格之不易。自民国十三年二月，中国国民党第一次全国代表大会闭幕之后，根据大会通过的总章，以选举的方式产生的正式党部，当以广州特别市党部为最早。国民党员和共产分子间开始短兵相接，亦以广州特别市党部成立后更为具体化。在广州特别市党部第一届委员当中，现尚健在的有孙哲生、马超俊两先生和我三人，我们三人当然对于当时反对共产分子的经过较为明了，可是对于此一段历史的有关的记载却有若干的出入。据邹鲁先生所编《中国国民党史稿》的记载：

　　　　总理在时仍有所慊，事虽阴违，貌犹阳顺。总理亦既觉悟，故总理对于广州市党部委员黄季陆、孙科等示以共党跋扈，应予制裁，故市党部遵示进行。共产党因指市党部为右派，为反动。但市内各党部应归市党部办理指挥，莫能越级利用也。乃由组织部设各区党部区分部联合会于中央，以达其操纵之术。

　　其他类似这样的记载亦复屡见，兹举另一部党史稿中关于此节的原文如下：

　　　　总理在世时，加入本党的共产党，虽心怀叵测，而貌似顺从，被总理曾经发现过，故对广州市党部执行委员黄季陆等，即给以指示，大意谓共产党跋扈应予制裁，市党部即遵照进行。

以上两类记载，与当时事实虽然大致无误，但唯一的出入之点，亦是最重要的出入之点，则是认为广州市党部的反共工作，是由总理之指示以对付共产党之跋扈，而特予制裁防止。总理的内心是否如此，为另一问题，据我所知，总理确未曾对我们对此有过何种明显的指示。因为：

一、以总理平素领导的作风，光明正大，不尚权术，不会表面是一套，而内心又是另一套。

二、当时共产党之计虽已略露，但在整个容共的大计上，尚不如想像之严重。

三、当时的容共实基于内外革命形势的一种需要，取舍之权，操之于本党，如果认为共党当予制裁，去之可也。当不会采此迂回不当之手段，导致不必要之内部纷扰，与明和而暗斗的坏作风。中山先生于民国十二年十二月三日亲批邓泽如等弹劾共产党书即曾有云："共产党既参加吾党，自应与吾党一致动作；如不服从吾党，我亦必弃之。"的话可为证明。亦可见中山先生决策的正大坚定。

另有一事亦可作一旁证来说明中山先生立身行事的光明正大：

在民国八年时，曾有一位名叫王鼎的同志写信给中山先生,打算从事暗杀,中山先生批答云:"代答,以暗杀一举,先生向不赞成,在前清时代亦阻同志行此,以天下之恶人不胜杀也。道在我有正大之主张,积极之推行,则恶人自然消灭,为目的不待于暗杀也。"观此便可知道中山先生虽在极度困难的革命时期中,也不轻于放弃自己所守的原则,以不正当的权谋或诈术,不择手段以求成功。尽管有人认此为他不能及身见到革命成功的原因,在我的看法,这正是他伟大人格的表现;因为中山先生视革命为当然不断之进化,且时综其全体,以为衡量,故以为革命只有成功,而无所谓失败,其乐观由深切之认识而来,固无所用其权诈,为目的而不择手段了!

上面所举的这一史料上的出入,虽然涉及的地方不甚重要,但由此可见寻求史料的真实之不易,如果我不是当时当事人之一,这一史料上的出入,亦将无从知道。对于中山先生伟大的政治风格,亦将了解不够。更何况,有时单凭当事人的自述,亦难免有因说之不详而致与事实有所出入之处。举例来说,如像中山先生在《孙文学说·有志竟成》一章中曾说:

"武昌起义之前夕,予适行抵美国哥罗拉多省之典华城,十余日前在途中已接到黄克强在香港发来一电,因行李先运送至此地,而密电码则置于其中,故途上无由译之。是夕抵埠,乃由行李检出密码,而译克强之电。其文曰:'居正从武昌到港,报告新军必动,请速汇款应急。'等语。"照常情而论,此一出于中山先生之自述,应无可置疑,然参考其他有关的史料，则发现与事实仍有不尽相符的地方。

一、黄克强先生辛亥年十月五日（武昌起义前五日）写给冯自由先生的信中曾说："鄂代表居正由沪派人来云，新军自广州之役预备起事，其运动之进步甚速……"可见到港的不是居正先生，而是另有其人。

二、居正先生在所著《辛亥札记》一书中，对此事有更详细的记述："余偕杨（按为杨玉如）赴沪后，初访宋遁初于《民立报》，次访陈英士于马霍路，再访谭石屏于北四川路，报告湖北近事，并请英士代购手枪，由湖北携来一千元交之，英士慨允办理。连日在英士寓所，召集上海机关部会议，决定南京、上海同时发动。由余详述武汉及长江一带事实，函报香港，托吕天民携往，请黄克强速来，宋遁初、谭石屏准备同时赴汉。"这一段文字不但把他到上海后的活动情形交代得很清楚，并连派到香港去报告武昌近情的是吕天民（号志伊）先生，亦叙明了。

依据这两项记载，此一黄克强先生向中山先生报告革命近情的电文似应为："居正从武昌到沪，派吕天民到港，报告新军必动，请速汇款应急。"才能与事实完全吻合。这一出入之发生，或由于中山先生著述《孙文学说·有志竟成》一章时，与辛亥年已有八年之隔，在八年以后来追叙当时的一件电报原文，自难于完全相符。抑或是由于克强先生发电时省略字数所致，就不得而知了。好在这一出入之发生，于史实真象并无重大的关系。我之所以在上面要提到有关史料出入的问题，旨在说明追寻史料的真实性之困难，而不是说这一类的出入，就会如何重大的影响了史料的真实。

中山先生的伟大，真是巍巍乎，荡荡乎，令我们无穷的景仰。自他逝世至今已四十年，在他生前和死后，中外人士为他写作传记的人为数至多，这正说明他思想和主义之博大与精深，人格与风仪之源远而流长。愈是世界的进步和变化剧烈，愈显出其人格思想主义影响于后世之巨大。一个伟大人物对人类的贡献和影响，正如一处巨大的宝藏，需要时才知道其用之不竭，发掘时才知道其取之不尽。我相信中山先生为人类所树立的楷范，为人类所指示的方向，必将随世界的演进而愈益显现其光辉。一部至真、至善、至美的国父传记，或将仍有待于今后演变中的世界予以印证充实而完成。傅启学先生于国父百年诞辰时将其所著的国父传出版，便是一个良好的起点，是十分值得我们称颂的。

（录自傅启学编著《国父孙中山先生传》，一九六五年十一月十二日出版）

《传记文学》与中国近代史

——《传记文学》创刊二十周年纪念学术讨论会议题

各位先生，各位女士：今天本来预定是由我来作开场白的。我想今天到场的专家很多，而时间有限，因此，我不想多占大家的时间，只想简单的说几句话。

《传记文学》创刊至今转瞬二十年，以我近年来研究历史、提倡近代史研究的观点来看，《传记文学》为研究现代史、民国史，提供资料，引发兴趣，的确有很大的贡献与影响。《传记文学》的发刊词中，举出创办的基本想法是要"给史家做材料，给文学开生路"，并开创"重视传记文学的新风气"，二十年来，事实证明《传记文学》是说到做到。

有人说："与人有仇，就劝他办杂志。"可见一份杂志要维持长久，实不容易；而《传记文学》却坚忍地维持了二十年，并能保持一定水准，真不是容易的事；办杂志，稿源不继，固然难为，稿子过多，如何选择亦是难题，《传记文学》创刊之初，以"对历史负责，对读者负责"自勉，二十年来，信守不渝，更属难能可贵。

二十周年，特别值得庆贺，因为双十是大吉大利的数字。以中华民国的历史发展来看，许多重大事件都发生在双十，民国开创、北伐国民革命军克复武昌，均在双十日。我们编纂《中华民国史事纪要》时，还发现一项资料，同盟会成立于光绪三十一年，成立大会之日为旧历之七月二十日，阳历之八月二十日，正巧各均为双十。民国十三年，第一次全国代表大会开幕，总理的开幕词中，有这样一段话："革命党推翻满清第一次成功是在湖北武昌，那天的日期是阳历的十月十日，是一个双十日，今天是民国十三年的一月二十日，又是一个巧合的双十日，所以这个会期与武昌起义的日期有同样的历史意义。"可见总理对双十亦是有特别的感情与信心。

一九六五年，我离开"教育部"，新闻记者问起今后动向与出处，我顺口说："要去《传记文学》当专栏作家。"听来似为戏言，但实际上，我由《传记文学》第一卷第五期开始撰稿，前后差不多写了六十多篇，这个记录恐无人可比，刘绍唐先生虽未正式聘我，我却已做到专栏作家该做的事。近年来，中外友人都劝我写回忆录，可是真要下决心来写，时间又不允许，惟我在《传记文学》上发表的文字，实已有回忆录的性质了。

偶而翻到大陆上出版的《辛亥革命史料选辑》，在其上册出版说明中，有一段话说："台湾的史学工作者和历史研究机构，近年来先后发表了不少有关辛亥革命的历史资料。其中，很多是辛亥革命亲身参加者的回忆录或访问记录；也有一些是当时的原始资料。这些历史资料，对研究辛亥革命的历史有着重要的参考价值。我们特予选编出版，供从事我国近代史的教学和研究工作者参考。"大陆失掉三十多年，"光复大陆"的目标，虽因种种因素，迄未实现，但有两件事却已进入大陆，一为近年来国际上对孙文主义的研究，已使三民主义之光辉"照耀大陆"；另一则可由上面引文中见到，台湾的文化历史研究成果，亦已进入大陆。

《传记文学》维持了二十年，且激发了广泛的兴趣，若无坚忍若刘绍唐先生者，则不易达成；而一个机构经历了二十年，内部产生不和谐，亦属常见，如《民报》即发生过内部不和，章太炎大闹民报报社之事，而二十年来，未曾听说传记文学社内发生这类问题，因此我不仅对刘社长深表钦佩之意，且对其社内工作人员也要表示敬意。

（原载一九八二年九月《传记文学》第四十一卷第三期）

亲承孙先生训诲的体认

——吴相湘先生撰《孙逸仙先生传》序

吴相湘先生以前曾写过一本简要的《孙逸仙博士传》，由于取材精审，曾传诵一时。吴先生治学很勤，近年继续从事研究，又陆续发现许多有关孙先生的新资料，重行写成本书，令人敬佩。

孙先生是一代伟人，自他民国十四年逝世以后，我觉得我们应该为他做两件事：第一，关于他的思想言行之表彰，应为他写一本好的传记；第二，关于他的思想之阐扬，应将坊间所出版的有关他的《三民主义》一书，校注出一部完整的版本。关于后者，由于《三民主义》现行本是依据民国十三年孙先生于讲述后随即加以发表，汇集印行者。此后，于抗战时期，发现了他亲自改正过的讲辞原稿，其中有大部分为现行本所未及者，实有加以补充之必要。"国史馆"为此特成立一个小组，由蒋永敬先生、陈淑琼小姐等组成，以孙先生亲自改正为基础，搜集所有有关三民主义之各种版本，逐字逐句加以校注，找出它的应正误之处，作一全面的校订，使世人有一完整的版本可读。这件工作进行已有一年多，大体已接近完成。最近，吴相湘先生更多方面搜集资料写成这本《孙逸仙先生传》，我得知之后，深为庆幸。此书之问世，自是一件极具意义的事，将为士林所重视，自在意料之中。

孙先生的三民主义十六讲是开始于民国十三年一月二十日，在广州举行的执政党第一次全国代表大会开会期间，我是亲身出席大会代表之一，从大会开幕后之第七日，亦即是一月二十七日，他开始在大会讲民族主义第一讲，在大会一月三十日闭幕后之翌日，讲述民族主义第二讲，以至在是年八月他离广东赴北方前讲述的民生主义第四讲，合计民族主义六讲、民权主义六讲，共十六讲，我都一一亲聆其讲授。那时，因为录音机等项工具尚未使用，仅仅由几位速记人员笔记，而后由黄昌谷先生就速记译文加以整理，再由邹鲁先生修正呈送孙先生作最后之改正。现行的三民主义十六讲版本都是基于孙先生随讲随时由报纸及中央党部宣传部加以印行的，故他亲自改订部分，亦未完全纳入，因为他的改正稿是在抗日战争中才发现的缘故。

现在流行的三民主义十六讲，就当时记录的工具那样的贫乏，能够做到将他所讲述的原意大体的记述下来，已经是大不容易的一件事！不过由于我是亲聆先生讲述三民主义十六讲仅存的一人，在我的记忆中，现在流行的三民主义十六讲，每当我把他重温一次时，总觉得有些地方未能把孙先生讲述时的原意完全表达。至于先生讲演时的风趣和神情更未能充分发挥，自不必苛求了。譬如，他在民权主义第一讲开始解释民权二字时：

他说："民"字是有组织、有团体的"众人""权"字是力量。合起来说，民权是人民支配政治的力量。他当时继续更强调最重要的一句话说："乌合之众是不会产生力量的，更不能实行民权。"但是在流行本的十六讲版本中，此段却没有把"乌合之众不会产生力量，更不能实行民权"这两句话记录下来。

又如，孙先生在民族主义的第六讲作结论时曾说："日本学欧美不过几十年，便成世界列强之一；但是中国的人口比日本多十倍，领土比日本大三十倍，富源更是比日本多，如果中国学到日本，就要变成十个列强。现在世界之中，英、美、法、日、意大利等不过五大强国，以后德、俄恢复起来，也不过六七个强国，如果中国能够学到日本，只要用一国便变成十个强国。到了那个时候，中国便可以恢复到头一个地位。但是中国到了头一个地位，是什么样做法呢？中国古时常讲'济弱扶倾，己律律人'，因为中国有了这个好政策，所以强了几千年，安南、缅甸、高丽、暹罗那些小国，还能够保持独立。现在欧风东渐，安南便被法国灭了，缅甸被英国灭了，高丽被日本灭了。所以中国如果强盛起来，我们不但是要恢复民族的地位，还要对于世界负一个大责任。如果中国不能担负这个责任，那么中国强盛了，对于世界便有大害，没有大利。中国对于世界究竟要负什么责任呢？现在世界列强所走的路是灭人国家的；如果中国强盛起来，也要去灭人国家，也去学列强的帝国主义，走相同的路，便是蹈他们的覆辙。"这也就是说，如果中国比日本强大十倍之后，并不能给我们民族带来大利，反而会有大害。因为，在这种情形之下，我们民族将与世界各民族为敌，那么全世界各民族将合力谋我，则我们国家就危险了。

孙先生继续说："所以我们要先决定一种政策，要济弱扶倾，才是尽我们民族的天职。我们对于弱小民族要扶持他，对于世界的列强要抵抗他，如果全国人民都立定这个志愿，中国民族才可以发达。若是不立定这个志愿，中国民族便没有希望。我们今日在没有发达之先，立定扶倾济弱的志愿，将来到了强盛时候，想到今日身受过了列强政治、经济压迫的痛苦，将来弱小民族如果也受这种痛苦，我们便要把那些帝国主义来消灭，那才算是治国、平天下。我们要将来能够治国、平天下，便先要恢复民族主义和民族地位；用固有的道德和平做基础，去统一世界，成一个大同之治，这便是我们四万万人的大责任。"他说到此处，又特别加重语气的说："你们要注意！你们要注意！你们要注意！"一共连说了三次。在民族主义这段的演讲记录中，对于这一段的重要的语句竟忽略了，而未记录下来。

我为什么要特别把他关于民权二字的解释和"乌合之众不能产生力量，更不能实行民权"的话在此补叙出来呢？因为，孙先生的民权主义不是纯全抄袭西方的民主主义来的，而是针对中国文化和国情：人民是一盘散沙、涣散没有现代的组织、只有家族的观念而缺乏国族的观念，所以他主张要由家族的观念进而到国族的观念，才能实现他的民族主义和民权主义。我记得在一次他的讲演中，提到他的三民主义和林肯的民有、民治、民享三者相吻合。"民有"是他的民族主义的精神；"民治"是他的民权主义的旨意；"民享"是他的民生主义的涵义。他更进一步的谈到，我们中国历史悠久的文化传统中，民为贵，君为轻，社稷次之等的民有（of the people）思想，早已具备；"民享"（for the people）的思想，如仁政的思想也是早已具备，惟有"民治"（by the people）一辞，我们觉得有些生疏。因为"民治"是人民治理国家的意义，不仅是一种制度，而且还是包涵有一种崇高的生活方式。我们生活在几千年的专制政体之下，诚如孙先生在《民权初步》序言中所说：

> 中国四万万之众，等于一盘散沙，此岂天生而然耶？实异族之专制有以致之也。在满清之世，集会有禁，文字成狱，偶语弃市，是人民之集会自由，出版自由，思想自由，皆已剥夺净尽，至二百六十余年之久，种族不至灭绝，亦云幸矣；岂

亲承孙先生训诲的体认　　**933**

复能期其人心团结，群力发扬耶？

又说：

> 何为民国？美国林肯氏有言曰："民之所有，民之所治，民之所享。"此之谓民国也。何谓民权？即近来瑞士国所行之制，民有选举官吏之权，民有罢免官吏之权，民有创制法案之权，民有复决法案之权，此之谓四大民权也。必具有此四大民权，方得谓为纯粹之民国也。

讲民权而不能建立人民治理的国家的民主制度，便是徒托空言，人民如果没有民主的素养，亦即民主的生活方式更是一种无源之水、无根之树了。

在研究孙先生的思想主义，我们最易忽略的地方，我认为在他不仅有崇高的思想与主义，更重要的是他具有实践主义的方略和程序。大家都知道三民主义，而鲜知道他实践三民主义的建国方略。方略中的《(心理建设)孙文学说》一书，可以说是他的民族主义的实行；《民权初步》一书，可以说是他民权主义的实行；《实业计划》乃是他民生主义的实行。

在此我要特别提出：为什么《民权初步》是民权主义的实行呢？因为《民权初步》是叫人们如何做国家的主人的方法，以表现民主的真实。世界各国在民主施行的初期，往往误解民主为人民个个当政，漫无规律来叫骂批评从政人员，以发挥民主的权威。要人人都能当政，那么便只得多设官职，使人人都有机会轮流做官。一个国家人民众多，岂能如此作法？不得已，只有以选举的方法选举官吏、议员，代表人民参与国家大政。因为人民间的利益有不同、地域有区分、信仰有差异，又如何能求其完全一致呢？所以民主的运用，第一个原则就是要承认差异，在差异中求出多数，以为决定。所以民主政治的又一个原则便是多数决制，其中包涵着尊重少数，少数要服从多数的精神。为了达到上述这些目的，于是便产生了近代的政党组织。有人说，近代的政党制度是制造民主政治的机器。所以孙先生解释民权二字的意义："民"是有团体、有组织的众人，而不是一盘散沙的乌合之众。乌合之众是不能寻求出多数，更不能实现民主的。孙先生《民权初步》一书，表面上是会议的一些程序和法则，实质上则是教育人民如何做国家的主人翁的方法和工具，亦即是纠合众力、团结人心，表达民权的必要手段。

吴相湘先生要我在本书序言中，把我亲承孙先生训诲的体认写些出来，以见孙先生的伟大。我特在此举出两件事，以作本文的补充：

第一件事是关于他毕业于香港医学院离开学校以后，开始他的革命事业时，在奔波流离，困苦万状之中，追求知识学问那种可敬可佩的读书精神。

远在一八九四年《上李鸿章书》中，孙先生就曾经针对时弊，有过下面一段沉痛的话：

> 方今中国之不振，固患于能行之人少，而尤患于不知之人多。夫能行之人少，尚可借材异国，以代为之行，不知之人多，虽有人能代行，而不知之辈，必竭力以阻挠。此昔日国家每举一事，非格于成例，辄阻于群议者，此中国之极大病源也！

　　上面这段话，说明了知的重要，同时更说明了不知的危险，由于不知之人太多，国家每一兴革，不但不知之人不能让已知的人放手做事，反而要格于成例，多方阻挠，使其归于无成。从前是如此，现在又何能例外！近代民主政治最重要一个基础是教育，教育的目的是在使知的人尽量增多，不知的人大量减少，如此国家的兴革便易于推行了。知的来源一是靠学问，一是要靠经验，而读书则是集聚知识、学问、经验最大的途径，所以不读书的人便谈不上深透的知，更谈不上能鼓动风潮，转移时势，建设国家的革命大业，我们要了解孙先生的革命事业的成就，从他追求知识，勤勉读书的生活中可以窥见一斑。

　　说到孙先生的读书生活，在我所知的范围内有的是从较我年长的同志处听来的，有的是我亲身经历得知的。在我亲身经历所知的一部分，往往都是我少年天真幼稚可笑的记录，率直的把他说出来，或许能帮助我们对于孙先生的为人有所了解。

我记得在民国十二年的冬天，当我正要从加拿大都朗杜城动身回国的时候，我的朋友刘奇峰先生自美国纽约寄了两本新书给我，作为他送行的礼物，一本是罗吉尔和威劳贝合著的《战后欧洲新宪法》（Rogers & Willougby,The New Constitution of Europe），一本是罗吉尔和麦克本合著的《近代政治问题》（Rogers & Mc-Bain,The Problems of Modern Government），在刘先生的来信说这是他对我返国送行的礼物，而这一礼物是非常的名贵的，因为这两本书是他寄信的那一天才在书店出现的新书，也许他就是第一个购买这两本书的人。那时还没有从加拿大到中国的飞机开行，最快的交通工具是轮船，大约要二十多天才能到达香港和广州。在太平洋上二十多天的航程中，我把这两本书大体读了一遍，我读后觉得非常愉快，我觉得愉快的理由倒不是完全由于书的内容如何的好，而是因为这两本书是我最早得读的新书，为他人所不易得到的机会，等待到了国内以后，我便可向别人夸耀自己的新知了！我少年时代这等狭隘的心胸，实在由于根本不知道知识学问是拿来做什么的。现在想起来，真觉非常幼稚可笑！在过去和现在的知识分子当中，像我这种情形的人，可以说仍是还有不少。

到了广州以后，一天我向孙先生请教一件事，那时他住在河南大本营楼上，大概是他方才用过午饭，正坐在放置在饭厅的一角一把沙发椅上沉思，他见我来了，便叫我端一把椅子坐在他的旁边，他对我说道："你方从外国回来，最近外国有什么新书出版？"我马上便把上述的两本新书的名称告诉他。孙先生又问我："书中的内容如何？"我此时正如学生投考学校，遇着考试的题目，正和事先所准备的一点不差，心中的愉快，不言可知了！于是我便很得意的把两书的内容，尽我所知的一一陈述，对书中某些地方并特别加了些我自己的意见来批评，这样好似显示我是非常饱学的样子。

我滔滔不绝的说了大约有半个钟头；他一声不响的听着我说，一点也不加阻挠，一直到了我把话说完之后，他才由沙发椅子移动，走到坐旁的一间书橱，取出了一本红封面的书，带着微笑，对我说道："你所说近代政治问题一书，是不是就是这一本？"我接过来一看，正是我所说的那本罗吉尔和麦克本合著的《近代政治问题》，我此时心里渐渐浮起了一种不安和惊奇的感觉，我心中这样地在想，如何孙先生竟这样快有了这本最新出版的书？等到我把书翻开来一看，见着书中用红蓝铅笔划了许多的横线，有些地方打着问号，书的上方偶然发现不少的圈和叉等等的记号。这显然是说明他不仅具有了此书，而且是已经很用心地读过；因为这些记号，都是他在阅读时，遇着重要的地方留下来的符号。我此时的心情非常不安静，在先是惊奇，继之是恐慌，最后面上渐渐似乎在发热，觉得惭愧。惊奇的是以孙先生那样日理万机的人，何以有时间来读这些新书？恐慌的是我方才向他陈述书中的内容，究竟有无错误？惭愧的是我如果说错了岂不使他见笑，说我是在班门弄斧？

当我正陷于万分窘迫的情形中，孙先生很慈祥地带着微笑对我说："读书要多读新出版的名著，这样才能渊博，才能吸收新知。阅读专著也很要紧，这样学问才有系统。你现在已经在做事了，做事时更要抽出时间来读书，不然便追不上时代，一个人追不上时代便会变做一个落伍者，你还年轻，你好好用功。"在听了他这番话以后，似乎没有一点指责我的地方。或许还有一些勉励的意思，于是我紧张的情绪，才渐渐获得松弛！

因此，我自从有了这一次经验和教训之后，使我此后谈论学问方面的事，似乎养成了多少慎重和虚心的德性。我有时遇着青年的朋友向我请益，我便把这一经验告诉他们。

我考察研究孙先生何以嗜读新书，而又能很快的得到许多新书供他浏览的原因，一直到他逝世以后才完全明白。第一，因为他是举世皆知的中国革命领袖，有若干新书出版，可能是由著者尽先寄赠请他批评。第二，据我所知在孙先生个人方面的支出，每月固定有一笔开支，那便是他的购买外国书报的费用。在广州大本营时代，此项开支每月约毫洋三百元，值美金约在一百五十元左右。他生活非常俭朴，这笔支出可能是他个人方面最大一笔了。第三，他是几个外国书店的经常顾客，可能有若干新书出版便由书店首先寄给他，也许他与书店先有一约定也未可知。凡此种种，都是他在研究新知上所具有的特别便利，而为他人所不易有的。当他在世时，他在国内常住的上海、广州一些地方尚无完善的图书馆，无从供他的利用，如果他没有上述一些特别的便利，有关外文书报的利用，就不很容易。孙先生能够充分利用图书馆供他阅读，要算是在丙申（一八九六）年，他在伦敦被囚蒙难脱险之后，他整整留在欧洲约有一段很长的时间。在这段时间内，他大部时间是消耗在大英博物院的图书馆里，他用功之勤，可以从英国伦敦警察局派来暗中侦察他行动的密探，关于他的报告见之。报告中说：他自早至晚都在图书馆阅读，到了用膳的时间也不离去。他的粮食是几片面包，在馆内取杯冷水就此充饥。

凡是知道孙先生的人，都晓得读书几乎是他闲空时间一种嗜好，是他一种读书癖，勿论在平时，或在紧张的时期都是如此。他一生最为同志称道有两件事：一是每遭革命失败的时候，别人或是沮丧叹气，或是乞灵于诗词小说，以作消遣暂时安顿心灵；而他往往在这时期，取专门巨著而细读之，从容一如平时，一点无沮丧悲观的形相。胡汉民先生每每谈及此事，认为是他平生所见的第一人。胡先生为人极富自信，据他自己所说，在他遭遇革命挫败，或遇拂意事的时候，也只能以诗词小说或弈棋自遣，远不如孙先生从容镇定阅读专门巨著而引以为乐。二是孙先生每遇挫败或拂意的事而为他人所不能忍受者，他皆能处之泰然。据胡先生的意见，他认为孙先生所以能如此的原因，是由于他认革命为当然不断的进化，在危疑震撼的当中，他能综其全体以为衡量，故对于革命认为只有成功而无所谓失败。他对革命的此种乐观态度是由于他对革命之深切认识而来，而此一深切认识则是由于学问与读书而来；因为读书是他的生活，也是他的一种修养与造诣，而为他人所不及的。

戴季陶先生常说孙先生博览群书而有其特别独到的观点。他说："我们读书是弯着腰去接近书，中山先生则是挺着胸膛在读书，合于他的需要的便吸取之，不合于他需要的便等闲视之。我们是役于书，而他则是役使着书。"戴先生这一意见正与孙先生答邵元冲先生所问的话相吻合。一次邵先生问孙先生："先生平日所治甚博，于政治、经济、社会、法律、工程、自然科学的专著，都嗜读不倦，毕竟先生以何者为专攻？"孙先生答道："我无所谓专攻，我所攻者乃革命之学问，凡一切学术有可以助我革命之知识及能力者，我皆用以为研究的资料，以组成我的革命学。"

孙先生在他所著《孙文学说》一书中也曾说到读书的方法，他说："能用古人，而不为古人所惑，能役古人，而不为古人所奴，则载籍皆似为我调查，而古人为我书记也。"他这种读书的气魄与方法实在值得我们效法。不嗜读书是一件不好的事，死读书而没有魄力与方法，纵然是博览群书耗费一生的精力，也将一无所得，最多也不过成为一个我们所谓的书傻子罢了。

随侍孙先生较久的人都知道他虽然是对中西典籍、报章杂志，无不喜欢阅读，但从未有人见过他阅读小说、杂部及其他无关学术的书。当民国十一年陈炯明叛变，他困处永丰兵舰督师讨贼五十余日，虽备极困苦，而志气坚定，愈久而愈奋。其时天气炎热，舰中迫窄，他每日除手草函电促各路讨贼军进攻叛逆外，终日仍危坐读书一如平时。

他之如此喜爱读书的原因，正如他自己所说志在增益他的革命知识与能力来完成他救国的抱负，中国读书人有句自勉的话："大丈夫应当不负所学与所志。"要做到不负"所志"自必先把"所学"的基础打好。孙先生的一生，可以说对不负所学、所志两者都已做到了。

第二件事是华侨对孙先生领导国民革命的支持。中国近代革命之能屡起屡仆，华侨的支持是一个重大的因素，所以孙先生说："华侨为革命之母。"然而华侨何以能始终支持中国的革命呢？

一般研究华侨热心支持革命的原因：一是认为是得风气之先；一是华侨身处异国，受尽压迫，强烈的国家观念是自然会产生的，对于革命思想自然易于接受；一是华侨属于广东籍者不少，孙先生是广东人，所以更容易得到华侨的支持。假定我们拿这三点作为华侨赞成支持革命的理由，那么戊戌政变后逃到海外，主张保皇和改良来反对革命的康有为、梁启超二人，在这三个理由上他们样样都比孙先生强，理应得到华侨的支持了，相反的他们却被多数华侨所摈弃，这又是什么原因呢？论到在当日旧势力中的影响，康、梁的诱惑力量要比孙先生的号召力量大，在改良与革命的本质上，前者易而后者难。若说由于广东籍的关系，那么康、梁岂不也是广东人吗？何况在东南亚一带的华侨属于福建籍者远较广东籍者为多呢！如果我们要研究此中原因，当然不是在上列诸种理由，而是别有原因所在。要明白这一道理，那就必须归结到孙先生的人格和影响与康、梁大有不同上面去了。这一因素的重要，我可以举几件历史的事实作一比较。

例如，康有为戊戌政变失败之后逃亡到海外，他伪称光绪皇帝给他有衣带诏来骗取华侨支持他的保皇运动，在初，信仰他的华侨颇不乏人，后来发现是他的一种伪造，于是他的声誉便一落千丈了。而孙先生在极艰苦的情形之下，据我们所知，则从来不曾有过这样伪造欺人的事实。又如庚子年唐才常在武汉的勤王运动，本来是要康有为在海外筹集大批的金钱为后盾，但是因为康有为的接济成了骗局，此一运动便失败了。唐才常和他的一些重要的同志都作了牺牲，自此康、梁在国内的类此运动便发动不起来，而孙先生所领导的革命运动，反而一天一天发展到了高潮。

以上所举，也许会被一些人认为是细微末节；而不知这正是当日海外华侨对于革命与改良二者而为抉择的一个重大关键。假使当日孙先生的革命主张不能为华侨所接受，康、梁的保皇运动必定成为一救国的主流，中国革命运动便不能蓬勃的发展起来。凡是追随过孙先生的人，对他都有一个共同的印象，就是他那种在任何失败困难情形之下，不灰心，不短气，从容乐观的精神。如果说要有例外的话，那就只有他的自传中所述，在革命初期的遭遇，他说："由乙未到庚子，此五年之间，实为革命进行最艰难困苦之时代，适于其时有保皇党发生，为虎作伥，其反对革命，反对共和，比之清廷为尤甚。当此之革命前途，黑暗无似，希望几绝！"我们读了孙先生此一段自述，就知道康梁在戊戌（一八九八）以后，在海外的保皇运动是如何的对于革命的不利了。革命当日之能战胜保皇运动，时代的推进固然是一个原因，而康有为之欺骗虚伪，言行不一，不能如孙先生之光明正大、百折不挠的革命精神以获得华侨的支撑，是很明显的一个事实。

我在民国八年赴美留学，曾亲见过多数华侨公共场所都悬有一孙先生的照相，每见着华侨对着挂像不是脱帽，便是鞠躬致敬，我深觉得诧异！我心里时时在想：为什么他们要对孙先生如此崇敬？这一种现象在孙先生逝世以后的国内情形本也平常，不过在那时一般人对于革命尚不了解，对于孙先生个人尚是毁誉参半的时候，就不免是特别了。因此使我时时都想要寻求出一个为什么他们要如此的答案。同时更联想到华侨对于革命的最大支持是金钱，而多数华侨并不尽皆富有，何以他们捐助金钱支持孙先生革命又那样慷慨？中国有句俗话："要有钱人出钱，有如钝刀割肉"，西洋人也有句俗话："有钱人要进天堂，比骆驼穿过针眼还要困难"，可见要人出钱不是一件容易的事。何况那时风气未开，出钱来帮助革命而且是一件危险犯罪的事。我这一疑问一直至若干年以后方才获得解答。

民国十一年我由美国到加拿大都朗杜主持那里的革命机关醒华日报社的笔政，报馆的同志们到火车站来欢迎我，并为预备该地的一间很考究的"太子旅馆"供我住宿。一个二十多岁的年轻人，还在求学时代，受到了这样的殊荣感觉到非常亲切愉快，也就受之不辞了。不料后来报馆同志举行聚餐，一位姓吴的老同志和我谈到一些革命的逸事时，他说孙先生在辛亥革命以前曾经两次到过都城，我因此便问他孙先生当日来到此地的情形如何？他叹了一口气，好似不胜感慨地说道："啊！总理太好了！你们这样的'后生仔'哪里说得上！"

我对他说话的语气，心里怔了一下，好似这老头子在对我开教训。我问他："我有什么事情做错了，使得你这样生气？"他继续的说道："孙先生当日到来的时候，我们的同志只有七个人，我们一起都到火车站去欢迎他，如像前日欢迎你一样。

我们也为他预备好一间房子在你现在住的太子饭店，可是孙先生走到饭店门口，知道了这件事，便坚决的不去住。孙先生很客气的对我们说：'谢谢你们的好意，你们的钱来得很辛苦，应当捐给我去革命救国，不必浪费在这种地方。'"这位老同志言下似说我不应当住在那间太子饭店似的，我的心也顿时感觉不安起来，脸上也似乎在发烧似的。我勉强再追问他孙先生不住那间旅馆，他又到什么地方去住呢？这位老同志好像觉得有点对我过不去，他把酒举起来和我干杯，然后很委婉的说道："我们当日设备下这个考究的旅馆，为的是他是我们革命的首领，他要和外国人士接洽事情，并且要和党外的人见面，场面坏了不大方便。但是这些理由都不能改变他的态度，他最后告诉我们愿意到我的洗衣店去住：一来可以省钱，二来可以和我们住在一起好商量事情。我们听他如此说，也就只好依他了。"

吴老同志说："洗衣店里气味大，地方又小，而总理住在那里倒很舒适。"老同志又说："总理到都朗杜，上身是西装，下面是一件有条纹的黄绒便裤。我们觉得总理的这样穿着虽然也很整洁，但是总觉得与他身份不甚合式，所以我们强迫他缝了一套西装，事后他仍然是对我们说："你们的钱来得辛苦，何如用来革命救国，不必浪费在我的穿衣上面。"

这两件关于孙先生的小事，我听了之后当时虽觉得有趣味，但并不感到这些小事对他在取得华侨信仰，来成就他的革命事业上，有何深远的意义。一直到了民国十三年我回到广州之后，才由另一故事，发现其中的道理：

中国革命的空军中，有一位先烈名叫杨仙逸，他出生地为檀香山，依美国的法律，他应为美国的公民，他在第一次世界大战时，曾经参加美国空军在欧洲作过战，在大战之后回到广州来参加革命，担任大元帅府第一任航空处处长。他是在民国十二年讨伐陈炯明的时候，死于东江梅湖一个地方，是因船上炸弹忽然爆炸而身死的。在抗日战争未爆发之前，每逢他殉难这个日子，年年都要举行纪念，有如今日我们纪念八一四空军节一样。

据说有一次，他年老的父亲自檀香山写了一封信给他，同时信内还装了一张两千港纸的汇票，在信中说明这两千元港币作为如下的分配：

一、以五百元送给孙大元帅作零用钱。

二、以五百元给杨烈士的母亲，也即是这位老华侨在中国的太太。

三、五百元给烈士的妻子和老华侨的孙女们。

四、剩下的五百元给杨烈士自己零用。

杨烈士读完这封信后，深深感到奇怪，于是把这封信的意思，告诉他的朋友，并哈哈大笑说道："我们老太爷真是一个大傻瓜，汇来两千元港币还要叫我送五百元给大元帅做零用，好像大元帅五百元港币都没有一样，这真是大笑话。"

后来杨烈士的朋友把这件事转告我，那时离杨烈士殉难的日子已经一年多，在转述这段往事的人倒没有特殊的意思，而在我听了之后，把我在加拿大所听到的，那位老同志所说的两件小事连贯起来一想，才发现杨烈士的父亲要给大元帅零用钱的真义所在。也才使我恍然大悟，华侨为什么肯始终如一的拿出钱来帮助孙先生革命，而不防备孙先生骗取他们金钱，如像康有为那般人一样，原来这在老华侨的心理，据我的推测，他心目中的孙先生虽然是做了大元帅，照他平日刻苦奉公，不浪费公家财物的习性上说，是不会有钱来作他私人的消耗的，所以特别要叫他的儿子送五百元港币作孙先生的零用。

以上两件极其平凡而琐屑的故事，今日回忆起来，实在足够我们反省和效法的。

（原载一九八二年十月《传记文学》第四十一卷第四期）

黄季陆先生小传

　　黄季陆，小名小陆，学名学典，后改陆、季陆，笔名黄魂，四川叙永人，清光绪廿五年正月廿一日生于叙永兴隆场故里，同胞兄姊共八人，上有五兄二姊，居幼。二十六年秋，母氏去世，赖长嫂、祖母、姊姊抚育成人。三十三年十月，堂兄黄方（鹿生）参与同盟会四川分会丁未成都之役，不成，被捕系狱，长兄寿萱（寿轩）于事败后回乡暂避。三十四年冬，随寿萱至成都就读，课余以探监为名，出入狱中，传递消息，晚年尝语人曰："由于这一机运，使我小小年纪，就感染了革命思潮，赶上了辛亥革命那个大时代。我的一生，亦便由那时起投入了革命的洪流，奋斗、挣扎以至今日！"宣统三年，年十三，四月，四川铁路风潮起；五月二十一日，成都铁路公司召开临时股东大会，讨论保路办法，学典登坛慷慨陈词，大会议决组"四川保路同志会"，发起请愿运动，学典亦发起成立"四川小学生保路同志会"，被举为会长，参与请愿，会员有张爱（大千）、李玉书、蓝玉等人；七月十五日，川督赵尔丰（季和）逮捕四川咨议局议长蒲殿俊（伯英）等十一人，群众齐集督署为川绅请命，赵尔丰令军队开枪，杀死请愿群众数十人，学典亦在请愿人群中，幸安然脱险。

民国元年夏，返叙永故里小住。二年春，搭江轮离川东下南京，拟入读黄兴（克强）创办之忠裔院，嗣以志趣不合，离宁往沪，以党人黄复生（树中；"老黄"黄斗寅、"大黄"黄复生、"小黄"黄学典情同手足，党人以"四川三黄"称之）之介，初谒孙中山先生于上海，孙先生以求学报国勖之，辞出后，黄复生问以见过中山先生后之感想如何？答以："总理嘴唇上的八字胡子最神气！""大黄"闻之，不禁哈哈大笑，是时吴敬恒（稚晖）、李煜瀛（石曾）在北京提倡赴法勤工俭学，遂离沪入京，入勤工俭学会习法文，作留学准备；秋，"二次革命"起，袁世凯（慰亭）力排异己，被迫随《民主日报》负责人雷铁崖（笔名铁铮）、金葆光离京至沪，旋由上海前往马来亚庇能（槟榔屿），肄业一英国学校，课余以黄魂为笔名，在《光华日报》（主笔雷铁崖）发表反袁文章。三年春，转读芙蓉埠外国学校；夏，返回上海，改名黄陆，入南洋中学攻读，并秘密参加讨袁工作。四年十二月，肇和舰在吴淞起义讨袁，黄陆尝以木凳自宿舍窗口下掷沿街疾进之袁军，袁军向学校索捕，黄陆向校长王培荪坦承其事，并从王校长之劝，改名季陆，转学复旦公学中学部，与罗家伦（志希）、吴南轩（冕）同班，在校时参加童子军，喜欢踢足球。六年，年十九，春，祖母去世；夏，复旦中学部毕业；冬，南下晋谒军政府大元帅孙先生于广州，奉委为军事特派员，偕邓天翔、陈得尊、温宗铠等衔命经滇入川，联络川军将领，参加护法之役，以四川督军熊克武（锦帆）对大元帅出言不敬（熊云："中山作事太轻率，季陆这样年纪轻轻的人也配作军事特派员？"），愤然离蓉，访四川靖国军总司令黄复生于重庆。七年，与刘泗英等留日，入东京庆应大学深造。八年五月，留日学生计划于五七国耻纪念日，在东京中国公使馆开会，被代理公使庄景珂（景高）召日警加以阻止，结果引致警察与我留学生发生冲突，黄季陆被囚于东京樱田町警察局，二十三小时后获释；七月，愤日警欺凌中国留日爱国学生，遂离日赴美，初入加州大学，后改入俄亥俄州威斯灵大学，攻读政治，课余为旧金山《少年中国晨报》撰写评论；同年父国琪去世。十年，获威斯灵大学学士学位（或作十一年），继入俄亥俄州立大学研究。十一年夏，获俄大政治学硕士学位，毕业论文以比例选举制为题，旋离美赴加拿大多伦多，入多伦多大学研究；并任革命党报《醒华日报》主笔，是时加拿大国会酝酿提出排华法案，黄季陆撰文驳斥，侨众亦组织团体，延聘律师据理力争，结果使此法案在国会中暂时保留。

十二年冬，任加拿大总支部出席中国国民党第一次全国代表大会代表，抵穗后与于右任（伯循）等谒黄花冈七十二烈士墓。十三年一月二十日，出席在广州举行之"一全"大会，任大会宣言审查委员会委员，二十三日，为宣言中关于反帝国主义纲领部分，与共派李大钊（守常）发生激烈争论，结果由会议主席胡汉民（展堂）采折衷意见，经一致赞成，将收回租界、收回海关、废除不平等条约等反帝国主义之政纲，代以抽象之词句，二十七日，孙先生开始在大会讲民族主义第一讲，亲聆讲授（至是年八月止，计共恭聆民族主义六讲、民权主义六讲、民生主义四讲），二十八日，与方瑞麟等在大会中力主在党章第一章第二条之后增加"本党党员不得加入他党"修正案，在党内首次公开引起反共之争辩，二十九日，大会复讨论黄季陆所提《请采用比例选举制为本党政纲之一》案，毛泽东（润之）、宣中华、胡谦极力反对，结果"保留待明年大会时作为必须之提案"，三十日，大会闭幕；春，任中国国民党广州特别市党部执行委员（执委有吴铁城、孙科、马超俊等九人）兼青年部部长；五月，任大本营法制委员会委员，后兼副委员长（委员长刘芦隐）；六月一日，与广州特别市党部执行委员孙科（哲生，时任广州市市长）提出请制裁共产党专案，送呈中央党部，共党闻之，指市党部为右派、为反动，十八日，中央监察委员张继（溥泉）、谢持（慧生）、邓泽如等正式向总理孙先生及中国国民党中央执行委员会提出弹劾共产党一案；九月，在穗患重伤寒病，几濒于危；同年任广东大学（校长邹鲁，十四年十月易名为中山大学）教授兼法政系主任，计划撰写孙先生传记一书，不果（其后有关笔记于抗战期间散失）。十四年初，在校内创办《社会评论》，宣传反共思想；三月十二日，孙先生病逝北京，《社会评论》出版孙先生逝世专号，撰《中山先生事略》一文；六月，广州"沙基惨案"起，是时中国国民党中央党部成为左派大本营，素以反共著称之广州市党部濒于解体，黄季陆不时受到共党分子恐吓，生命颇受威胁，因有离穗之意，临行奉胡汉民命，持胡函前往上海、北京、张家口、开封等地，邀请林森（子超）、李烈钧（协和）、谢持等至穗，于九月十五日举行一届四中全会，以解决共党分子在中国国民党之"篡窃阴谋"问题；八月，廖仲恺（恩煦）被刺案起，共党乘机"铲除异己"；九月，国民政府常务委员兼外交部部长胡汉民被迫离粤赴俄考察；冬，因不满汪兆铭（精卫）、陈公博干涉校政（校长顾孟余），与三十八位教授愤而辞职，抵沪后发表反共宣言，发起反共运动，与孙科、马超俊（星樵）等强行接收法租界环龙路四十四号中国国民党上海执行部，黄季陆与"西山会议派"（是年十一月二十三日，中国国民党中央委员林森、邹鲁、张继、谢持、居正等为反共集会于北京西山碧云寺总理灵前，召开一届四中全会，议决取消有共产党籍之党员，并惩戒汪兆铭，世称"西山会议派"）诸同志联合行动，于上海执行部原址建立中国国民党中央党部，任海外部部长。十五年一月，在广州召开之中国国民党"二全"大会通过《弹劾西山会议案》，轻则警告，重则开除党籍，黄季陆受到警告处分，限两个月内悔过，否则开除党籍，自问无过可悔，泰然处之；三月，反共之上海中央假上海法租界建国中学（校长周佛海）召开中国国民党"二全"大会，任大会秘书长兼议案审查委员会委员，大会结束，当选为二届中央执行委员，并先后担任中央工人、青年等部部长，又继周佛海为建国中学校长，及赞助上海孙文主义学会之反共活动；十月，由沪至渝，计划"清共"。十六年一月，抵达成都；春，以反共故，为武汉国民政府下令通缉，居川时尝任成都大学（二十年与师大、法专等院校合组为国立四川大学）教授；秋，宁、汉、沪合作告成，中央任为中国国民党四川"清党"委员，旋改整理委员，迨中国国民党四川省党部改组成立，当选为执行委员。十七年，应广州中山大学校长戴季陶（传贤，副校长朱家骅）之邀，赴粤任教，并任中国国民党广东省党部执行委员会常务委员兼宣传部部长、市党部"广州民国日报社"社长。十八年三月，任出席中国国民党"三全"大会代表，至南京出席会议。二十年秋，患重伤寒病；十一月，任中国国民党"四全"大会代表，至南京出席会议，当选为四届候补中央执行委员，大会议决设立西南执行部、西南政务委员会，任为委员，从事西南党务工作；同年辞去"广州民国日报社"社长职务，任广东省政府委员。二十四年十一月，任出席中国国民党"五全"大会代表，入京出席会议，当选为五届中央执行委员、中央执行委员会地方自治计划委员会副主任，旋受聘赴广西，助桂系李宗仁（德邻）、白崇禧（健生）办理广西民众组训工作。二十五年十二月，"西安事变"起，闻变，自香港通电力主讨逆，"决定日内飞桂，与德、健诸兄面商一切，共策进行，一息尚存，誓随中央诸同志之后，戡乱讨逆，以固党基"。

二十六年七月，抗战军兴，旋由桂飞京，任军事委员会（委员长蒋中正）第四部（主管轻工业）副部长（部长吴鼎昌，另一副部长何廉）。二十七年三月，至武昌出席中国国民党"临全"大会；七月，中国国民党三民主义青年团成立（兼团长蒋中正，书记长陈诚），任中央团部常务干事兼宣传处处长；十月，武汉弃守，后绕道广西至贵阳；同年任内政部常务次长。二十八年元旦，西康建省（省府主席刘文辉），奉派以内次代表中央前往康定主持；二月十一日，继陈公博（二十七年十二月二十一日随汪兆铭之后，由成都经昆明潜赴河内，自绝于国人）为中国国民党四川省党部主任委员。三十一年春，在成都入院割治胆石；冬，四川大学学潮迭起，奉派继程天放（学愉）为兼川大校长。三十二年一月二十三日，由蓉前往峨嵋伏虎寺校本部履新，长校八载；二月三日，川大由峨嵋迁回成都；三月八日，正式在蓉复课。履任后深感大后方建设人才异常缺乏，决定创设工学院，工学院初设土木、水利、航空各系，继又设机械、电机、化学工程等系，时值战时，国府经费困窘，一切均赖学校自筹，幸得地方人士热心协助，各科系之设备得以逐步充实；至是川大设有文、法、理、工、农、师范六院，近四十系，又设夜校以教育失学青年，设立之初，颇受讥评，甚至主管教育当局亦常以不合学制、学则等问题相责，夜校设有文、法、商各科系，学生数达千人。三十三年七月，编印《总理全集》（成都近芬书屋版）两巨册，为当年国内收罗最完备之版本。又抗战期间，受中国国民党中央党史史料编纂委员会主任委员张继嘱托，搜集有关四川革命运动之档案与资料，并邀请曾子玉、陈古枝、曾省斋、夏之时、曹叔实、喻华伟、余际堂、但怒刚、熊克武诸人草写四川革命各次起义之历史，惜因无暇加以整理与审定，致未成书。

三十四年五月，任出席中国国民党"六全"大会代表，至重庆出席会议，入选为大会主席团主席，当选为六届中央执行委员。三十五年十一月，制宪国民大会在南京开幕，任国大代表（代表中国国民党）；十二月，国民大会三读通过《中华民国宪法草案》，由蒋中正（介石）主席代表国民政府接受宪法。三十六年六月，中国国民党中常会决议撤销三民主义青年团，实行党团合并，任中国国民党四川党团统一委员会委员，中央复任为川康渝党务特派员。三十七年初，于叙永原籍当选为行宪国民大会代表，历届大会均膺选为主席团主席。三十八年四月，尝前往台湾访问。

一九四九年十二月，大陆军事逆转，由成都飞香港，拟从事研究工作。一九五〇年三月，蒋公复行视事，任为"行政院政务委员"（"院长"陈诚），即由港来台；六月，任"故宫"

"中央"两博物院共同理事会一届理事（理事长李敬斋）；八月，任中国国民党中央改造委员会设计委员（主任委员陶希圣）；十二月，任"行政院""三七五减租考察团"团长，与副团长董文琦率团深入全省各地农村作实地考察，历时一月，以了解减租推行情形，既毕，提出报告，建议进一步实施耕者有其田政策，普遍兴办水利以及修筑石门水库（一九六三年八月，石门水库开始放水，受益地区达一万五千公顷）。一九五二年四月，继余井塘为陈诚（辞修）"内阁""内政部部长"；五月，兼"内政部"会议规范小组（又称民权初步研究小组）主席，小组依据孙先生《民权初步》草订公布会议规范，以为开会议事实行民主之准则；七月，连任"故宫""中央"两博物院共同理事会二届理事（理事长王云五）；十月，任出席中国国民党"七全"大会代表，当选为七届中央执行委员、中央常务委员。一九五三年四月，代表中枢在圆山忠烈祠遥祭黄陵；十一月十九日，前中国国民党中央评议委员吴铁城病逝台北，任治丧委员会委员（主任委员张群）。一九五四年四月，奉派代表遥祭黄陵；五月，会议规范大体定稿，于去职前以"部令"颁布试行，任内筹开国民大会第二次大会，实施耕者有其田政策，筹办台湾地方自治，同月免除"内长"职务，仍任"行政院政务委员"（新任"院长"俞鸿钧），主持"行政院"及其所属机关组织权责研讨委员会（简称"行政院"权责委员会），研拟行政机构权责划分及效率改进，以便作出积极性建议，任内拟成报告书一巨帙，惜终俞之任未见付诸实行；十月，连任"中央""故宫"两博物院共同理事会三届理事（理事长王云五）；十一月，"中华文化出版事业委员会"印行《中华民国大学志》上、下册，列为《现代国民基本知识丛书》第三辑之一，内收黄季陆《国立四川大学——长校八年的回忆》一文。一九五五年春，兼政治大学政治研究所教授（校长陈大齐，所长浦薛凤）。一九五六年二月，任"中国代表团"团长，率团（团员有梅贻琦等人）前往日本东京，出席联合国教育科学文化组织［简称"联教组织"（UNESCO）］亚洲区委员会会议，会议结束，特至庆应大学一游。一九五七年十月，任出席中国国民党"八全"大会代表，当选为八届中央执行委员、中央常务委员。一九五八年三月，任"总统府"临时行政改革委员会委员（主任委员王云五）；七月，继陈雪屏为"考试院"（"院长"莫德惠）"考选部部长"，任内确立考用合一原则，并扩大考试范围及于各种专业技艺人员。一九五九年八月，任"中央日报社"常务董事。

一九六一年二月，继梅贻琦为陈诚"内阁""教育部部长"；三月一日，正式接任；同年飞美，出席史丹福大学举行之教育会议。一九六二年二月，主持第四次"全国教育会议"，同月"教育部"电视实验电台开播；十月，在《传记文学》第一卷第五期发表《白屋诗人吴芳吉》一文，其后在该刊发表之文章数逾七十，尝戏称是《传记文学》之专栏作家；十二月，以

"中越文经协会"理事长名义，设宴招待到访之越南经济考察团。一九六三年一月三日，前"教育部部长""中央研究院院长"朱家骅（骝先）去世，任治丧委员会副主任委员（主任委员何应钦）；七月，任中国国民党中央委员会党营文化事业辅导发展会委员；九月，率团前往奥京维也纳，出席国际原子能大会，会后前往德、比、法诸国访问我留欧学人、学生；十一月，任出席中国国民党"九全"大会代表，当选为九届中央执行委员、中央设计委员会主任委员；十二月，严家淦（静波）继长"行政院"，黄季陆连任"教育部部长"。一九六四年十二月，飞赴南韩访问；同年奉派至维也纳出席国际原子能大会，会后至联邦德国一游。一九六五年一月，汉城庆熙大学授予名誉博士学位，于颁授学位典礼上发表专题演讲，题目为《中韩关系与亚洲安危》（后印行单行本）；同月，免除教长职务，任内对学制之改革、大学推广教育（大专夜间部毕业生授学士学位）之实施、科学教育之推广、义务教育延长之研议、视听教育与空中教学（提出时讥之者讥之为"太空部长"）之倡议、国际文化科学交流之推动等，均卓著成效；卸任后蒋公聘为"总统府国策顾问"，并任中国国民党中央委员会设计考核委员会（简称"设考会"）主任委员、"中山奖学金"考试委员会主任委员；九月，任出席国际原子能总署大会第九届常会代表，前往日本出席会议。一九六六年十月，"中华学术院"（创办人前"教育部部长"张其昀）成立，其后被举为哲士；十一月，因病入院治疗；十二月，"中华学术院"属下之"中华史学协会"成立（首任会长萧一山），加入为"国内"会员。一九六八年八月，"国史馆"（直隶于"总统府"）馆长罗家伦因病请假半年，蒋公特任黄季陆兼"代国史馆馆长"；十一月，继罗家伦为中国国民党中央党史史料编纂委员会（其后改称中国国民党中央委员会党史委员会，简称"党史会"）主任委员（副主伍委员杜元载）；十二月，就主任委员职。一九六九年一月二十日，中国国民党中央委员会秘书长张宝树款宴参加"一全"大会在台代表孙科、张知本（怀九）、白云梯（巨川）、李宗黄（伯英）、黄季陆、李肖庭、苗培成（告宝）、延国符（瑞琪）八人，交换对举行"十全"大会之意见，同月，《革命人物志》第一集（"中国国民党中央委员会党史史料编纂委员会"版）出版，题主编者黄季陆（编至一九七一年六月出版之第七集，第八集由杜元载主编）；二月，继因病辞职之罗家伦为"国史馆馆长"；三月，任出席中国国民党"十全"大会代表；四月八日，当选为十届中央评议委员，十八日，国父美籍军事顾问荷马李将军（Gen.Homer Lea, 1876—1912）夫妇灵骨运抵台北，我方隆重举行迎灵礼，由"总统府秘书长"张群（岳军）主祭，"考试院院长"孙科、"国史馆馆长"黄季陆陪祭，二十日，主持荷马李将军夫妇灵骨安厝阳明山第一公墓仪式，蒋公特颁"永怀风义"横额一方，并指示"待我光复大陆后，再迁移于南京紫金山总理陵墓之附近安葬可也"；五月，加入"中国历史学会"（一九五四年三月成立），当选为理事长，连任至一九八四年止；十一月二十四日，中国国民党假台北"中山堂"举行建党七十五周年纪念大会，由党史会主任委员黄季陆演讲《中国国民党与台湾》，并出版《国父年谱》增订本上、下册（"中国国民党中央委员会党史史料编纂委员会"版），题主编者罗家伦，增订者黄季陆，书前系以所撰《前言》一篇，同日"国史馆"与党史会合作，在台北青潭成立"中华民国史料研究中心"以"公开史料，便利研究"为倡导，该中心除"国史馆"资料外，复将党史会之重要史料珍藏，由中心提供予海内外学人、专家作研究之利用，开办之初，先致力将"国内外"研究机构有关中国革命及近代史之史料作一联合目录，复添购、征集"国内外"出版有关近代史之著述及论文，以便利研究此一问题之学人参考。

一九七一年五月二十日，是日参加革命六十周年纪念日，并响应中国国民党总裁中央首长依例自退之指示，解除中央党史会主任委员职务［由副主任委员杜元载（赓之，曾任台湾师范大学校长）继任主委］，二十一日，举行交接，专任党史会委员、中央设计考核委员会委员，自言："这只是我在党的行政工作的解除，而非对革命责任的终止！"仍任"国史馆馆长"。一九七三年一月，"国史馆"由北平路二号搬往新店北宜路三段二二五号（今改为二段四〇六号）新址办公，并陆续扩建史库，大力征购史料；三月，函请"行政院"("院长"蒋经国)通函"中央各部、会"将大陆运台旧档移藏"国史馆"。一九七五年三月,奉命在"总统府月会"中作工作报告,题目为《"国史馆"当前工作的方针和重点》,提及正致力下述各事:(1)公开史料,便利研究;(2)《中华民国史事纪要》之编订(黄季陆主编,分前篇、正篇两部分,前篇纪开国前史事,始自甲午,迄于辛亥,正篇始自民元,按年编次,于一九八四年辞"国史馆馆长"时止,已印行五十余巨册);(3)政府褒扬令及其他有关资料之编纂;(4)国民政府公报之刊行;(5)加强文献档案之征集与整理;四月五日,蒋公病逝台北,享寿八十有九,敬撰《哀痛中我们应有的振奋》一文为悼(载《领袖精神万古常新——"总统"蒋公哀思实录》,一九七五年五月,"中央日报社"版);十一月十二日,"中华民国史料研究中心"印行《研究中山先生的史料与史学》一书,内收专文、特载、附录合共二十四篇,题黄季陆等著。一九七六年一月,《传记文学》杂志自第二十八卷第一期元月号起,增辟"每月人物专题座谈会",逐月邀请该月专题人物之戚友、故旧及其他有关人士与会座谈,或作主讲人,共同追忆与论述其生平故实;二月,首次在二月号"每月人物专题座谈会"对该月专题人物黄郛(膺白)作《〈亦云回忆〉改变我对膺白先生的认识》发言,其后复就每月人物张君劢(嘉森)、胡汉民、吴铁城、罗家伦、连横(雅堂)、吴鼎昌(达铨)作《回忆与君劢先生的一段谈话》

《胡先生与西山会议》《吴铁城先生与广州特别市党部》《勇于公义怯于私斗的罗志希先生》《连雅堂先生与祖国革命之关系》《吴达铨先生与革命的渊源》发言。一九七七年三月，值史学家连横百岁冥诞，主持台北市新公园"剑花亭"（连横又号剑花）连雅堂先生铜像揭幕典礼。一九八〇年十一月，应邀出席在德国慕尼黑举行之第一届"国际孙逸仙学术研讨会"，并宣读论文，题目为《孙逸仙主义与中华民国的土地改革》，返回途中，顺道访问香港珠海书院等学府。

一九八一年八月，出席在台北举行之国际性"中华民国建国史讨论会"，为四召集人之一；九月，香港珠海书院举办"孙逸仙博士与香港"国际学术研讨会，因事未能出席，讲词由许智伟（恕刚）教授代为宣读。一九八二年七月，与陈立夫（祖燕）、毛子水（准）、李璜（幼椿）、卜少夫（宝源）等四十一人发起假台北市国宾大饭店联谊厅举行"传记文学创刊二十周年庆祝餐会"。一九八四年五月，出席在阳明山"中山楼"举行之"中华民国历史与文化学术讨论会"（由"国史馆"、党史会、文化复兴运动委员会、"中研院"近代史研究所等机构合办），以"中国历史学会"理事长身份致开会词；六月六日，辞去"国史馆馆长"职务，由朱汇森继任，蒋经国先生聘为"总统府资政"，同月当选为"中国历史学会"理事，理事会聘为学会名誉理事长；七月十四日，为"传记文学创刊二十二周年出版品暨历史图片展示会"揭幕剪彩。一九八五年四月二十四日上午十一时三十二分，因脑溢血兼心肺衰竭，在台北新店耕莘医院去世，年八十有七；五月三日，葬于阳明山第一公墓，有子（乃强、乃兴）女（乃华、乃申）四人，次婿邓昌黎（原子科学家，一九六六年七月被举为"中研院"院士）。同月"行政院院会"通过呈请明令褒扬，原呈文略谓："黄故资政历任大学校长、内政、考选、教育等部'部长'、'总统府''国策'顾问、'国史馆'馆长及'总统府'资政等职。生平以开发民族文化资源、建立文化大国为己任，于现代史及革命史研究之倡导，无不努力以赴。"《传记文学》第四十六卷第五期编印《黄季陆先生逝世纪念特辑》，附以《黄季陆先生在本刊发表文稿目录》。台北各报亦有纪念文字多篇。

另著有《我们的总理》《抗战之展望》《对日外交问题》《对俄外交问题》《划时代的民国十三年》《民主典例与民主宪政》《国父军事顾问——荷马李将军》《国父的伟大及其革命志业的继承》《光绪三十三年丁未四川革命起义运动》《研究中山先生的史料和史学》（黄季陆先生等著）、《出席国际孙逸仙先生学术研讨会报告》（黄季陆等著）等书，校有《建国方略》《建国方略建国大纲》《三民主义（增录民生主义育乐两篇补述）》（以上题黄季陆、黄昌谷校读）。（关国煊稿。参考《黄季陆先生事略》《黄季陆先生革命经历简记》及逝世后新闻报导、悼念专文。）

（原载一九八五年六月《传记文学》第四十六卷第六期）